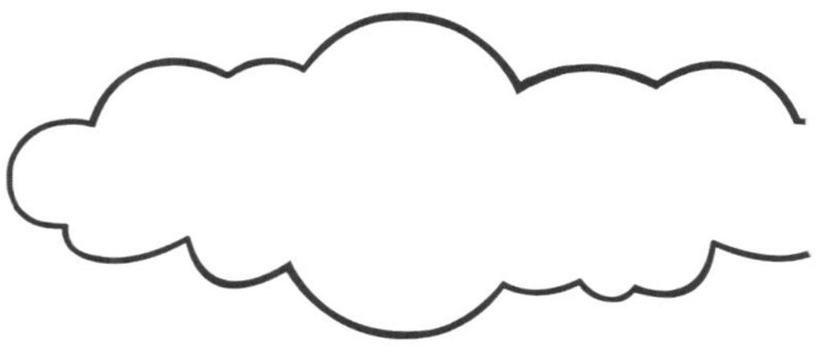

DER PROPHET

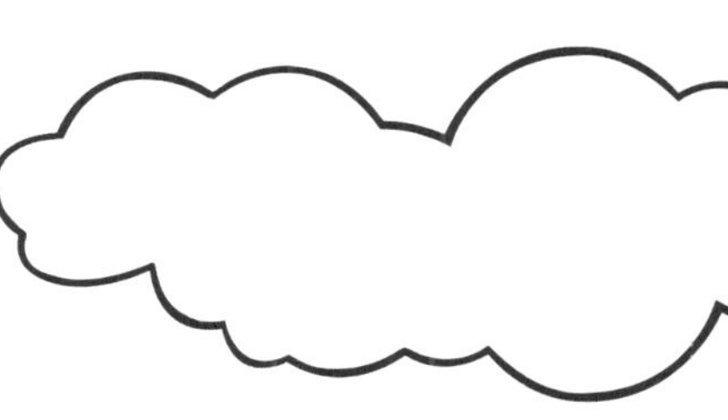
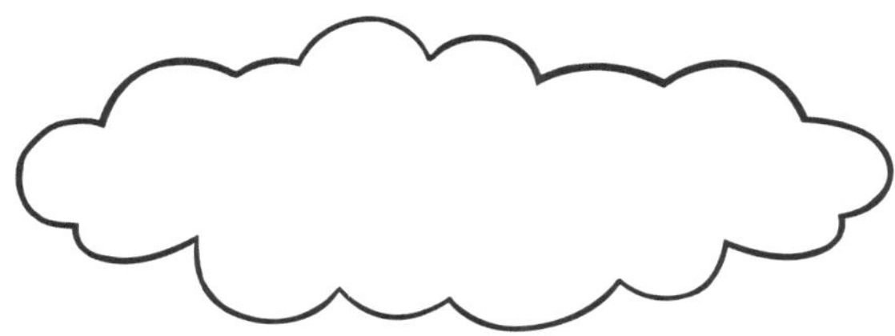

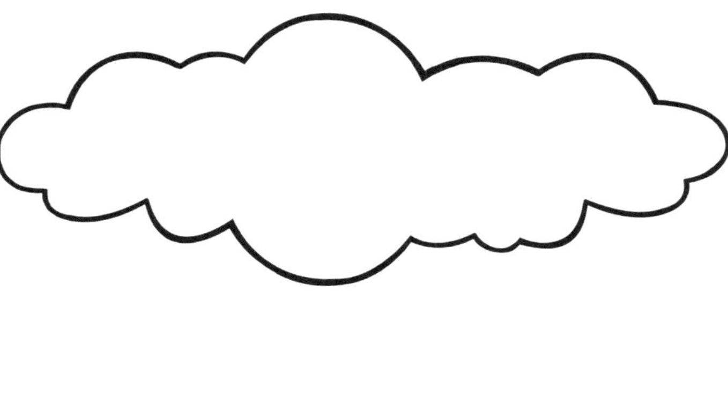

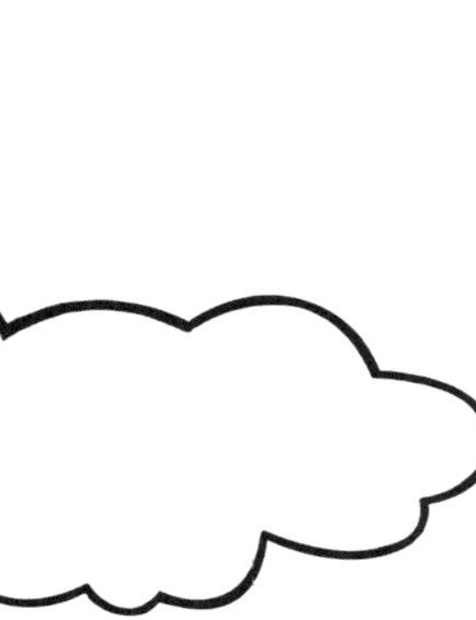

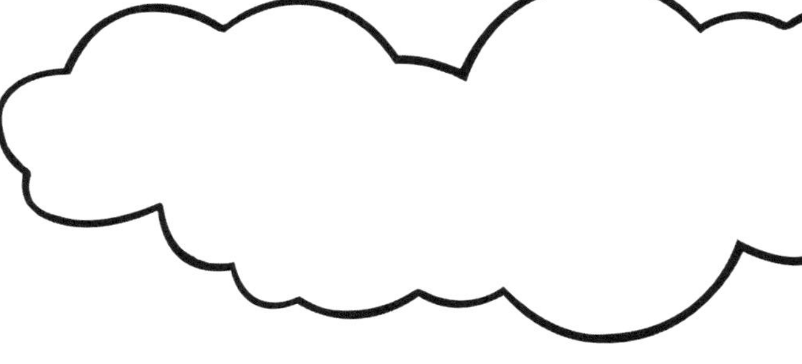

Der Prophet
Text: Khalil Gibran
Zeichnungen & Adaption: Zeina Abirached

ISBN: 978-3-96445-110-1

Lettering und Herstellung: Tinet Elmgren
Textrecherche: Henrieke Market
Lektorat: Johann Ulrich
Herausgeber: Johann Ulrich

avant-verlag GmbH | Weichselplatz 3–4 | 12045 Berlin
info@avant-verlag.de
Mehr Informationen und kostenlose Leseproben finden Sie online:
www.avant-verlag.de | facebook.com/avant-verlag | instagram.com/avant_verlag

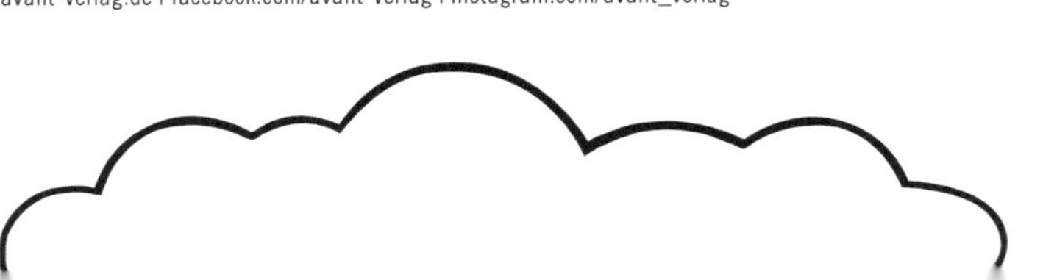

ZEINA ABIRACHED
Text von
KHALIL GIBRAN

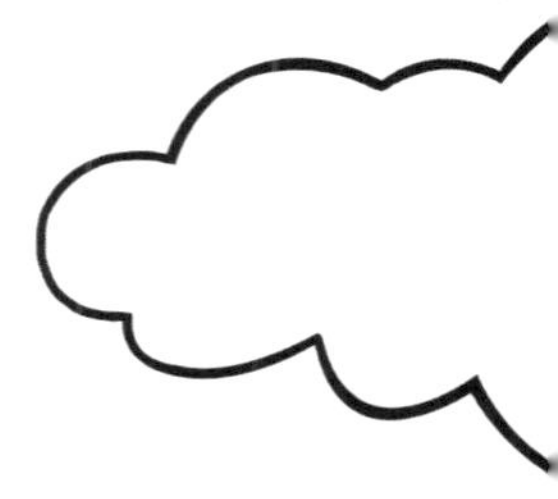

DER PROPHET

Übersetzung aus dem Englischen von Heike Maren

avant-verlag

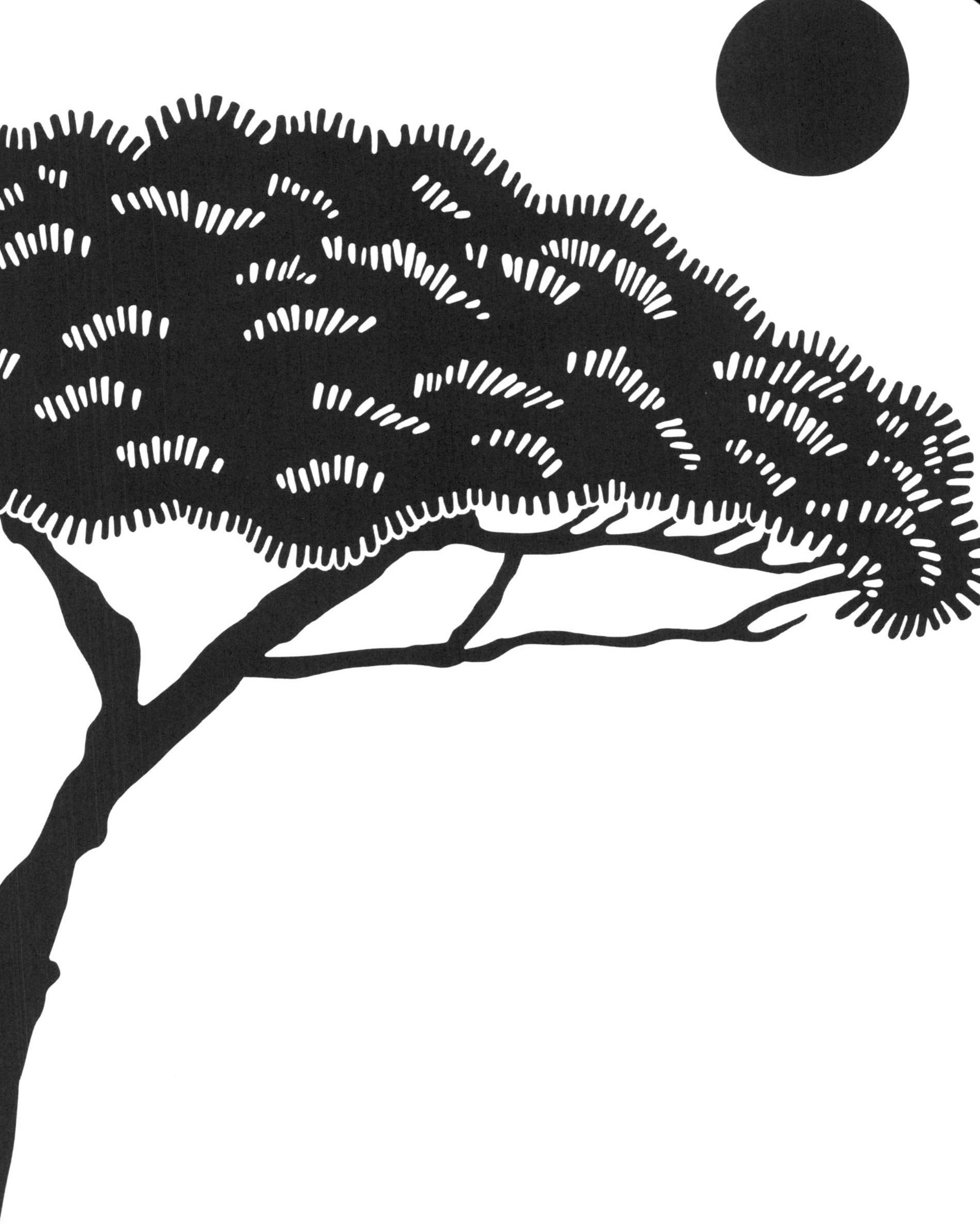

INHALT

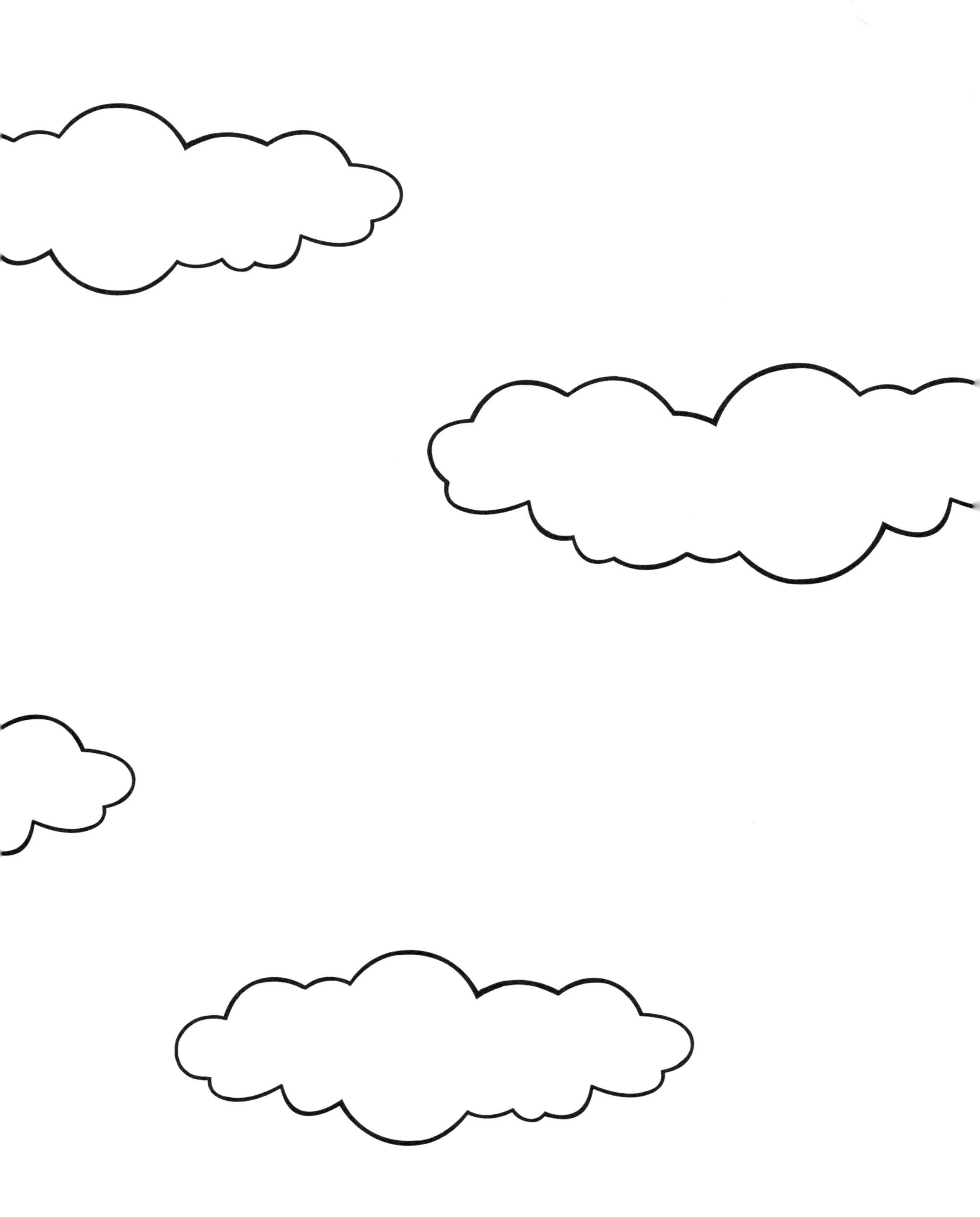

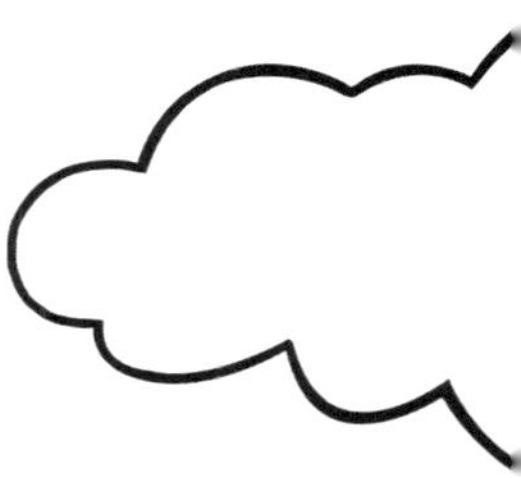

Ich bin im Libanon aufgewachsen, dem Geburtsland Gibrans. Natürlich war mir *Der Prophet* nicht unbekannt: Dieses kleine Buch, das in der Familienbibliothek in Beirut vorhanden war, folgte mir überall hin. Von Umzug zu Umzug fand die dünne Taschenbuchausgabe immer einen Platz in meinen Regalen. Doch weil ich sie nur selten durchblätterte, war mir der Text nicht vertraut. Ich kannte einige Sätze, die auf Hochzeiten oder Feiern zitiert wurden, und ich muss zugeben, dass die zwangsläufige Nähe aufgrund meiner Herkunft oft mit einem Gefühl der Verlegenheit verbunden war. Ich sollte diesen Propheten kennen ... aber etwas hielt mich auf Distanz.

Als ich *Der Prophet* mit einem Bleistift in der Hand und einem Zeichenblock auf dem Schoß las, lernte ich ihn endlich kennen.

Zuerst war da sein Gesicht. „Morgenröte seines eigenen Tages", schrieb Gibran. Almustafa ist also ein junger Mann. Seit zwölf Jahren beobachtet er den Horizont, in der Hoffnung, das Schiff zu sehen, das ihn nach Hause bringen wird. Und genau in dem Moment, als sein Schiff endlich eintrifft, zögert er. Dieser Zweifel zu Beginn brachte ihn mir nahe.

Ich dachte an den ersten Koffer, den ich 2004 in Beirut gepackt hatte. An meinen unbändigen Wunsch zu gehen, der plötzlich durch das dreiundzwanzig Kilo schwere Gepäckstück erschwert wurde. Ich dachte an diese „23", die auch mein damaliges Alter war.

Almustafa dagegen lässt sein Gepäck am Kai zurück. Er schenkt es den Dorfbewohnern, die ihn zum Hafen begleiten, teilt mit ihnen seine Gedanken, die er in zwölf Jahren auf ihren Straßen, in ihren Ebenen und Bergen gesammelt hat. In dem Moment, wo er gehen muss, wird er zum Propheten.

Mit meiner Zeichnung wollte ich diesen Moment würdigen.

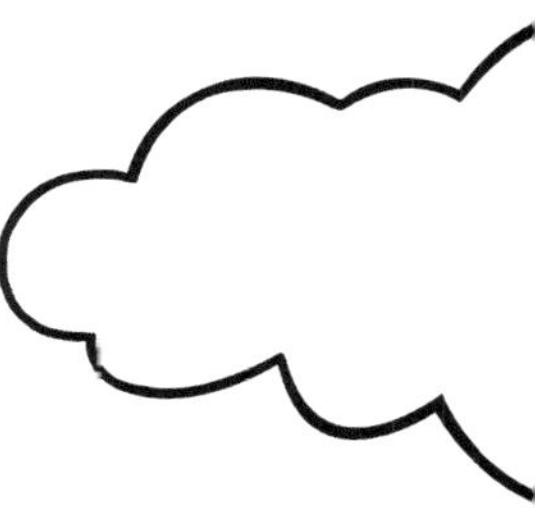

Ich dachte an meine Mutter, die mir, um mich als Kind für die Poesie zu begeistern, lange gesungene Gedichte vorspielte. Die bisher unzugänglichen und wie in einer fremden Sprache geschriebenen Worte vibrierten mit den Noten und der Stimme und offenbarten sich mir, wurden mir unumstößlich und endgültig vertraut.

Auch das habe ich versucht, in den Zeichnungen auszudrücken.

Auf Gibrans Text zugehen. Einen Rhythmus suchen, einen Takt, um ihn endlich zu „hören". Eine Darstellung versuchen, etwas zum Sehen geben, aber nicht zu viel, um der Vorstellungskraft weiterhin zu erlauben, sich darin zu entfalten. Die Zeichnung mit dem Text verweben, ein erzählerisches Vokabular entwerfen, grafische Refrains einfügen. Stille einbauen. Den Text von Gibran mit einem Tanz begleiten.

In diesem Tanz ist eine neue Nähe zu Gibrans jahrhundertealten Worten entstanden. Ich hoffe, dass Sie sie auf diesen Seiten ebenfalls spüren werden.

ZEINA ABIRACHED

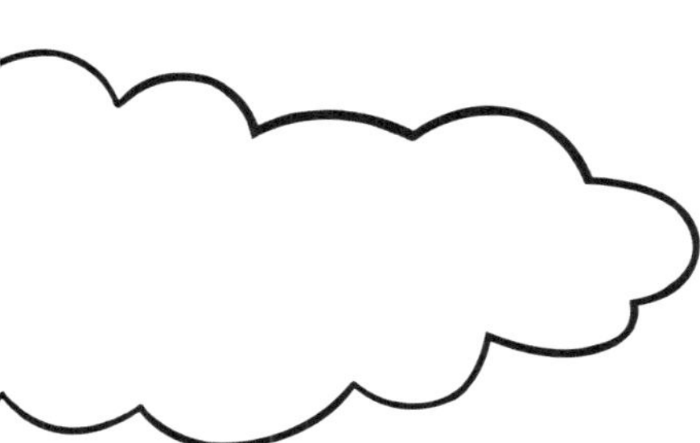

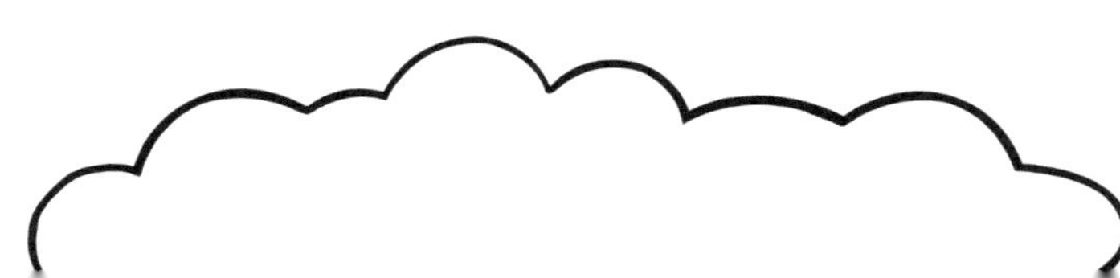

FÜR LOU,

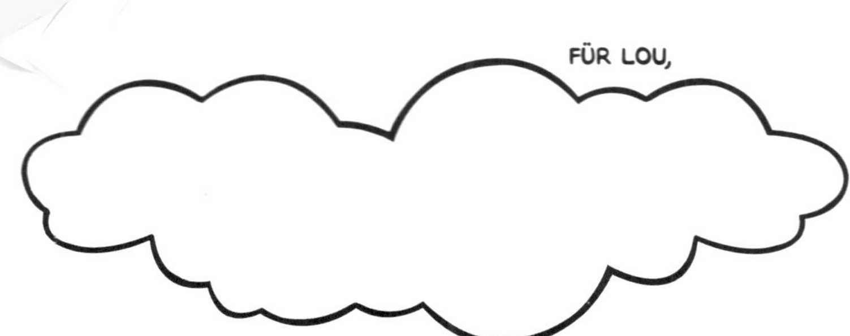

FÜR NINA,

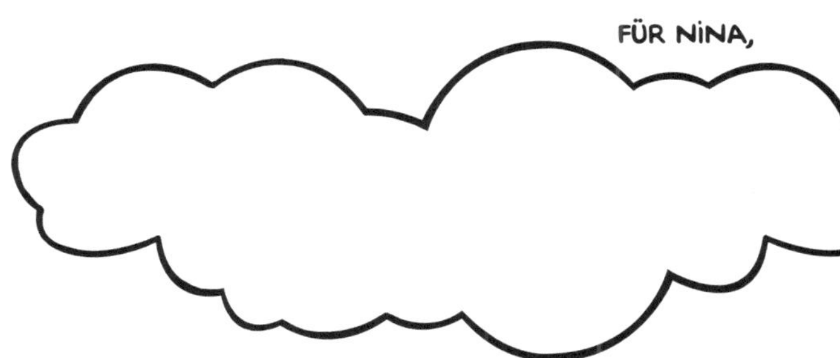

FÜR MYMO, DIE ZU
FRÜH GEGANGEN IST.

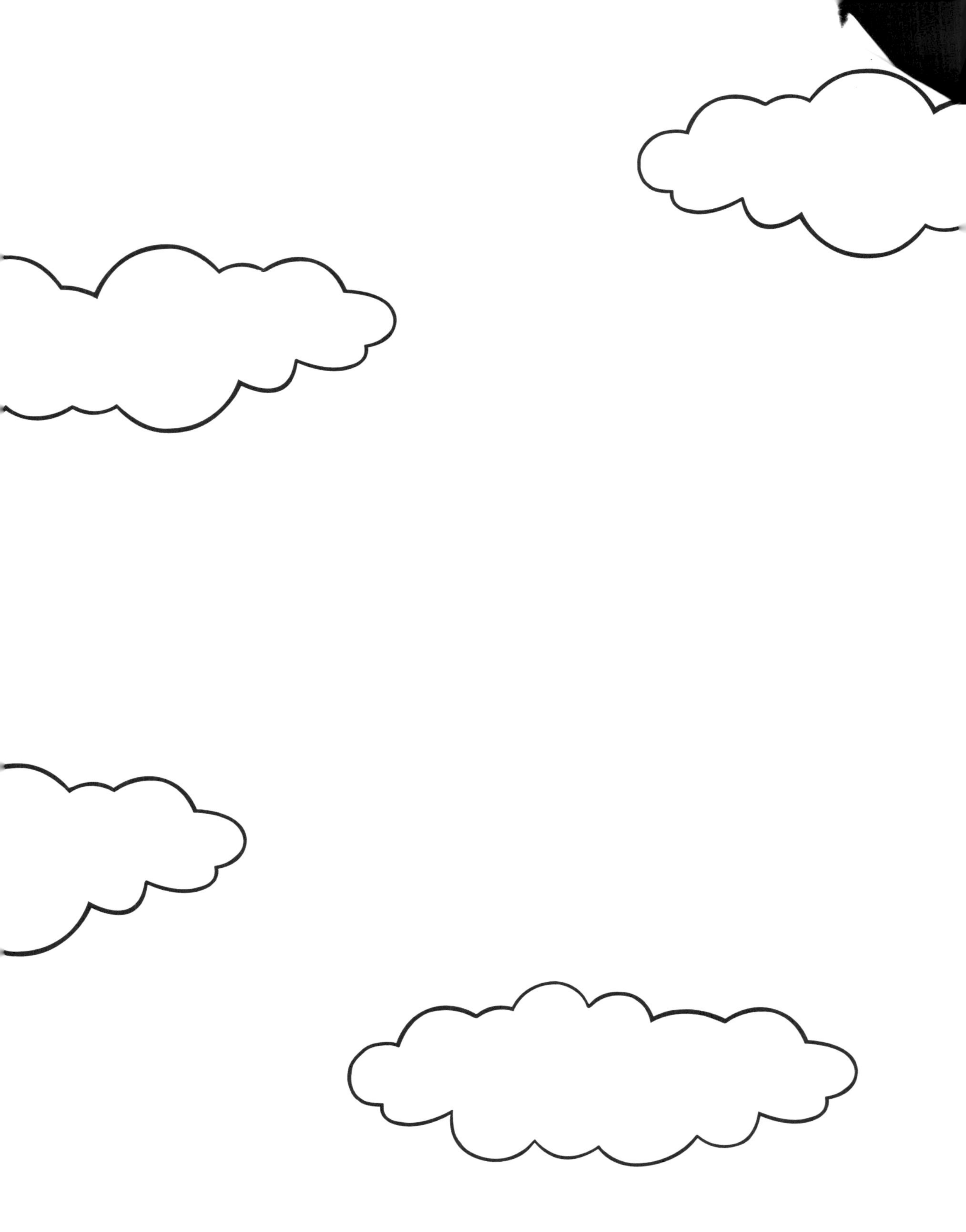

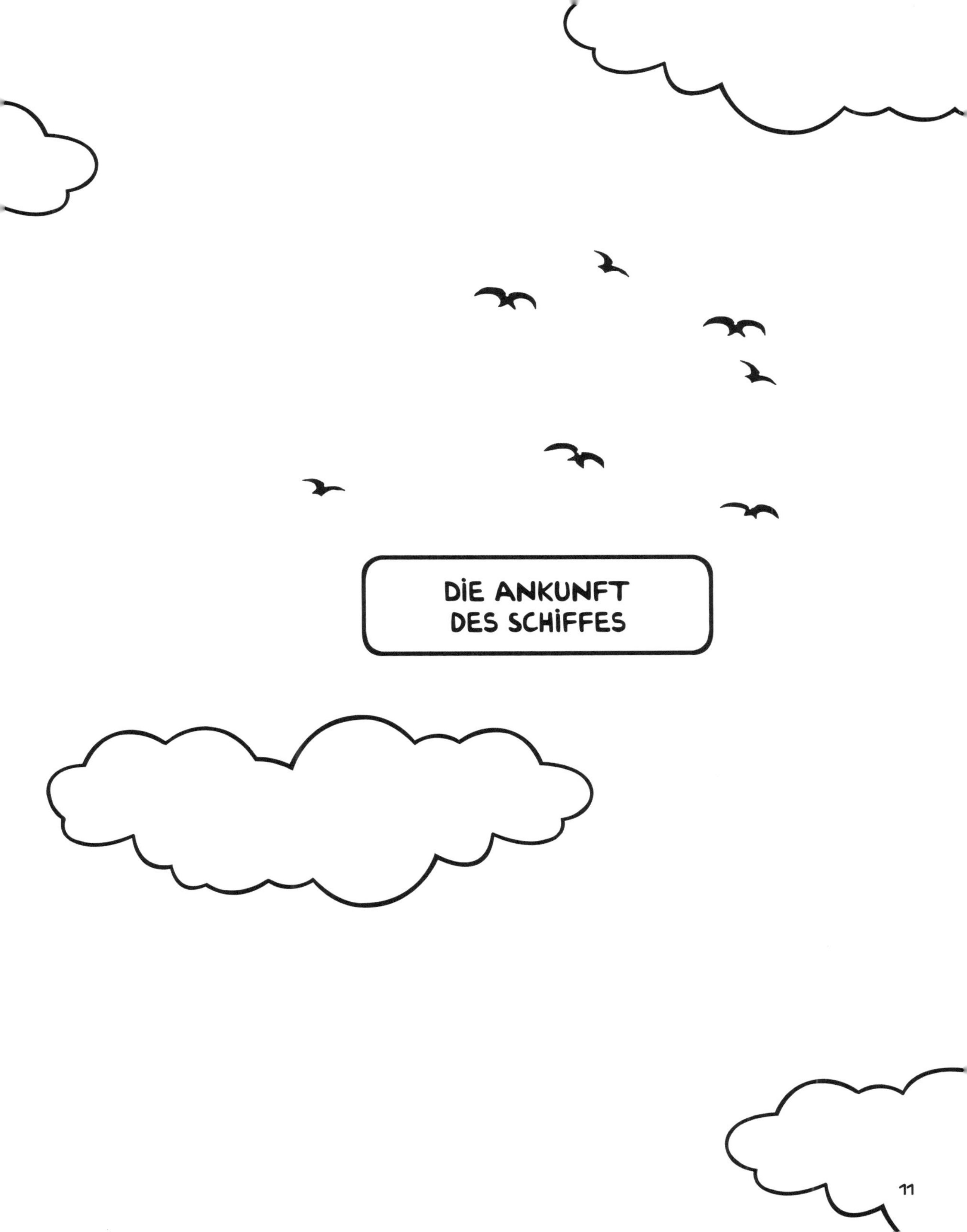
DIE ANKUNFT
DES SCHIFFES

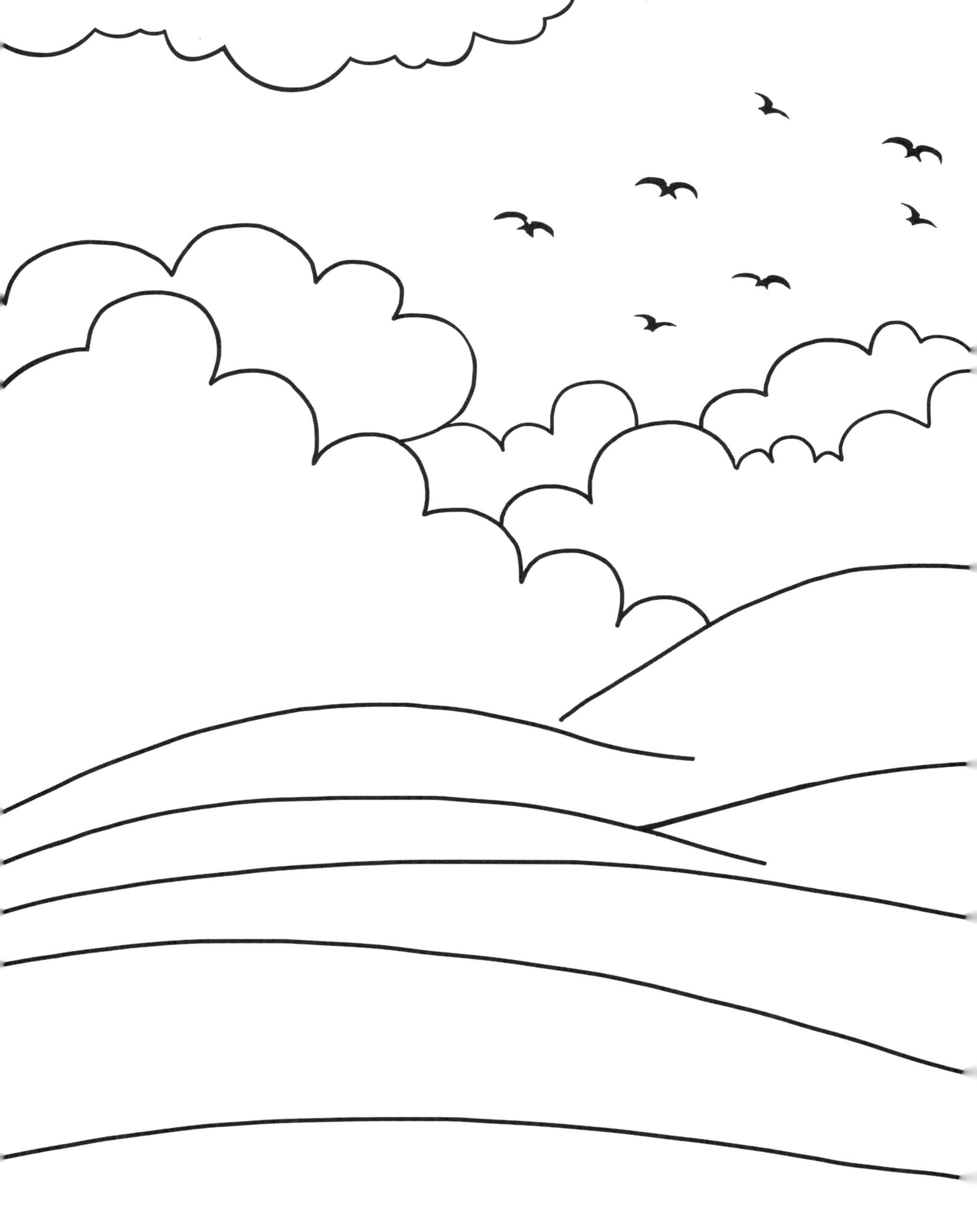

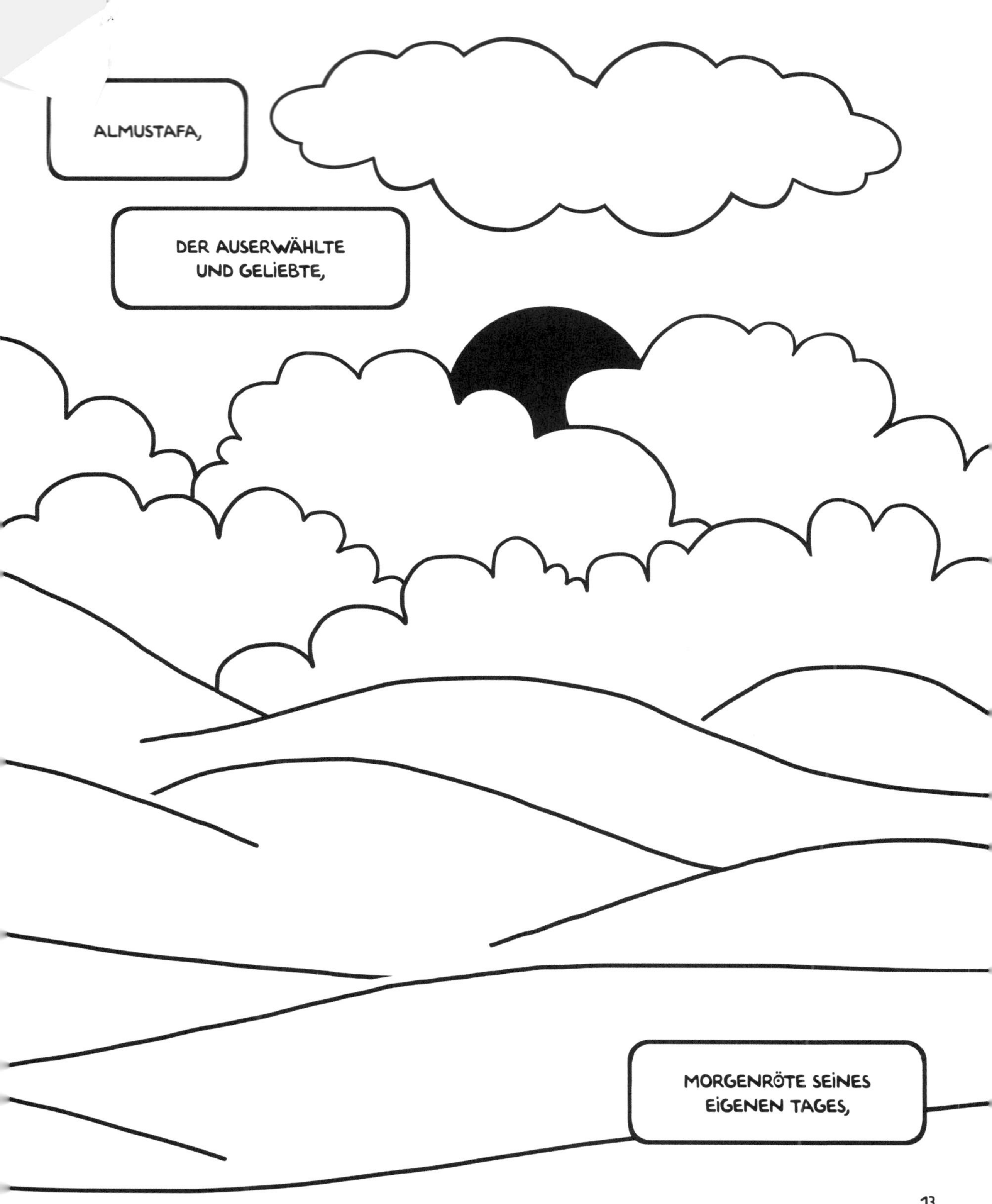
ALMUSTAFA,
DER AUSERWÄHLTE UND GELIEBTE,
MORGENRÖTE SEINES EIGENEN TAGES,

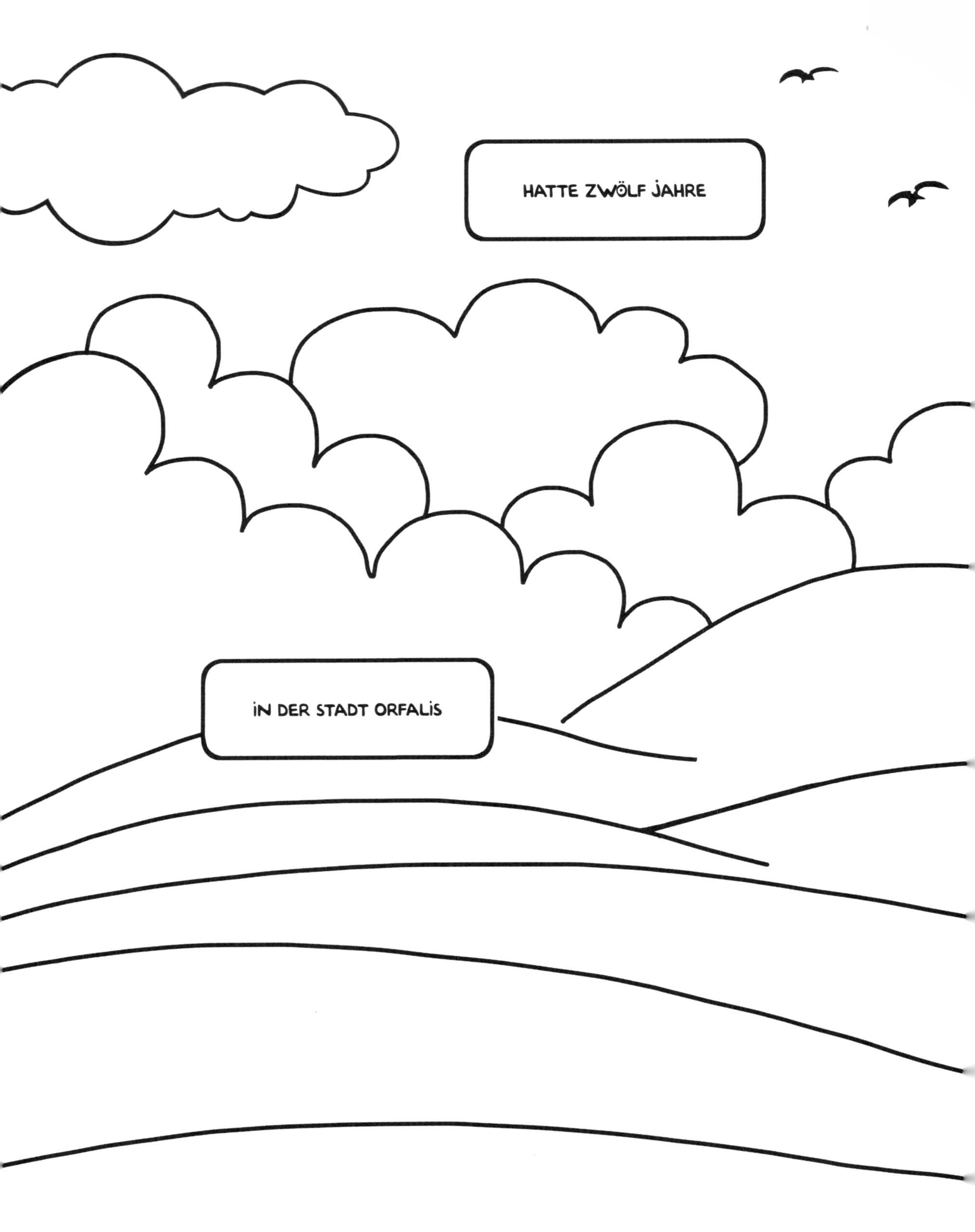
HATTE ZWÖLF JAHRE
IN DER STADT ORFALIS

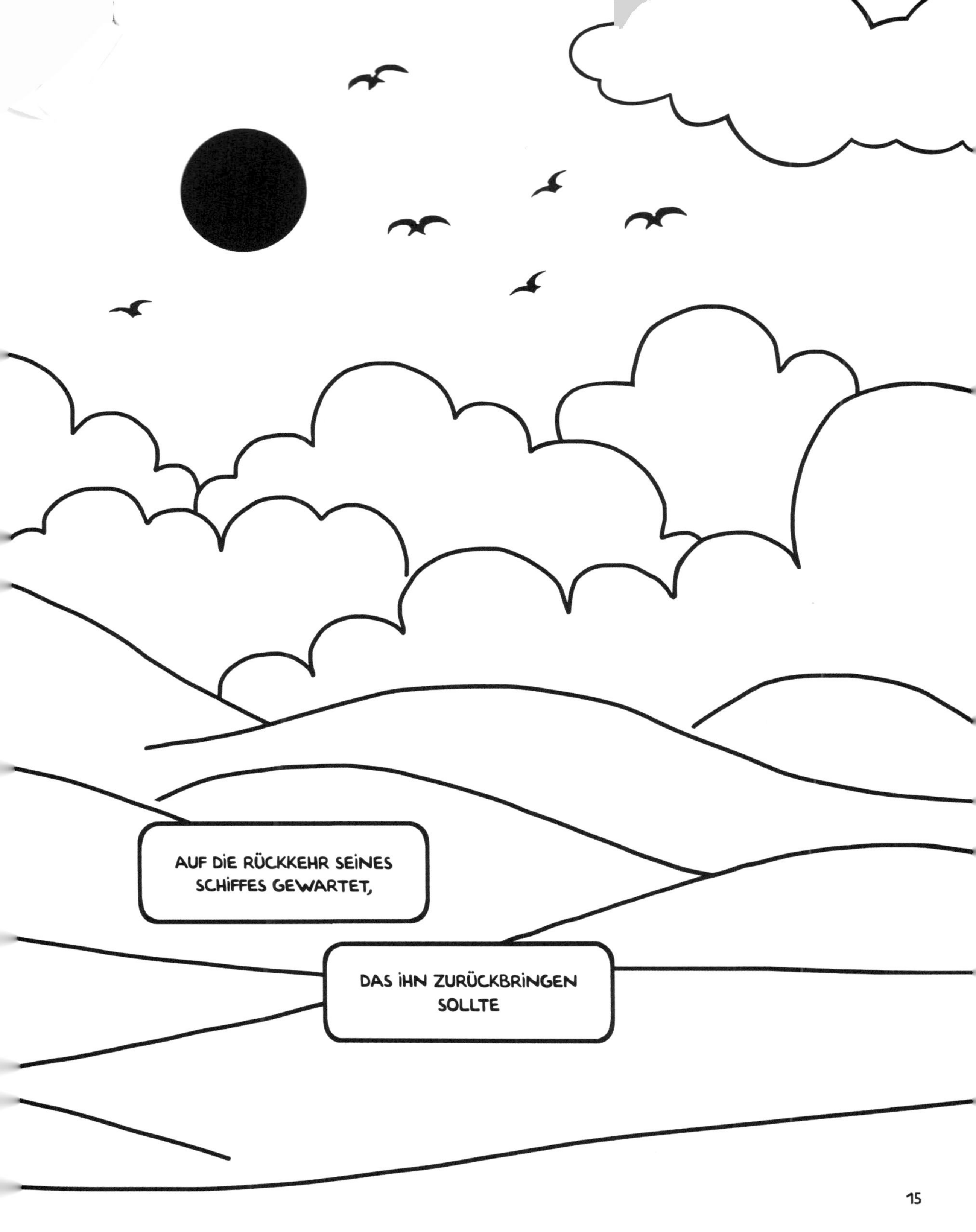
AUF DIE RÜCKKEHR SEINES SCHIFFES GEWARTET,
DAS IHN ZURÜCKBRINGEN SOLLTE

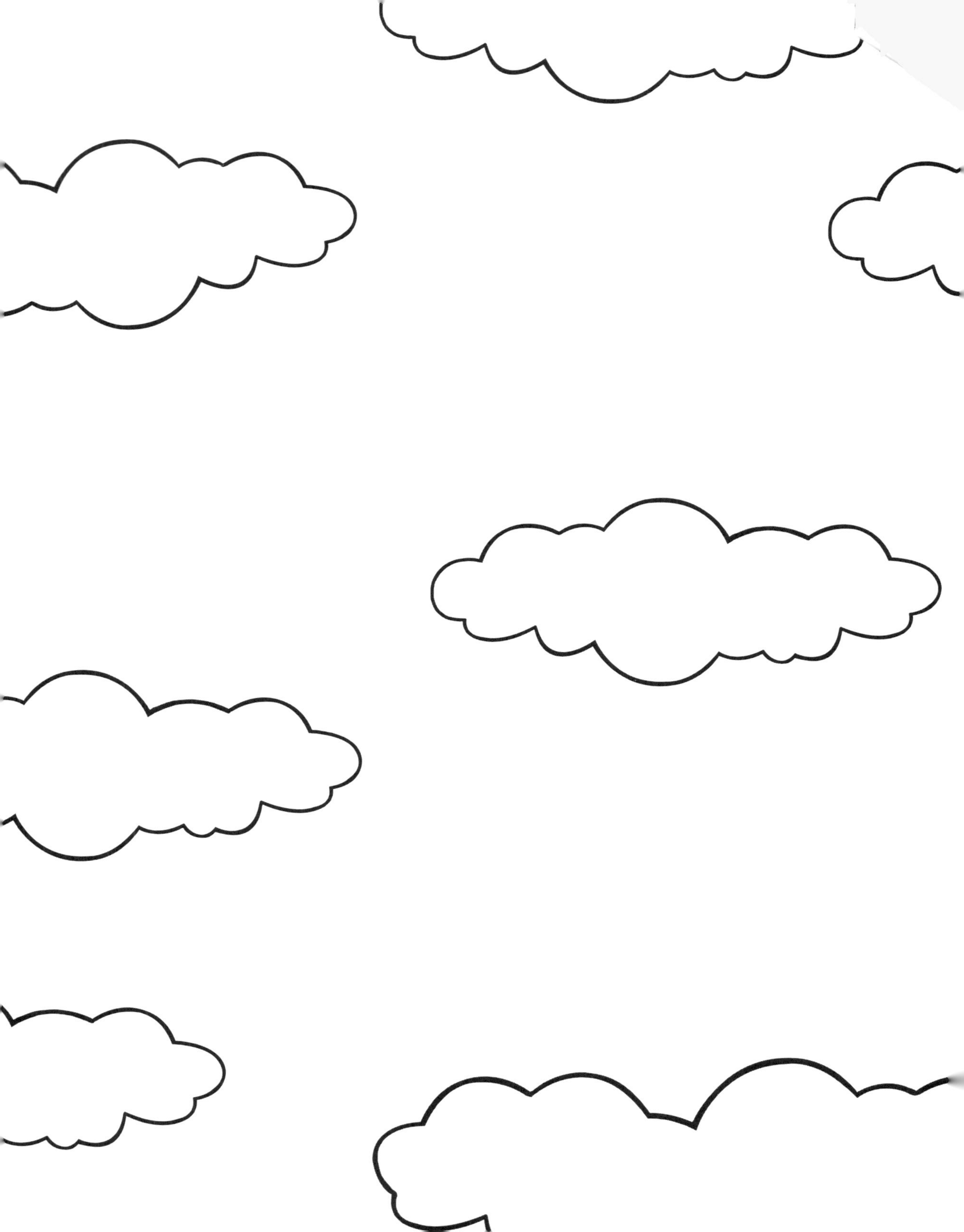

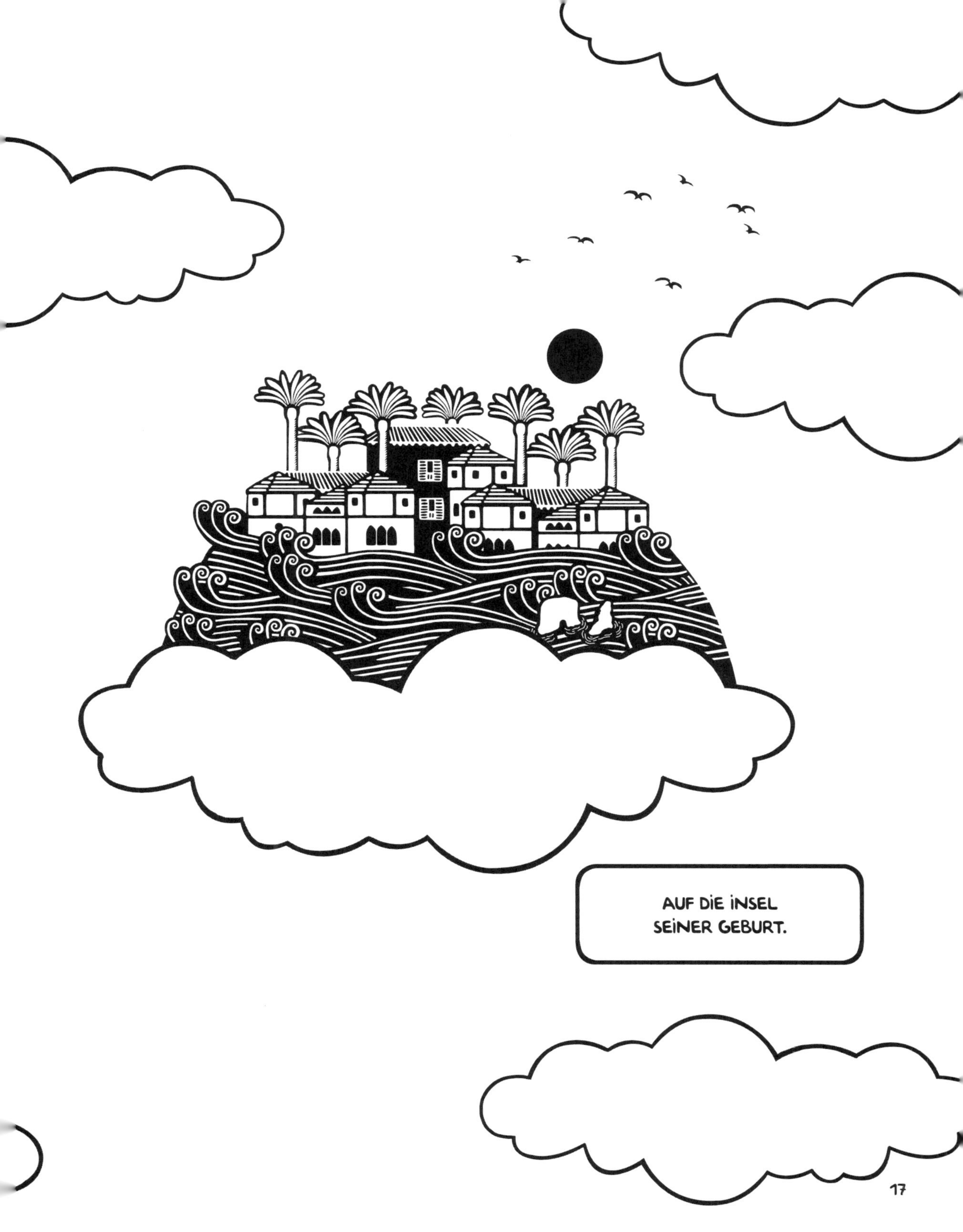
AUF DIE INSEL
SEINER GEBURT.

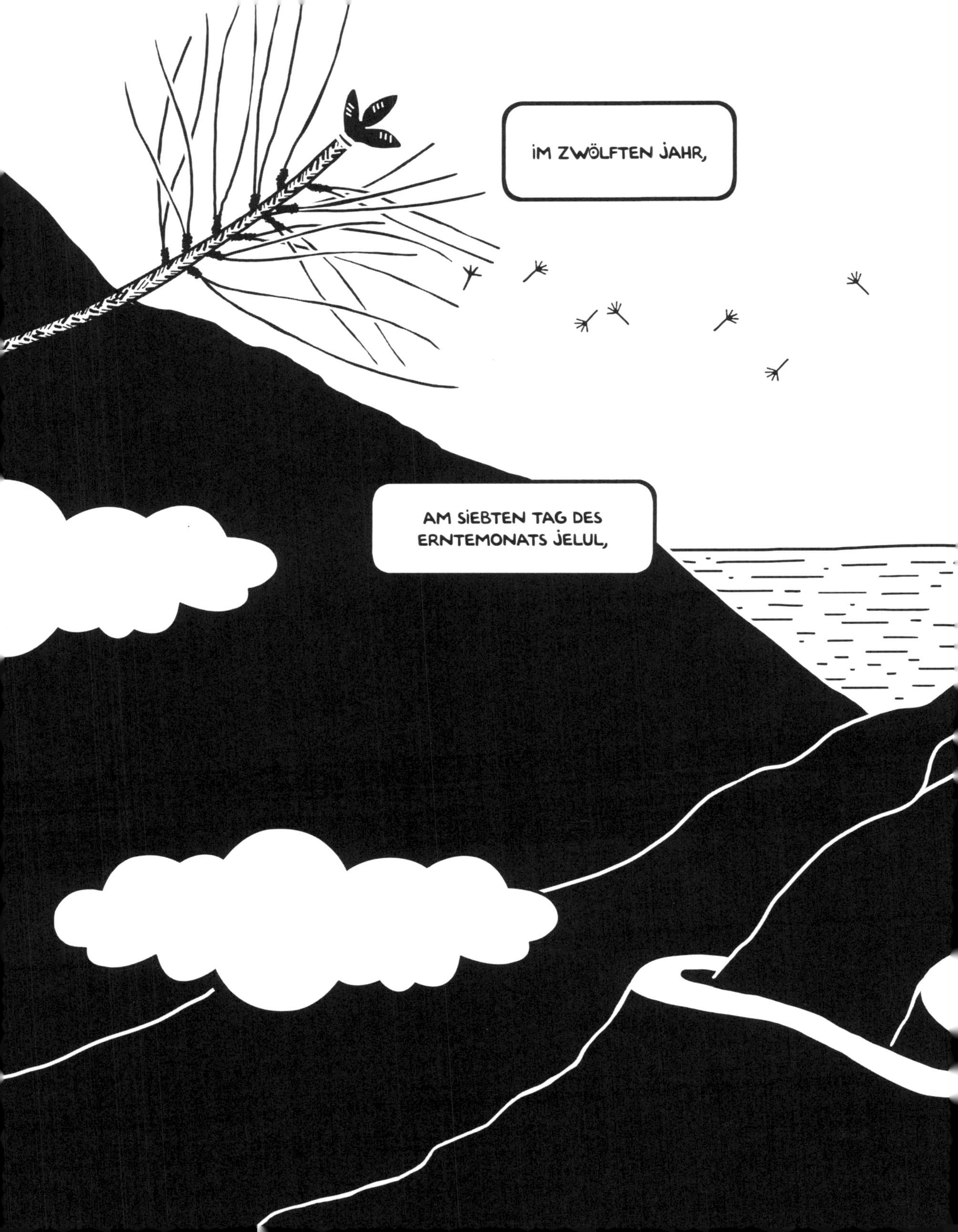
IM ZWÖLFTEN JAHR,
AM SIEBTEN TAG DES ERNTEMONATS JELUL,

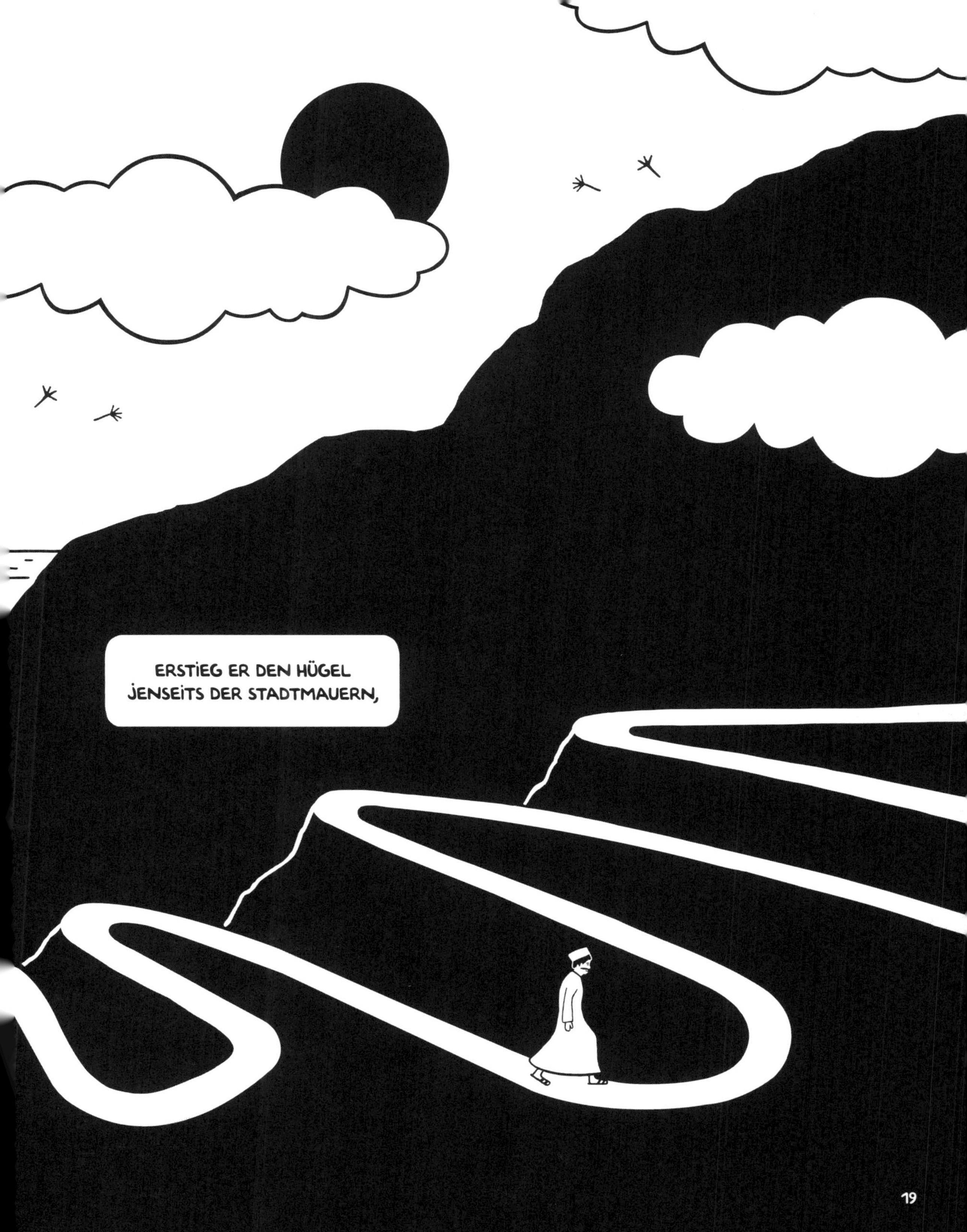
ERSTIEG ER DEN HÜGEL
JENSEITS DER STADTMAUERN,

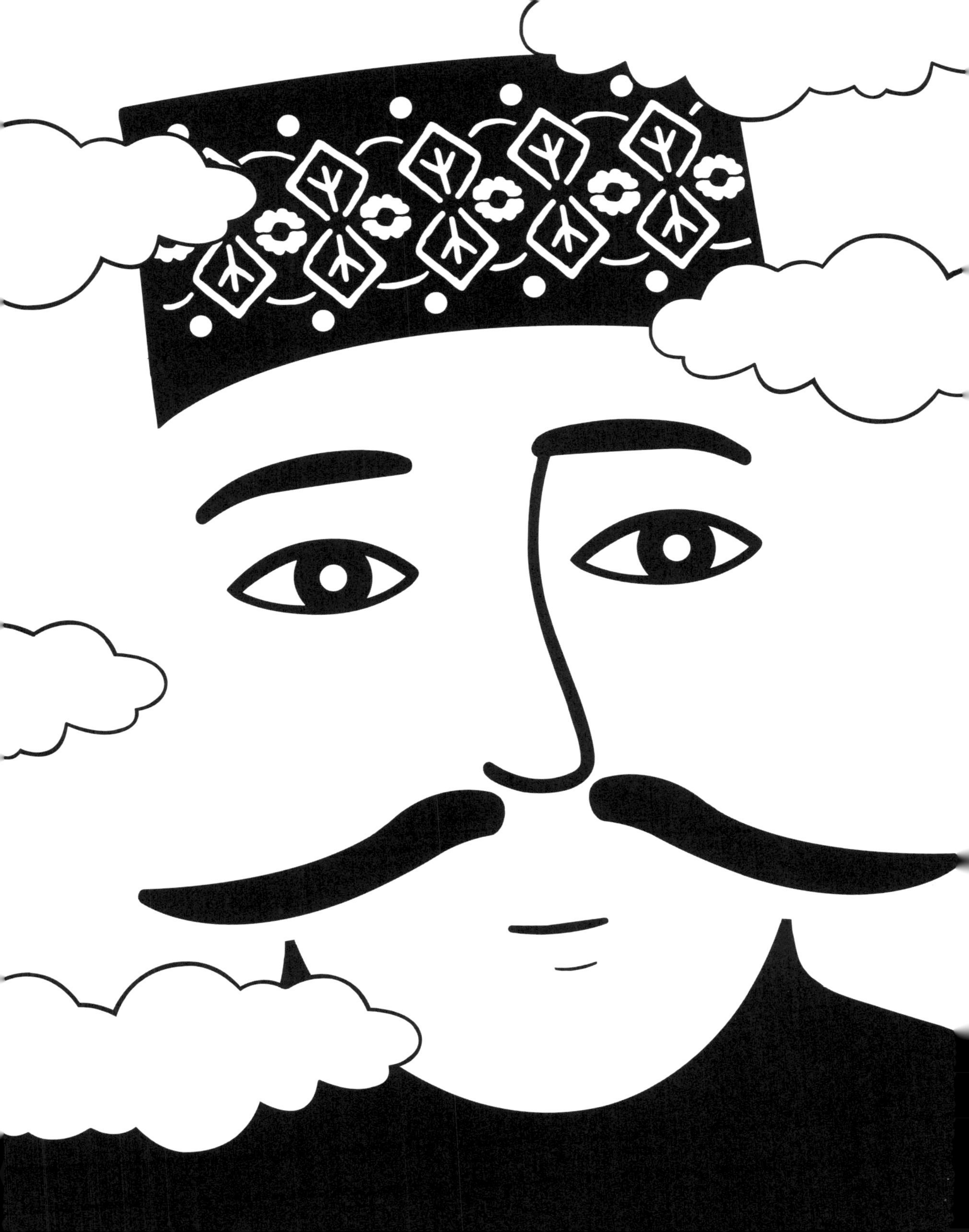

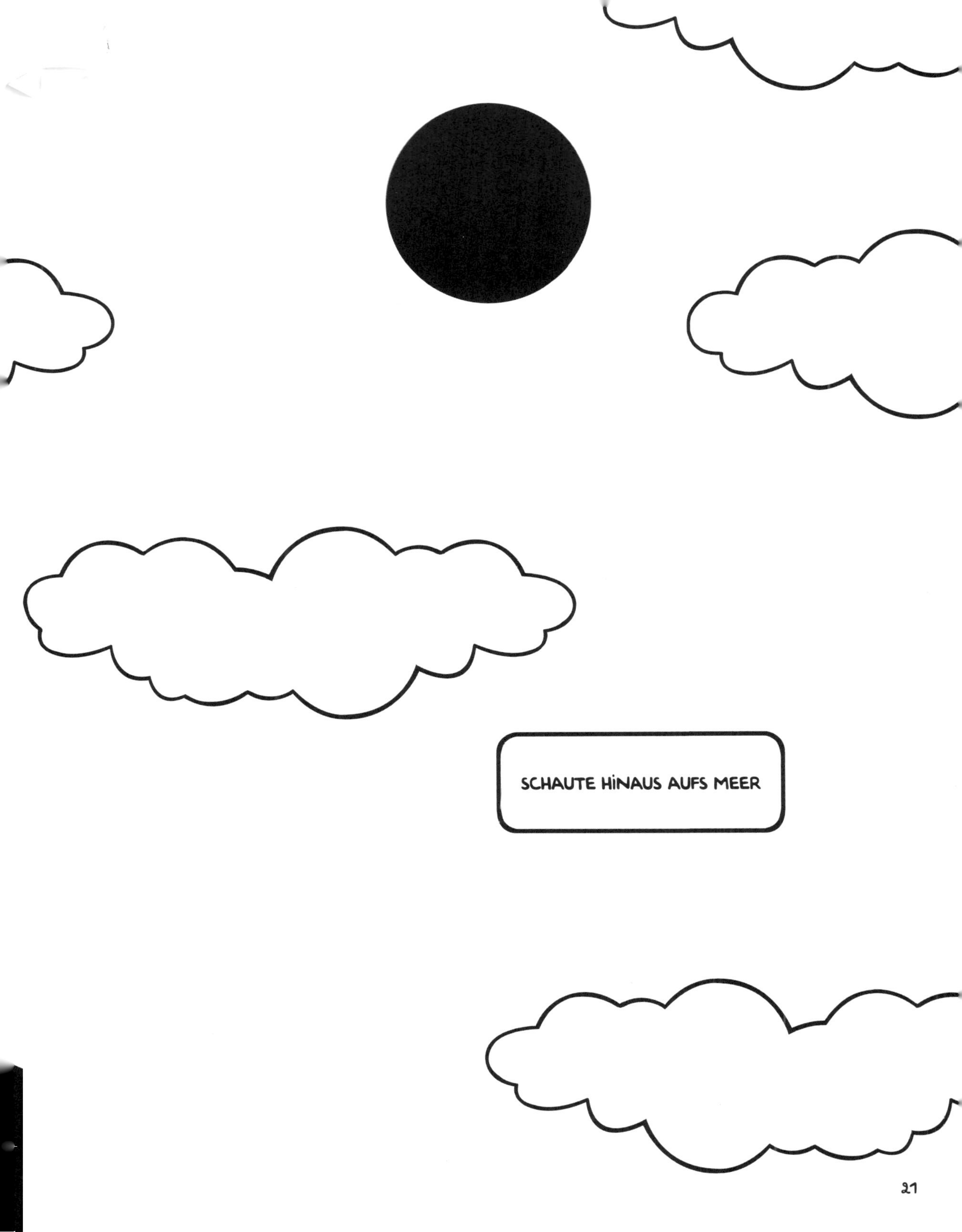
SCHAUTE HiNAUS AUFS MEER

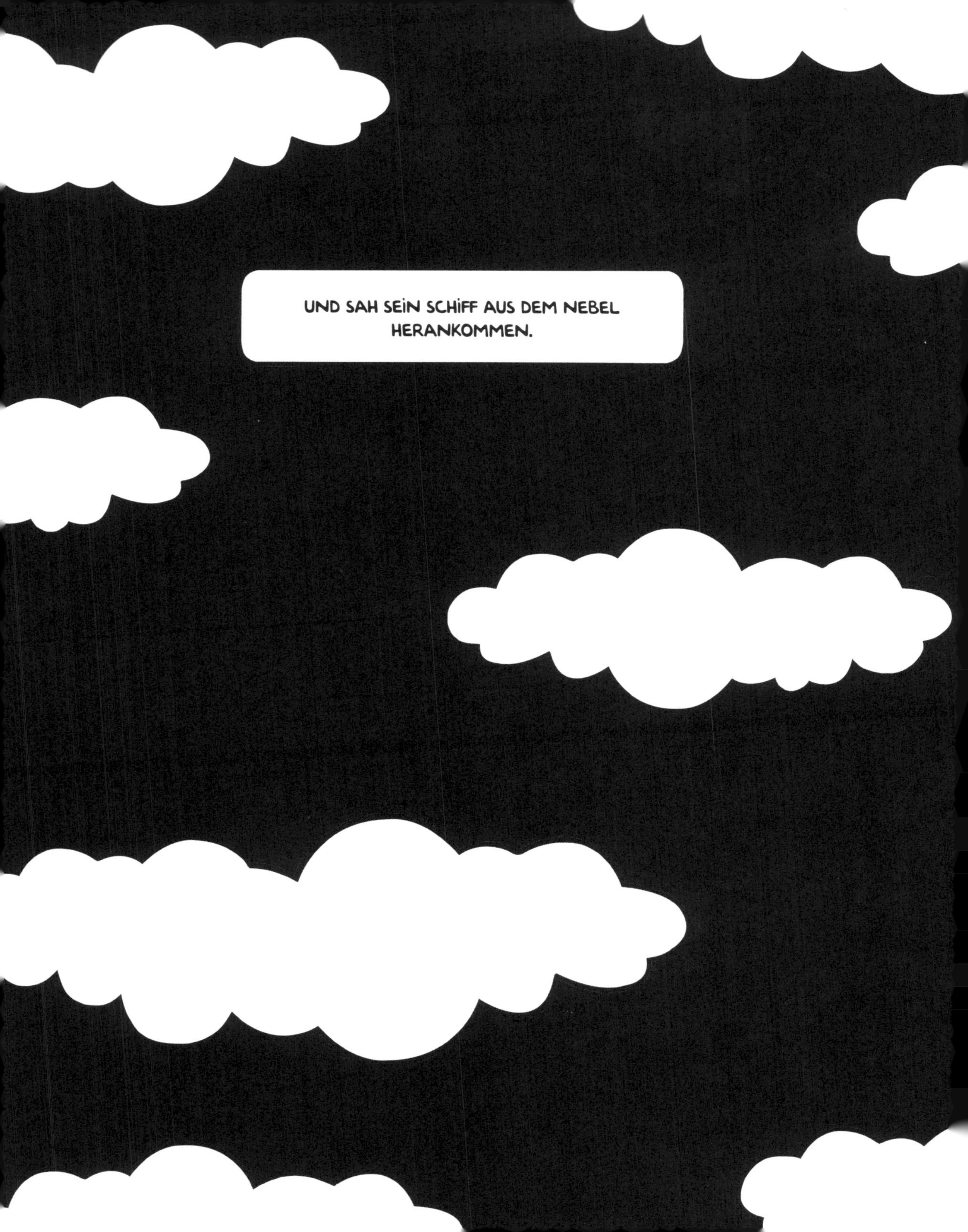
UND SAH SEIN SCHIFF AUS DEM NEBEL HERANKOMMEN.

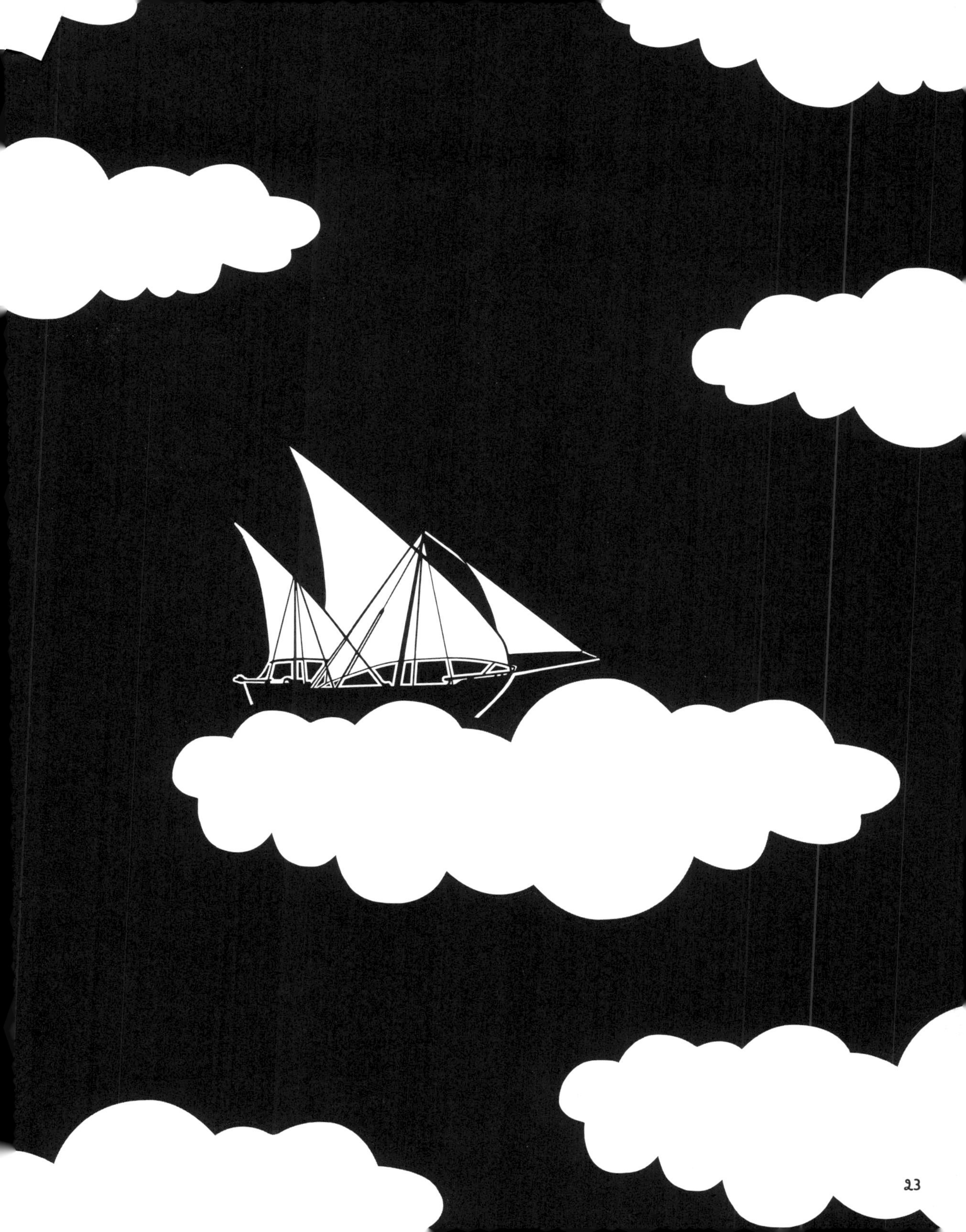

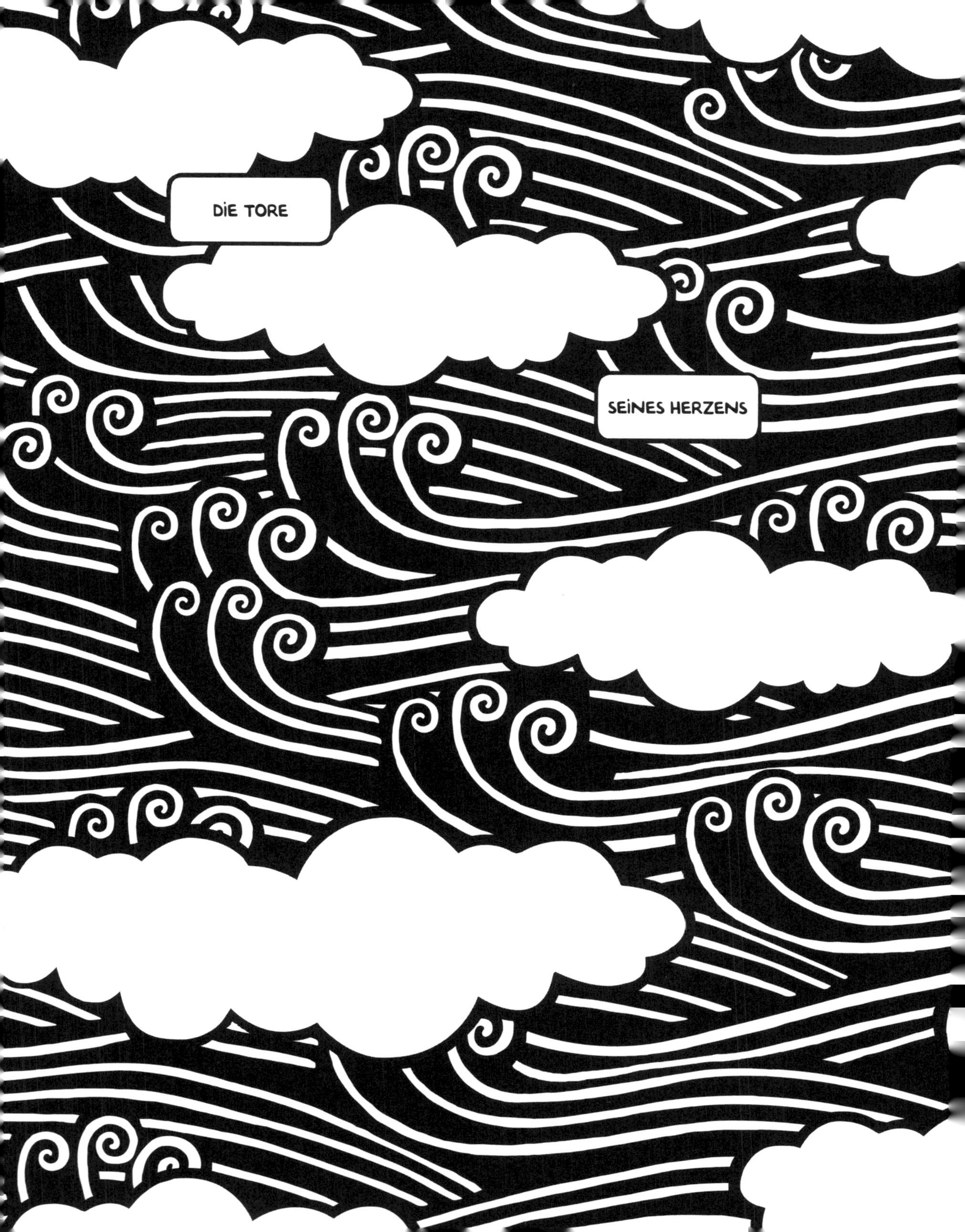
DiE TORE
SEiNES HERZENS

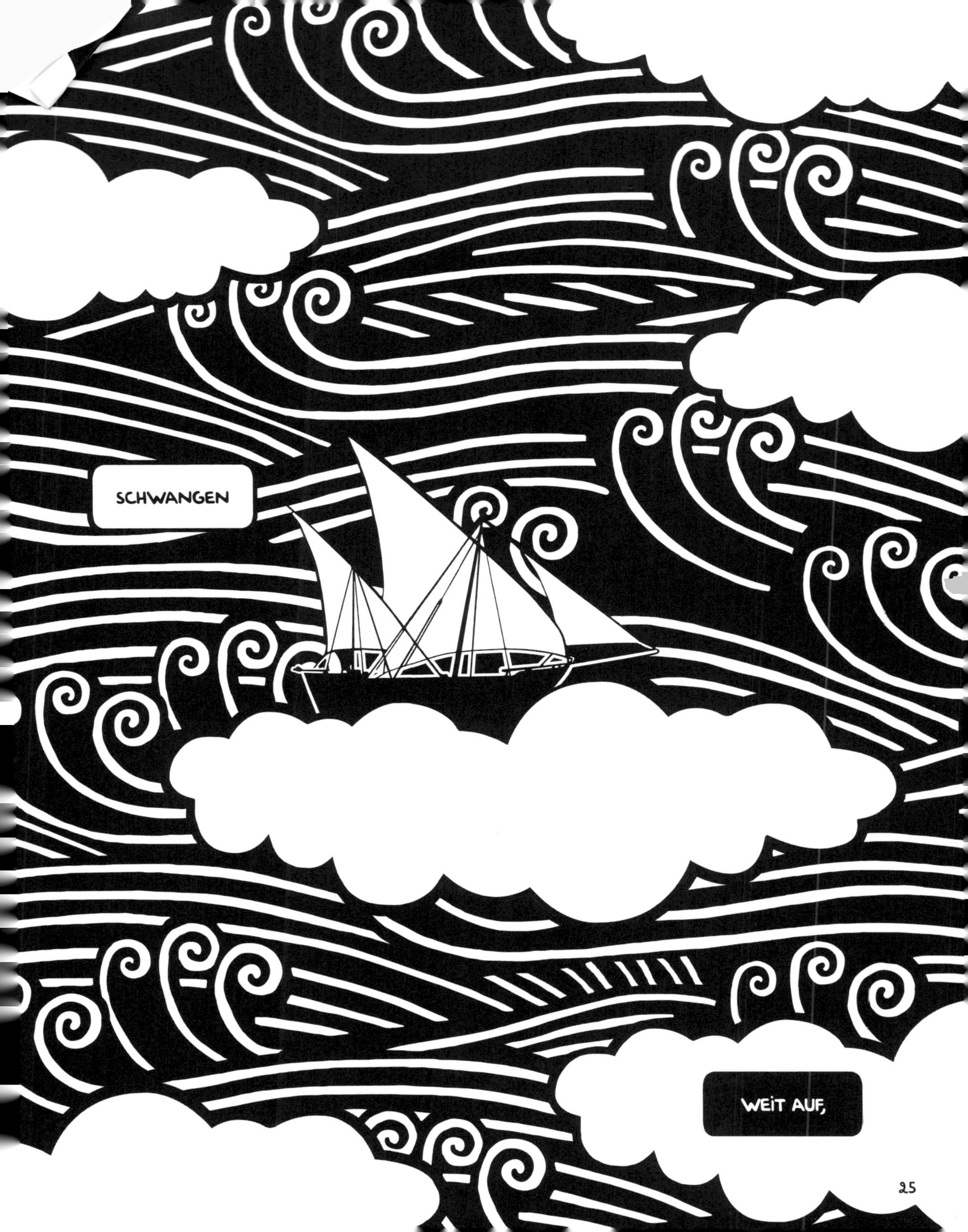
SCHWANGEN
WEIT AUF,

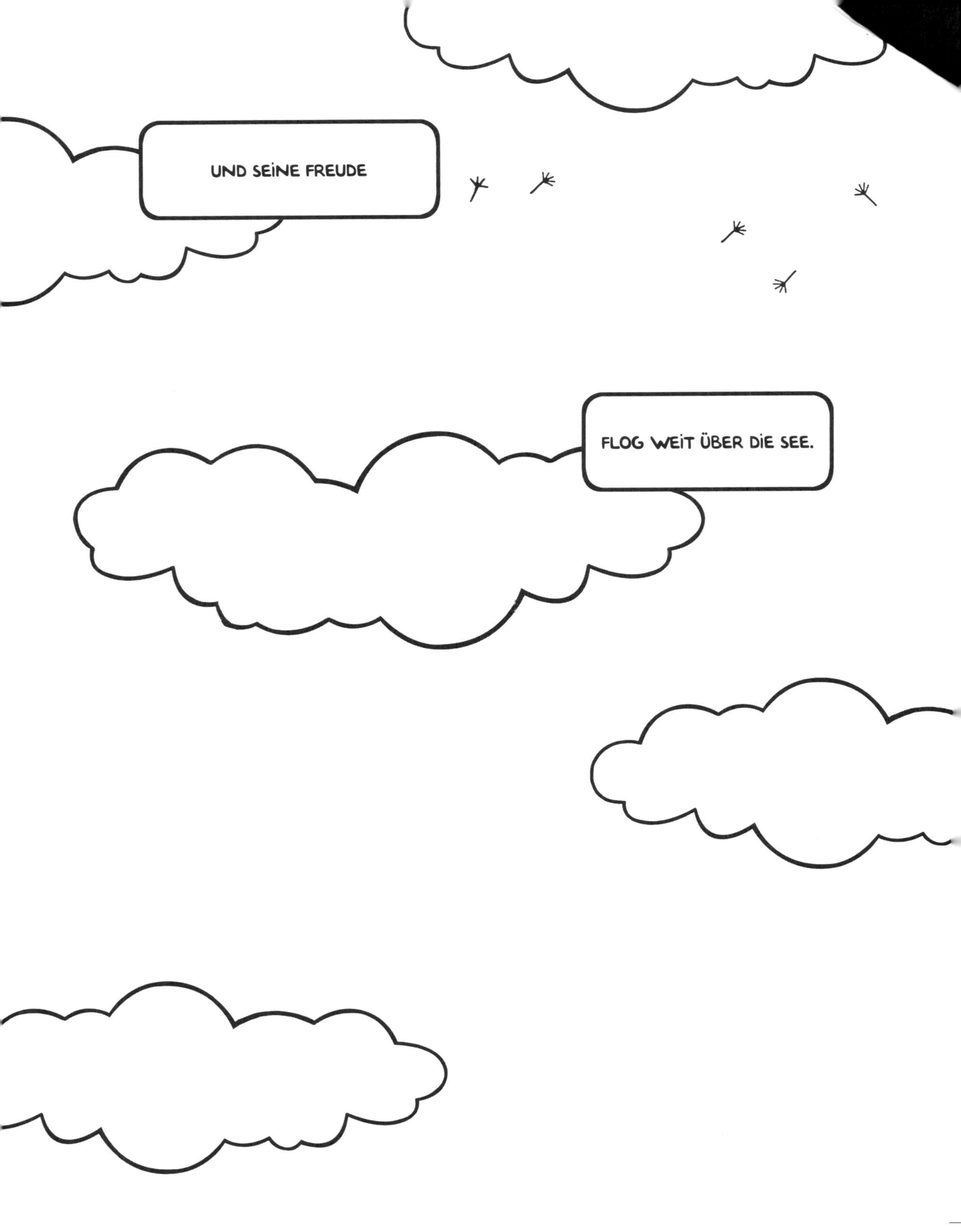
UND SEINE FREUDE
FLOG WEIT ÜBER DIE SEE.

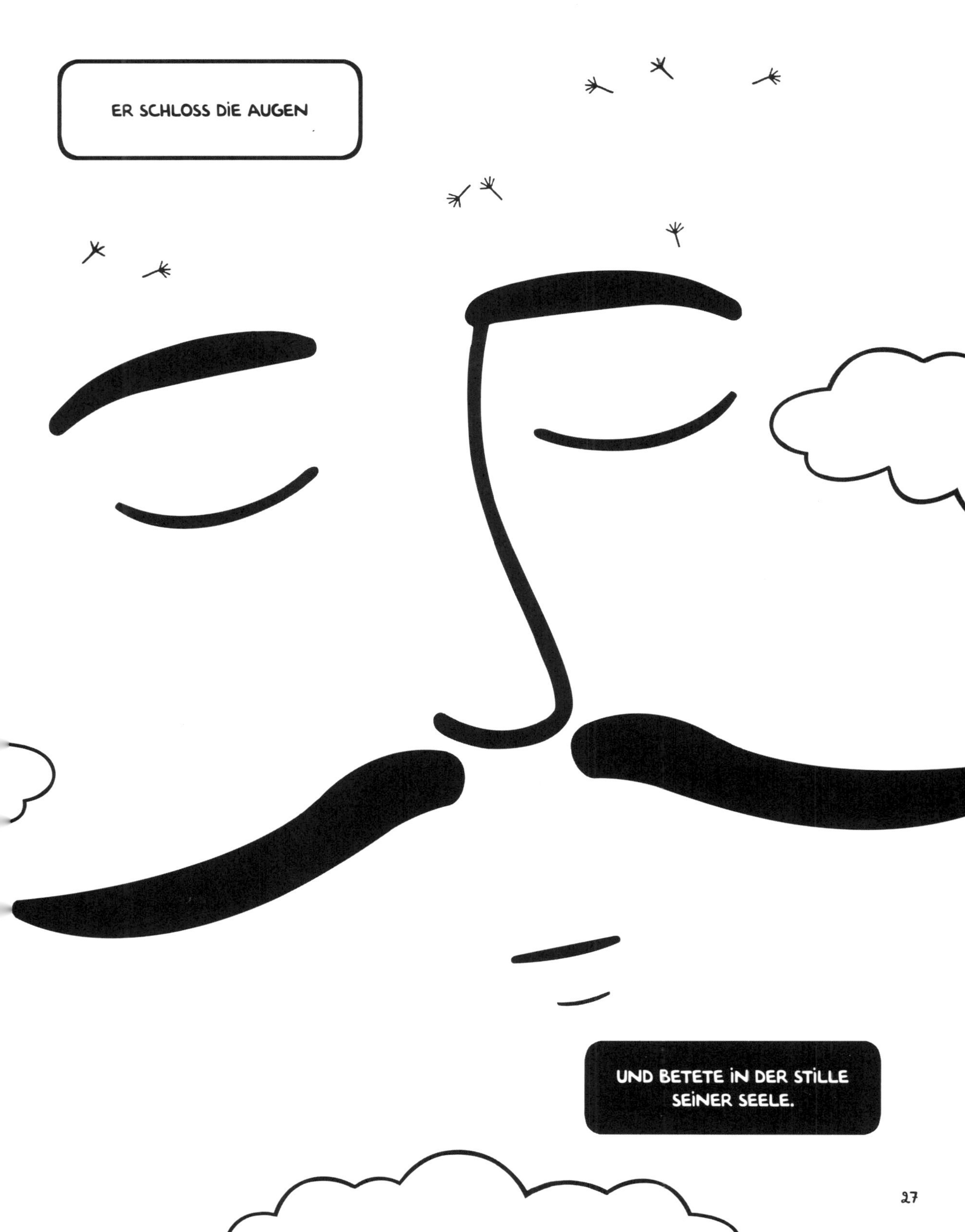
ER SCHLOSS DIE AUGEN
UND BETETE IN DER STILLE SEINER SEELE.

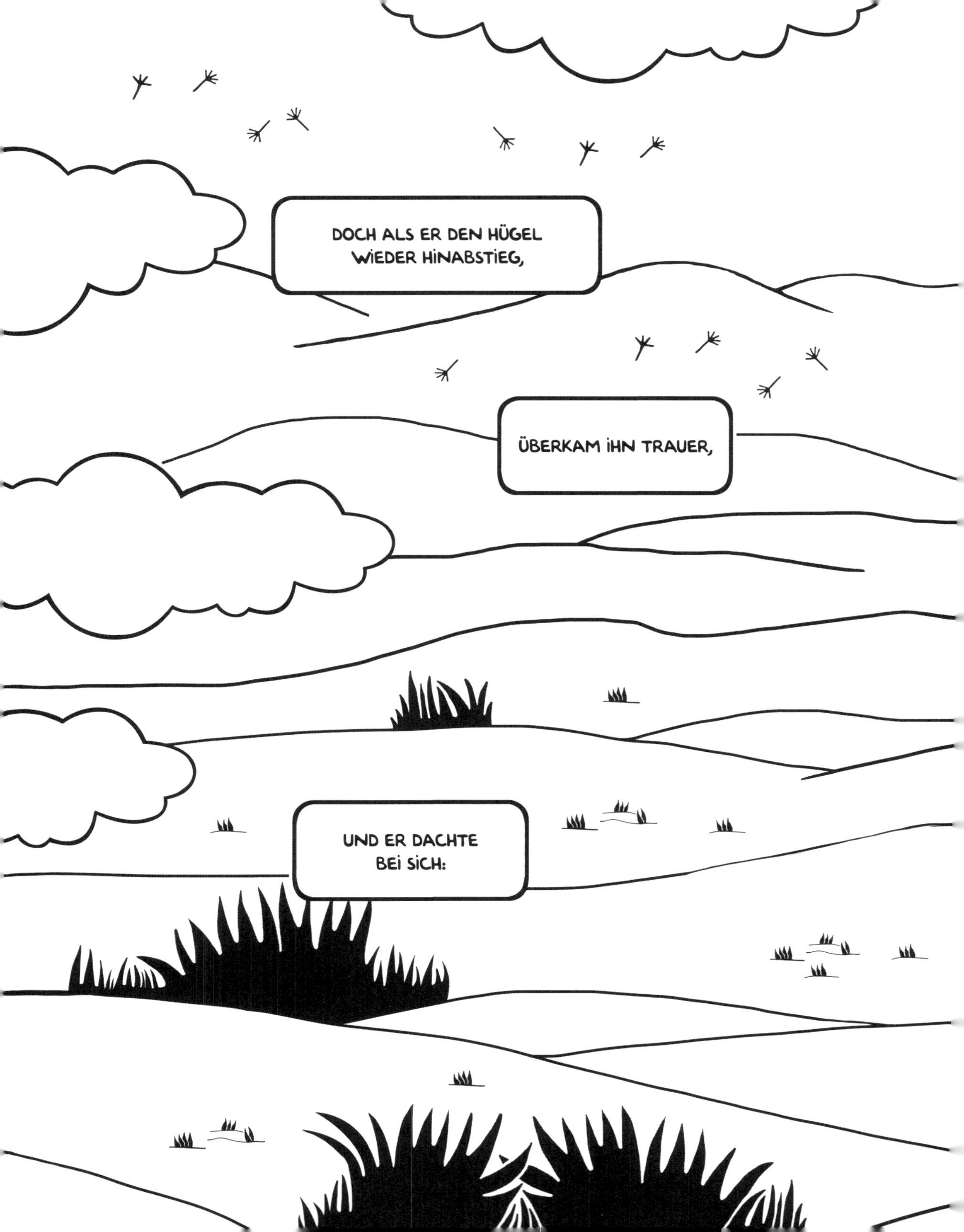
DOCH ALS ER DEN HÜGEL WIEDER HINABSTIEG,
ÜBERKAM IHN TRAUER,
UND ER DACHTE BEI SICH:

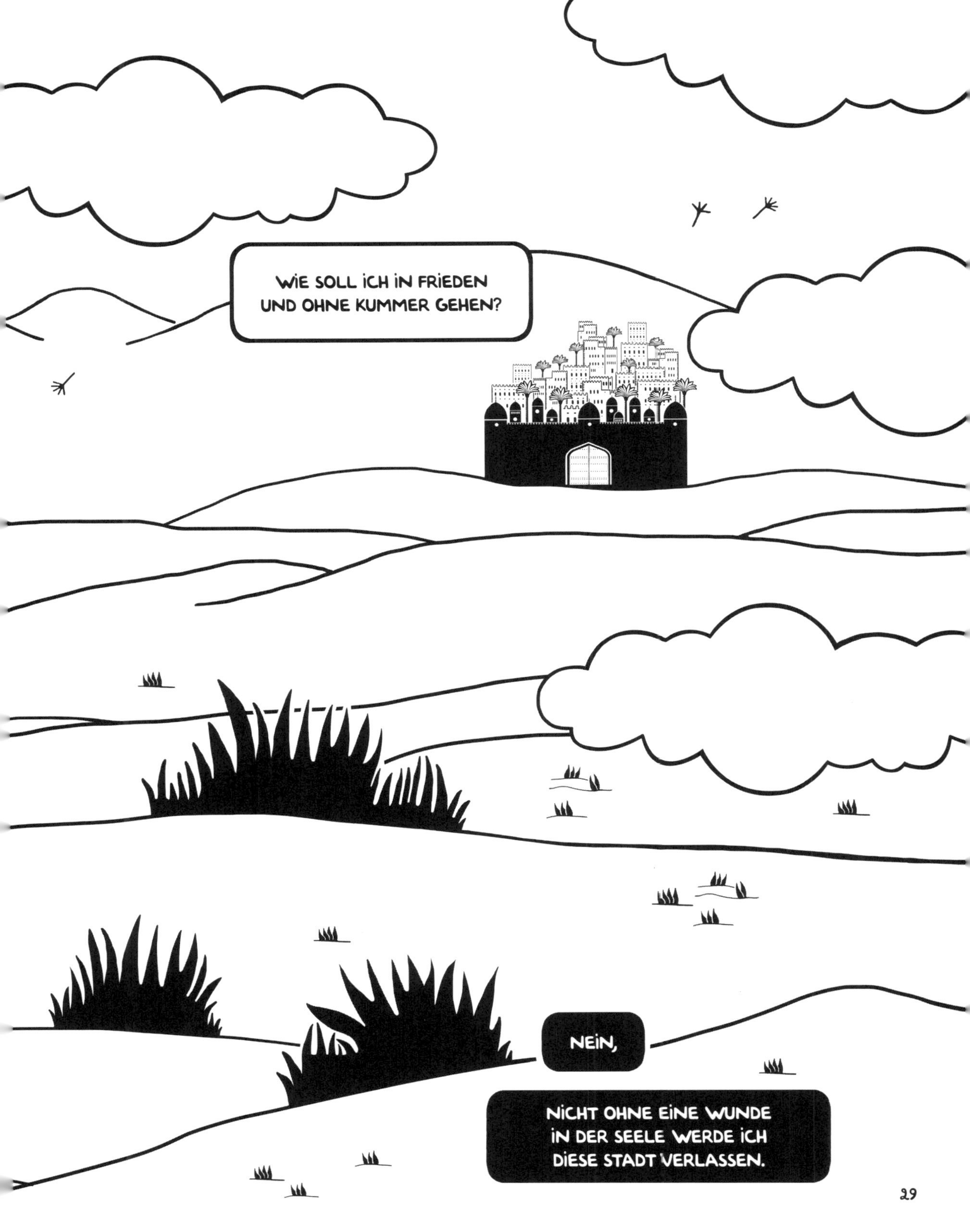
WIE SOLL ICH IN FRIEDEN
UND OHNE KUMMER GEHEN?
NEIN,
NICHT OHNE EINE WUNDE
IN DER SEELE WERDE ICH
DIESE STADT VERLASSEN.

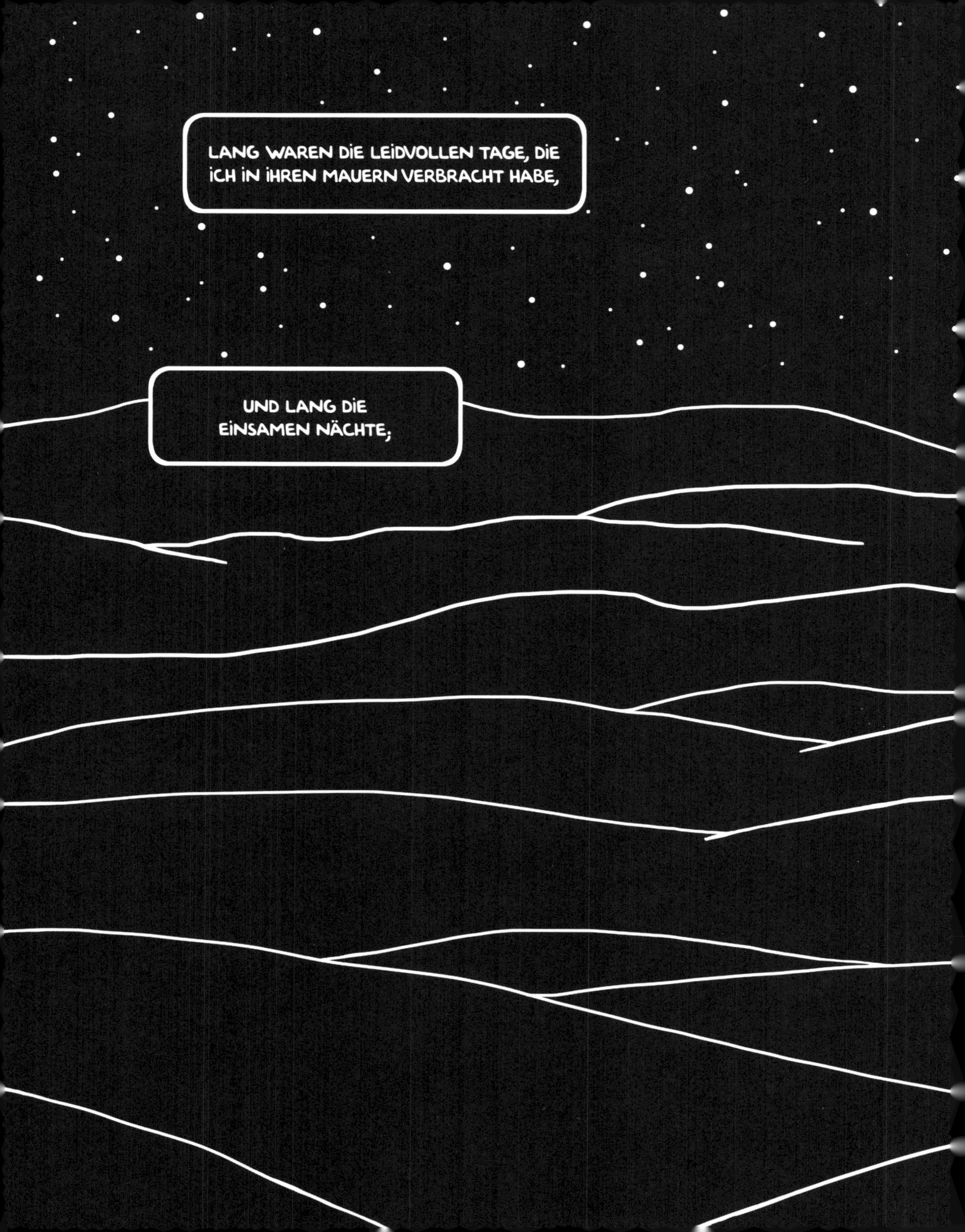

LANG WAREN DIE LEIDVOLLEN TAGE, DIE ICH IN IHREN MAUERN VERBRACHT HABE,
UND LANG DIE EINSAMEN NÄCHTE,

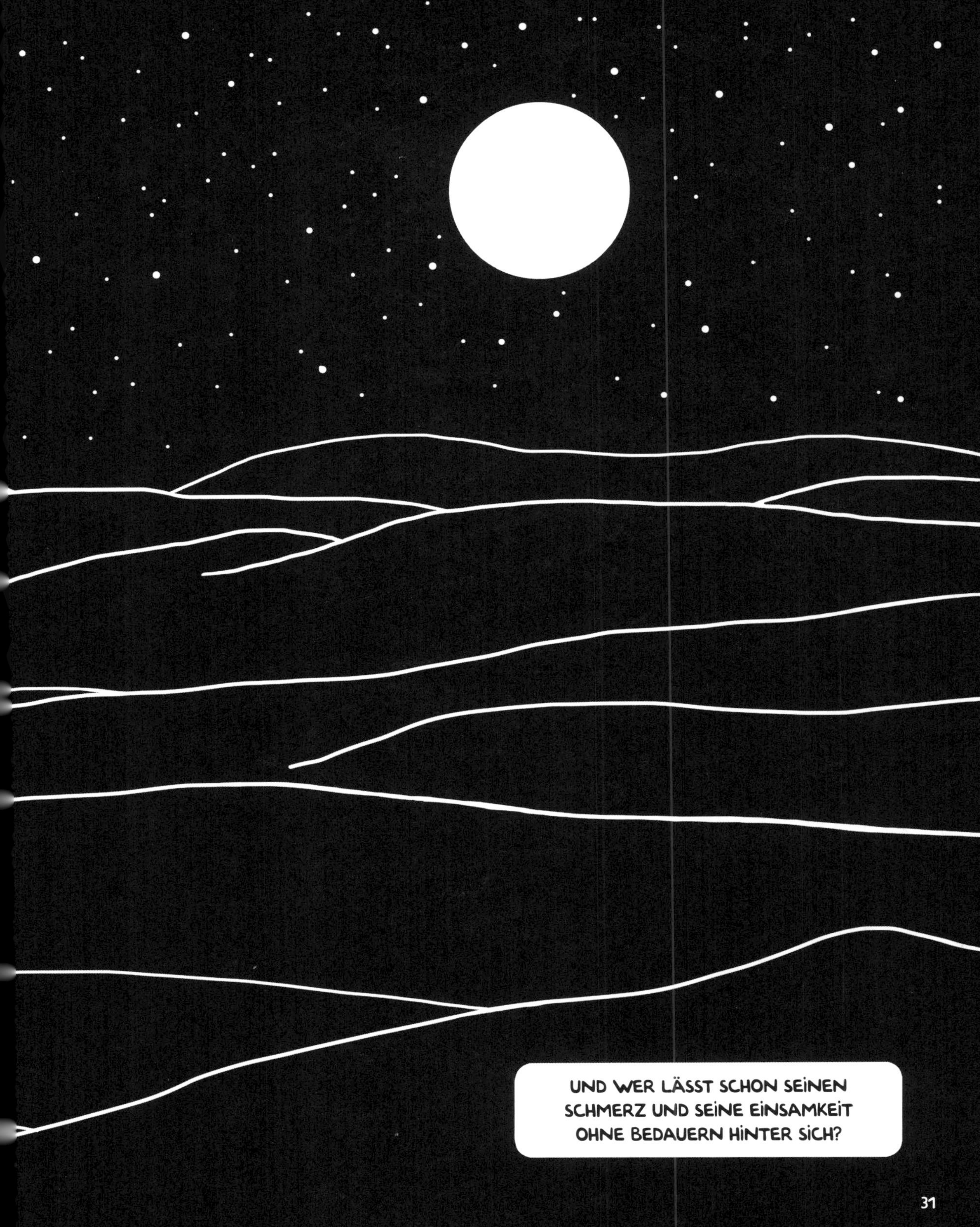
UND WER LÄSST SCHON SEINEN SCHMERZ UND SEINE EINSAMKEIT OHNE BEDAUERN HINTER SICH?

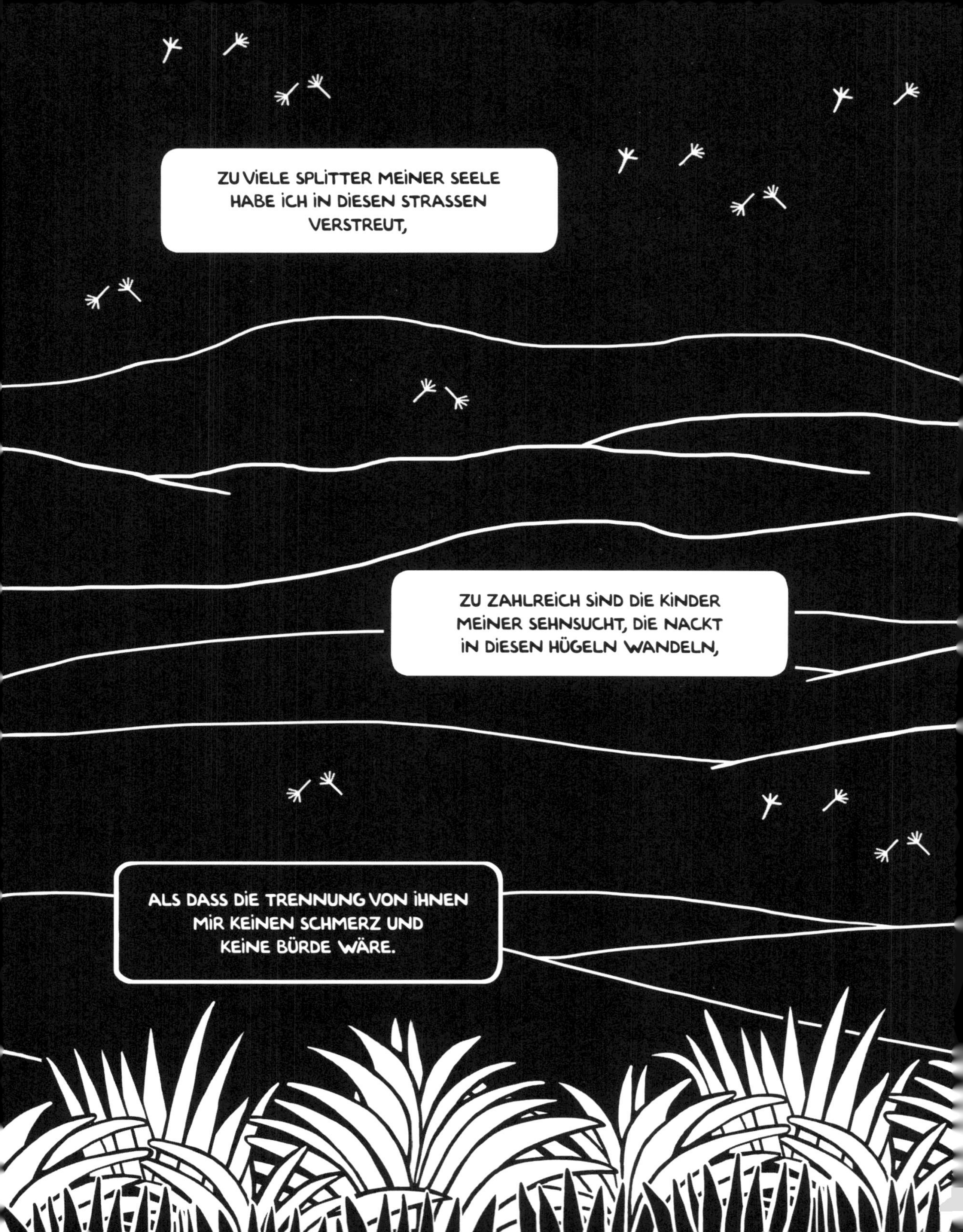
ZU VIELE SPLITTER MEINER SEELE HABE ICH IN DIESEN STRASSEN VERSTREUT,
ZU ZAHLREICH SIND DIE KINDER MEINER SEHNSUCHT, DIE NACKT IN DIESEN HÜGELN WANDELN,
ALS DASS DIE TRENNUNG VON IHNEN MIR KEINEN SCHMERZ UND KEINE BÜRDE WÄRE.

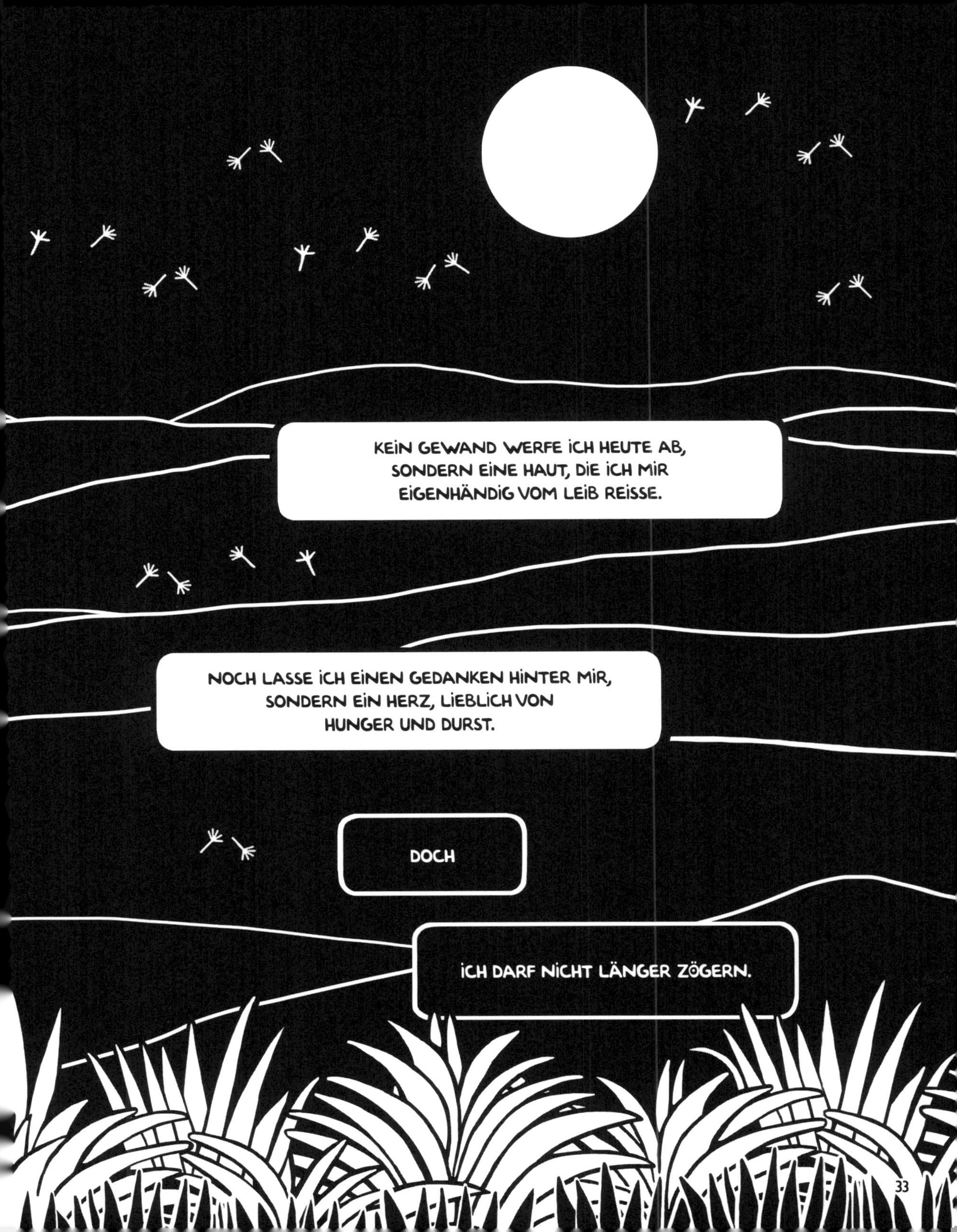
KEIN GEWAND WERFE ICH HEUTE AB, SONDERN EINE HAUT, DIE ICH MIR EIGENHÄNDIG VOM LEIB REISSE.
NOCH LASSE ICH EINEN GEDANKEN HINTER MIR, SONDERN EIN HERZ, LIEBLICH VON HUNGER UND DURST.
DOCH
ICH DARF NICHT LÄNGER ZÖGERN.

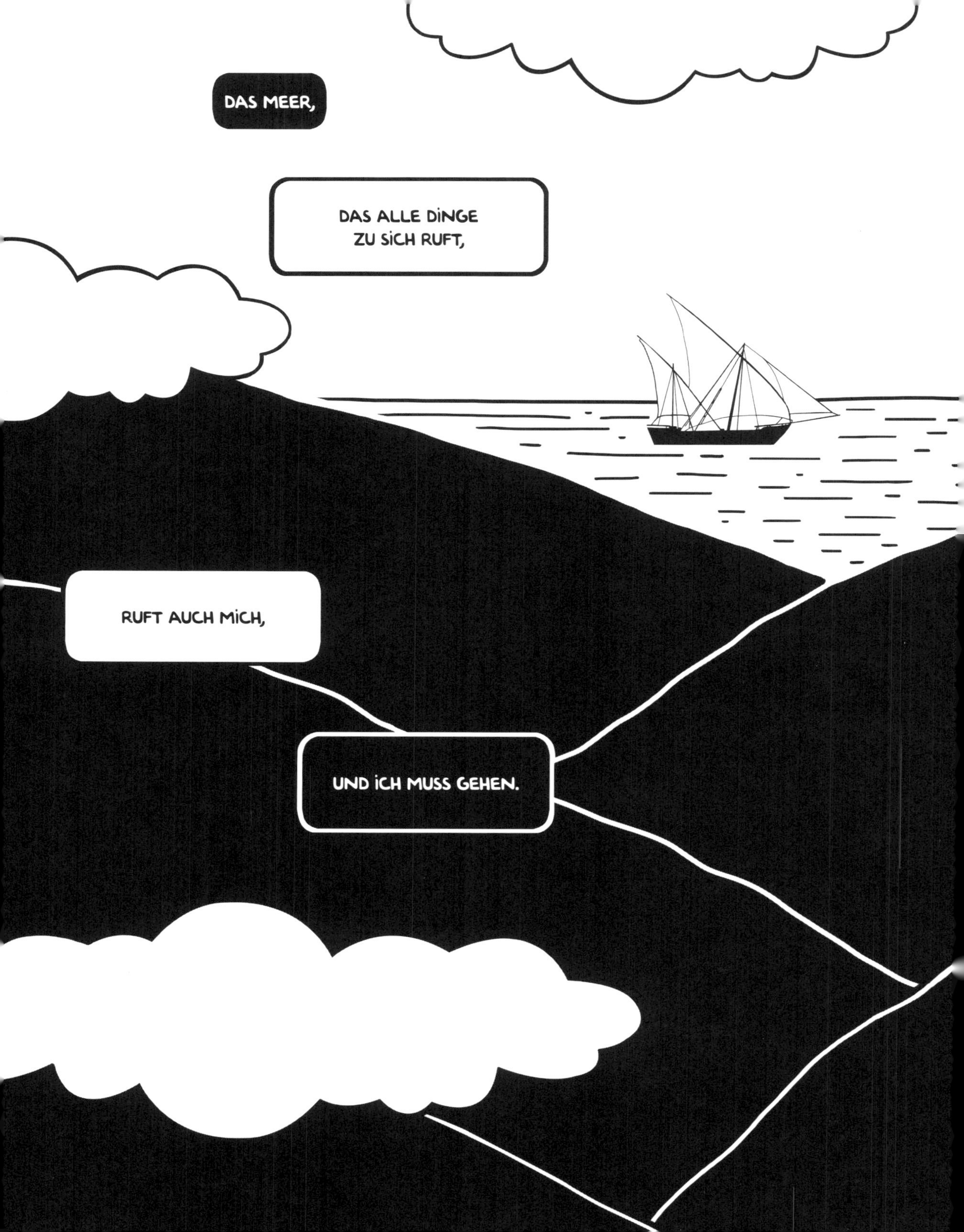
DAS MEER,
DAS ALLE DINGE ZU SICH RUFT,
RUFT AUCH MICH,
UND ICH MUSS GEHEN.

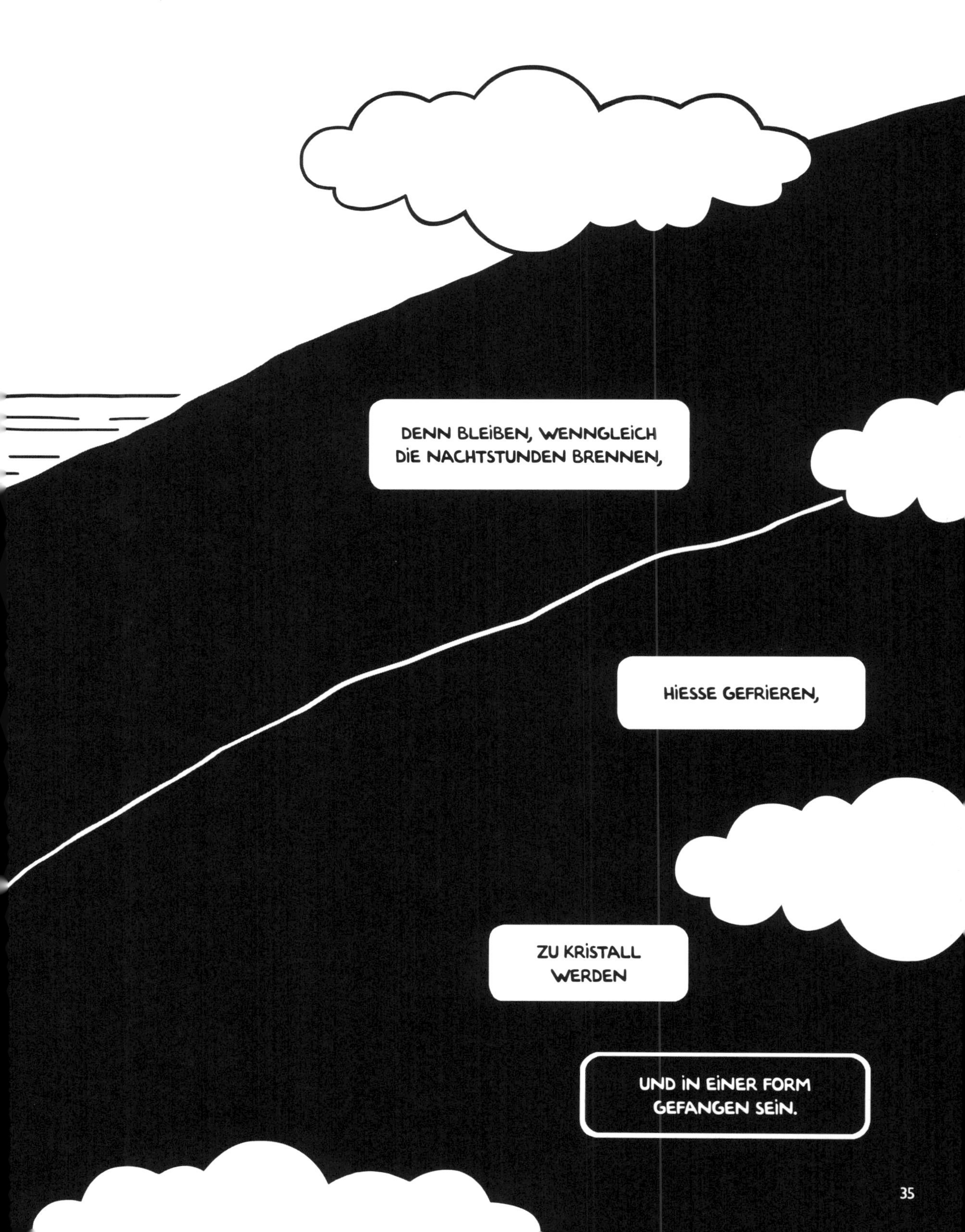
DENN BLEIBEN, WENNGLEICH DIE NACHTSTUNDEN BRENNEN,
HIESSE GEFRIEREN,
ZU KRISTALL WERDEN
UND IN EINER FORM GEFANGEN SEIN.

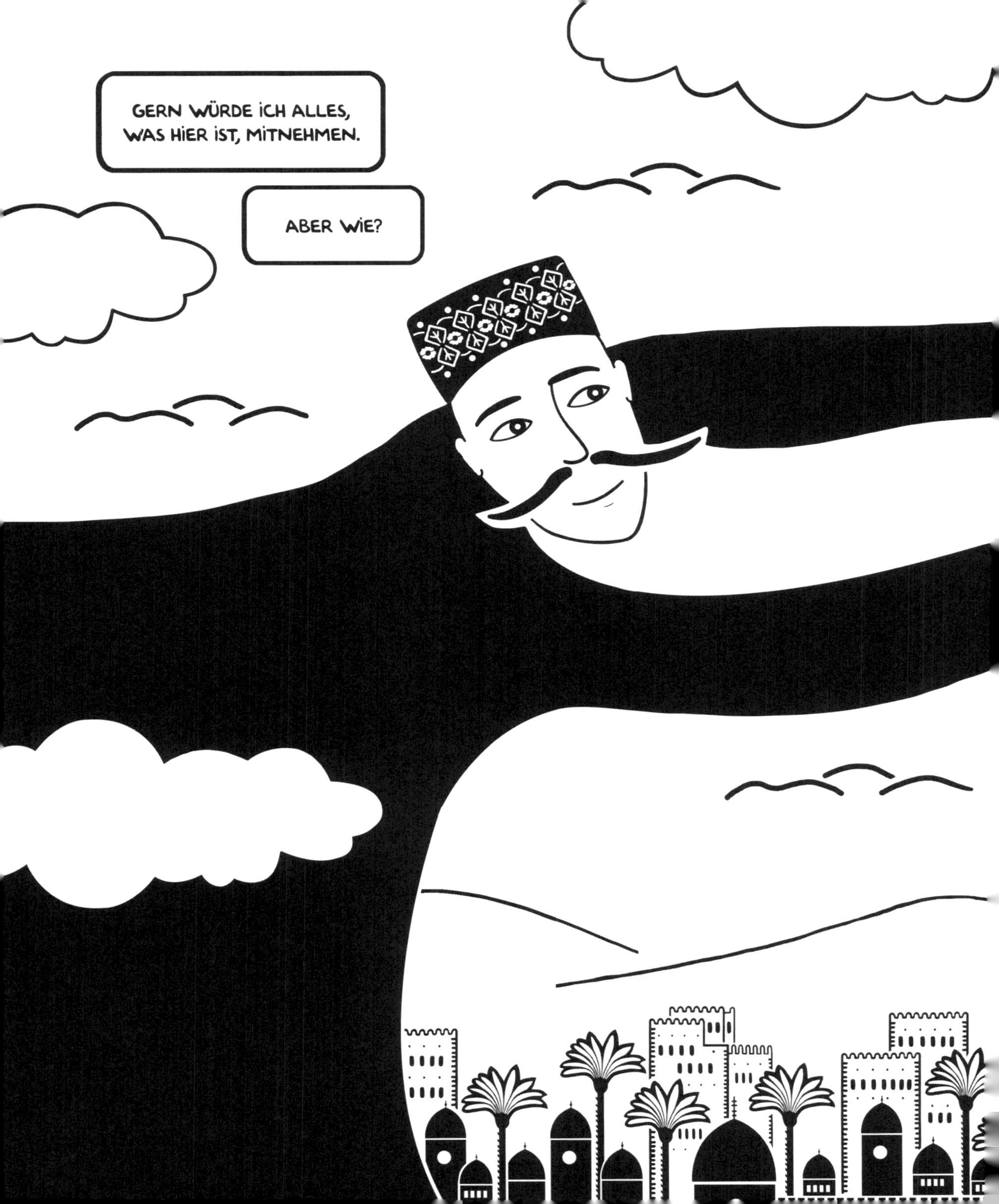
GERN WÜRDE ICH ALLES, WAS HIER IST, MITNEHMEN.
ABER WIE?

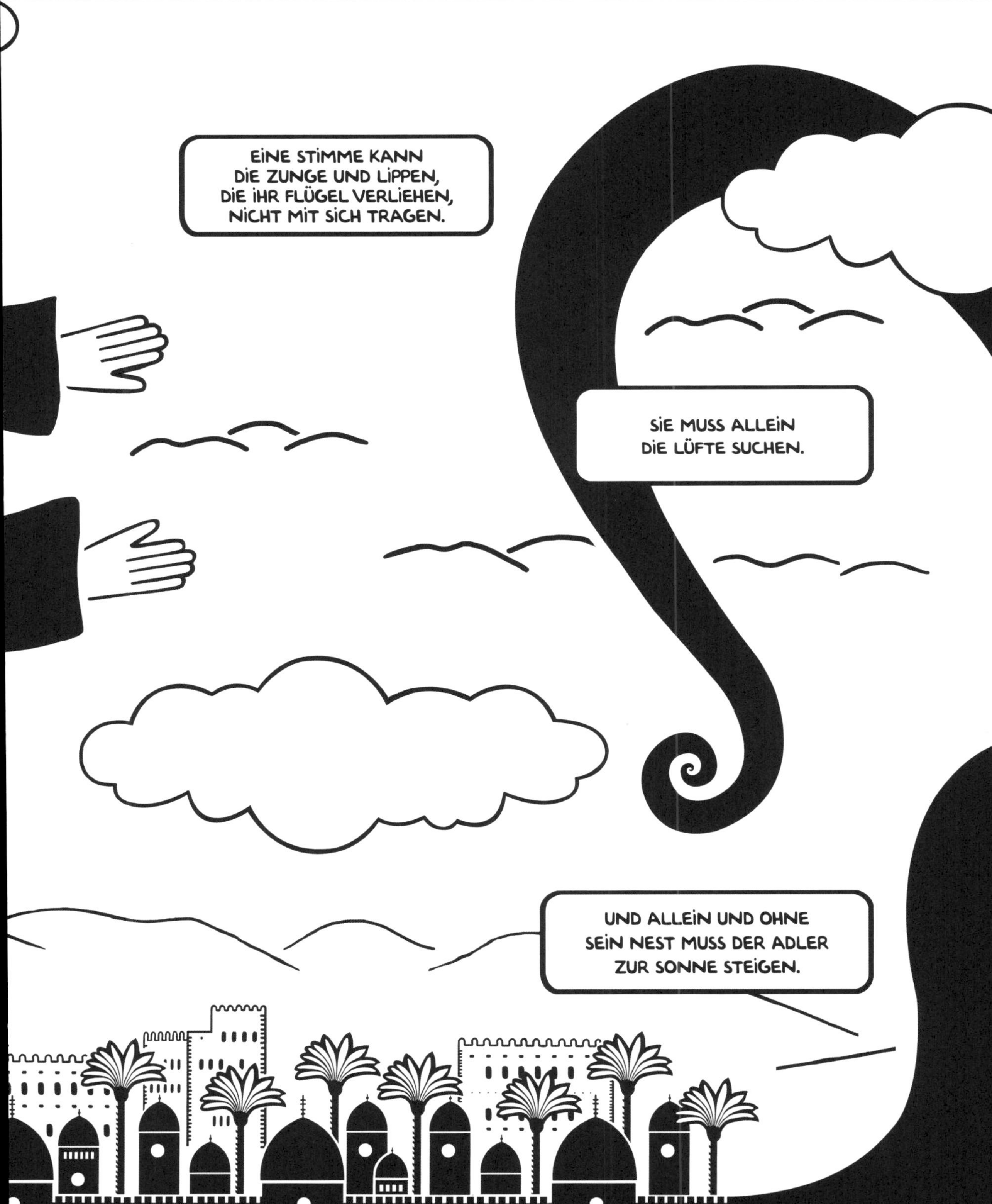
EINE STIMME KANN DIE ZUNGE UND LIPPEN, DIE IHR FLÜGEL VERLIEHEN, NICHT MIT SICH TRAGEN.
SIE MUSS ALLEIN DIE LÜFTE SUCHEN.
UND ALLEIN UND OHNE SEIN NEST MUSS DER ADLER ZUR SONNE STEIGEN.

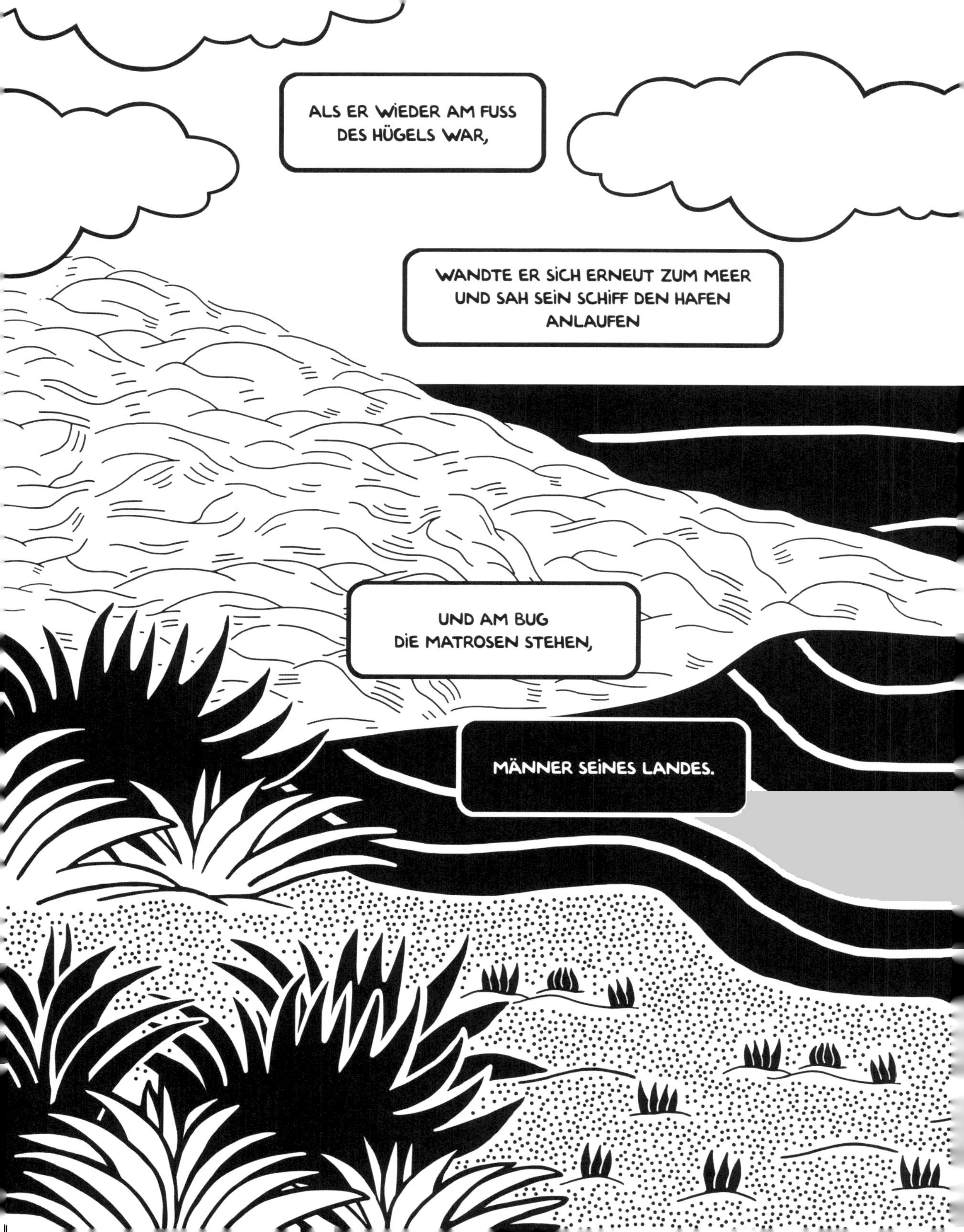
ALS ER WIEDER AM FUSS DES HÜGELS WAR,
WANDTE ER SICH ERNEUT ZUM MEER UND SAH SEIN SCHIFF DEN HAFEN ANLAUFEN
UND AM BUG DIE MATROSEN STEHEN,
MÄNNER SEINES LANDES.

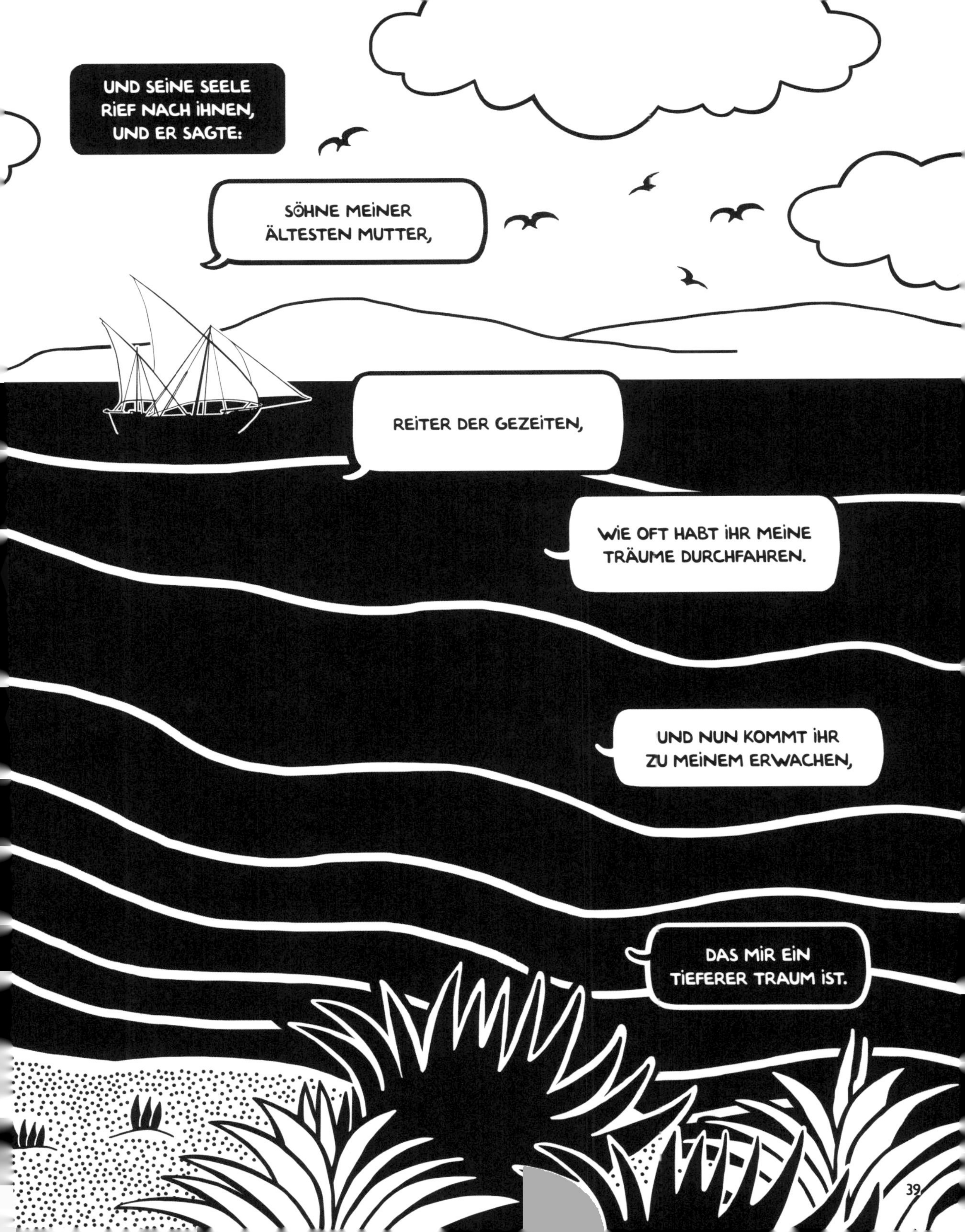
UND SEINE SEELE RIEF NACH IHNEN, UND ER SAGTE:
SÖHNE MEINER ÄLTESTEN MUTTER,
REITER DER GEZEITEN,
WIE OFT HABT IHR MEINE TRÄUME DURCHFAHREN.
UND NUN KOMMT IHR ZU MEINEM ERWACHEN,
DAS MIR EIN TIEFERER TRAUM IST.

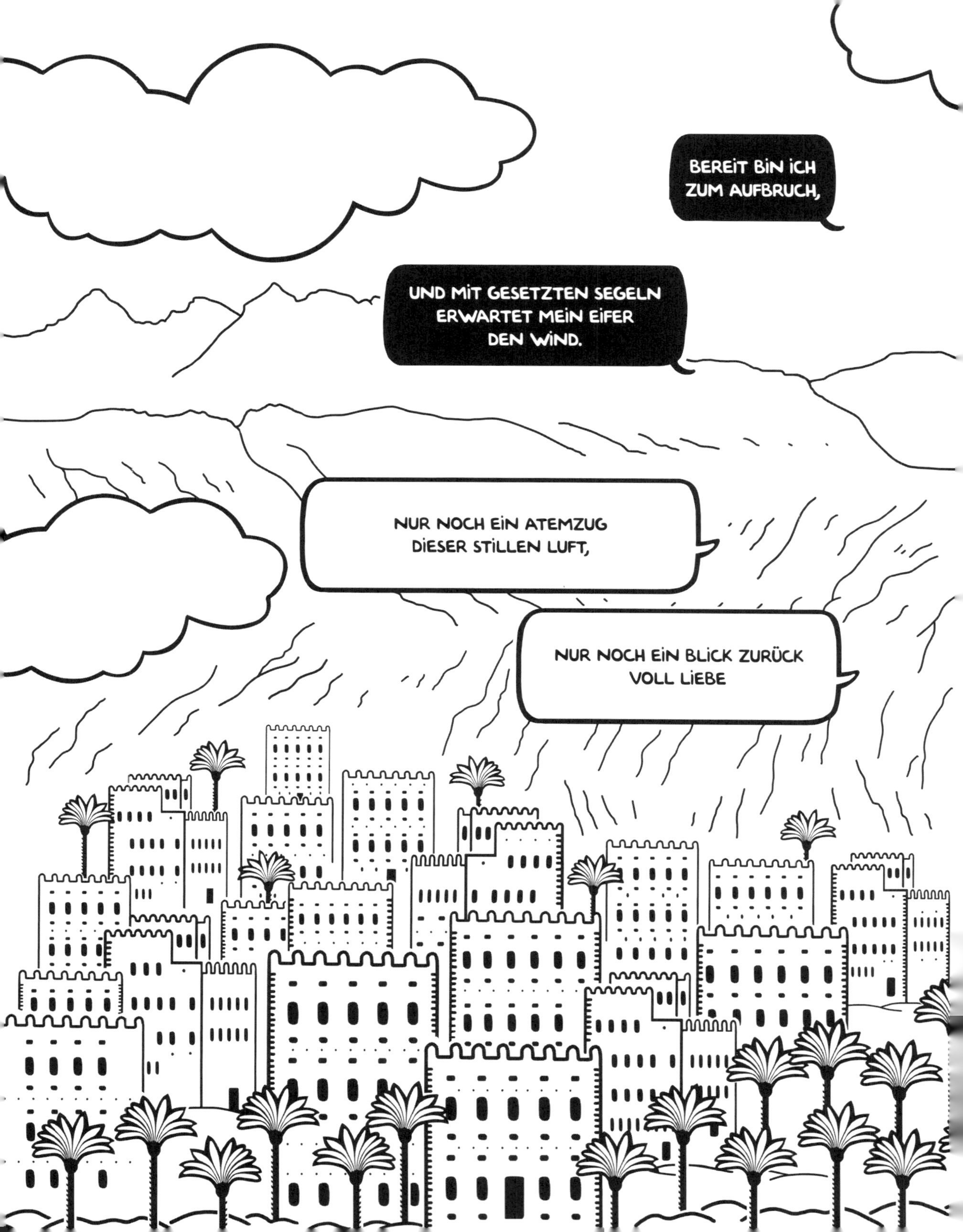
BEREIT BIN ICH ZUM AUFBRUCH,
UND MIT GESETZTEN SEGELN ERWARTET MEIN EIFER DEN WIND.
NUR NOCH EIN ATEMZUG DIESER STILLEN LUFT,
NUR NOCH EIN BLICK ZURÜCK VOLL LIEBE

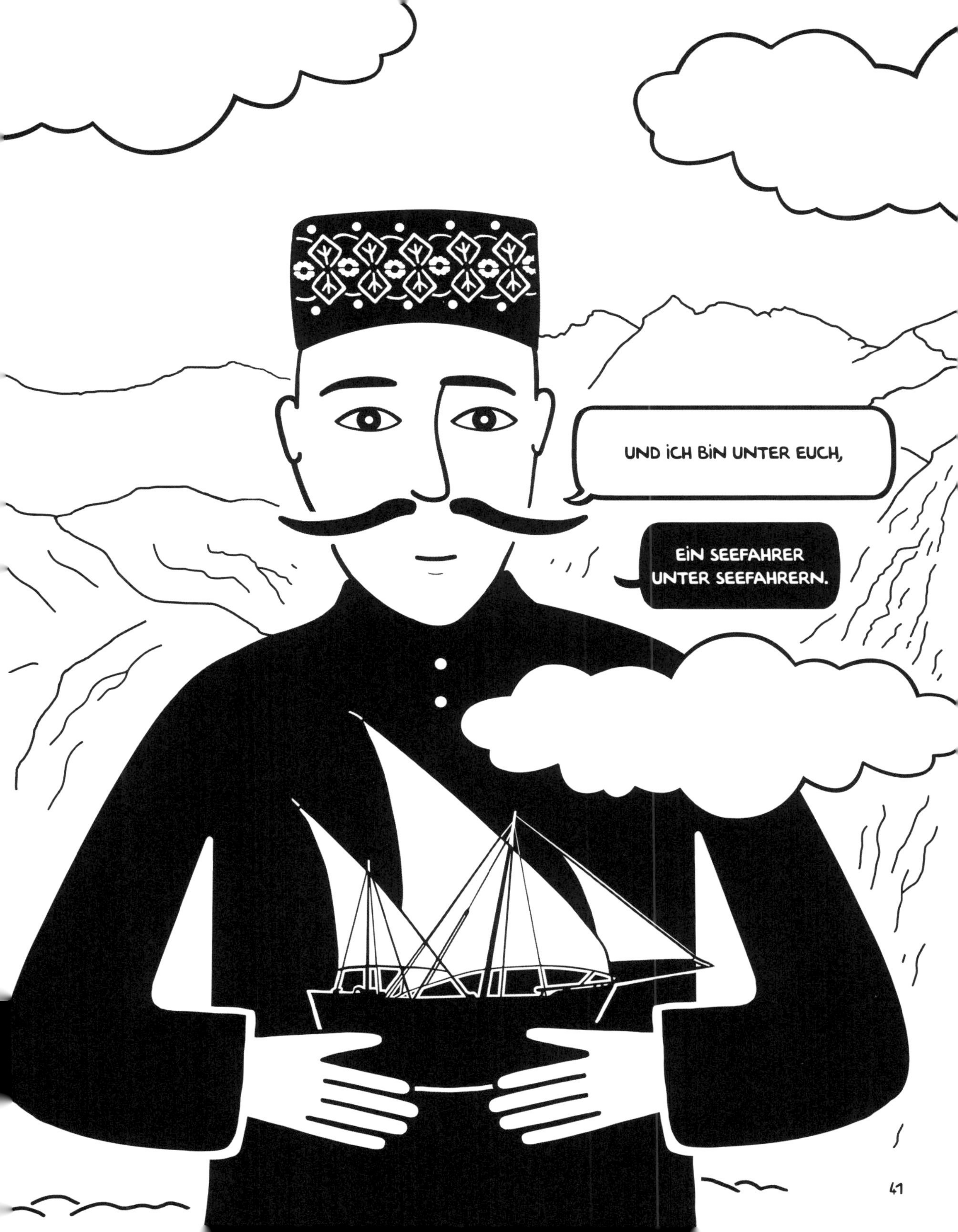
UND ICH BIN UNTER EUCH,
EIN SEEFAHRER UNTER SEEFAHRERN.

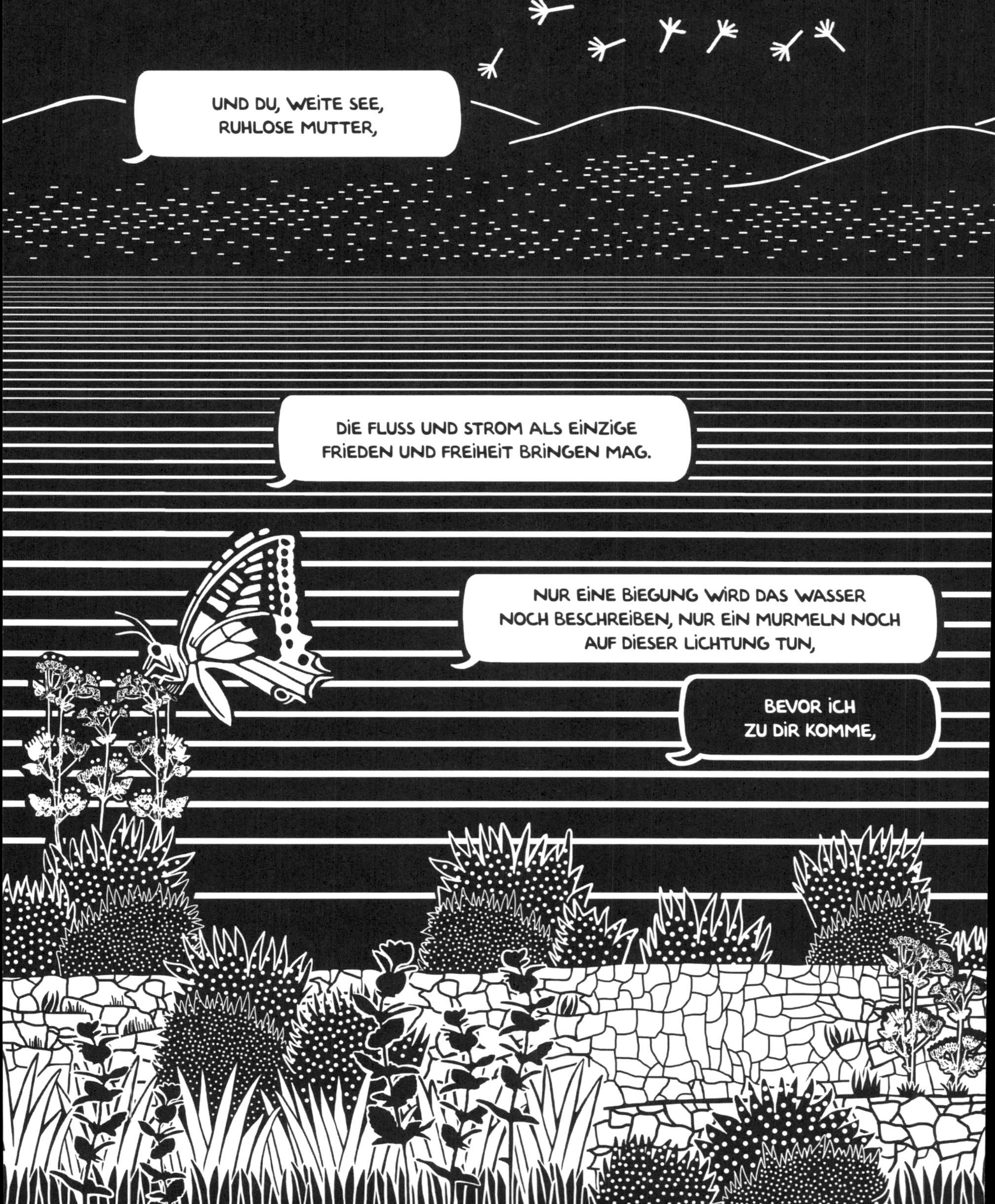
UND DU, WEITE SEE,
RUHLOSE MUTTER,
DIE FLUSS UND STROM ALS EINZIGE
FRIEDEN UND FREIHEIT BRINGEN MAG.
NUR EINE BIEGUNG WIRD DAS WASSER
NOCH BESCHREIBEN, NUR EIN MURMELN NOCH
AUF DIESER LICHTUNG TUN,
BEVOR ICH
ZU DIR KOMME,

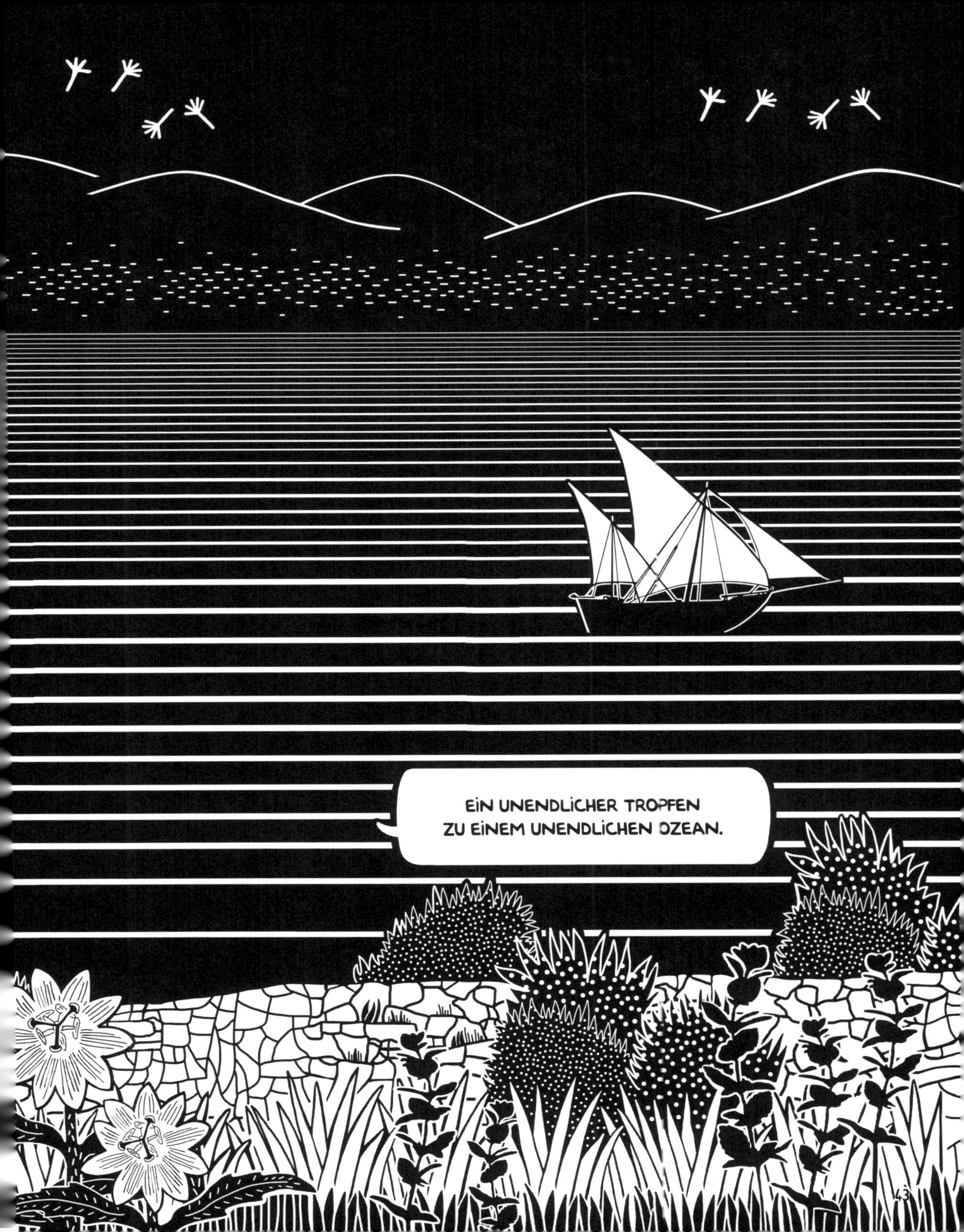
EIN UNENDLICHER TROPFEN
ZU EINEM UNENDLICHEN OZEAN.

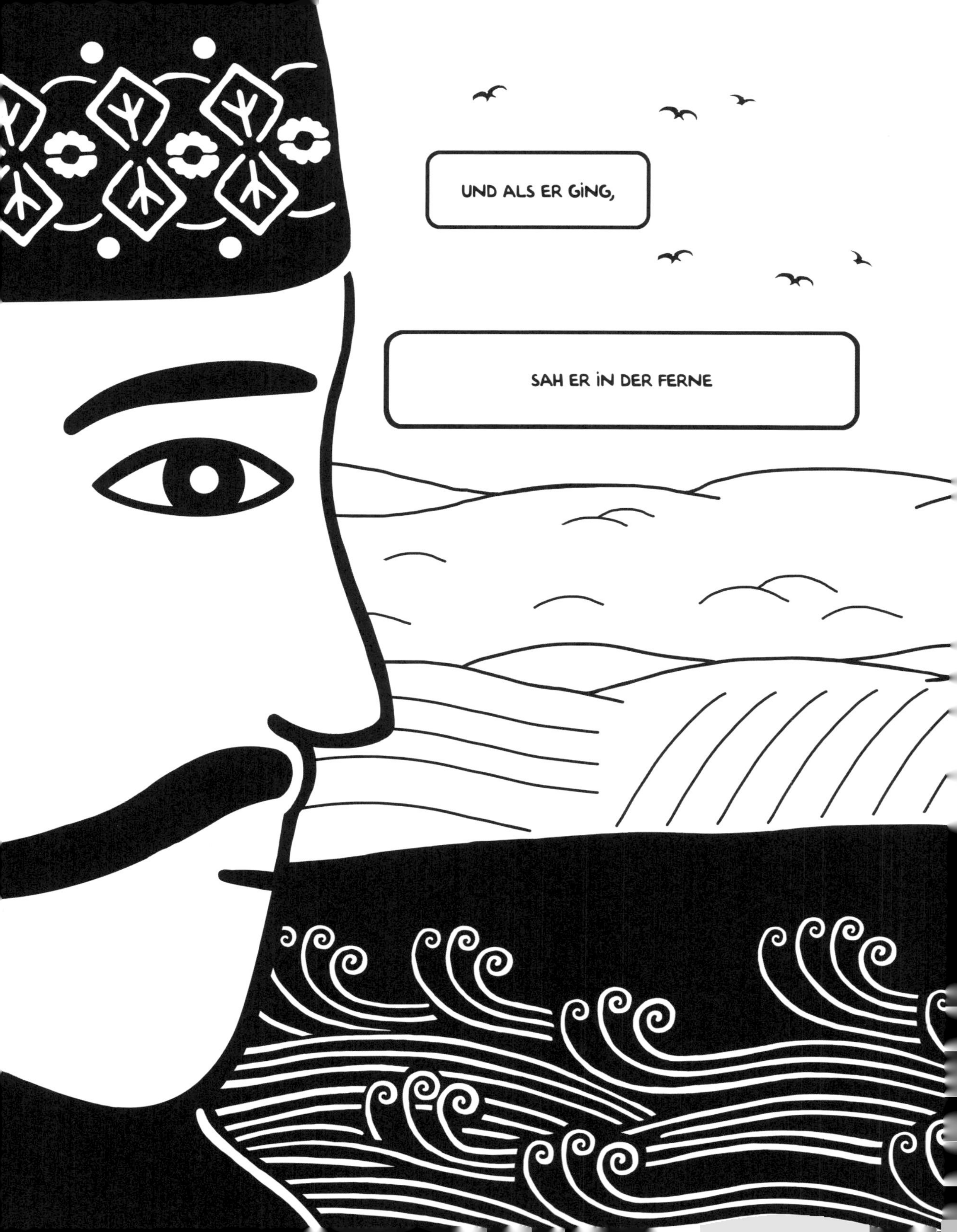
UND ALS ER GING,
SAH ER IN DER FERNE

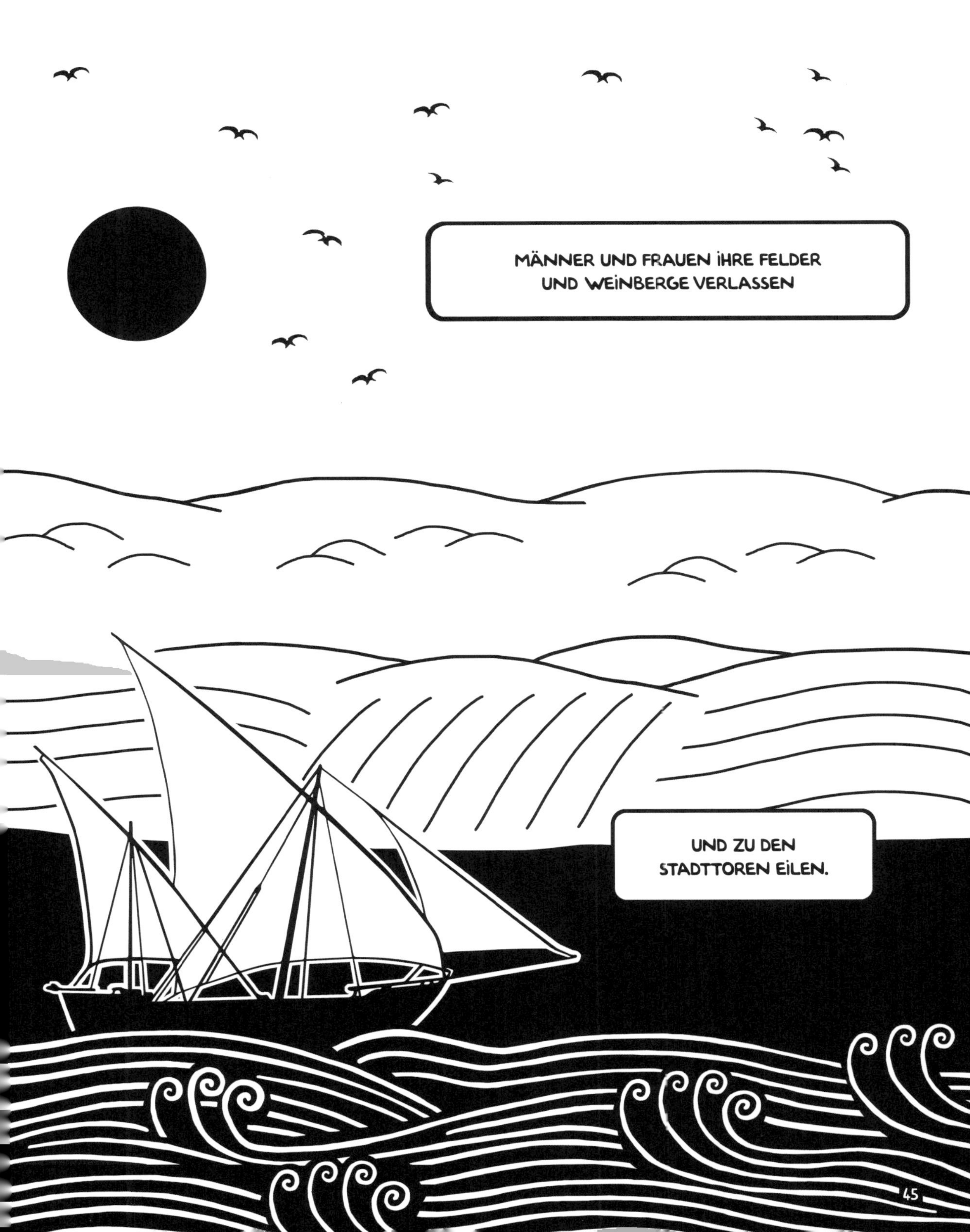
MÄNNER UND FRAUEN IHRE FELDER
UND WEINBERGE VERLASSEN
UND ZU DEN
STADTTOREN EILEN.

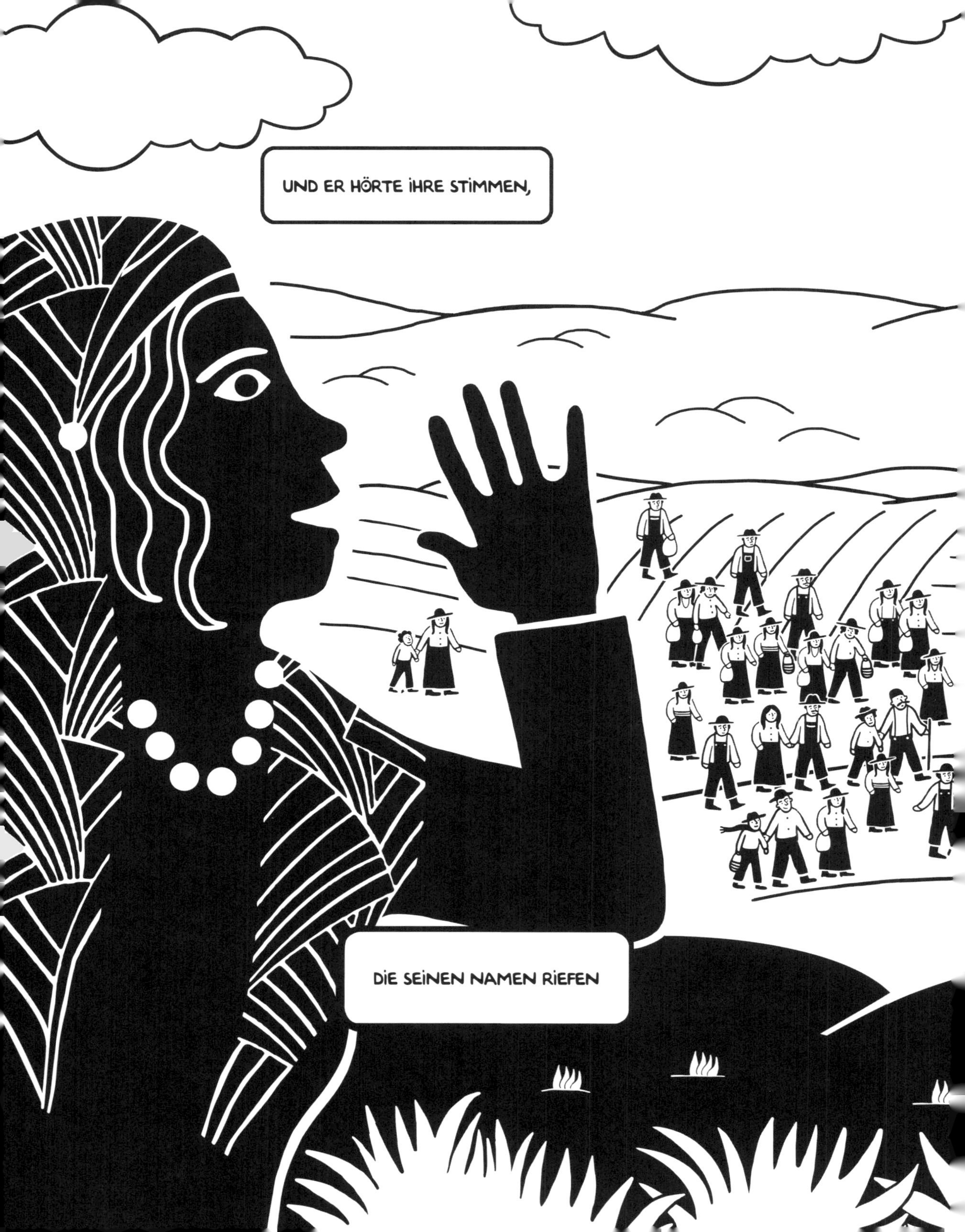
UND ER HÖRTE IHRE STIMMEN,
DIE SEINEN NAMEN RIEFEN

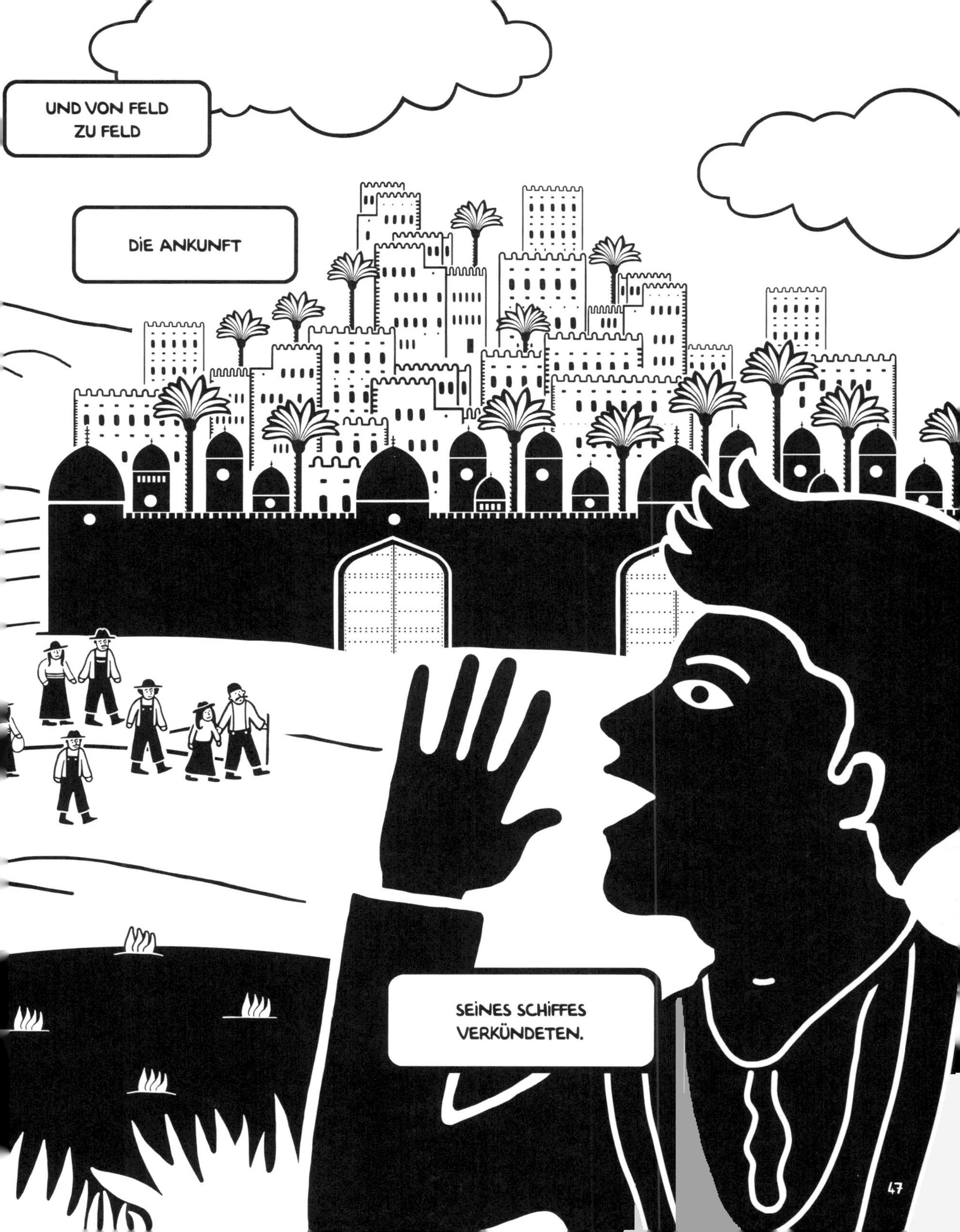
UND VON FELD
ZU FELD
DIE ANKUNFT
SEINES SCHIFFES
VERKÜNDETEN.

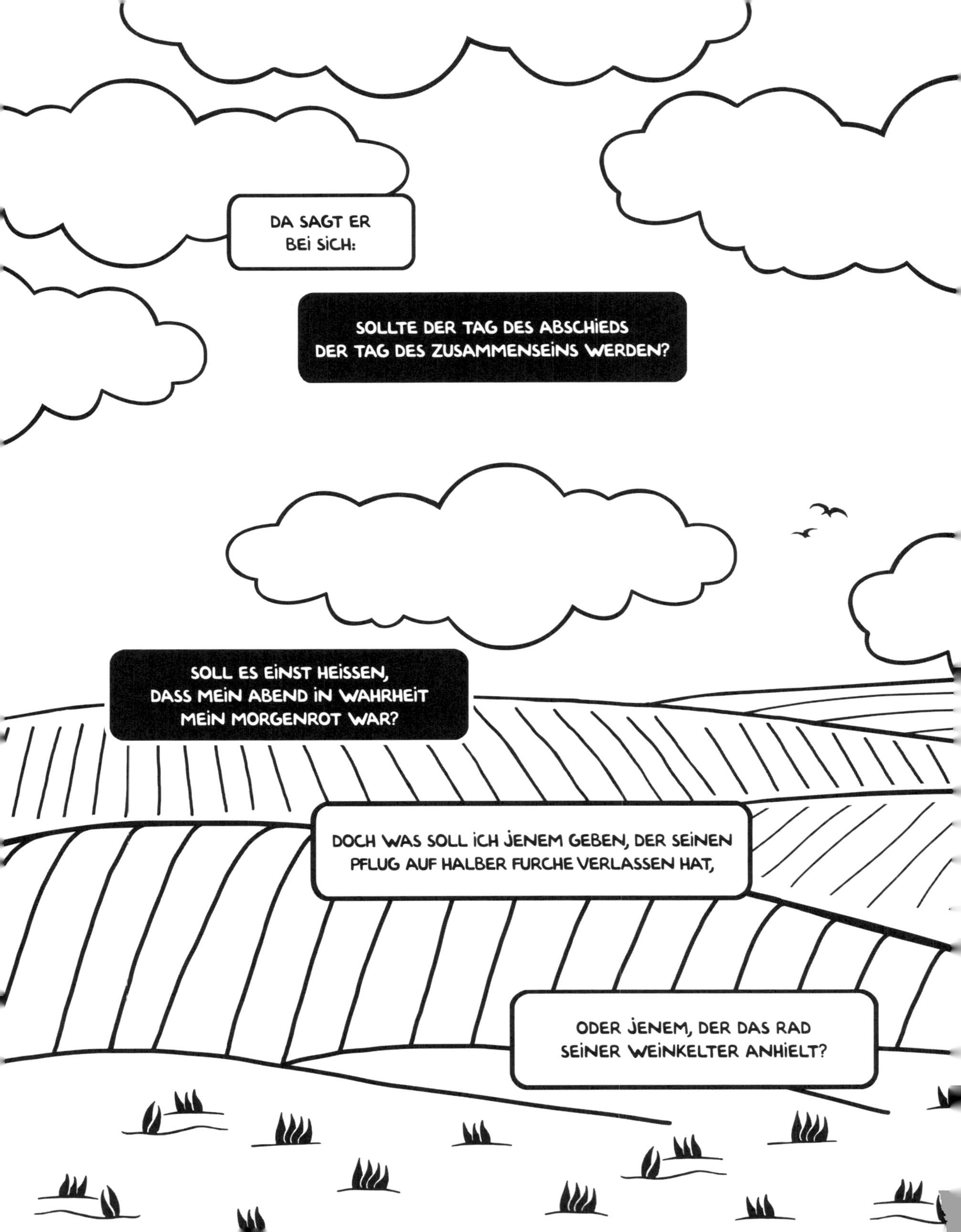
DA SAGT ER
BEI SICH:
SOLLTE DER TAG DES ABSCHIEDS
DER TAG DES ZUSAMMENSEINS WERDEN?
SOLL ES EINST HEISSEN,
DASS MEIN ABEND IN WAHRHEIT
MEIN MORGENROT WAR?
DOCH WAS SOLL ICH JENEM GEBEN, DER SEINEN
PFLUG AUF HALBER FURCHE VERLASSEN HAT,
ODER JENEM, DER DAS RAD
SEINER WEINKELTER ANHIELT?

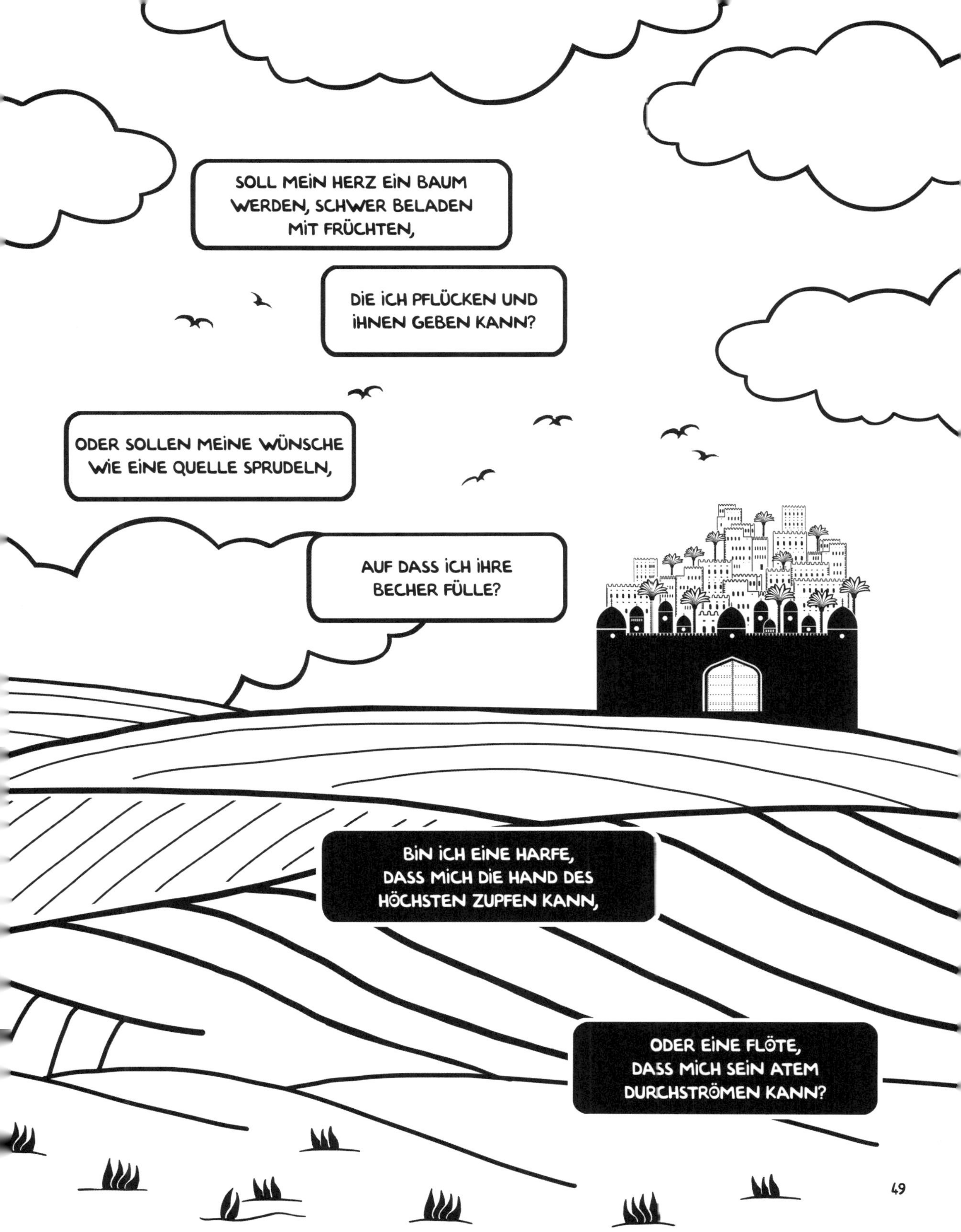
SOLL MEIN HERZ EIN BAUM WERDEN, SCHWER BELADEN MIT FRÜCHTEN,
DIE ICH PFLÜCKEN UND IHNEN GEBEN KANN?
ODER SOLLEN MEINE WÜNSCHE WIE EINE QUELLE SPRUDELN,
AUF DASS ICH IHRE BECHER FÜLLE?
BIN ICH EINE HARFE, DASS MICH DIE HAND DES HÖCHSTEN ZUPFEN KANN,
ODER EINE FLÖTE, DASS MICH SEIN ATEM DURCHSTRÖMEN KANN?

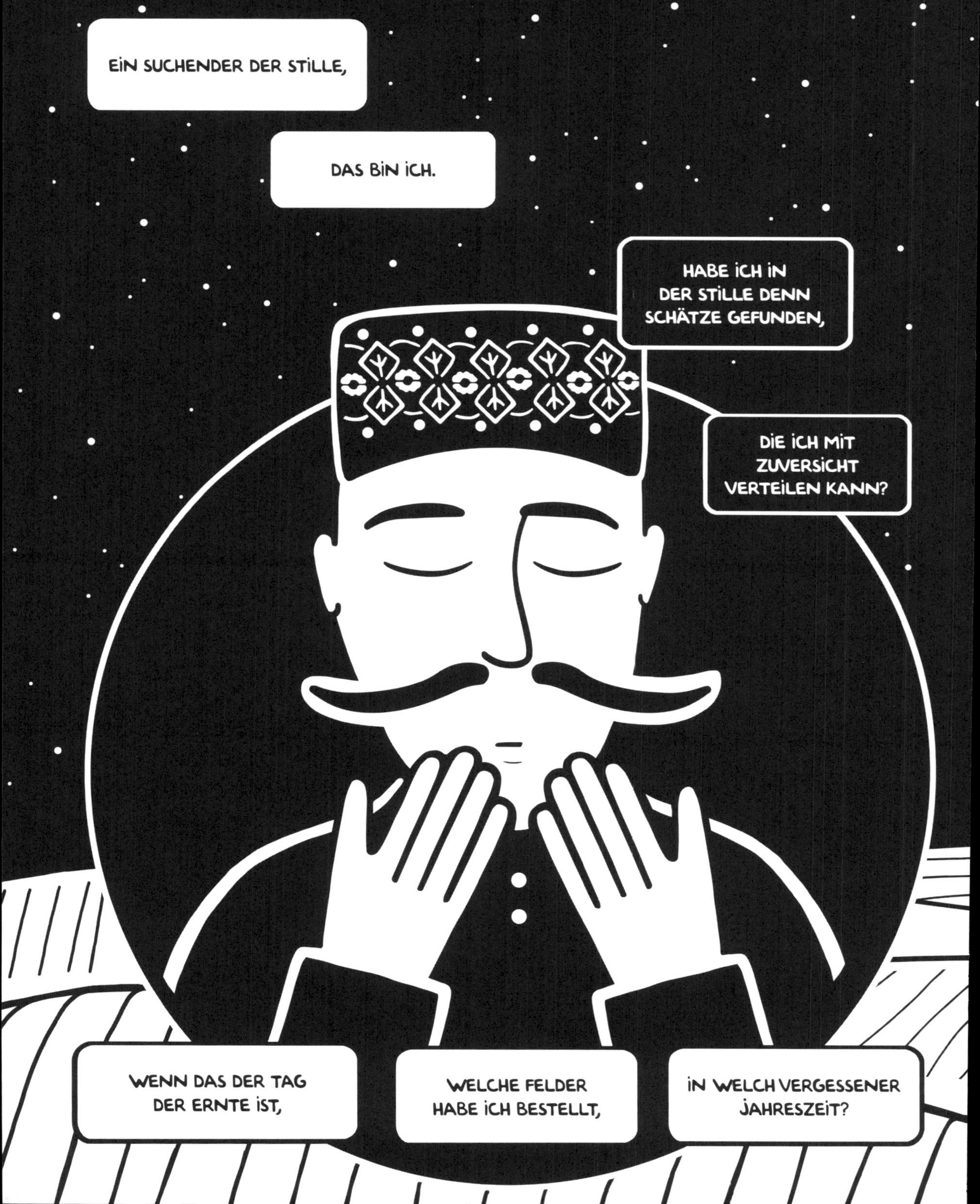

EIN SUCHENDER DER STILLE,

DAS BIN ICH.

HABE ICH IN
DER STILLE DENN
SCHÄTZE GEFUNDEN,

DIE ICH MIT
ZUVERSICHT
VERTEILEN KANN?

WENN DAS DER TAG
DER ERNTE IST,

WELCHE FELDER
HABE ICH BESTELLT,

IN WELCH VERGESSENER
JAHRESZEIT?

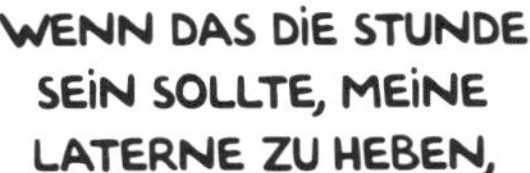

WIRD NICHT MEINE FLAMME DARIN BRENNEN.

LEER UND DUNKEL WIRD MEINE LAMPE SEIN,

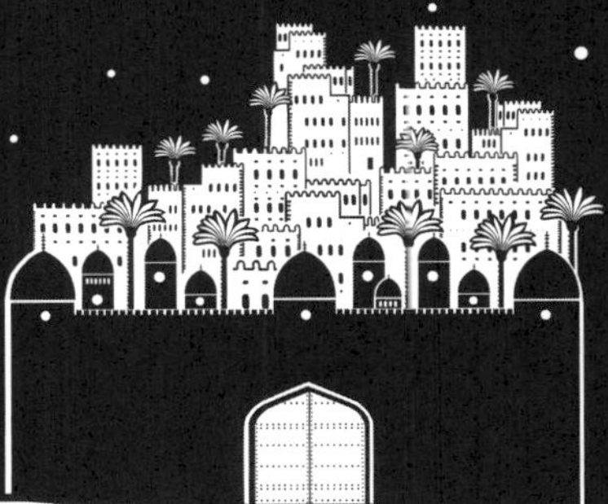

BIS SIE DER HÜTER DER NACHT MIT ÖL BEFÜLLT

UND ENTZÜNDET.

DAS SPRACH ER LAUT.

ABER VIELES IN SEINEM HERZEN BLIEB UNGESAGT,

DENN ER SELBST VERMOCHTE SEIN TIEFSTES GEHEIMNIS NICHT IN WORTE ZU FASSEN.

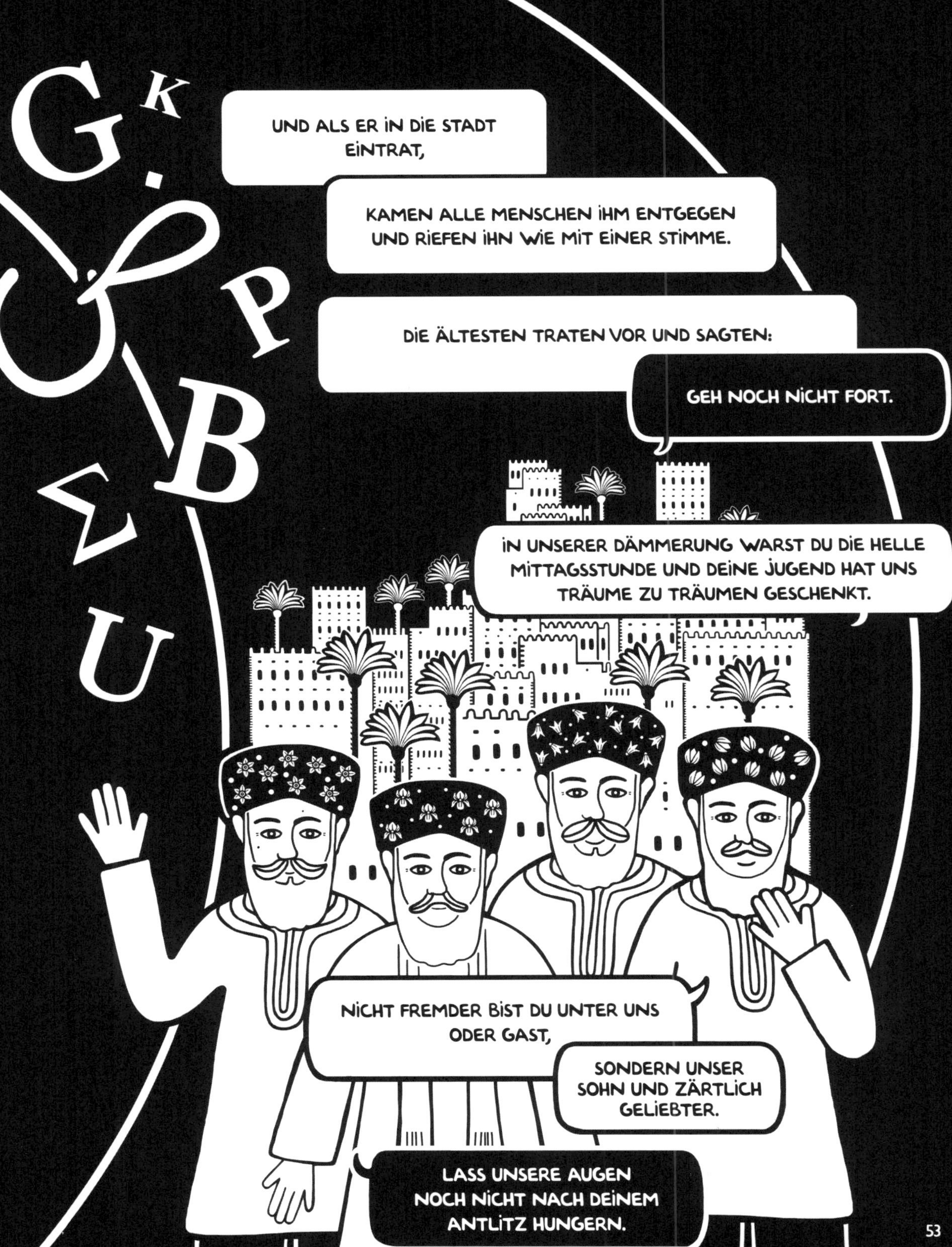
UND ALS ER IN DIE STADT EINTRAT,
KAMEN ALLE MENSCHEN IHM ENTGEGEN UND RIEFEN IHN WIE MIT EINER STIMME.
DIE ÄLTESTEN TRATEN VOR UND SAGTEN:
GEH NOCH NICHT FORT.
IN UNSERER DÄMMERUNG WARST DU DIE HELLE MITTAGSSTUNDE UND DEINE JUGEND HAT UNS TRÄUME ZU TRÄUMEN GESCHENKT.
NICHT FREMDER BIST DU UNTER UNS ODER GAST,
SONDERN UNSER SOHN UND ZÄRTLICH GELIEBTER.
LASS UNSERE AUGEN NOCH NICHT NACH DEINEM ANTLITZ HUNGERN.

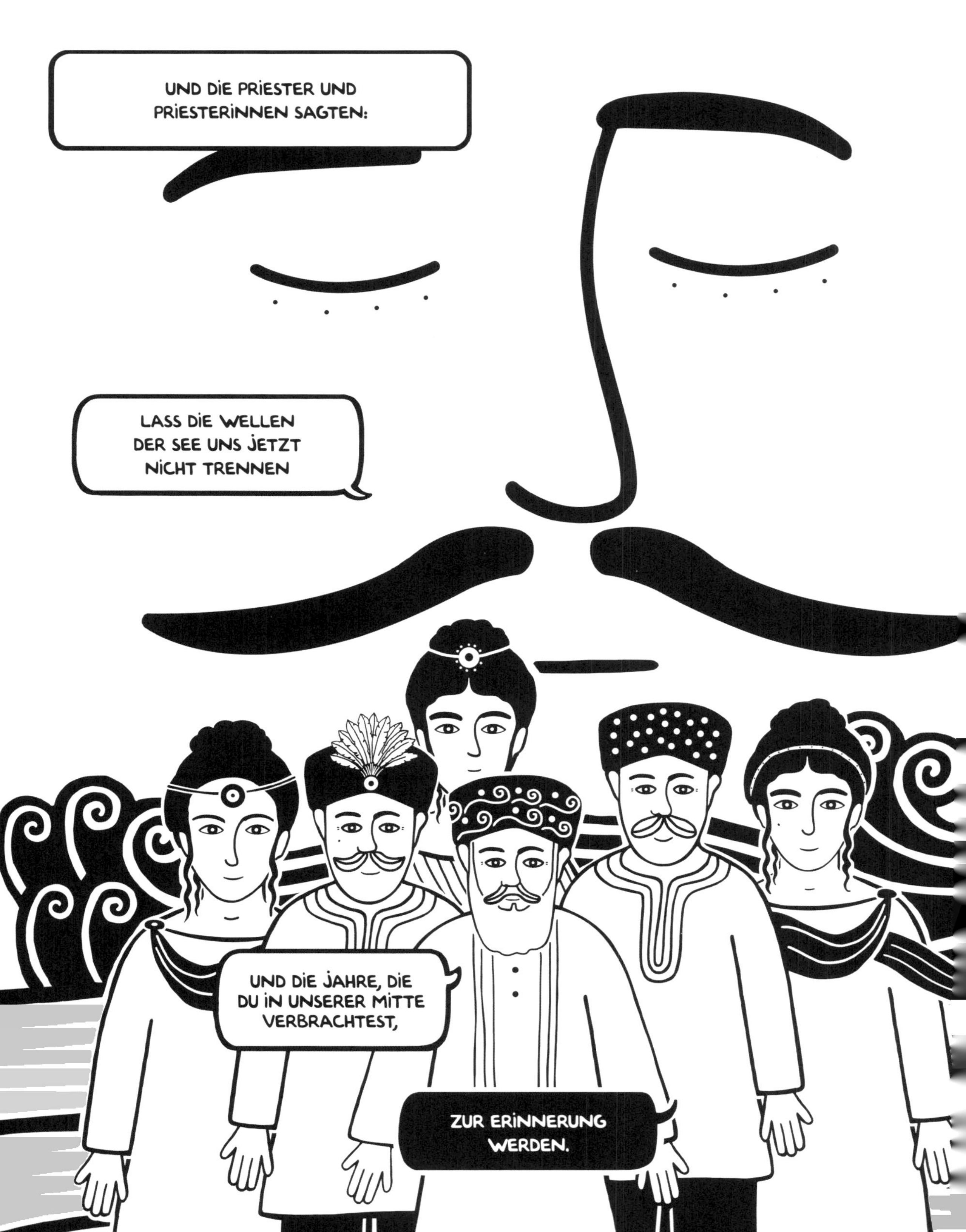
UND DIE PRIESTER UND PRIESTERINNEN SAGTEN:
LASS DIE WELLEN DER SEE UNS JETZT NICHT TRENNEN
UND DIE JAHRE, DIE DU IN UNSERER MITTE VERBRACHTEST,
ZUR ERINNERUNG WERDEN.

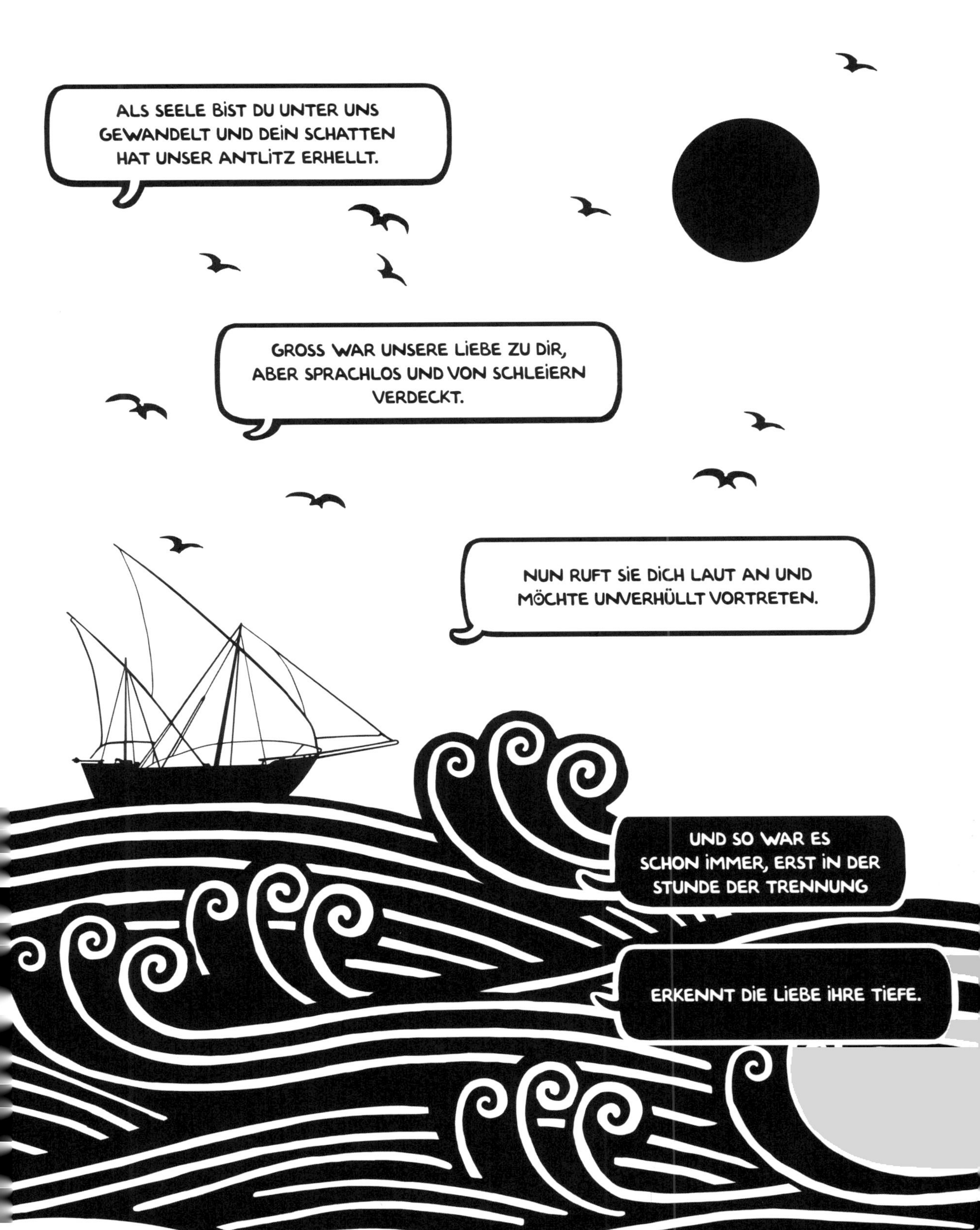
ALS SEELE BIST DU UNTER UNS GEWANDELT UND DEIN SCHATTEN HAT UNSER ANTLITZ ERHELLT.
GROSS WAR UNSERE LIEBE ZU DIR, ABER SPRACHLOS UND VON SCHLEIERN VERDECKT.
NUN RUFT SIE DICH LAUT AN UND MÖCHTE UNVERHÜLLT VORTRETEN.
UND SO WAR ES SCHON IMMER, ERST IN DER STUNDE DER TRENNUNG
ERKENNT DIE LIEBE IHRE TIEFE.

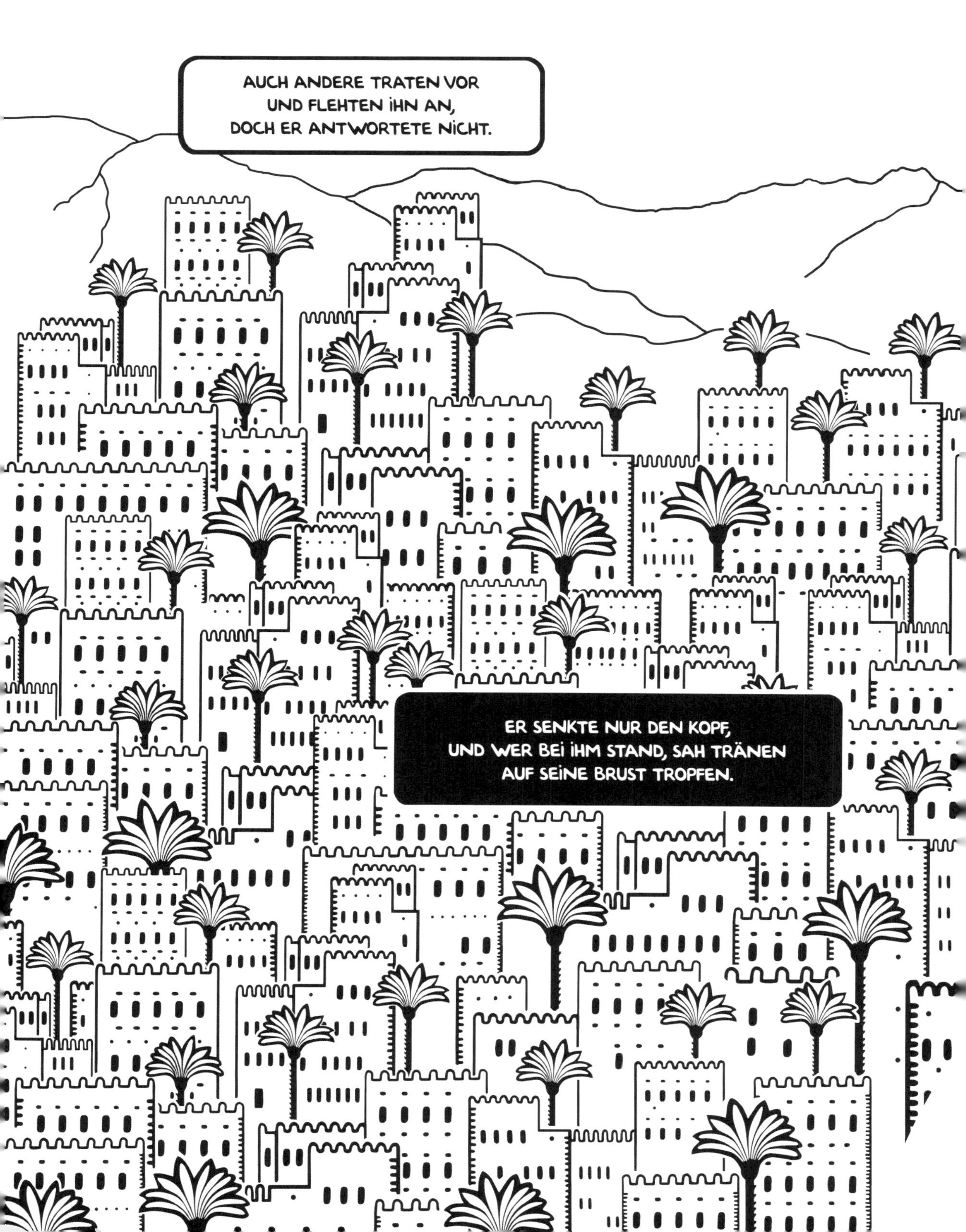
AUCH ANDERE TRATEN VOR
UND FLEHTEN IHN AN,
DOCH ER ANTWORTETE NICHT.
ER SENKTE NUR DEN KOPF,
UND WER BEI IHM STAND, SAH TRÄNEN
AUF SEINE BRUST TROPFEN.

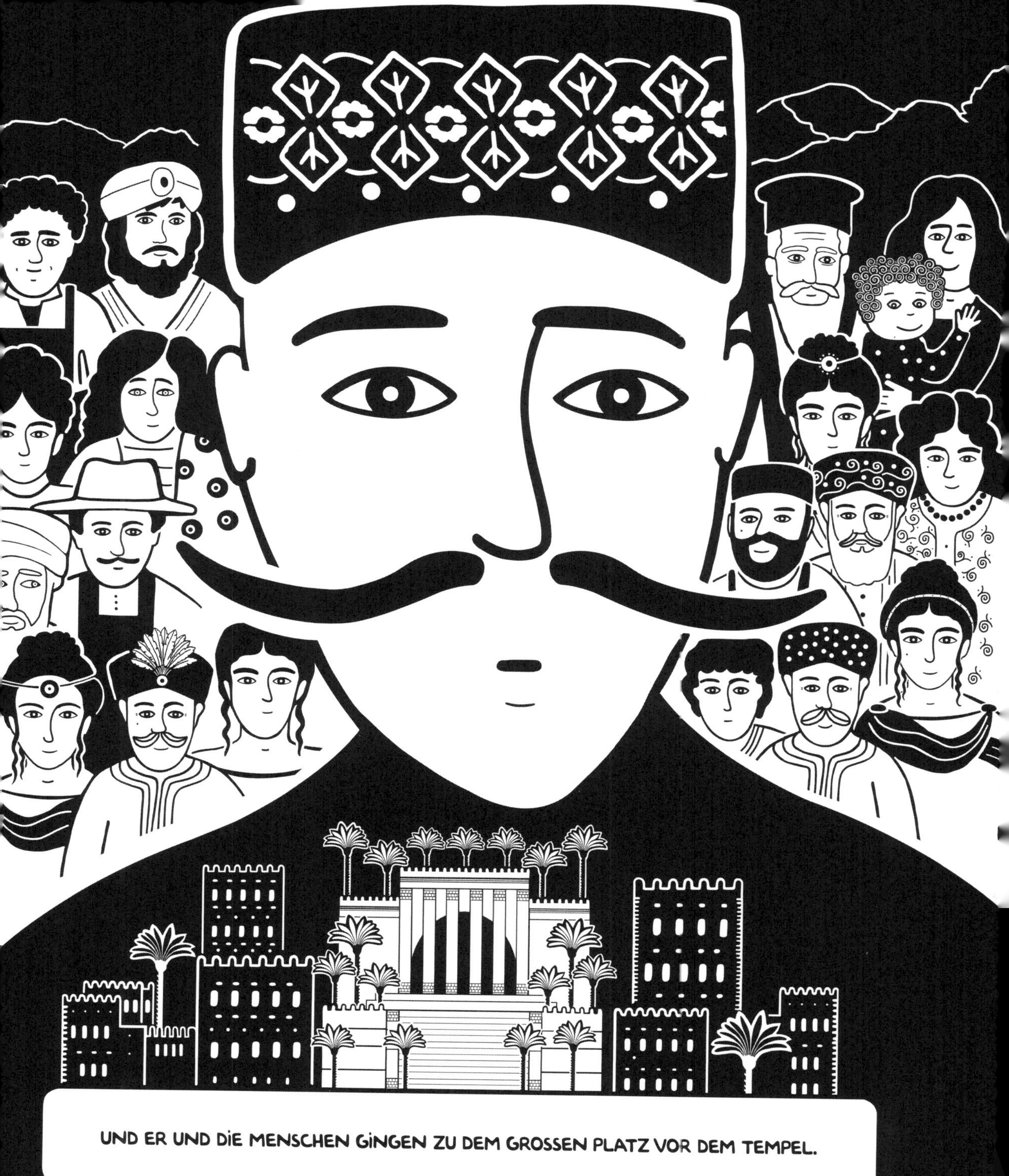
UND ER UND DIE MENSCHEN GINGEN ZU DEM GROSSEN PLATZ VOR DEM TEMPEL.

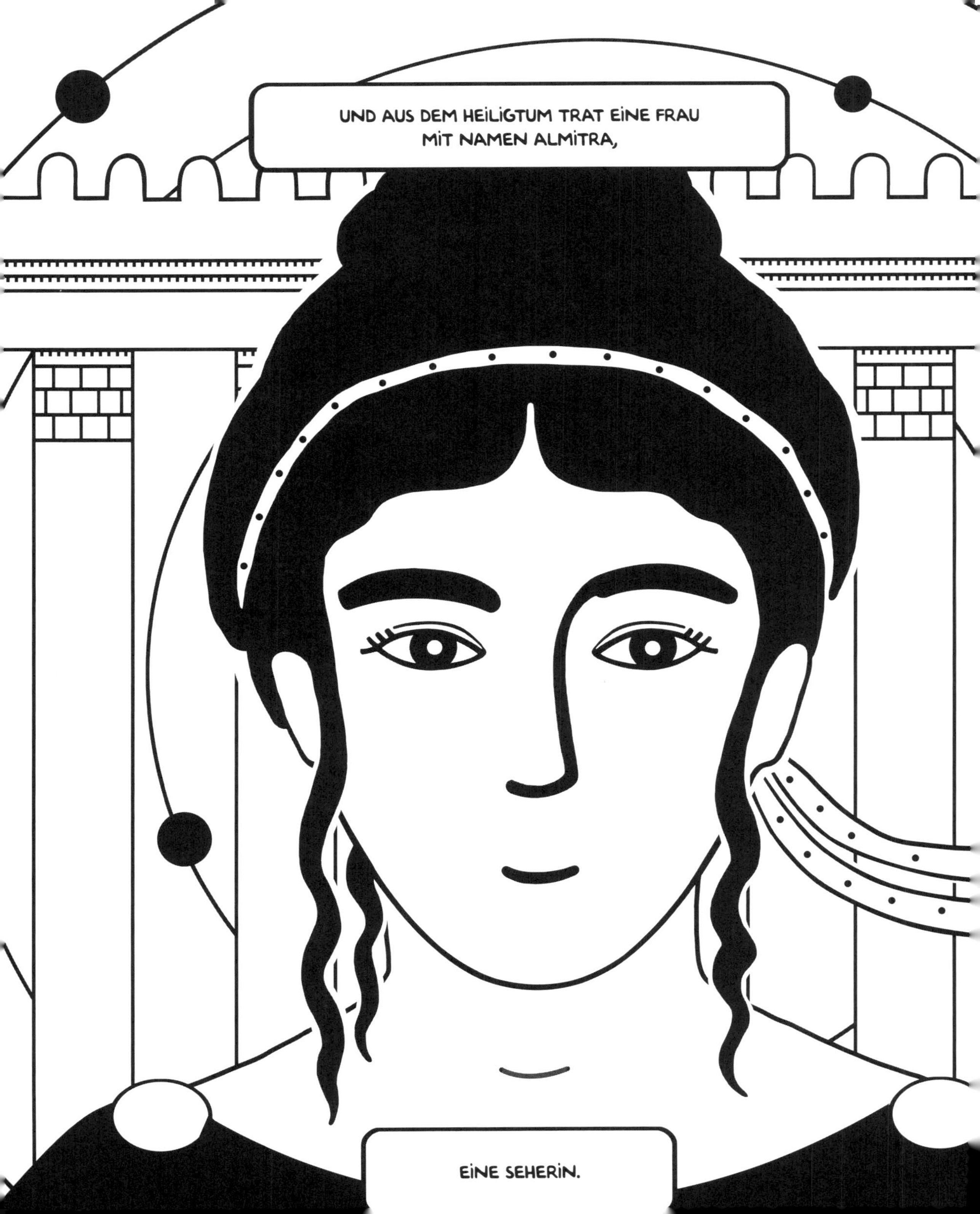
UND AUS DEM HEILIGTUM TRAT EINE FRAU
MIT NAMEN ALMITRA,
EINE SEHERIN.

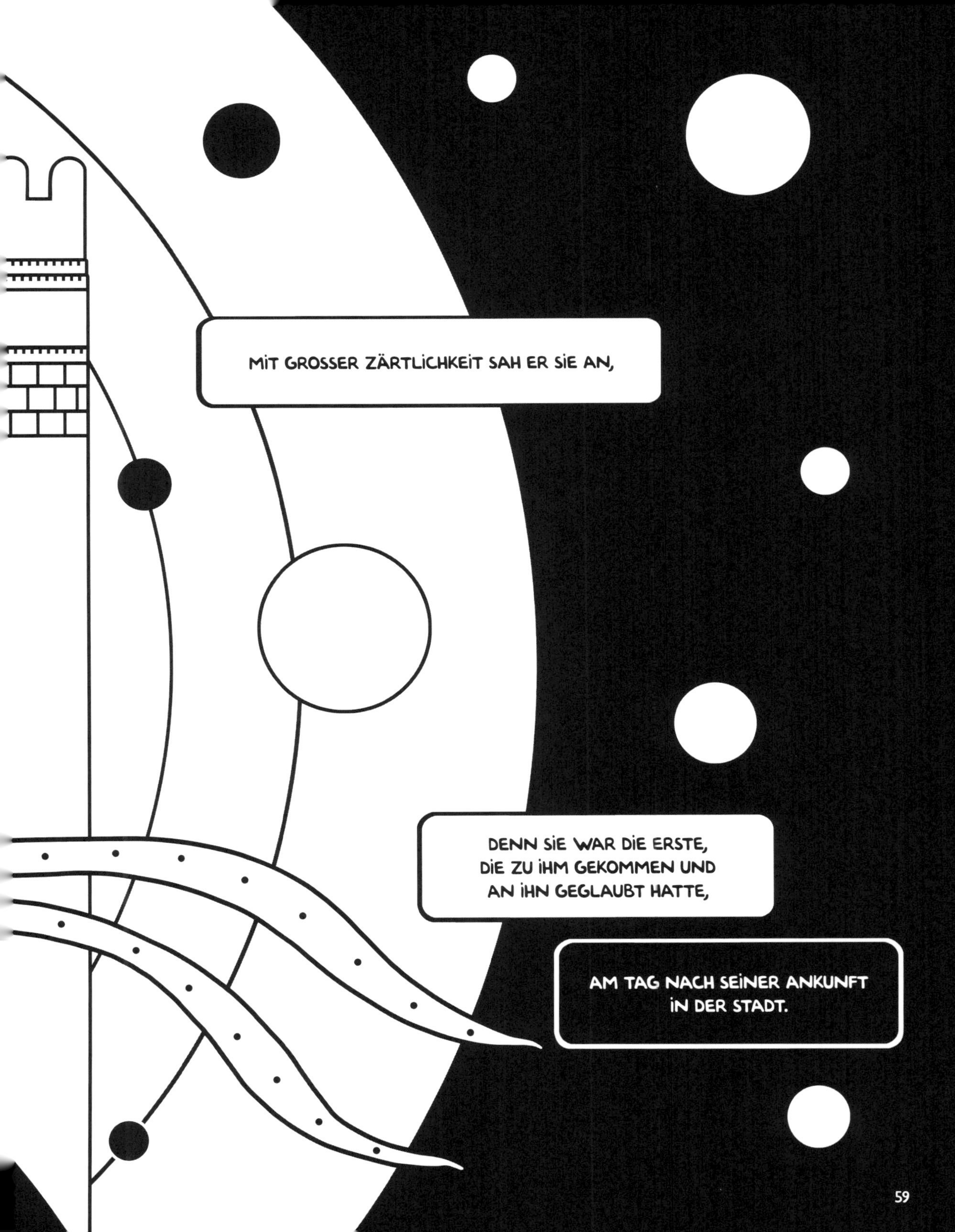
MIT GROSSER ZÄRTLICHKEIT SAH ER SIE AN,
DENN SIE WAR DIE ERSTE, DIE ZU IHM GEKOMMEN UND AN IHN GEGLAUBT HATTE,
AM TAG NACH SEINER ANKUNFT IN DER STADT.

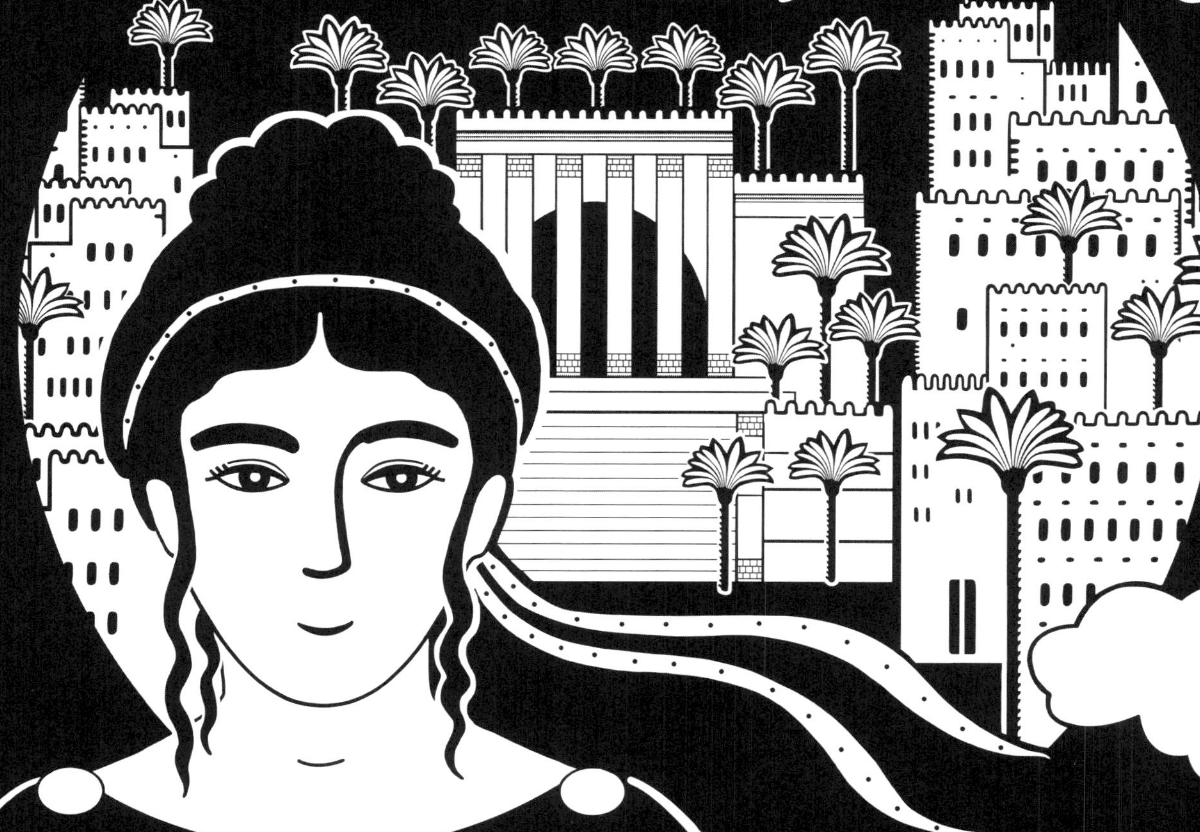
UND SIE GRÜSSTE IHN MIT DEN WORTEN:
PROPHET GOTTES,
DER DU NACH DEM HÖCHSTEN FORSCHST,
LANGE HAST DU NACH DEINEM SCHIFF AUSSCHAU GEHALTEN.
NUN IST ES GEKOMMEN
UND DU MUSST FORT.

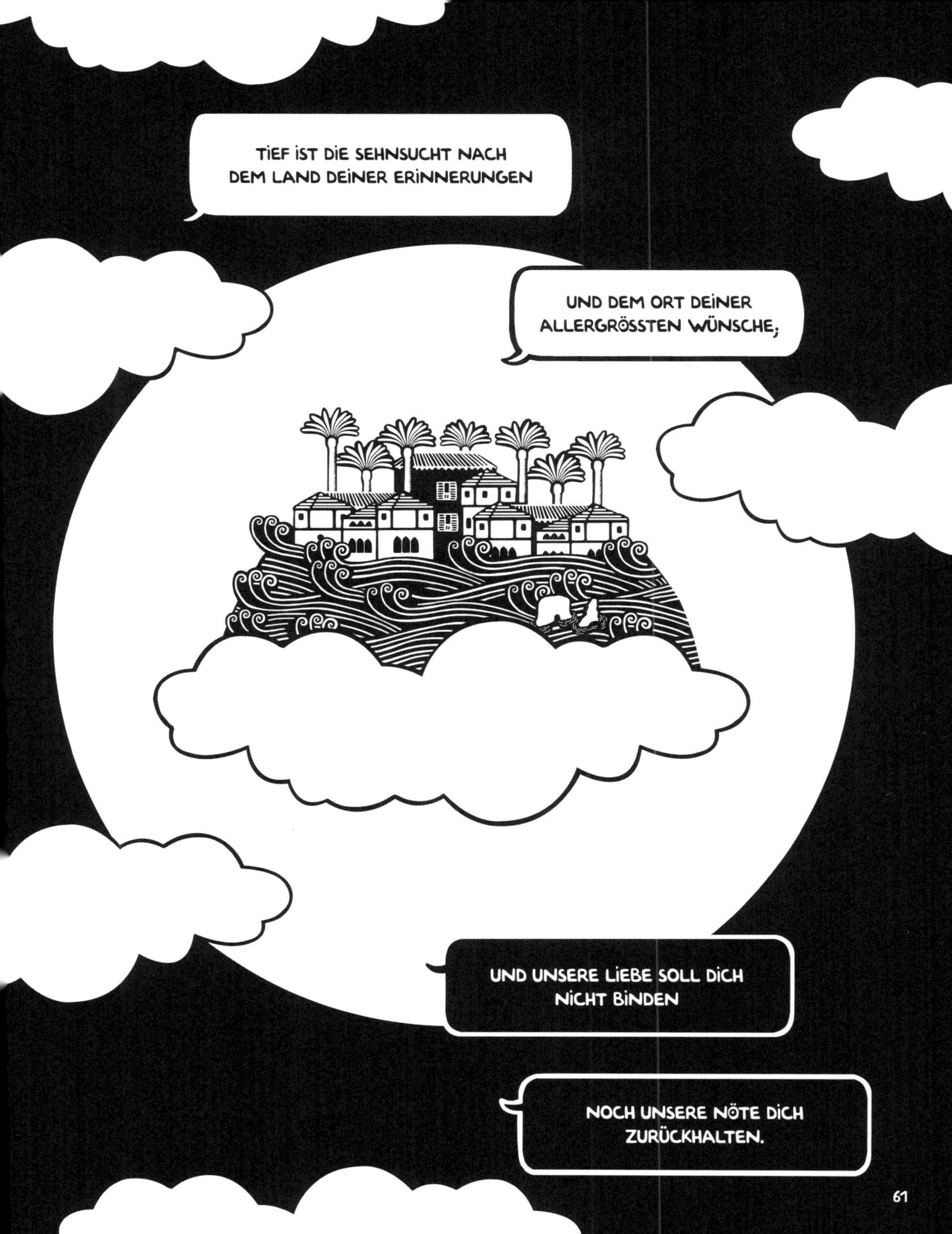
TIEF IST DIE SEHNSUCHT NACH DEM LAND DEINER ERINNERUNGEN
UND DEM ORT DEINER ALLERGRÖSSTEN WÜNSCHE;
UND UNSERE LIEBE SOLL DICH NICHT BINDEN
NOCH UNSERE NÖTE DICH ZURÜCKHALTEN.

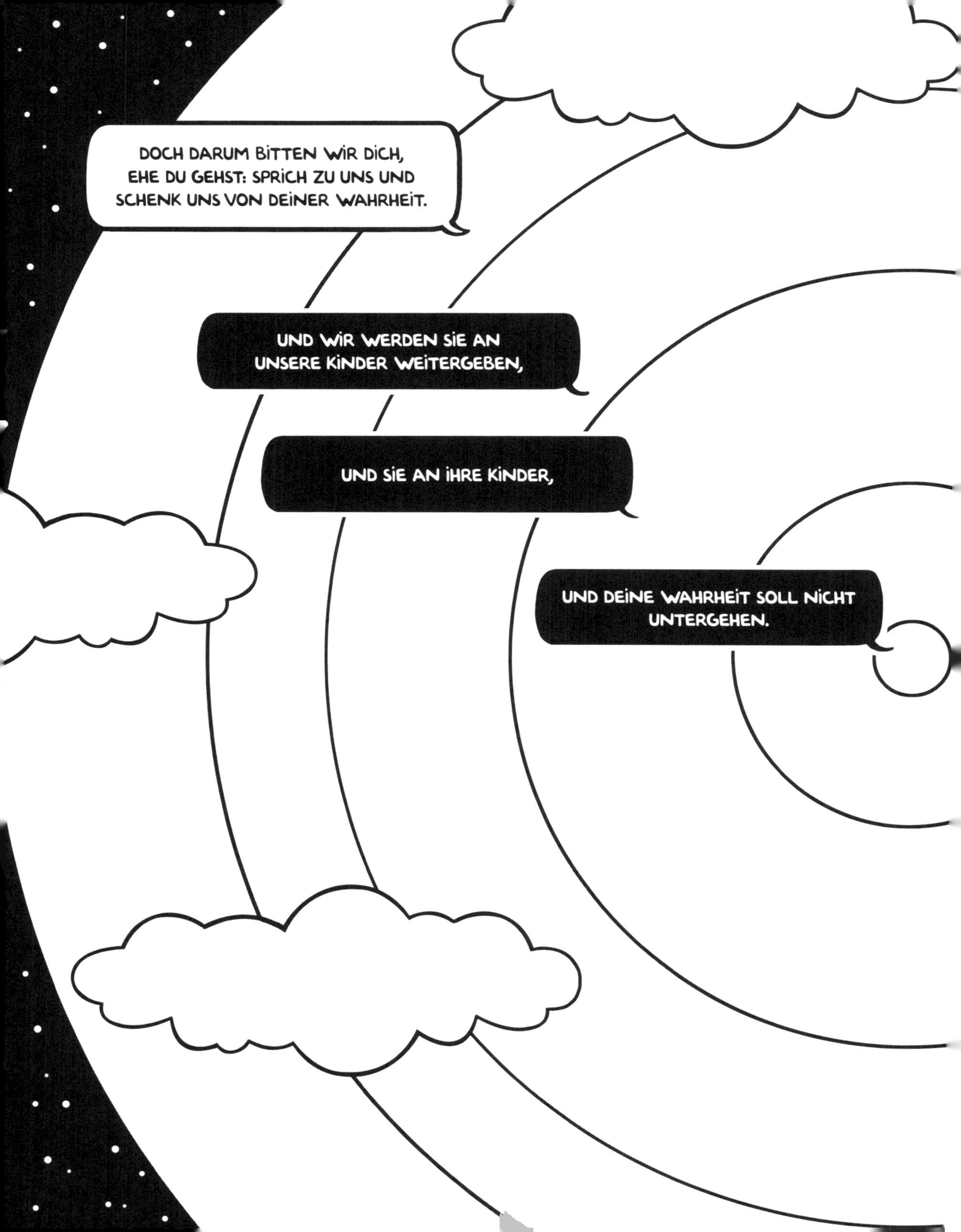
DOCH DARUM BITTEN WIR DICH, EHE DU GEHST: SPRICH ZU UNS UND SCHENK UNS VON DEINER WAHRHEIT.
UND WIR WERDEN SIE AN UNSERE KINDER WEITERGEBEN,
UND SIE AN IHRE KINDER,
UND DEINE WAHRHEIT SOLL NICHT UNTERGEHEN.

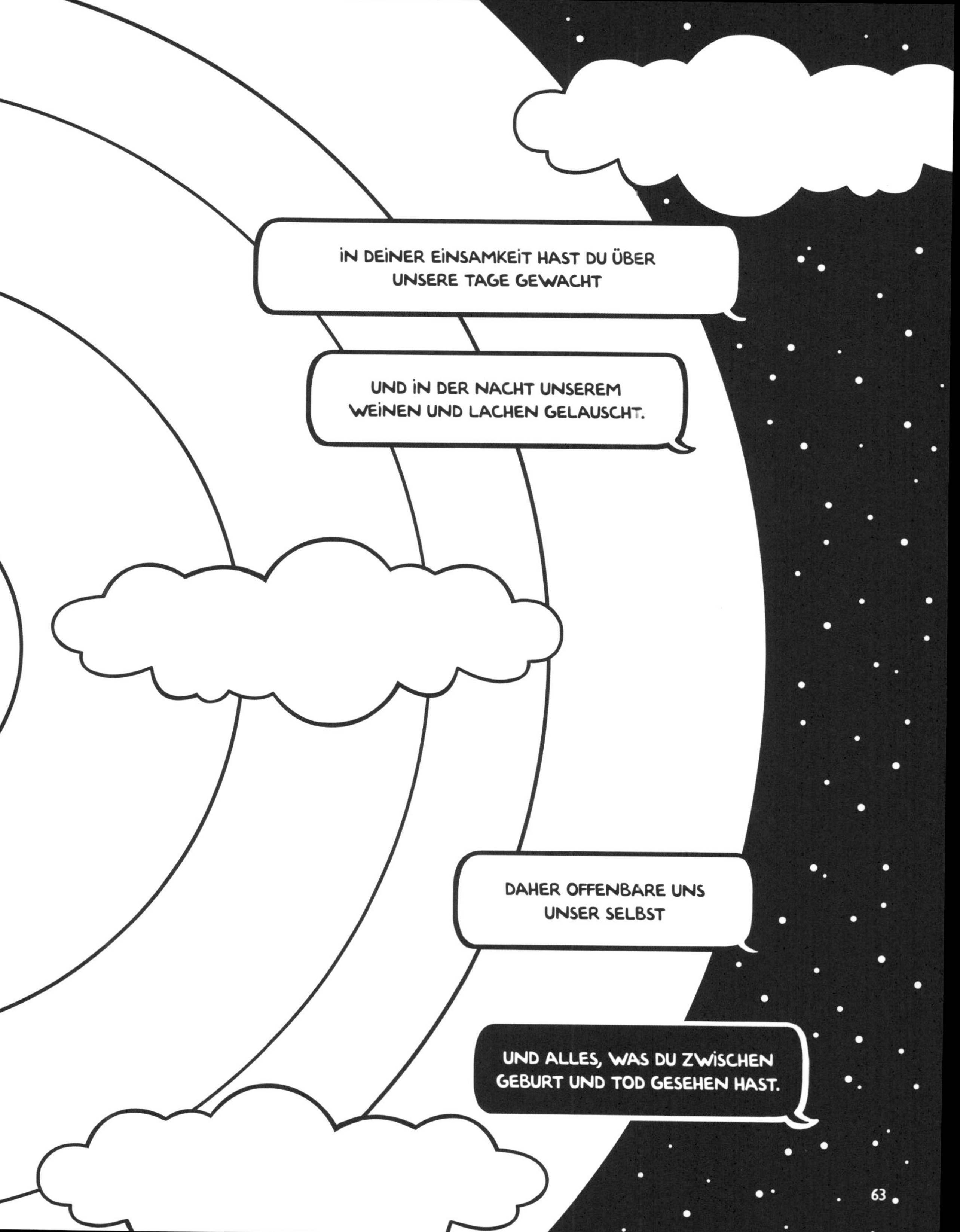
IN DEINER EINSAMKEIT HAST DU ÜBER UNSERE TAGE GEWACHT
UND IN DER NACHT UNSEREM WEINEN UND LACHEN GELAUSCHT.
DAHER OFFENBARE UNS UNSER SELBST
UND ALLES, WAS DU ZWISCHEN GEBURT UND TOD GESEHEN HAST.

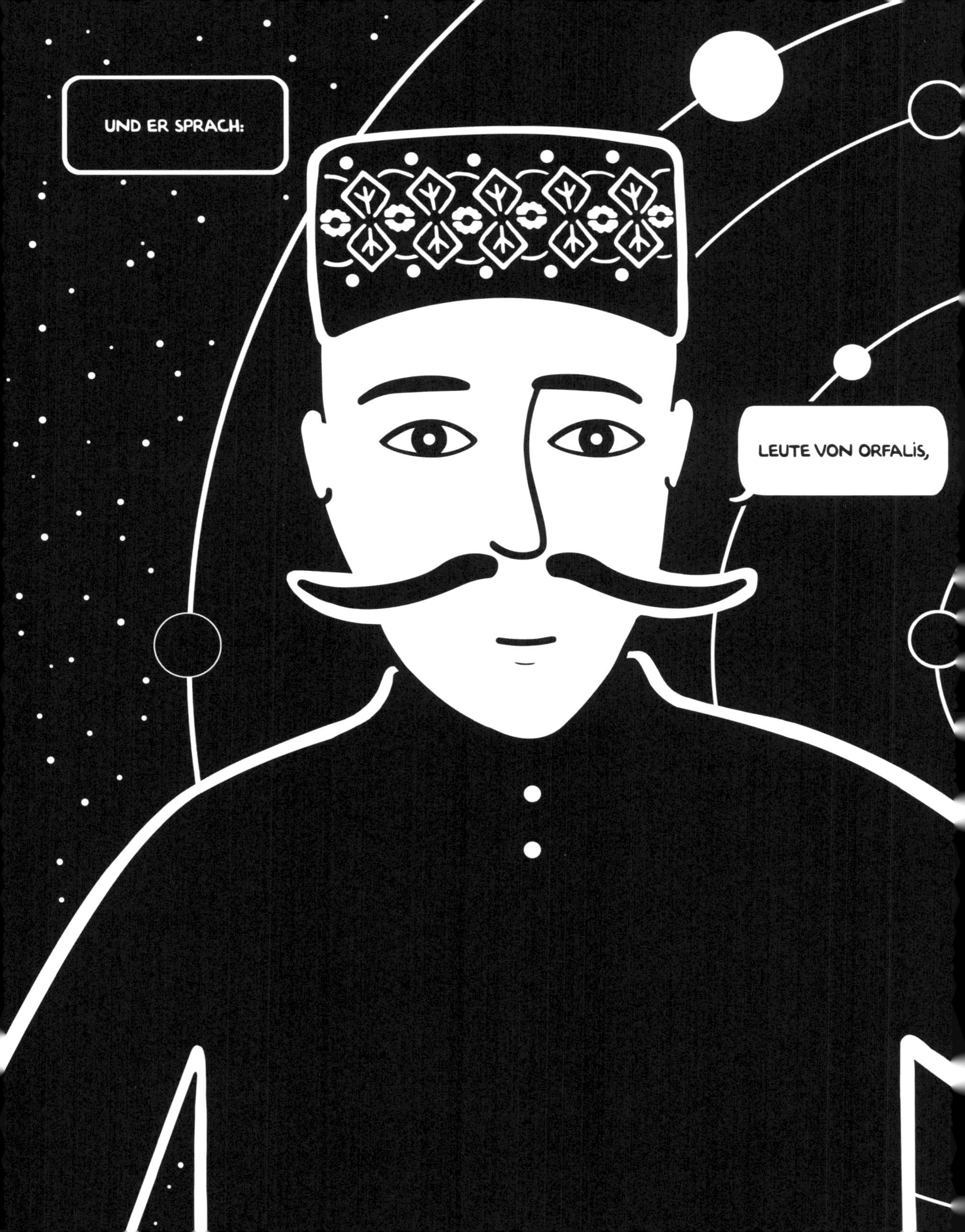
UND ER SPRACH:
LEUTE VON ORFALIS,

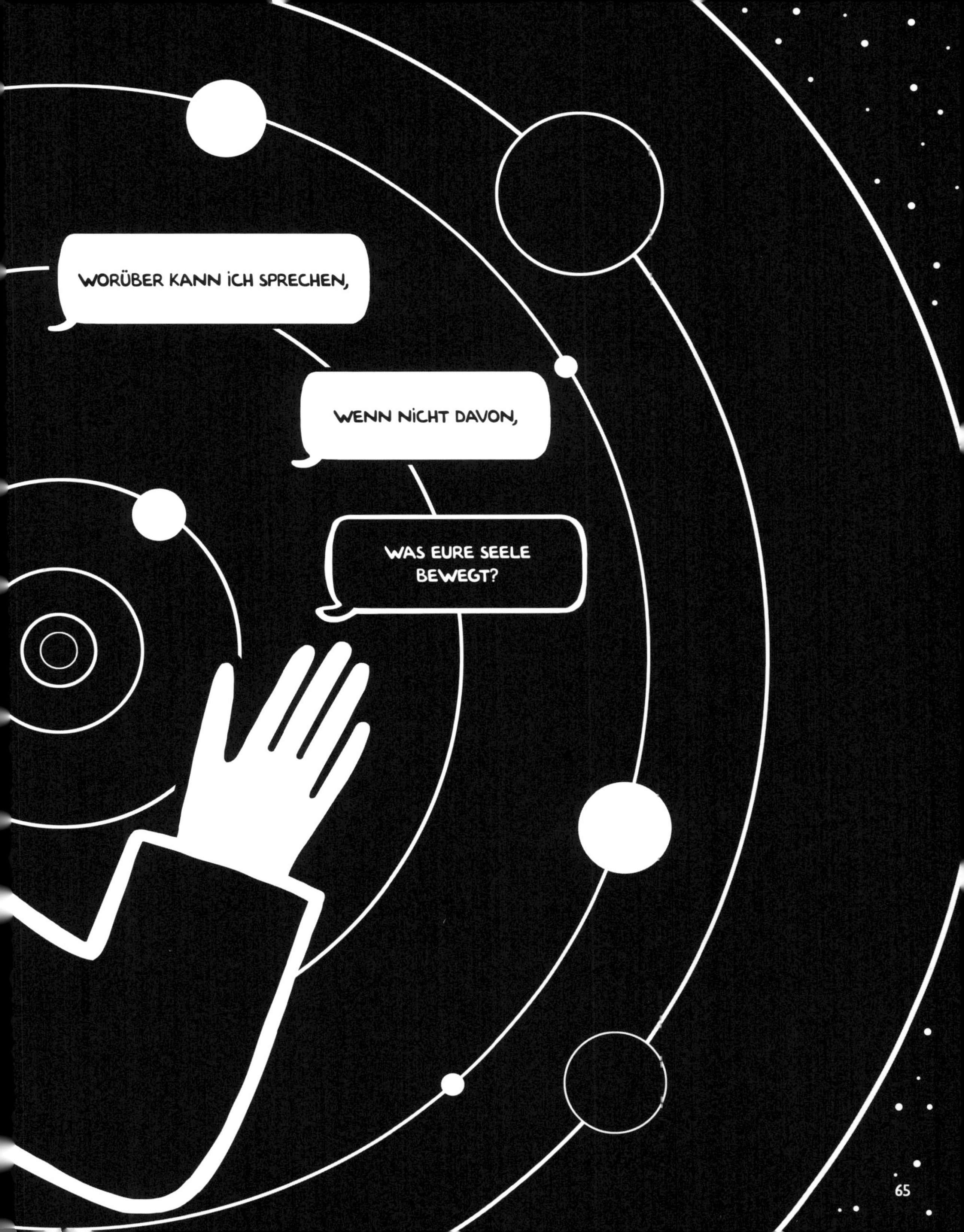
WORÜBER KANN ICH SPRECHEN,
WENN NICHT DAVON,
WAS EURE SEELE BEWEGT?

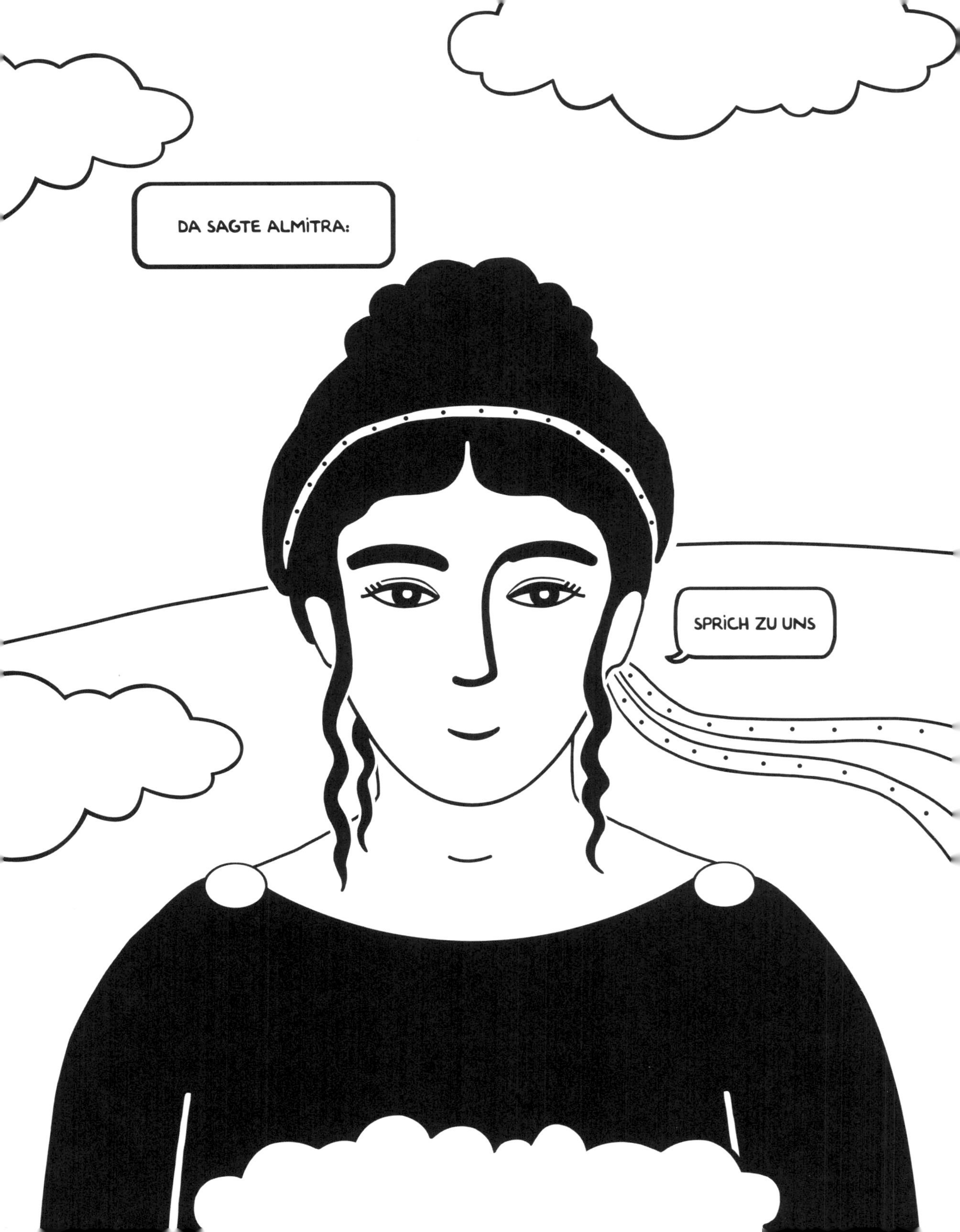
DA SAGTE ALMITRA:
SPRICH ZU UNS

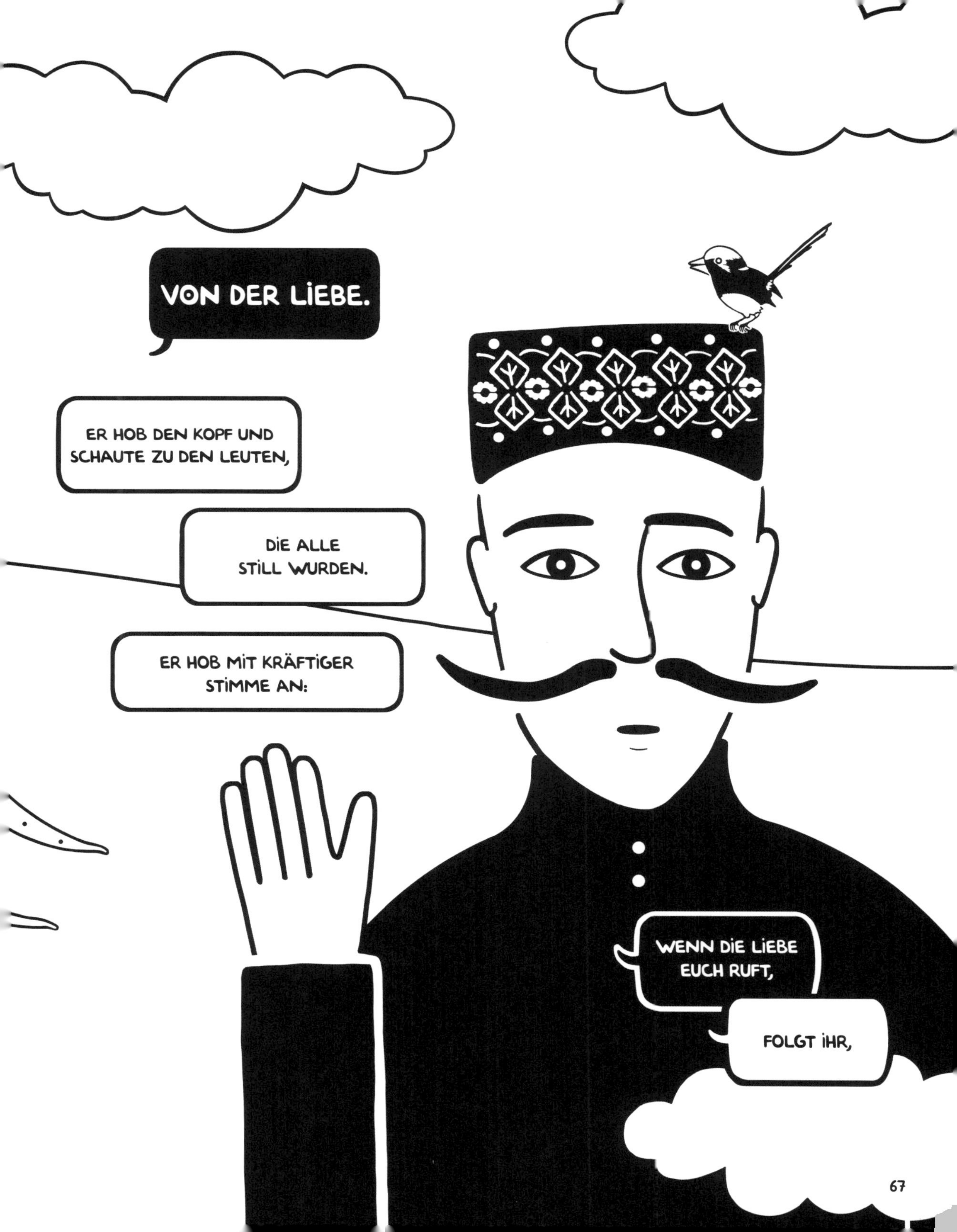
VON DER LIEBE.
ER HOB DEN KOPF UND SCHAUTE ZU DEN LEUTEN,
DIE ALLE STILL WURDEN.
ER HOB MIT KRÄFTIGER STIMME AN:
WENN DIE LIEBE EUCH RUFT,
FOLGT IHR,

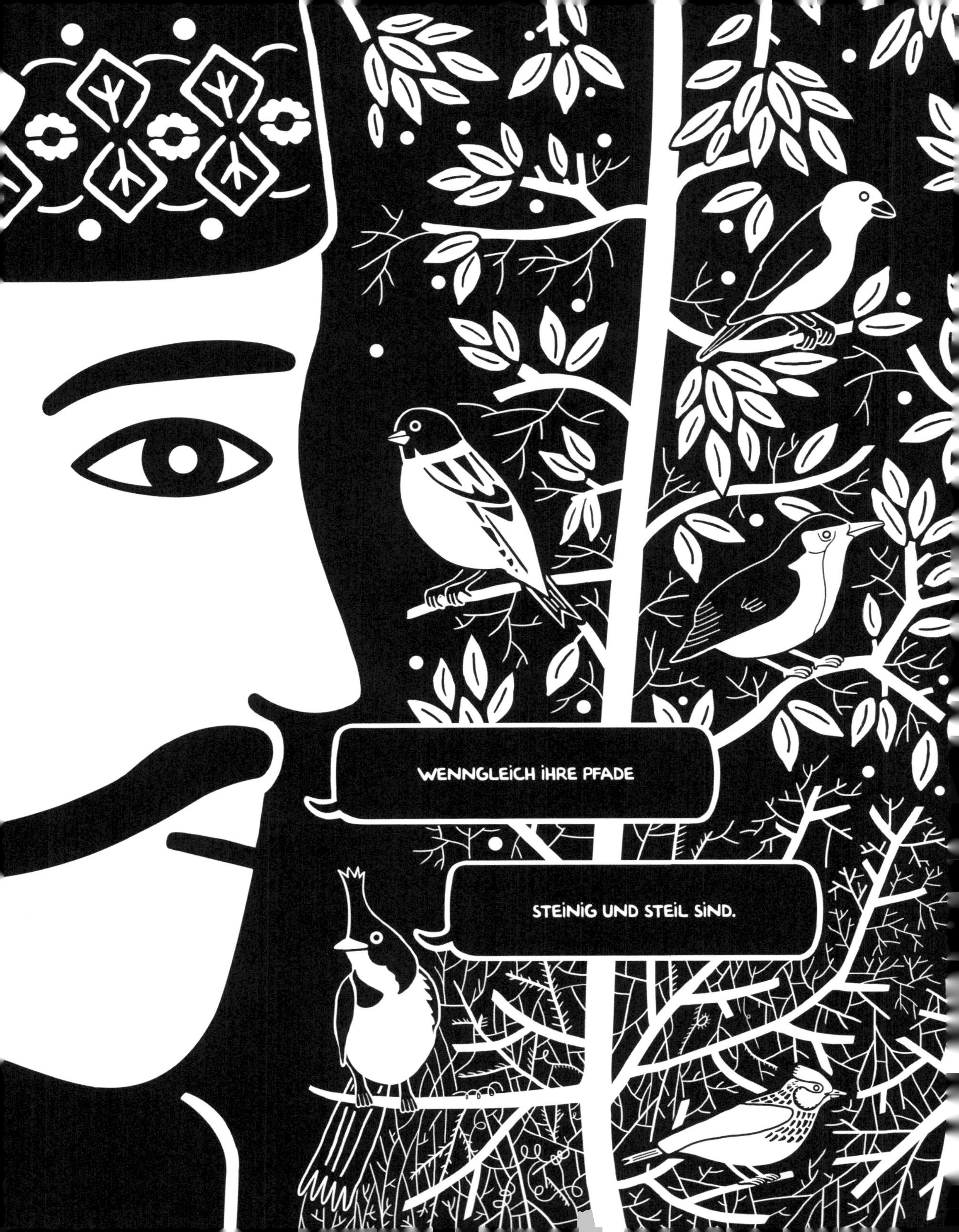
WENNGLEICH IHRE PFADE
STEINIG UND STEIL SIND.

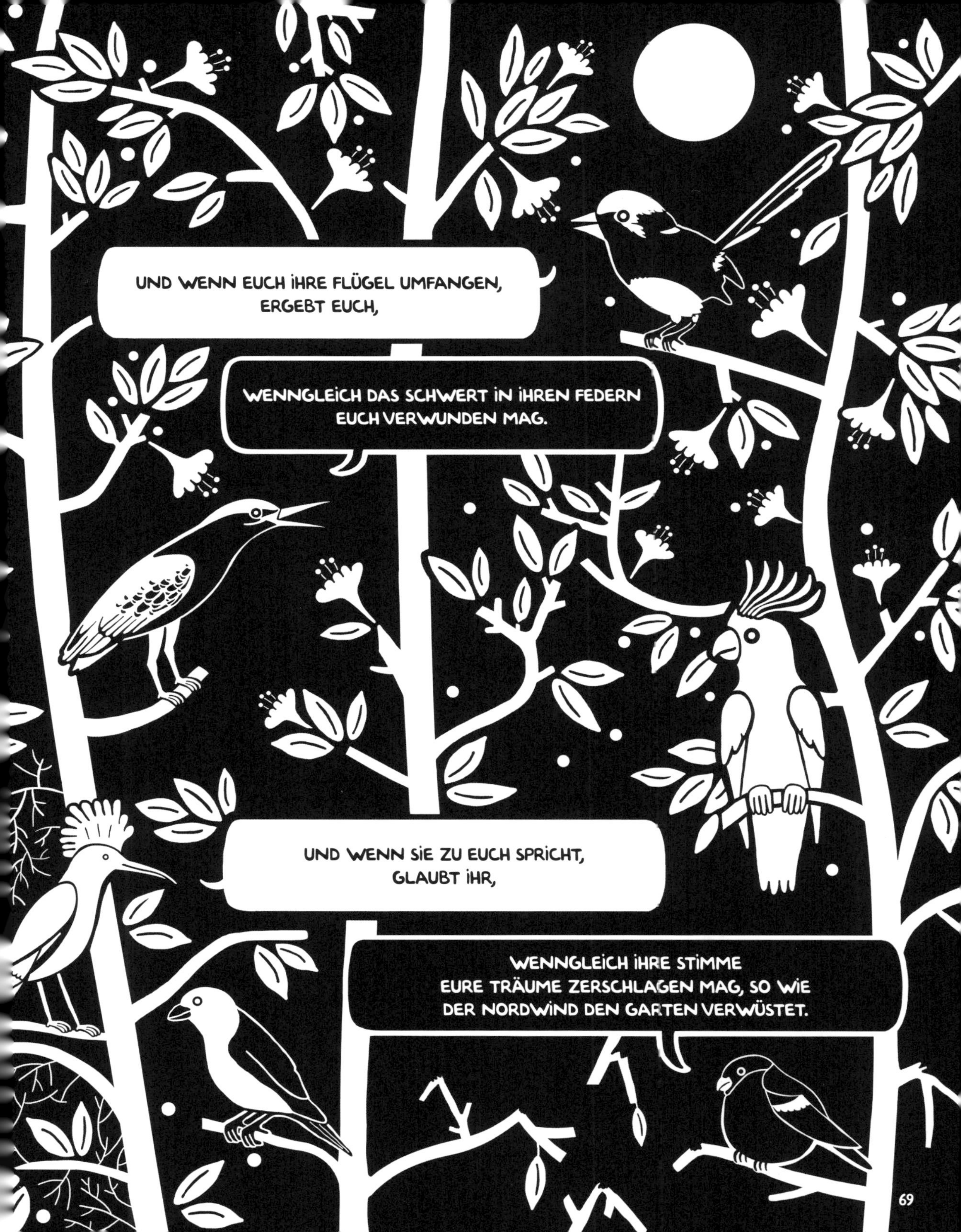
UND WENN EUCH IHRE FLÜGEL UMFANGEN, ERGEBT EUCH,
WENNGLEICH DAS SCHWERT IN IHREN FEDERN EUCH VERWUNDEN MAG.
UND WENN SIE ZU EUCH SPRICHT, GLAUBT IHR,
WENNGLEICH IHRE STIMME EURE TRÄUME ZERSCHLAGEN MAG, SO WIE DER NORDWIND DEN GARTEN VERWÜSTET.

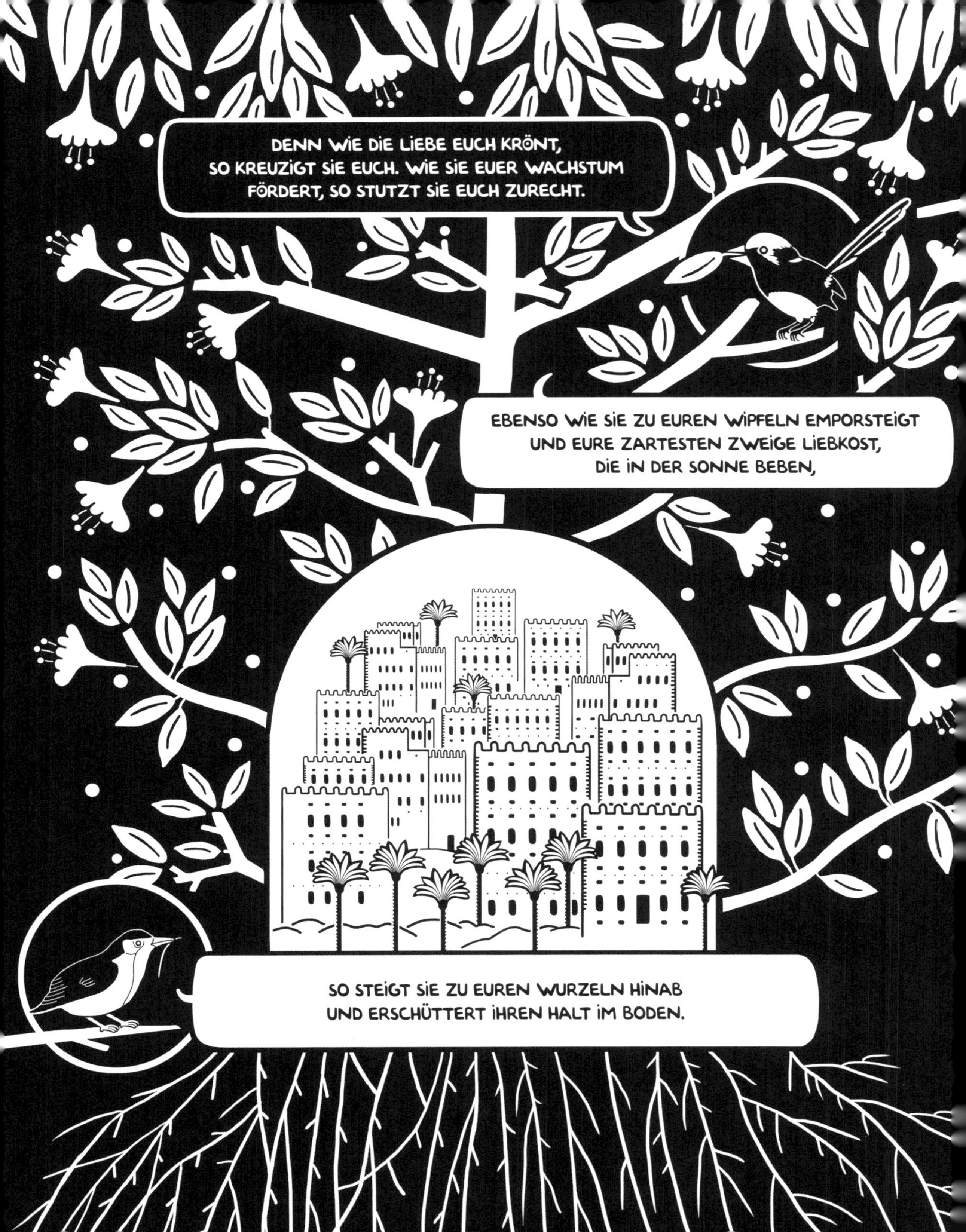
DENN WIE DIE LIEBE EUCH KRÖNT, SO KREUZIGT SIE EUCH. WIE SIE EUER WACHSTUM FÖRDERT, SO STUTZT SIE EUCH ZURECHT.
EBENSO WIE SIE ZU EUREN WIPFELN EMPORSTEIGT UND EURE ZARTESTEN ZWEIGE LIEBKOST, DIE IN DER SONNE BEBEN,
SO STEIGT SIE ZU EUREN WURZELN HINAB UND ERSCHÜTTERT IHREN HALT IM BODEN.

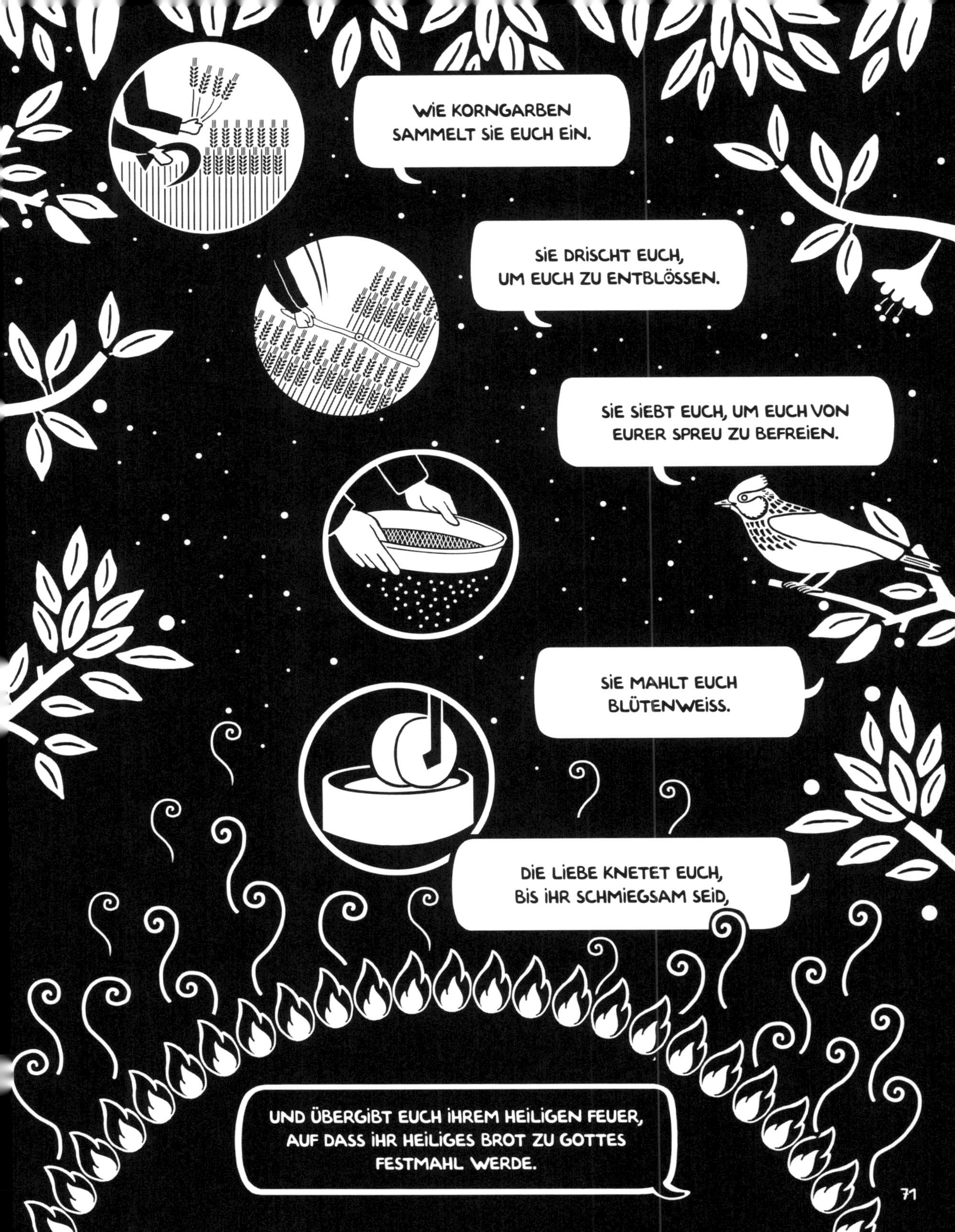
WIE KORNGARBEN SAMMELT SIE EUCH EIN.
SIE DRISCHT EUCH, UM EUCH ZU ENTBLÖSSEN.
SIE SIEBT EUCH, UM EUCH VON EURER SPREU ZU BEFREIEN.
SIE MAHLT EUCH BLÜTENWEISS.
DIE LIEBE KNETET EUCH, BIS IHR SCHMIEGSAM SEID,
UND ÜBERGIBT EUCH IHREM HEILIGEN FEUER, AUF DASS IHR HEILIGES BROT ZU GOTTES FESTMAHL WERDE.

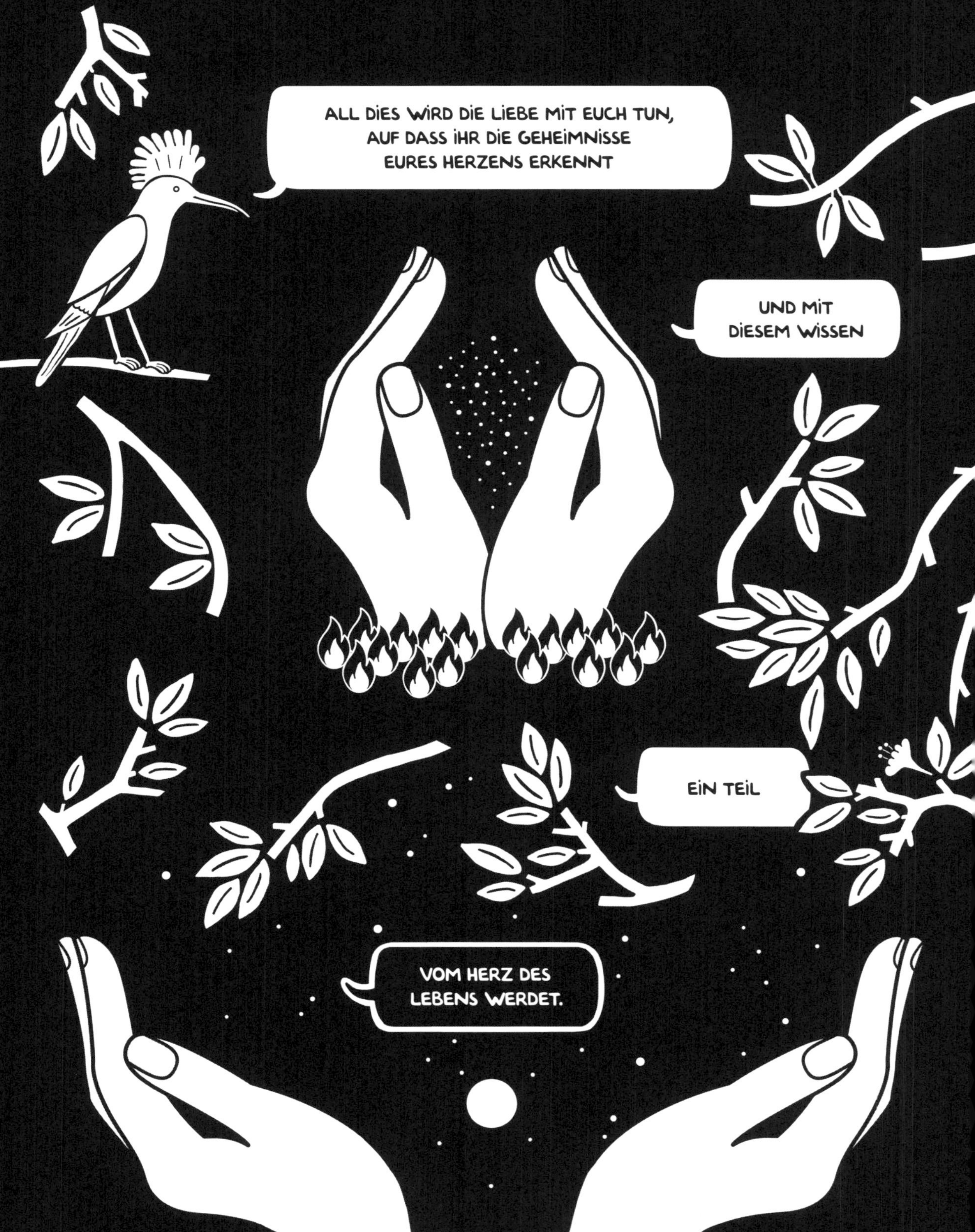
ALL DIES WIRD DIE LIEBE MIT EUCH TUN,
AUF DASS IHR DIE GEHEIMNISSE
EURES HERZENS ERKENNT
UND MIT
DIESEM WISSEN
EIN TEIL
VOM HERZ DES
LEBENS WERDET.

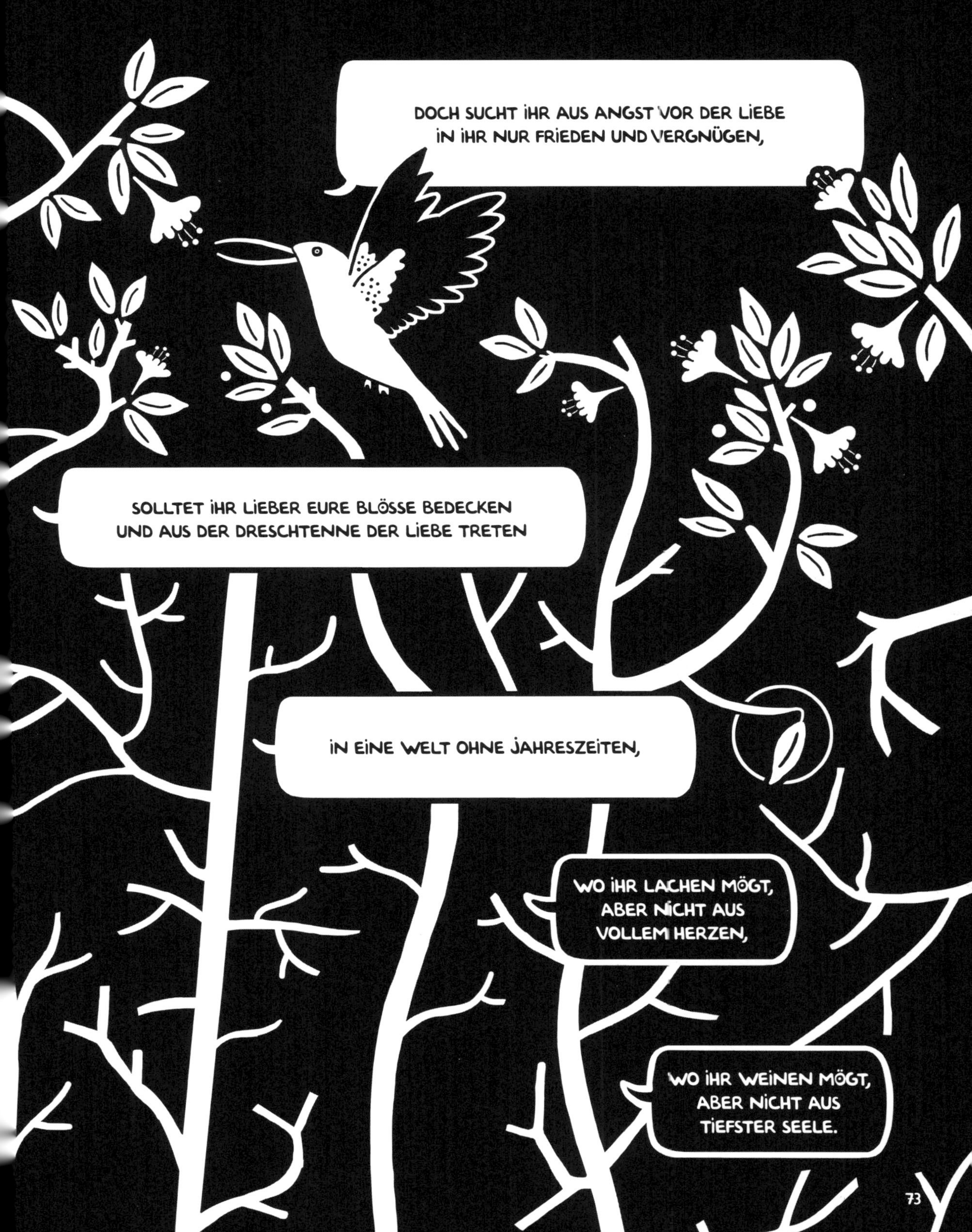
DOCH SUCHT IHR AUS ANGST VOR DER LIEBE
IN IHR NUR FRIEDEN UND VERGNÜGEN,
SOLLTET IHR LIEBER EURE BLÖSSE BEDECKEN
UND AUS DER DRESCHTENNE DER LIEBE TRETEN
IN EINE WELT OHNE JAHRESZEITEN,
WO IHR LACHEN MÖGT,
ABER NICHT AUS
VOLLEM HERZEN,
WO IHR WEINEN MÖGT,
ABER NICHT AUS
TIEFSTER SEELE.

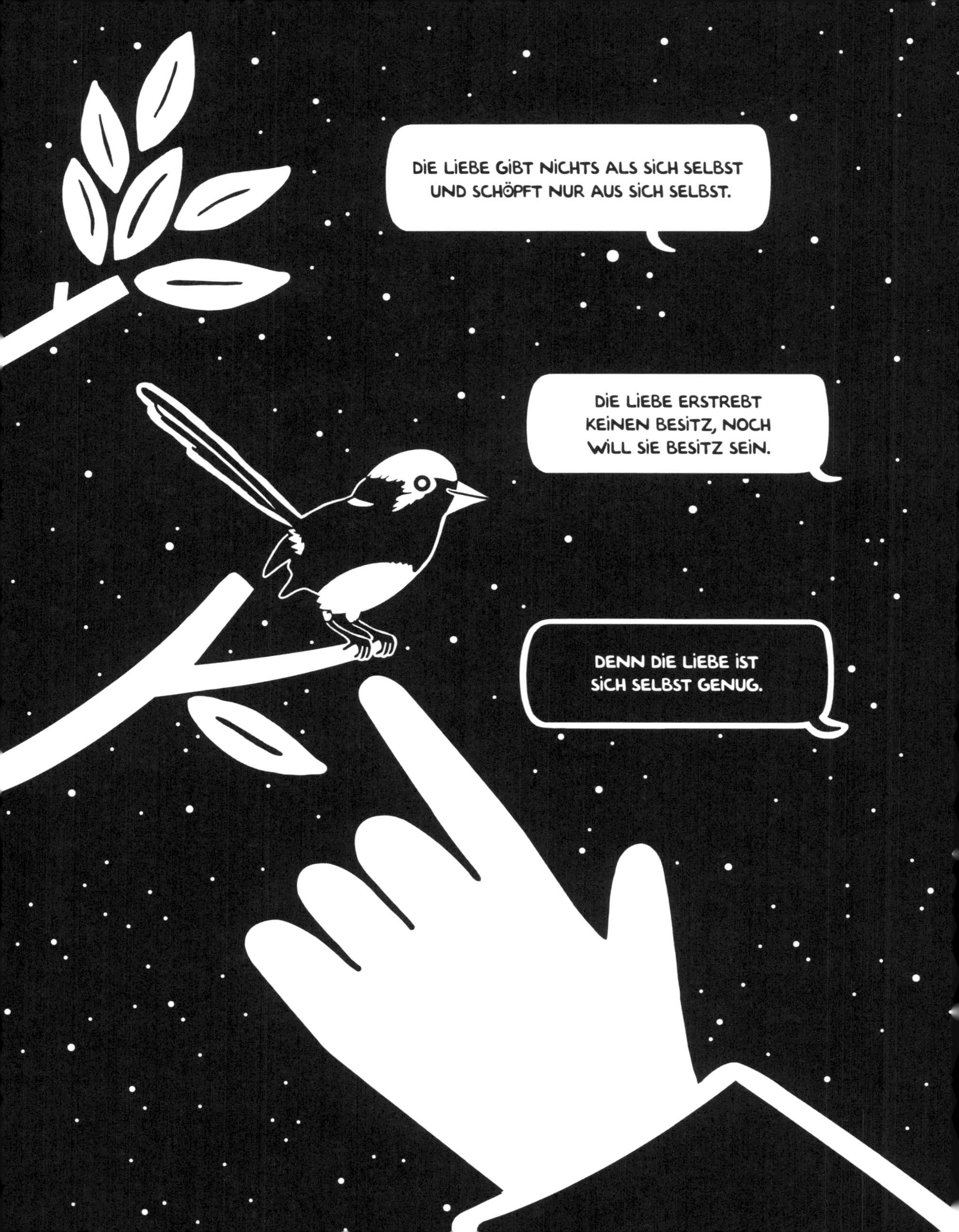
DIE LIEBE GIBT NICHTS ALS SICH SELBST UND SCHÖPFT NUR AUS SICH SELBST.
DIE LIEBE ERSTREBT KEINEN BESITZ, NOCH WILL SIE BESITZ SEIN.
DENN DIE LIEBE IST SICH SELBST GENUG.

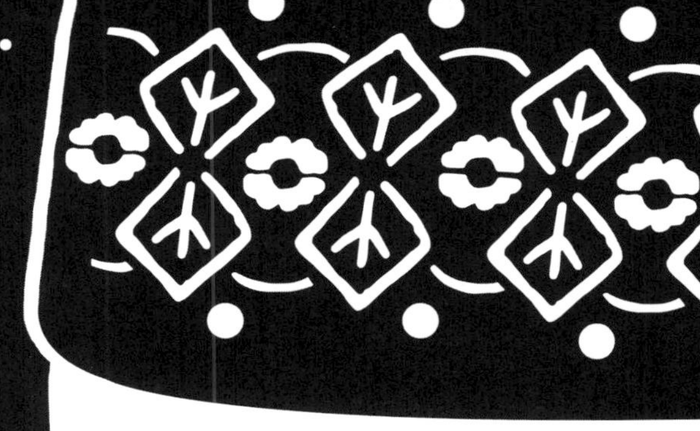
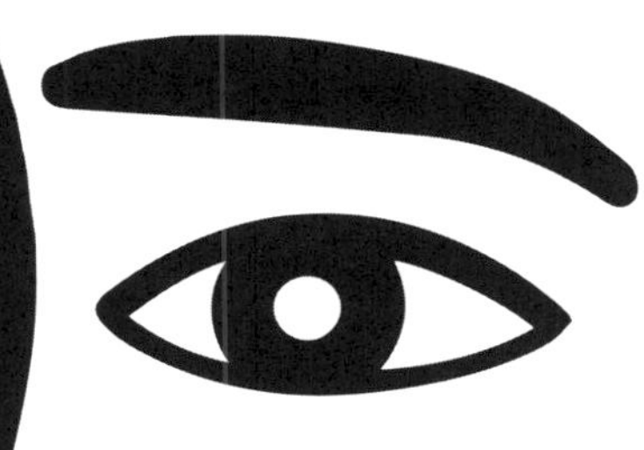
WENN IHR LIEBT,
SOLLT IHR NICHT SAGEN:
„GOTT IST IN MEINEM HERZEN“,
SONDERN LIEBER:
„ICH BIN IM HERZEN GOTTES“.
UND GLAUBT NICHT, IHR KÖNNTET DER LIEBE DIE RICHTUNG WEISEN,
DENN WENN DIE LIEBE EUCH FÜR WÜRDIG ERACHTET, BESTIMMT SIE EUREN WEG.
DIE LIEBE WÜNSCHT NICHTS, ALS SICH SELBST ZU ERFÜLLEN.

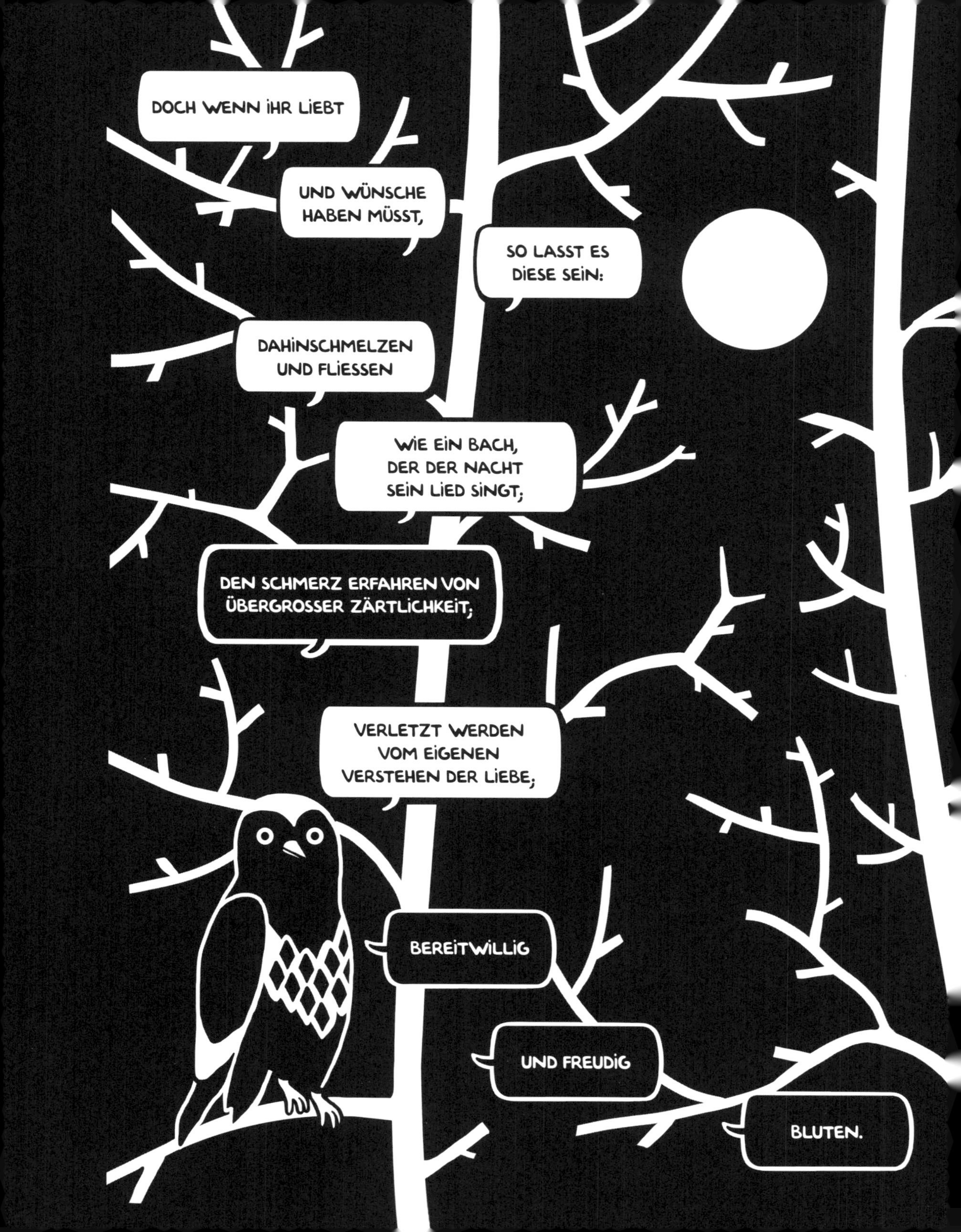

DOCH WENN IHR LIEBT
UND WÜNSCHE HABEN MÜSST,
SO LASST ES DIESE SEIN:
DAHINSCHMELZEN UND FLIESSEN
WIE EIN BACH, DER DER NACHT SEIN LIED SINGT;
DEN SCHMERZ ERFAHREN VON ÜBERGROSSER ZÄRTLICHKEIT;
VERLETZT WERDEN VOM EIGENEN VERSTEHEN DER LIEBE;
BEREITWILLIG
UND FREUDIG
BLUTEN.

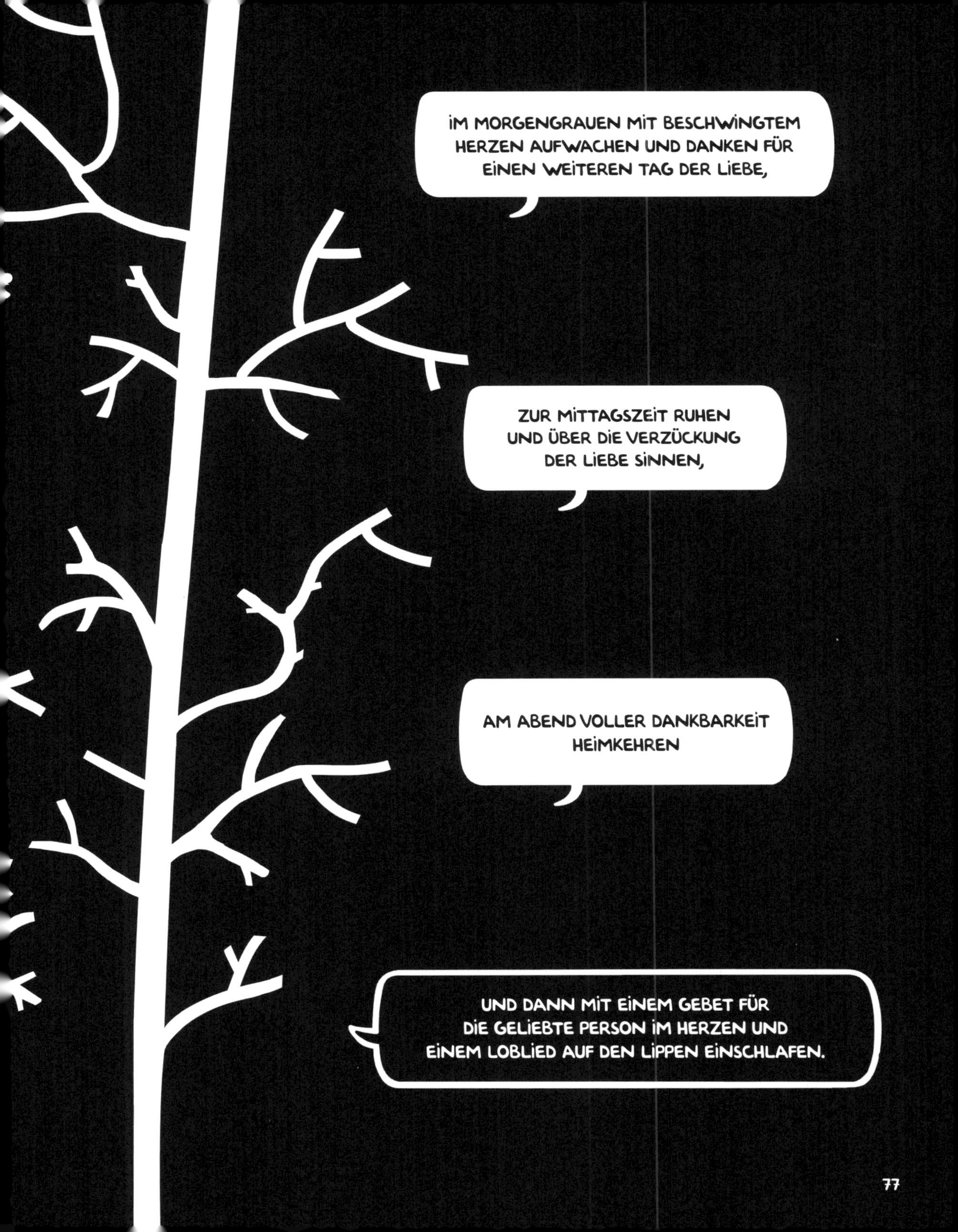

IM MORGENGRAUEN MIT BESCHWINGTEM HERZEN AUFWACHEN UND DANKEN FÜR EINEN WEITEREN TAG DER LIEBE,

ZUR MITTAGSZEIT RUHEN UND ÜBER DIE VERZÜCKUNG DER LIEBE SINNEN,

AM ABEND VOLLER DANKBARKEIT HEIMKEHREN

UND DANN MIT EINEM GEBET FÜR DIE GELIEBTE PERSON IM HERZEN UND EINEM LOBLIED AUF DEN LIPPEN EINSCHLAFEN.

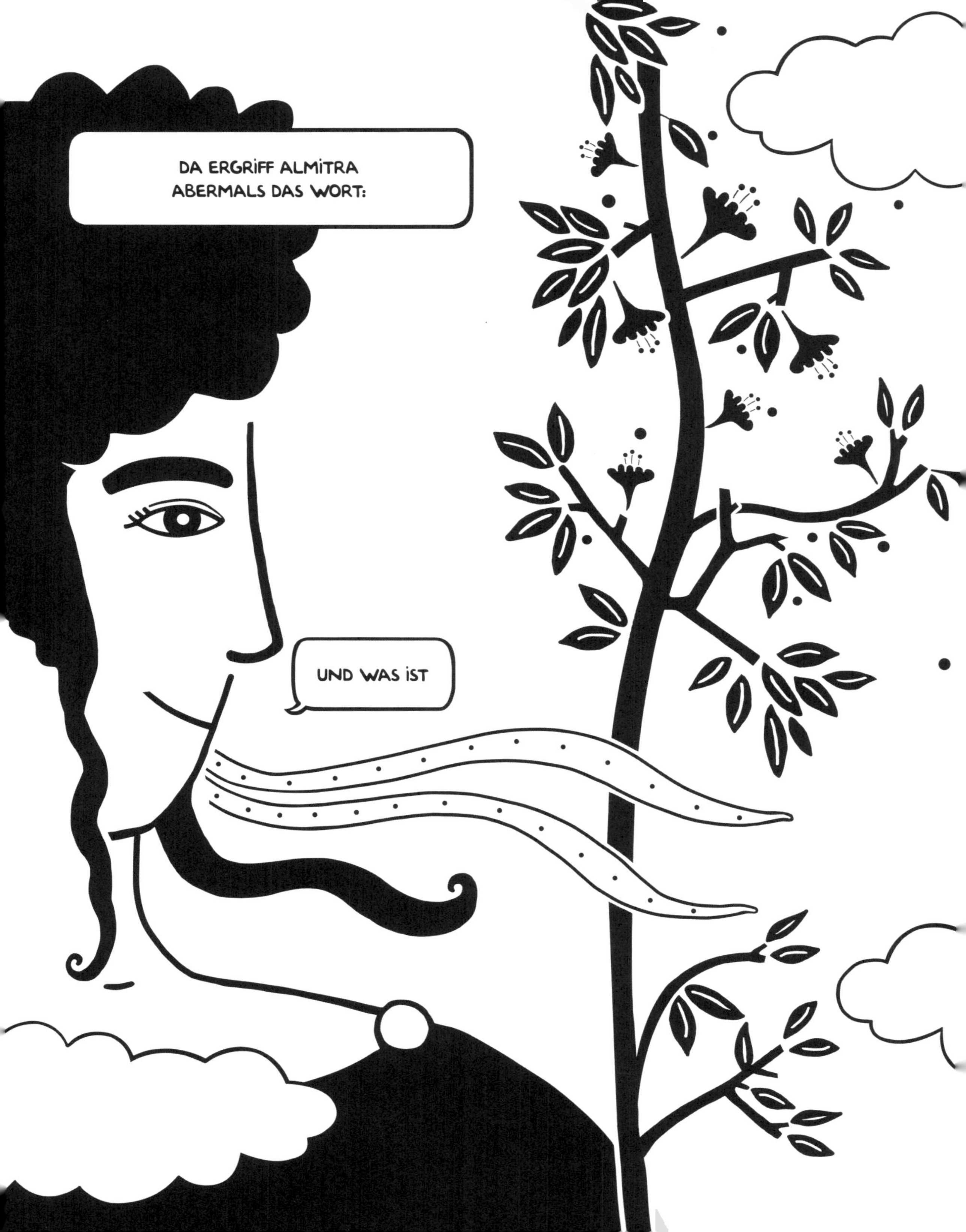
DA ERGRIFF ALMITRA
ABERMALS DAS WORT:
UND WAS IST

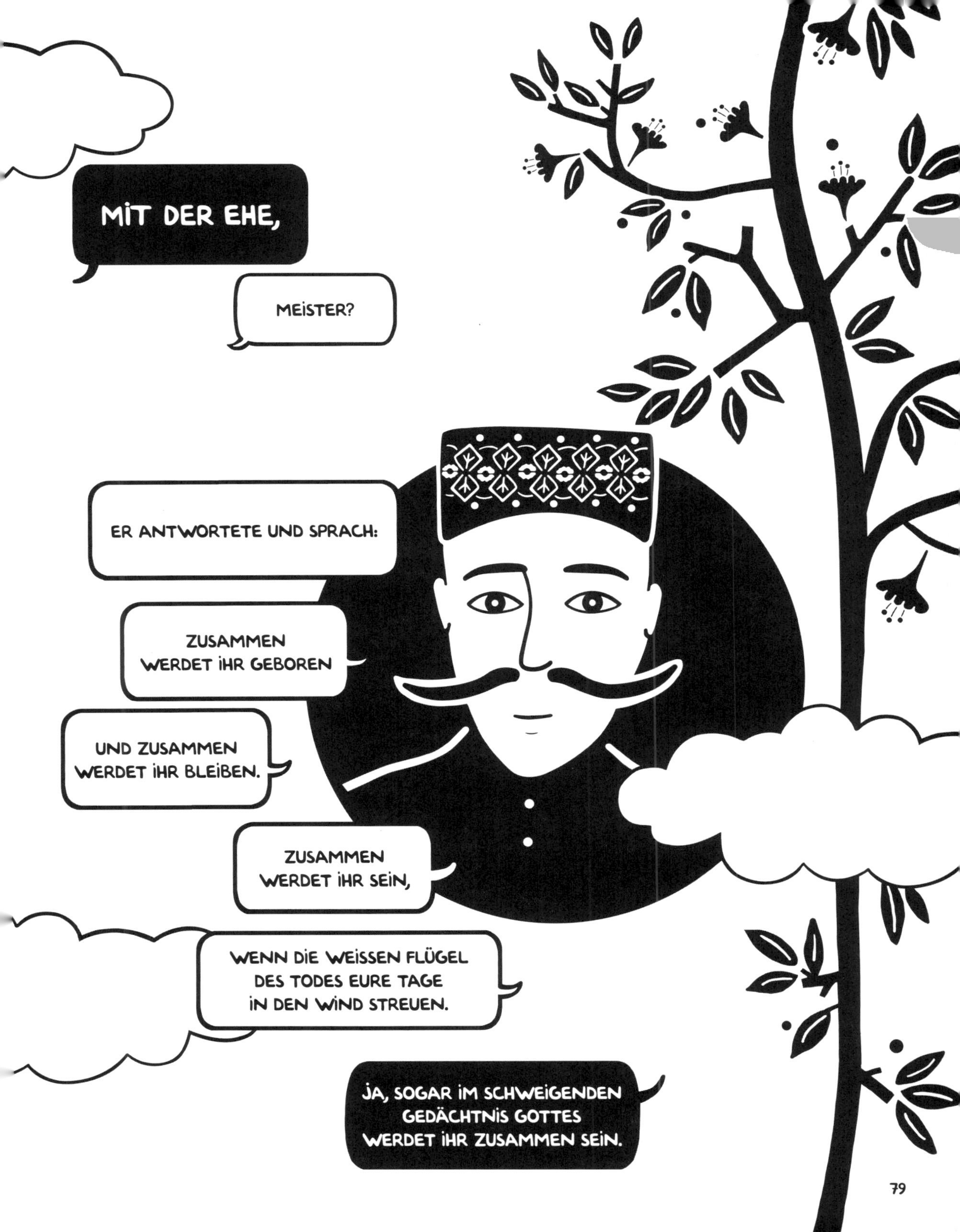
MIT DER EHE,
MEISTER?
ER ANTWORTETE UND SPRACH:
ZUSAMMEN WERDET IHR GEBOREN
UND ZUSAMMEN WERDET IHR BLEIBEN.
ZUSAMMEN WERDET IHR SEIN,
WENN DIE WEISSEN FLÜGEL DES TODES EURE TAGE IN DEN WIND STREUEN.
JA, SOGAR IM SCHWEIGENDEN GEDÄCHTNIS GOTTES WERDET IHR ZUSAMMEN SEIN.

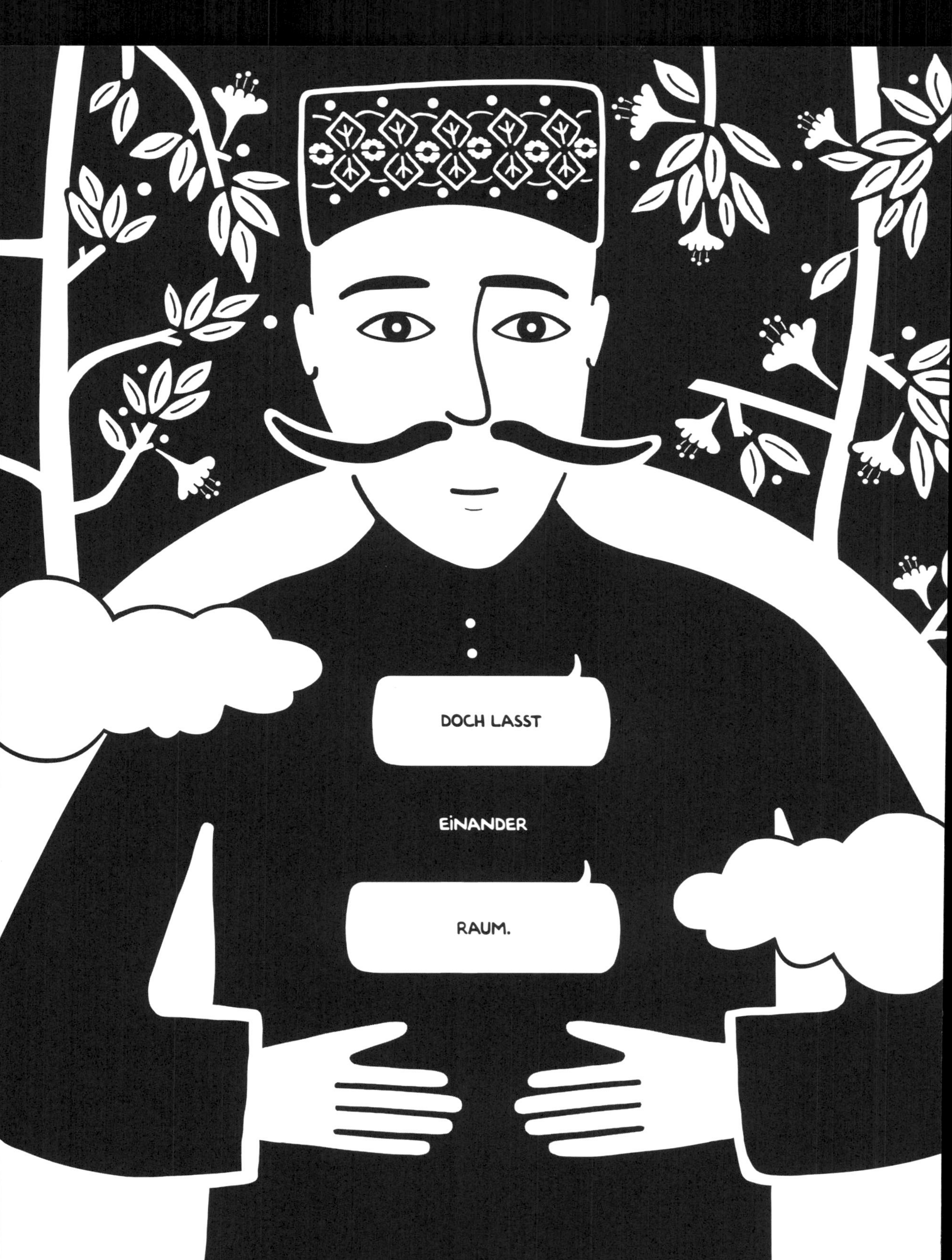
DOCH LASST
EiNANDER
RAUM.

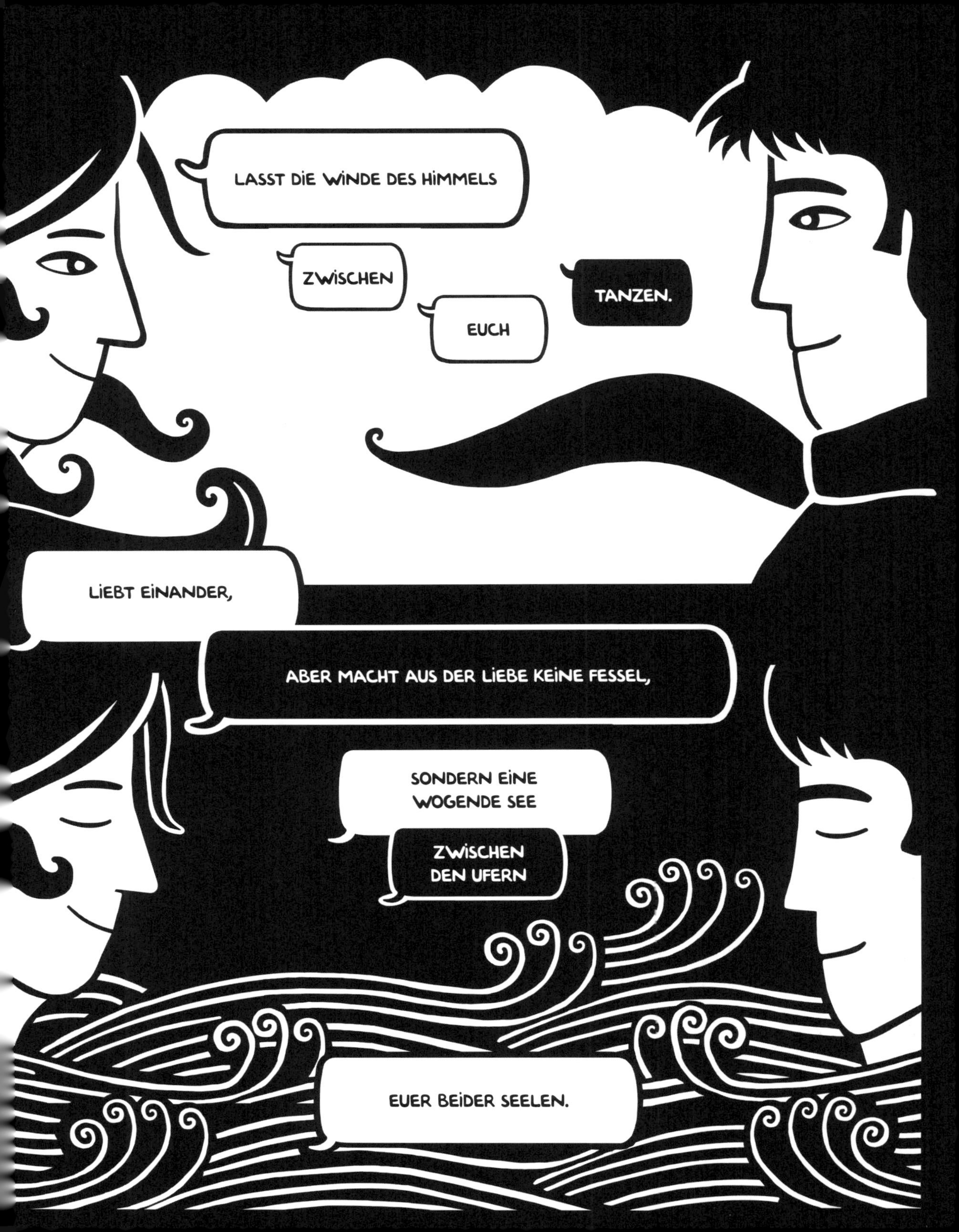

LASST DIE WINDE DES HIMMELS

ZWISCHEN

EUCH

TANZEN.

LIEBT EINANDER,

ABER MACHT AUS DER LIEBE KEINE FESSEL,

SONDERN EINE WOGENDE SEE

ZWISCHEN DEN UFERN

EUER BEIDER SEELEN.

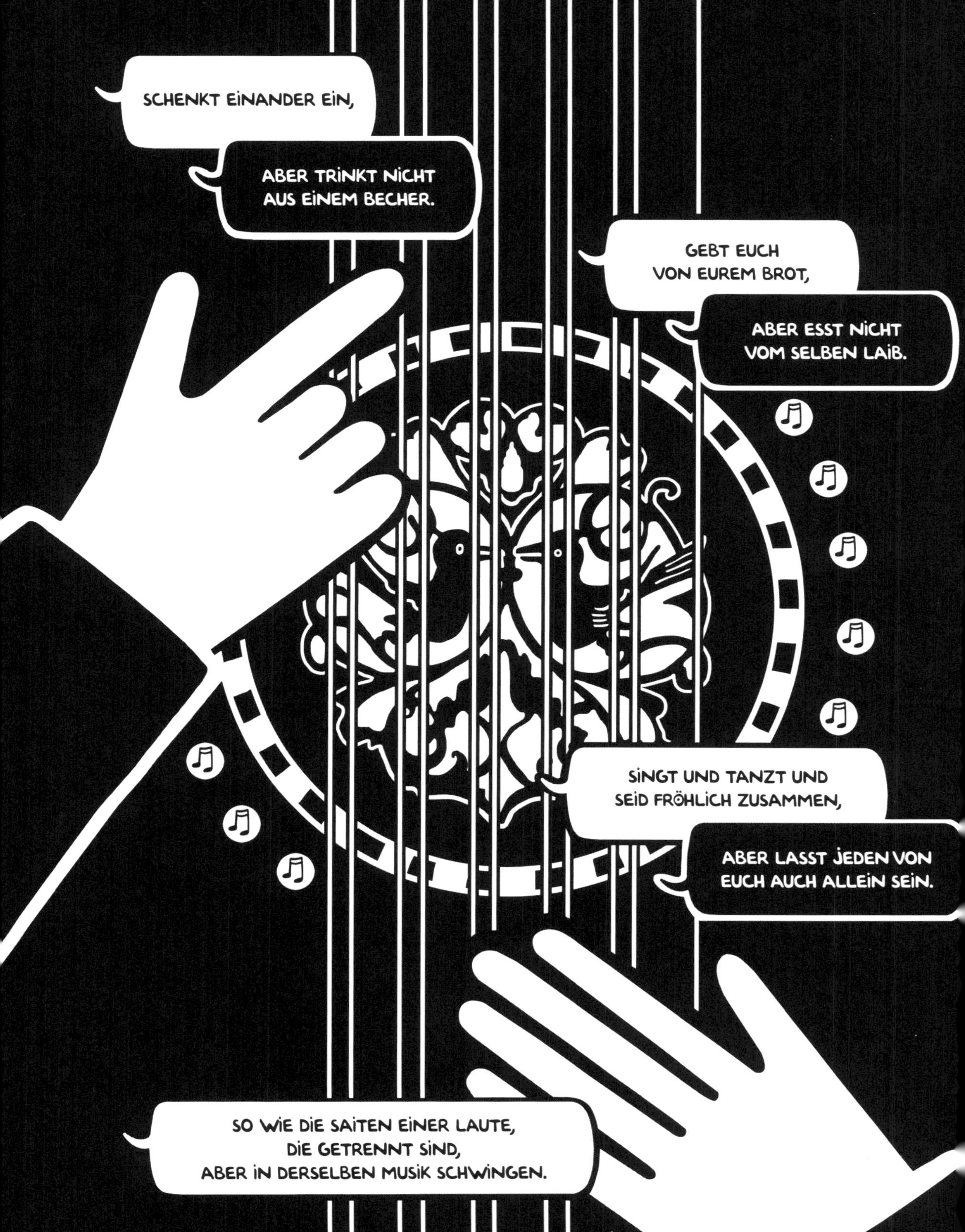
SCHENKT EINANDER EIN,
ABER TRINKT NICHT AUS EINEM BECHER.
GEBT EUCH VON EUREM BROT,
ABER ESST NICHT VOM SELBEN LAIB.
SINGT UND TANZT UND SEID FRÖHLICH ZUSAMMEN,
ABER LASST JEDEN VON EUCH AUCH ALLEIN SEIN.
SO WIE DIE SAITEN EINER LAUTE, DIE GETRENNT SIND, ABER IN DERSELBEN MUSIK SCHWINGEN.

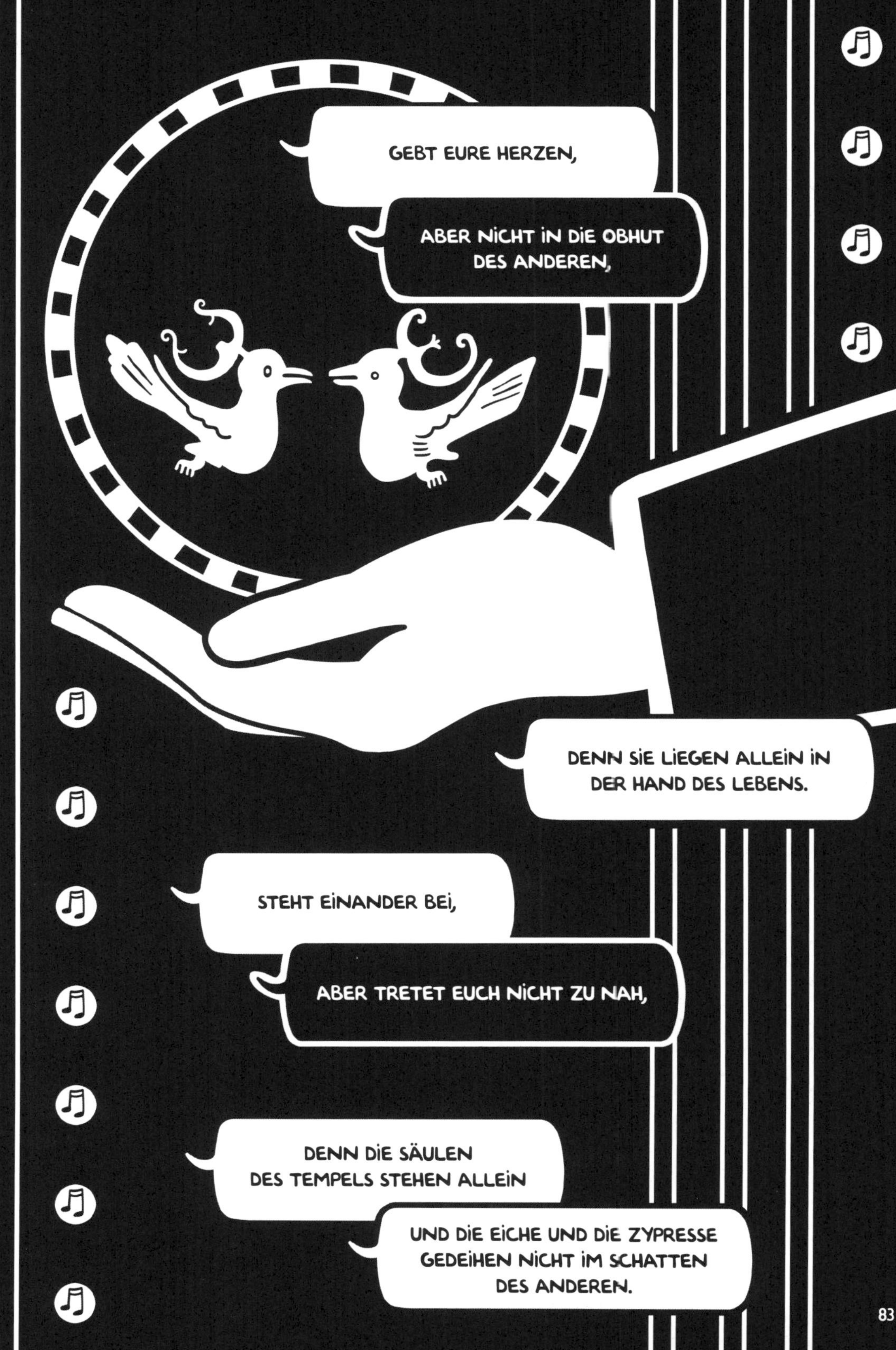
GEBT EURE HERZEN,
ABER NICHT IN DIE OBHUT DES ANDEREN,
DENN SIE LIEGEN ALLEIN IN DER HAND DES LEBENS.
STEHT EINANDER BEI,
ABER TRETET EUCH NICHT ZU NAH,
DENN DIE SÄULEN DES TEMPELS STEHEN ALLEIN
UND DIE EICHE UND DIE ZYPRESSE GEDEIHEN NICHT IM SCHATTEN DES ANDEREN.

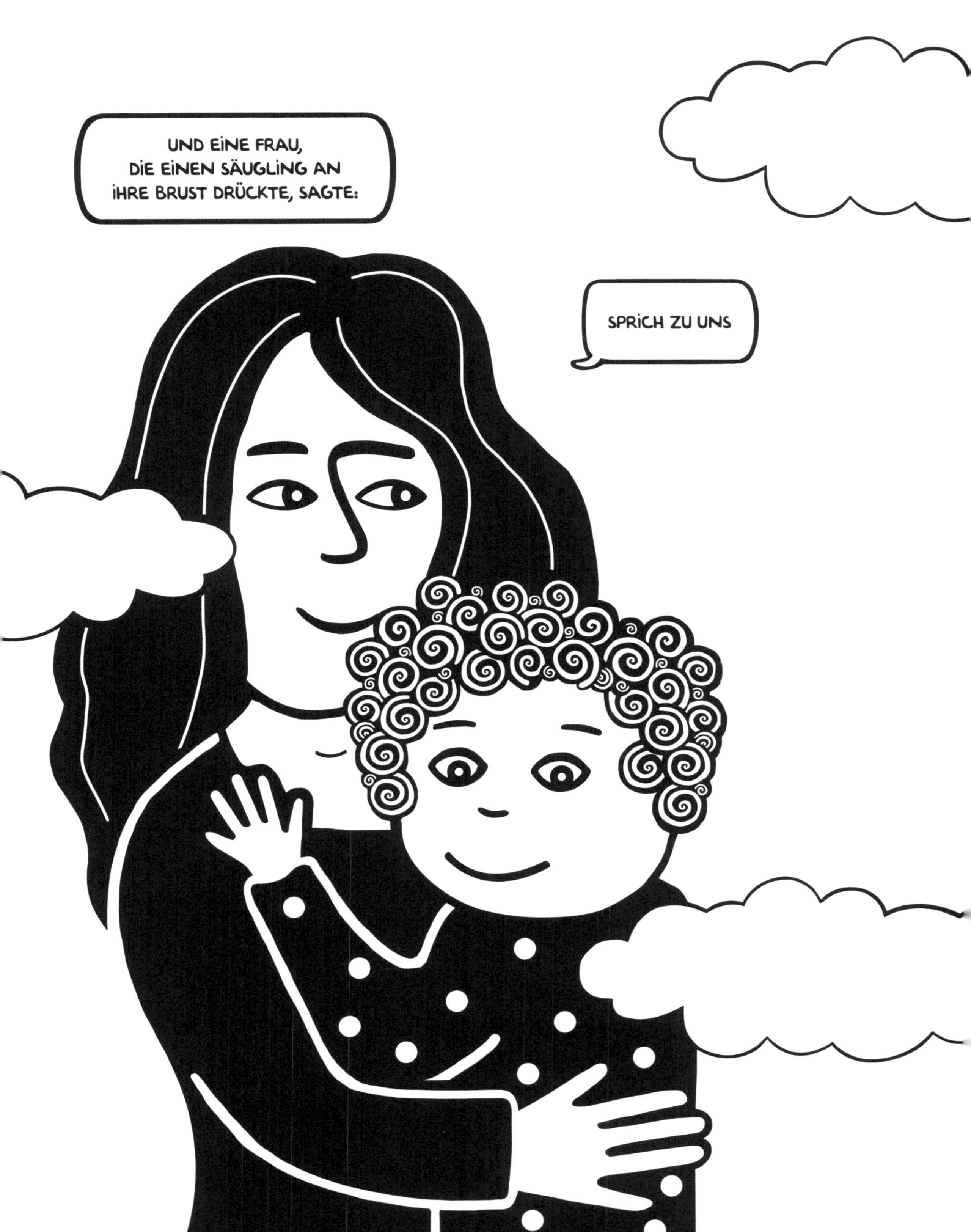
UND EINE FRAU,
DIE EINEN SÄUGLING AN
IHRE BRUST DRÜCKTE, SAGTE:
SPRICH ZU UNS

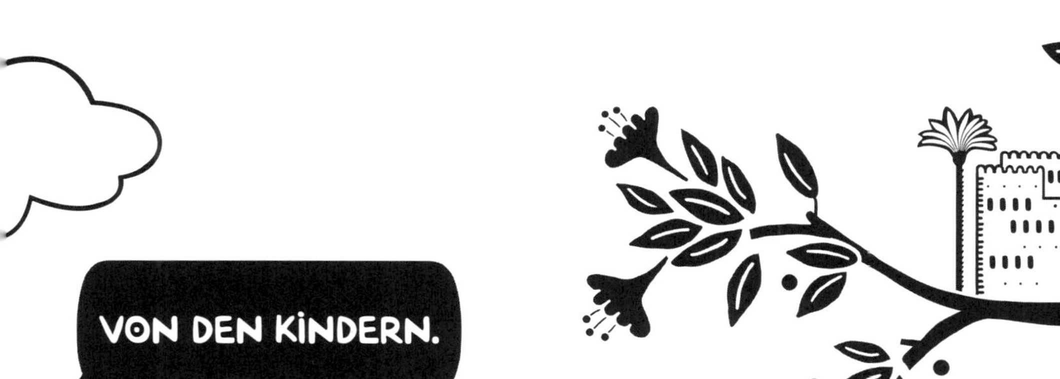

VON DEN KINDERN.

UND ER SAGTE:

EURE KINDER SIND NICHT EURE KINDER.

SIE SIND DIE SÖHNE UND TÖCHTER DER SEHNSUCHT DES LEBENS NACH SICH SELBST.

SIE KOMMEN DURCH EUCH, ABER NICHT AUS EUCH.

UND OBGLEICH SIE BEI EUCH SIND, GEHÖREN SIE EUCH NICHT.

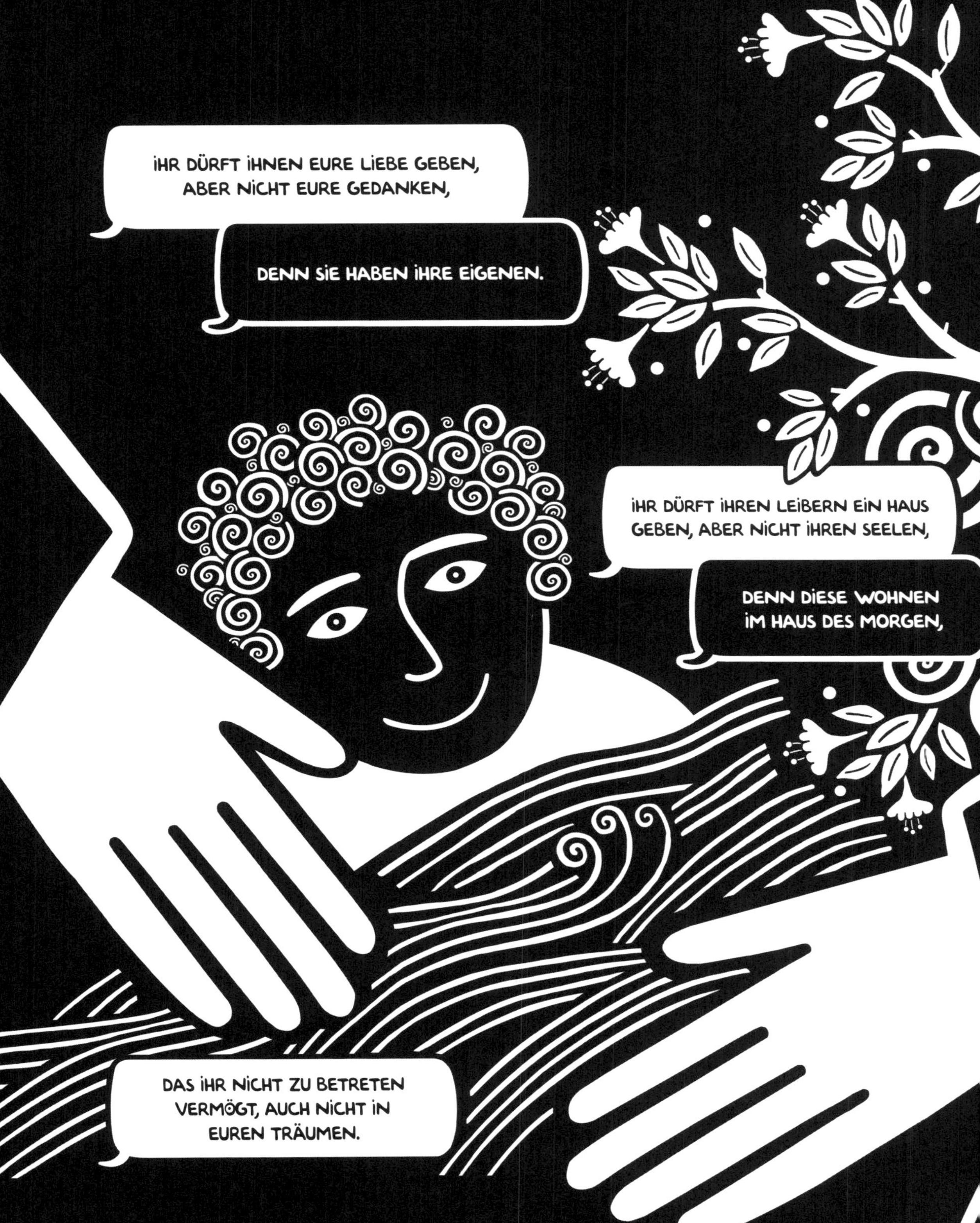
IHR DÜRFT IHNEN EURE LIEBE GEBEN, ABER NICHT EURE GEDANKEN,
DENN SIE HABEN IHRE EIGENEN.
IHR DÜRFT IHREN LEIBERN EIN HAUS GEBEN, ABER NICHT IHREN SEELEN,
DENN DIESE WOHNEN IM HAUS DES MORGEN,
DAS IHR NICHT ZU BETRETEN VERMÖGT, AUCH NICHT IN EUREN TRÄUMEN.

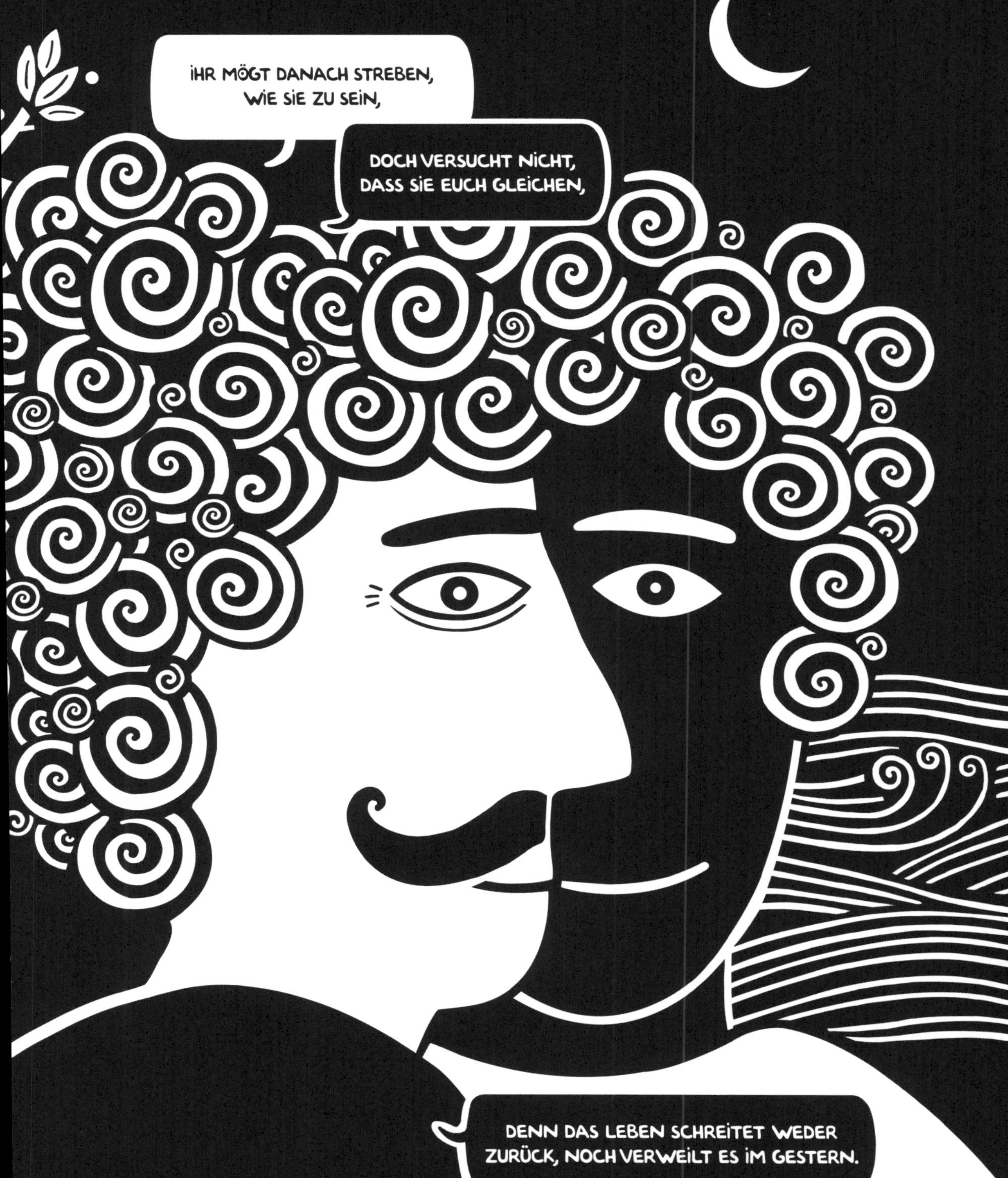
IHR MÖGT DANACH STREBEN,
WIE SIE ZU SEIN,
DOCH VERSUCHT NICHT,
DASS SIE EUCH GLEICHEN,
DENN DAS LEBEN SCHREITET WEDER
ZURÜCK, NOCH VERWEILT ES IM GESTERN.

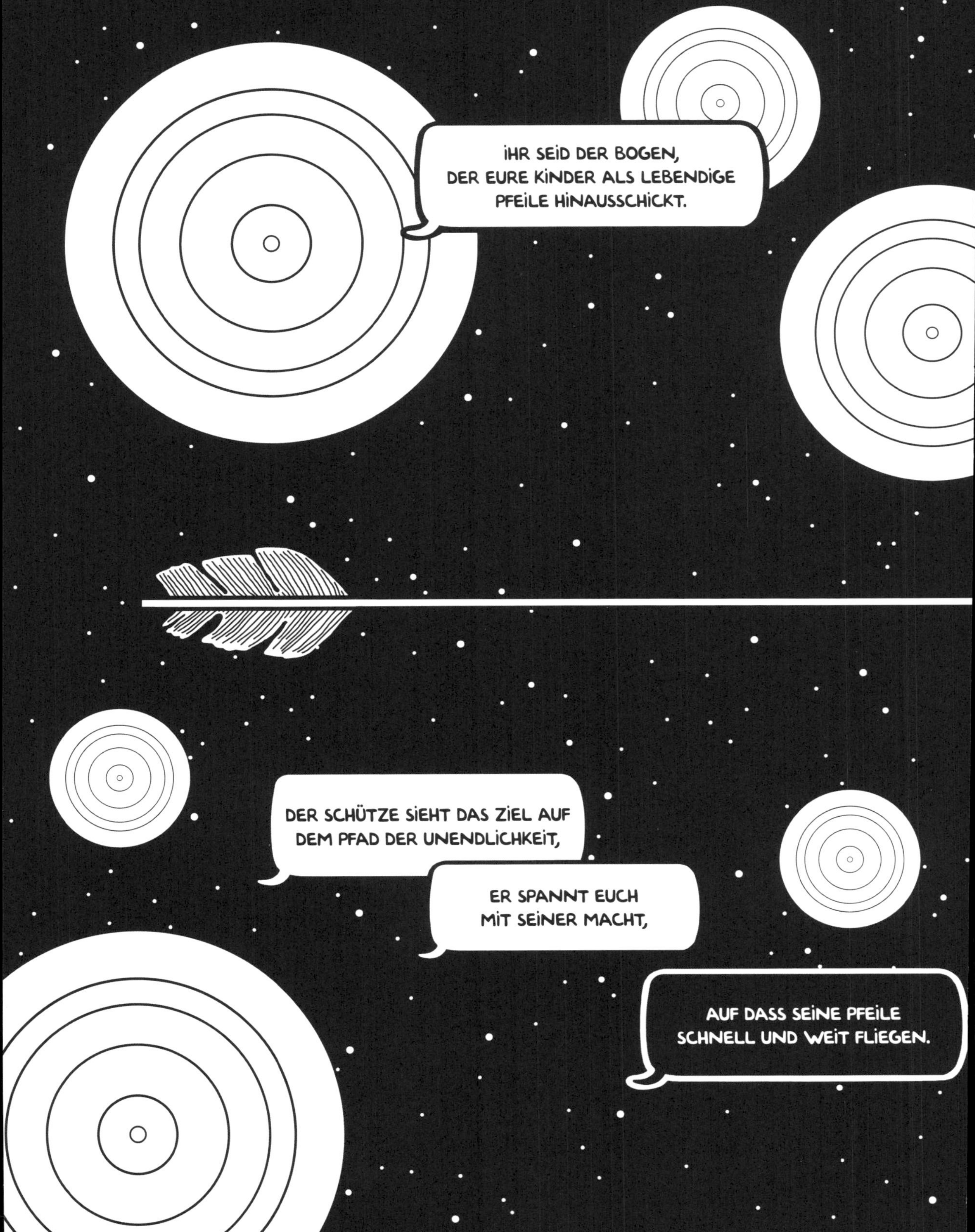
IHR SEID DER BOGEN, DER EURE KINDER ALS LEBENDIGE PFEILE HINAUSSCHICKT.
DER SCHÜTZE SIEHT DAS ZIEL AUF DEM PFAD DER UNENDLICHKEIT,
ER SPANNT EUCH MIT SEINER MACHT,
AUF DASS SEINE PFEILE SCHNELL UND WEIT FLIEGEN.

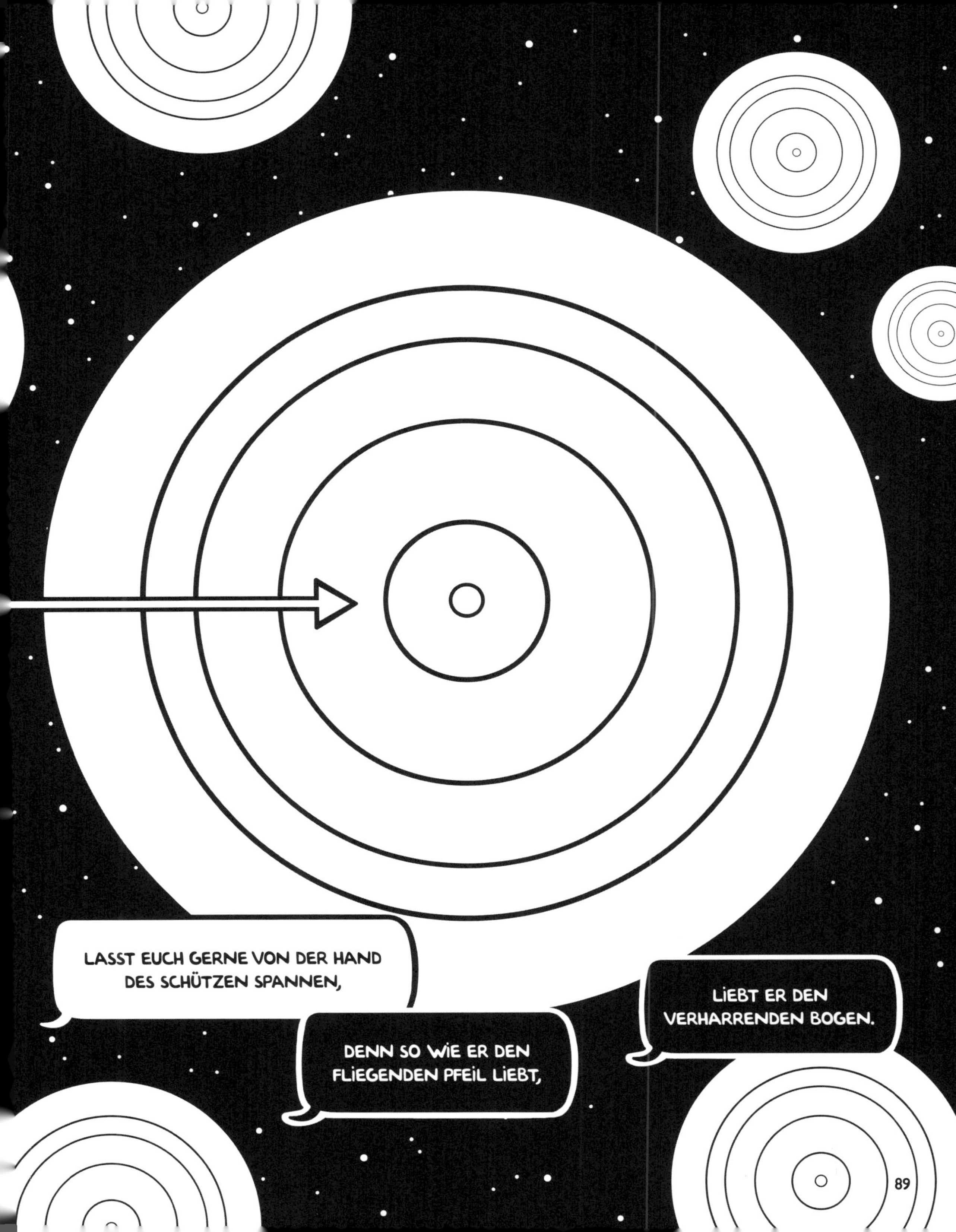
LASST EUCH GERNE VON DER HAND DES SCHÜTZEN SPANNEN,
DENN SO WIE ER DEN FLIEGENDEN PFEIL LIEBT,
LIEBT ER DEN VERHARRENDEN BOGEN.
89

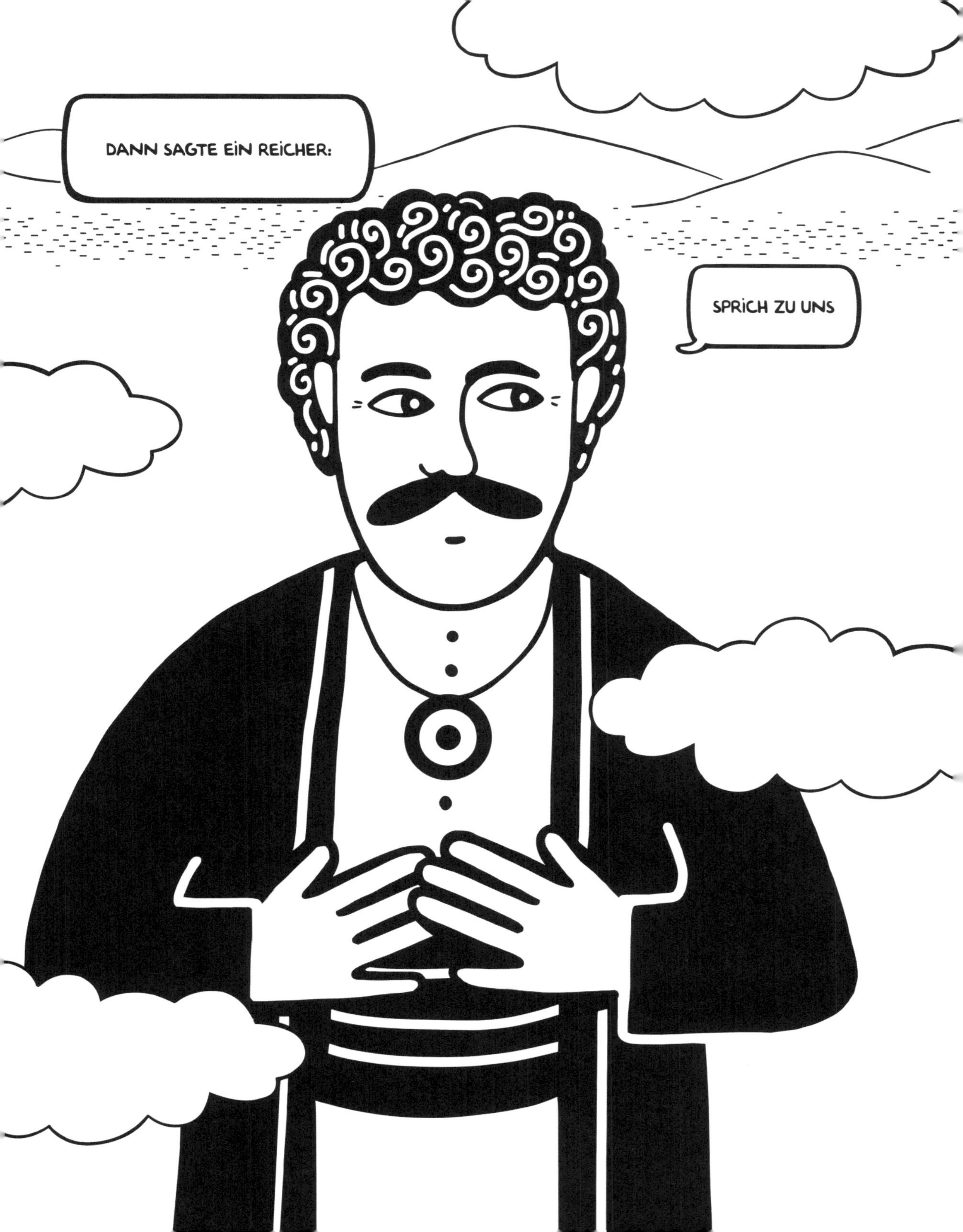
DANN SAGTE EIN REICHER:
SPRICH ZU UNS

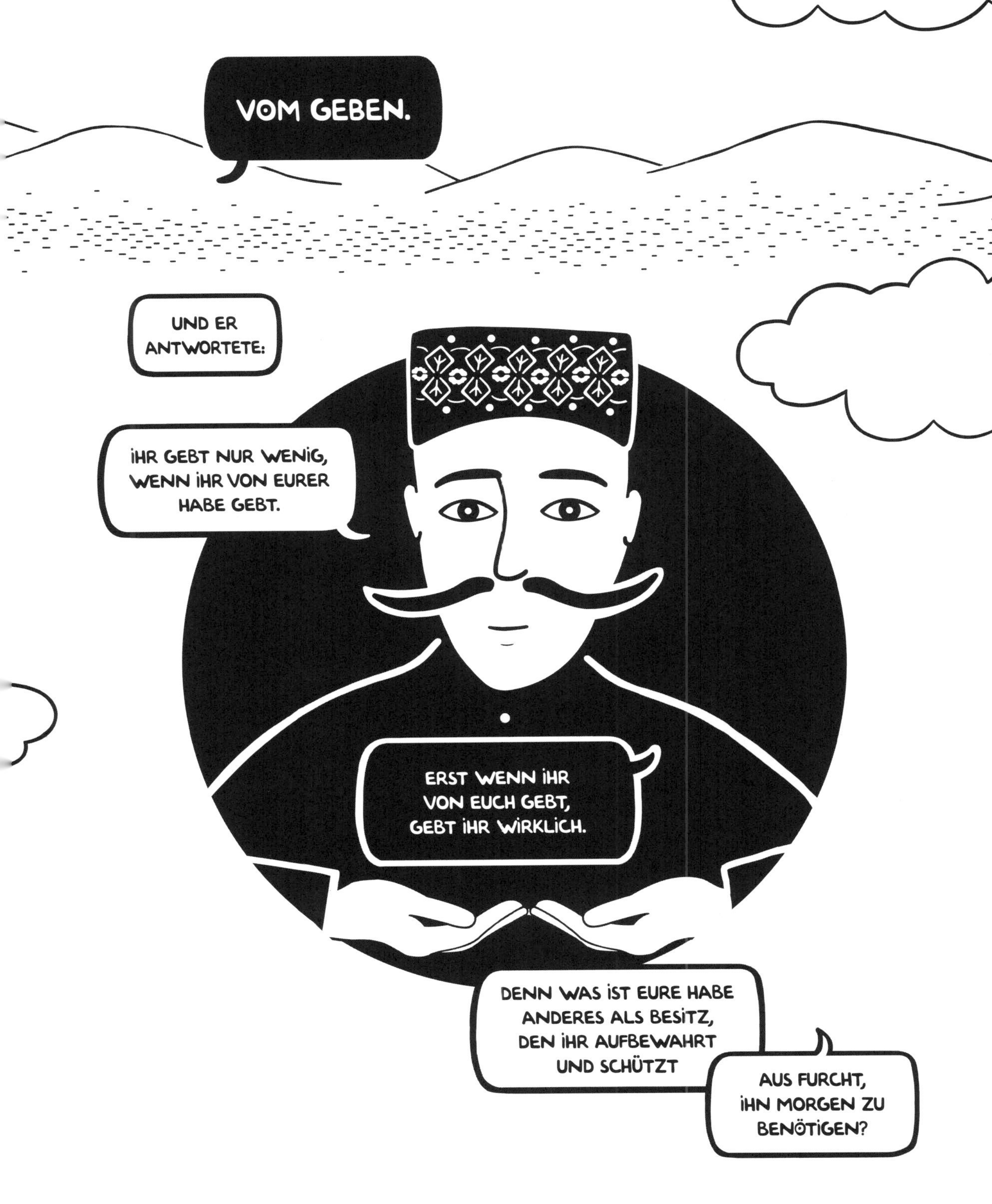
VOM GEBEN.
UND ER ANTWORTETE:
IHR GEBT NUR WENIG, WENN IHR VON EURER HABE GEBT.
ERST WENN IHR VON EUCH GEBT, GEBT IHR WIRKLICH.
DENN WAS IST EURE HABE ANDERES ALS BESITZ, DEN IHR AUFBEWAHRT UND SCHÜTZT
AUS FURCHT, IHN MORGEN ZU BENÖTIGEN?

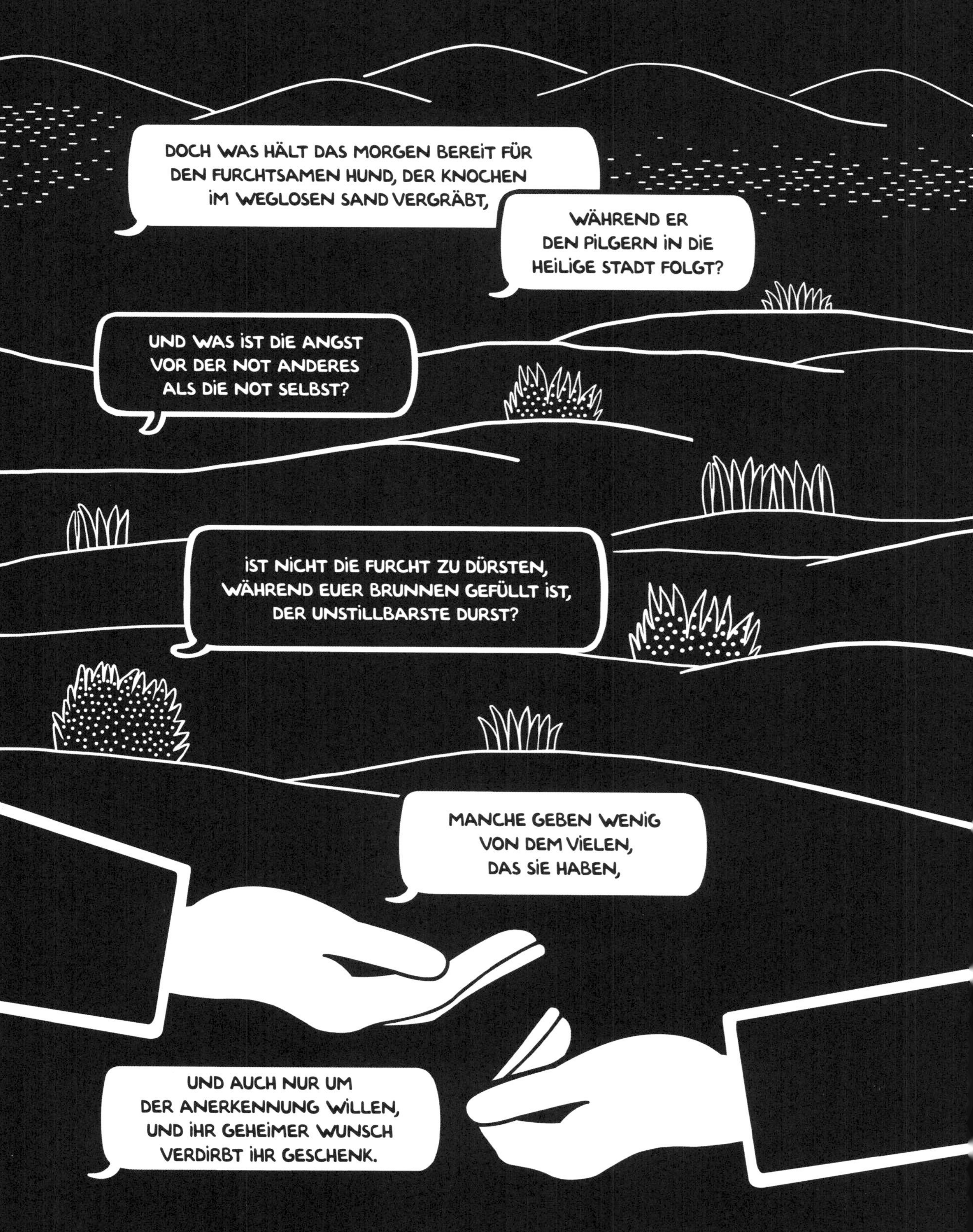
DOCH WAS HÄLT DAS MORGEN BEREIT FÜR DEN FURCHTSAMEN HUND, DER KNOCHEN IM WEGLOSEN SAND VERGRÄBT,
WÄHREND ER DEN PILGERN IN DIE HEILIGE STADT FOLGT?
UND WAS IST DIE ANGST VOR DER NOT ANDERES ALS DIE NOT SELBST?
IST NICHT DIE FURCHT ZU DÜRSTEN, WÄHREND EUER BRUNNEN GEFÜLLT IST, DER UNSTILLBARSTE DURST?
MANCHE GEBEN WENIG VON DEM VIELEN, DAS SIE HABEN,
UND AUCH NUR UM DER ANERKENNUNG WILLEN, UND IHR GEHEIMER WUNSCH VERDIRBT IHR GESCHENK.

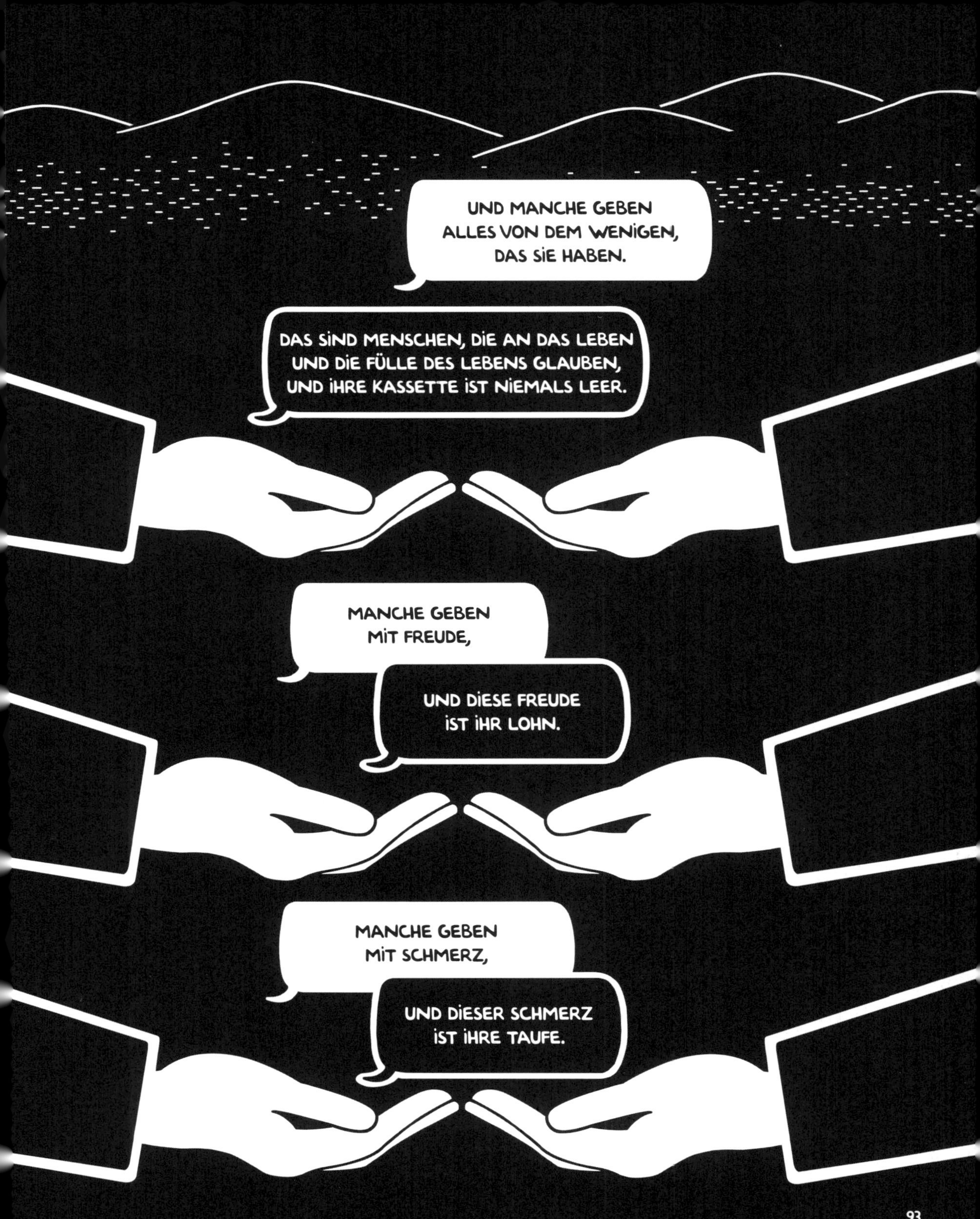

UND MANCHE GEBEN
ALLES VON DEM WENIGEN,
DAS SIE HABEN.

DAS SIND MENSCHEN, DIE AN DAS LEBEN
UND DIE FÜLLE DES LEBENS GLAUBEN,
UND IHRE KASSETTE IST NIEMALS LEER.

MANCHE GEBEN
MIT FREUDE,

UND DIESE FREUDE
IST IHR LOHN.

MANCHE GEBEN
MIT SCHMERZ,

UND DIESER SCHMERZ
IST IHRE TAUFE.

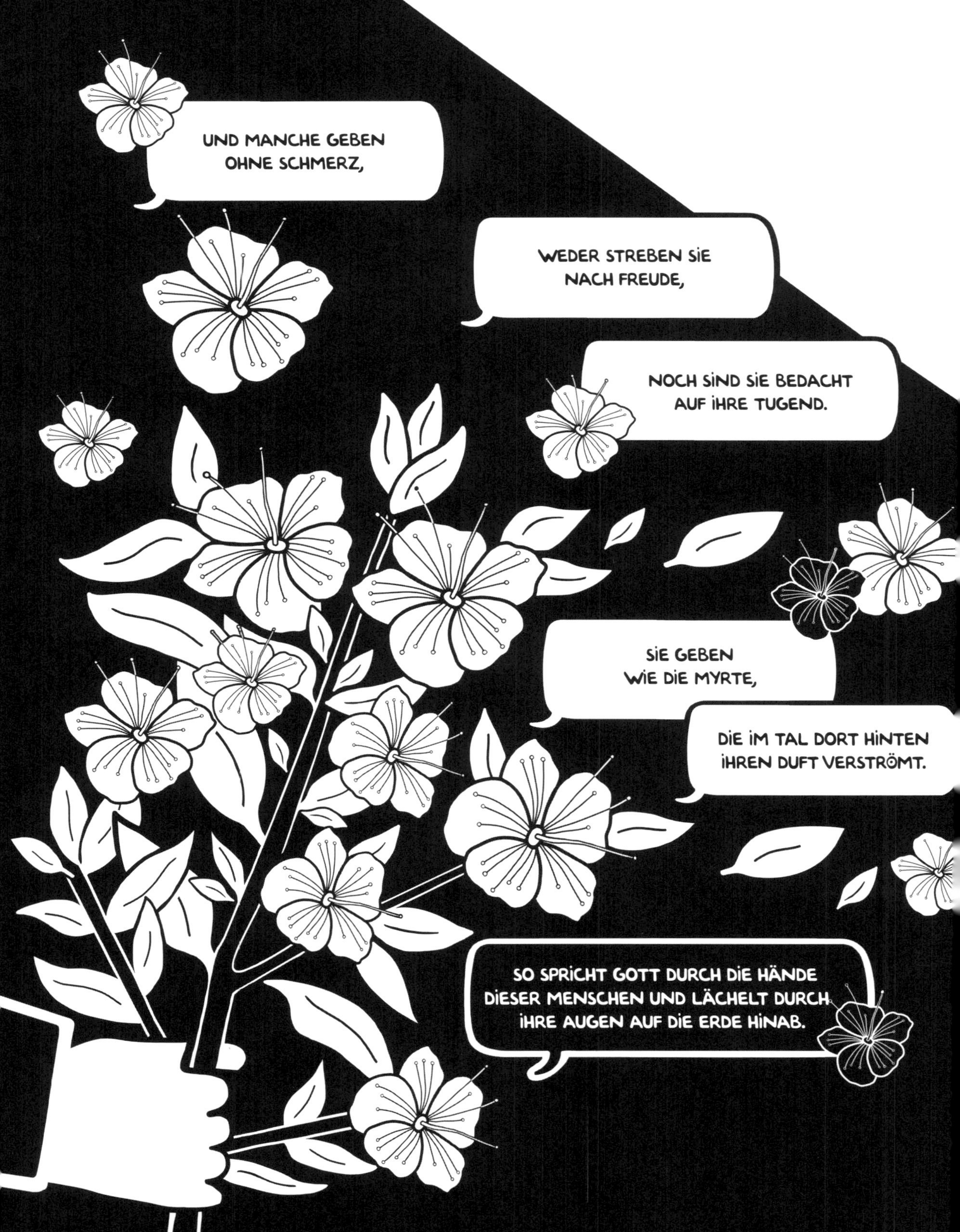
UND MANCHE GEBEN OHNE SCHMERZ,
WEDER STREBEN SIE NACH FREUDE,
NOCH SIND SIE BEDACHT AUF IHRE TUGEND.
SIE GEBEN WIE DIE MYRTE,
DIE IM TAL DORT HINTEN IHREN DUFT VERSTRÖMT.
SO SPRICHT GOTT DURCH DIE HÄNDE DIESER MENSCHEN UND LÄCHELT DURCH IHRE AUGEN AUF DIE ERDE HINAB.

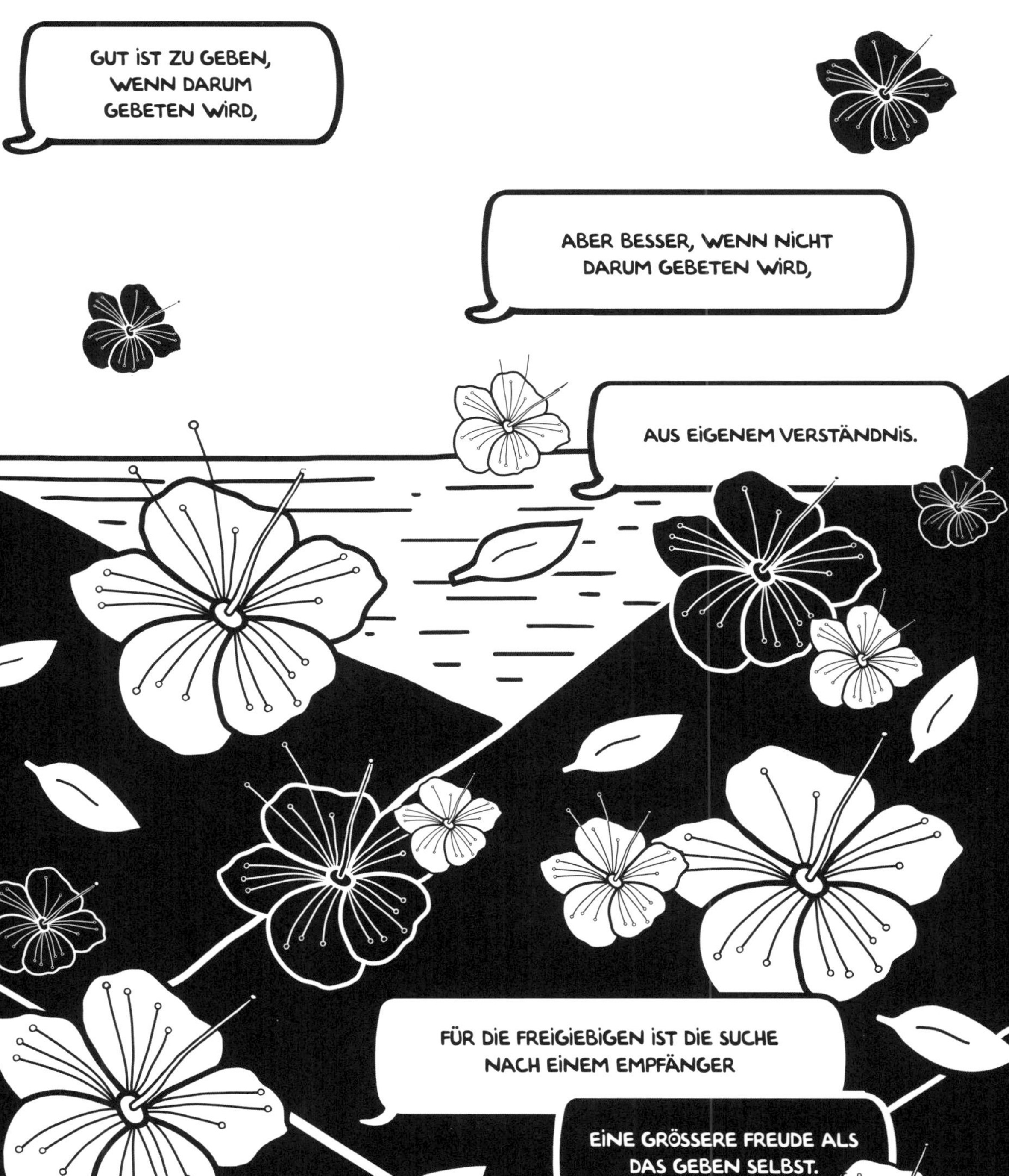
GUT IST ZU GEBEN, WENN DARUM GEBETEN WIRD,
ABER BESSER, WENN NICHT DARUM GEBETEN WIRD,
AUS EIGENEM VERSTÄNDNIS.
FÜR DIE FREIGIEBIGEN IST DIE SUCHE NACH EINEM EMPFÄNGER
EINE GRÖSSERE FREUDE ALS DAS GEBEN SELBST.

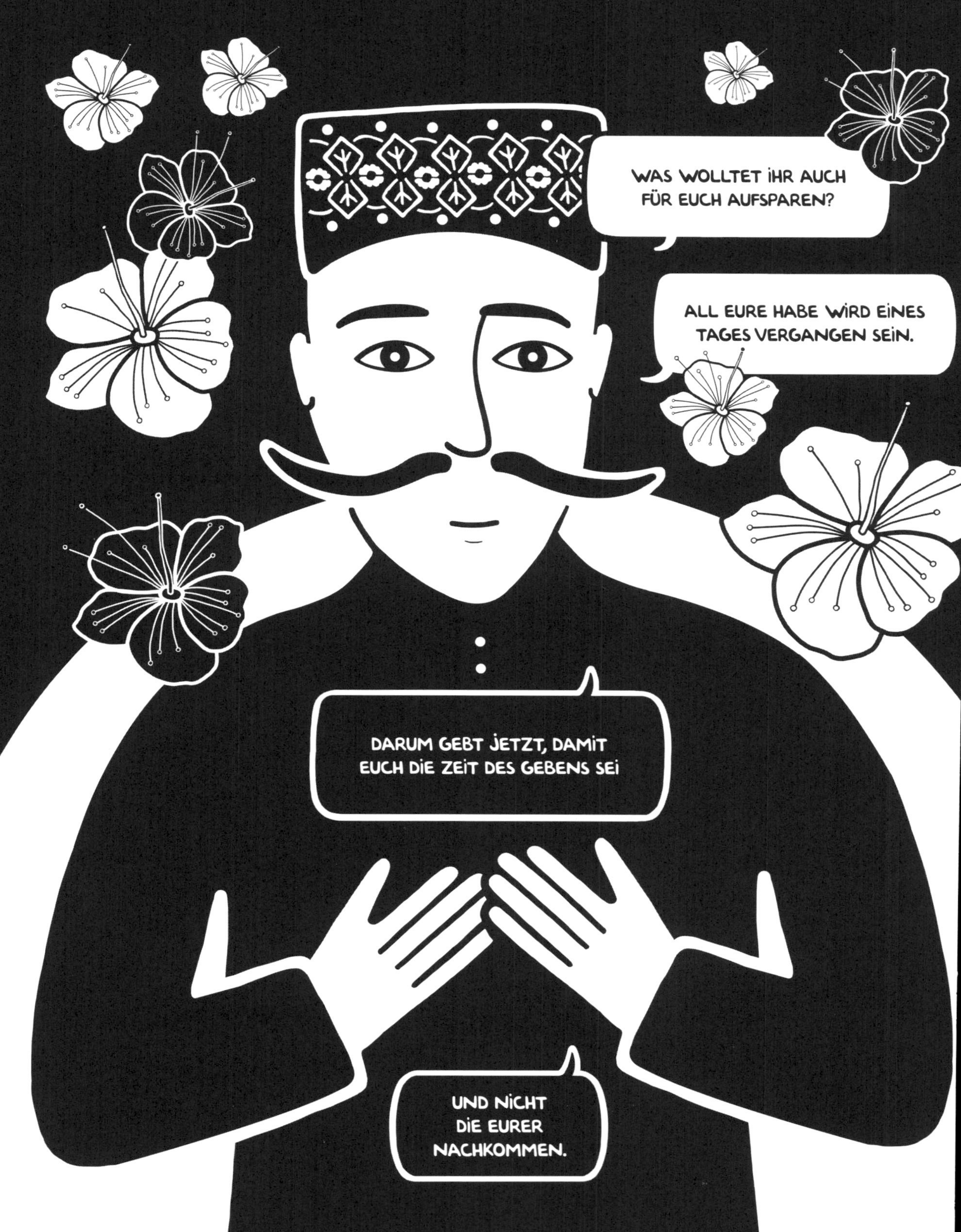
WAS WOLLTET IHR AUCH FÜR EUCH AUFSPAREN?
ALL EURE HABE WIRD EINES TAGES VERGANGEN SEIN.
DARUM GEBT JETZT, DAMIT EUCH DIE ZEIT DES GEBENS SEI
UND NICHT DIE EURER NACHKOMMEN.

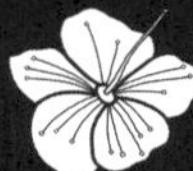
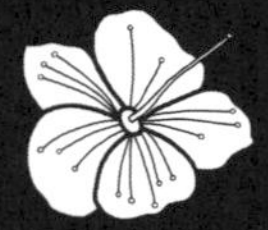
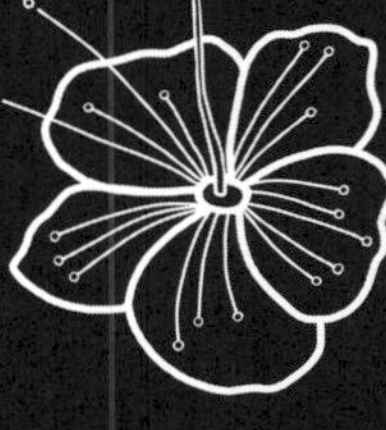
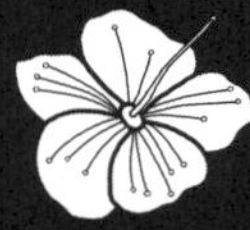
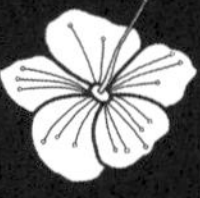
IHR SAGT OFT:
„GEBEN MÖCHTE ICH, ABER NUR DENEN, DIE ES VERDIENEN."
DIE BÄUME IN EUREM GARTEN SAGEN DAS NICHT, AUCH NICHT DIE HERDEN AUF EUREN WEIDEN.
SIE GEBEN, UM ZU LEBEN, DENN ZU HORTEN HIESSE VERDERBEN.
JENE, DIE WÜRDIG SIND, TAG UND NACHT ZU EMPFANGEN,
SIND ZWEIFELLOS ALL EURER GABEN WERT.
JENE, DIE WÜRDIG WAREN, VOM OZEAN DES LEBENS ZU TRINKEN,
VERDIENEN ES, IHREN BECHER AUS EUREM BACH ZU FÜLLEN.
UND WELCHE WÜSTE KÖNNTE WEITER SEIN ALS DER RAUM, DER ZWISCHEN MUT, ZUVERSICHT UND DER BARMHERZIGKEIT DES EMPFANGENS LIEGT?

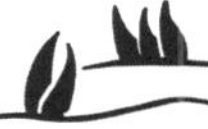

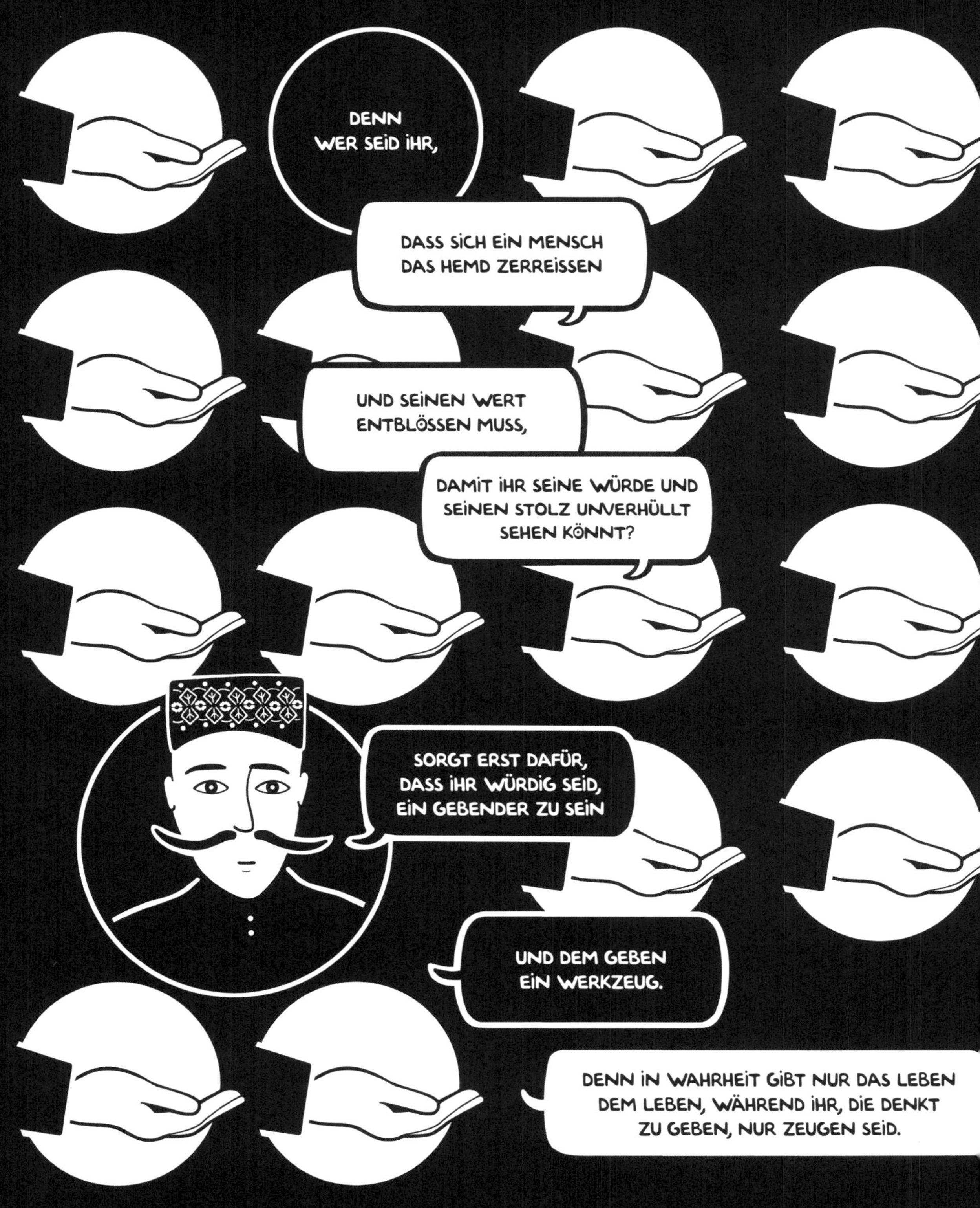
DENN WER SEID IHR,
DASS SICH EIN MENSCH DAS HEMD ZERREISSEN
UND SEINEN WERT ENTBLÖSSEN MUSS,
DAMIT IHR SEINE WÜRDE UND SEINEN STOLZ UNVERHÜLLT SEHEN KÖNNT?
SORGT ERST DAFÜR, DASS IHR WÜRDIG SEID, EIN GEBENDER ZU SEIN
UND DEM GEBEN EIN WERKZEUG.
DENN IN WAHRHEIT GIBT NUR DAS LEBEN DEM LEBEN, WÄHREND IHR, DIE DENKT ZU GEBEN, NUR ZEUGEN SEID.

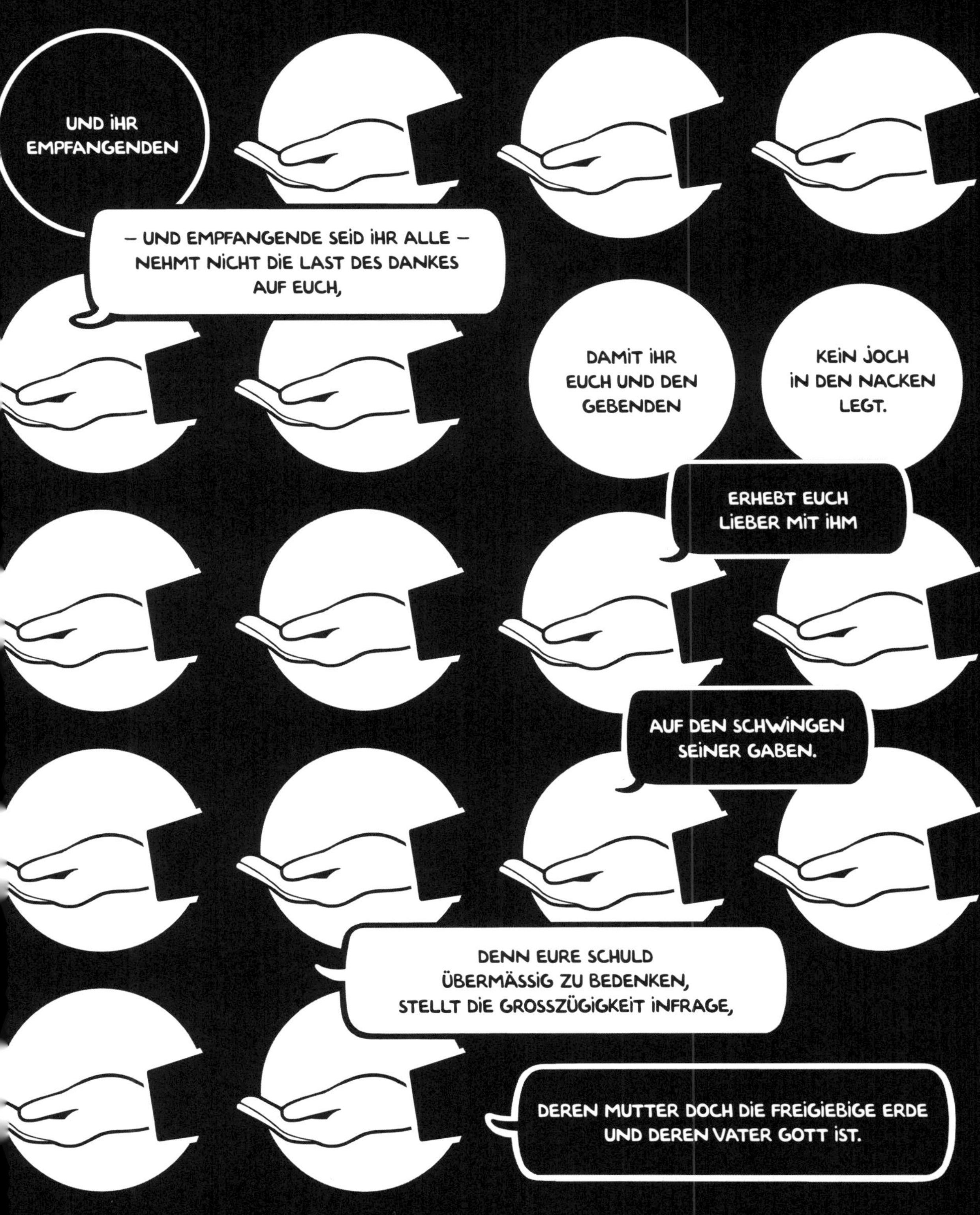
UND IHR EMPFANGENDEN
– UND EMPFANGENDE SEID IHR ALLE – NEHMT NICHT DIE LAST DES DANKES AUF EUCH,
DAMIT IHR EUCH UND DEN GEBENDEN
KEIN JOCH IN DEN NACKEN LEGT.
ERHEBT EUCH LIEBER MIT IHM
AUF DEN SCHWINGEN SEINER GABEN.
DENN EURE SCHULD ÜBERMÄSSIG ZU BEDENKEN, STELLT DIE GROSSZÜGIGKEIT INFRAGE,
DEREN MUTTER DOCH DIE FREIGIEBIGE ERDE UND DEREN VATER GOTT IST.

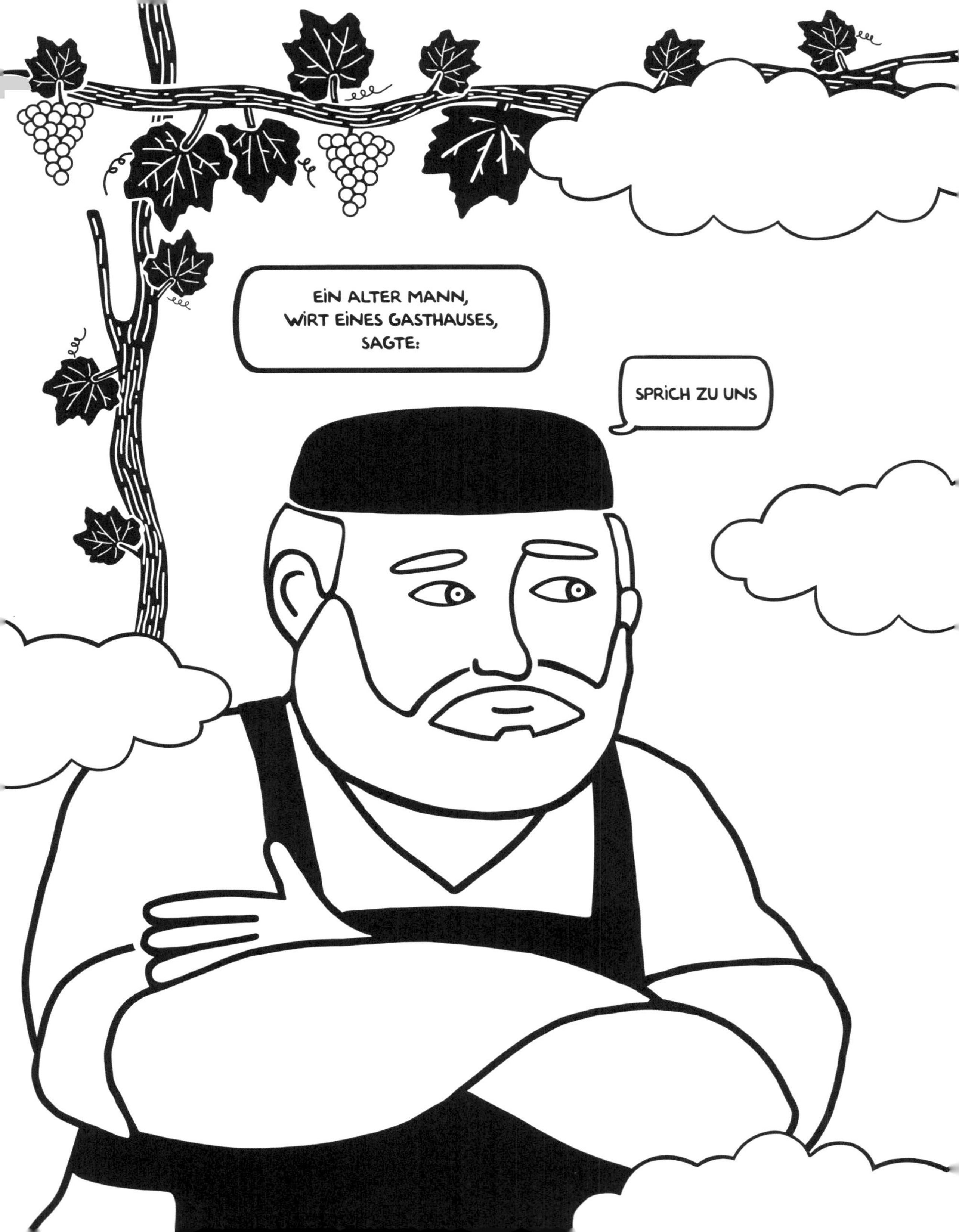
EIN ALTER MANN,
WIRT EINES GASTHAUSES,
SAGTE:
SPRICH ZU UNS

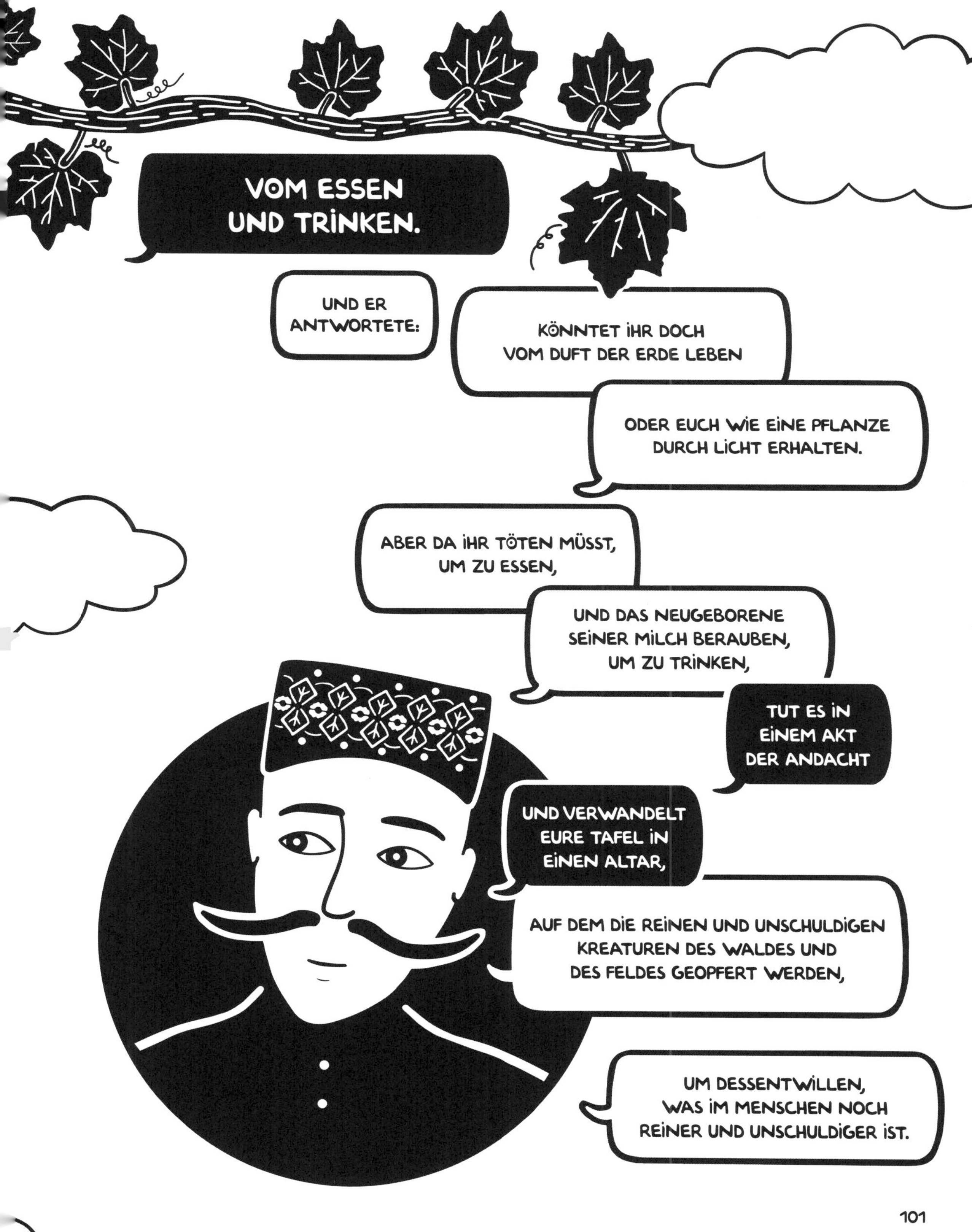
VOM ESSEN UND TRINKEN.
UND ER ANTWORTETE:
KÖNNTET IHR DOCH VOM DUFT DER ERDE LEBEN
ODER EUCH WIE EINE PFLANZE DURCH LICHT ERHALTEN.
ABER DA IHR TÖTEN MÜSST, UM ZU ESSEN,
UND DAS NEUGEBORENE SEINER MILCH BERAUBEN, UM ZU TRINKEN,
TUT ES IN EINEM AKT DER ANDACHT
UND VERWANDELT EURE TAFEL IN EINEN ALTAR,
AUF DEM DIE REINEN UND UNSCHULDIGEN KREATUREN DES WALDES UND DES FELDES GEOPFERT WERDEN,
UM DESSENTWILLEN, WAS IM MENSCHEN NOCH REINER UND UNSCHULDIGER IST.

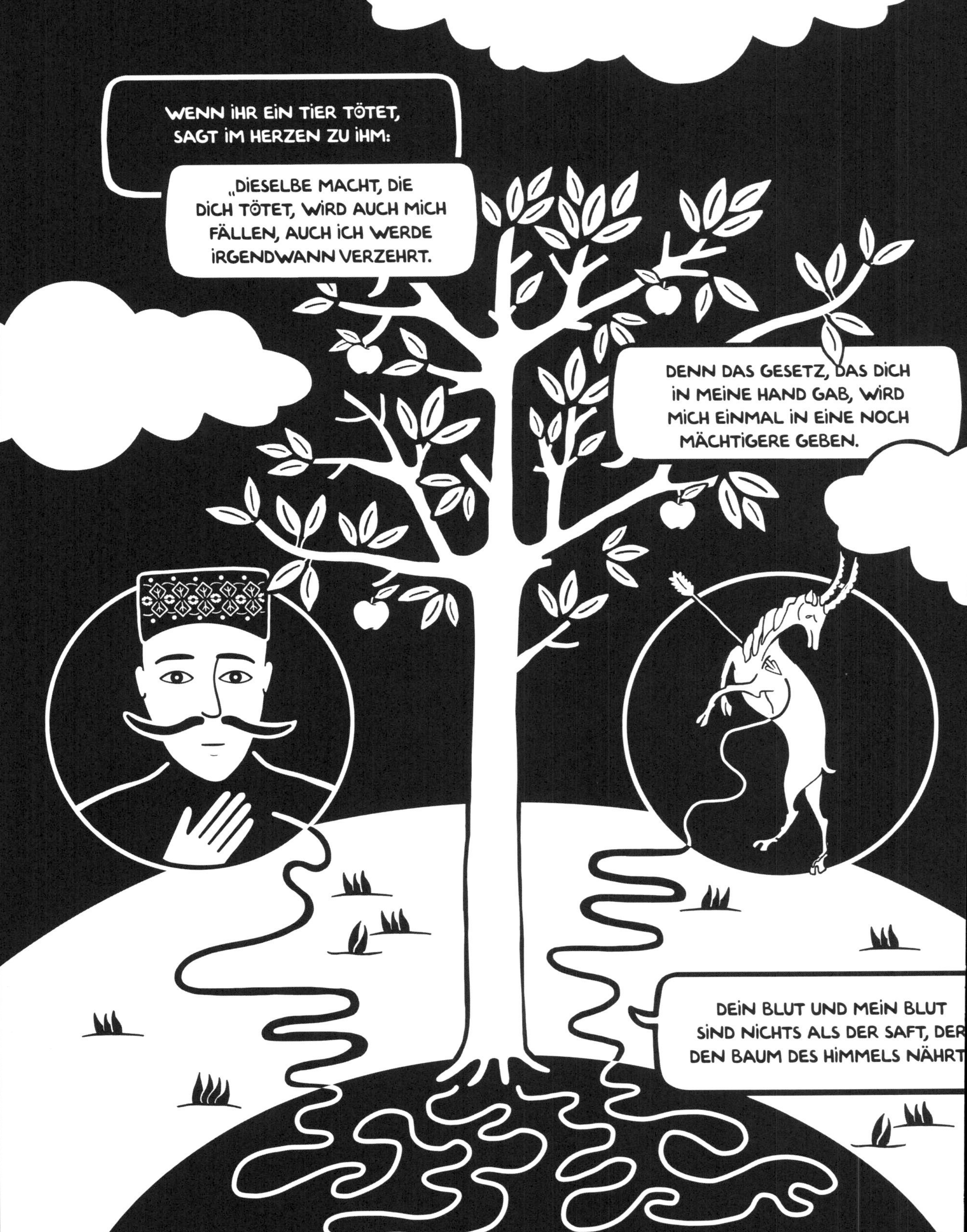
WENN IHR EIN TIER TÖTET, SAGT IM HERZEN ZU IHM:
„DIESELBE MACHT, DIE DICH TÖTET, WIRD AUCH MICH FÄLLEN, AUCH ICH WERDE IRGENDWANN VERZEHRT.
DENN DAS GESETZ, DAS DICH IN MEINE HAND GAB, WIRD MICH EINMAL IN EINE NOCH MÄCHTIGERE GEBEN.
DEIN BLUT UND MEIN BLUT SIND NICHTS ALS DER SAFT, DER DEN BAUM DES HIMMELS NÄHRT

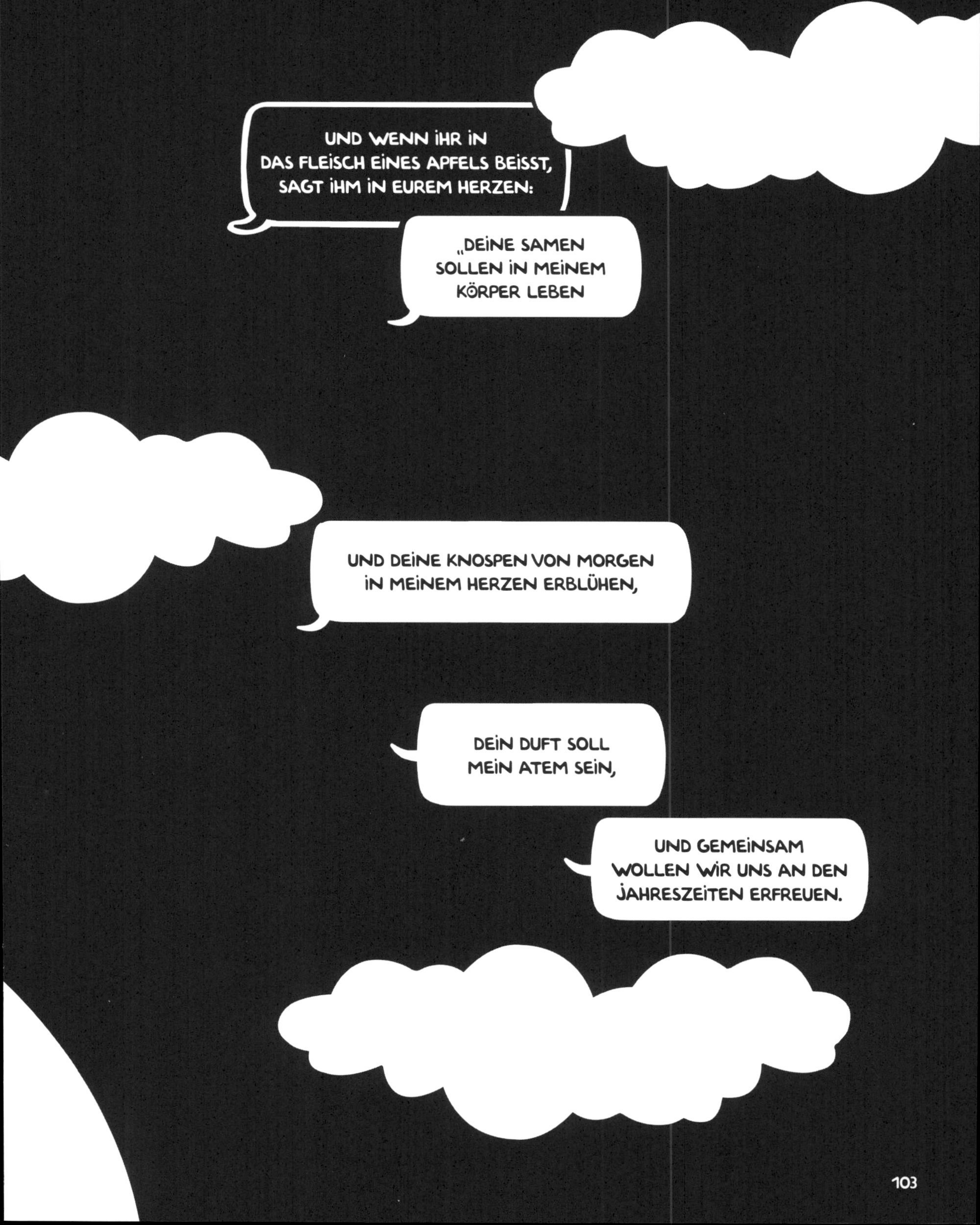

UND WENN IHR IN
DAS FLEISCH EINES APFELS BEISST,
SAGT IHM IN EUREM HERZEN:

„DEINE SAMEN
SOLLEN IN MEINEM
KÖRPER LEBEN

UND DEINE KNOSPEN VON MORGEN
IN MEINEM HERZEN ERBLÜHEN,

DEIN DUFT SOLL
MEIN ATEM SEIN,

UND GEMEINSAM
WOLLEN WIR UNS AN DEN
JAHRESZEITEN ERFREUEN.

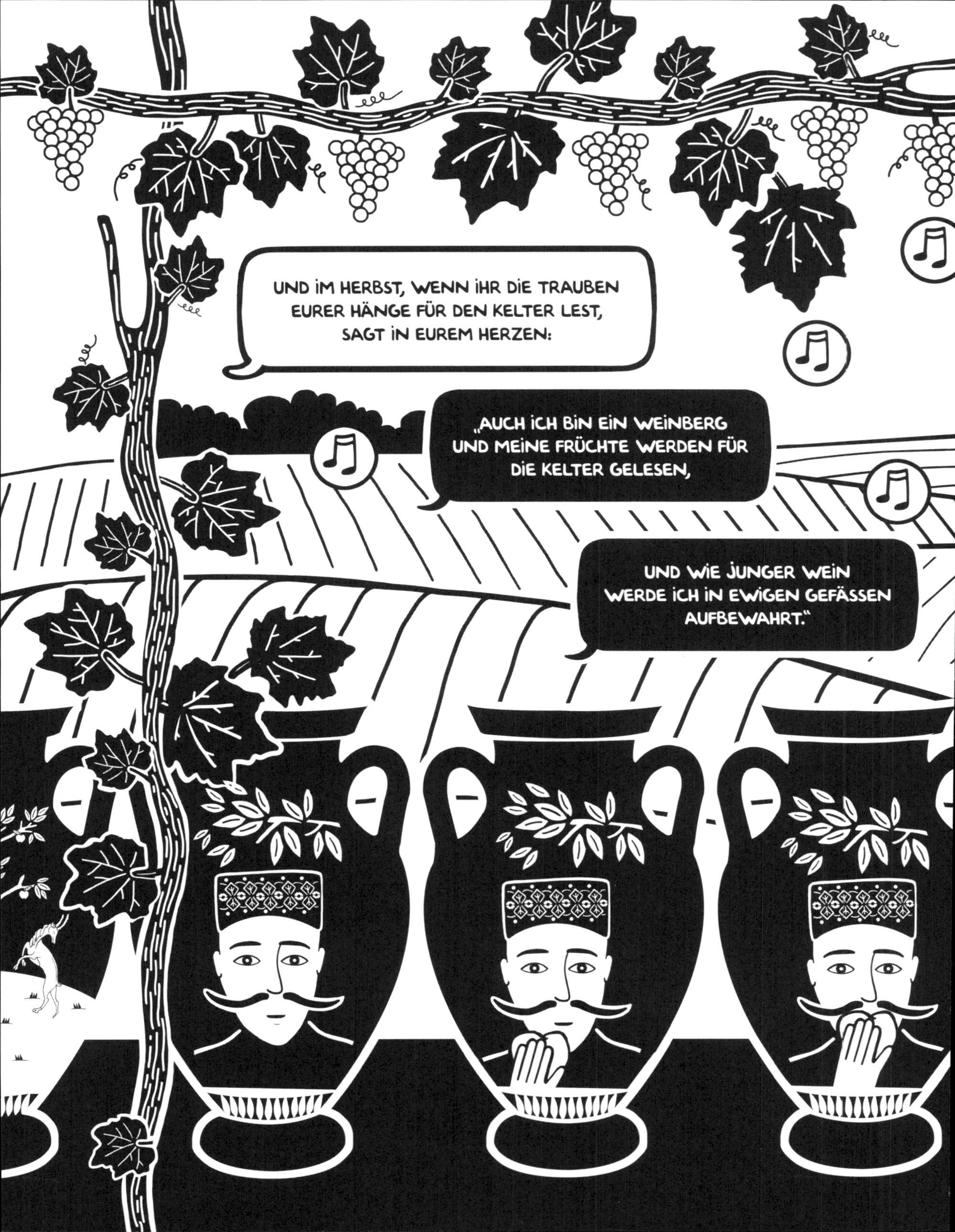
UND IM HERBST, WENN IHR DIE TRAUBEN EURER HÄNGE FÜR DEN KELTER LEST, SAGT IN EUREM HERZEN:
„AUCH ICH BIN EIN WEINBERG UND MEINE FRÜCHTE WERDEN FÜR DIE KELTER GELESEN,
UND WIE JUNGER WEIN WERDE ICH IN EWIGEN GEFÄSSEN AUFBEWAHRT."

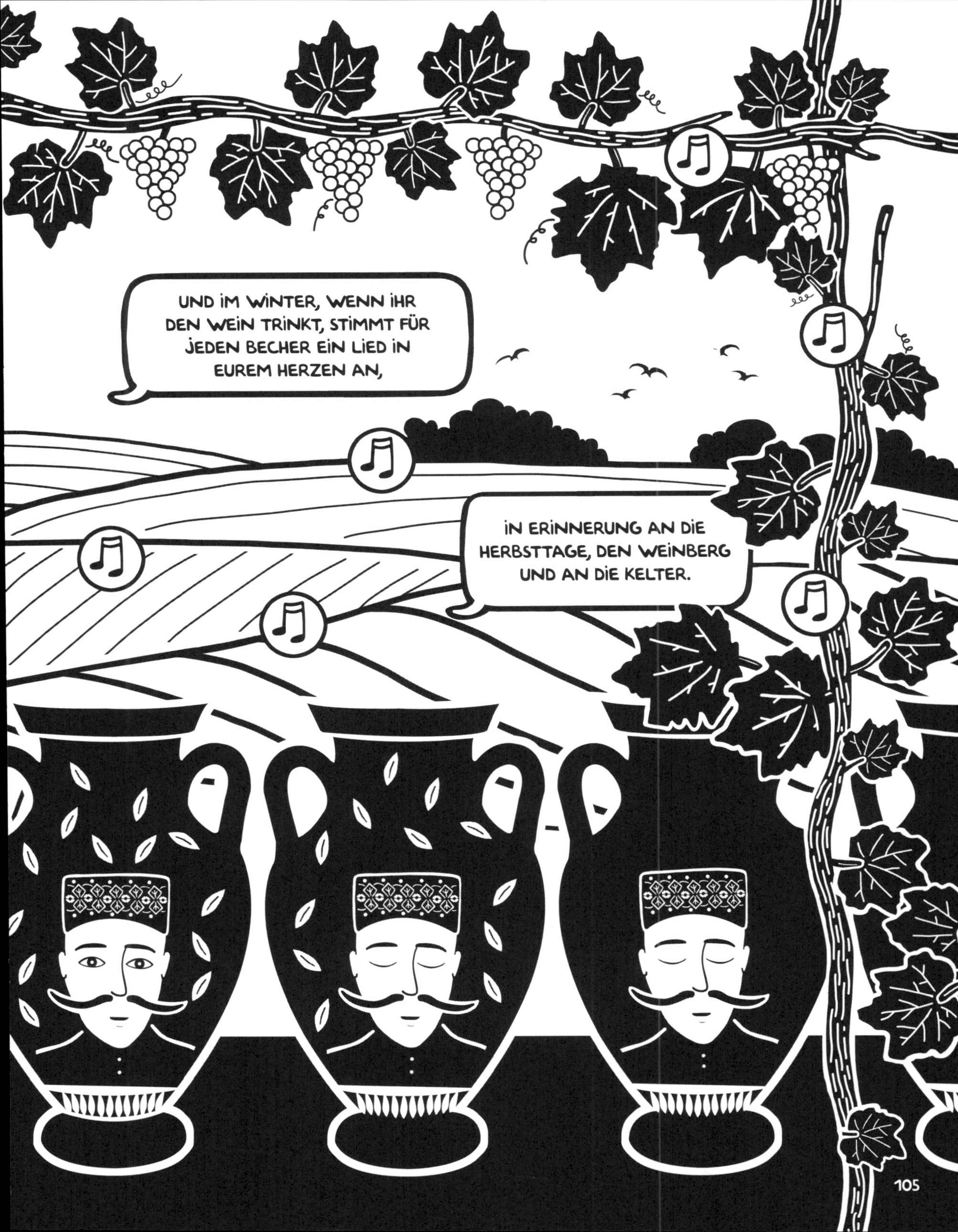
UND IM WINTER, WENN IHR DEN WEIN TRINKT, STIMMT FÜR JEDEN BECHER EIN LIED IN EUREM HERZEN AN,
IN ERINNERUNG AN DIE HERBSTTAGE, DEN WEINBERG UND AN DIE KELTER.

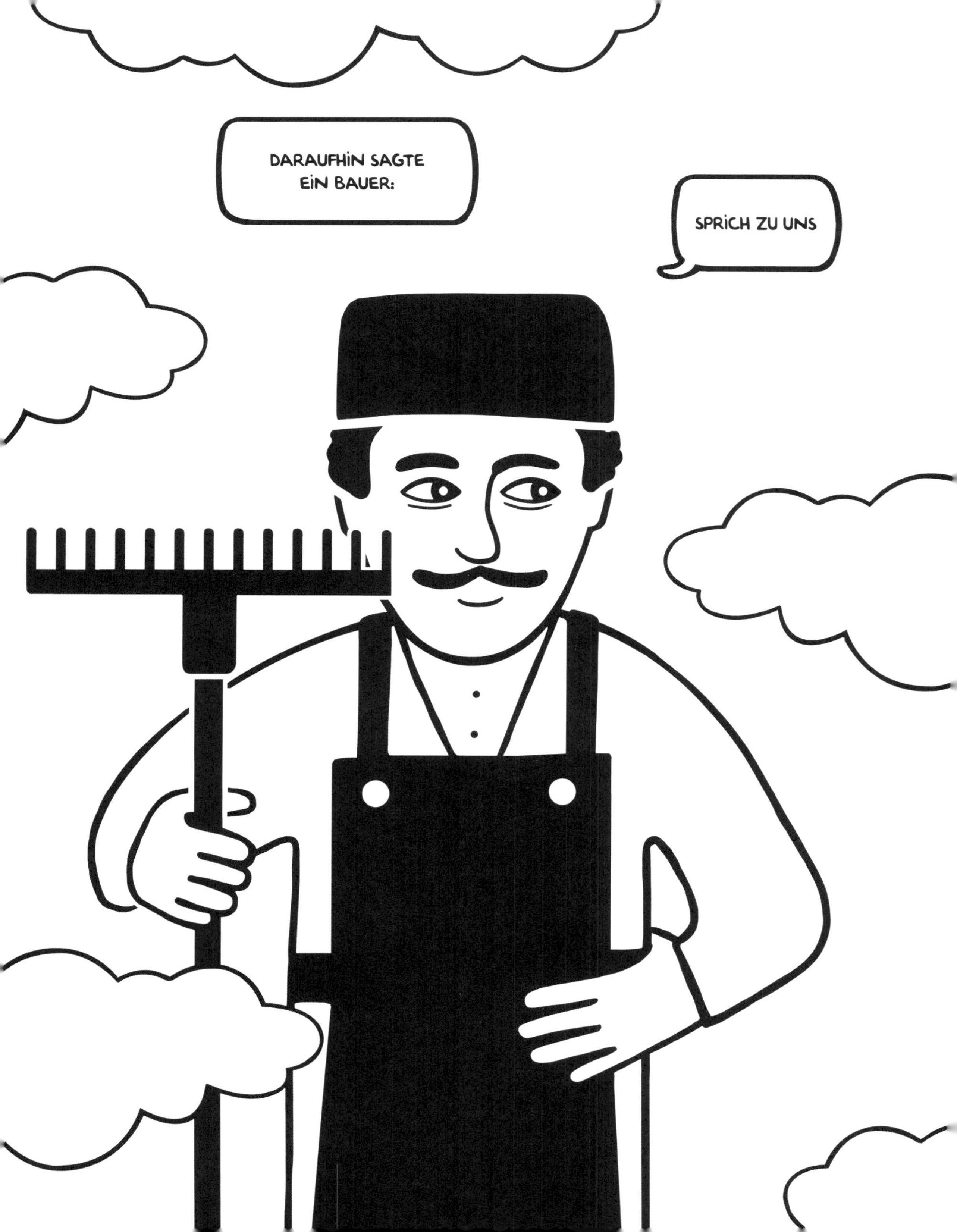
DARAUFHIN SAGTE EIN BAUER:
SPRICH ZU UNS

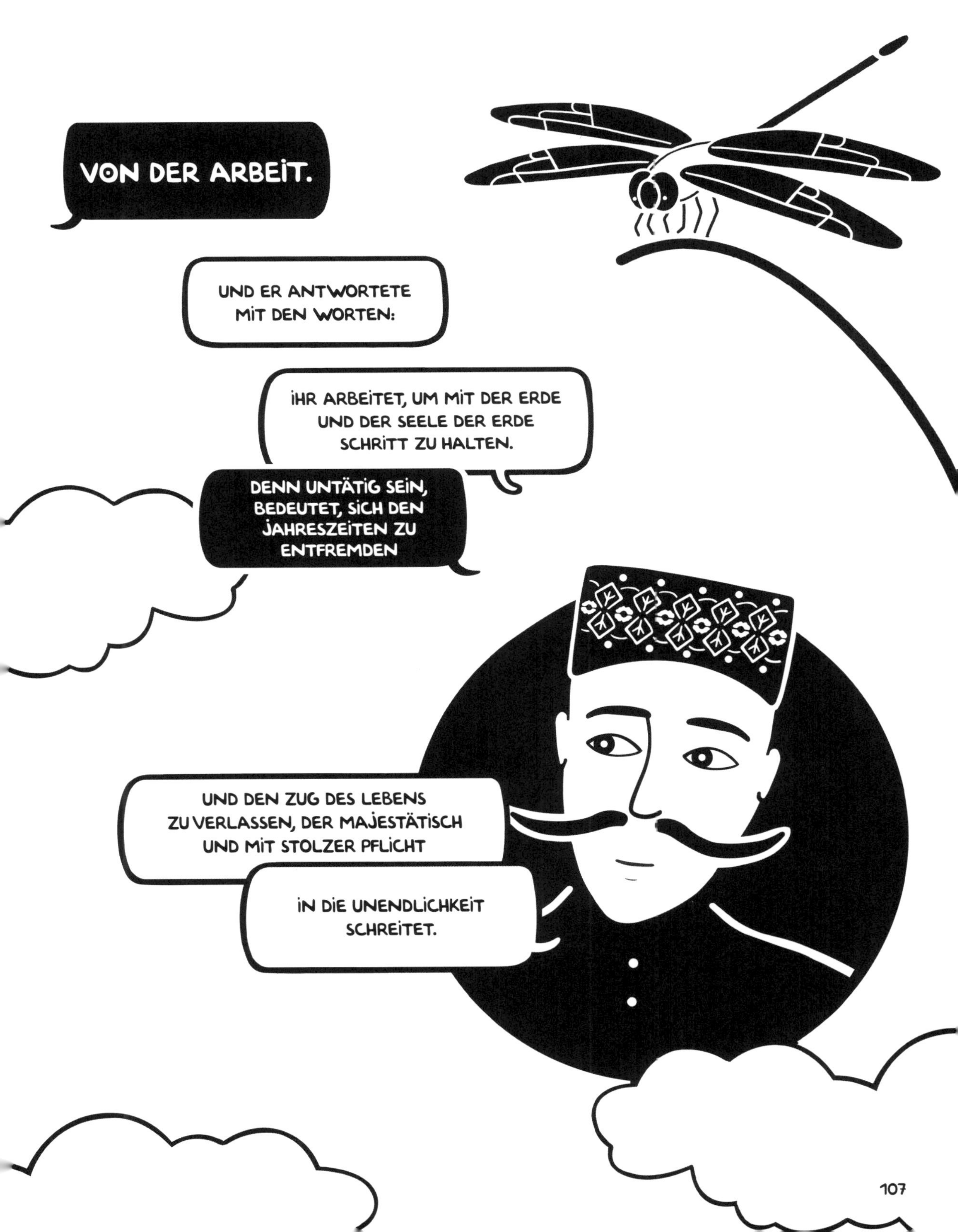
VON DER ARBEIT.
UND ER ANTWORTETE MIT DEN WORTEN:
IHR ARBEITET, UM MIT DER ERDE UND DER SEELE DER ERDE SCHRITT ZU HALTEN.
DENN UNTÄTIG SEIN, BEDEUTET, SICH DEN JAHRESZEITEN ZU ENTFREMDEN
UND DEN ZUG DES LEBENS ZU VERLASSEN, DER MAJESTÄTISCH UND MIT STOLZER PFLICHT
IN DIE UNENDLICHKEIT SCHREITET.

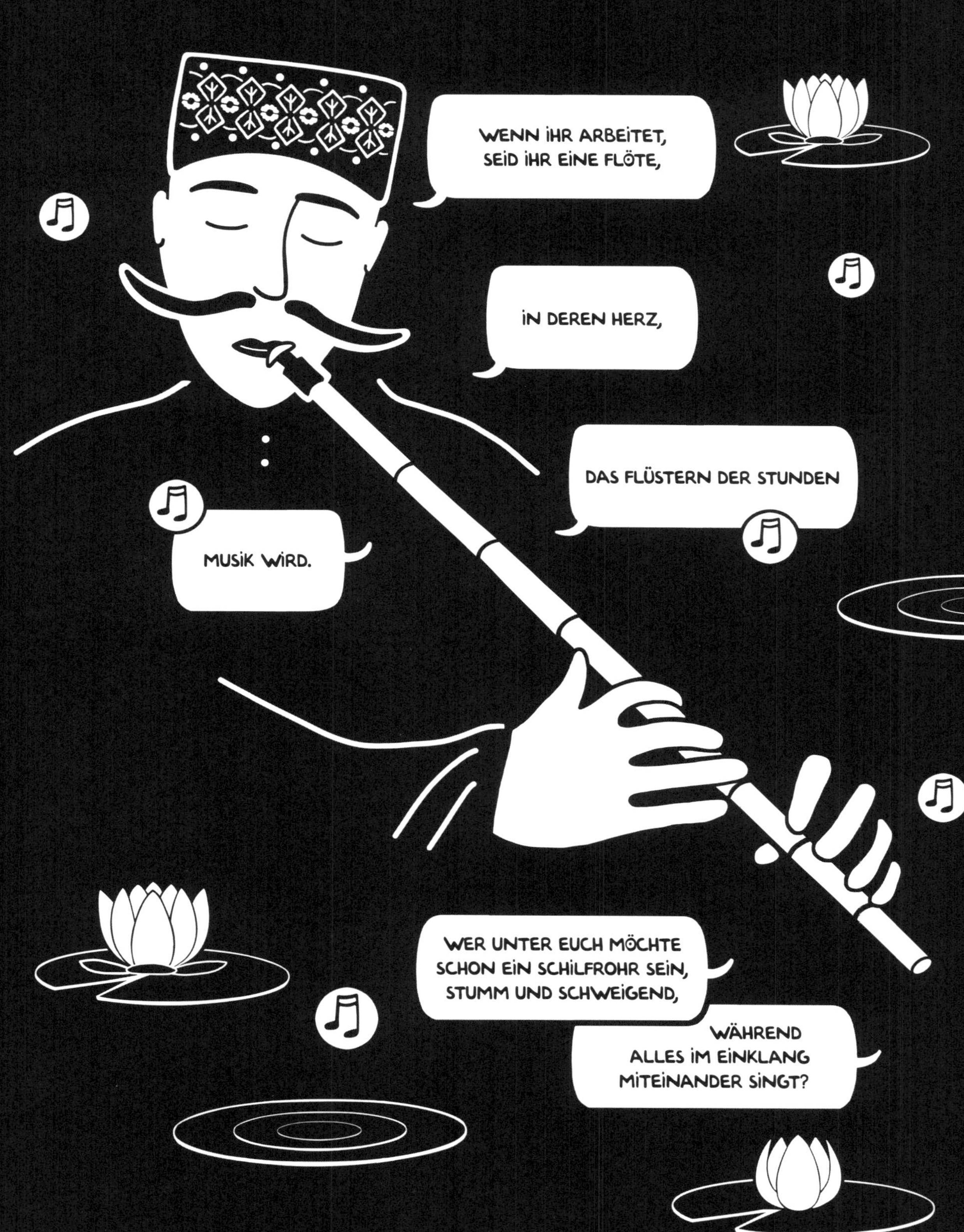
WENN IHR ARBEITET,
SEID IHR EINE FLÖTE,
IN DEREN HERZ,
DAS FLÜSTERN DER STUNDEN
MUSIK WIRD.
WER UNTER EUCH MÖCHTE
SCHON EIN SCHILFROHR SEIN,
STUMM UND SCHWEIGEND,
WÄHREND
ALLES IM EINKLANG
MITEINANDER SINGT?

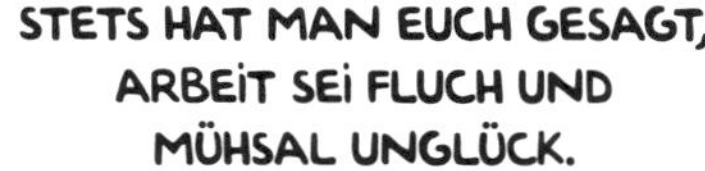

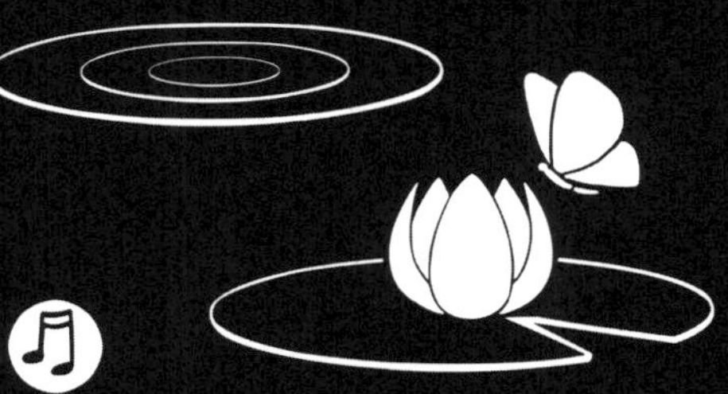
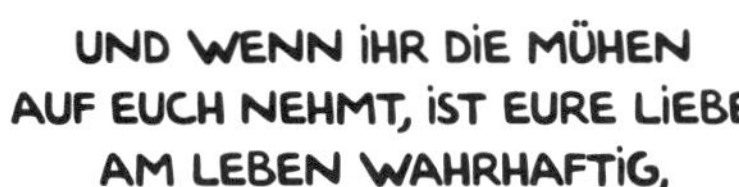
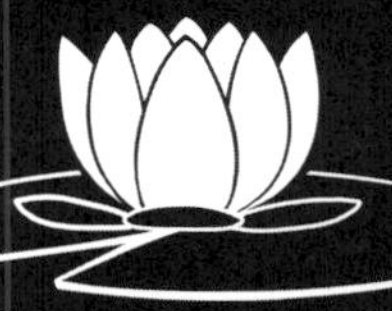
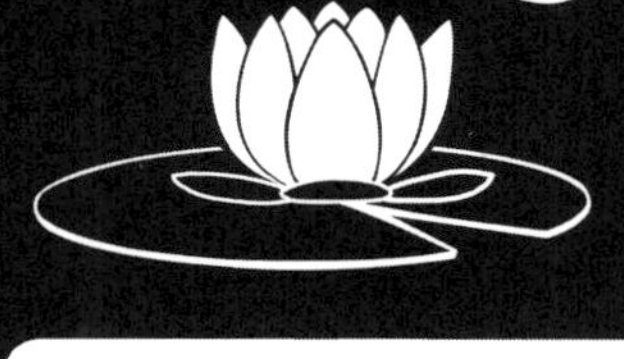
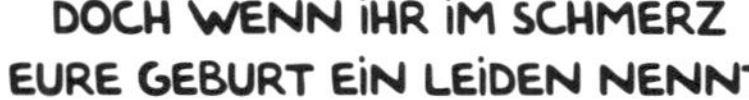
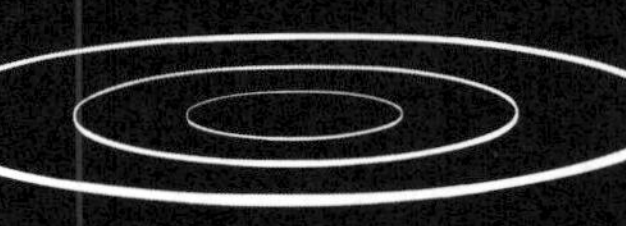
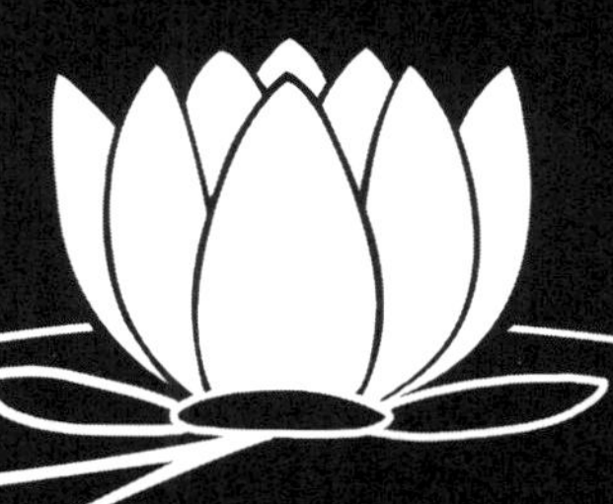

STETS HAT MAN EUCH GESAGT, ARBEIT SEI FLUCH UND MÜHSAL UNGLÜCK.
ICH ABER SAGE EUCH, MIT DER ARBEIT ERFÜLLT IHR EINEN TEIL VOM HÖCHSTEN TRAUM DER ERDE,
MIT DEM IHR BETRAUT WURDET, ALS DIESER TRAUM GEBOREN WURDE.
UND WENN IHR DIE MÜHEN AUF EUCH NEHMT, IST EURE LIEBE AM LEBEN WAHRHAFTIG,
UND DAS LEBEN DURCH DIE ARBEIT LIEBEN HEISST, MIT SEINEM TIEFSTEN GEHEIMNIS VERTRAUT ZU SEIN.
DOCH WENN IHR IM SCHMERZ EURE GEBURT EIN LEIDEN NENNT
UND IM TRAGEN EURES KÖRPERS EINEN FLUCH SEHT, DER EURE STIRN ZEICHNET,
SAGE ICH EUCH, DASS NICHTS ALS DER SCHWEISS AUF IHR DAS GESCHRIEBENE ABWASCHEN KANN.

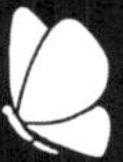

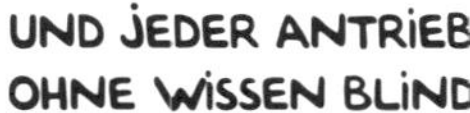

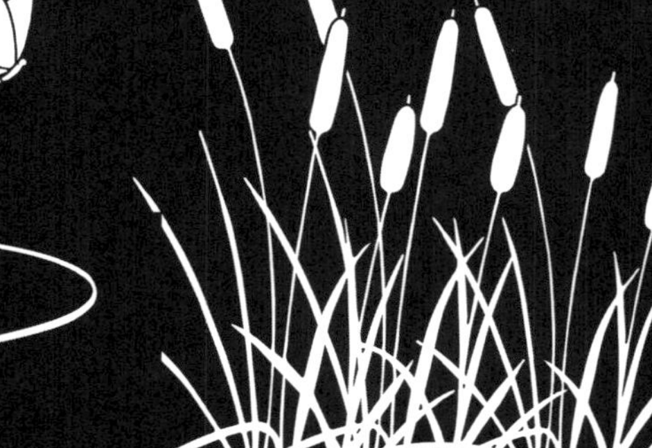
MAN HAT EUCH AUCH GESAGT, DAS LEBEN SEI FINSTERNIS,
UND IN EURER KRAFTLOSIGKEIT SPRECHT IHR DEN KRAFTLOSEN NACH.
ICH SAGE, IN WAHRHEIT IST DAS LEBEN OHNE ANTRIEB FINSTERNIS
UND JEDER ANTRIEB OHNE WISSEN BLIND
UND JEDES WISSEN OHNE ARBEIT EITEL
UND JEDE ARBEIT OHNE LIEBE LEER.

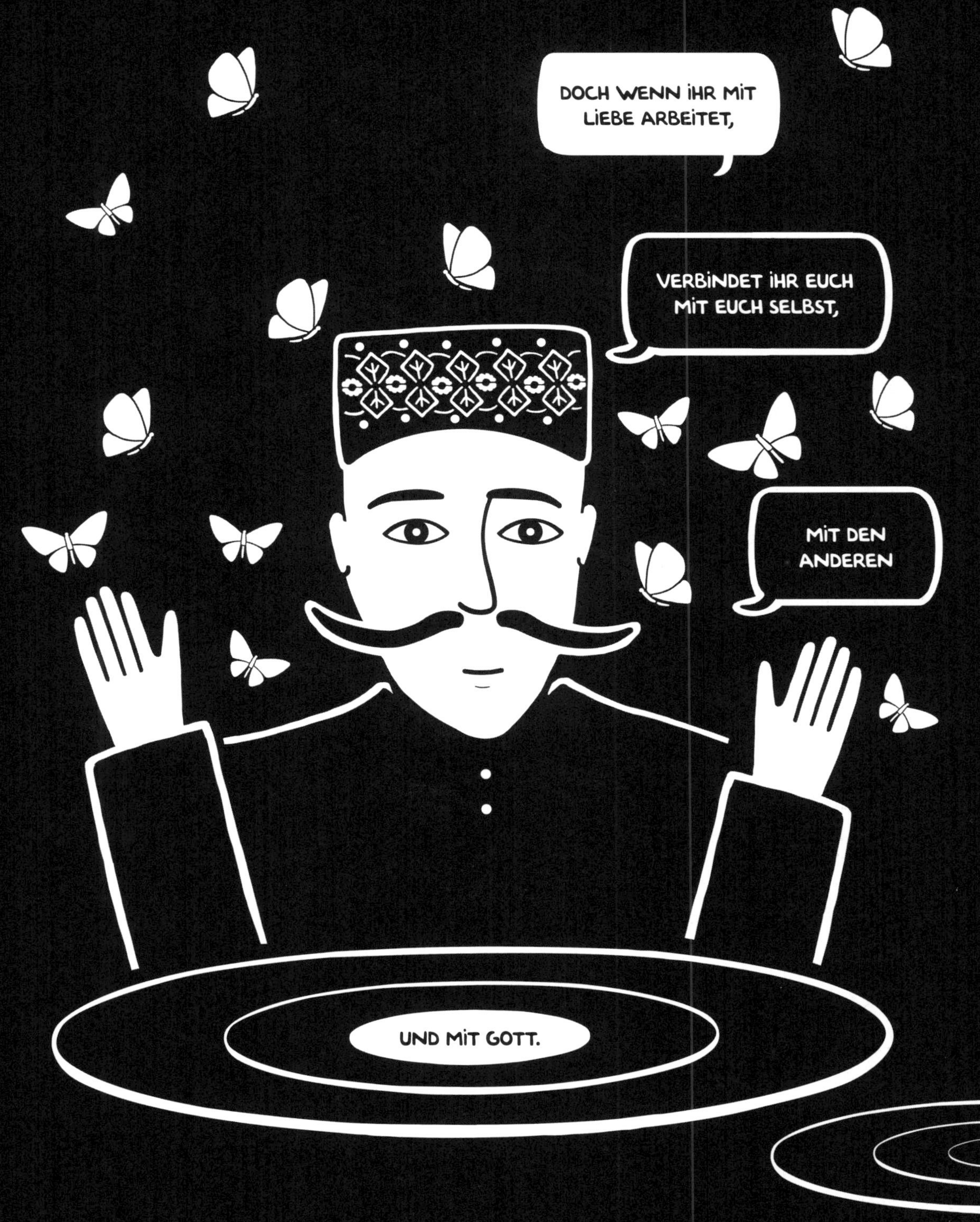
DOCH WENN IHR MIT LIEBE ARBEITET,
VERBINDET IHR EUCH MIT EUCH SELBST,
MIT DEN ANDEREN
UND MIT GOTT.

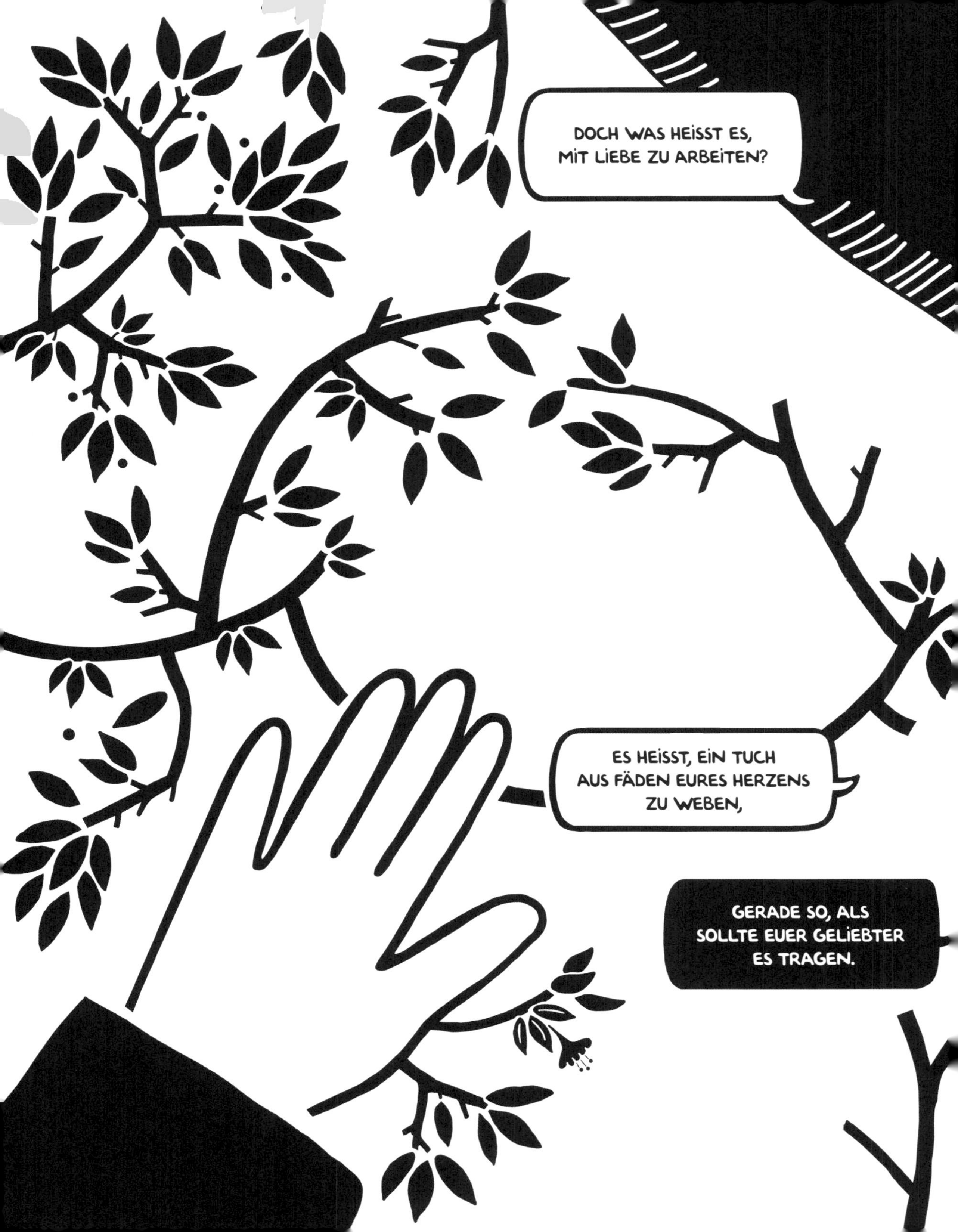
DOCH WAS HEISST ES,
MIT LIEBE ZU ARBEITEN?
ES HEISST, EIN TUCH
AUS FÄDEN EURES HERZENS
ZU WEBEN,
GERADE SO, ALS
SOLLTE EUER GELIEBTER
ES TRAGEN.

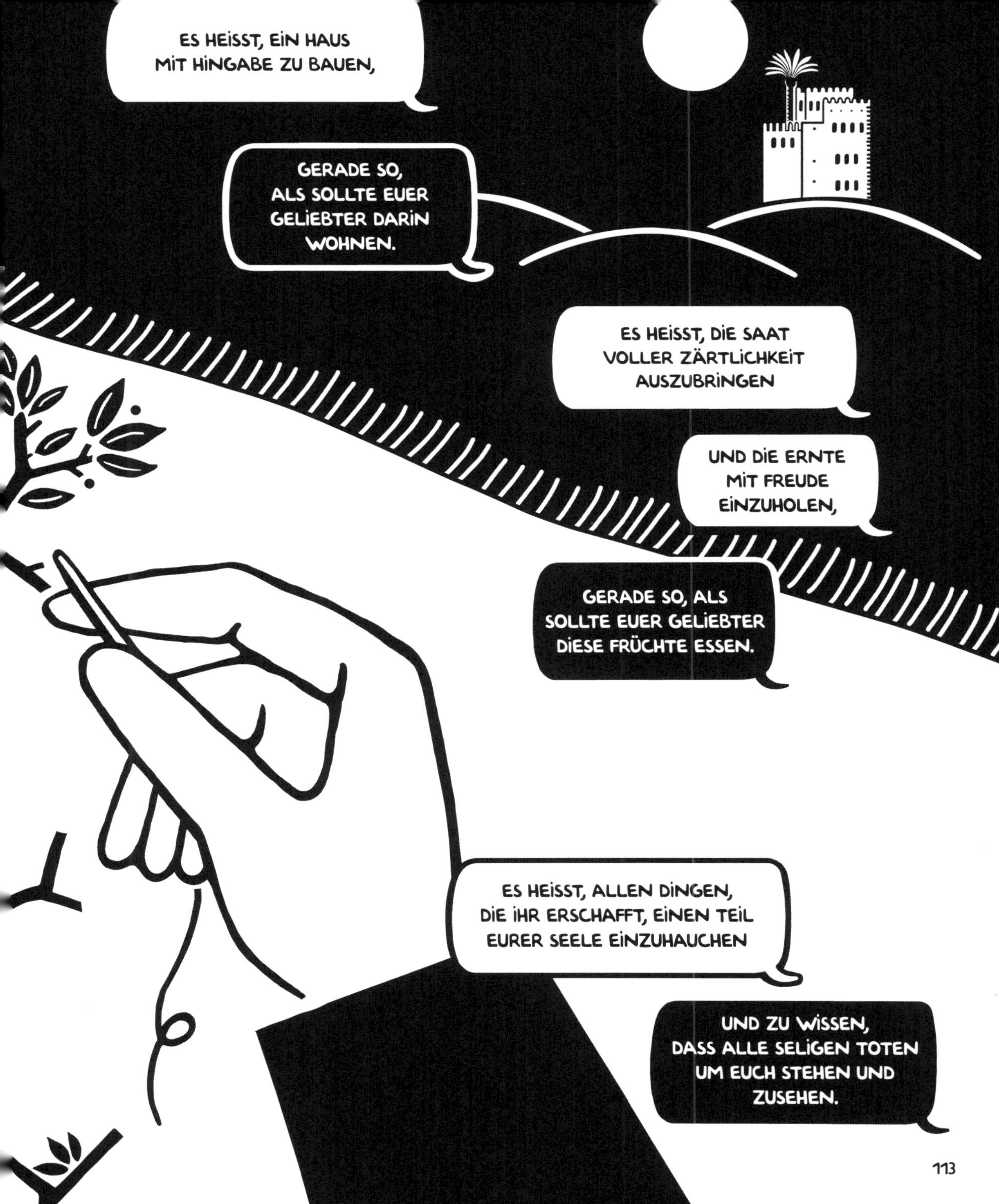

ES HEISST, EIN HAUS
MIT HINGABE ZU BAUEN,
GERADE SO,
ALS SOLLTE EUER
GELIEBTER DARIN
WOHNEN.
ES HEISST, DIE SAAT
VOLLER ZÄRTLICHKEIT
AUSZUBRINGEN
UND DIE ERNTE
MIT FREUDE
EINZUHOLEN,
GERADE SO, ALS
SOLLTE EUER GELIEBTER
DIESE FRÜCHTE ESSEN.
ES HEISST, ALLEN DINGEN,
DIE IHR ERSCHAFFT, EINEN TEIL
EURER SEELE EINZUHAUCHEN
UND ZU WISSEN,
DASS ALLE SELIGEN TOTEN
UM EUCH STEHEN UND
ZUSEHEN.

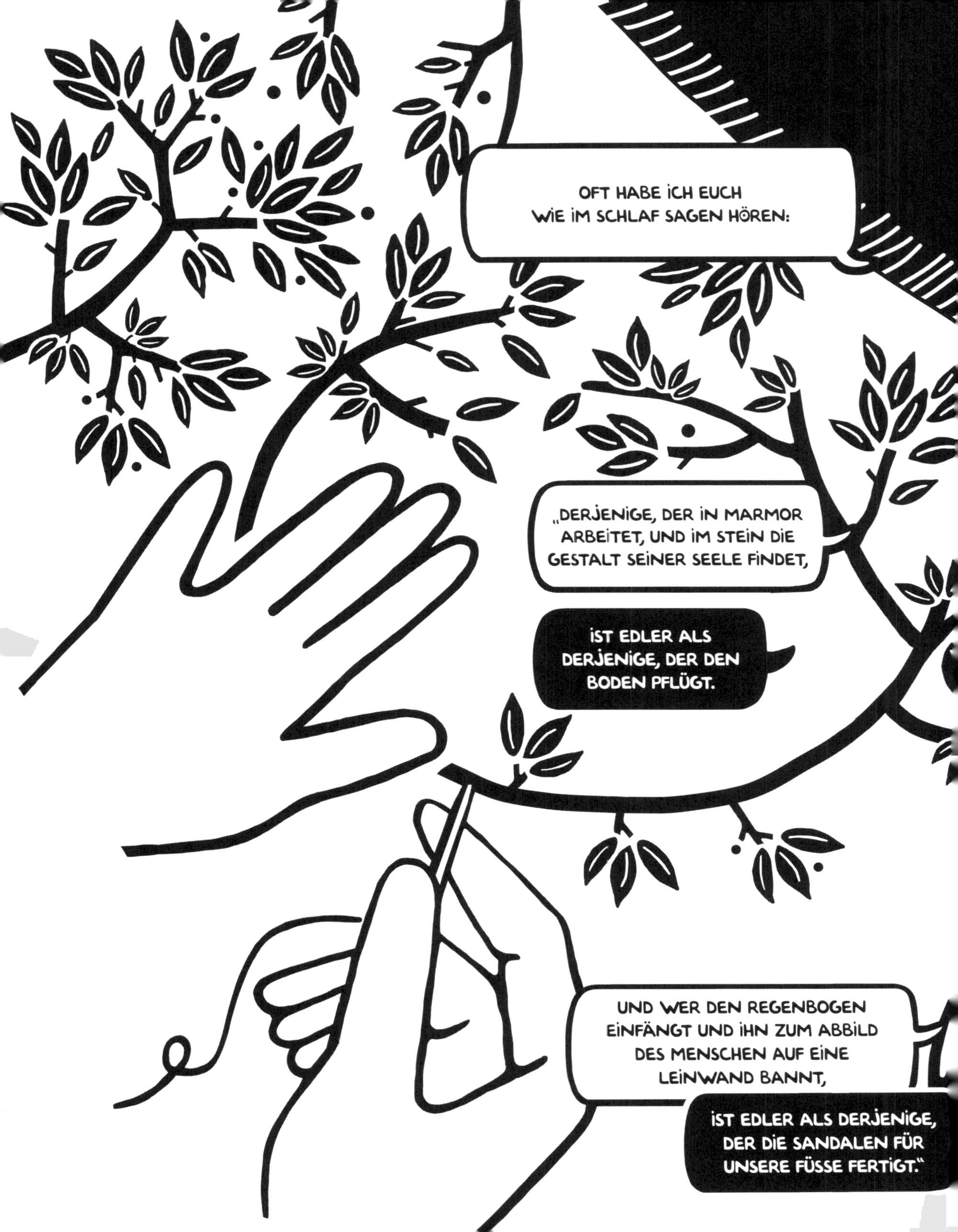
OFT HABE ICH EUCH WIE IM SCHLAF SAGEN HÖREN:
„DERJENIGE, DER IN MARMOR ARBEITET, UND IM STEIN DIE GESTALT SEINER SEELE FINDET,
IST EDLER ALS DERJENIGE, DER DEN BODEN PFLÜGT.
UND WER DEN REGENBOGEN EINFÄNGT UND IHN ZUM ABBILD DES MENSCHEN AUF EINE LEINWAND BANNT,
IST EDLER ALS DERJENIGE, DER DIE SANDALEN FÜR UNSERE FÜSSE FERTIGT."

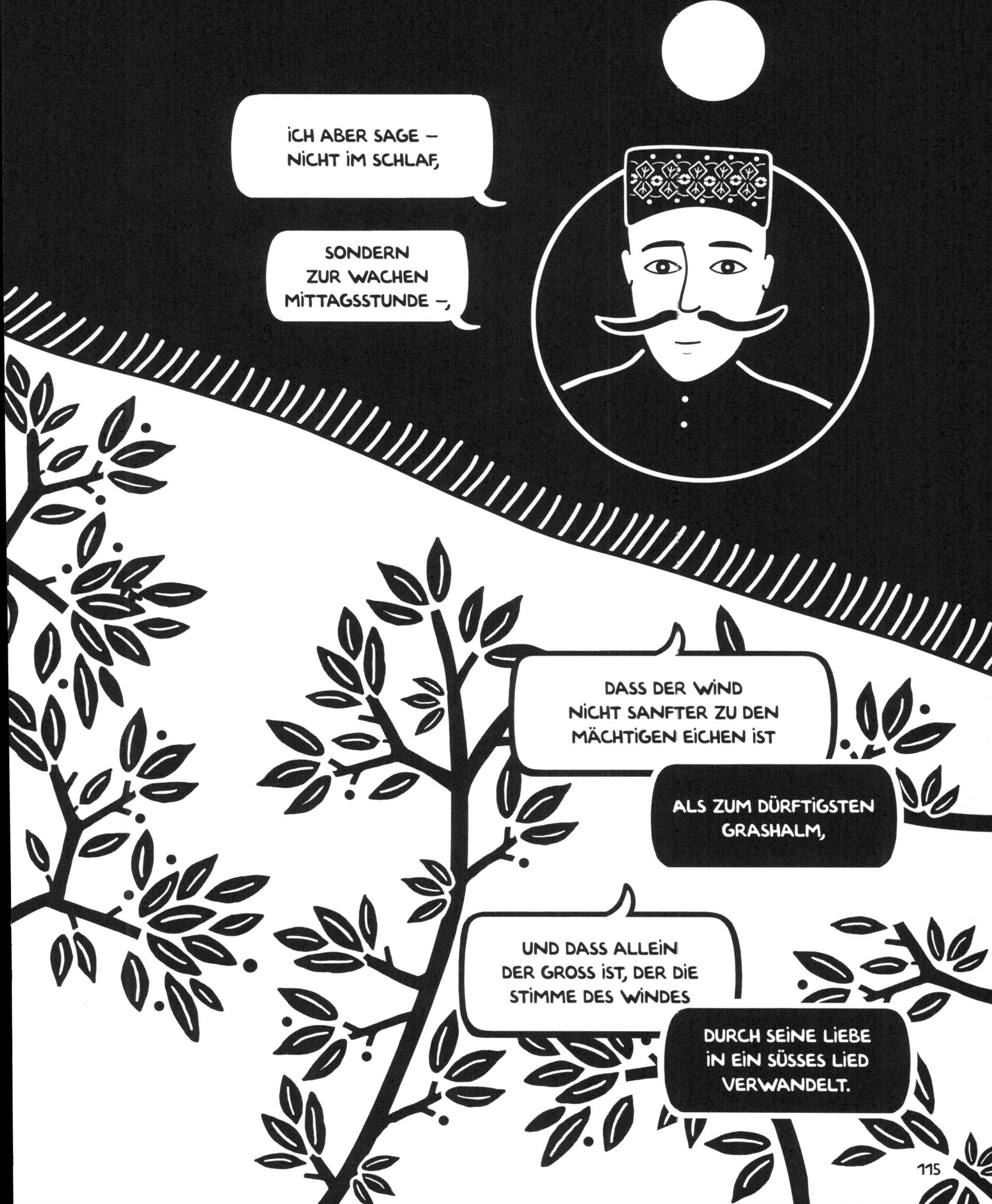
ICH ABER SAGE –
NICHT IM SCHLAF,
SONDERN ZUR WACHEN MITTAGSSTUNDE –,
DASS DER WIND NICHT SANFTER ZU DEN MÄCHTIGEN EICHEN IST
ALS ZUM DÜRFTIGSTEN GRASHALM,
UND DASS ALLEIN DER GROSS IST, DER DIE STIMME DES WINDES
DURCH SEINE LIEBE IN EIN SÜSSES LIED VERWANDELT.

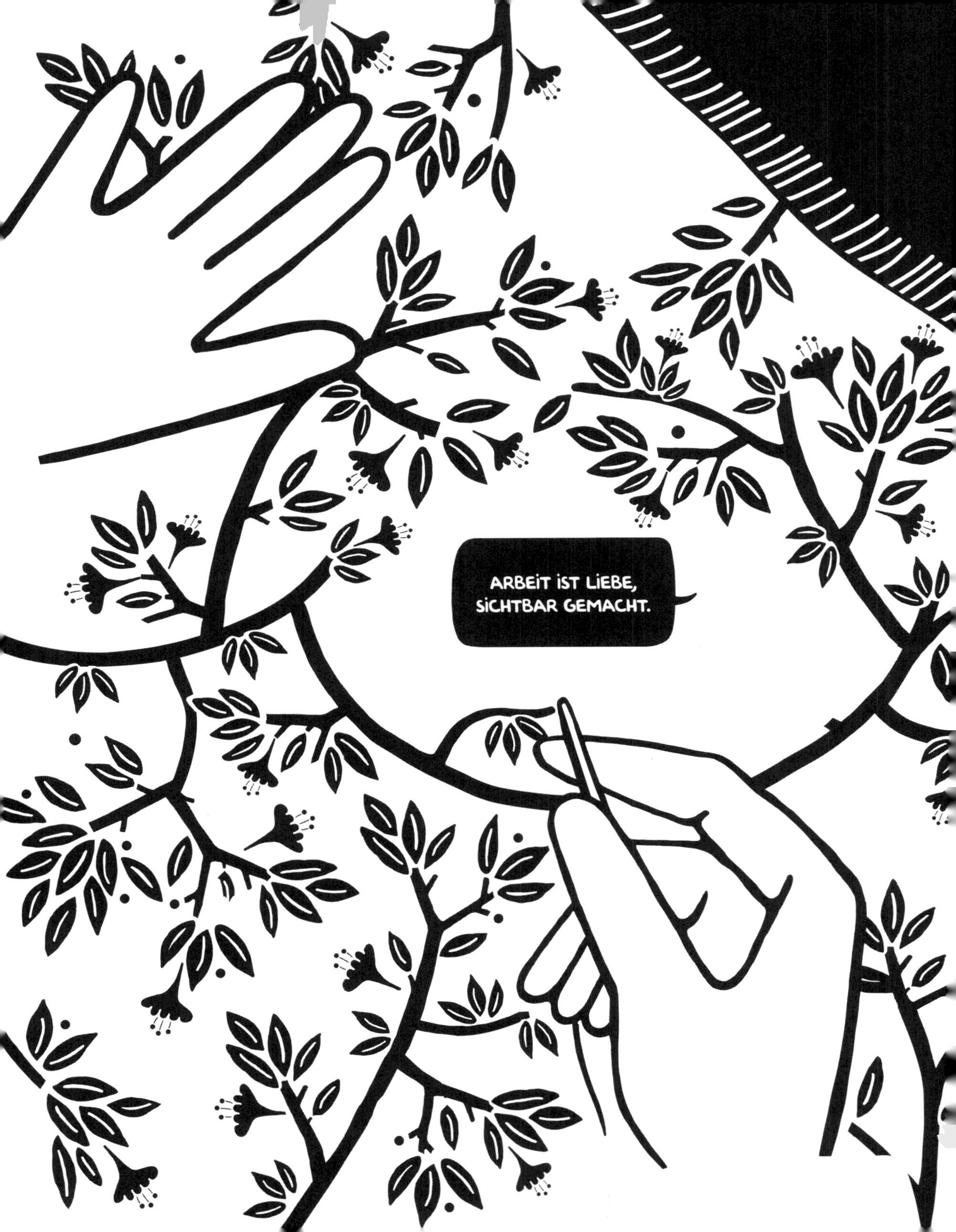
ARBEIT IST LIEBE,
SICHTBAR GEMACHT.

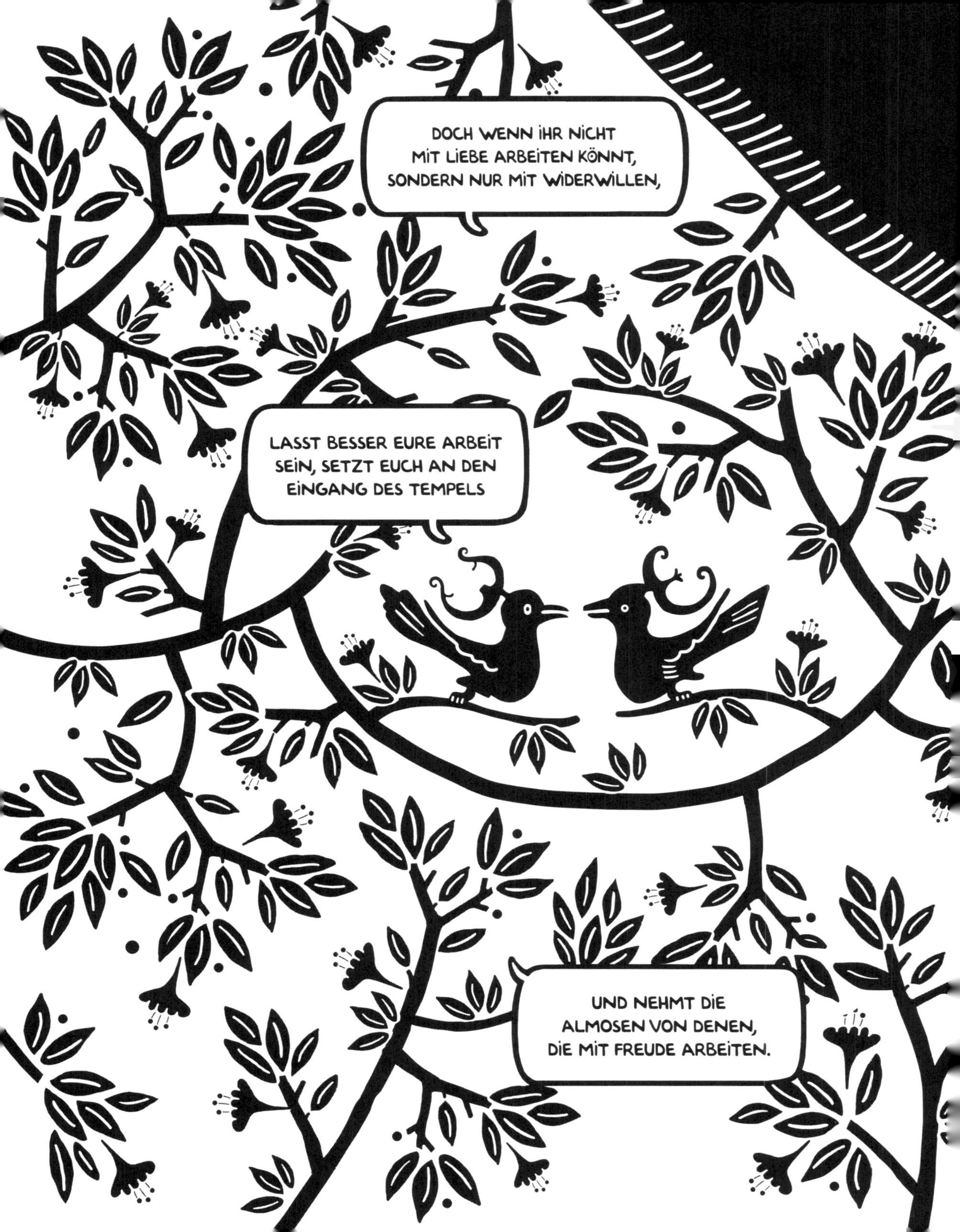
DOCH WENN IHR NICHT MIT LIEBE ARBEITEN KÖNNT, SONDERN NUR MIT WIDERWILLEN,
LASST BESSER EURE ARBEIT SEIN, SETZT EUCH AN DEN EINGANG DES TEMPELS
UND NEHMT DIE ALMOSEN VON DENEN, DIE MIT FREUDE ARBEITEN.

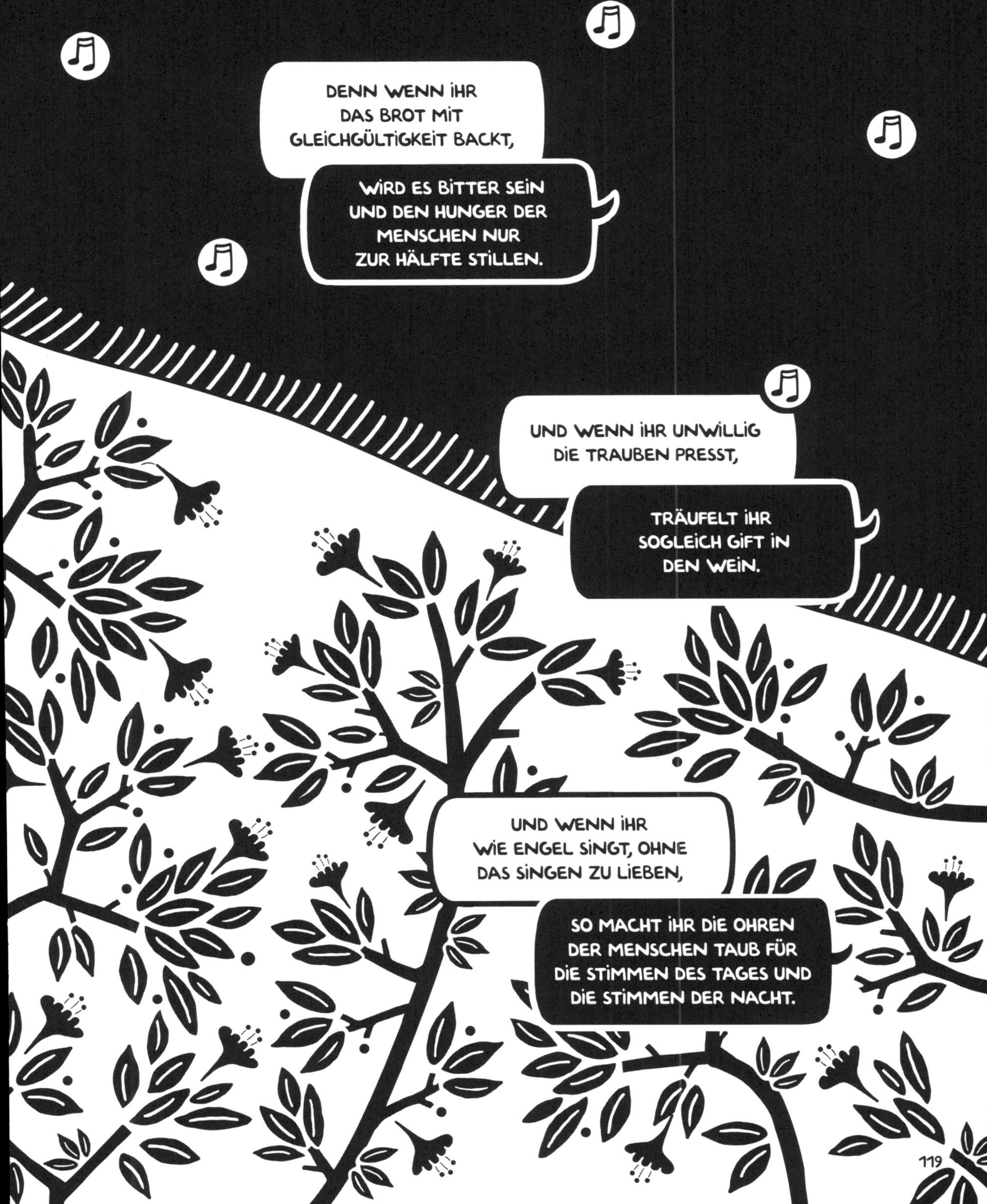
DENN WENN IHR DAS BROT MIT GLEICHGÜLTIGKEIT BACKT,
WIRD ES BITTER SEIN UND DEN HUNGER DER MENSCHEN NUR ZUR HÄLFTE STILLEN.
UND WENN IHR UNWILLIG DIE TRAUBEN PRESST,
TRÄUFELT IHR SOGLEICH GIFT IN DEN WEIN.
UND WENN IHR WIE ENGEL SINGT, OHNE DAS SINGEN ZU LIEBEN,
SO MACHT IHR DIE OHREN DER MENSCHEN TAUB FÜR DIE STIMMEN DES TAGES UND DIE STIMMEN DER NACHT.

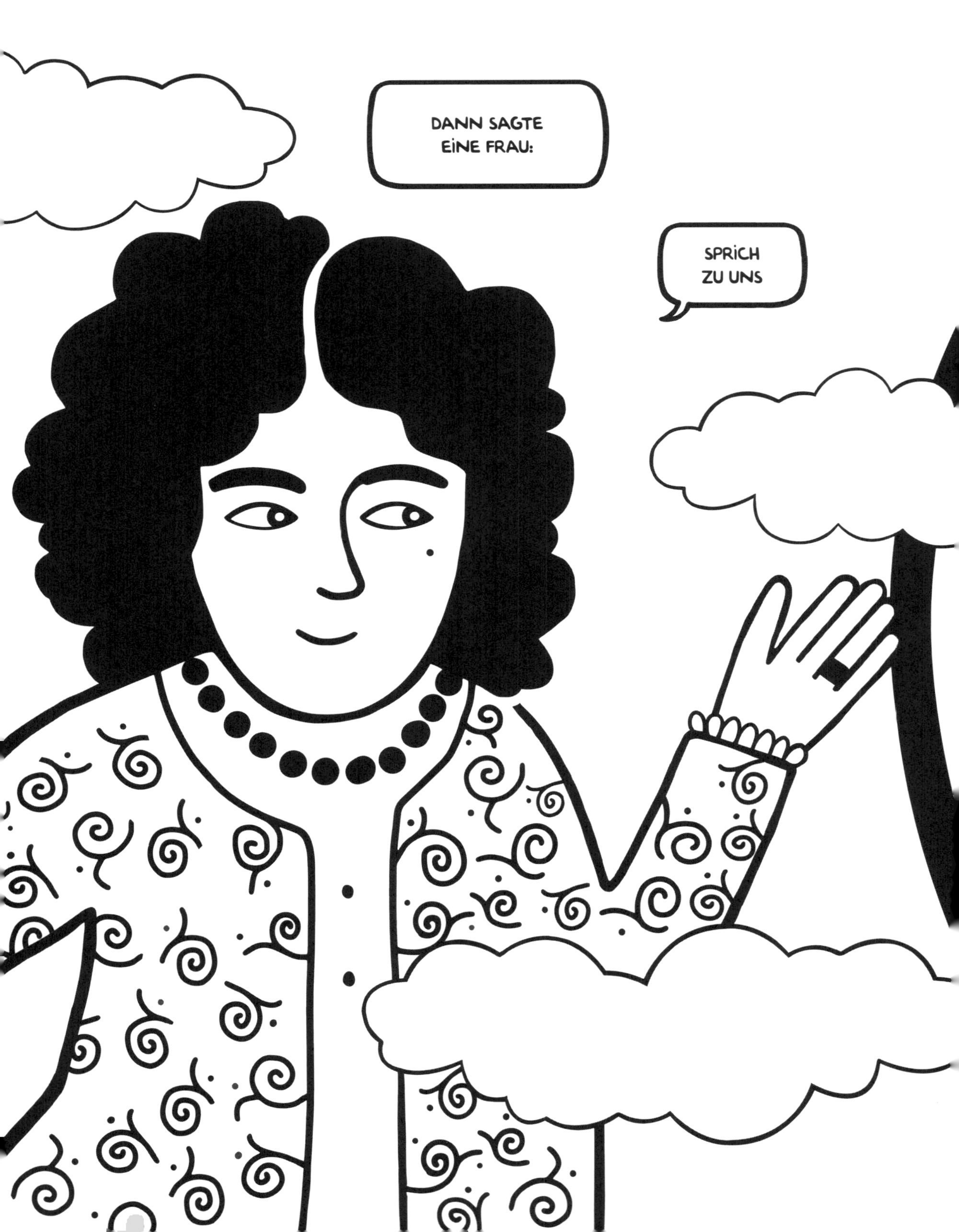
DANN SAGTE
EINE FRAU:
SPRICH
ZU UNS

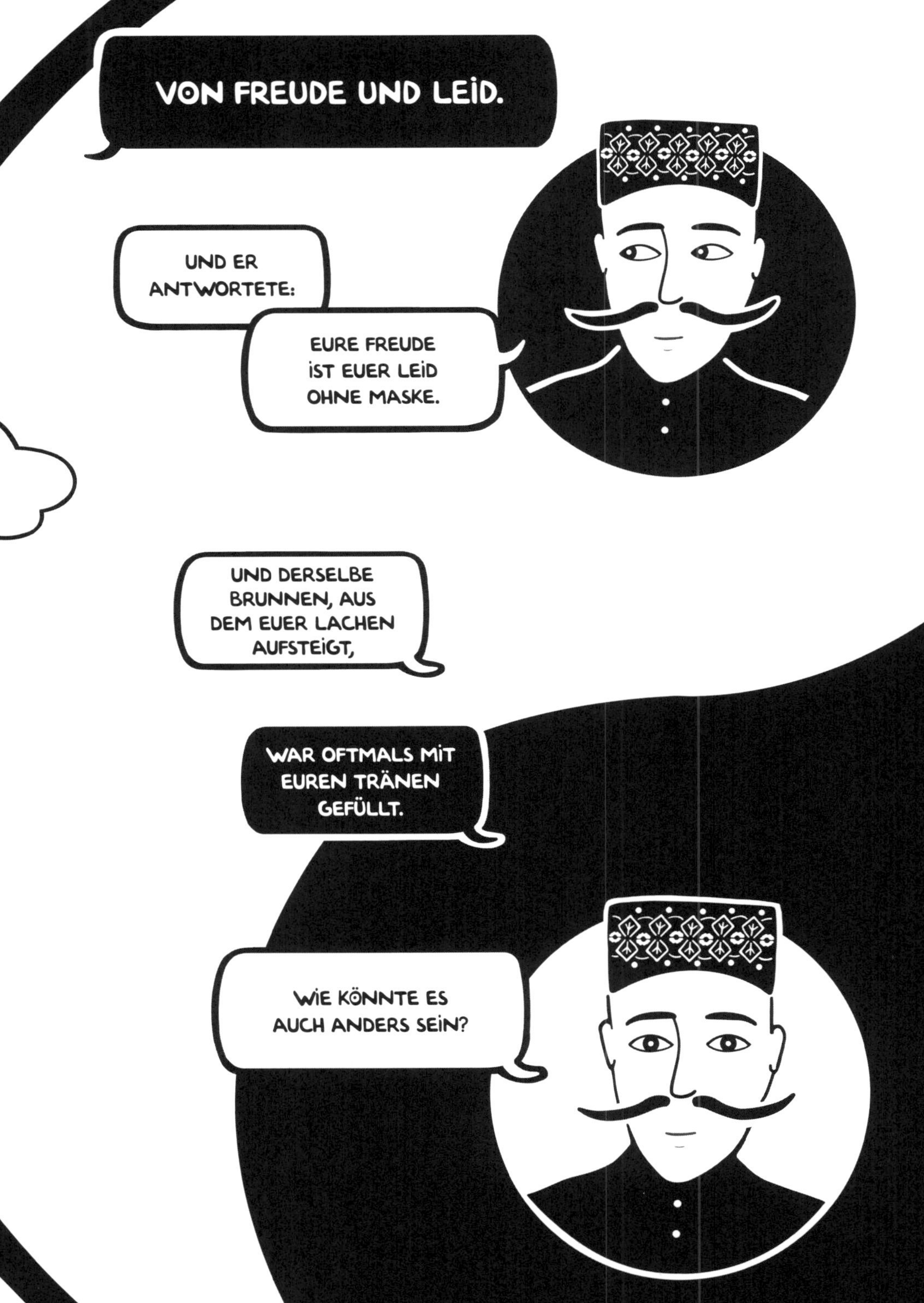
VON FREUDE UND LEID.
UND ER ANTWORTETE:
EURE FREUDE IST EUER LEID OHNE MASKE.
UND DERSELBE BRUNNEN, AUS DEM EUER LACHEN AUFSTEIGT,
WAR OFTMALS MIT EUREN TRÄNEN GEFÜLLT.
WIE KÖNNTE ES AUCH ANDERS SEIN?

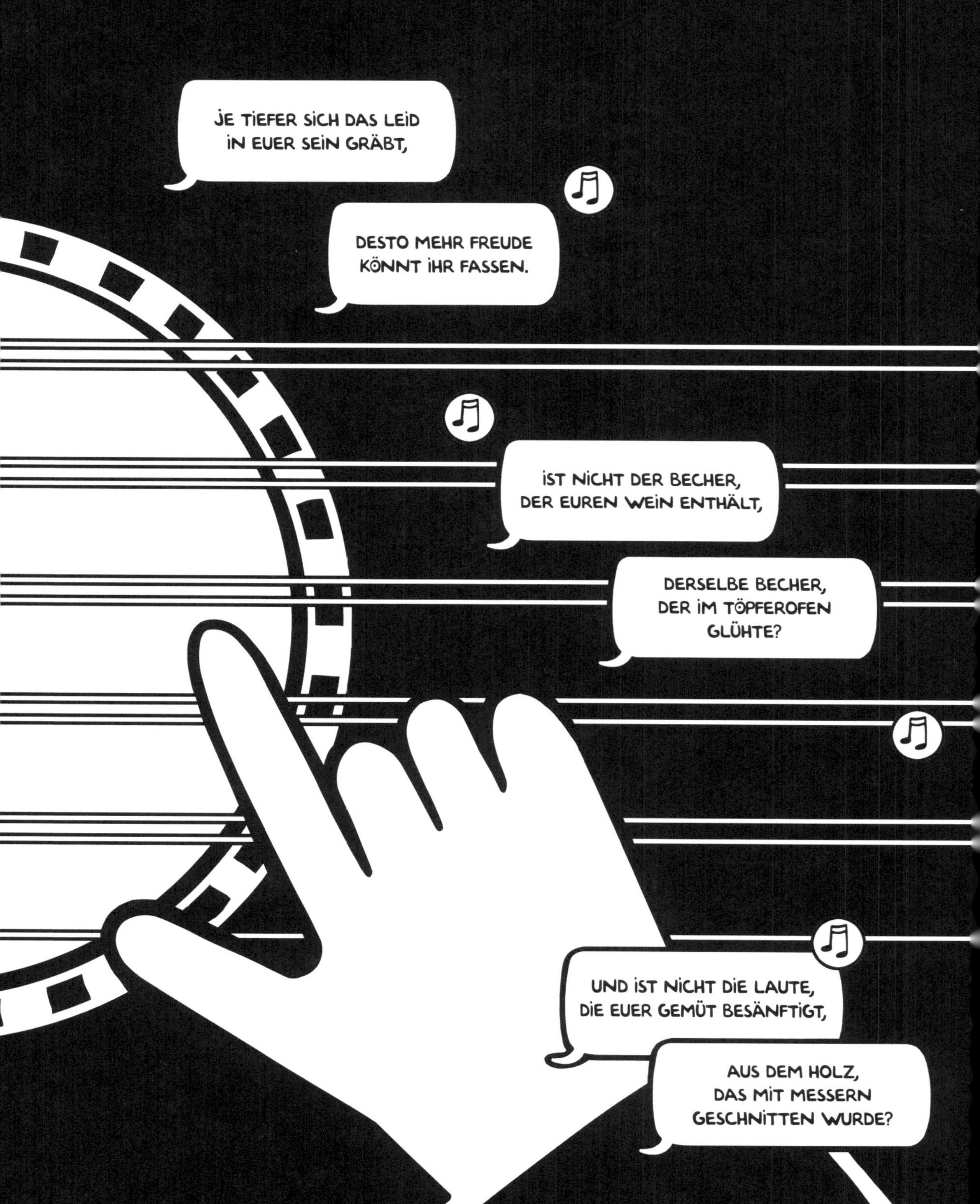
JE TIEFER SICH DAS LEID IN EUER SEIN GRÄBT,
DESTO MEHR FREUDE KÖNNT IHR FASSEN.
IST NICHT DER BECHER, DER EUREN WEIN ENTHÄLT,
DERSELBE BECHER, DER IM TÖPFEROFEN GLÜHTE?
UND IST NICHT DIE LAUTE, DIE EUER GEMÜT BESÄNFTIGT,
AUS DEM HOLZ, DAS MIT MESSERN GESCHNITTEN WURDE?

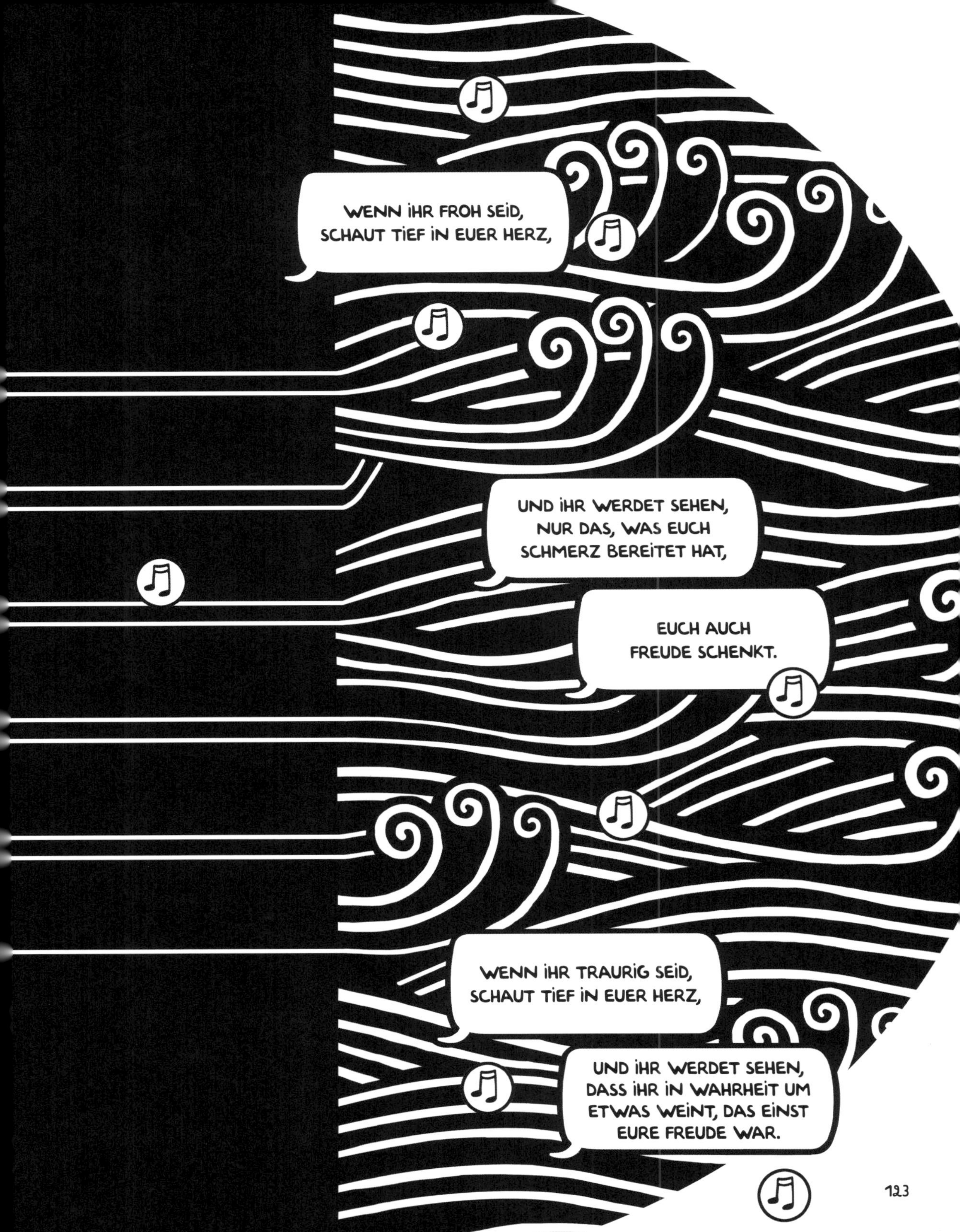
WENN IHR FROH SEID, SCHAUT TIEF IN EUER HERZ,
UND IHR WERDET SEHEN, NUR DAS, WAS EUCH SCHMERZ BEREITET HAT,
EUCH AUCH FREUDE SCHENKT.
WENN IHR TRAURIG SEID, SCHAUT TIEF IN EUER HERZ,
UND IHR WERDET SEHEN, DASS IHR IN WAHRHEIT UM ETWAS WEINT, DAS EINST EURE FREUDE WAR.

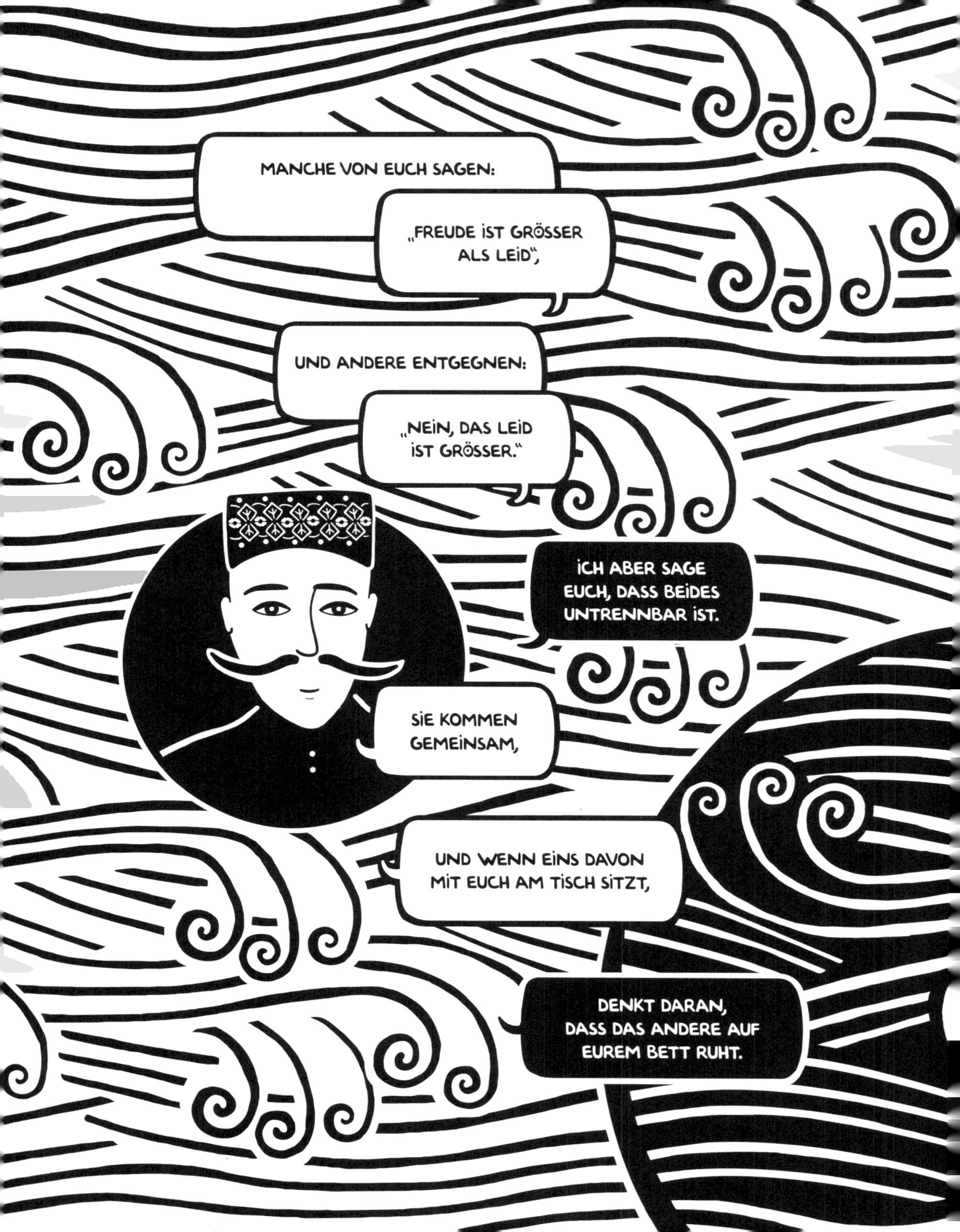
MANCHE VON EUCH SAGEN:
„FREUDE IST GRÖSSER ALS LEID“,
UND ANDERE ENTGEGNEN:
„NEIN, DAS LEID IST GRÖSSER.“
ICH ABER SAGE EUCH, DASS BEIDES UNTRENNBAR IST.
SIE KOMMEN GEMEINSAM,
UND WENN EINS DAVON MIT EUCH AM TISCH SITZT,
DENKT DARAN, DASS DAS ANDERE AUF EUREM BETT RUHT.

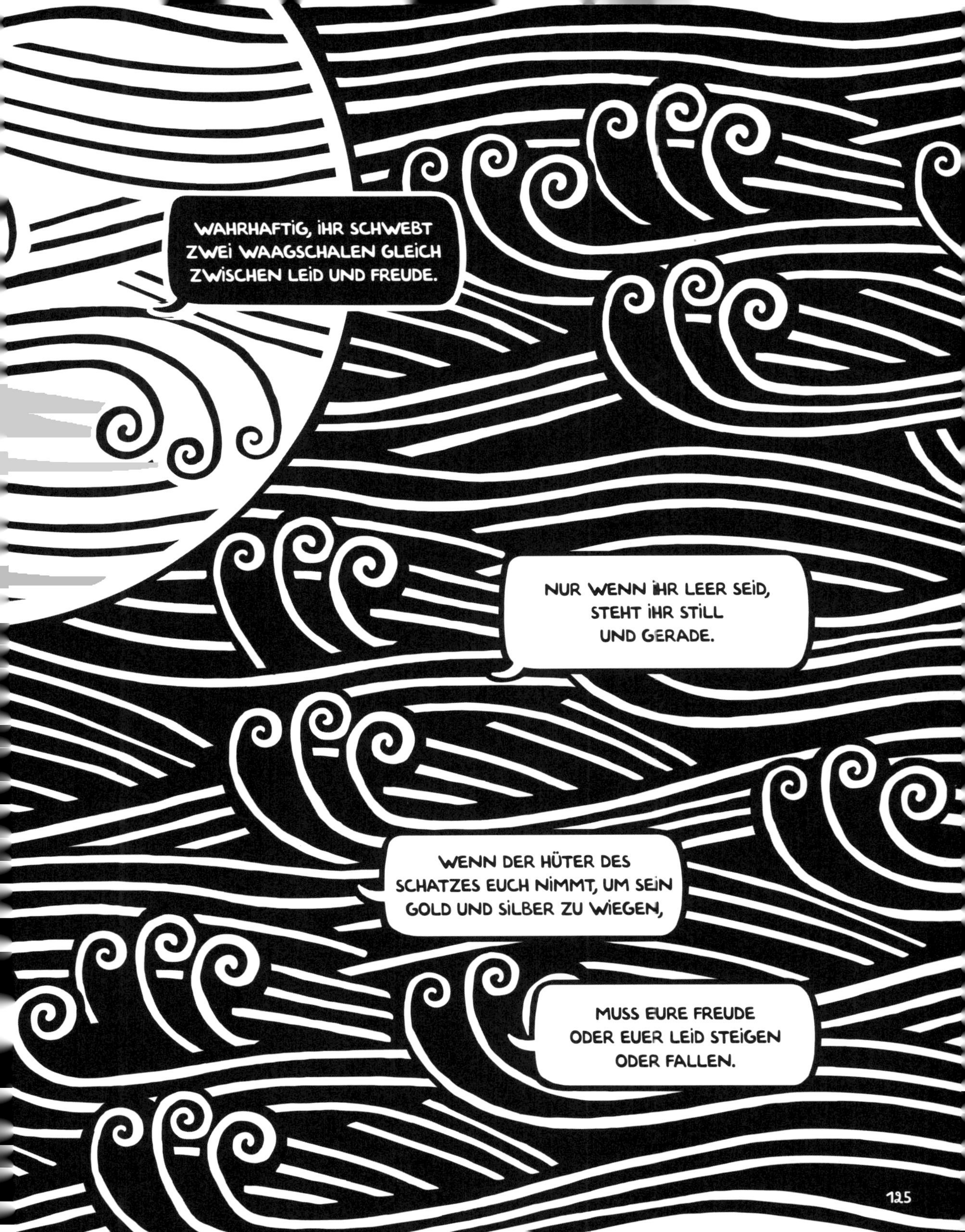
WAHRHAFTIG, IHR SCHWEBT ZWEI WAAGSCHALEN GLEICH ZWISCHEN LEID UND FREUDE.
NUR WENN IHR LEER SEID, STEHT IHR STILL UND GERADE.
WENN DER HÜTER DES SCHATZES EUCH NIMMT, UM SEIN GOLD UND SILBER ZU WIEGEN,
MUSS EURE FREUDE ODER EUER LEID STEIGEN ODER FALLEN.

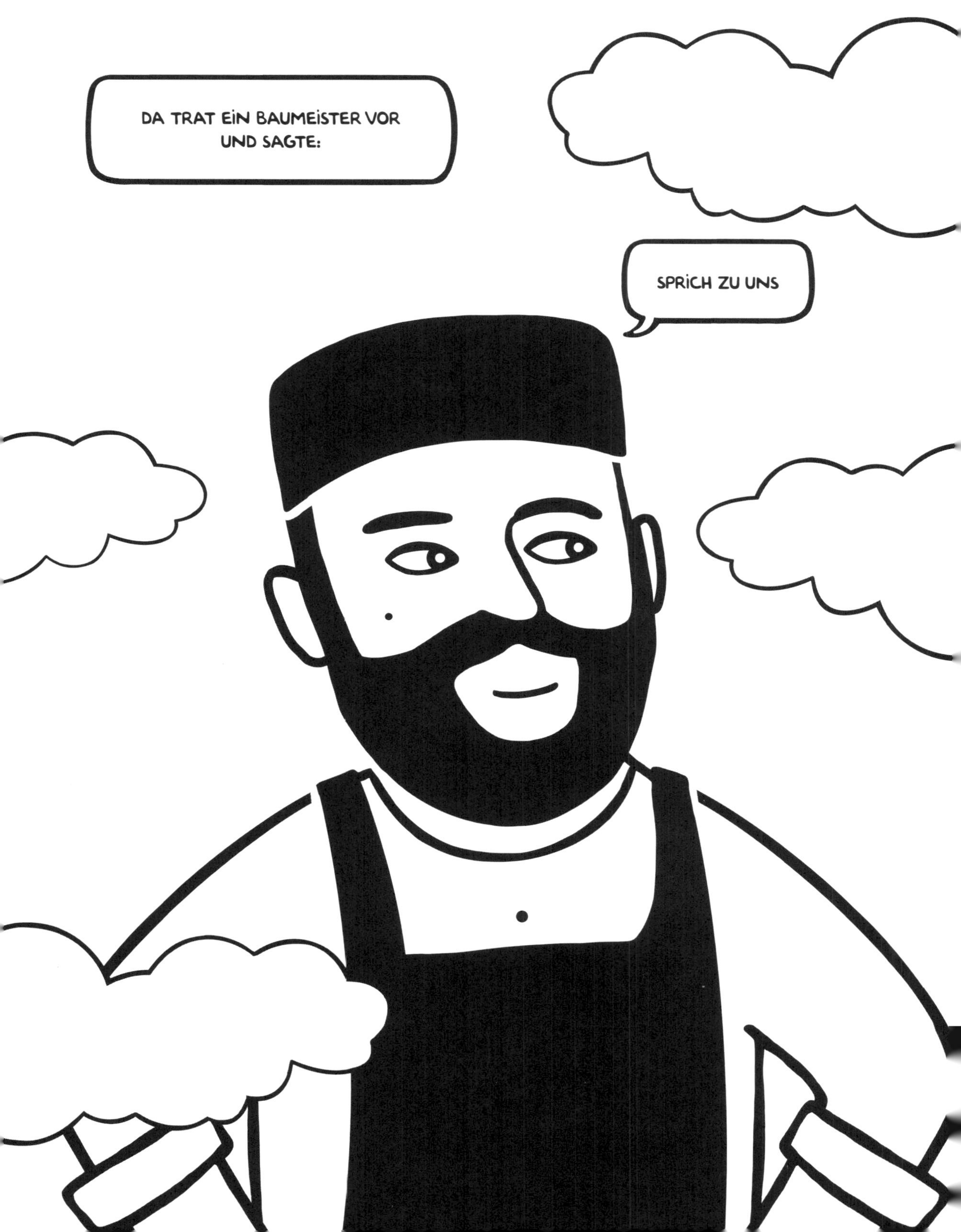
DA TRAT EIN BAUMEISTER VOR
UND SAGTE:
SPRICH ZU UNS

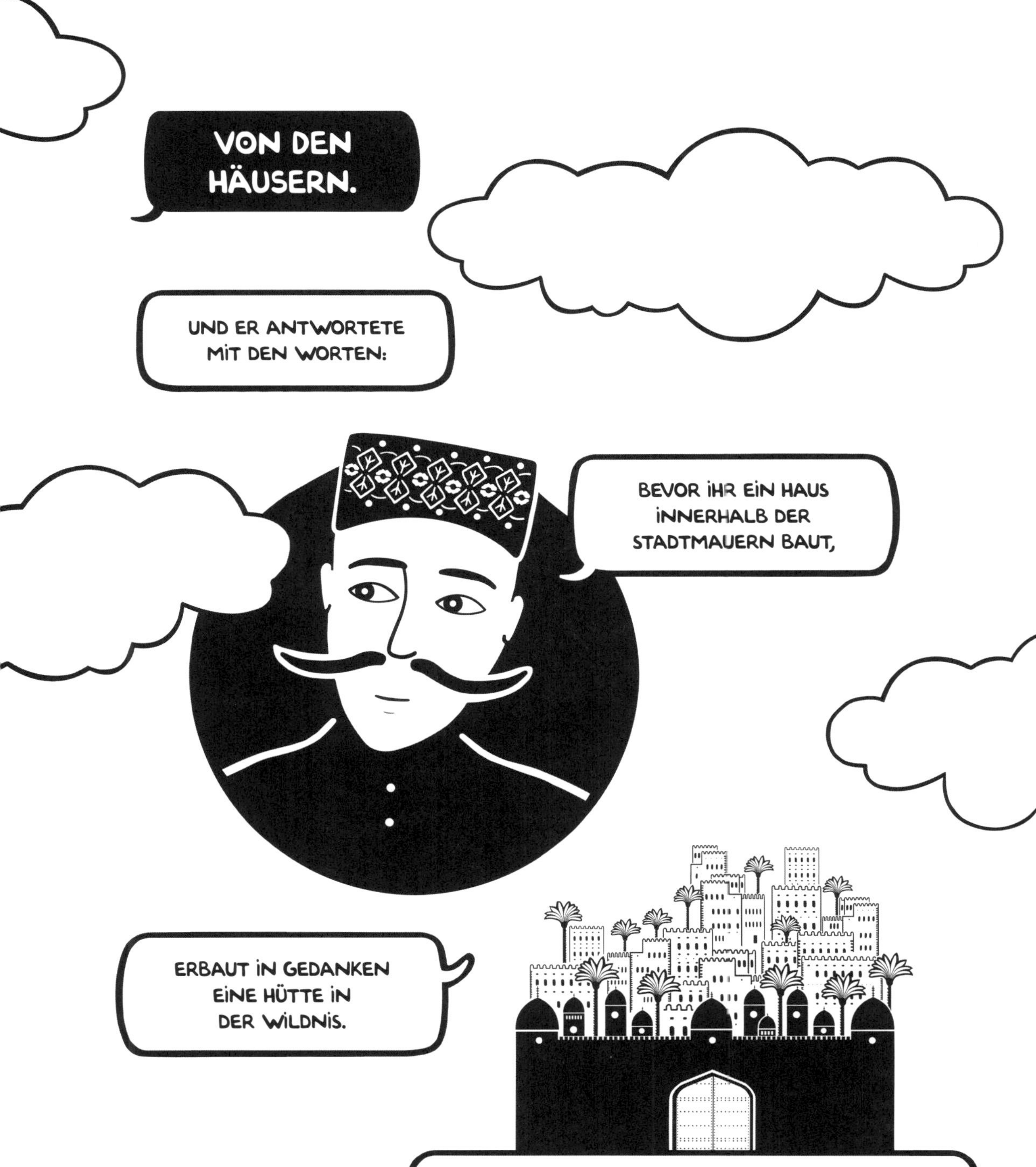
VON DEN HÄUSERN.
UND ER ANTWORTETE MIT DEN WORTEN:
BEVOR IHR EIN HAUS INNERHALB DER STADTMAUERN BAUT,
ERBAUT IN GEDANKEN EINE HÜTTE IN DER WILDNIS.
DENN SO, WIE IHR IN DER DÄMMERUNG HEIMKEHRT, SO KEHRT DER WANDERER, DER EWIG FERNE UND EINSAME, IN EUCH HEIM.

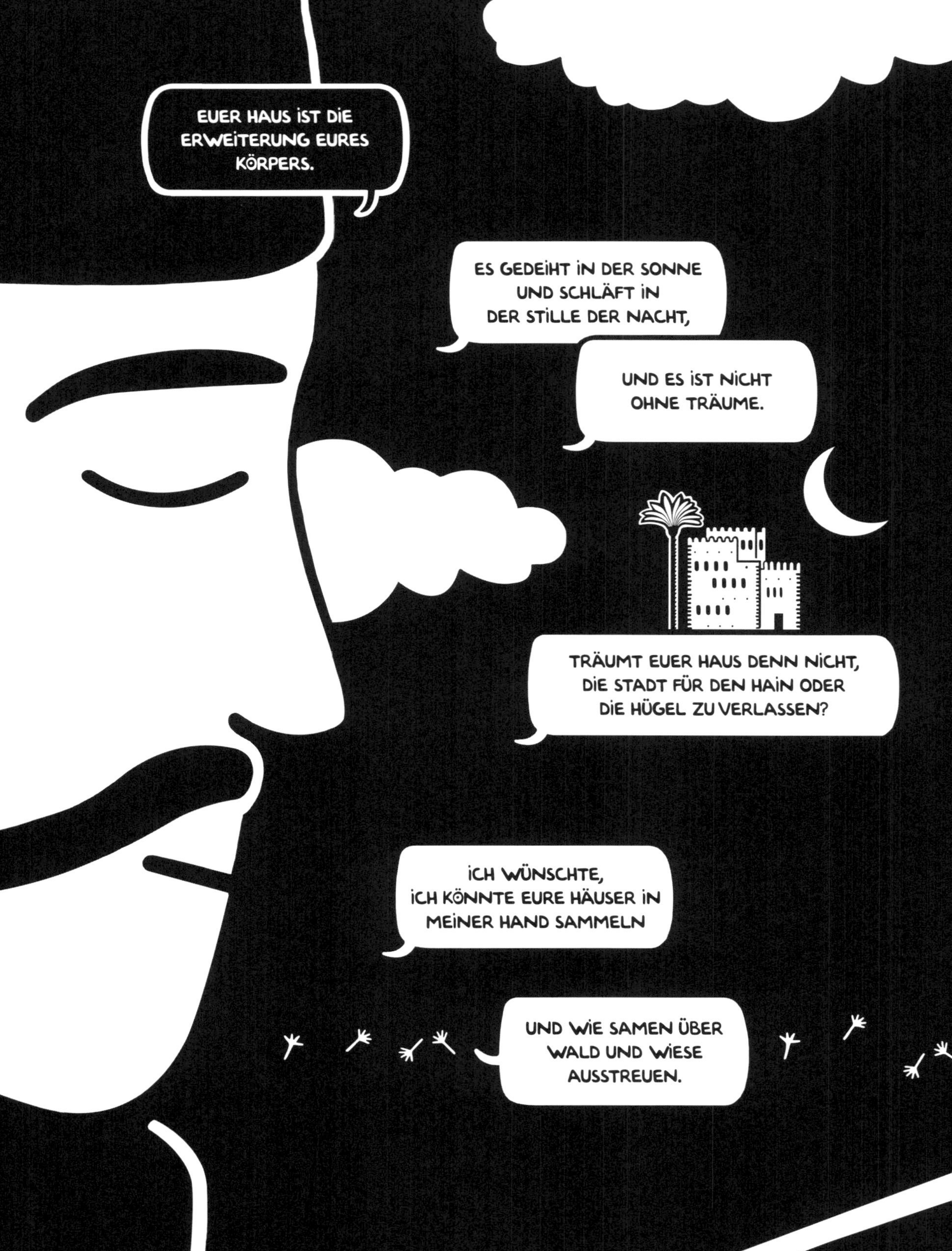
EUER HAUS IST DIE ERWEITERUNG EURES KÖRPERS.
ES GEDEIHT IN DER SONNE UND SCHLÄFT IN DER STILLE DER NACHT,
UND ES IST NICHT OHNE TRÄUME.
TRÄUMT EUER HAUS DENN NICHT, DIE STADT FÜR DEN HAIN ODER DIE HÜGEL ZU VERLASSEN?
ICH WÜNSCHTE, ICH KÖNNTE EURE HÄUSER IN MEINER HAND SAMMELN
UND WIE SAMEN ÜBER WALD UND WIESE AUSSTREUEN.

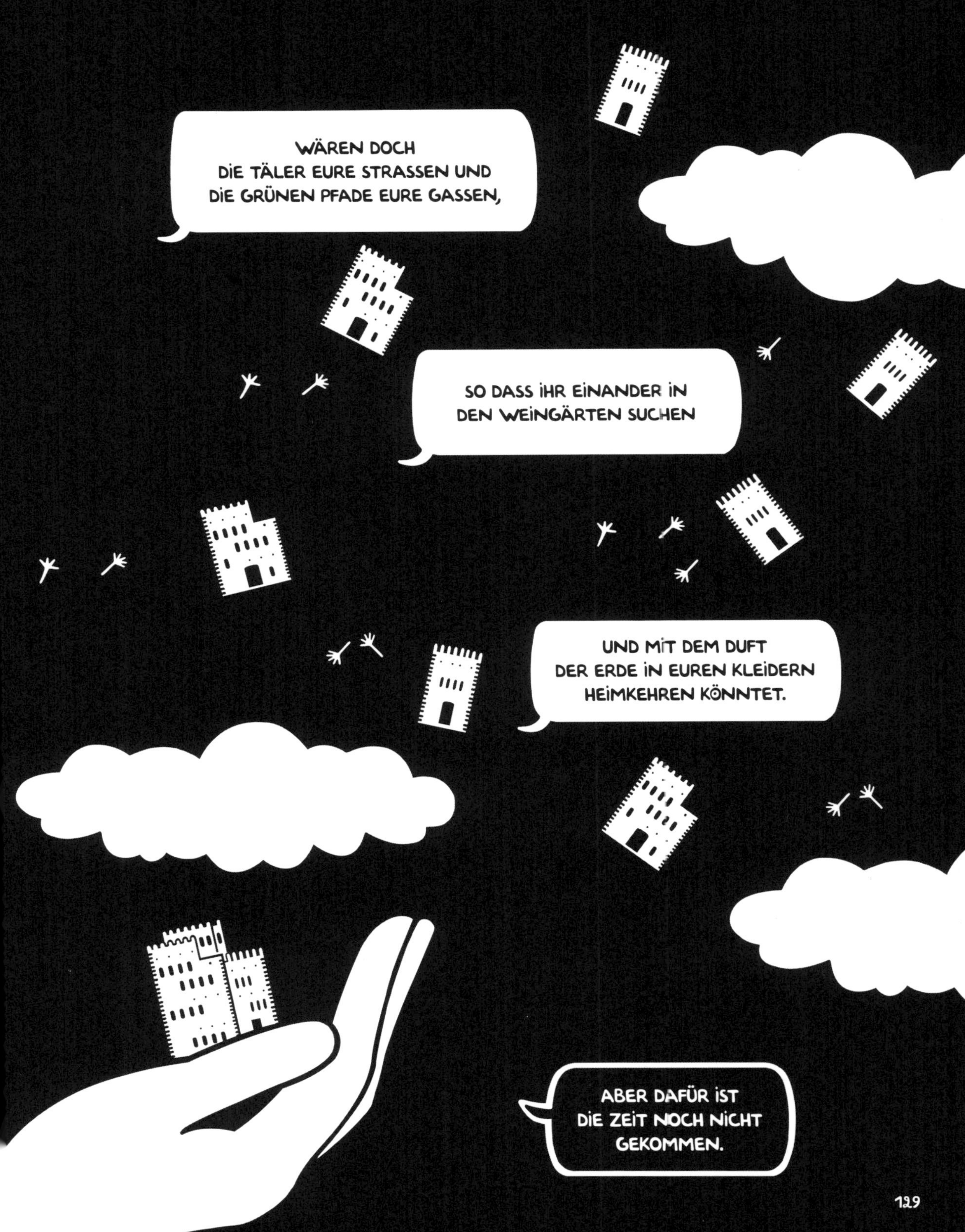
WÄREN DOCH
DIE TÄLER EURE STRASSEN UND
DIE GRÜNEN PFADE EURE GASSEN,
SO DASS IHR EINANDER IN
DEN WEINGÄRTEN SUCHEN
UND MIT DEM DUFT
DER ERDE IN EUREN KLEIDERN
HEIMKEHREN KÖNNTET.
ABER DAFÜR IST
DIE ZEIT NOCH NICHT
GEKOMMEN.

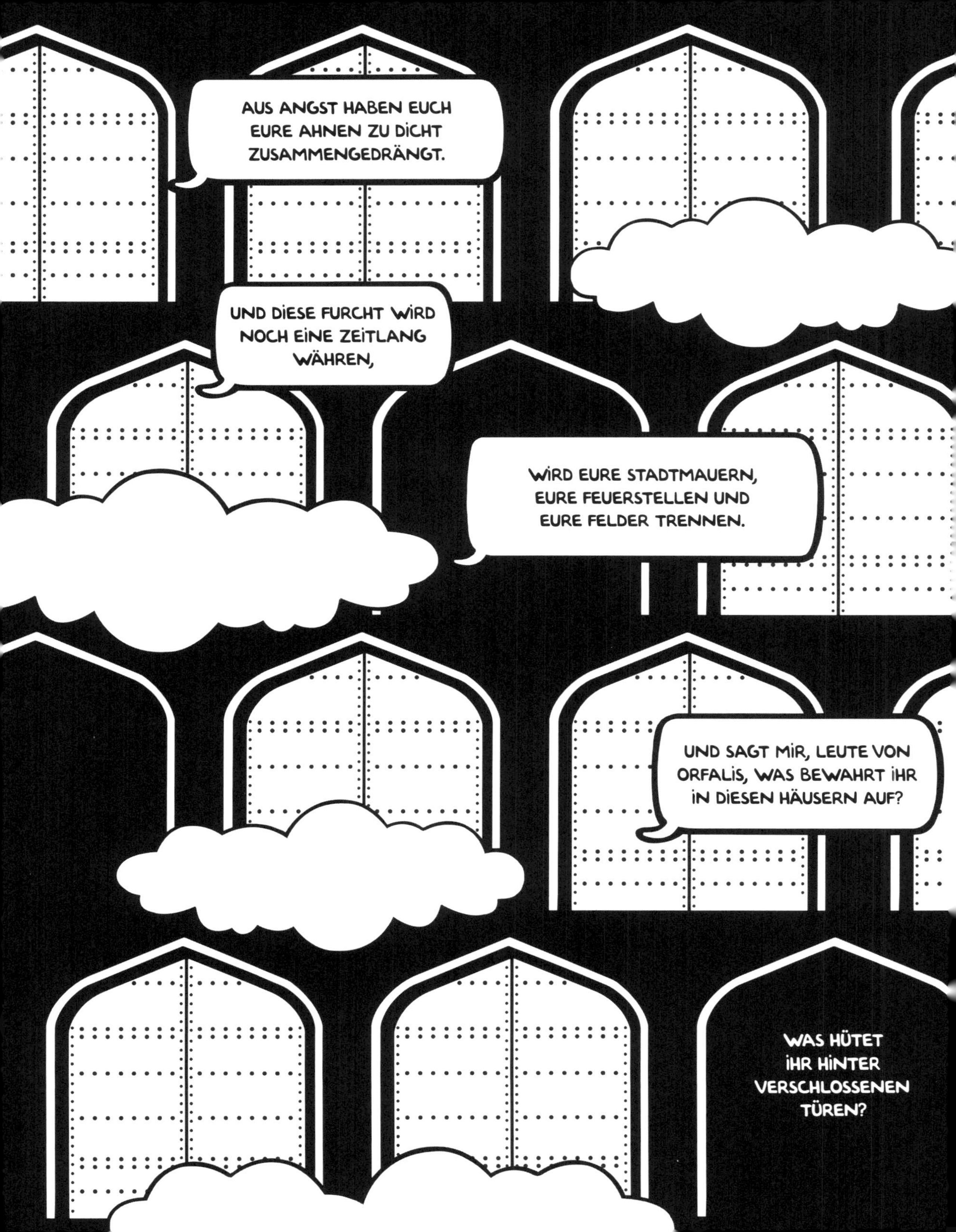
AUS ANGST HABEN EUCH EURE AHNEN ZU DICHT ZUSAMMENGEDRÄNGT.
UND DIESE FURCHT WIRD NOCH EINE ZEITLANG WÄHREN,
WIRD EURE STADTMAUERN, EURE FEUERSTELLEN UND EURE FELDER TRENNEN.
UND SAGT MIR, LEUTE VON ORFALIS, WAS BEWAHRT IHR IN DIESEN HÄUSERN AUF?
WAS HÜTET IHR HINTER VERSCHLOSSENEN TÜREN?

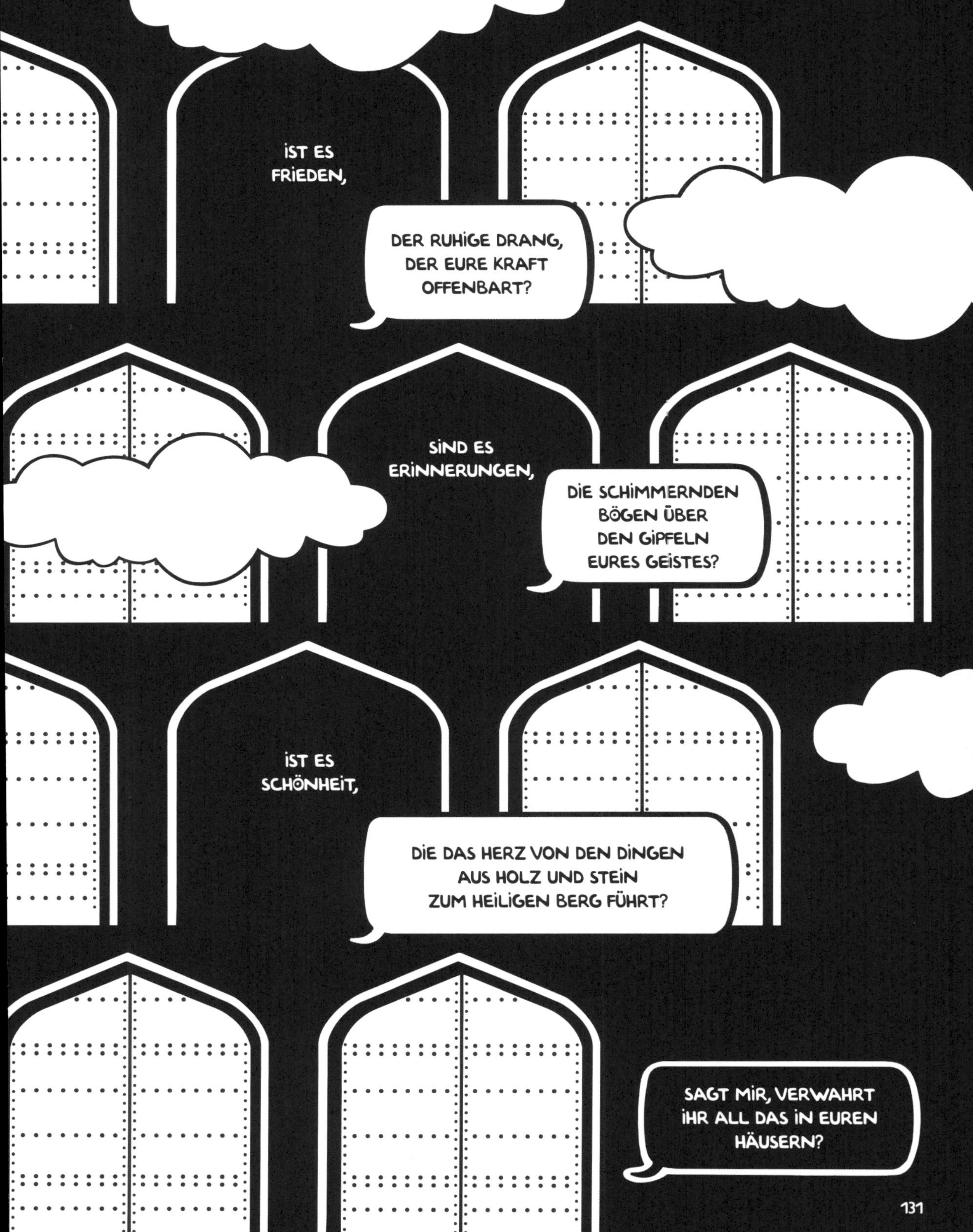
IST ES
FRIEDEN,
DER RUHIGE DRANG,
DER EURE KRAFT
OFFENBART?
SIND ES
ERINNERUNGEN,
DIE SCHIMMERNDEN
BÖGEN ÜBER
DEN GIPFELN
EURES GEISTES?
IST ES
SCHÖNHEIT,
DIE DAS HERZ VON DEN DINGEN
AUS HOLZ UND STEIN
ZUM HEILIGEN BERG FÜHRT?
SAGT MIR, VERWAHRT
IHR ALL DAS IN EUREN
HÄUSERN?

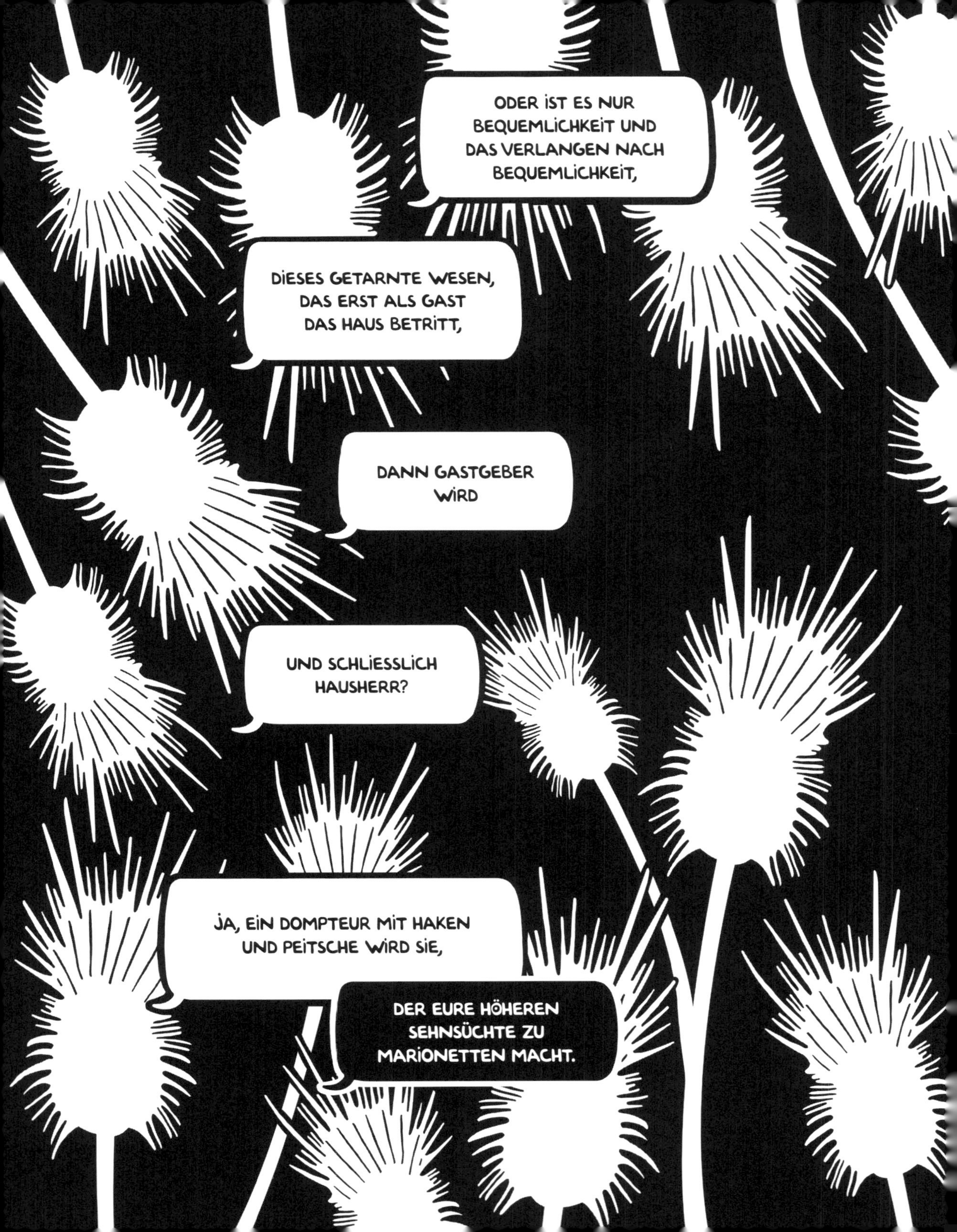
ODER IST ES NUR BEQUEMLICHKEIT UND DAS VERLANGEN NACH BEQUEMLICHKEIT,
DIESES GETARNTE WESEN, DAS ERST ALS GAST DAS HAUS BETRITT,
DANN GASTGEBER WIRD
UND SCHLIESSLICH HAUSHERR?
JA, EIN DOMPTEUR MIT HAKEN UND PEITSCHE WIRD SIE,
DER EURE HÖHEREN SEHNSÜCHTE ZU MARIONETTEN MACHT.

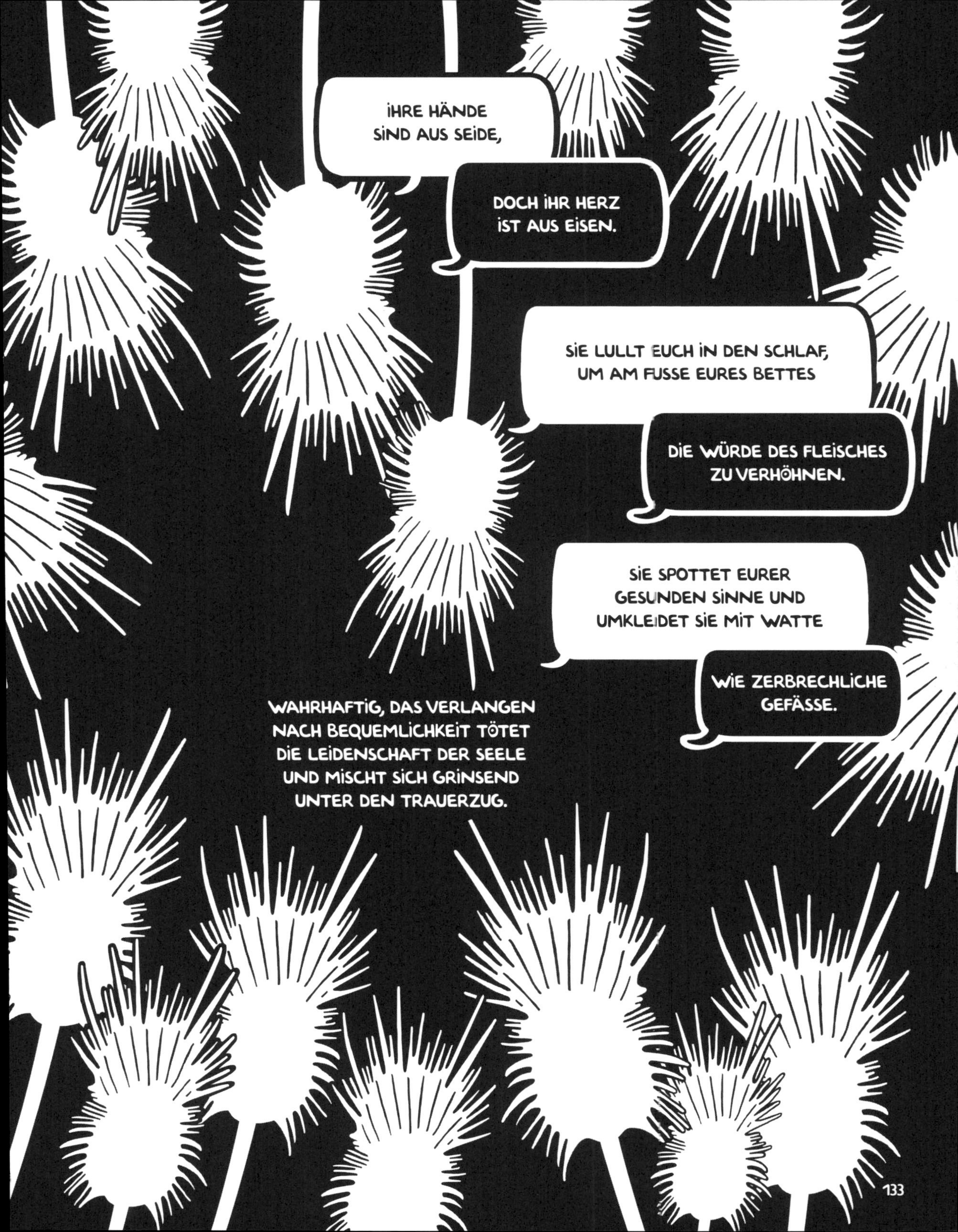
IHRE HÄNDE SIND AUS SEIDE,
DOCH IHR HERZ IST AUS EISEN.
SIE LULLT EUCH IN DEN SCHLAF, UM AM FUSSE EURES BETTES
DIE WÜRDE DES FLEISCHES ZU VERHÖHNEN.
SIE SPOTTET EURER GESUNDEN SINNE UND UMKLEIDET SIE MIT WATTE
WIE ZERBRECHLICHE GEFÄSSE.
WAHRHAFTIG, DAS VERLANGEN NACH BEQUEMLICHKEIT TÖTET DIE LEIDENSCHAFT DER SEELE UND MISCHT SICH GRINSEND UNTER DEN TRAUERZUG.

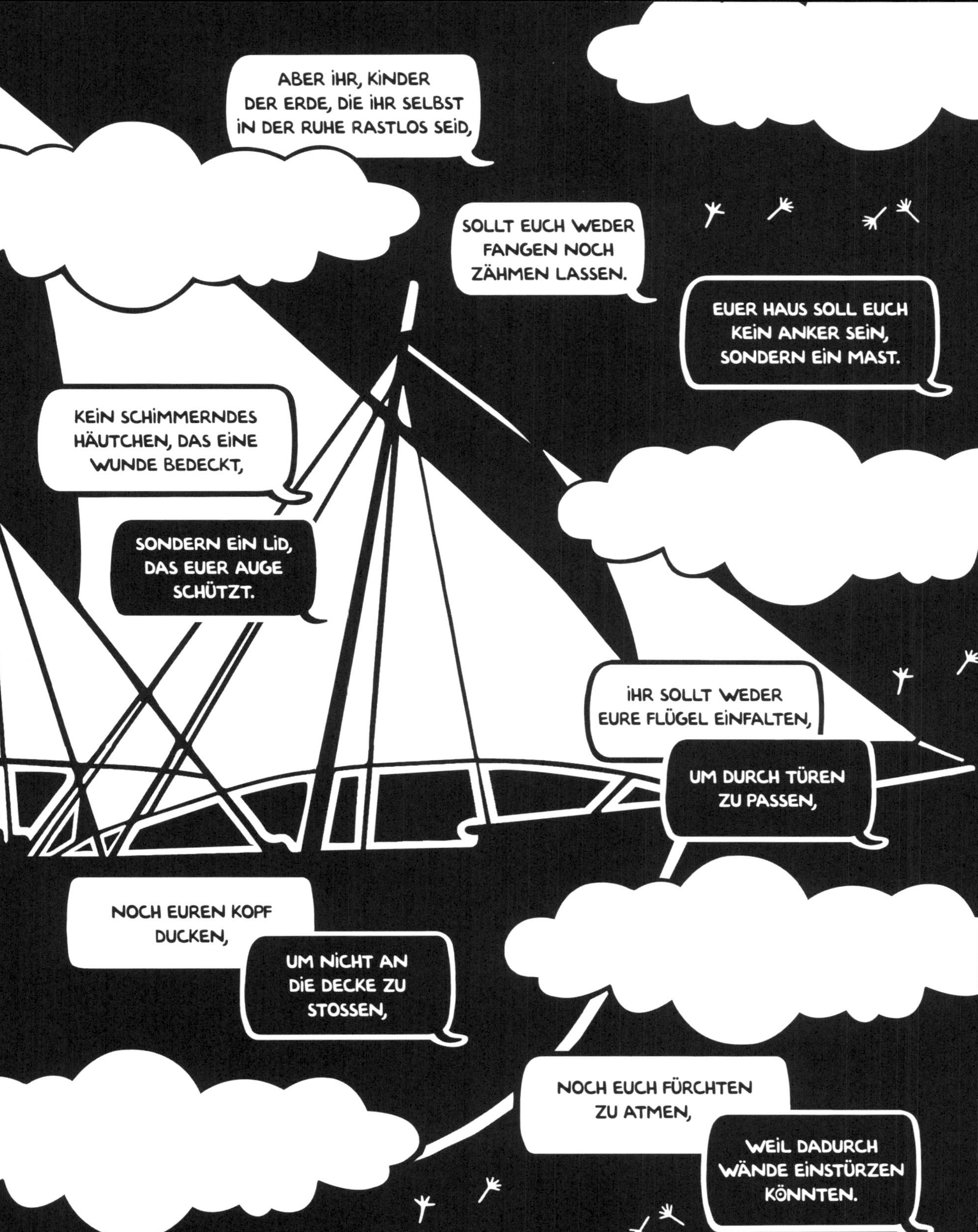
ABER IHR, KINDER DER ERDE, DIE IHR SELBST IN DER RUHE RASTLOS SEID,
SOLLT EUCH WEDER FANGEN NOCH ZÄHMEN LASSEN.
EUER HAUS SOLL EUCH KEIN ANKER SEIN, SONDERN EIN MAST.
KEIN SCHIMMERNDES HÄUTCHEN, DAS EINE WUNDE BEDECKT,
SONDERN EIN LID, DAS EUER AUGE SCHÜTZT.
IHR SOLLT WEDER EURE FLÜGEL EINFALTEN,
UM DURCH TÜREN ZU PASSEN,
NOCH EUREN KOPF DUCKEN,
UM NICHT AN DIE DECKE ZU STOSSEN,
NOCH EUCH FÜRCHTEN ZU ATMEN,
WEIL DADURCH WÄNDE EINSTÜRZEN KÖNNTEN.

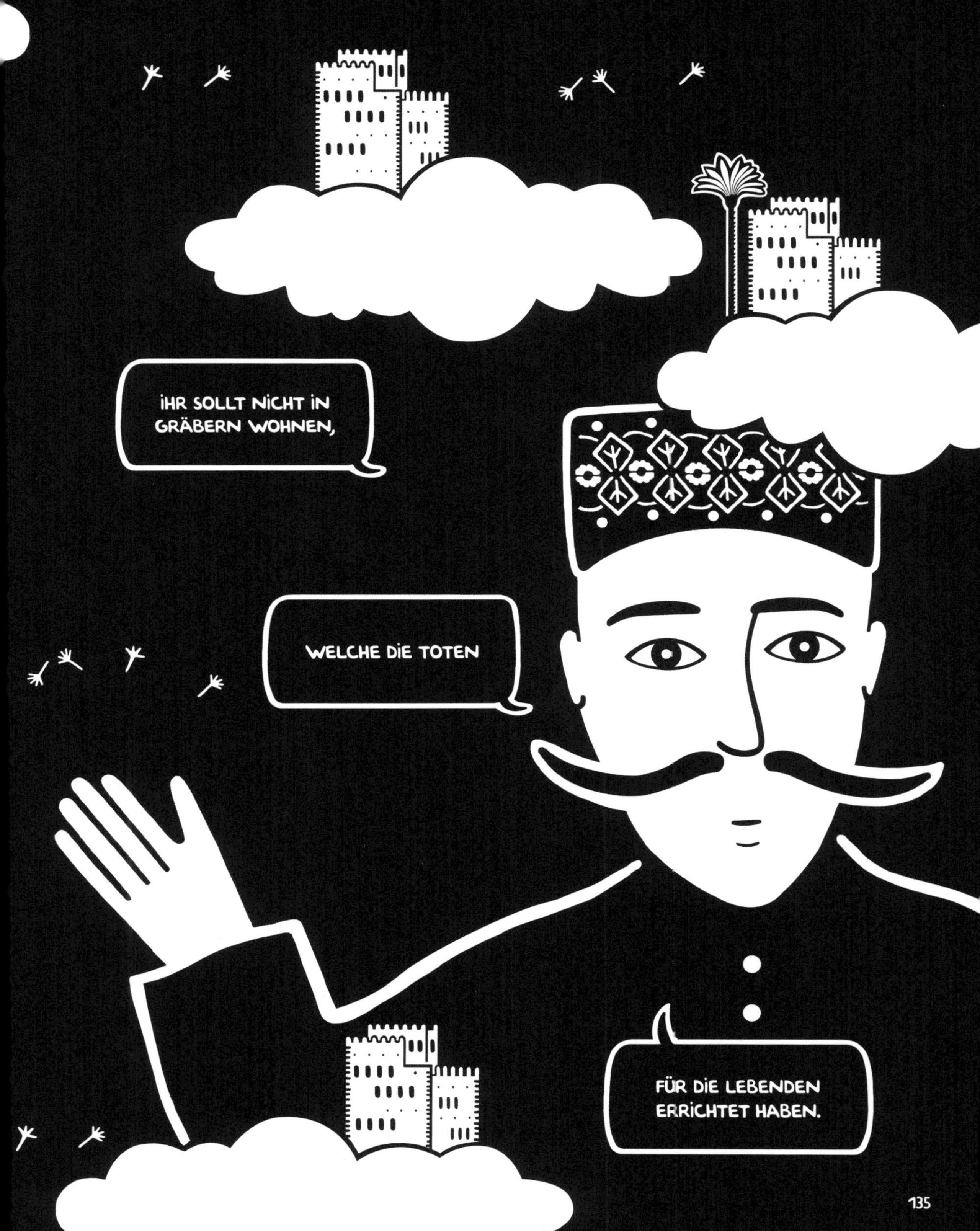
IHR SOLLT NICHT IN GRÄBERN WOHNEN,
WELCHE DIE TOTEN
FÜR DIE LEBENDEN ERRICHTET HABEN.

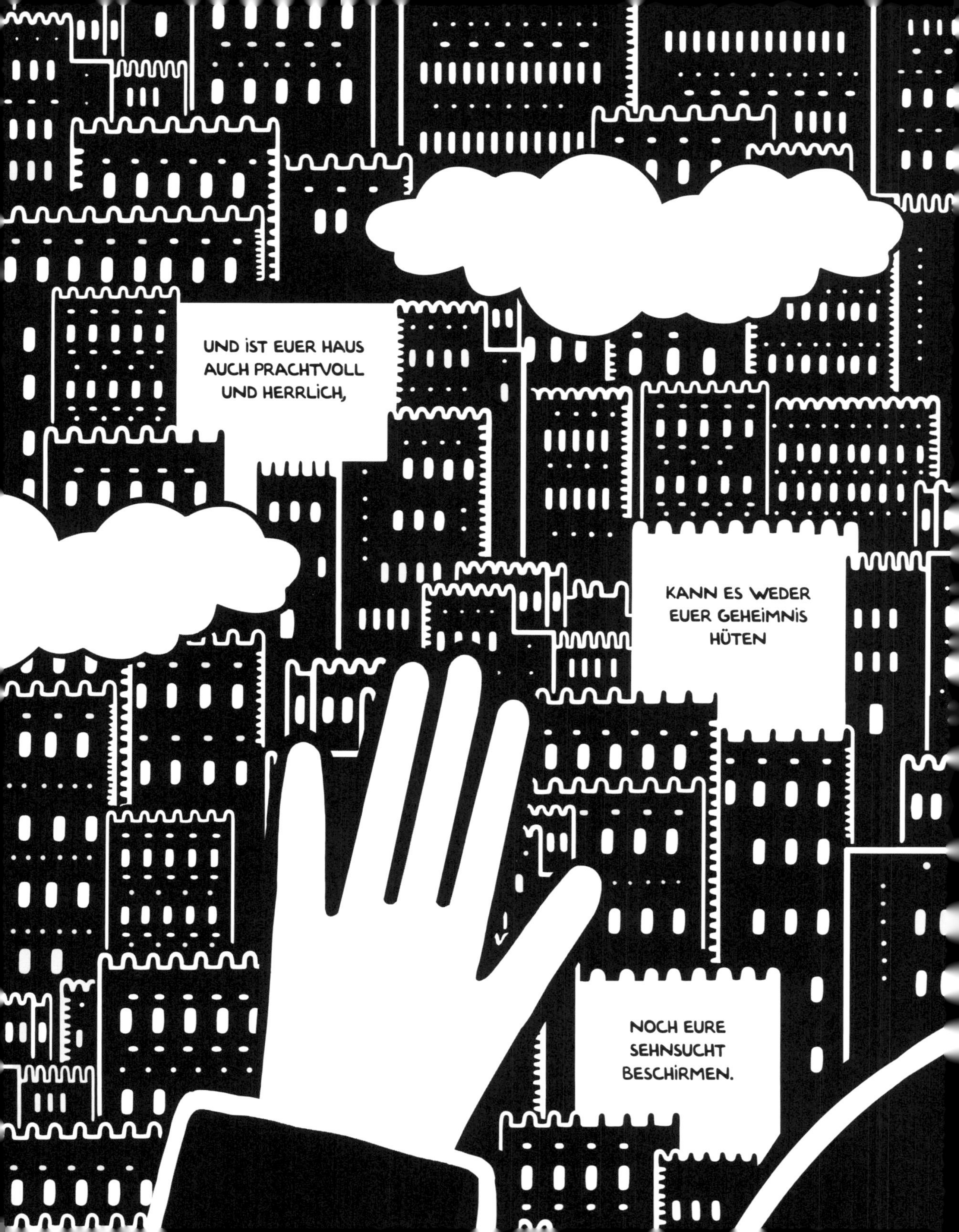
UND IST EUER HAUS AUCH PRACHTVOLL UND HERRLICH,
KANN ES WEDER EUER GEHEIMNIS HÜTEN
NOCH EURE SEHNSUCHT BESCHIRMEN.

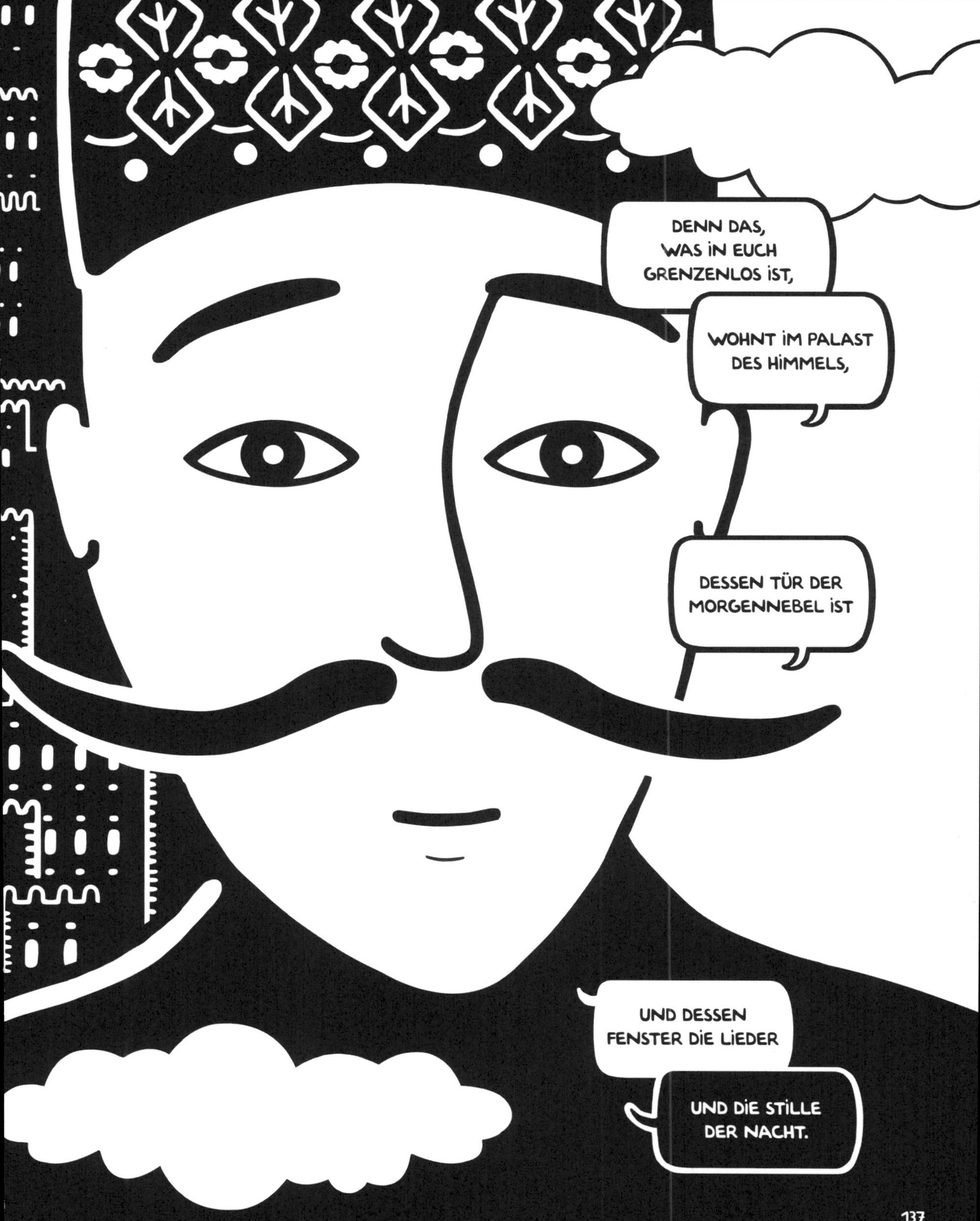
DENN DAS, WAS IN EUCH GRENZENLOS IST,
WOHNT IM PALAST DES HIMMELS,
DESSEN TÜR DER MORGENNEBEL IST
UND DESSEN FENSTER DIE LIEDER
UND DIE STILLE DER NACHT.

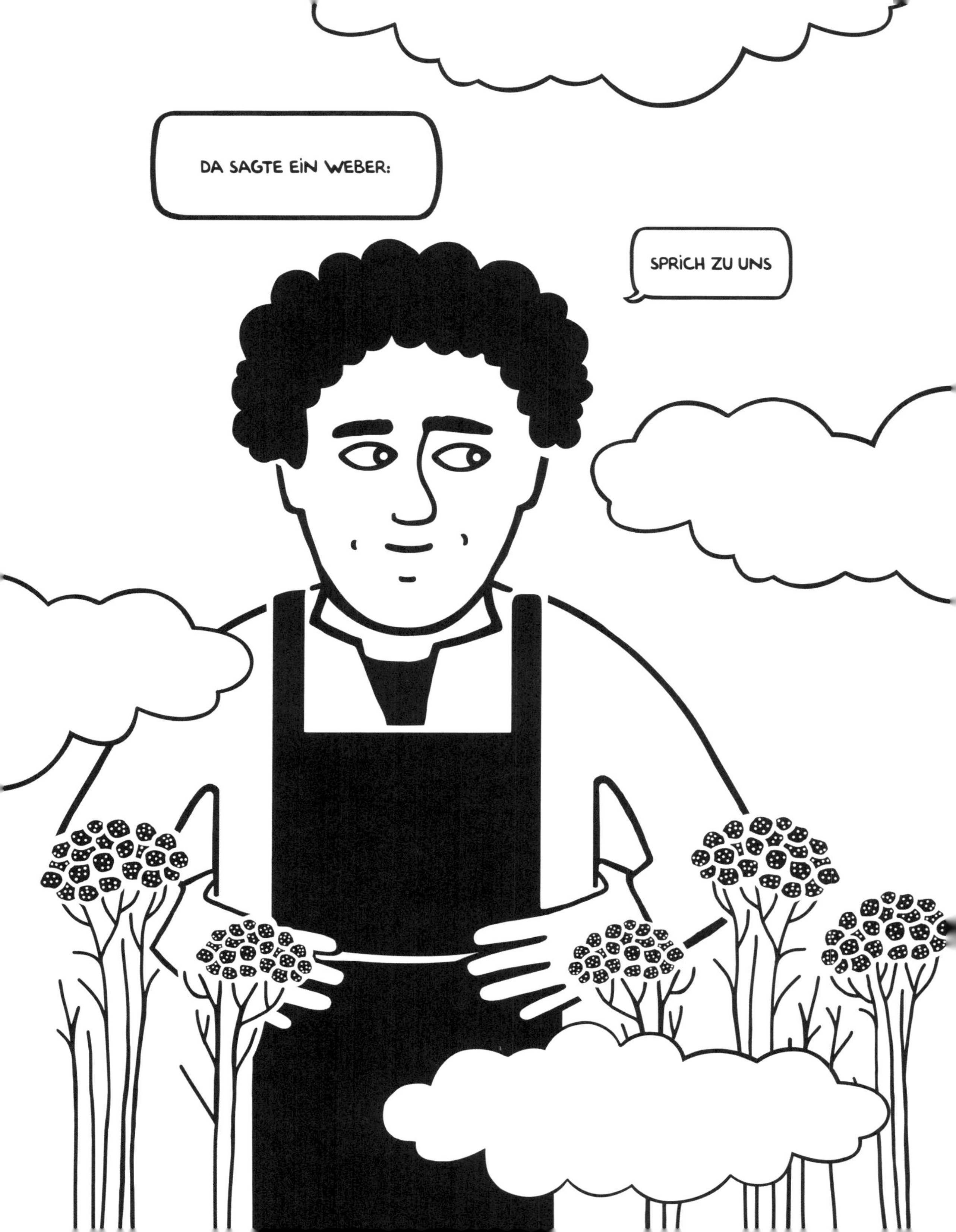
DA SAGTE EIN WEBER:
SPRICH ZU UNS

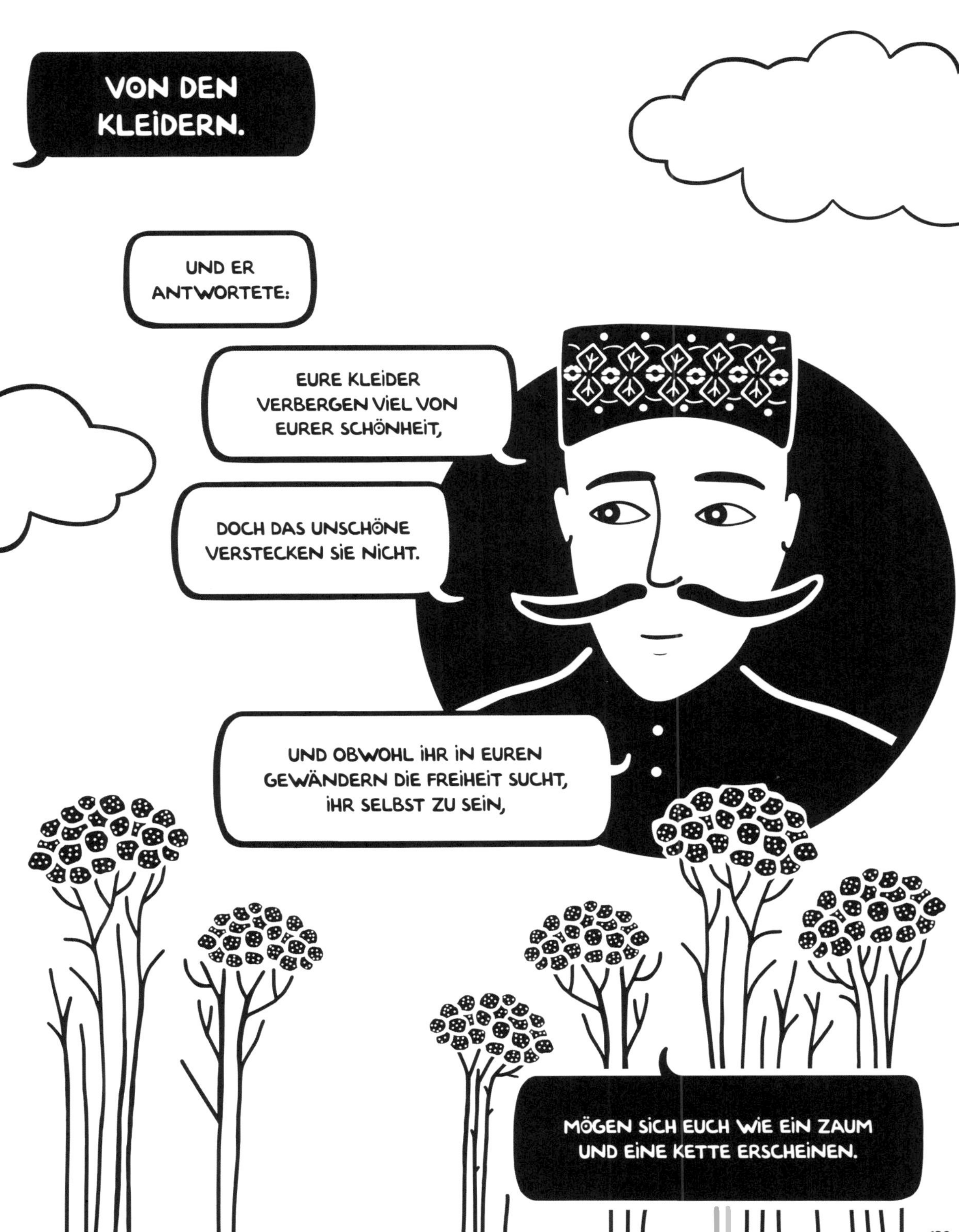
VON DEN KLEIDERN.
UND ER ANTWORTETE:
EURE KLEIDER VERBERGEN VIEL VON EURER SCHÖNHEIT,
DOCH DAS UNSCHÖNE VERSTECKEN SIE NICHT.
UND OBWOHL IHR IN EUREN GEWÄNDERN DIE FREIHEIT SUCHT, IHR SELBST ZU SEIN,
MÖGEN SICH EUCH WIE EIN ZAUM UND EINE KETTE ERSCHEINEN.

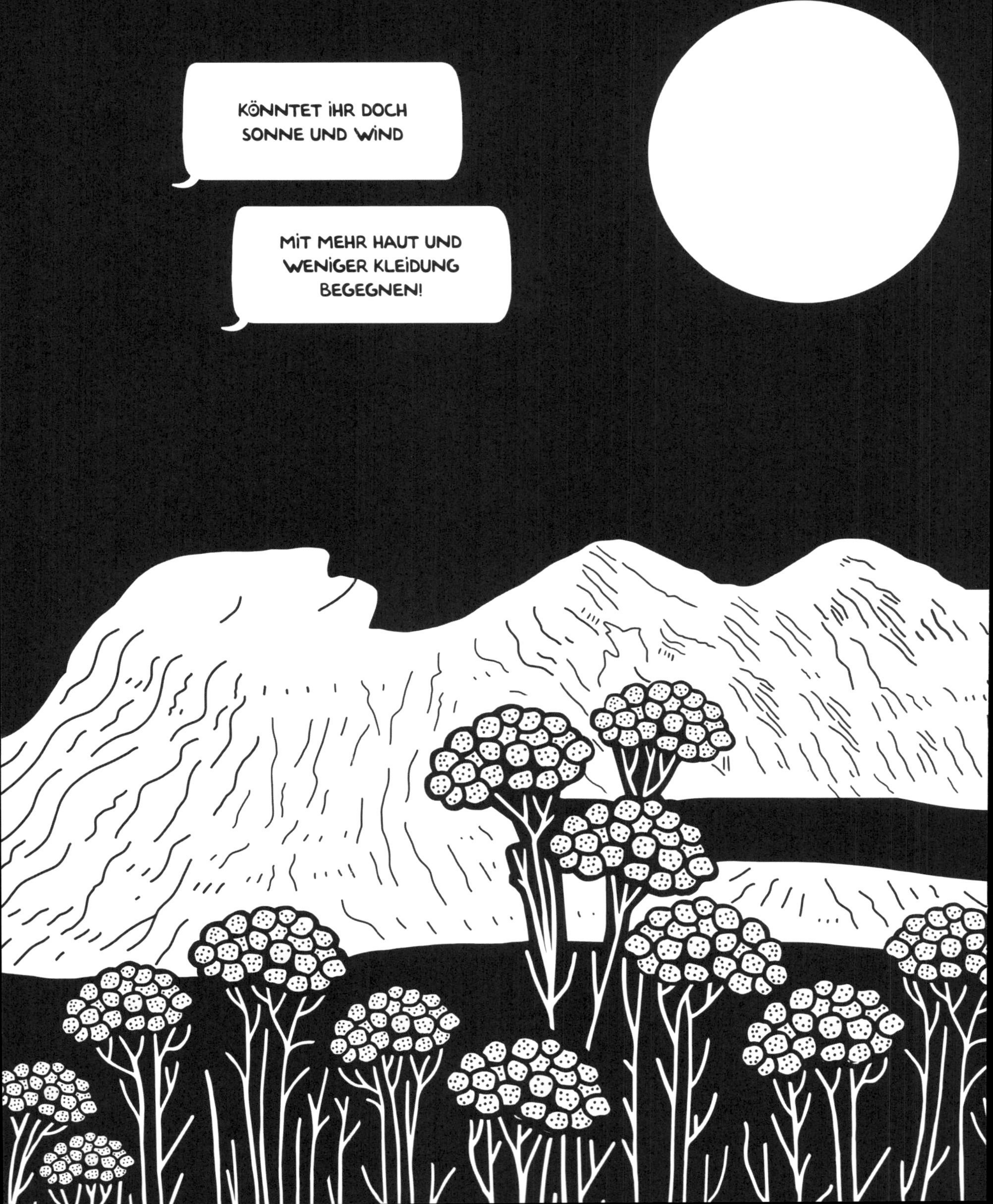
KÖNNTET IHR DOCH SONNE UND WIND
MIT MEHR HAUT UND WENIGER KLEIDUNG BEGEGNEN!

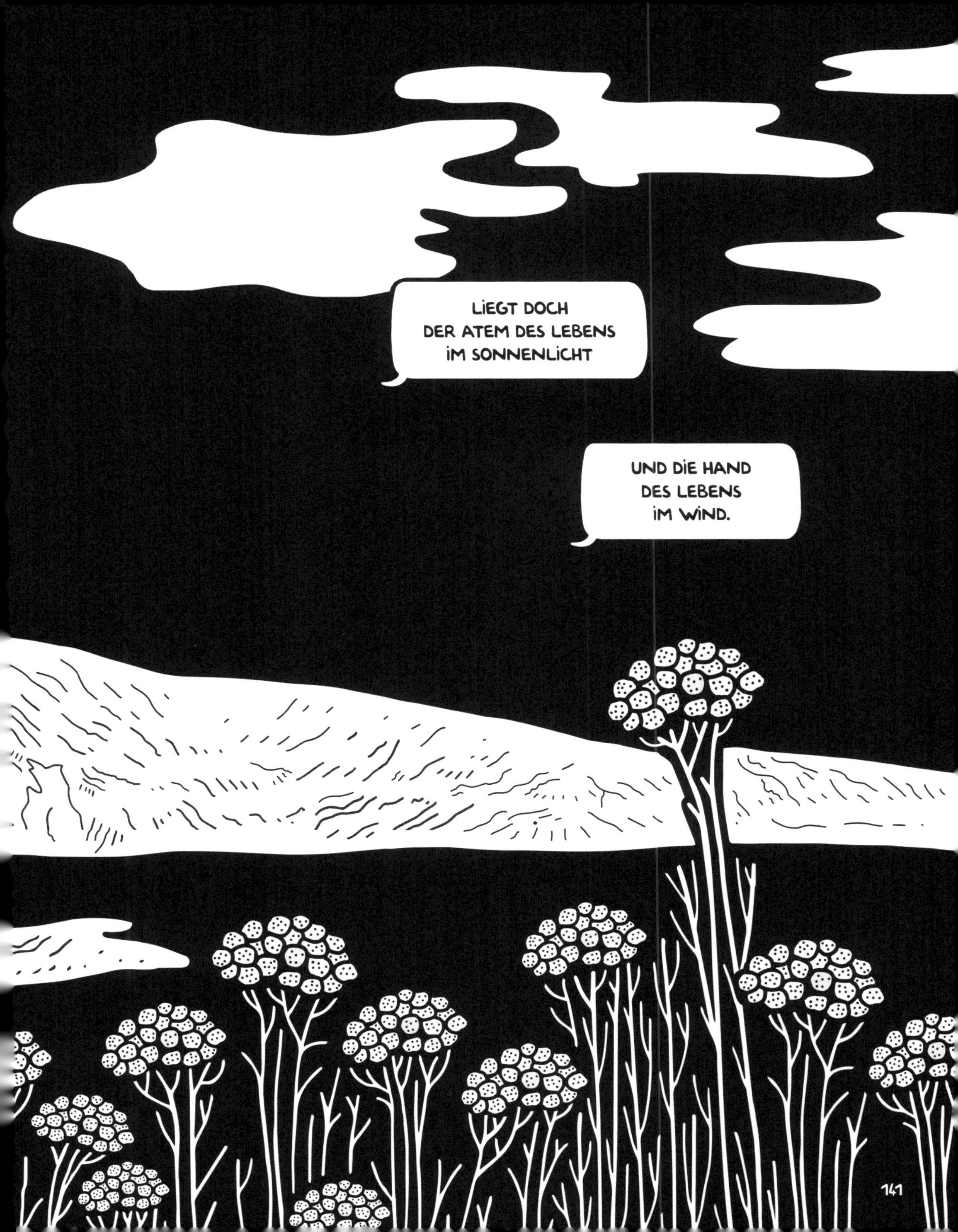
LIEGT DOCH
DER ATEM DES LEBENS
IM SONNENLICHT
UND DIE HAND
DES LEBENS
IM WIND.

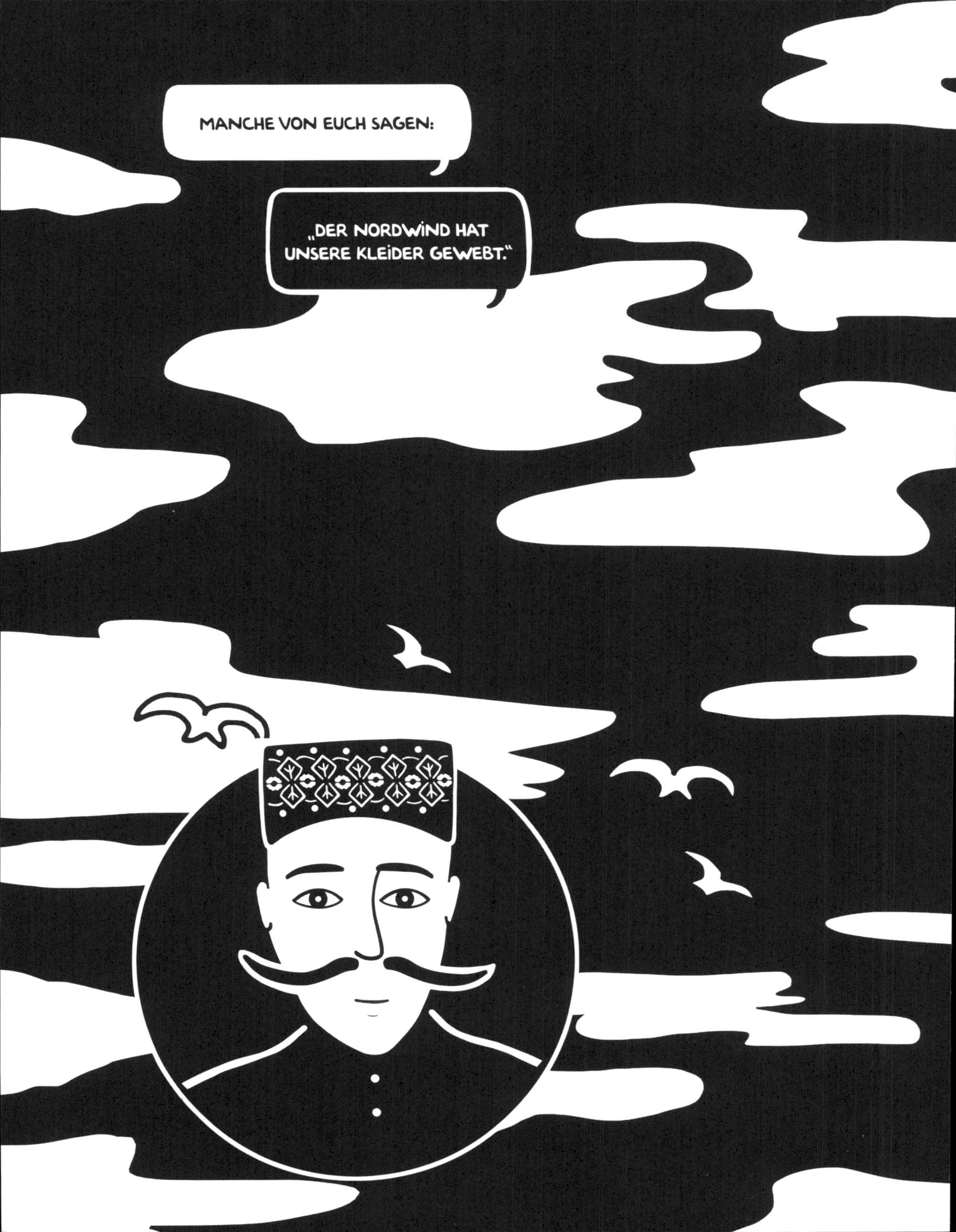
MANCHE VON EUCH SAGEN:
„DER NORDWIND HAT UNSERE KLEIDER GEWEBT.“

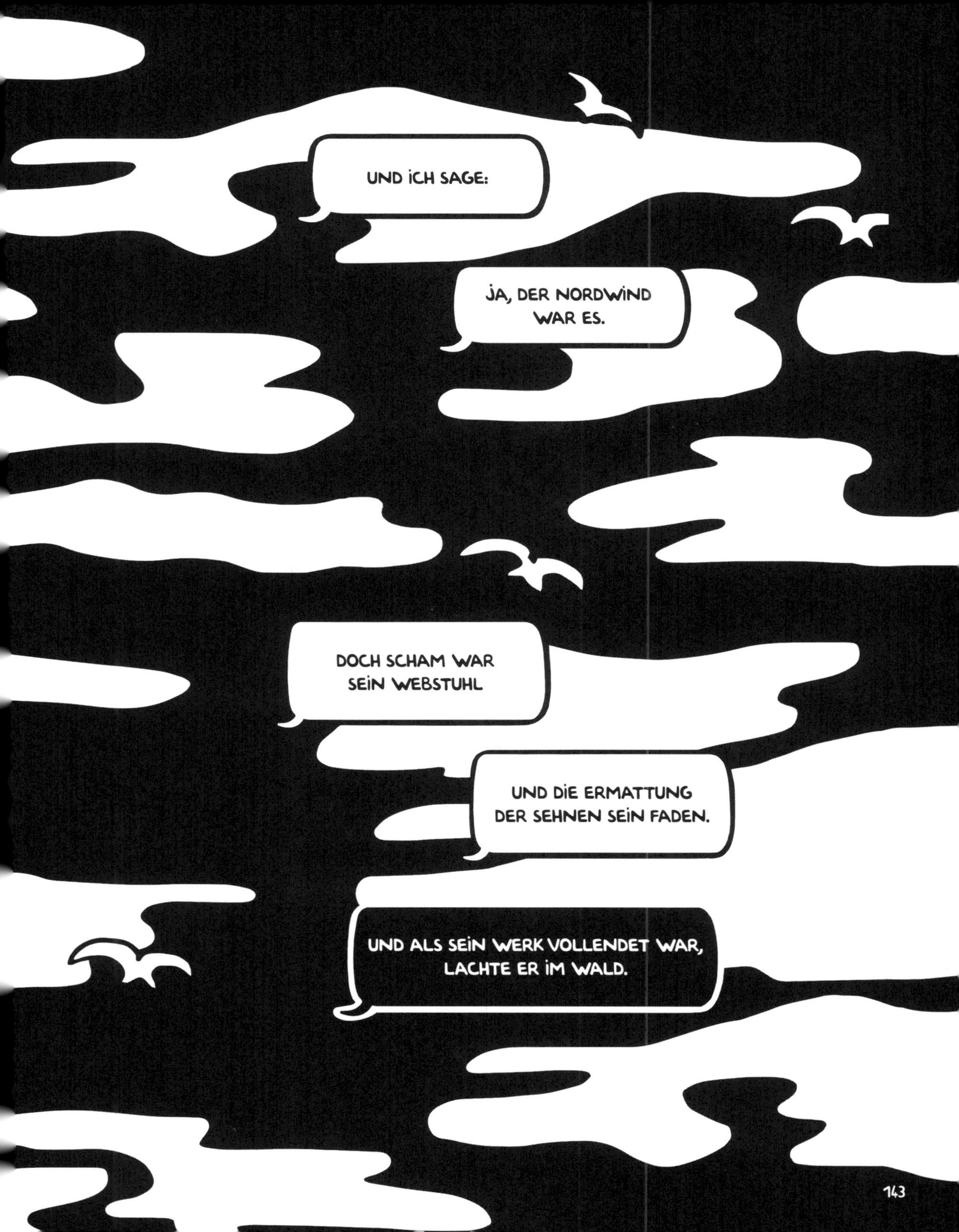
UND ICH SAGE:
JA, DER NORDWIND WAR ES.
DOCH SCHAM WAR SEIN WEBSTUHL
UND DIE ERMATTUNG DER SEHNEN SEIN FADEN.
UND ALS SEIN WERK VOLLENDET WAR, LACHTE ER IM WALD.

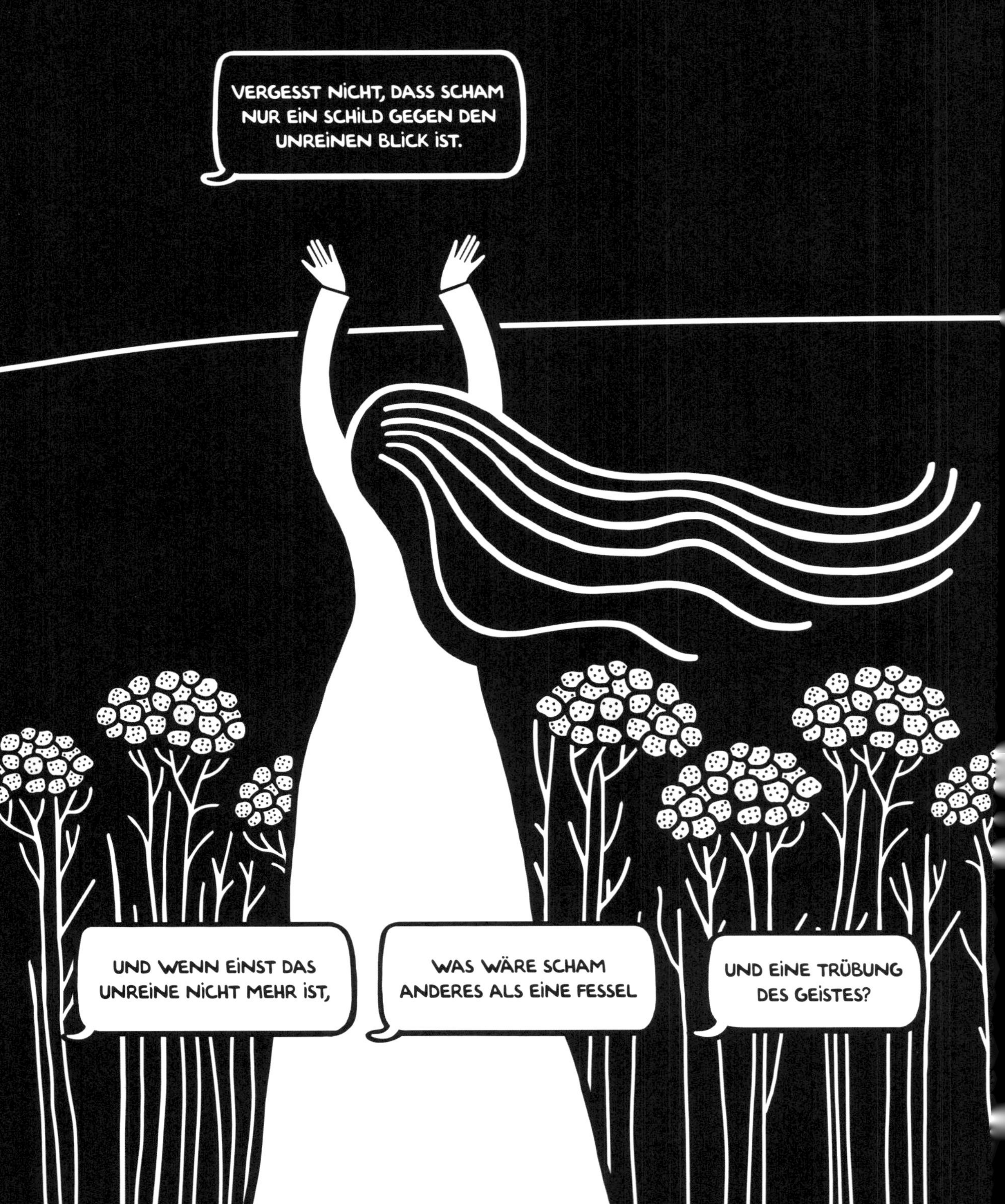
VERGESST NICHT, DASS SCHAM NUR EIN SCHILD GEGEN DEN UNREINEN BLICK IST.
UND WENN EINST DAS UNREINE NICHT MEHR IST,
WAS WÄRE SCHAM ANDERES ALS EINE FESSEL
UND EINE TRÜBUNG DES GEISTES?

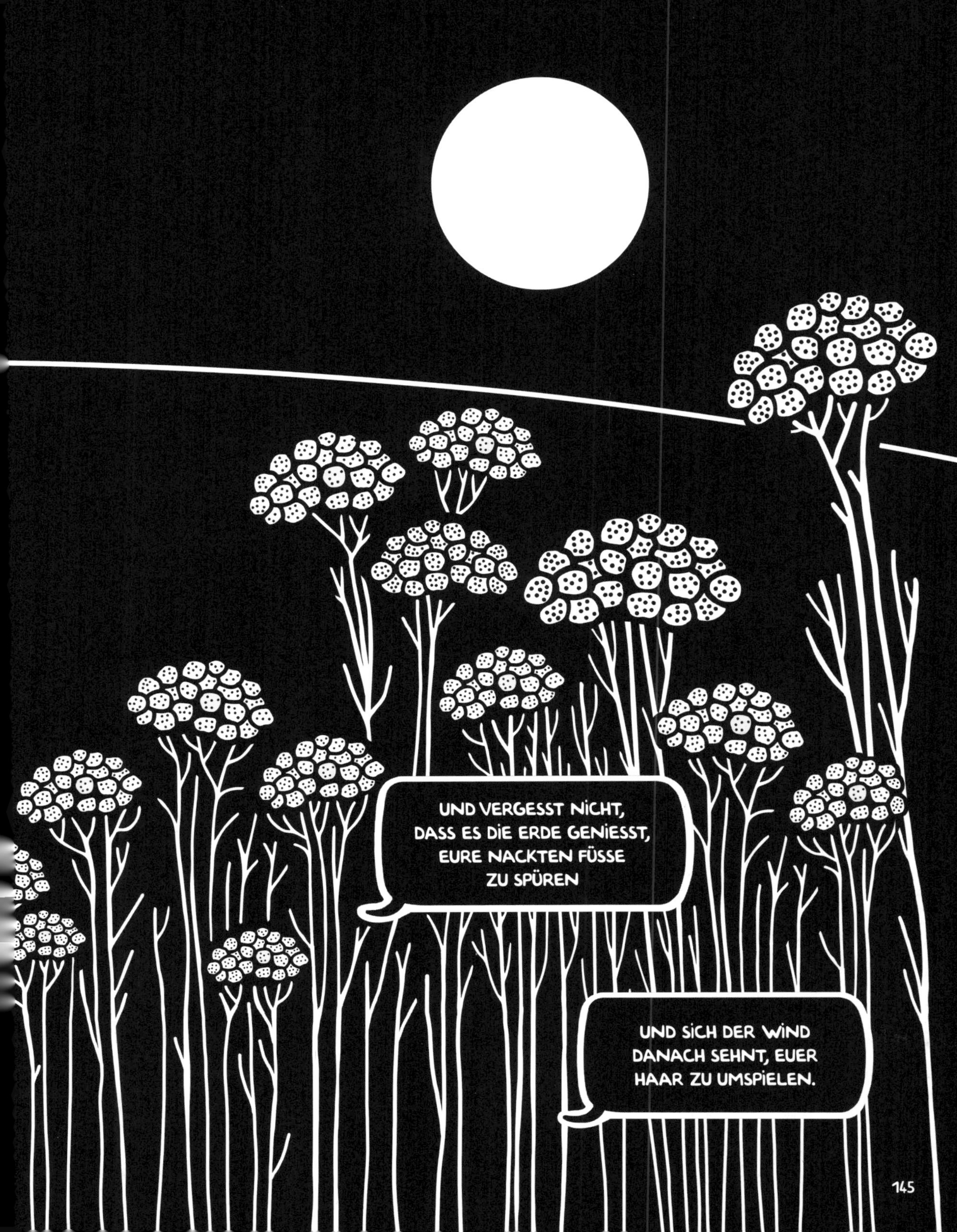
UND VERGESST NICHT, DASS ES DIE ERDE GENIESST, EURE NACKTEN FÜSSE ZU SPÜREN
UND SICH DER WIND DANACH SEHNT, EUER HAAR ZU UMSPIELEN.

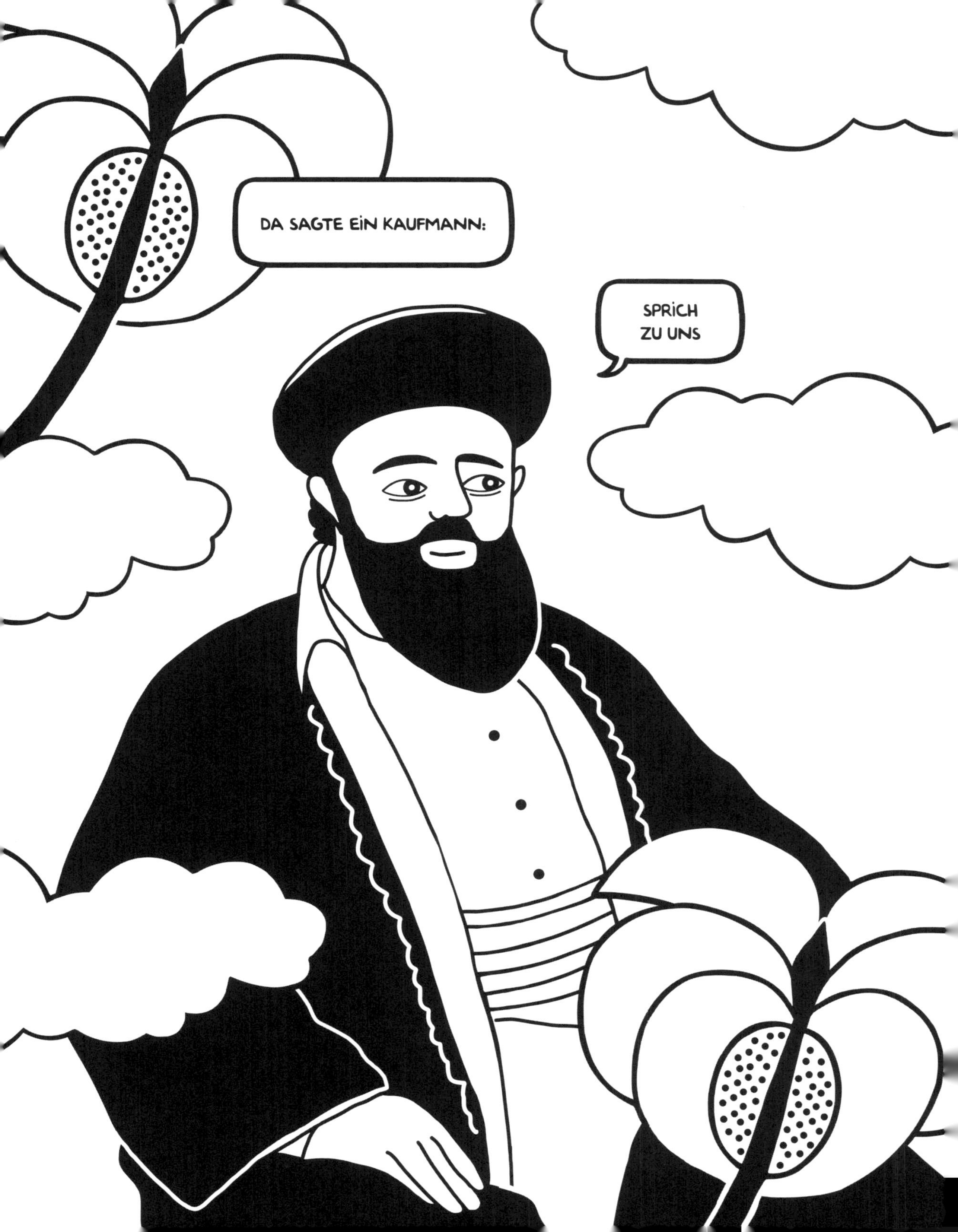
DA SAGTE EIN KAUFMANN:
SPRICH ZU UNS

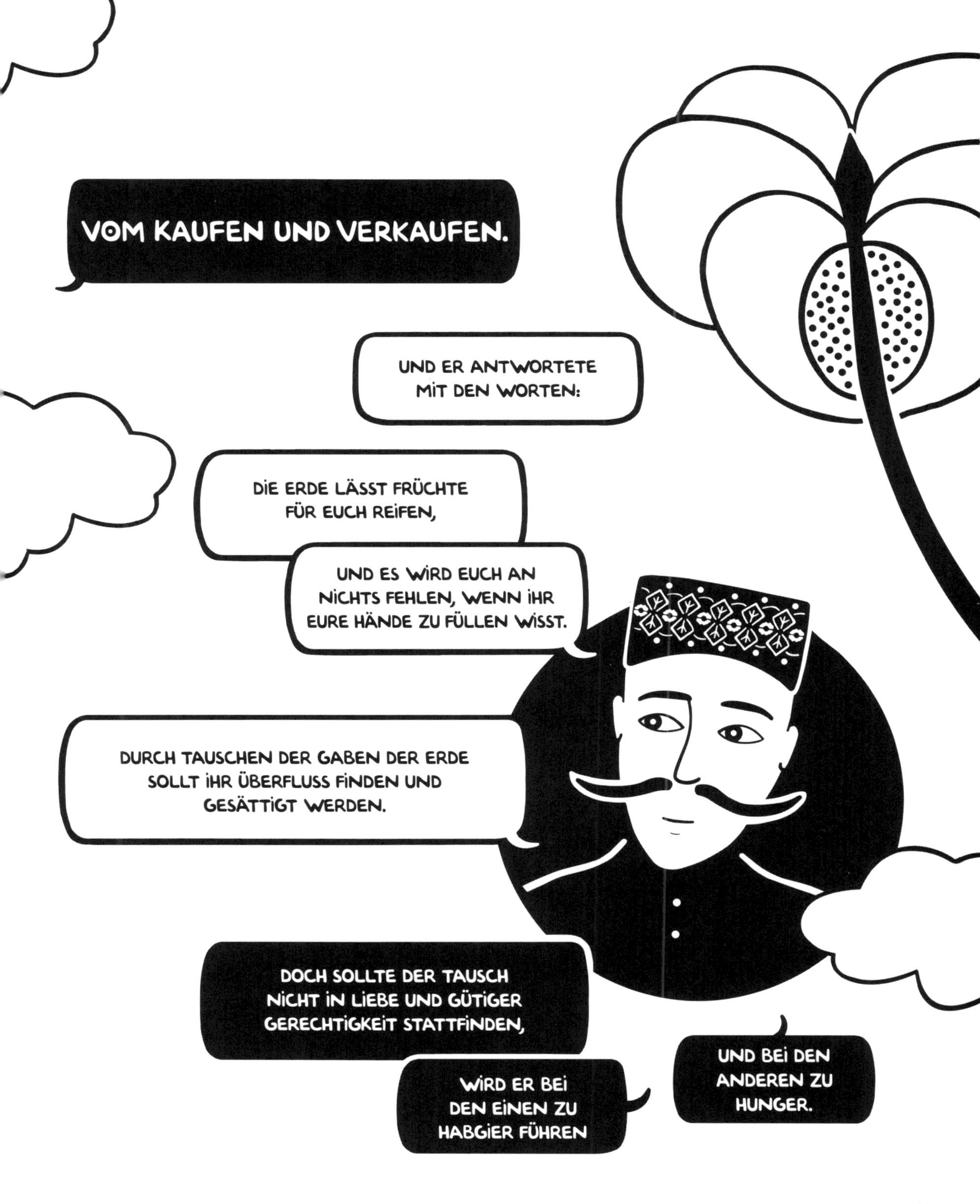
VOM KAUFEN UND VERKAUFEN.
UND ER ANTWORTETE MIT DEN WORTEN:
DIE ERDE LÄSST FRÜCHTE FÜR EUCH REIFEN,
UND ES WIRD EUCH AN NICHTS FEHLEN, WENN IHR EURE HÄNDE ZU FÜLLEN WISST.
DURCH TAUSCHEN DER GABEN DER ERDE SOLLT IHR ÜBERFLUSS FINDEN UND GESÄTTIGT WERDEN.
DOCH SOLLTE DER TAUSCH NICHT IN LIEBE UND GÜTIGER GERECHTIGKEIT STATTFINDEN,
WIRD ER BEI DEN EINEN ZU HABGIER FÜHREN
UND BEI DEN ANDEREN ZU HUNGER.

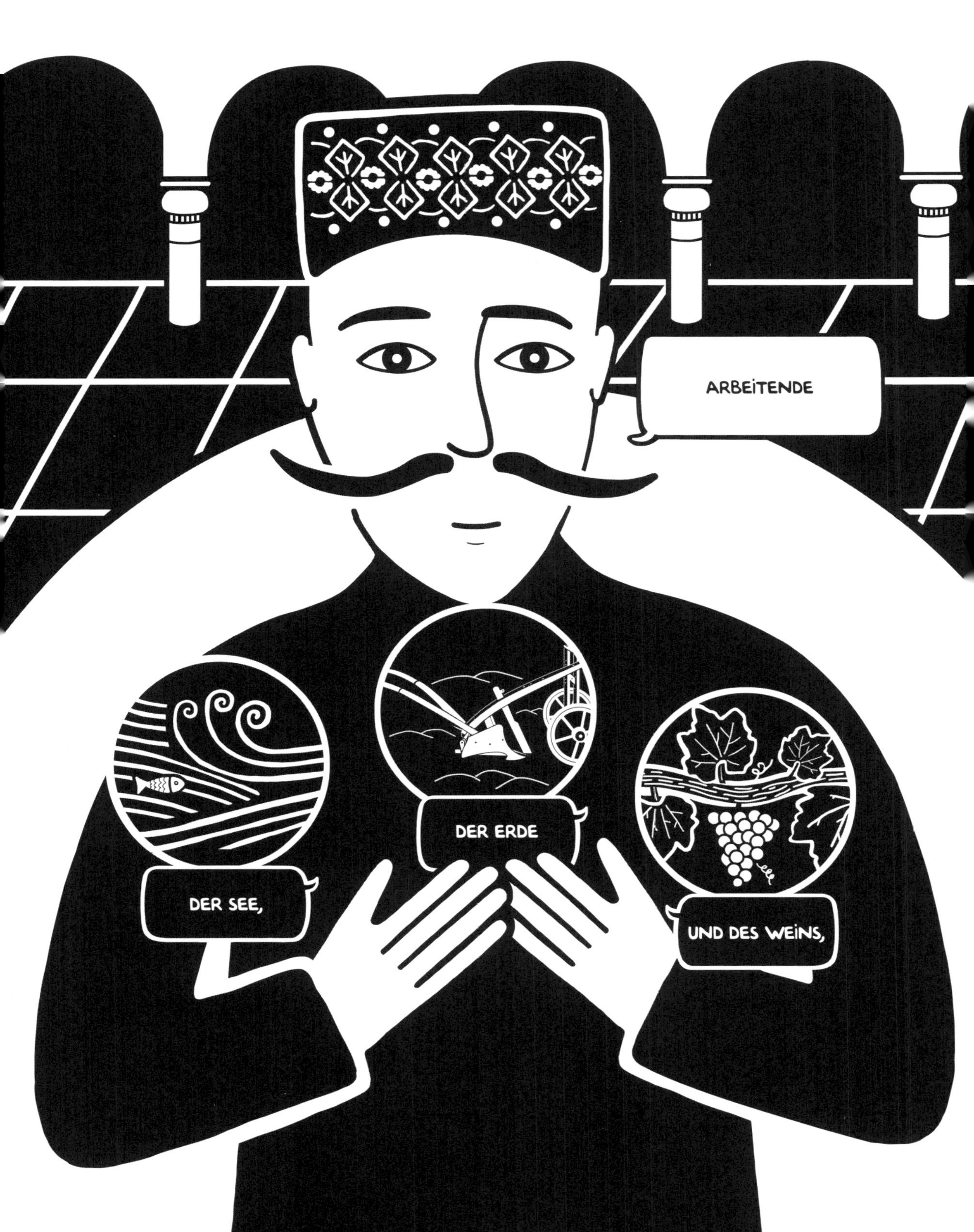
ARBEITENDE
DER SEE,
DER ERDE
UND DES WEINS,

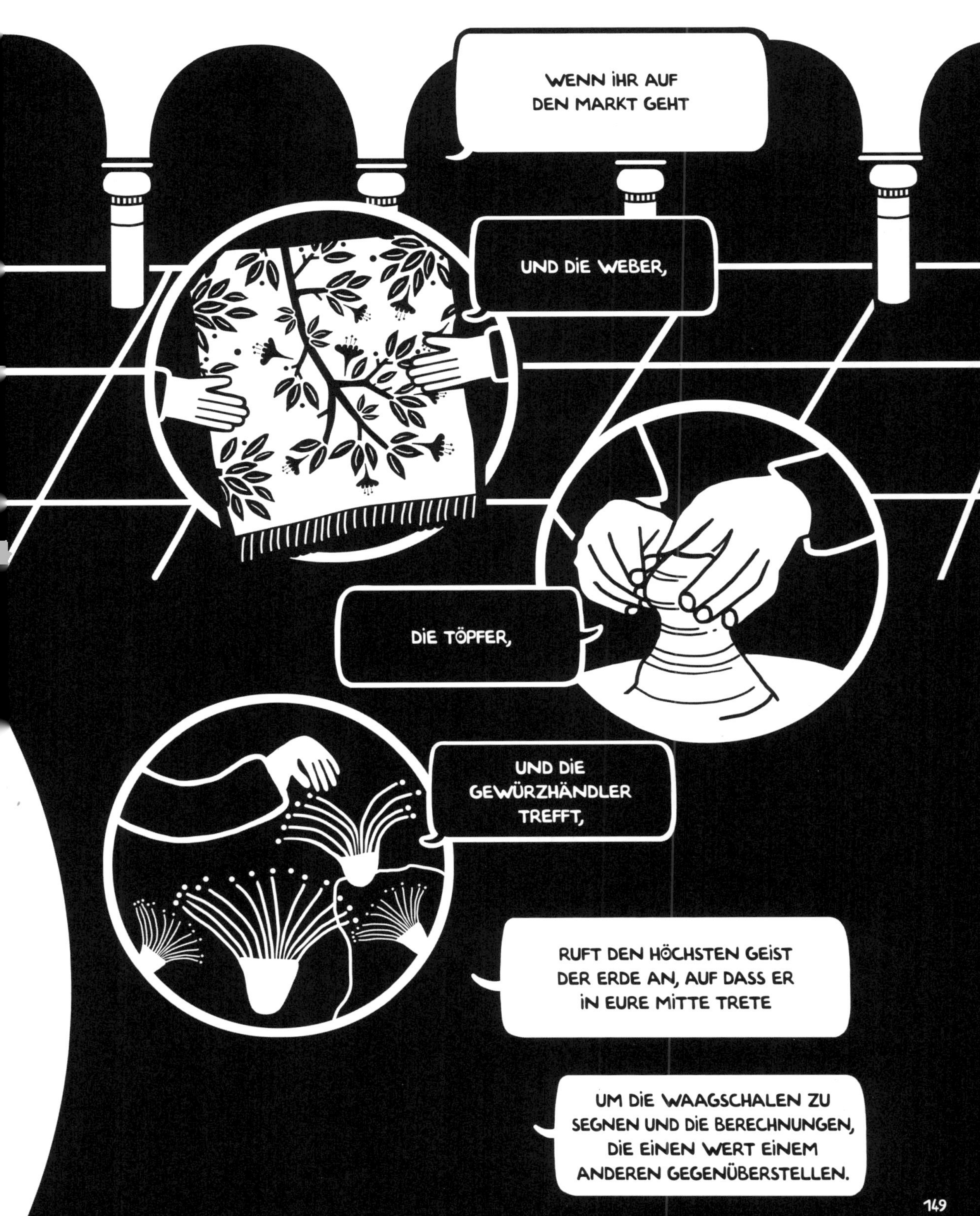
WENN IHR AUF DEN MARKT GEHT
UND DIE WEBER,
DIE TÖPFER,
UND DIE GEWÜRZHÄNDLER TREFFT,
RUFT DEN HÖCHSTEN GEIST DER ERDE AN, AUF DASS ER IN EURE MITTE TRETE
UM DIE WAAGSCHALEN ZU SEGNEN UND DIE BERECHNUNGEN, DIE EINEN WERT EINEM ANDEREN GEGENÜBERSTELLEN.

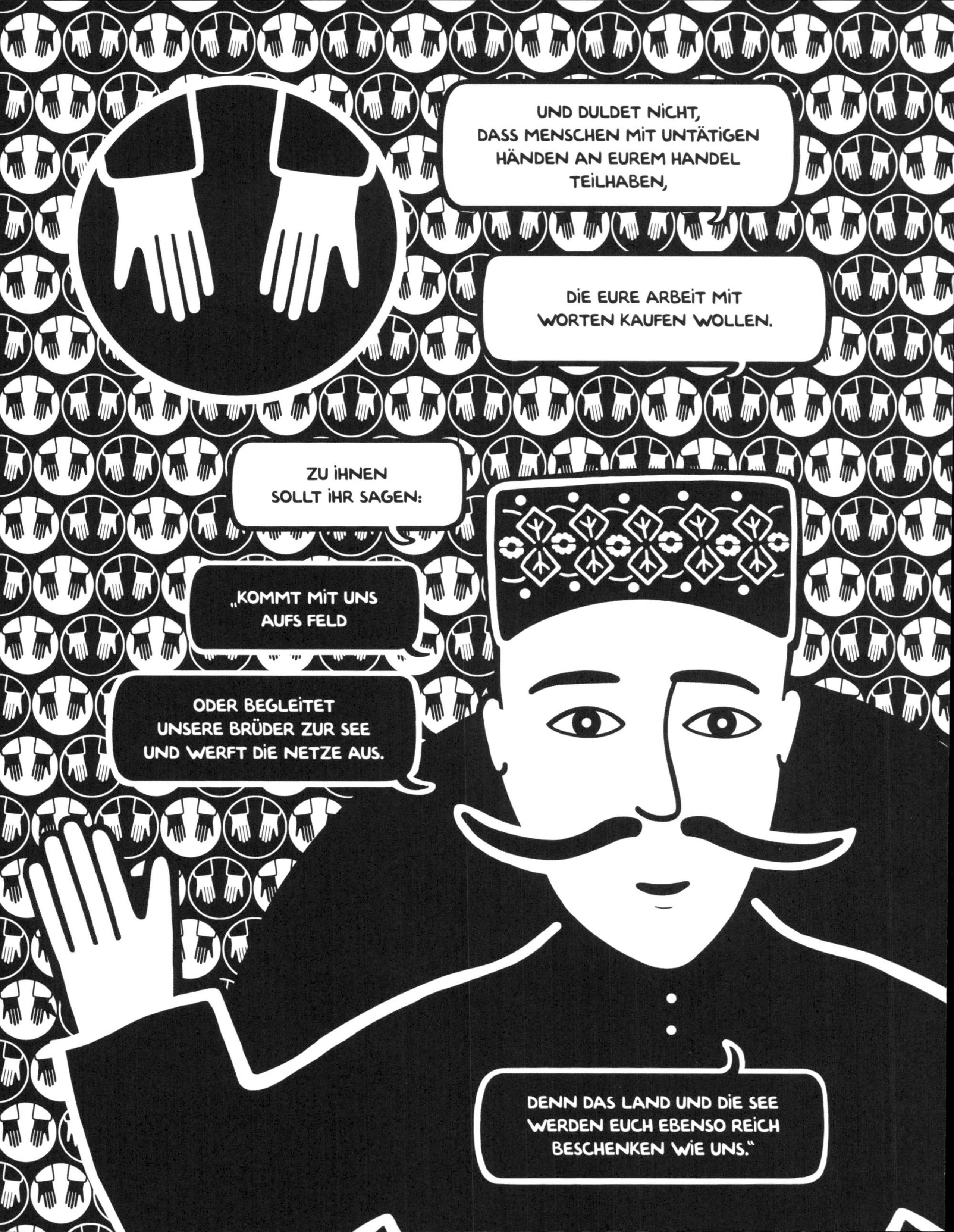
UND DULDET NICHT, DASS MENSCHEN MIT UNTÄTIGEN HÄNDEN AN EUREM HANDEL TEILHABEN,
DIE EURE ARBEIT MIT WORTEN KAUFEN WOLLEN.
ZU IHNEN SOLLT IHR SAGEN:
„KOMMT MIT UNS AUFS FELD
ODER BEGLEITET UNSERE BRÜDER ZUR SEE UND WERFT DIE NETZE AUS.
DENN DAS LAND UND DIE SEE WERDEN EUCH EBENSO REICH BESCHENKEN WIE UNS.“

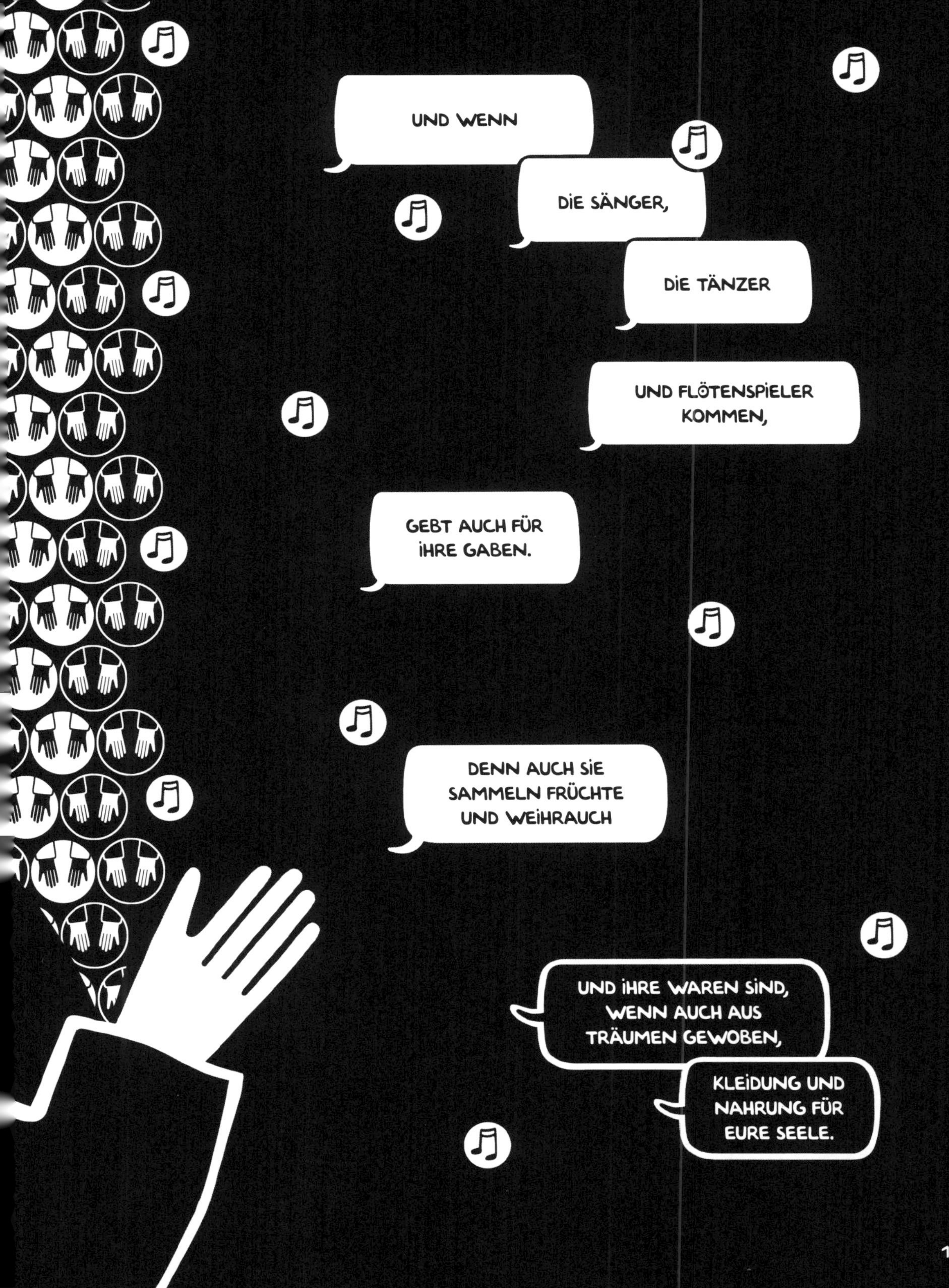
UND WENN
DIE SÄNGER,
DIE TÄNZER
UND FLÖTENSPIELER KOMMEN,
GEBT AUCH FÜR IHRE GABEN.
DENN AUCH SIE SAMMELN FRÜCHTE UND WEIHRAUCH
UND IHRE WAREN SIND, WENN AUCH AUS TRÄUMEN GEWOBEN,
KLEIDUNG UND NAHRUNG FÜR EURE SEELE.

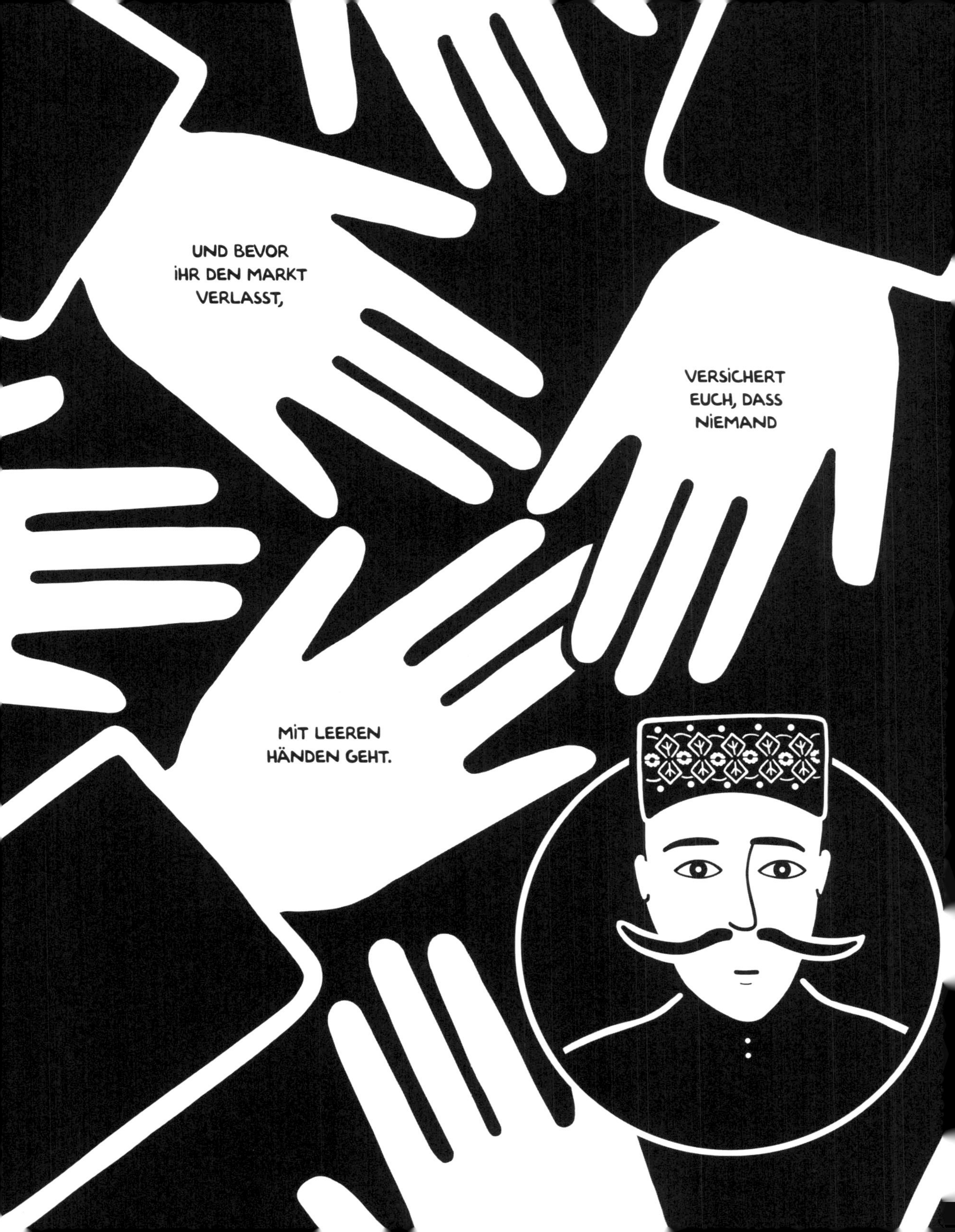
UND BEVOR
IHR DEN MARKT
VERLASST,
VERSICHERT
EUCH, DASS
NIEMAND
MIT LEEREN
HÄNDEN GEHT.

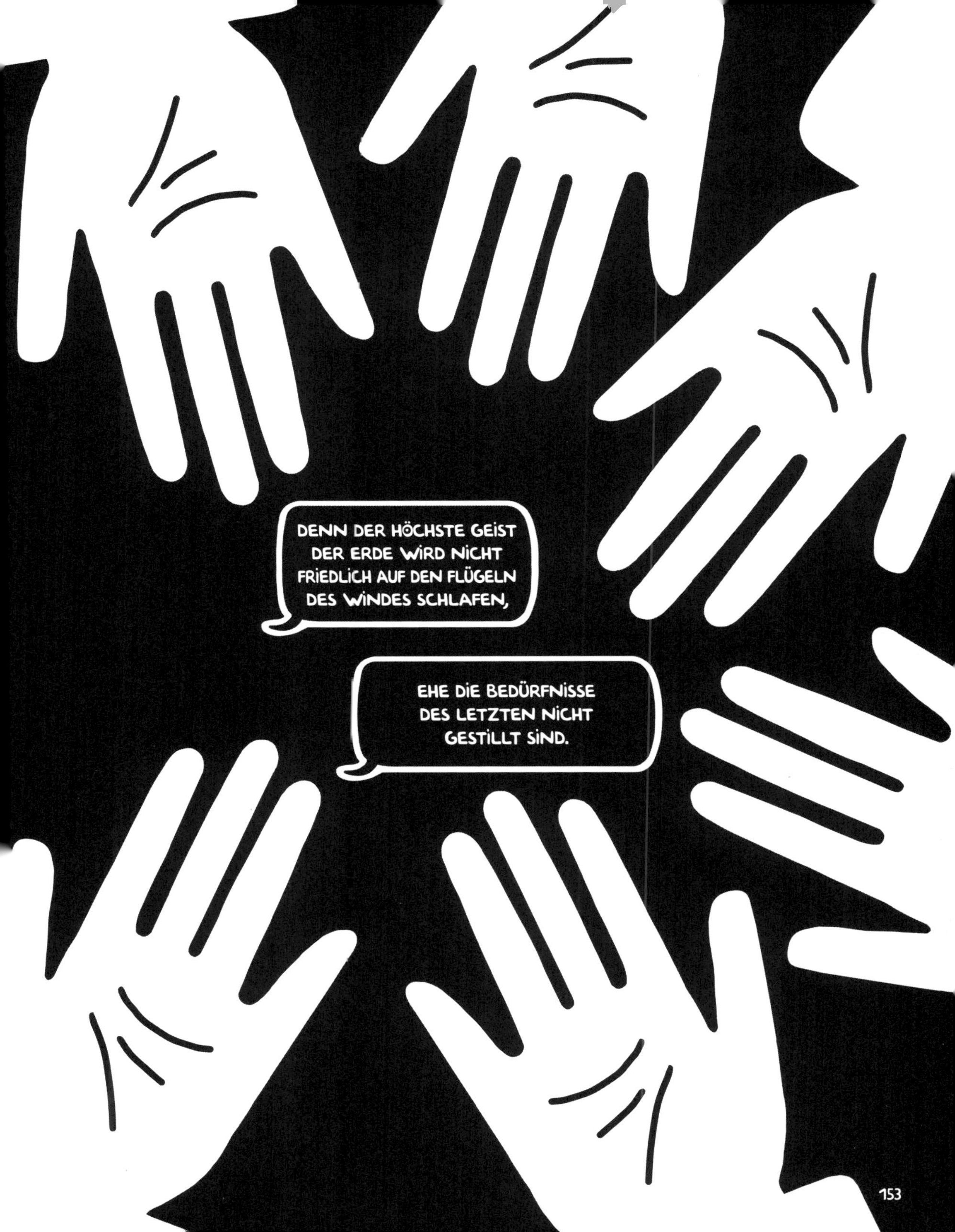
DENN DER HÖCHSTE GEIST DER ERDE WIRD NICHT FRIEDLICH AUF DEN FLÜGELN DES WINDES SCHLAFEN,
EHE DIE BEDÜRFNISSE DES LETZTEN NICHT GESTILLT SIND.

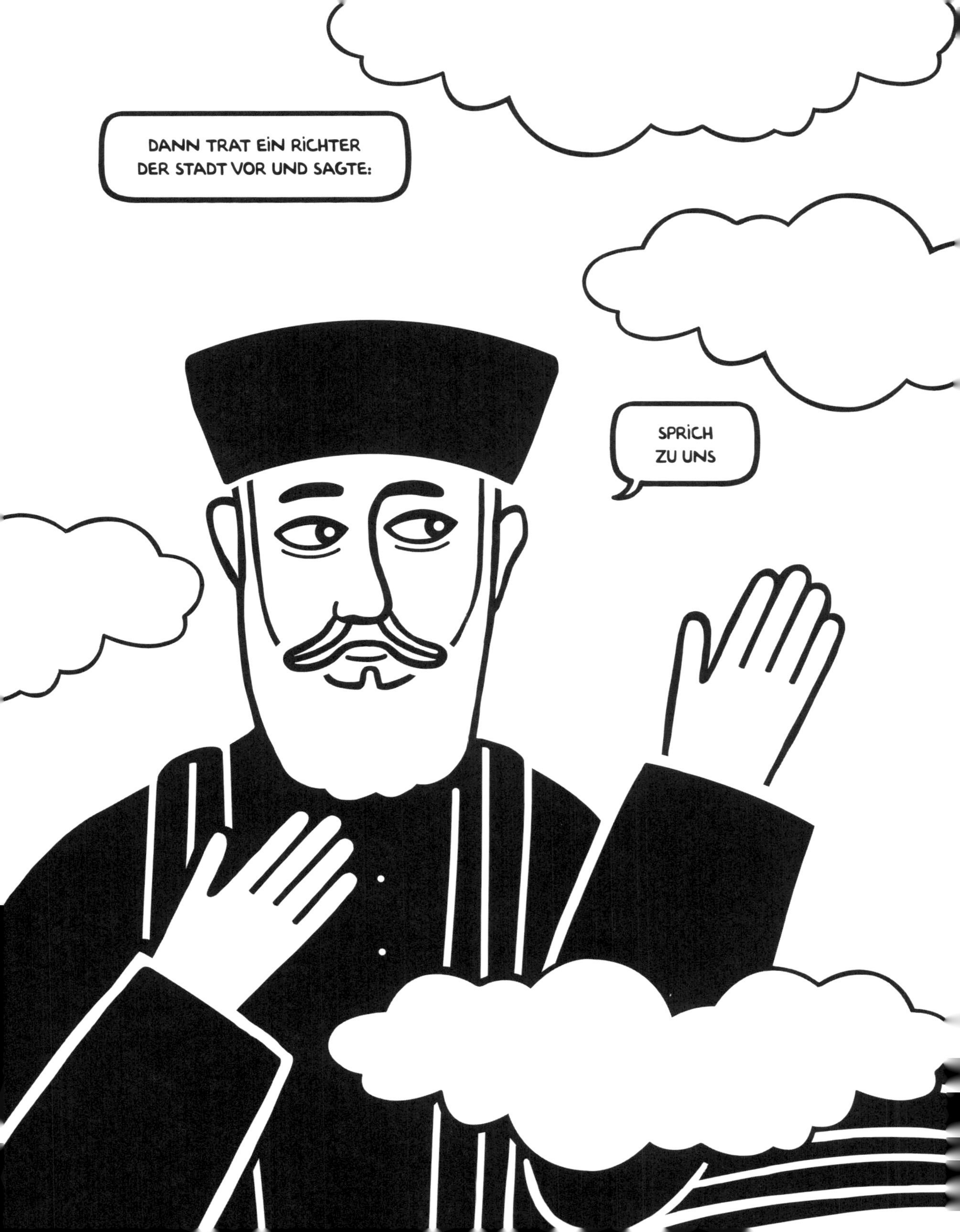
DANN TRAT EIN RICHTER DER STADT VOR UND SAGTE:
SPRICH ZU UNS

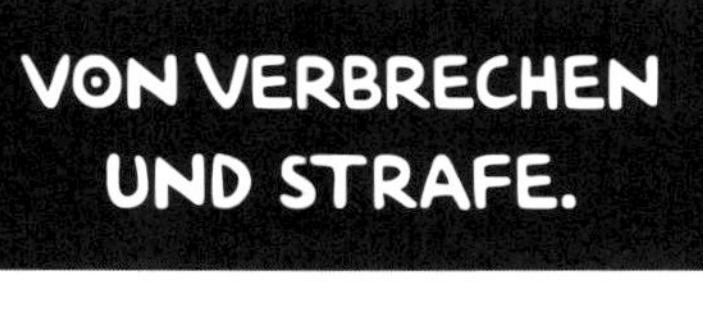
VON VERBRECHEN
UND STRAFE.

UND ER ANTWORTETE:
WENN EUER GEIST HINAUF
IN DEN WIND WANDERT,
BEGEHT IHR,
ALLEIN UND UNBEWACHT,
EIN UNRECHT GEGEN ANDERE
UND DAMIT GEGEN
EUCH SELBST.
UND OB DIESES BEGANGENEN UNRECHTS
MÜSST IHR AM TOR DER GESEGNETEN KLOPFEN
UND EINE WEILE UNBEACHTET WARTEN.

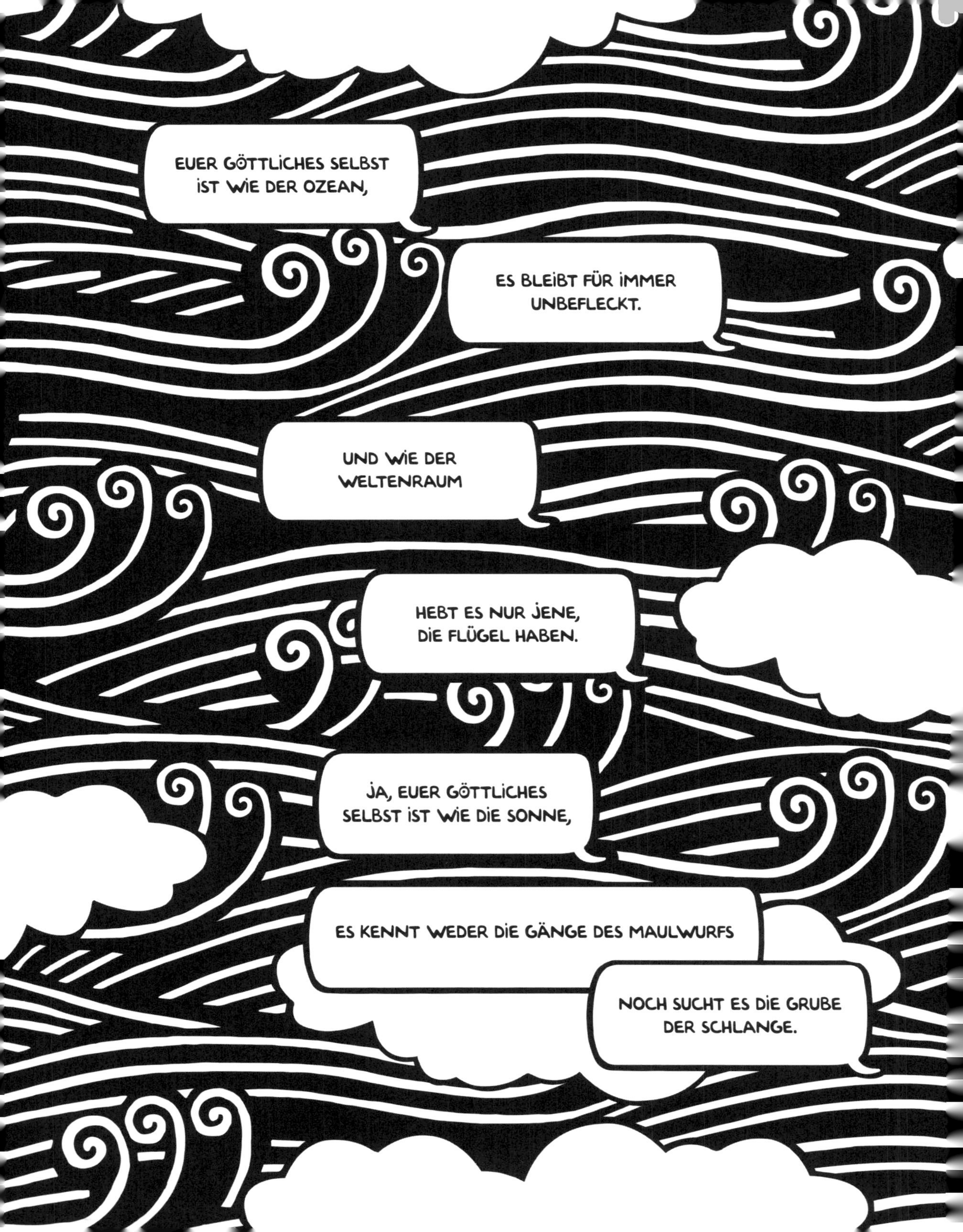
EUER GÖTTLICHES SELBST IST WIE DER OZEAN,
ES BLEIBT FÜR IMMER UNBEFLECKT.
UND WIE DER WELTENRAUM
HEBT ES NUR JENE, DIE FLÜGEL HABEN.
JA, EUER GÖTTLICHES SELBST IST WIE DIE SONNE,
ES KENNT WEDER DIE GÄNGE DES MAULWURFS
NOCH SUCHT ES DIE GRUBE DER SCHLANGE.

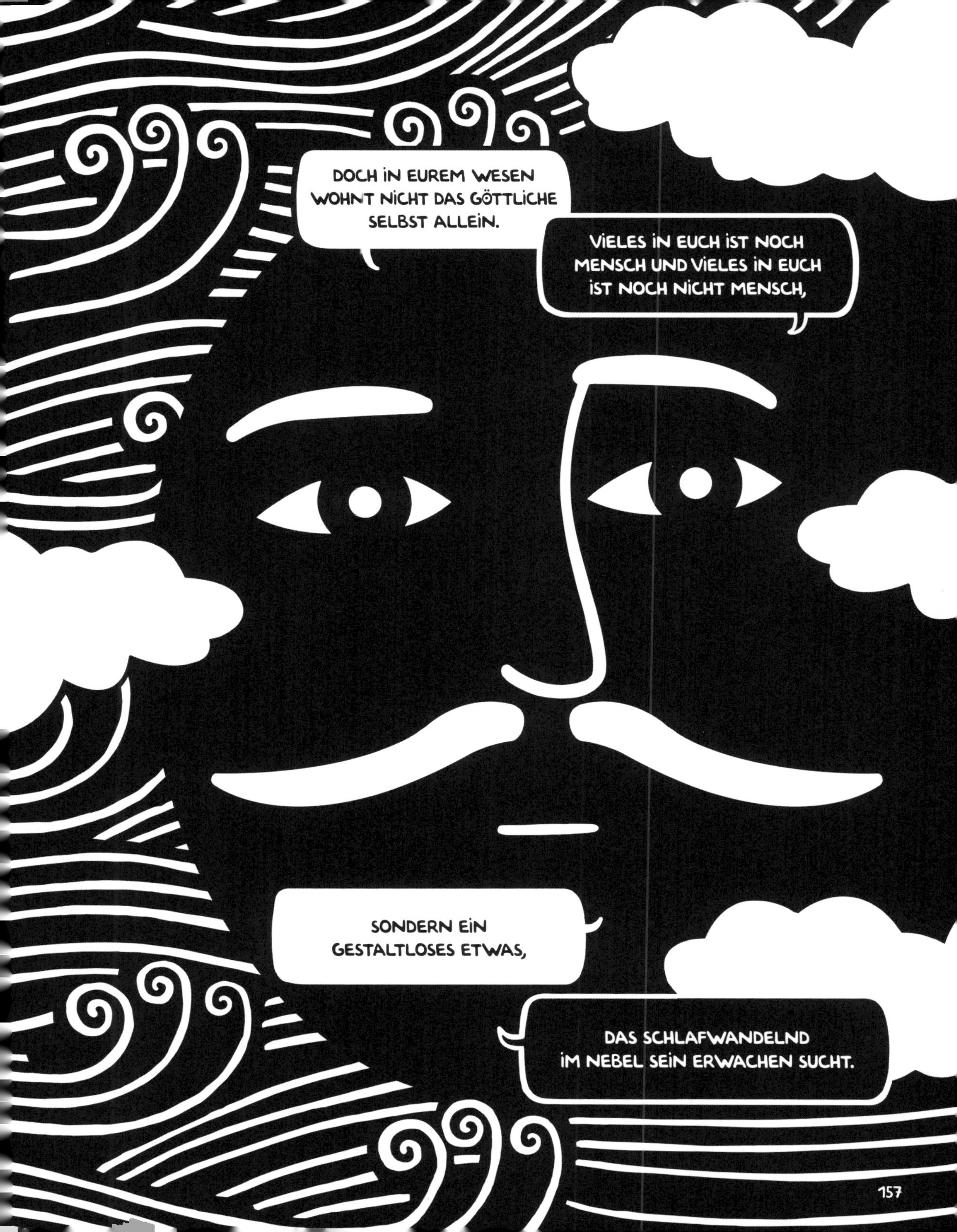
DOCH IN EUREM WESEN WOHNT NICHT DAS GÖTTLICHE SELBST ALLEIN.
VIELES IN EUCH IST NOCH MENSCH UND VIELES IN EUCH IST NOCH NICHT MENSCH,
SONDERN EIN GESTALTLOSES ETWAS,
DAS SCHLAFWANDELND IM NEBEL SEIN ERWACHEN SUCHT.

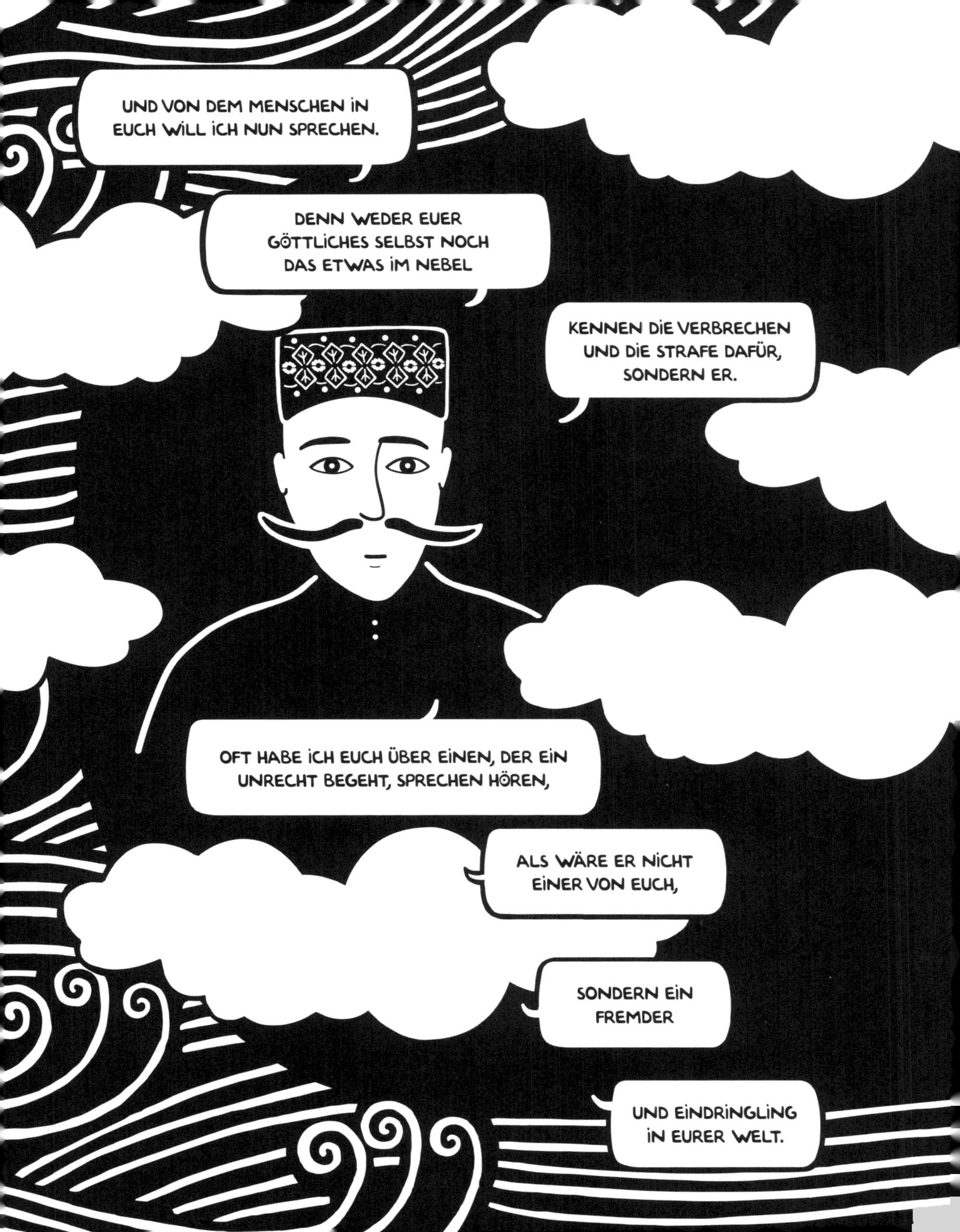
UND VON DEM MENSCHEN IN EUCH WILL ICH NUN SPRECHEN.
DENN WEDER EUER GÖTTLICHES SELBST NOCH DAS ETWAS IM NEBEL
KENNEN DIE VERBRECHEN UND DIE STRAFE DAFÜR, SONDERN ER.
OFT HABE ICH EUCH ÜBER EINEN, DER EIN UNRECHT BEGEHT, SPRECHEN HÖREN,
ALS WÄRE ER NICHT EINER VON EUCH,
SONDERN EIN FREMDER
UND EINDRINGLING IN EURER WELT.

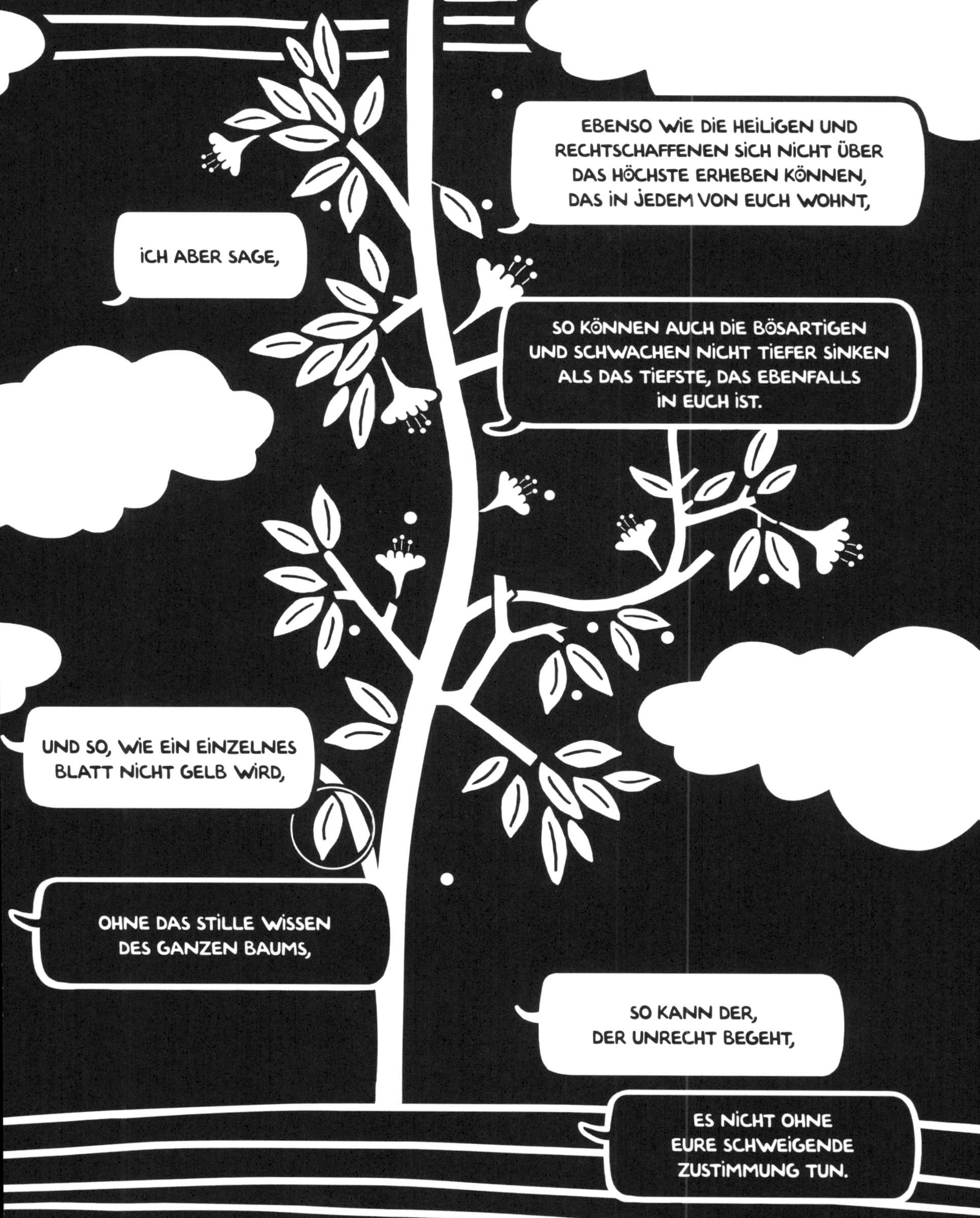
ICH ABER SAGE,
EBENSO WIE DIE HEILIGEN UND RECHTSCHAFFENEN SICH NICHT ÜBER DAS HÖCHSTE ERHEBEN KÖNNEN, DAS IN JEDEM VON EUCH WOHNT,
SO KÖNNEN AUCH DIE BÖSARTIGEN UND SCHWACHEN NICHT TIEFER SINKEN ALS DAS TIEFSTE, DAS EBENFALLS IN EUCH IST.
UND SO, WIE EIN EINZELNES BLATT NICHT GELB WIRD,
OHNE DAS STILLE WISSEN DES GANZEN BAUMS,
SO KANN DER, DER UNRECHT BEGEHT,
ES NICHT OHNE EURE SCHWEIGENDE ZUSTIMMUNG TUN.

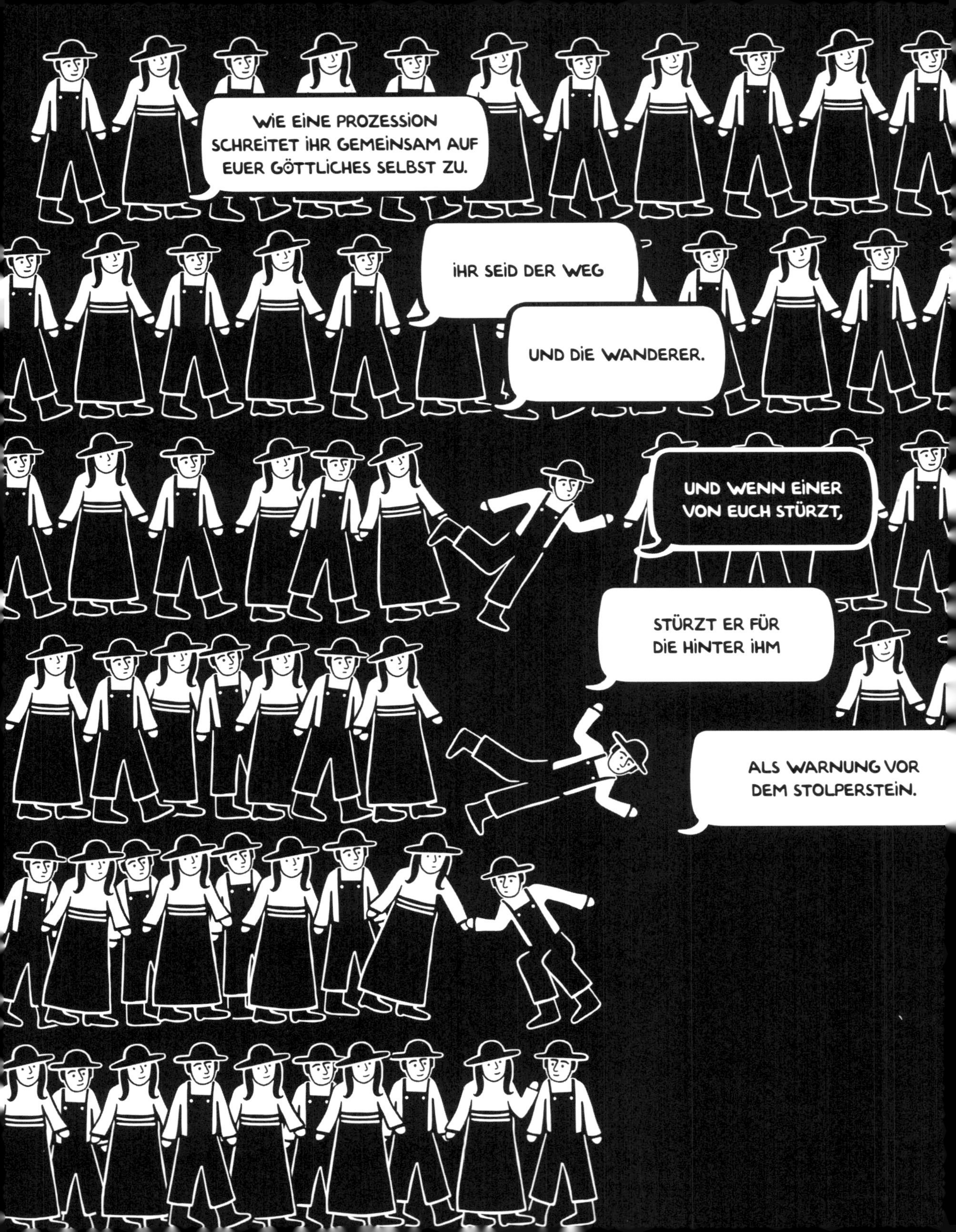
WIE EINE PROZESSION SCHREITET IHR GEMEINSAM AUF EUER GÖTTLICHES SELBST ZU.
IHR SEID DER WEG
UND DIE WANDERER.
UND WENN EINER VON EUCH STÜRZT,
STÜRZT ER FÜR DIE HINTER IHM
ALS WARNUNG VOR DEM STOLPERSTEIN.

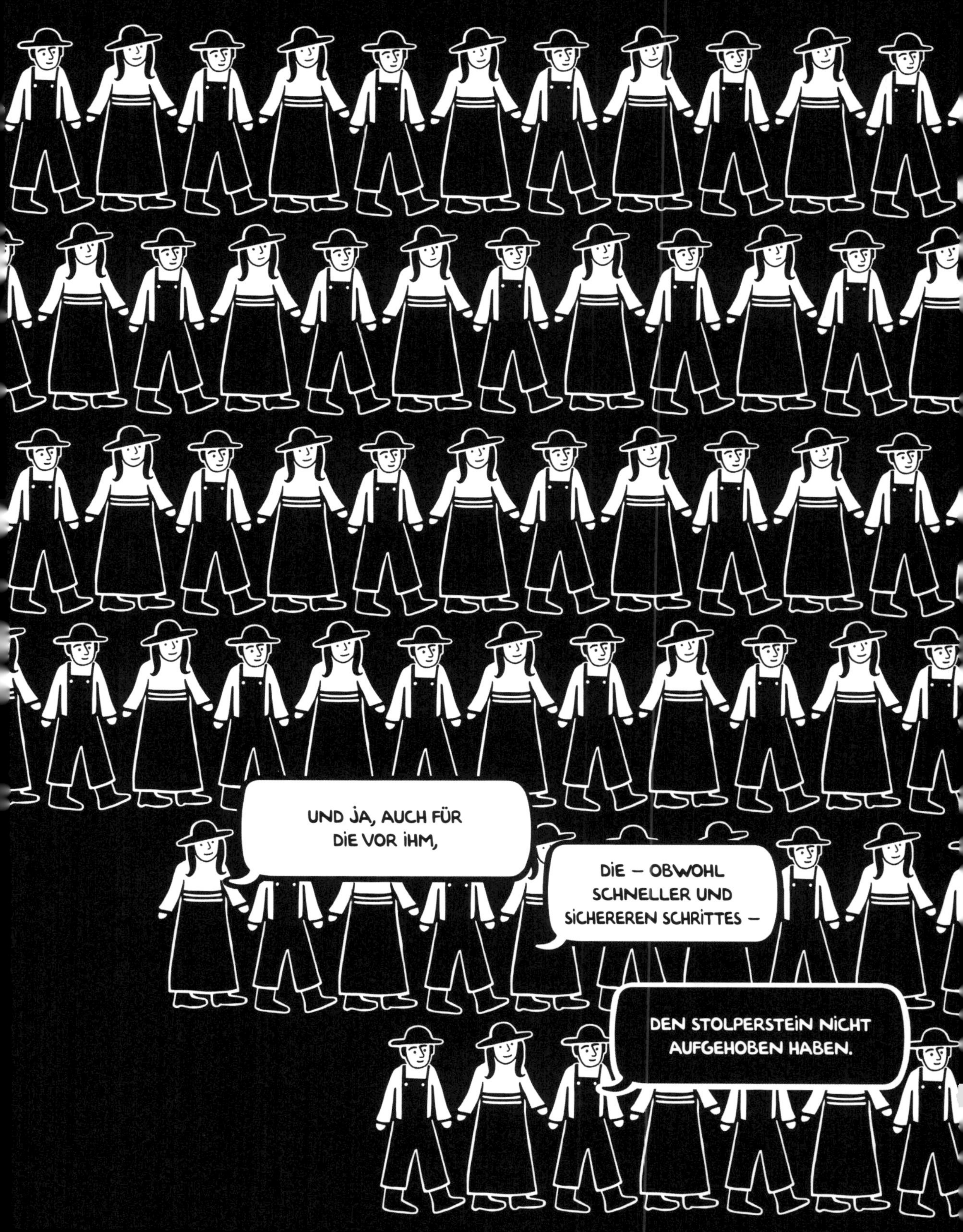
UND JA, AUCH FÜR DIE VOR IHM,
DIE – OBWOHL SCHNELLER UND SICHEREREN SCHRITTES –
DEN STOLPERSTEIN NICHT AUFGEHOBEN HABEN.

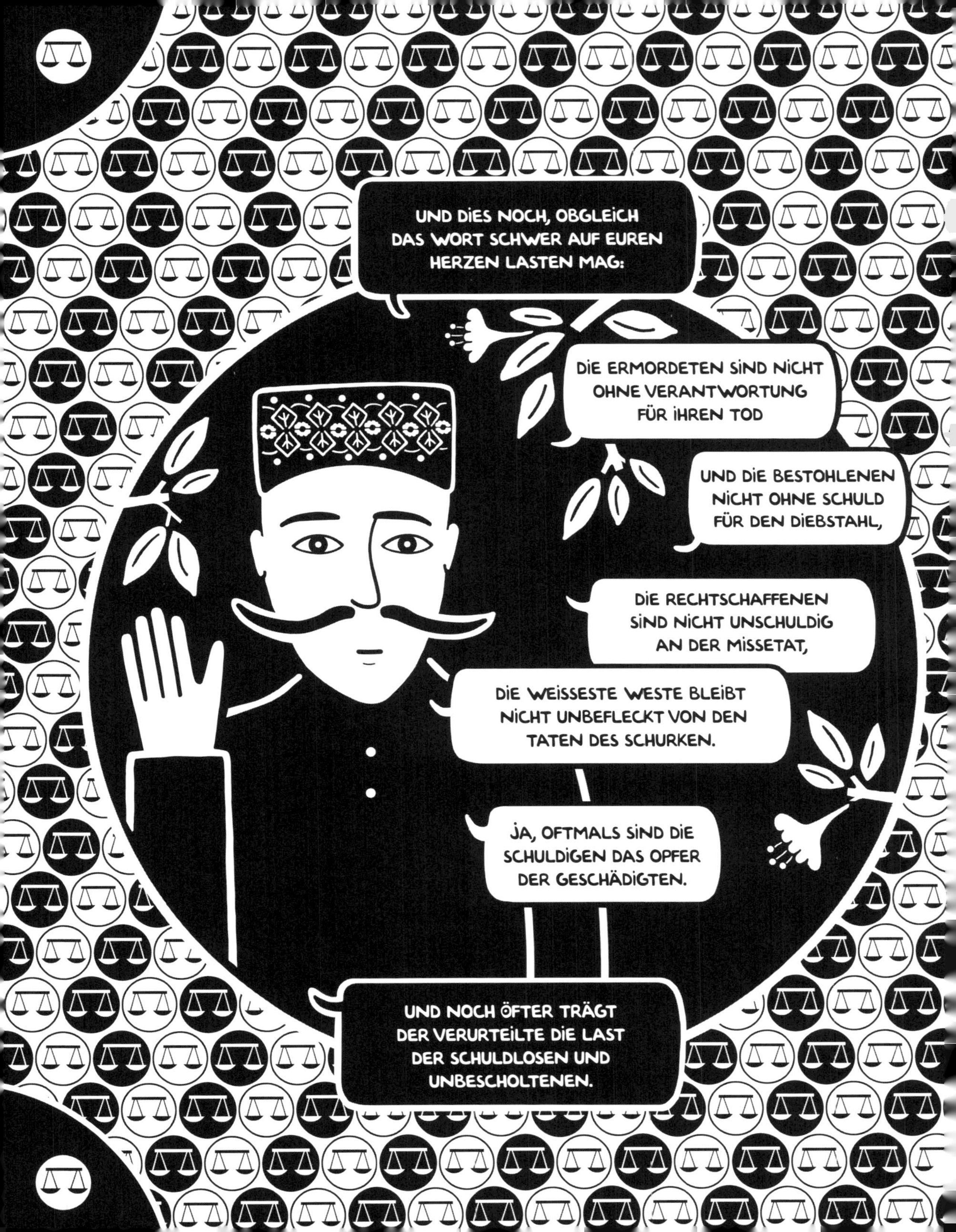
UND DIES NOCH, OBGLEICH DAS WORT SCHWER AUF EUREN HERZEN LASTEN MAG:
DIE ERMORDETEN SIND NICHT OHNE VERANTWORTUNG FÜR IHREN TOD
UND DIE BESTOHLENEN NICHT OHNE SCHULD FÜR DEN DIEBSTAHL,
DIE RECHTSCHAFFENEN SIND NICHT UNSCHULDIG AN DER MISSETAT,
DIE WEISSESTE WESTE BLEIBT NICHT UNBEFLECKT VON DEN TATEN DES SCHURKEN.
JA, OFTMALS SIND DIE SCHULDIGEN DAS OPFER DER GESCHÄDIGTEN.
UND NOCH ÖFTER TRÄGT DER VERURTEILTE DIE LAST DER SCHULDLOSEN UND UNBESCHOLTENEN.

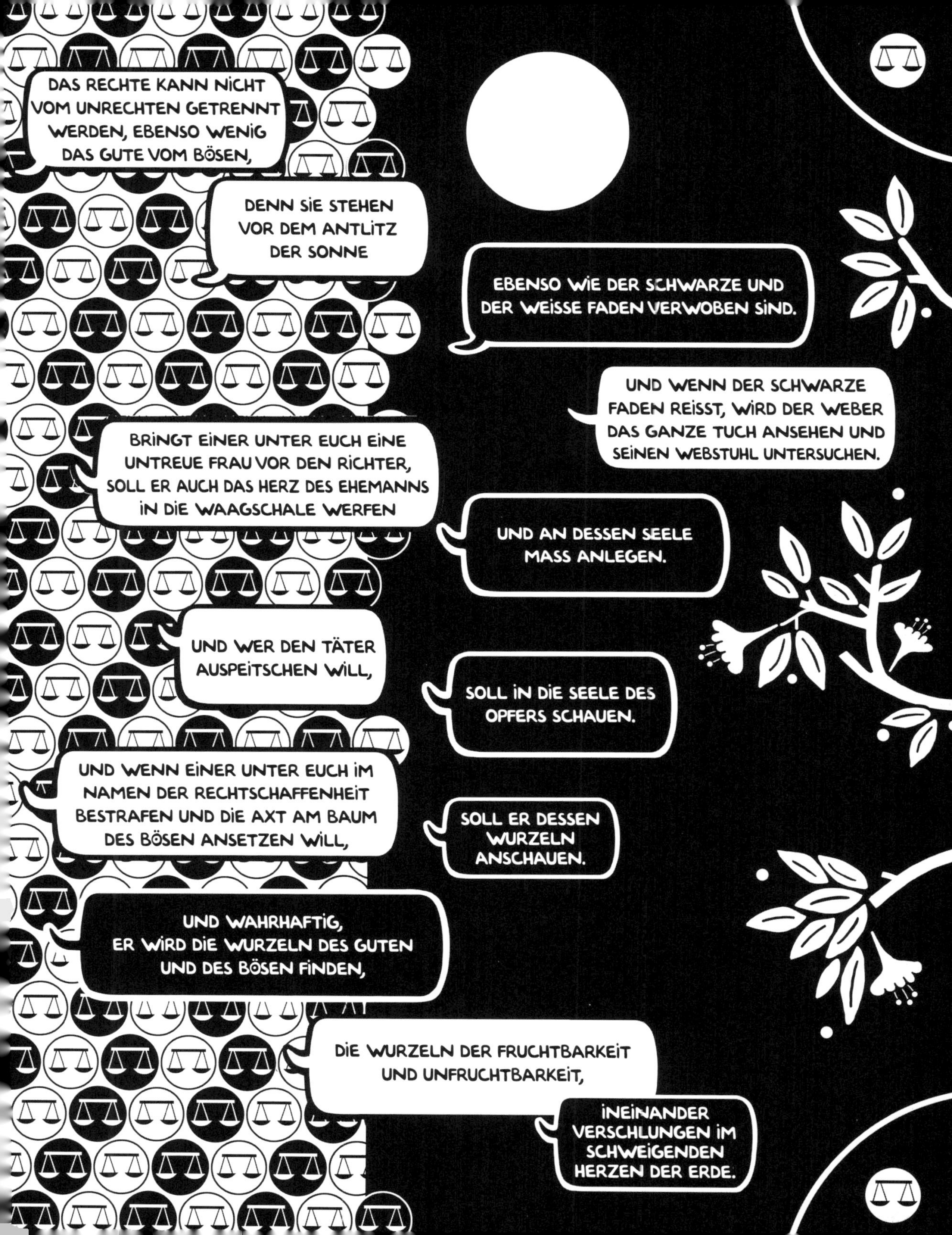
DAS RECHTE KANN NICHT VOM UNRECHTEN GETRENNT WERDEN, EBENSO WENIG DAS GUTE VOM BÖSEN,
DENN SIE STEHEN VOR DEM ANTLITZ DER SONNE
EBENSO WIE DER SCHWARZE UND DER WEISSE FADEN VERWOBEN SIND.
UND WENN DER SCHWARZE FADEN REISST, WIRD DER WEBER DAS GANZE TUCH ANSEHEN UND SEINEN WEBSTUHL UNTERSUCHEN.
BRINGT EINER UNTER EUCH EINE UNTREUE FRAU VOR DEN RICHTER, SOLL ER AUCH DAS HERZ DES EHEMANNS IN DIE WAAGSCHALE WERFEN
UND AN DESSEN SEELE MASS ANLEGEN.
UND WER DEN TÄTER AUSPEITSCHEN WILL,
SOLL IN DIE SEELE DES OPFERS SCHAUEN.
UND WENN EINER UNTER EUCH IM NAMEN DER RECHTSCHAFFENHEIT BESTRAFEN UND DIE AXT AM BAUM DES BÖSEN ANSETZEN WILL,
SOLL ER DESSEN WURZELN ANSCHAUEN.
UND WAHRHAFTIG, ER WIRD DIE WURZELN DES GUTEN UND DES BÖSEN FINDEN,
DIE WURZELN DER FRUCHTBARKEIT UND UNFRUCHTBARKEIT,
INEINANDER VERSCHLUNGEN IM SCHWEIGENDEN HERZEN DER ERDE.

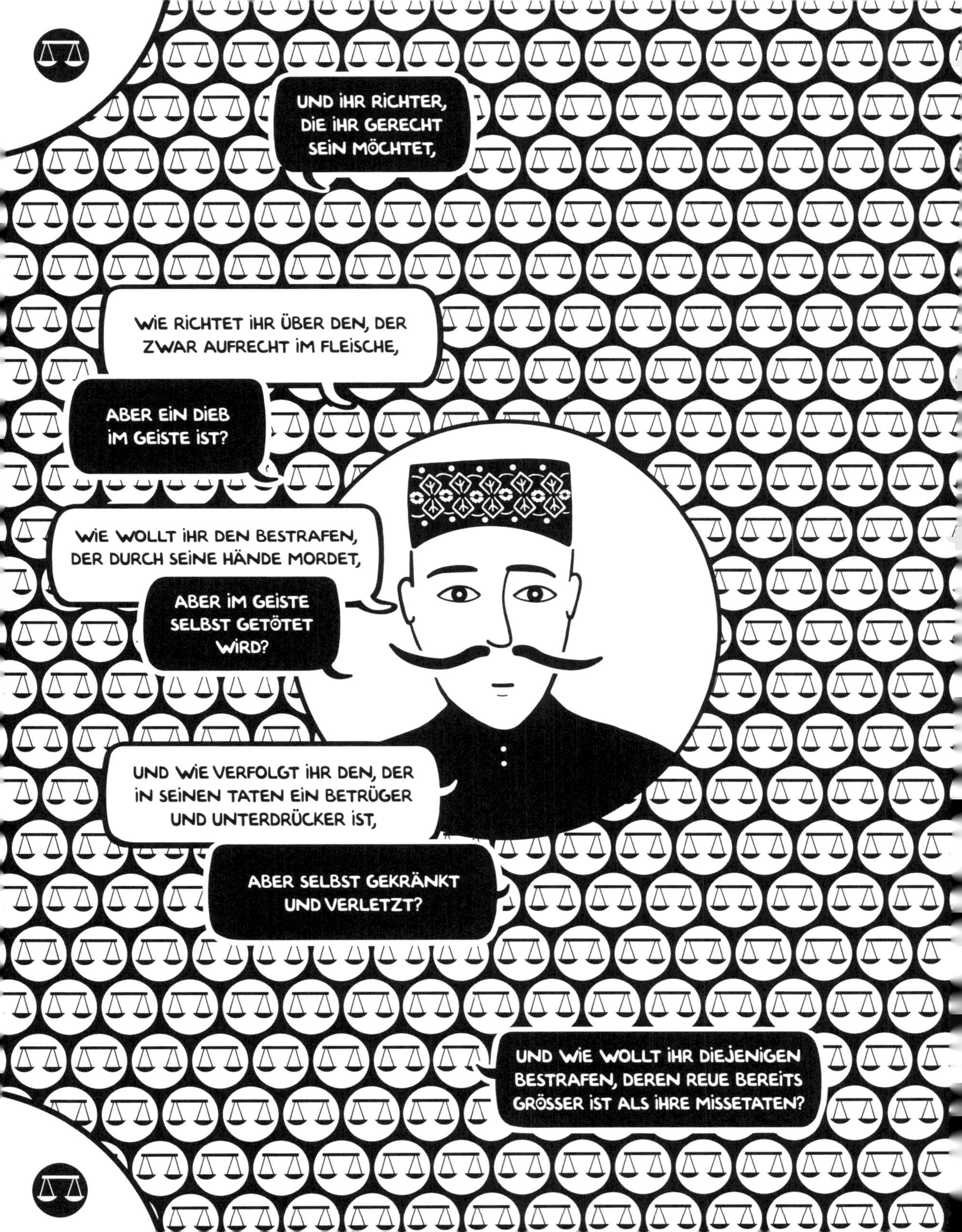
UND IHR RICHTER, DIE IHR GERECHT SEIN MÖCHTET,
WIE RICHTET IHR ÜBER DEN, DER ZWAR AUFRECHT IM FLEISCHE,
ABER EIN DIEB IM GEISTE IST?
WIE WOLLT IHR DEN BESTRAFEN, DER DURCH SEINE HÄNDE MORDET,
ABER IM GEISTE SELBST GETÖTET WIRD?
UND WIE VERFOLGT IHR DEN, DER IN SEINEN TATEN EIN BETRÜGER UND UNTERDRÜCKER IST,
ABER SELBST GEKRÄNKT UND VERLETZT?
UND WIE WOLLT IHR DIEJENIGEN BESTRAFEN, DEREN REUE BEREITS GRÖSSER IST ALS IHRE MISSETATEN?

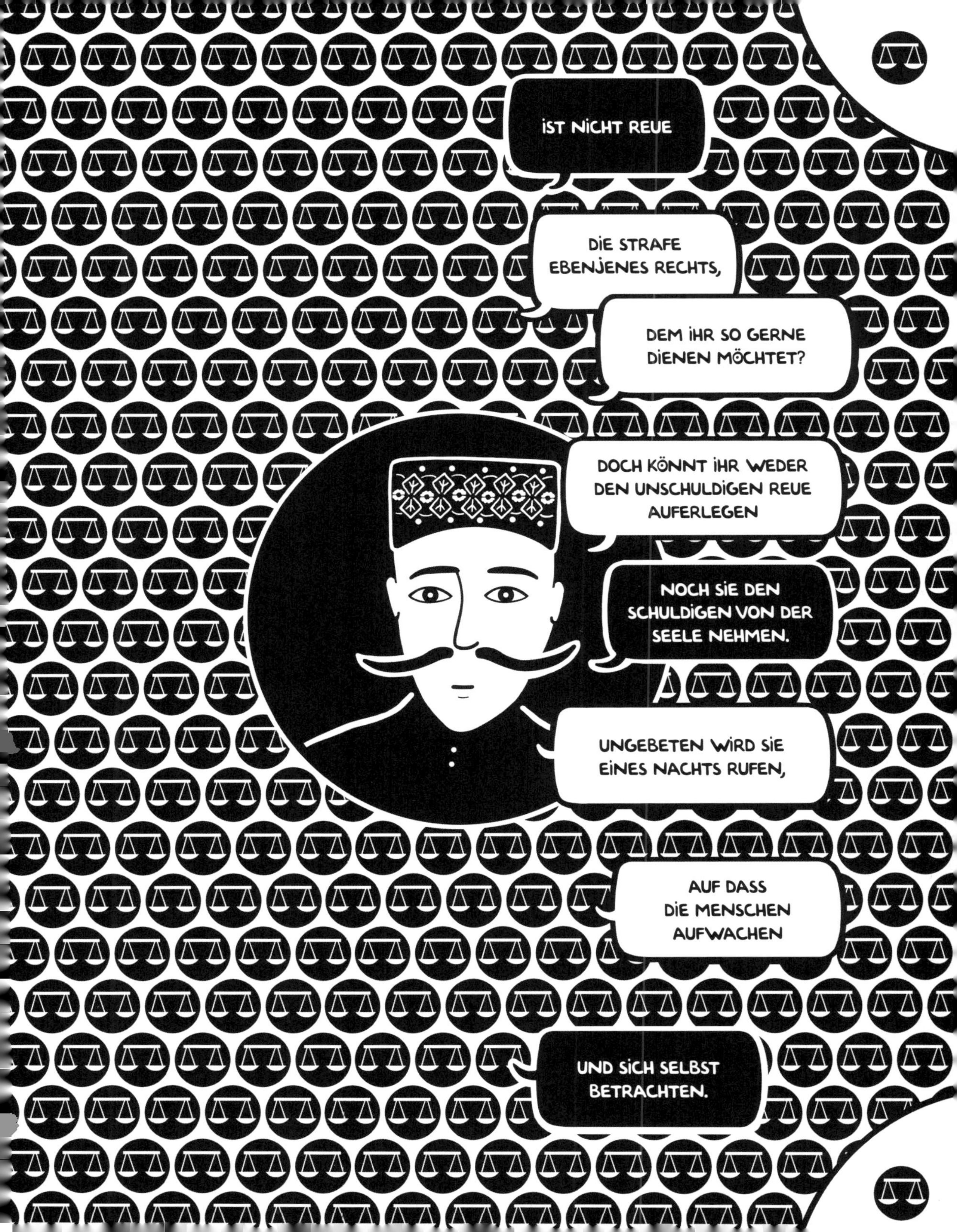
IST NICHT REUE
DIE STRAFE EBENJENES RECHTS,
DEM IHR SO GERNE DIENEN MÖCHTET?
DOCH KÖNNT IHR WEDER DEN UNSCHULDIGEN REUE AUFERLEGEN
NOCH SIE DEN SCHULDIGEN VON DER SEELE NEHMEN.
UNGEBETEN WIRD SIE EINES NACHTS RUFEN,
AUF DASS DIE MENSCHEN AUFWACHEN
UND SICH SELBST BETRACHTEN.

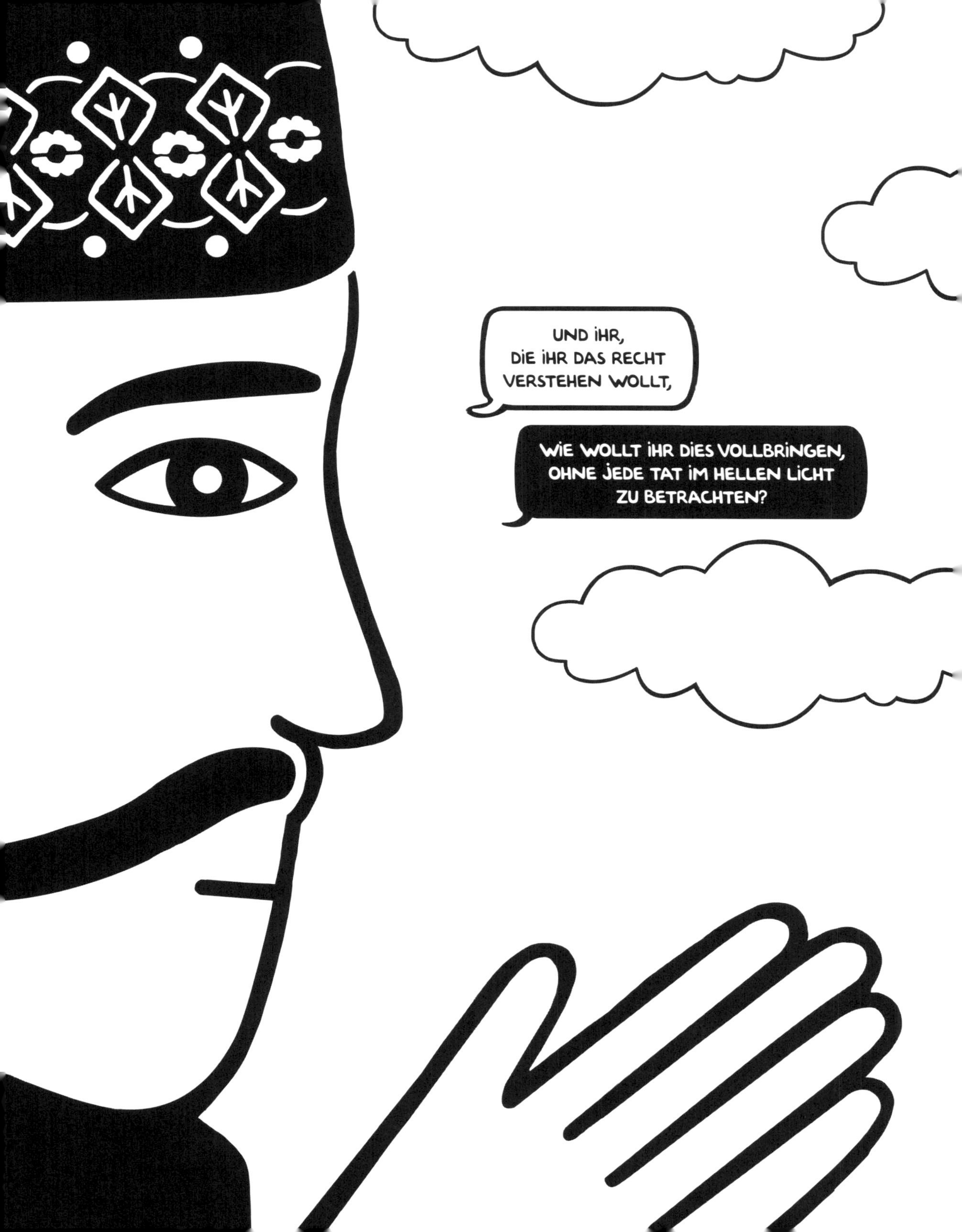
UND IHR,
DIE IHR DAS RECHT
VERSTEHEN WOLLT,
WIE WOLLT IHR DIES VOLLBRINGEN,
OHNE JEDE TAT IM HELLEN LICHT
ZU BETRACHTEN?

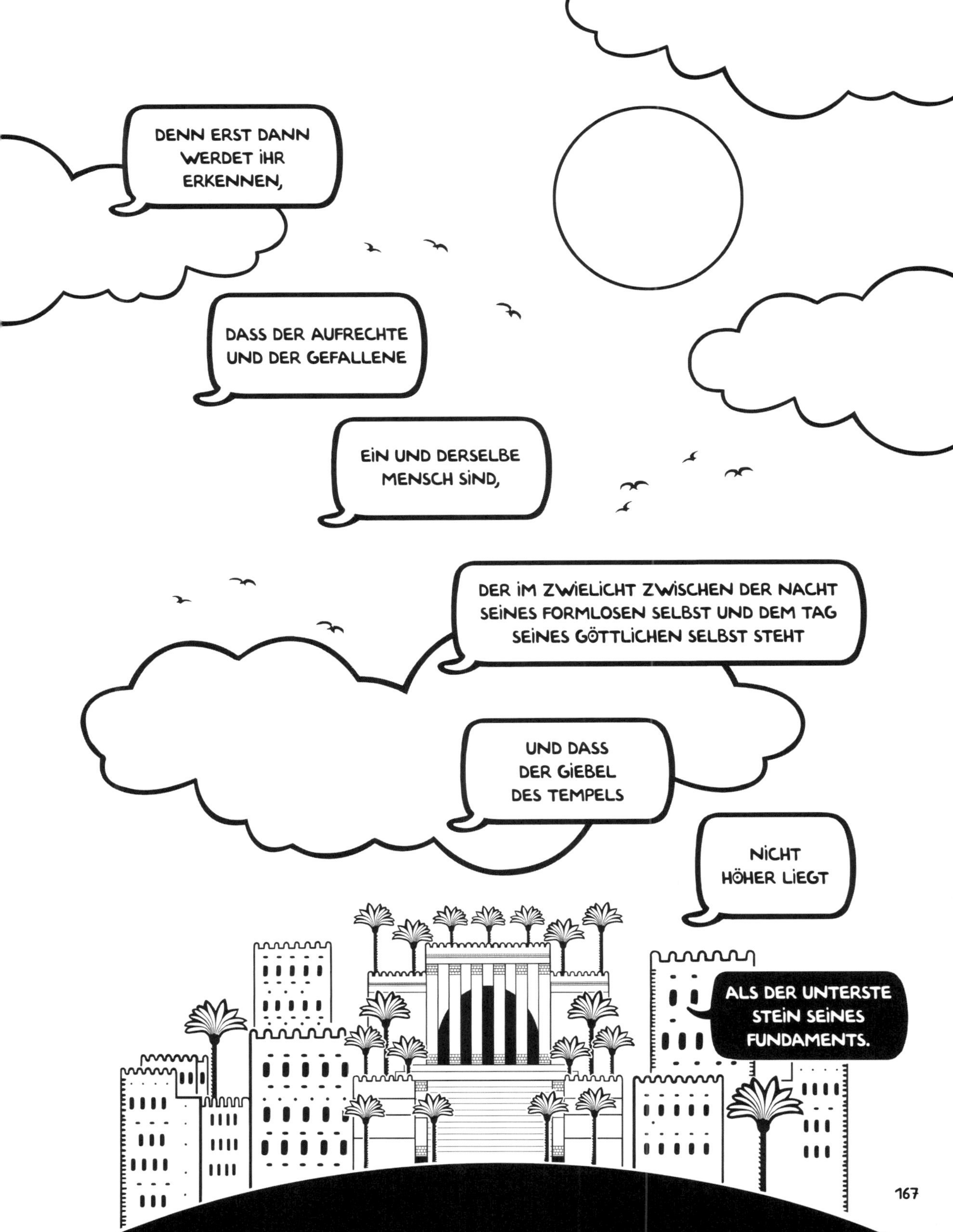
DENN ERST DANN WERDET IHR ERKENNEN,
DASS DER AUFRECHTE UND DER GEFALLENE
EIN UND DERSELBE MENSCH SIND,
DER IM ZWIELICHT ZWISCHEN DER NACHT SEINES FORMLOSEN SELBST UND DEM TAG SEINES GÖTTLICHEN SELBST STEHT
UND DASS DER GIEBEL DES TEMPELS
NICHT HÖHER LIEGT
ALS DER UNTERSTE STEIN SEINES FUNDAMENTS.

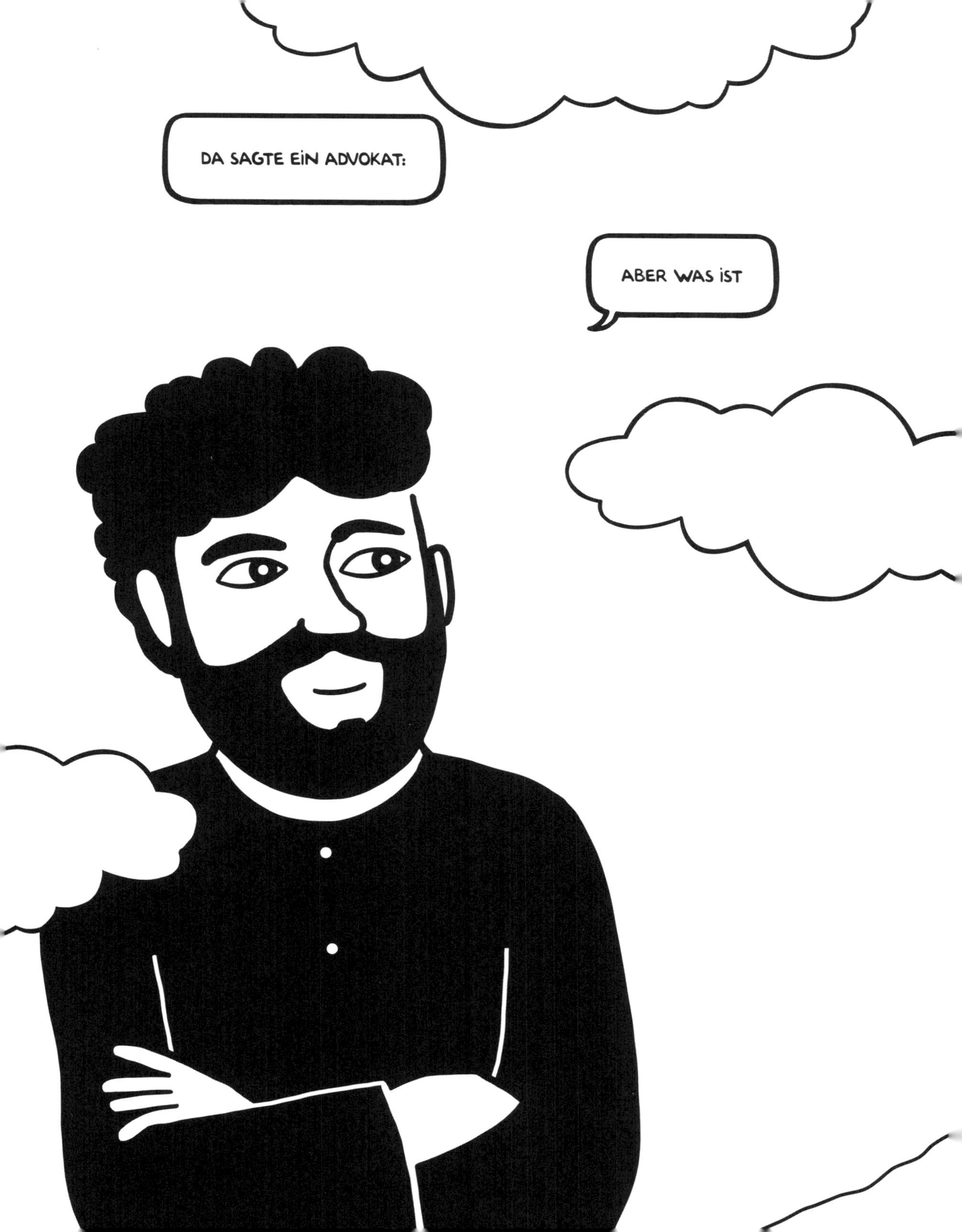
DA SAGTE EIN ADVOKAT:
ABER WAS IST

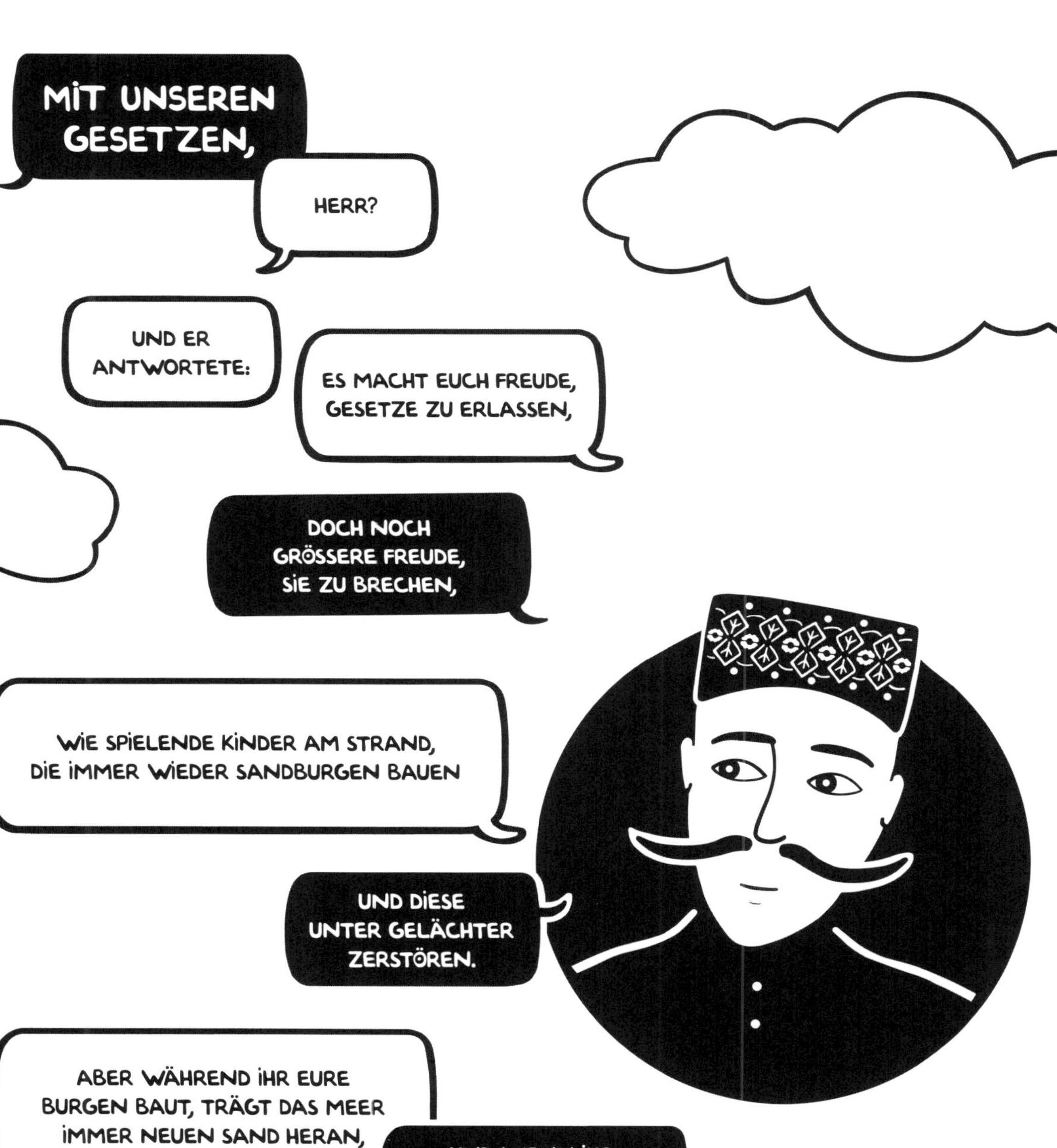
MIT UNSEREN GESETZEN,
HERR?
UND ER ANTWORTETE:
ES MACHT EUCH FREUDE, GESETZE ZU ERLASSEN,
DOCH NOCH GRÖSSERE FREUDE, SIE ZU BRECHEN,
WIE SPIELENDE KINDER AM STRAND, DIE IMMER WIEDER SANDBURGEN BAUEN
UND DIESE UNTER GELÄCHTER ZERSTÖREN.
ABER WÄHREND IHR EURE BURGEN BAUT, TRÄGT DAS MEER IMMER NEUEN SAND HERAN,
UND WENN IHR SIE ZERSTÖRT, LACHT ES MIT EUCH.
WAHRHAFTIG, DER OZEAN LACHT IMMER MIT DEN UNSCHULDIGEN.

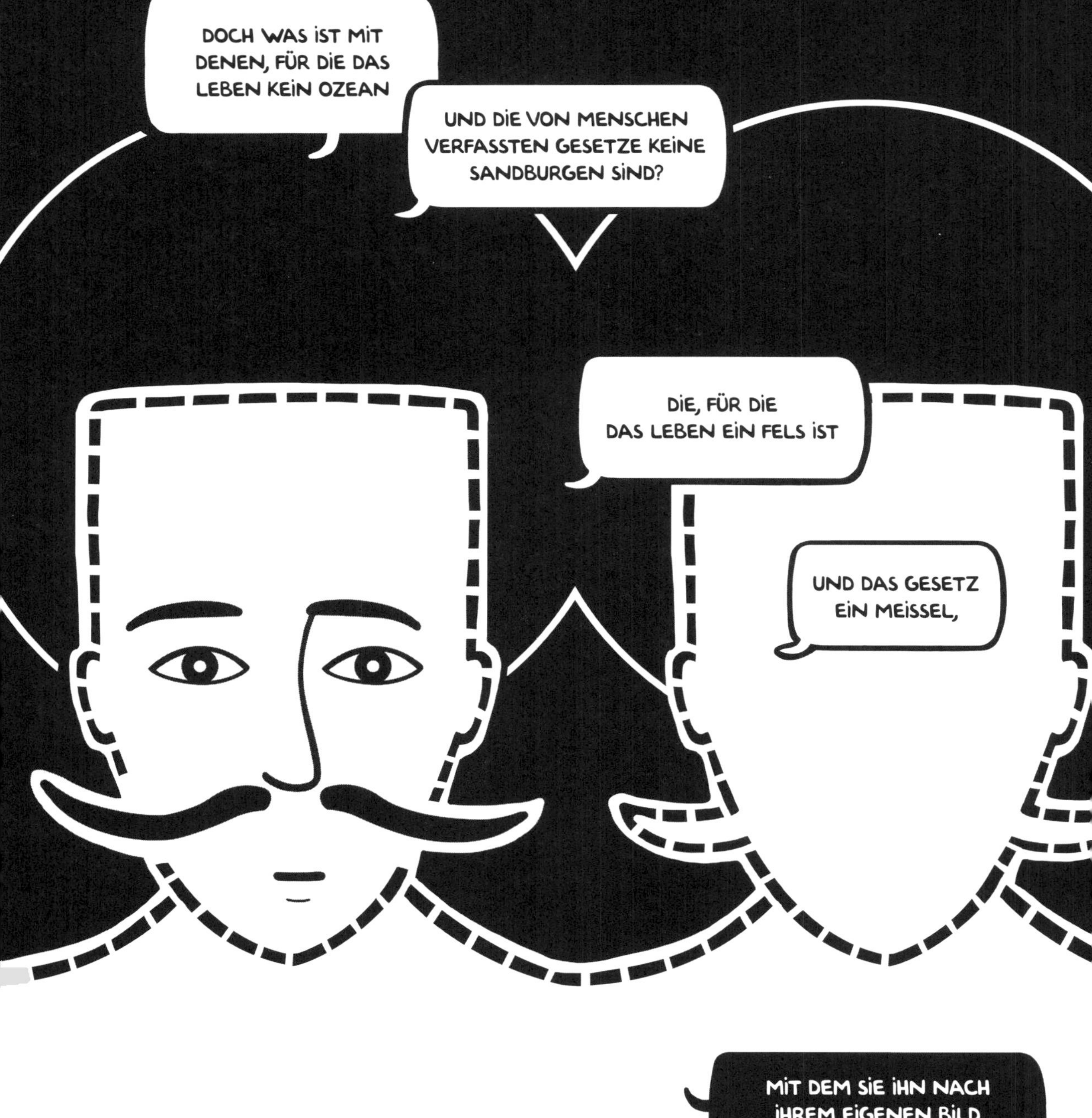
DOCH WAS IST MIT DENEN, FÜR DIE DAS LEBEN KEIN OZEAN
UND DIE VON MENSCHEN VERFASSTEN GESETZE KEINE SANDBURGEN SIND?
DIE, FÜR DIE DAS LEBEN EIN FELS IST
UND DAS GESETZ EIN MEISSEL,
MIT DEM SIE IHN NACH IHREM EIGENEN BILD GESTALTEN.

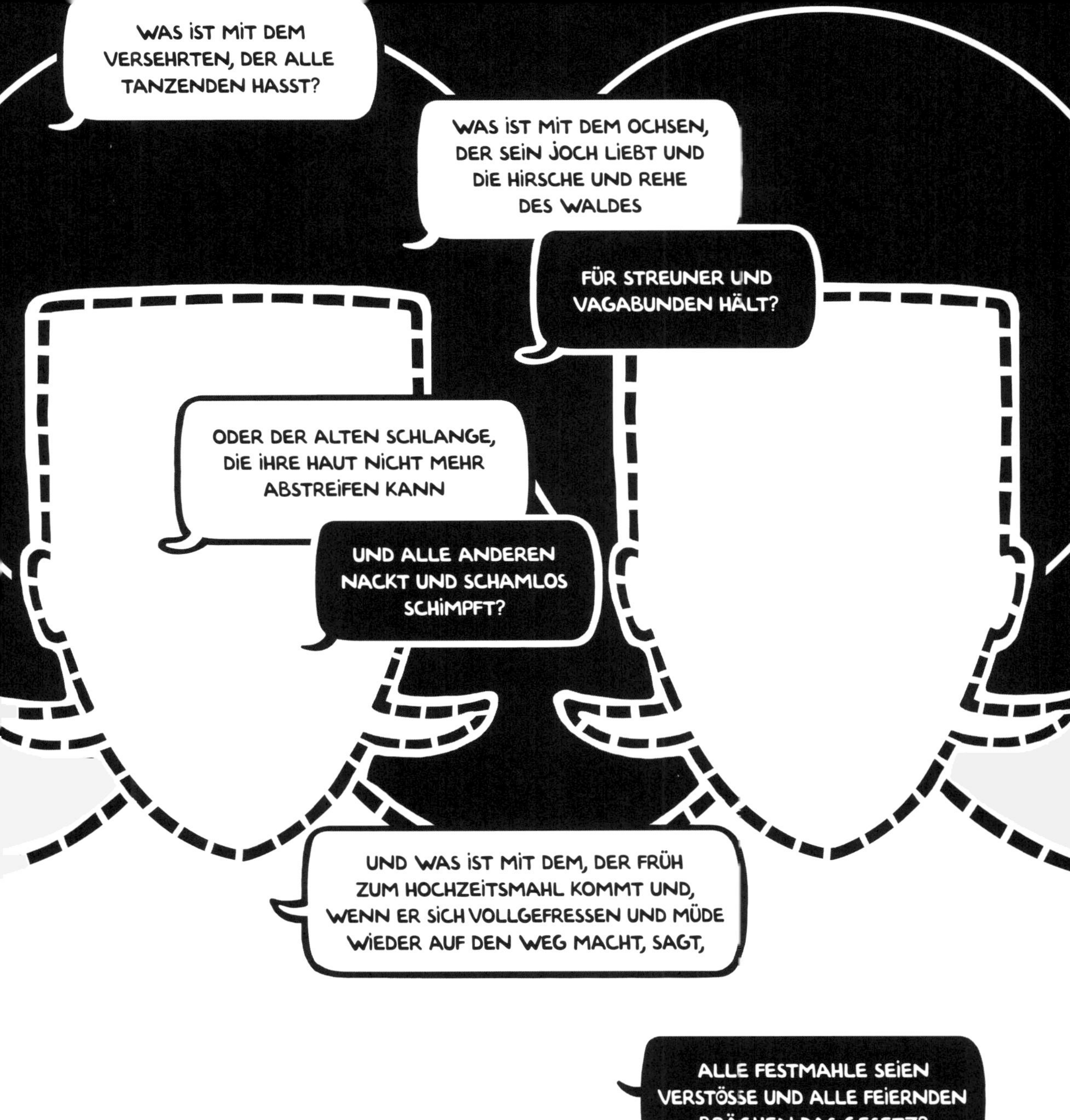
WAS IST MIT DEM VERSEHRTEN, DER ALLE TANZENDEN HASST?
WAS IST MIT DEM OCHSEN, DER SEIN JOCH LIEBT UND DIE HIRSCHE UND REHE DES WALDES
FÜR STREUNER UND VAGABUNDEN HÄLT?
ODER DER ALTEN SCHLANGE, DIE IHRE HAUT NICHT MEHR ABSTREIFEN KANN
UND ALLE ANDEREN NACKT UND SCHAMLOS SCHIMPFT?
UND WAS IST MIT DEM, DER FRÜH ZUM HOCHZEITSMAHL KOMMT UND, WENN ER SICH VOLLGEFRESSEN UND MÜDE WIEDER AUF DEN WEG MACHT, SAGT,
ALLE FESTMAHLE SEIEN VERSTÖSSE UND ALLE FEIERNDEN BRÄCHEN DAS GESETZ?

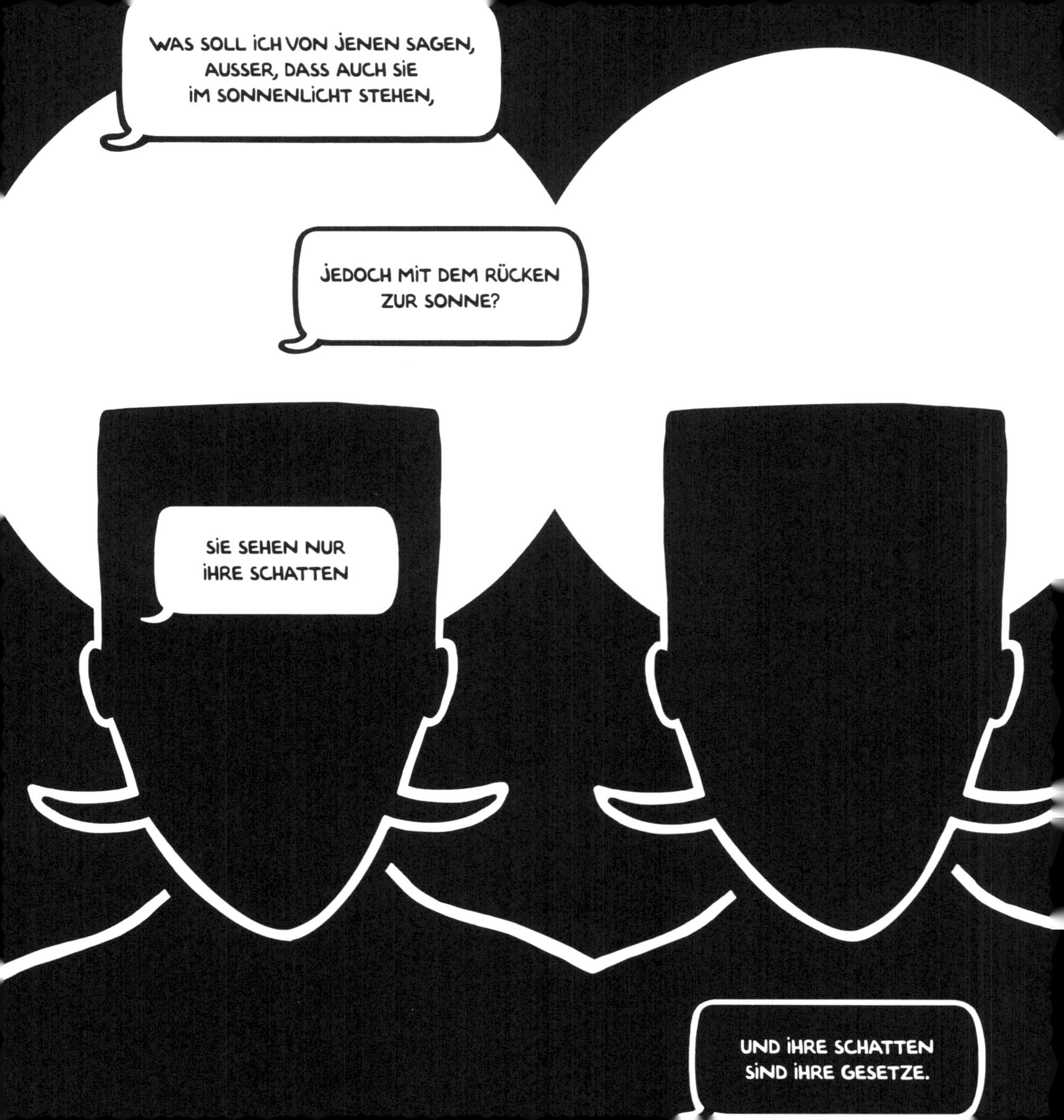

WAS SOLL ICH VON JENEN SAGEN,
AUSSER, DASS AUCH SIE
IM SONNENLICHT STEHEN,

JEDOCH MIT DEM RÜCKEN
ZUR SONNE?

SIE SEHEN NUR
IHRE SCHATTEN

UND IHRE SCHATTEN
SIND IHRE GESETZE.

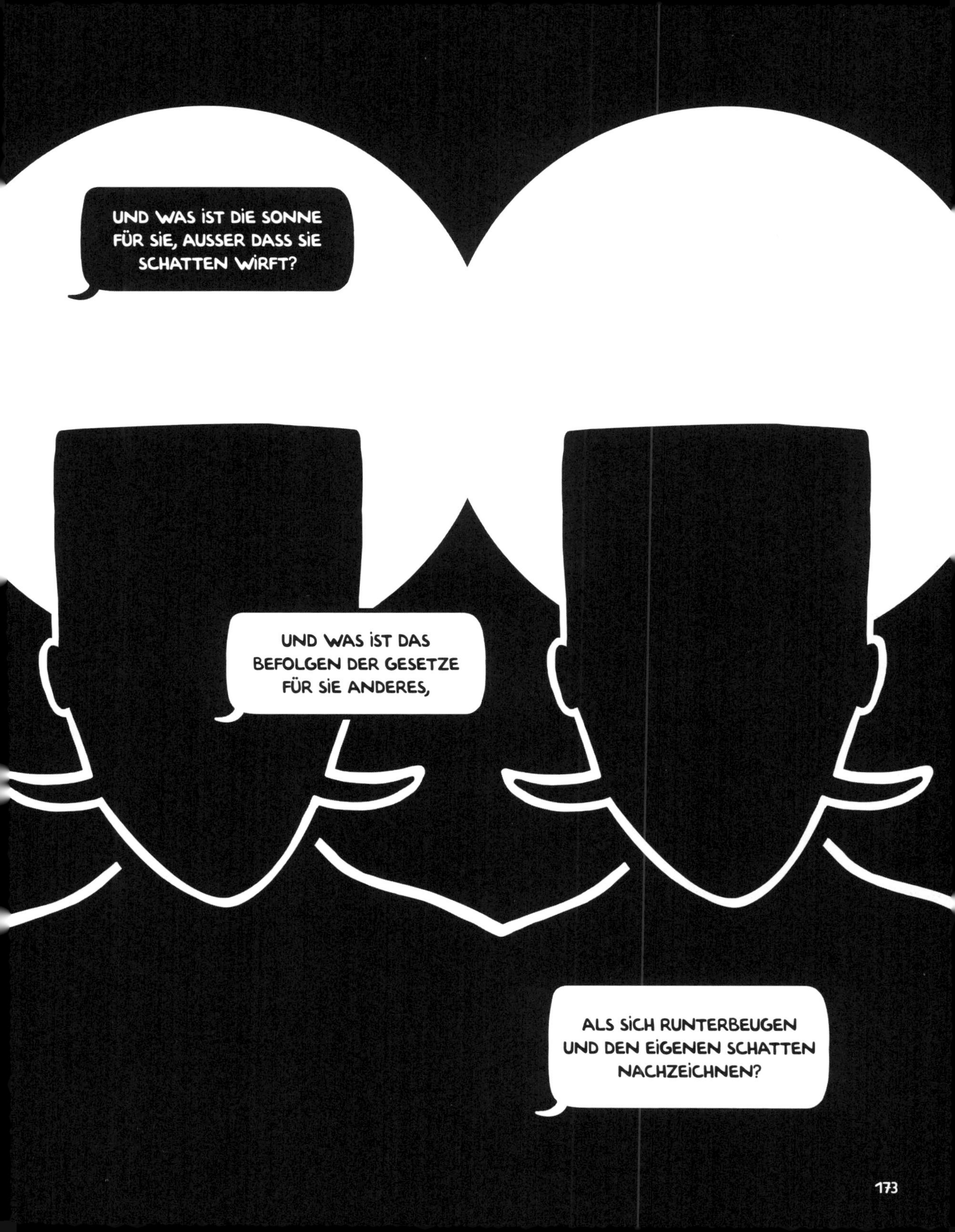

UND WAS IST DIE SONNE FÜR SIE, AUSSER DASS SIE SCHATTEN WIRFT?

UND WAS IST DAS BEFOLGEN DER GESETZE FÜR SIE ANDERES,

ALS SICH RUNTERBEUGEN UND DEN EIGENEN SCHATTEN NACHZEICHNEN?

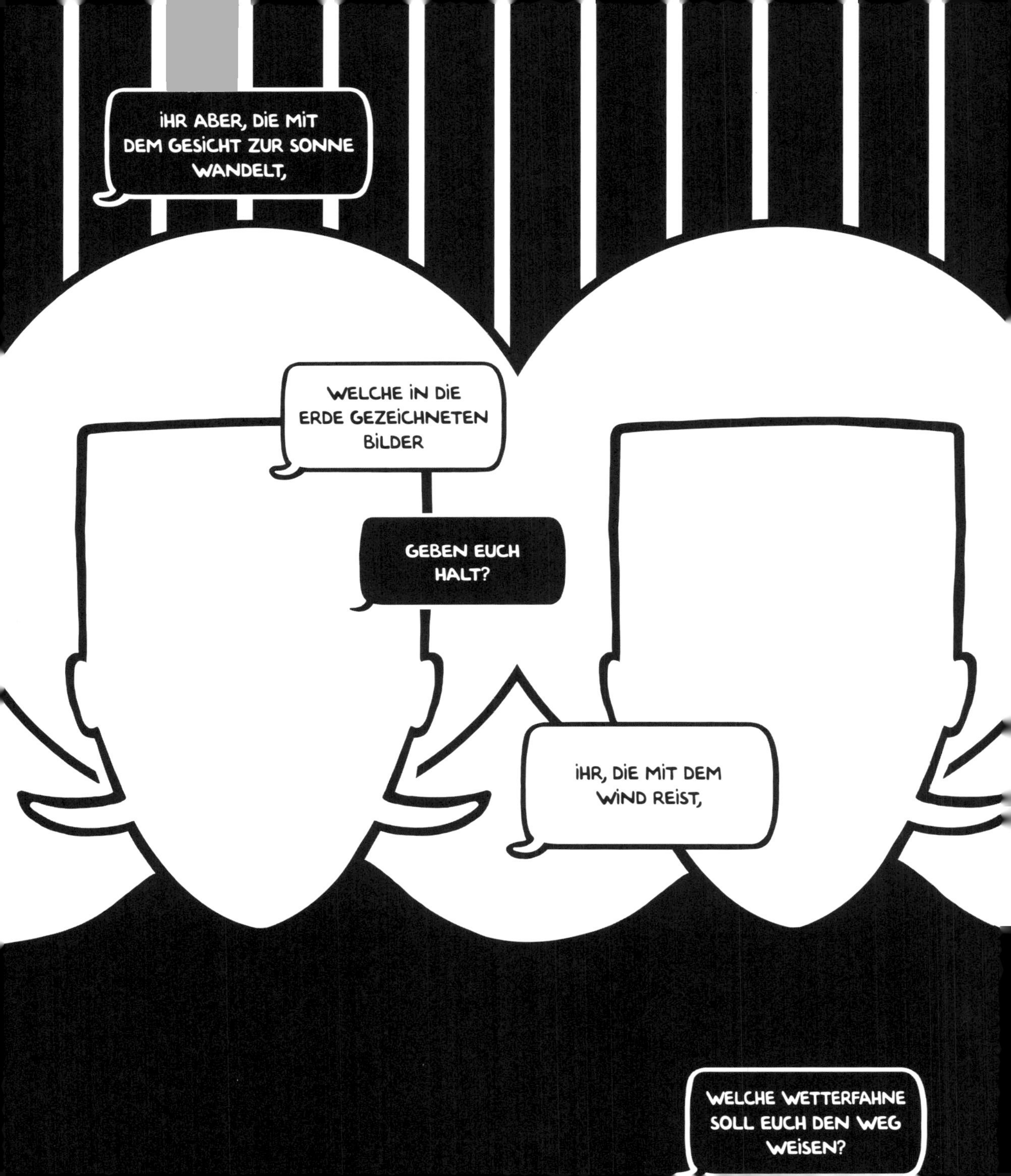
IHR ABER, DIE MIT DEM GESICHT ZUR SONNE WANDELT,
WELCHE IN DIE ERDE GEZEICHNETEN BILDER
GEBEN EUCH HALT?
IHR, DIE MIT DEM WIND REIST,
WELCHE WETTERFAHNE SOLL EUCH DEN WEG WEISEN?

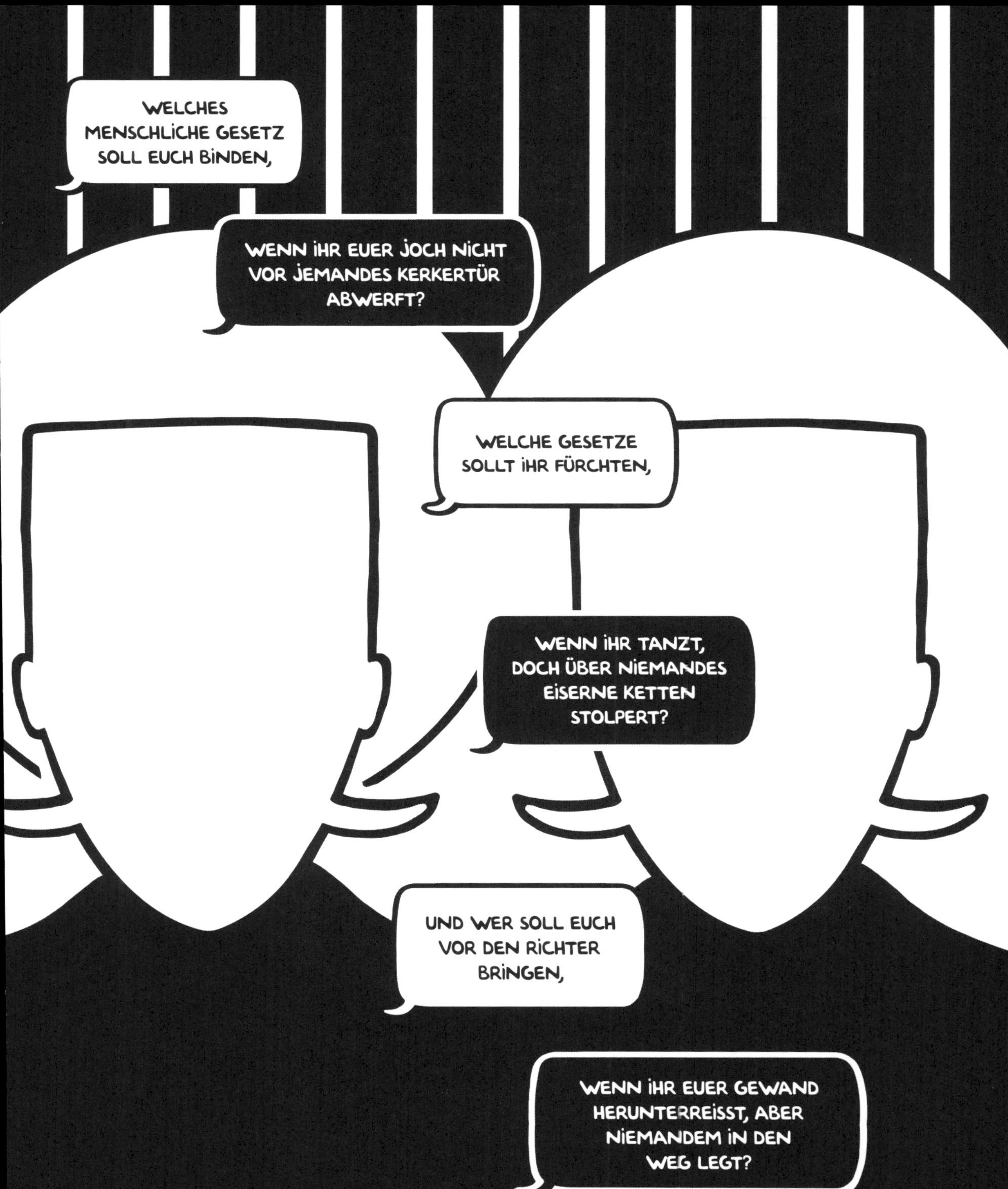
WELCHES MENSCHLICHE GESETZ SOLL EUCH BINDEN,
WENN IHR EUER JOCH NICHT VOR JEMANDES KERKERTÜR ABWERFT?
WELCHE GESETZE SOLLT IHR FÜRCHTEN,
WENN IHR TANZT, DOCH ÜBER NIEMANDES EISERNE KETTEN STOLPERT?
UND WER SOLL EUCH VOR DEN RICHTER BRINGEN,
WENN IHR EUER GEWAND HERUNTERREISST, ABER NIEMANDEM IN DEN WEG LEGT?

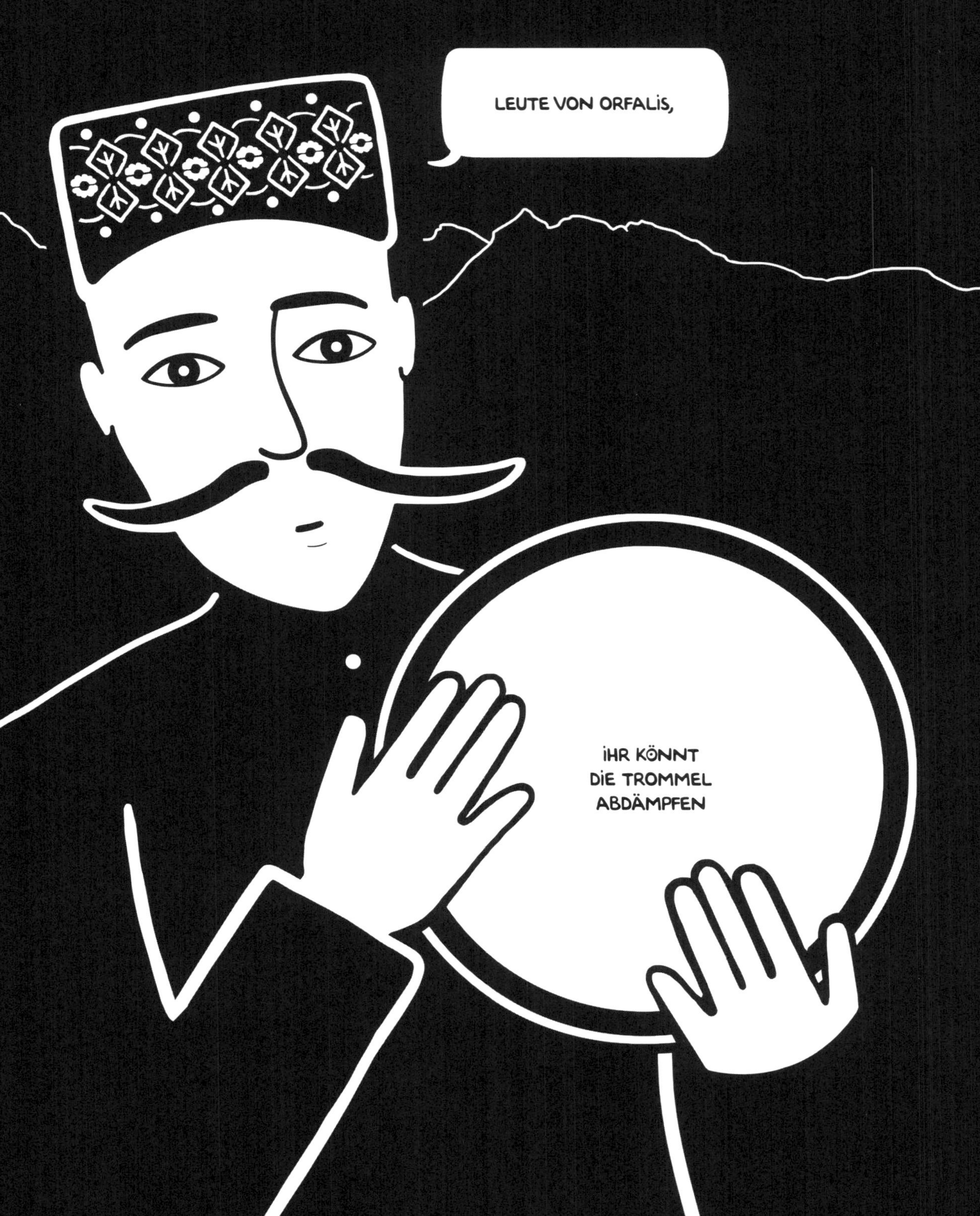
LEUTE VON ORFALIS,
IHR KÖNNT DIE TROMMEL ABDÄMPFEN

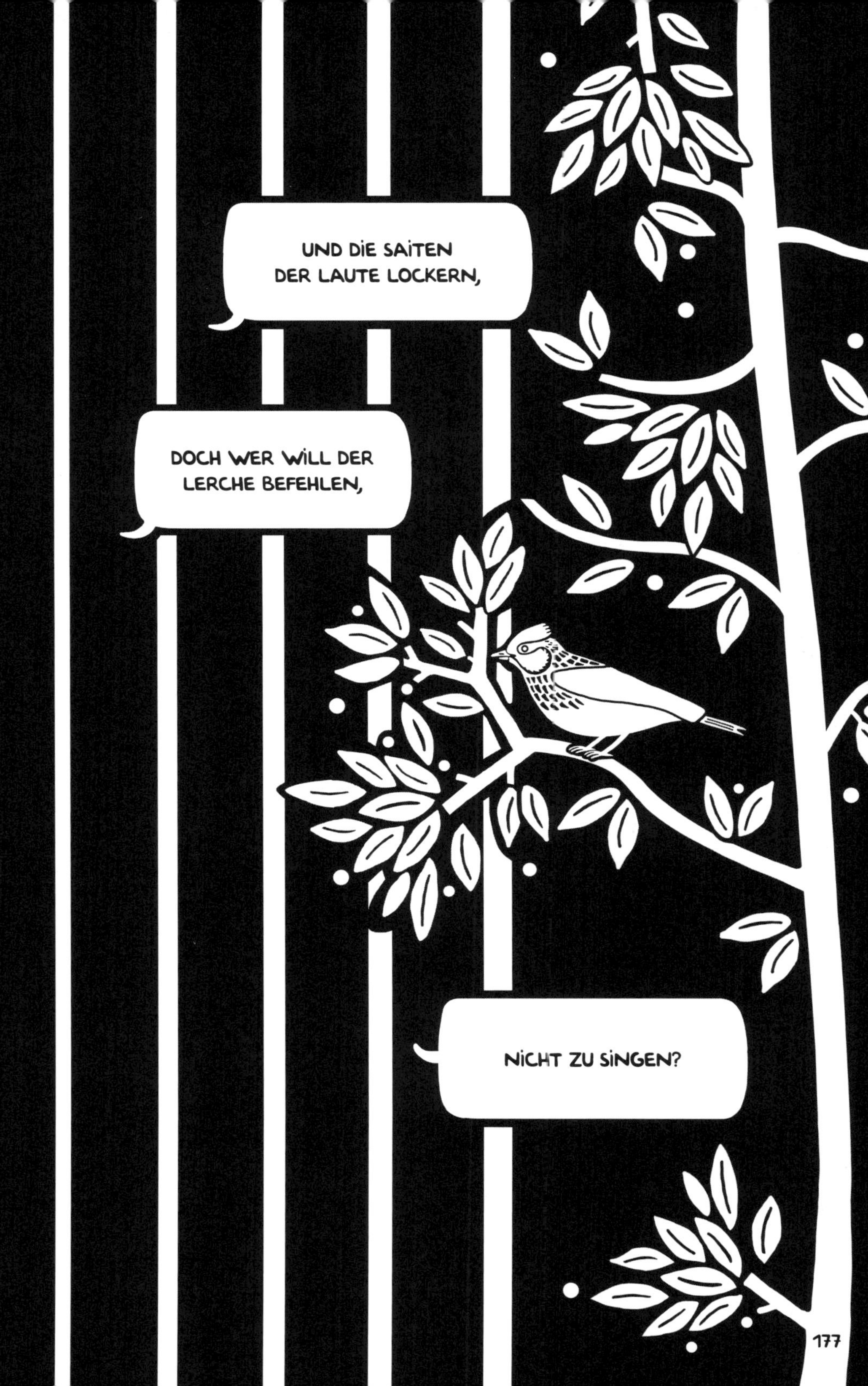
UND DIE SAITEN DER LAUTE LOCKERN,
DOCH WER WILL DER LERCHE BEFEHLEN,
NICHT ZU SINGEN?

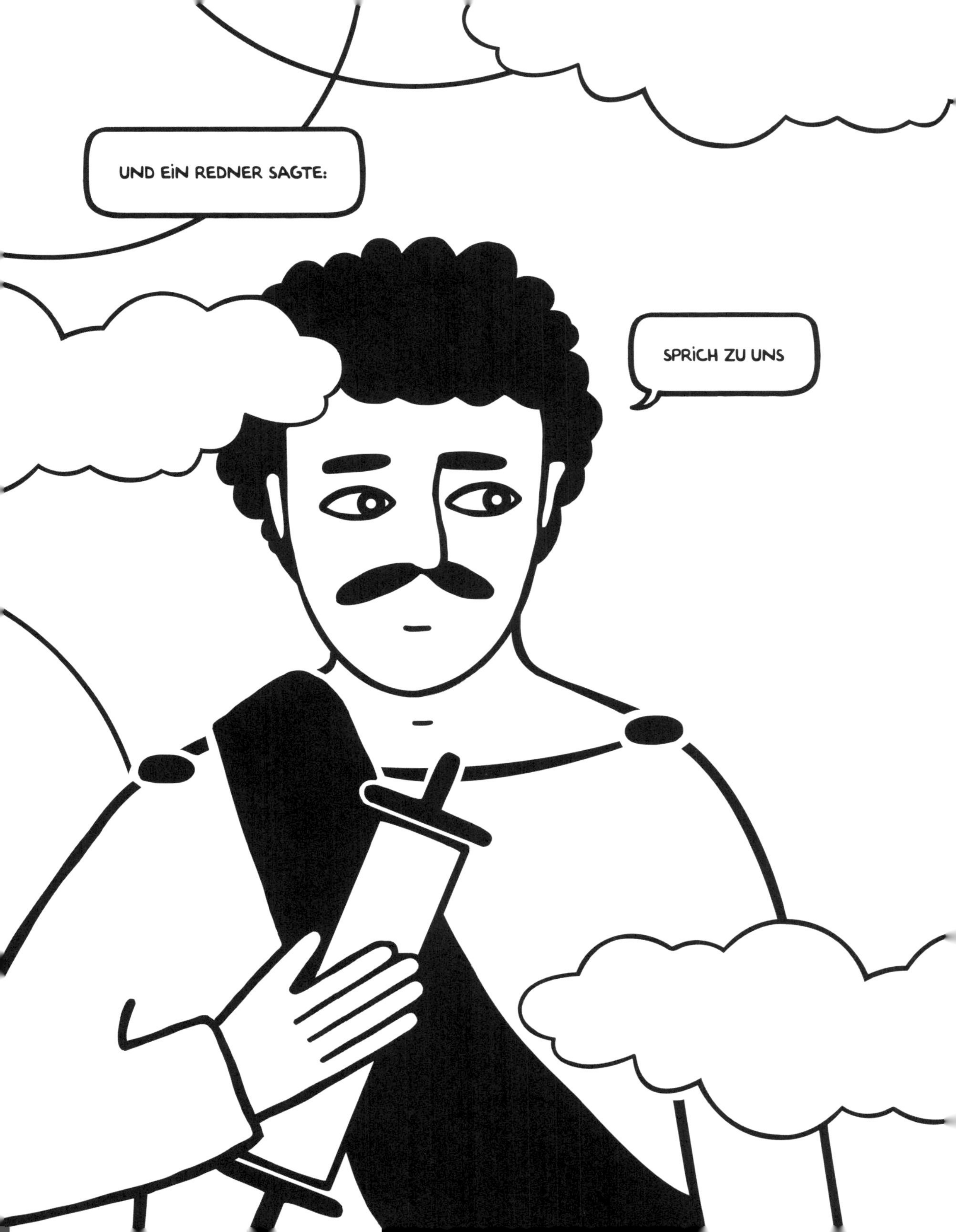
UND EiN REDNER SAGTE:
SPRiCH ZU UNS

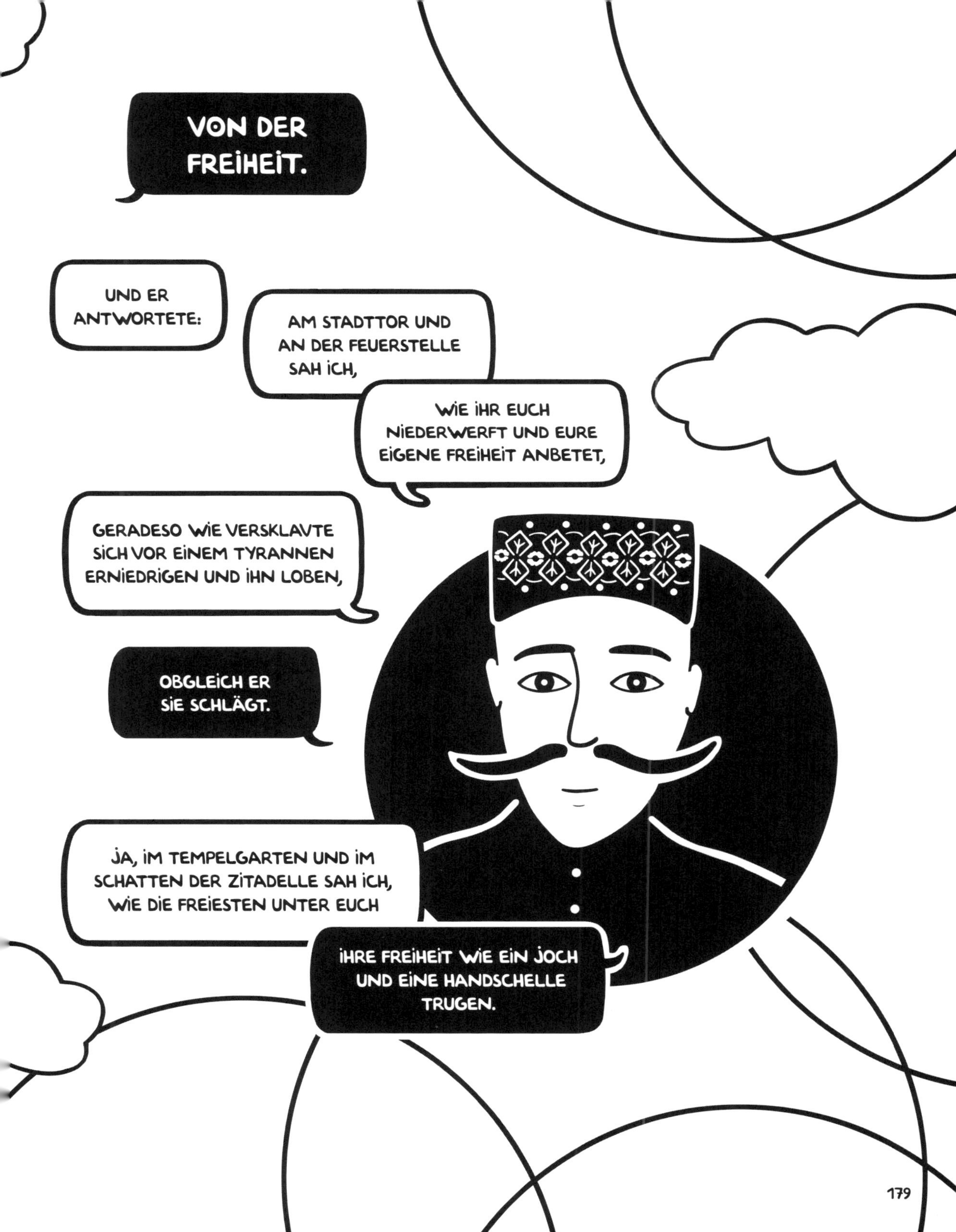

VON DER FREIHEIT.
UND ER ANTWORTETE:
AM STADTTOR UND AN DER FEUERSTELLE SAH ICH,
WIE IHR EUCH NIEDERWERFT UND EURE EIGENE FREIHEIT ANBETET,
GERADESO WIE VERSKLAVTE SICH VOR EINEM TYRANNEN ERNIEDRIGEN UND IHN LOBEN,
OBGLEICH ER SIE SCHLÄGT.
JA, IM TEMPELGARTEN UND IM SCHATTEN DER ZITADELLE SAH ICH, WIE DIE FREIESTEN UNTER EUCH
IHRE FREIHEIT WIE EIN JOCH UND EINE HANDSCHELLE TRUGEN.

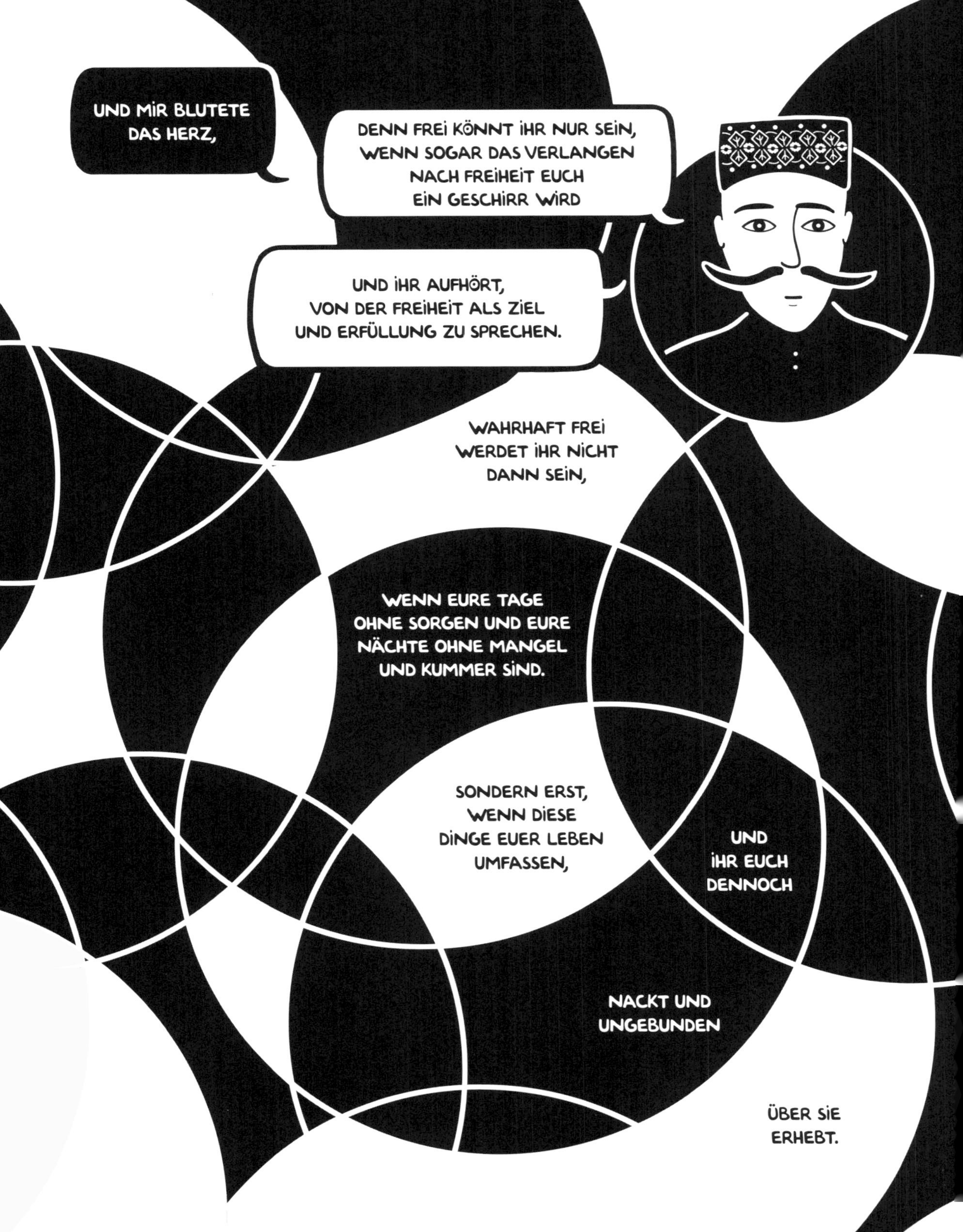
UND MIR BLUTETE DAS HERZ,
DENN FREI KÖNNT IHR NUR SEIN, WENN SOGAR DAS VERLANGEN NACH FREIHEIT EUCH EIN GESCHIRR WIRD
UND IHR AUFHÖRT, VON DER FREIHEIT ALS ZIEL UND ERFÜLLUNG ZU SPRECHEN.
WAHRHAFT FREI WERDET IHR NICHT DANN SEIN,
WENN EURE TAGE OHNE SORGEN UND EURE NÄCHTE OHNE MANGEL UND KUMMER SIND.
SONDERN ERST, WENN DIESE DINGE EUER LEBEN UMFASSEN,
UND IHR EUCH DENNOCH
NACKT UND UNGEBUNDEN
ÜBER SIE ERHEBT.

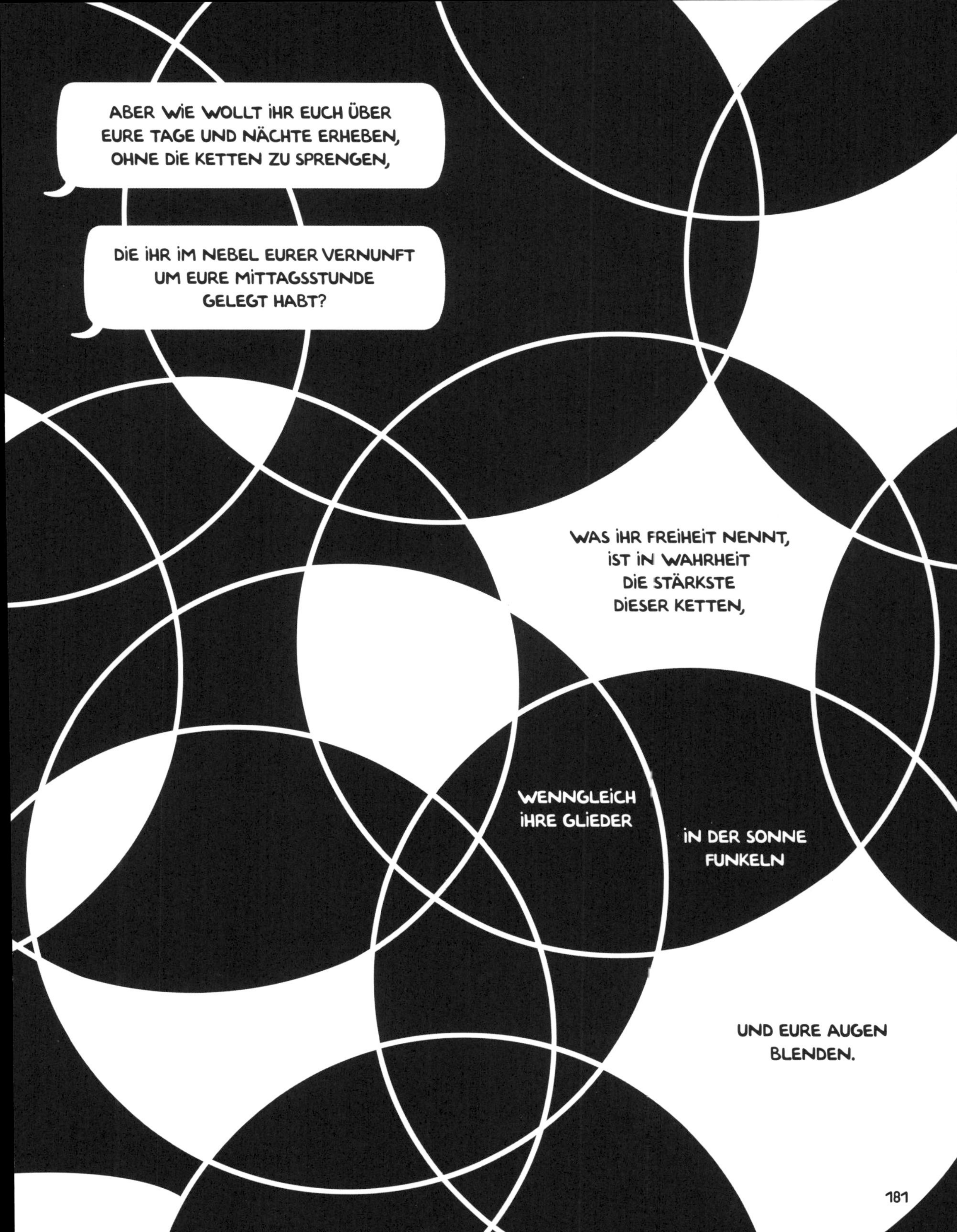
ABER WIE WOLLT IHR EUCH ÜBER EURE TAGE UND NÄCHTE ERHEBEN, OHNE DIE KETTEN ZU SPRENGEN,
DIE IHR IM NEBEL EURER VERNUNFT UM EURE MITTAGSSTUNDE GELEGT HABT?
WAS IHR FREIHEIT NENNT, IST IN WAHRHEIT DIE STÄRKSTE DIESER KETTEN,
WENNGLEICH IHRE GLIEDER
IN DER SONNE FUNKELN
UND EURE AUGEN BLENDEN.

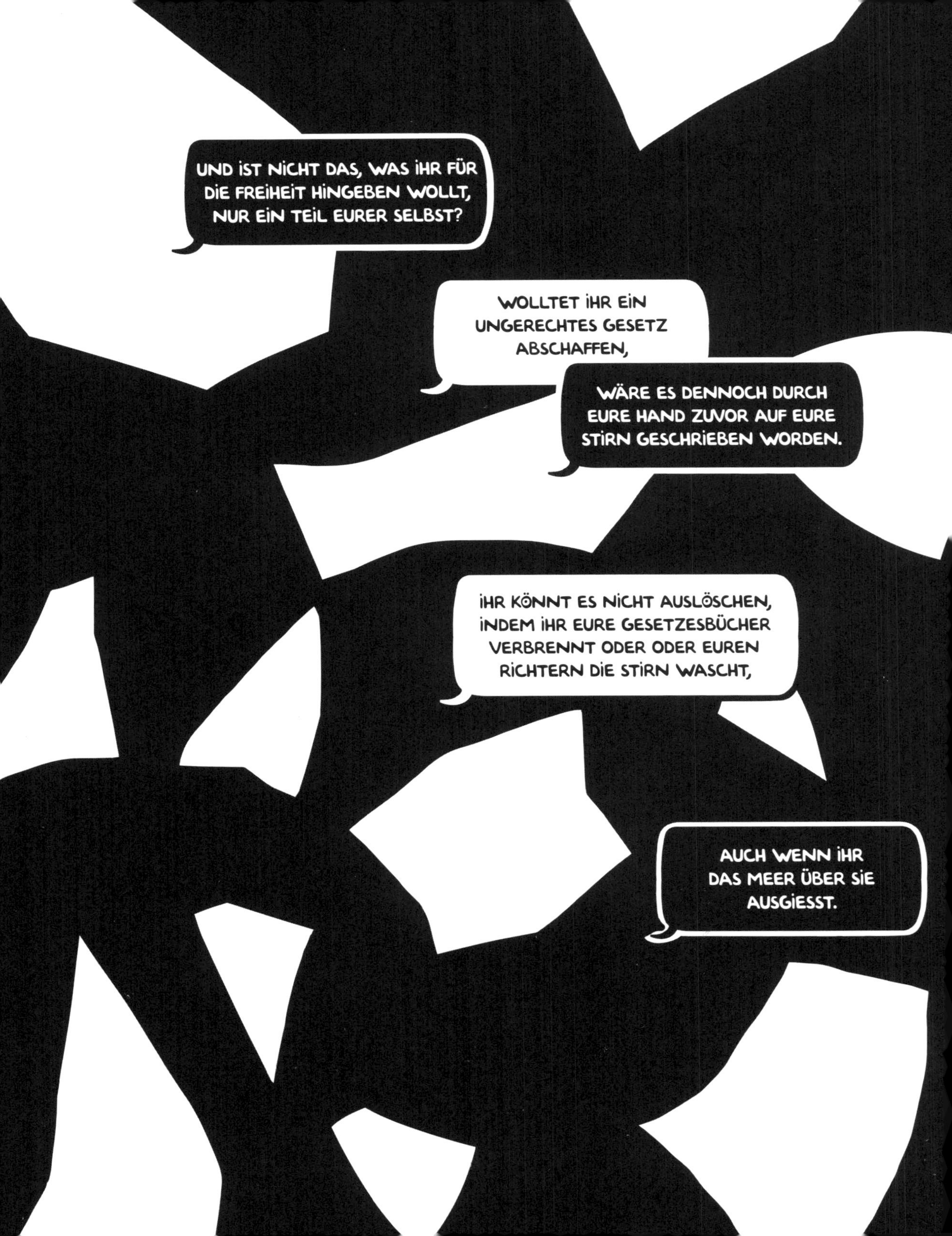
UND IST NICHT DAS, WAS IHR FÜR DIE FREIHEIT HINGEBEN WOLLT, NUR EIN TEIL EURER SELBST?
WOLLTET IHR EIN UNGERECHTES GESETZ ABSCHAFFEN,
WÄRE ES DENNOCH DURCH EURE HAND ZUVOR AUF EURE STIRN GESCHRIEBEN WORDEN.
IHR KÖNNT ES NICHT AUSLÖSCHEN, INDEM IHR EURE GESETZESBÜCHER VERBRENNT ODER ODER EUREN RICHTERN DIE STIRN WASCHT,
AUCH WENN IHR DAS MEER ÜBER SIE AUSGIESST.

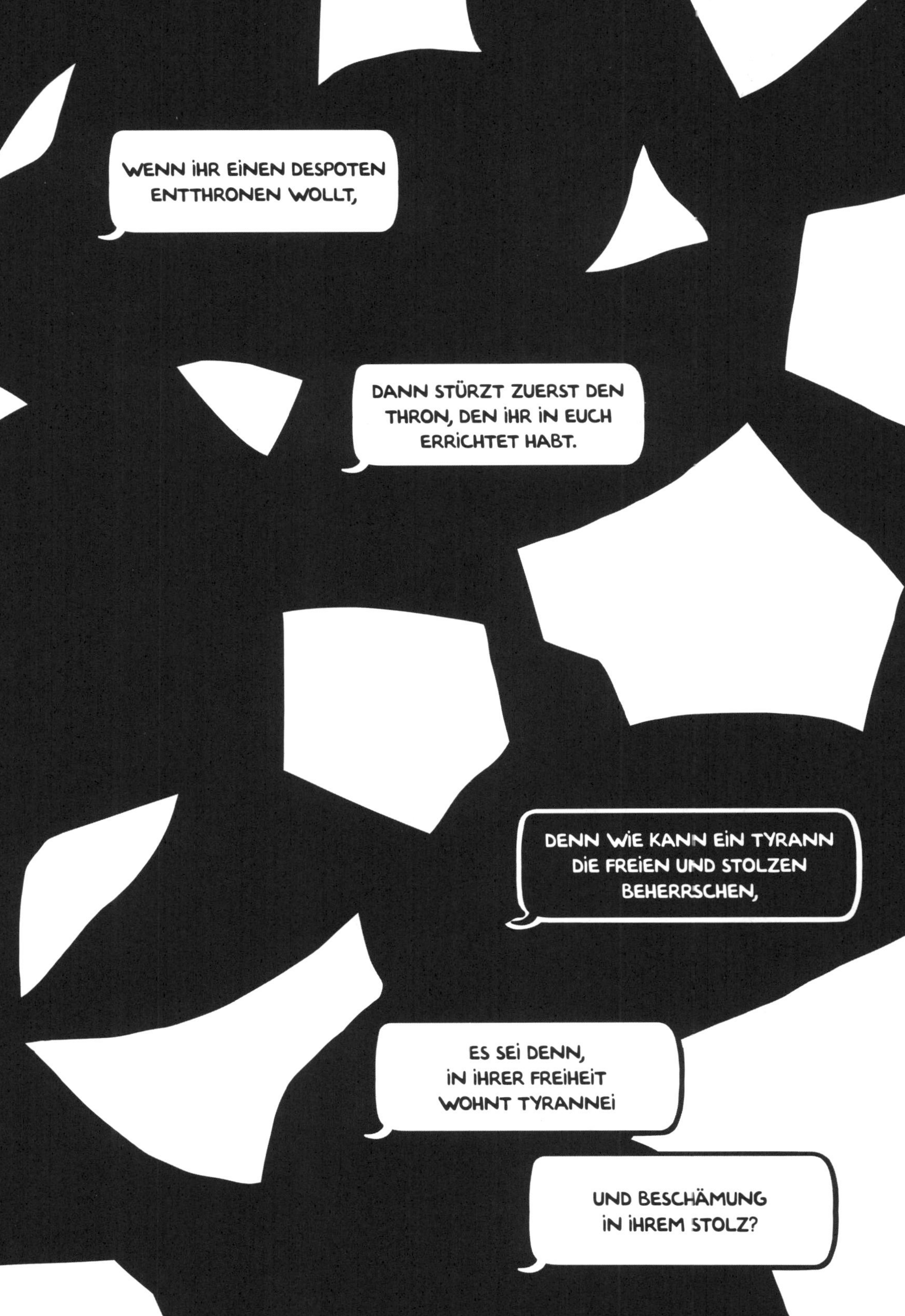
WENN IHR EINEN DESPOTEN ENTTHRONEN WOLLT,
DANN STÜRZT ZUERST DEN THRON, DEN IHR IN EUCH ERRICHTET HABT.
DENN WIE KANN EIN TYRANN DIE FREIEN UND STOLZEN BEHERRSCHEN,
ES SEI DENN, IN IHRER FREIHEIT WOHNT TYRANNEI
UND BESCHÄMUNG IN IHREM STOLZ?

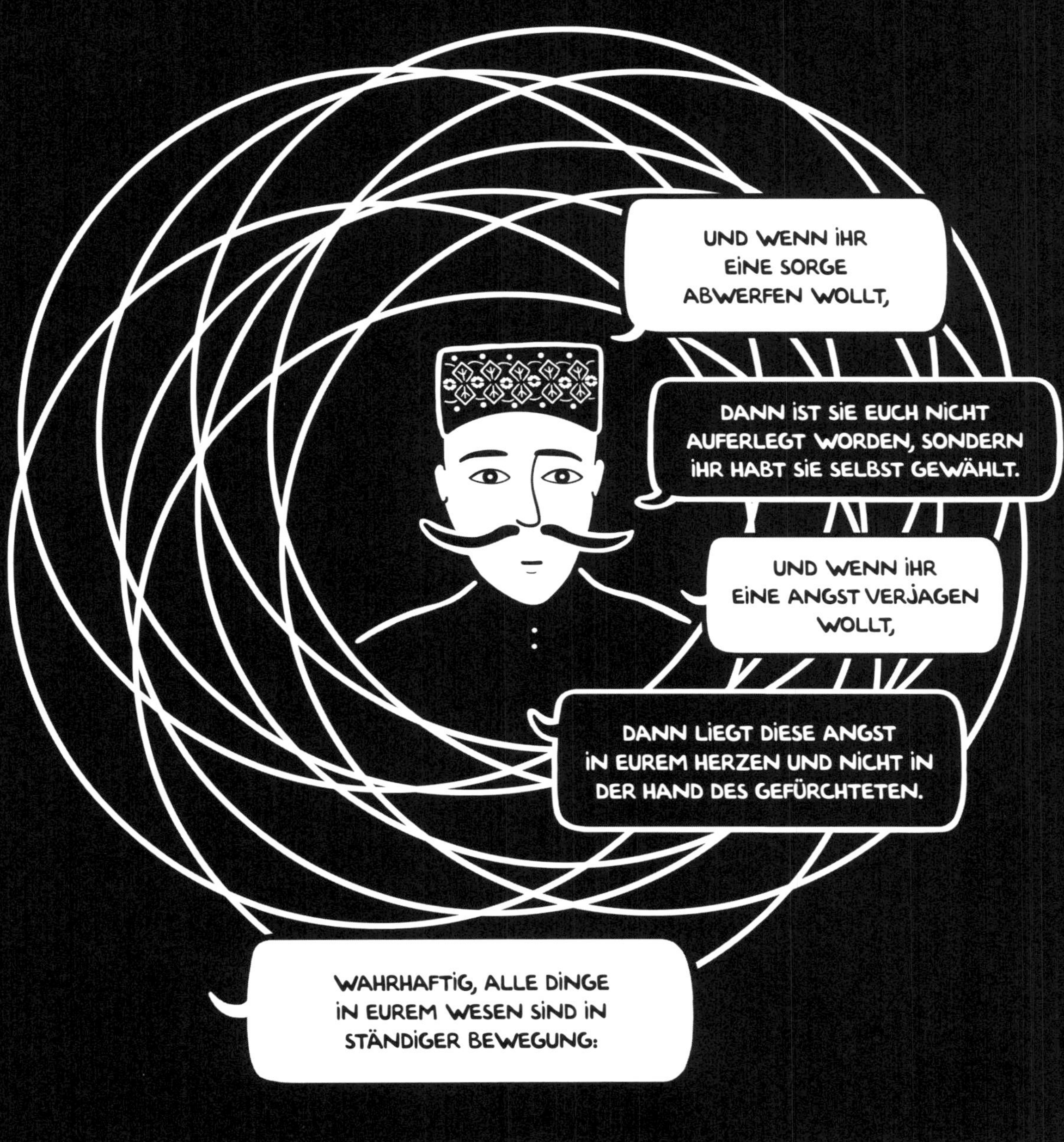

DAS ERSEHNTE UND GEFÜRCHTETE,

DAS HOCHGESCHÄTZTE UND VERABSCHEUTE,

DAS ERSTREBENSWERTE UND DAS, WAS IHR FLIEHT.

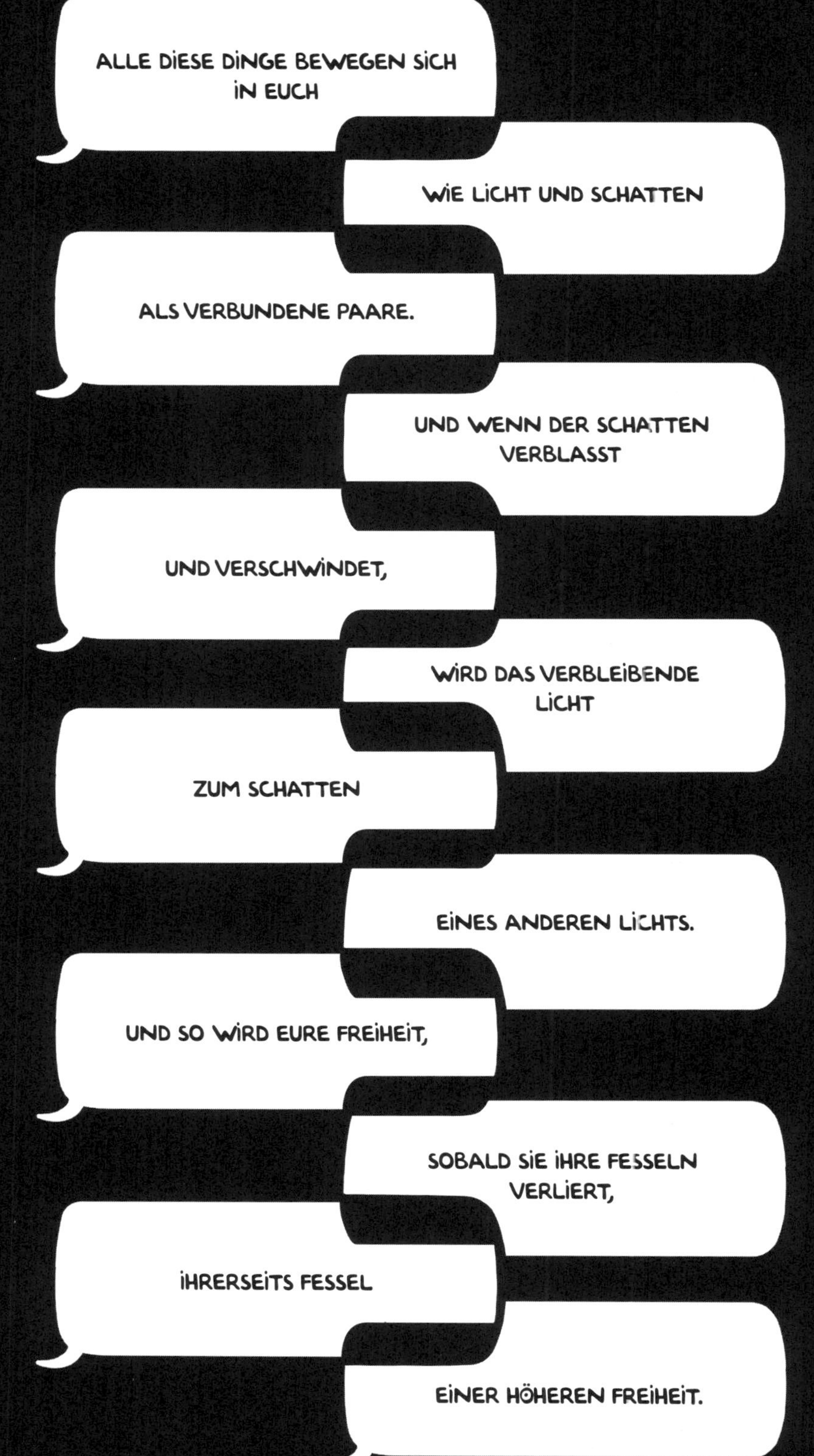
ALLE DIESE DINGE BEWEGEN SICH IN EUCH
WIE LICHT UND SCHATTEN
ALS VERBUNDENE PAARE.
UND WENN DER SCHATTEN VERBLASST
UND VERSCHWINDET,
WIRD DAS VERBLEIBENDE LICHT
ZUM SCHATTEN
EINES ANDEREN LICHTS.
UND SO WIRD EURE FREIHEIT,
SOBALD SIE IHRE FESSELN VERLIERT,
IHRERSEITS FESSEL
EINER HÖHEREN FREIHEIT.

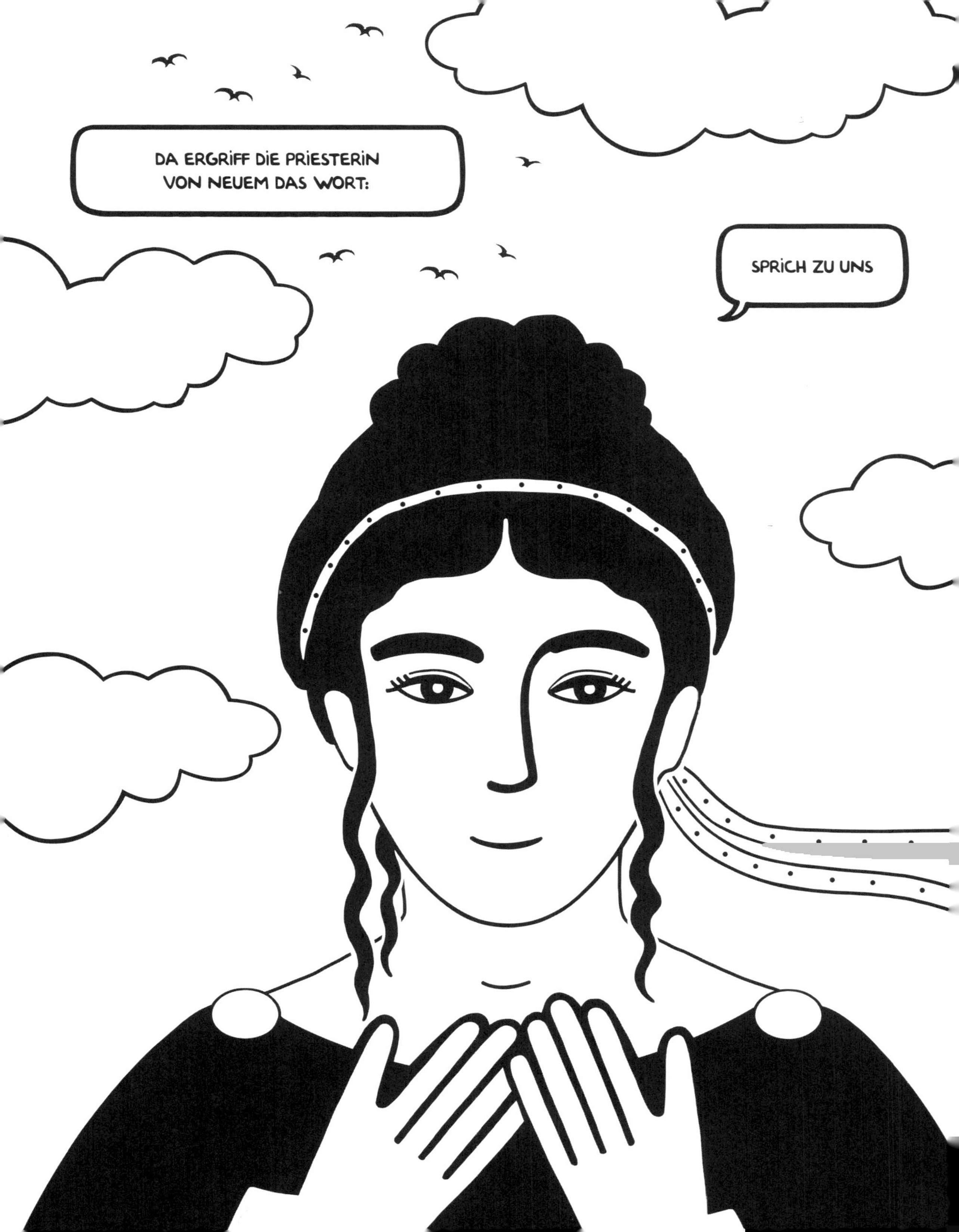
DA ERGRIFF DIE PRIESTERIN VON NEUEM DAS WORT:
SPRICH ZU UNS

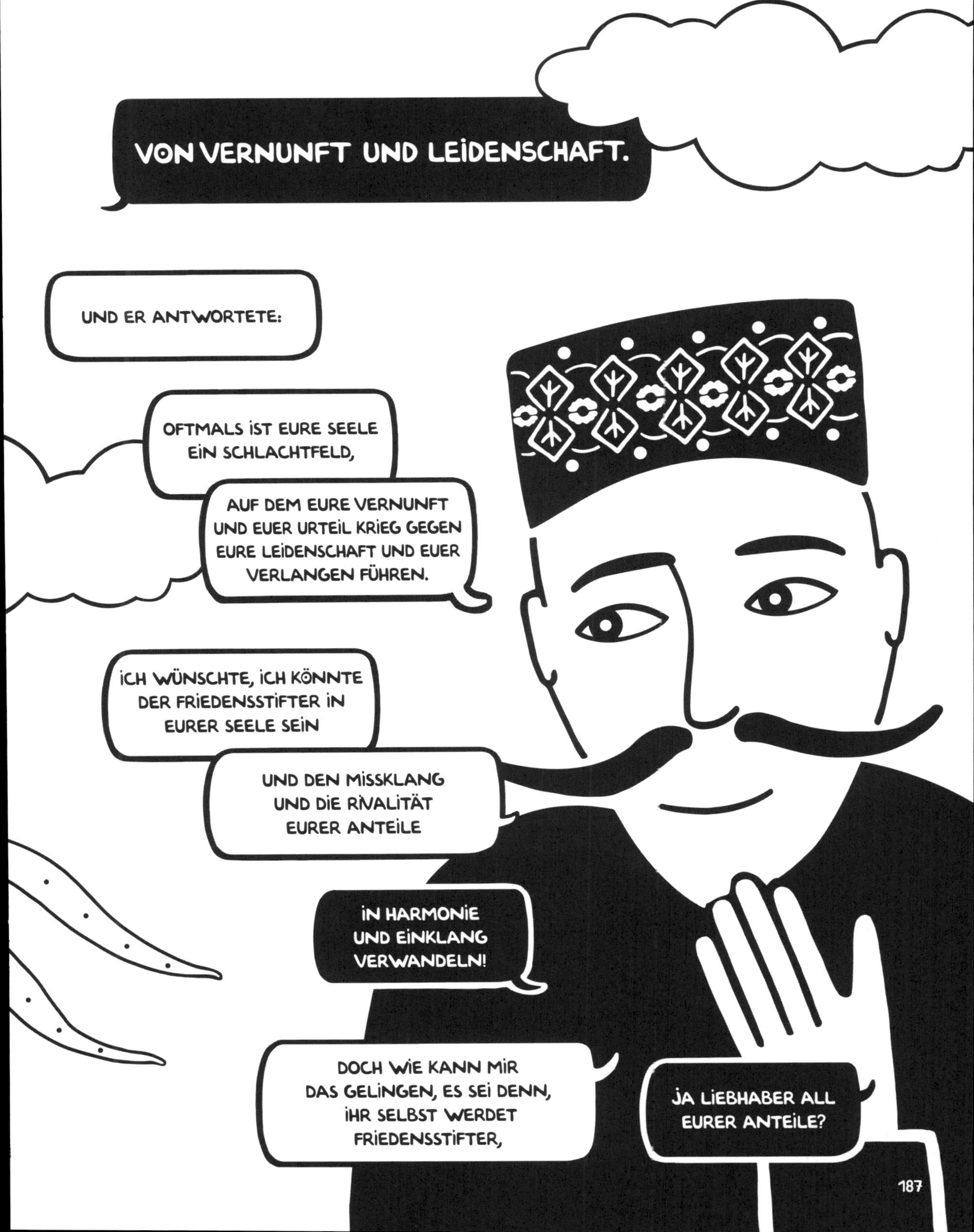

VON VERNUNFT UND LEIDENSCHAFT.

UND ER ANTWORTETE:

OFTMALS IST EURE SEELE EIN SCHLACHTFELD,

AUF DEM EURE VERNUNFT UND EUER URTEIL KRIEG GEGEN EURE LEIDENSCHAFT UND EUER VERLANGEN FÜHREN.

ICH WÜNSCHTE, ICH KÖNNTE DER FRIEDENSSTIFTER IN EURER SEELE SEIN

UND DEN MISSKLANG UND DIE RIVALITÄT EURER ANTEILE

IN HARMONIE UND EINKLANG VERWANDELN!

DOCH WIE KANN MIR DAS GELINGEN, ES SEI DENN, IHR SELBST WERDET FRIEDENSSTIFTER,

JA LIEBHABER ALL EURER ANTEILE?

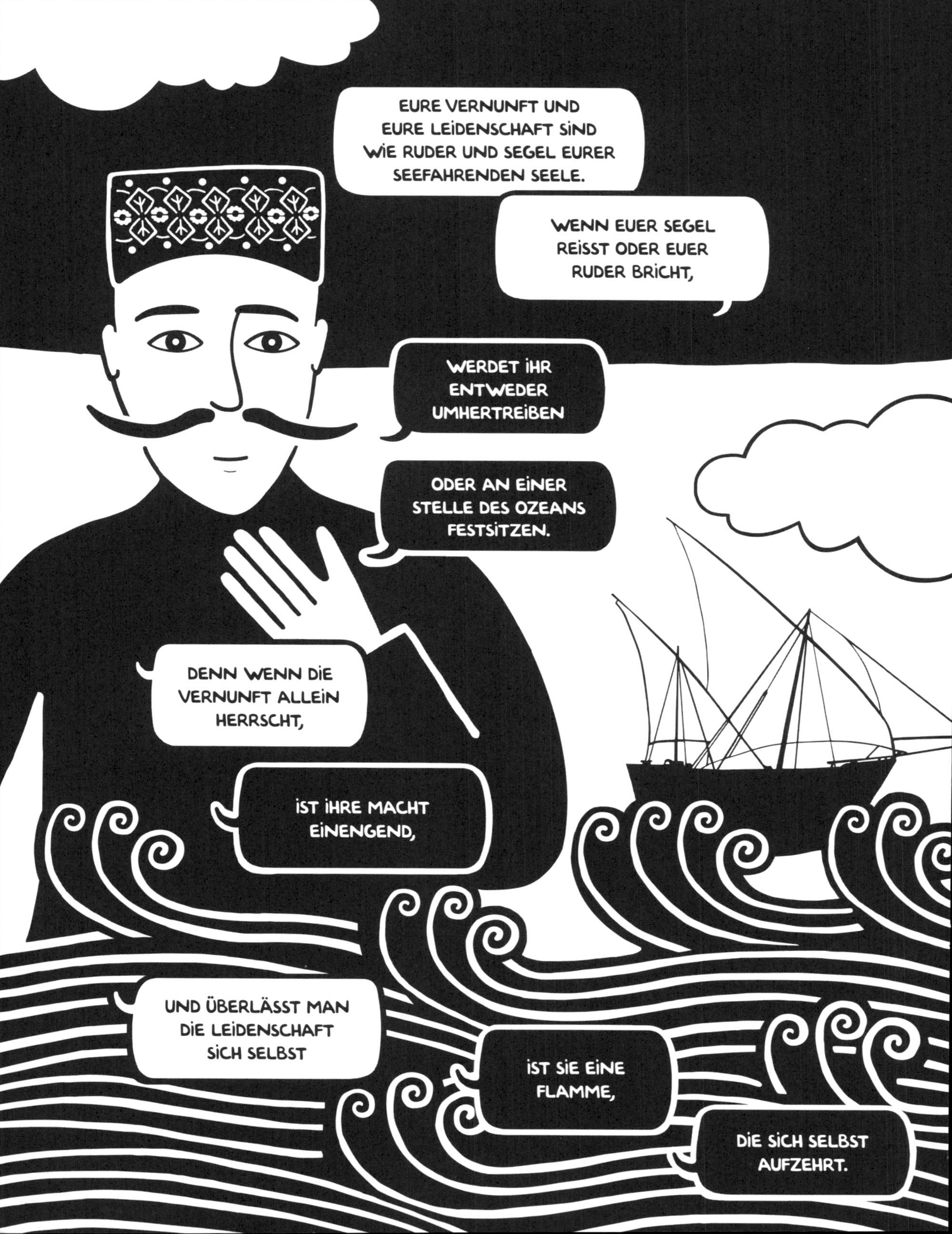
EURE VERNUNFT UND EURE LEIDENSCHAFT SIND WIE RUDER UND SEGEL EURER SEEFAHRENDEN SEELE.
WENN EUER SEGEL REISST ODER EUER RUDER BRICHT,
WERDET IHR ENTWEDER UMHERTREIBEN
ODER AN EINER STELLE DES OZEANS FESTSITZEN.
DENN WENN DIE VERNUNFT ALLEIN HERRSCHT,
IST IHRE MACHT EINENGEND,
UND ÜBERLÄSST MAN DIE LEIDENSCHAFT SICH SELBST
IST SIE EINE FLAMME,
DIE SICH SELBST AUFZEHRT.

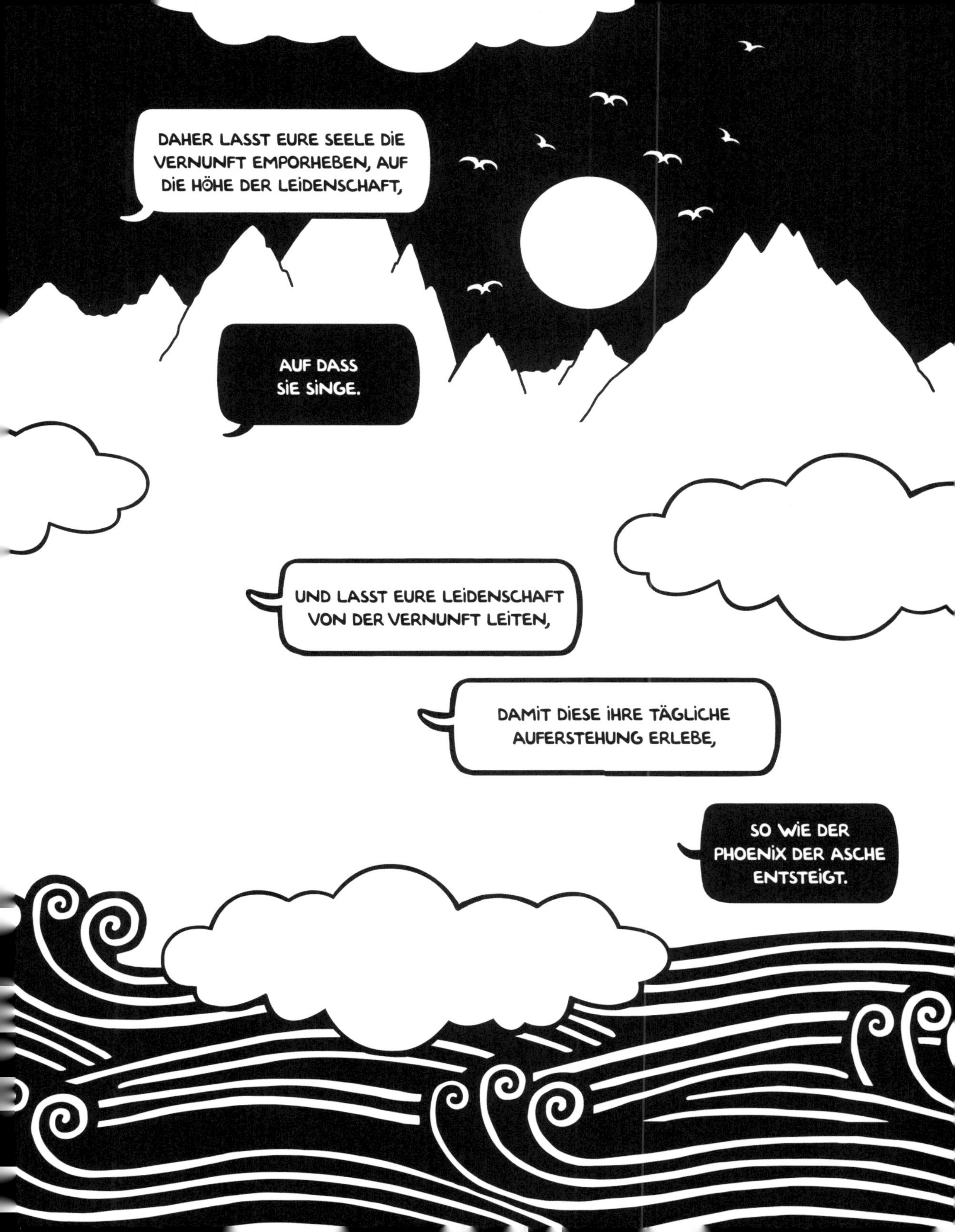
DAHER LASST EURE SEELE DIE VERNUNFT EMPORHEBEN, AUF DIE HÖHE DER LEIDENSCHAFT,
AUF DASS SIE SINGE.
UND LASST EURE LEIDENSCHAFT VON DER VERNUNFT LEITEN,
DAMIT DIESE IHRE TÄGLICHE AUFERSTEHUNG ERLEBE,
SO WIE DER PHOENIX DER ASCHE ENTSTEIGT.

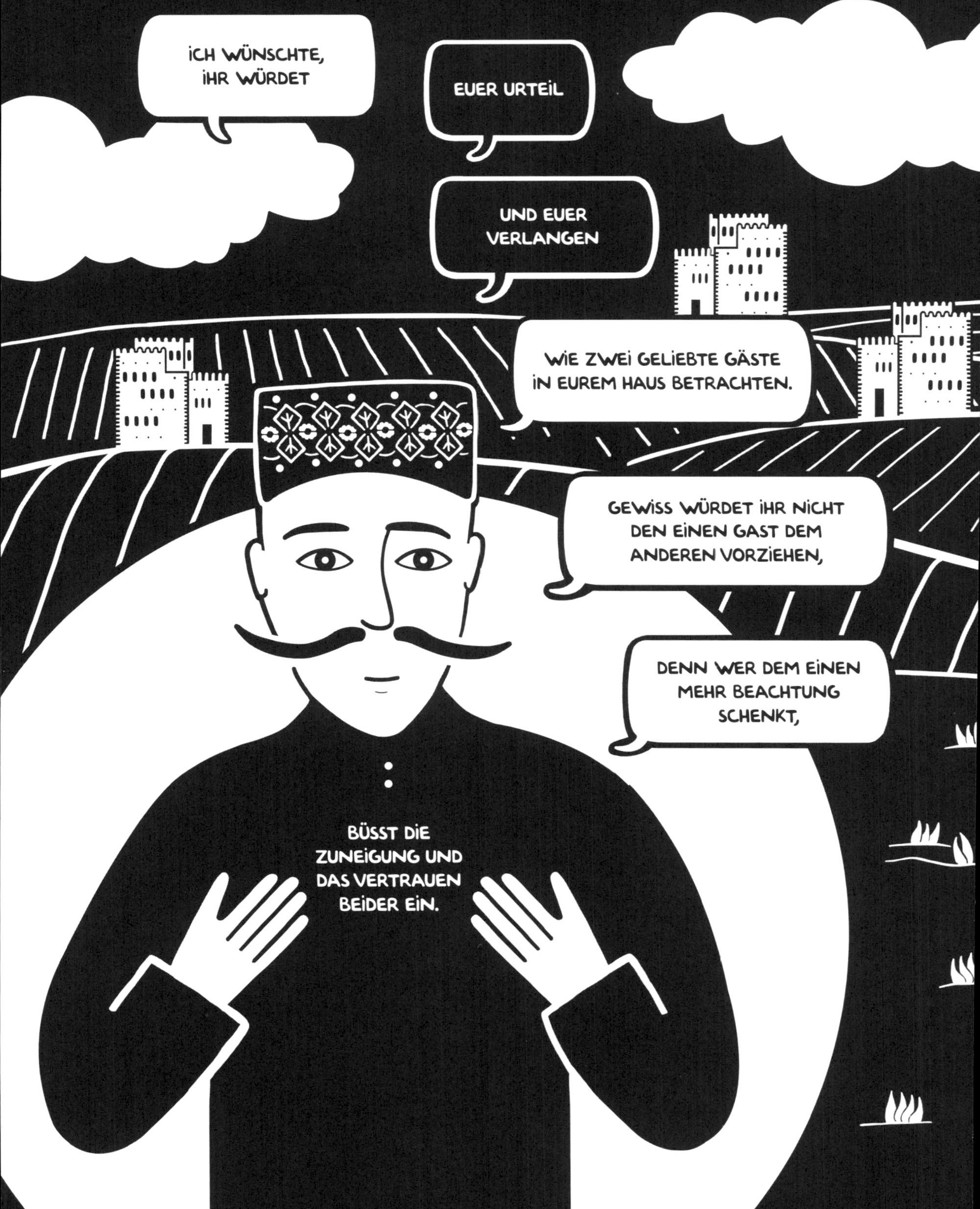
ICH WÜNSCHTE, IHR WÜRDET
EUER URTEIL
UND EUER VERLANGEN
WIE ZWEI GELIEBTE GÄSTE IN EUREM HAUS BETRACHTEN.
GEWISS WÜRDET IHR NICHT DEN EINEN GAST DEM ANDEREN VORZIEHEN,
DENN WER DEM EINEN MEHR BEACHTUNG SCHENKT,
BÜSST DIE ZUNEIGUNG UND DAS VERTRAUEN BEIDER EIN.

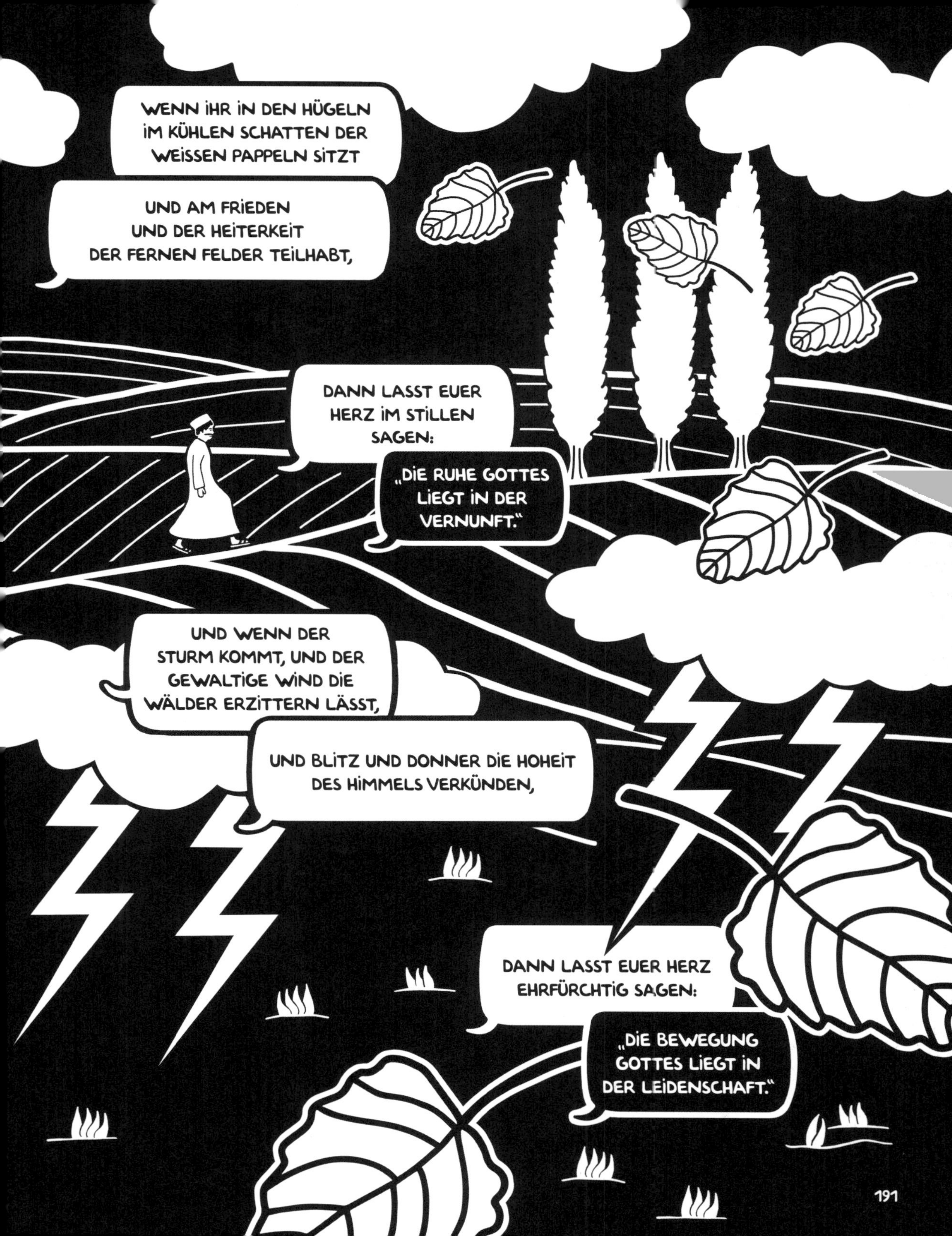
WENN IHR IN DEN HÜGELN IM KÜHLEN SCHATTEN DER WEISSEN PAPPELN SITZT
UND AM FRIEDEN UND DER HEITERKEIT DER FERNEN FELDER TEILHABT,
DANN LASST EUER HERZ IM STILLEN SAGEN:
„DIE RUHE GOTTES LIEGT IN DER VERNUNFT."
UND WENN DER STURM KOMMT, UND DER GEWALTIGE WIND DIE WÄLDER ERZITTERN LÄSST,
UND BLITZ UND DONNER DIE HOHEIT DES HIMMELS VERKÜNDEN,
DANN LASST EUER HERZ EHRFÜRCHTIG SAGEN:
„DIE BEWEGUNG GOTTES LIEGT IN DER LEIDENSCHAFT."

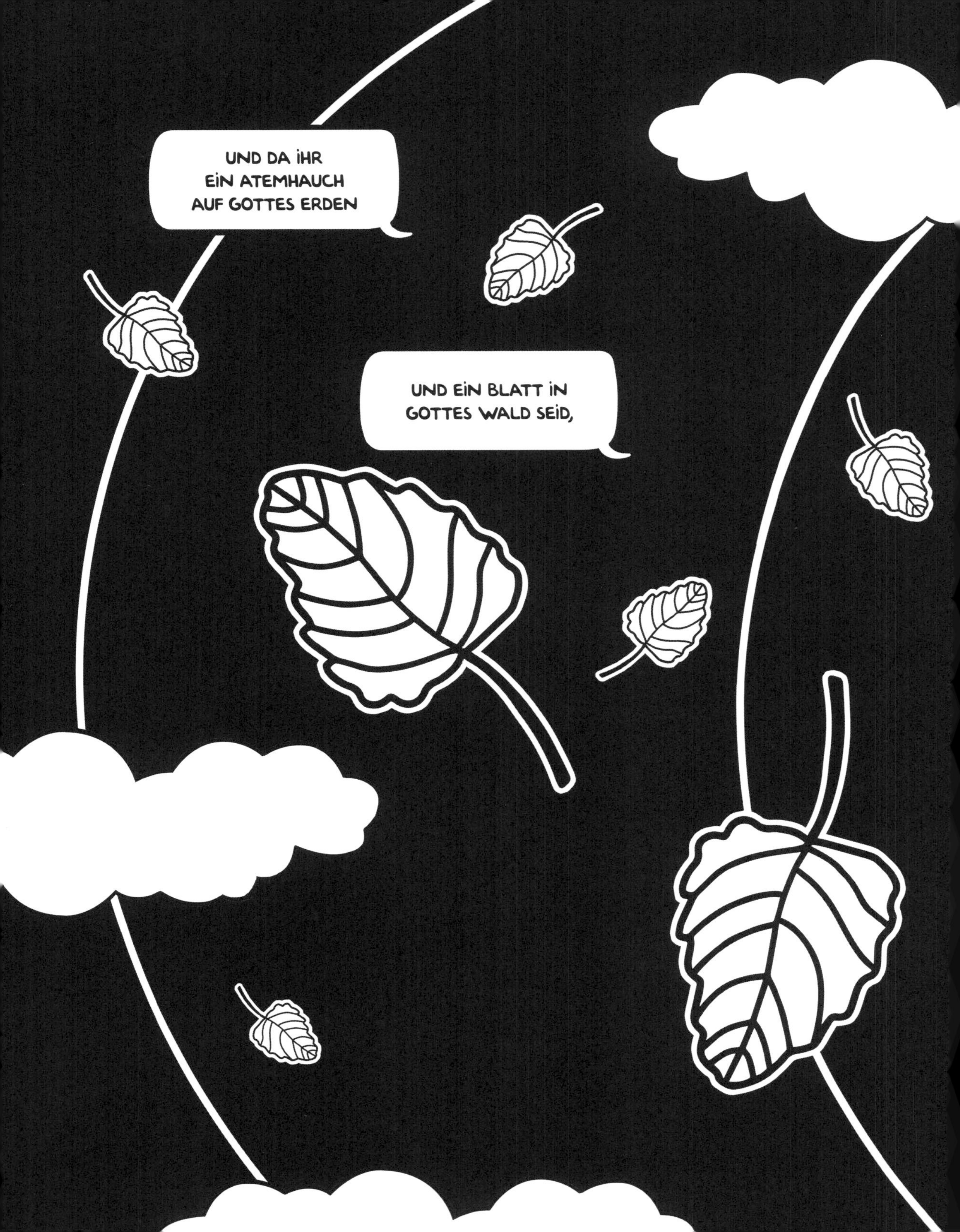
UND DA IHR
EIN ATEMHAUCH
AUF GOTTES ERDEN
UND EIN BLATT IN
GOTTES WALD SEID,

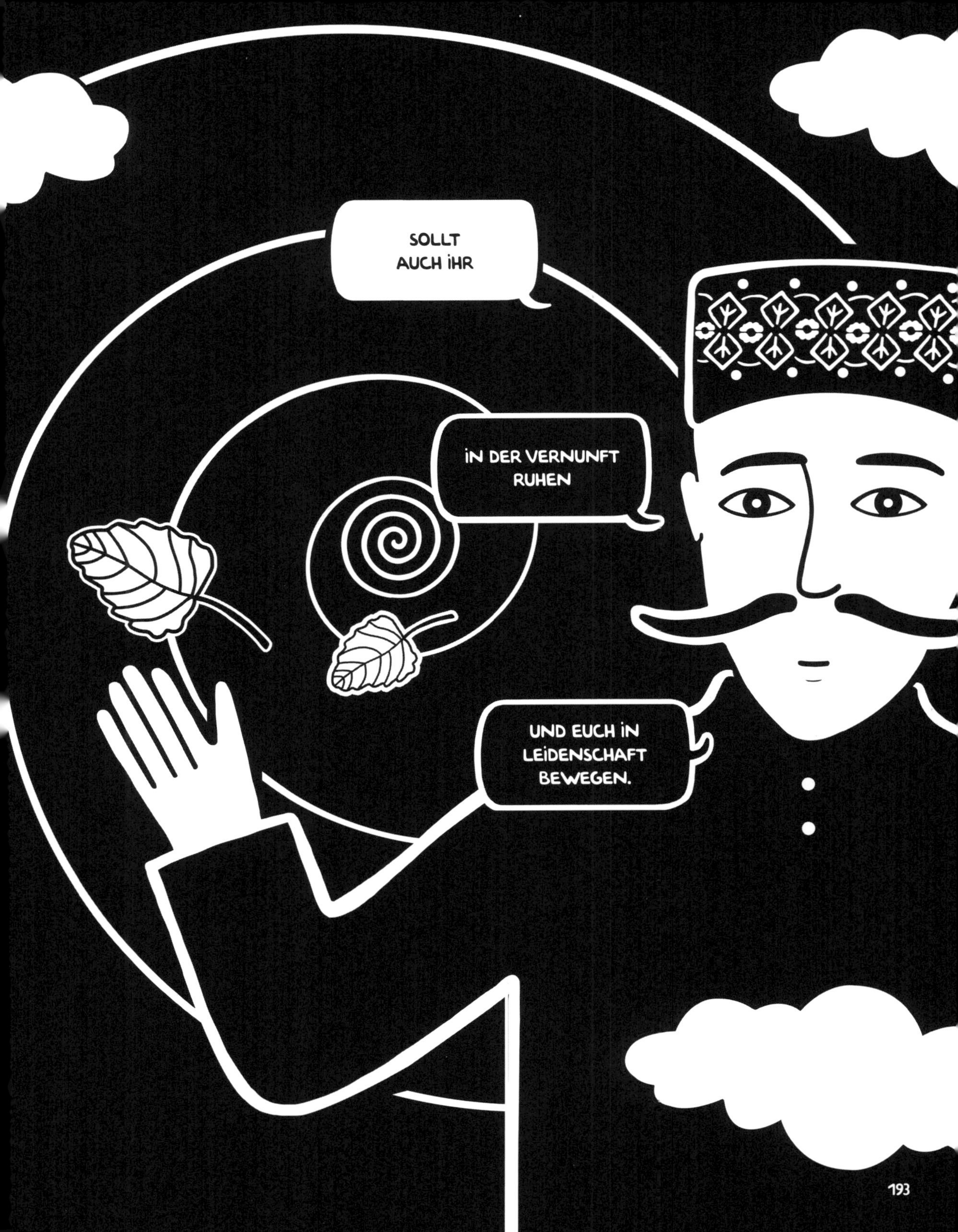
SOLLT AUCH iHR
iN DER VERNUNFT RUHEN
UND EUCH iN LEiDENSCHAFT BEWEGEN.

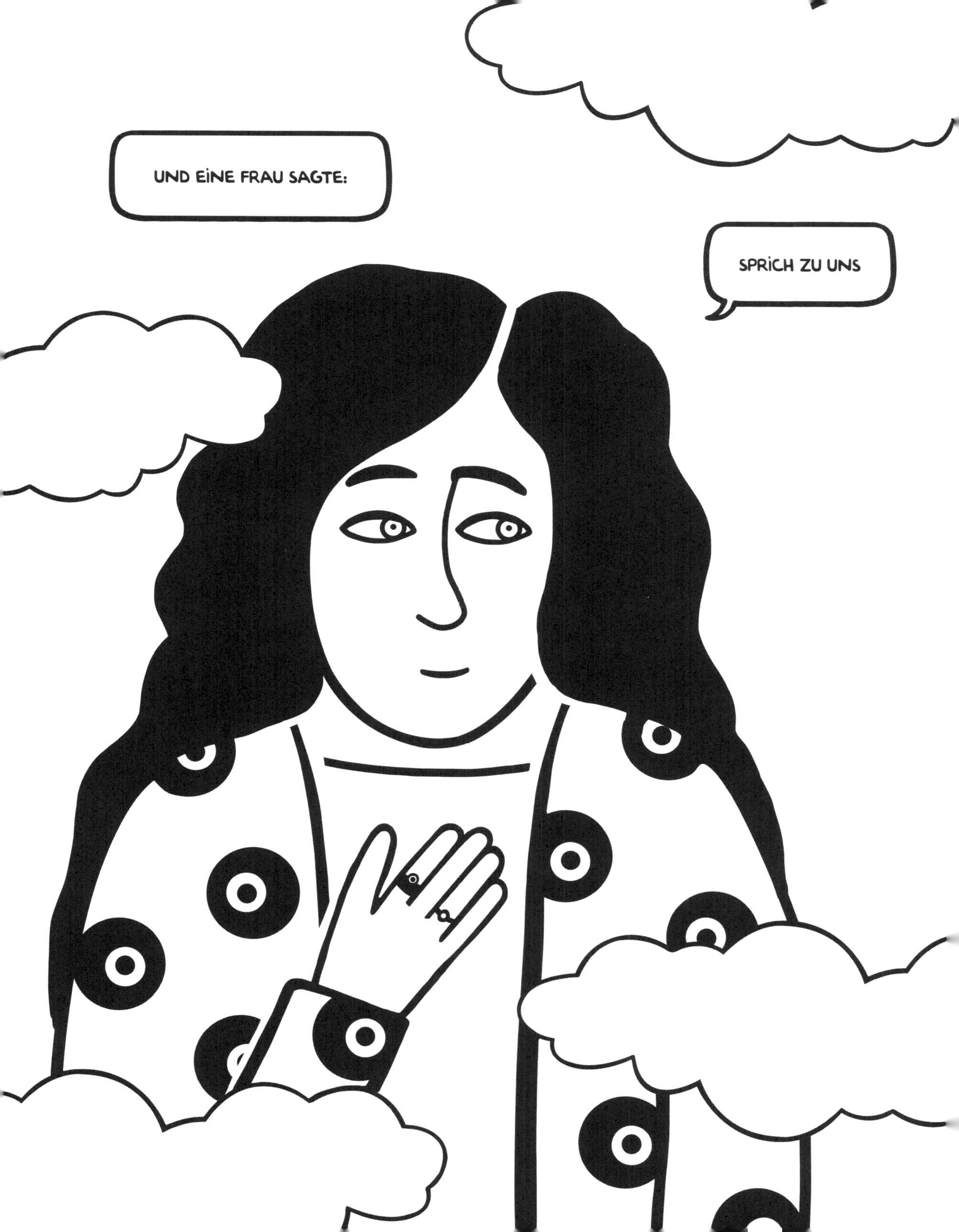
UND EINE FRAU SAGTE:
SPRICH ZU UNS

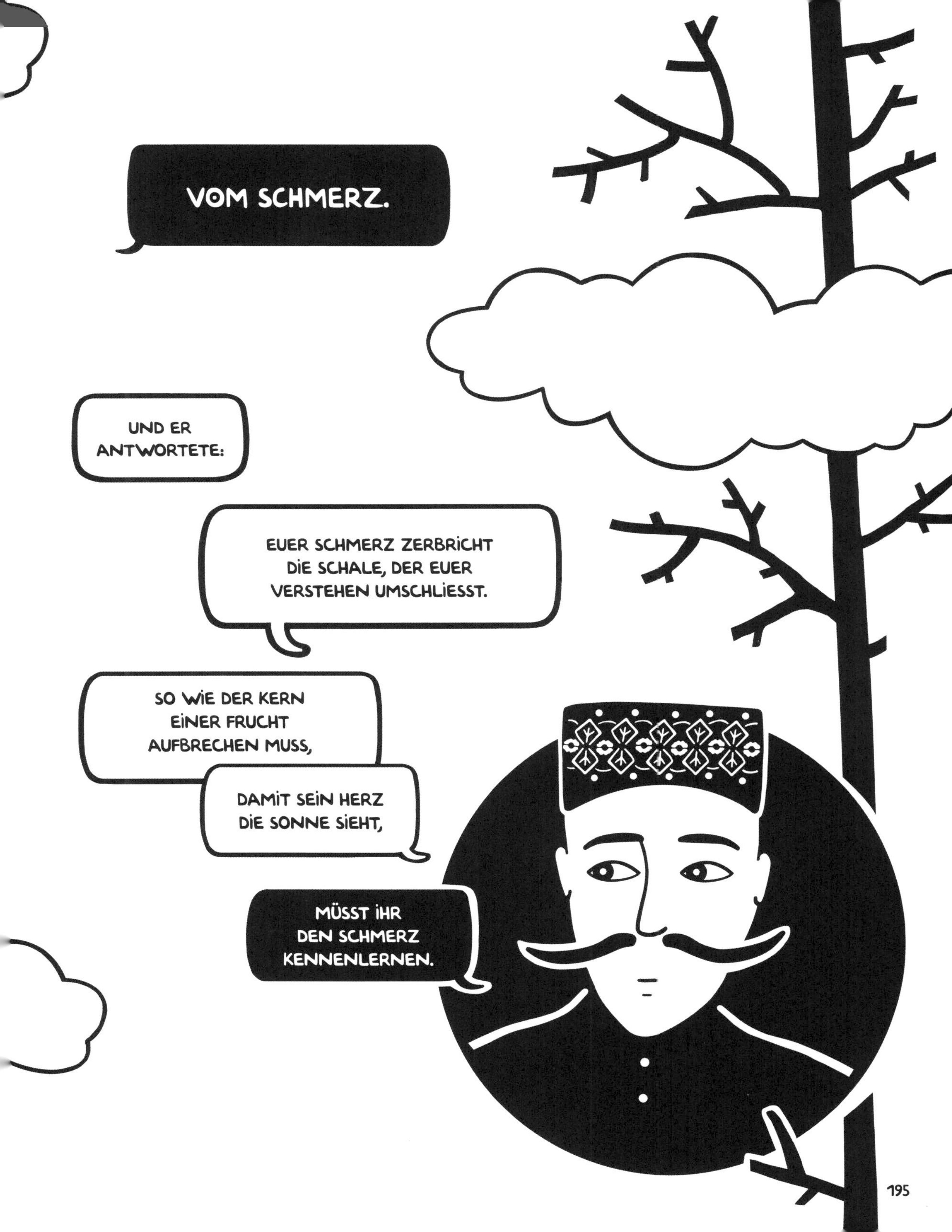
VOM SCHMERZ.
UND ER ANTWORTETE:
EUER SCHMERZ ZERBRICHT DIE SCHALE, DER EUER VERSTEHEN UMSCHLIESST.
SO WIE DER KERN EINER FRUCHT AUFBRECHEN MUSS,
DAMIT SEIN HERZ DIE SONNE SIEHT,
MÜSST IHR DEN SCHMERZ KENNENLERNEN.

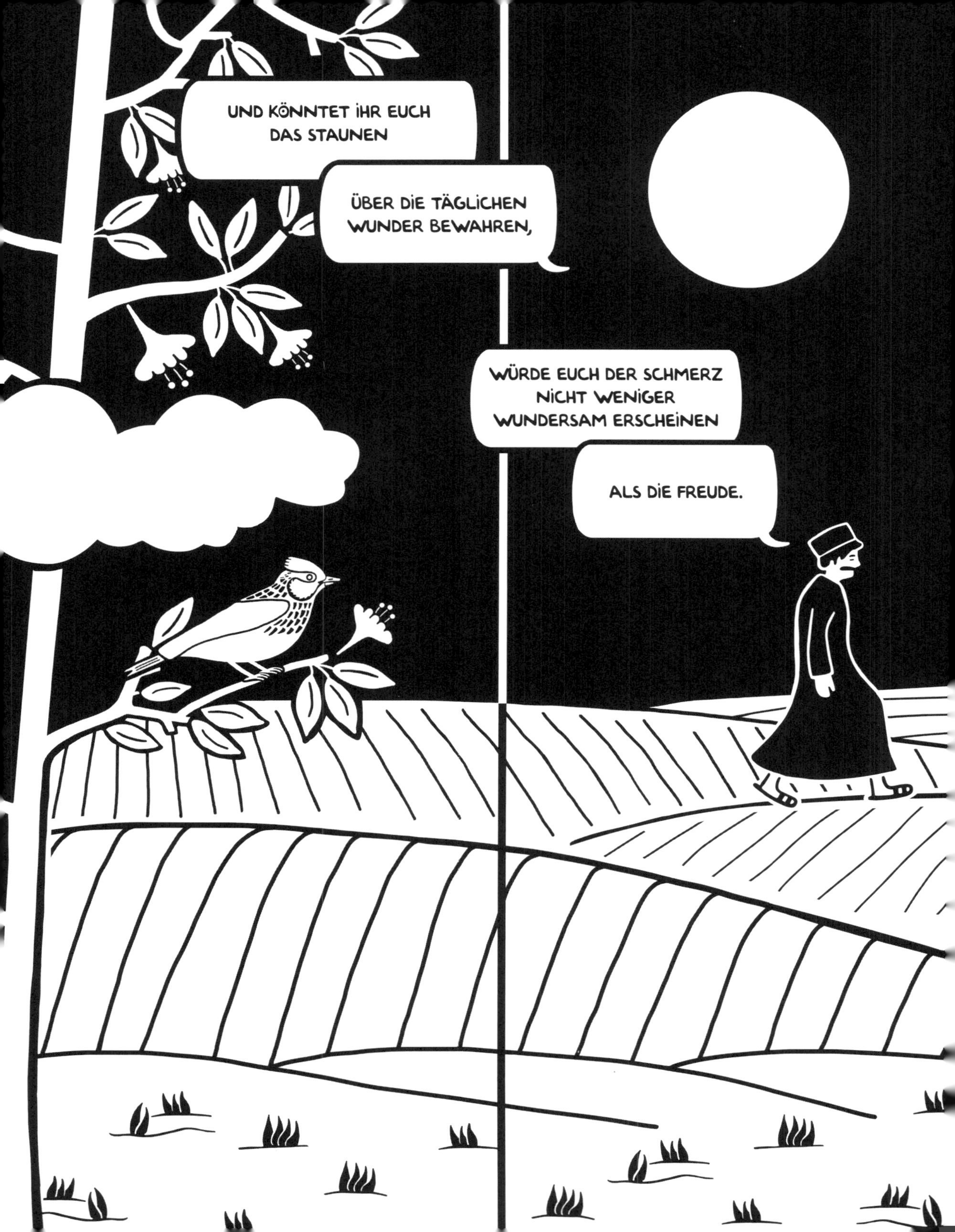
UND KÖNNTET IHR EUCH DAS STAUNEN
ÜBER DIE TÄGLICHEN WUNDER BEWAHREN,
WÜRDE EUCH DER SCHMERZ NICHT WENIGER WUNDERSAM ERSCHEINEN
ALS DIE FREUDE.

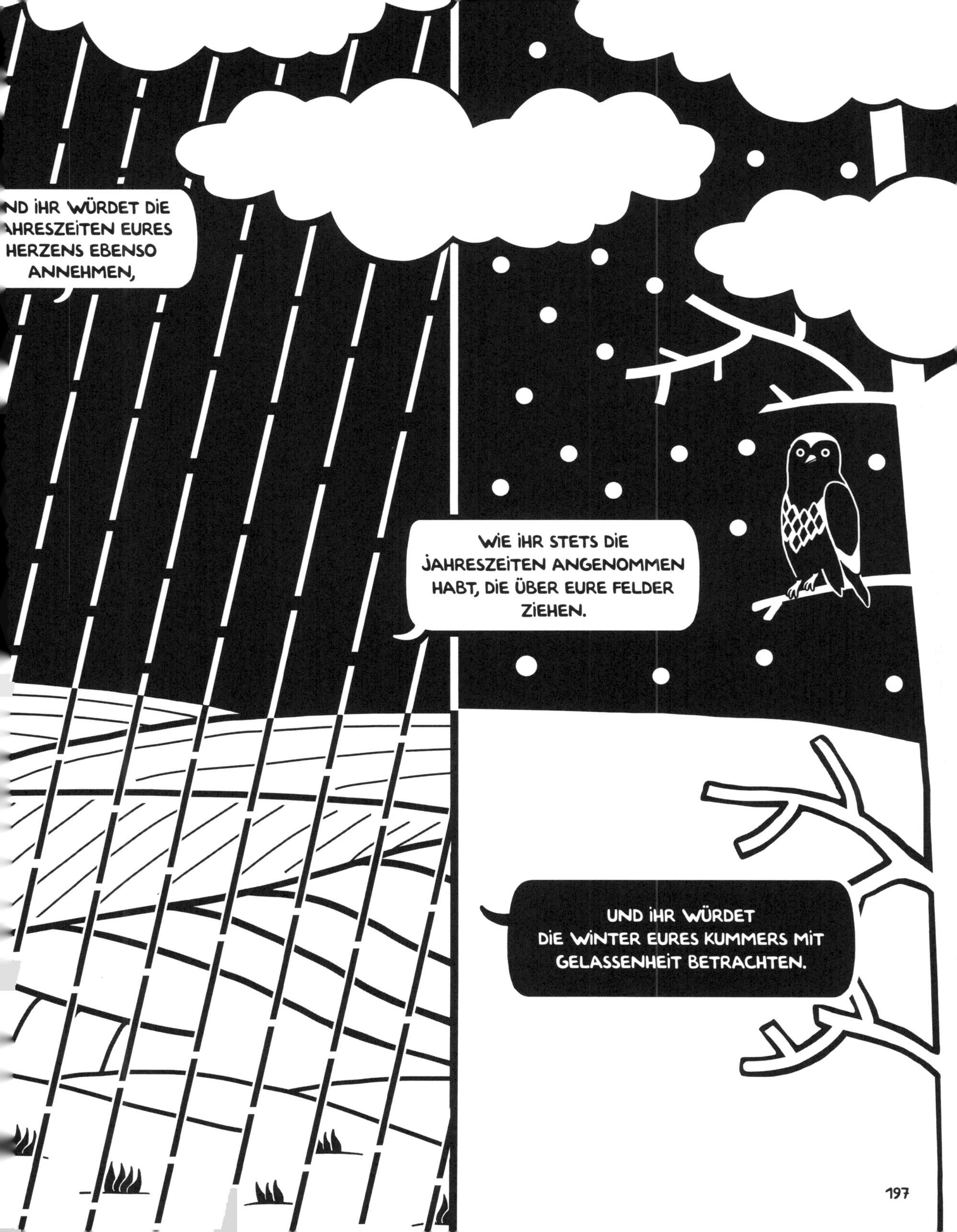
ND IHR WÜRDET DIE AHRESZEITEN EURES HERZENS EBENSO ANNEHMEN,
WIE IHR STETS DIE JAHRESZEITEN ANGENOMMEN HABT, DIE ÜBER EURE FELDER ZIEHEN.
UND IHR WÜRDET DIE WINTER EURES KUMMERS MIT GELASSENHEIT BETRACHTEN.

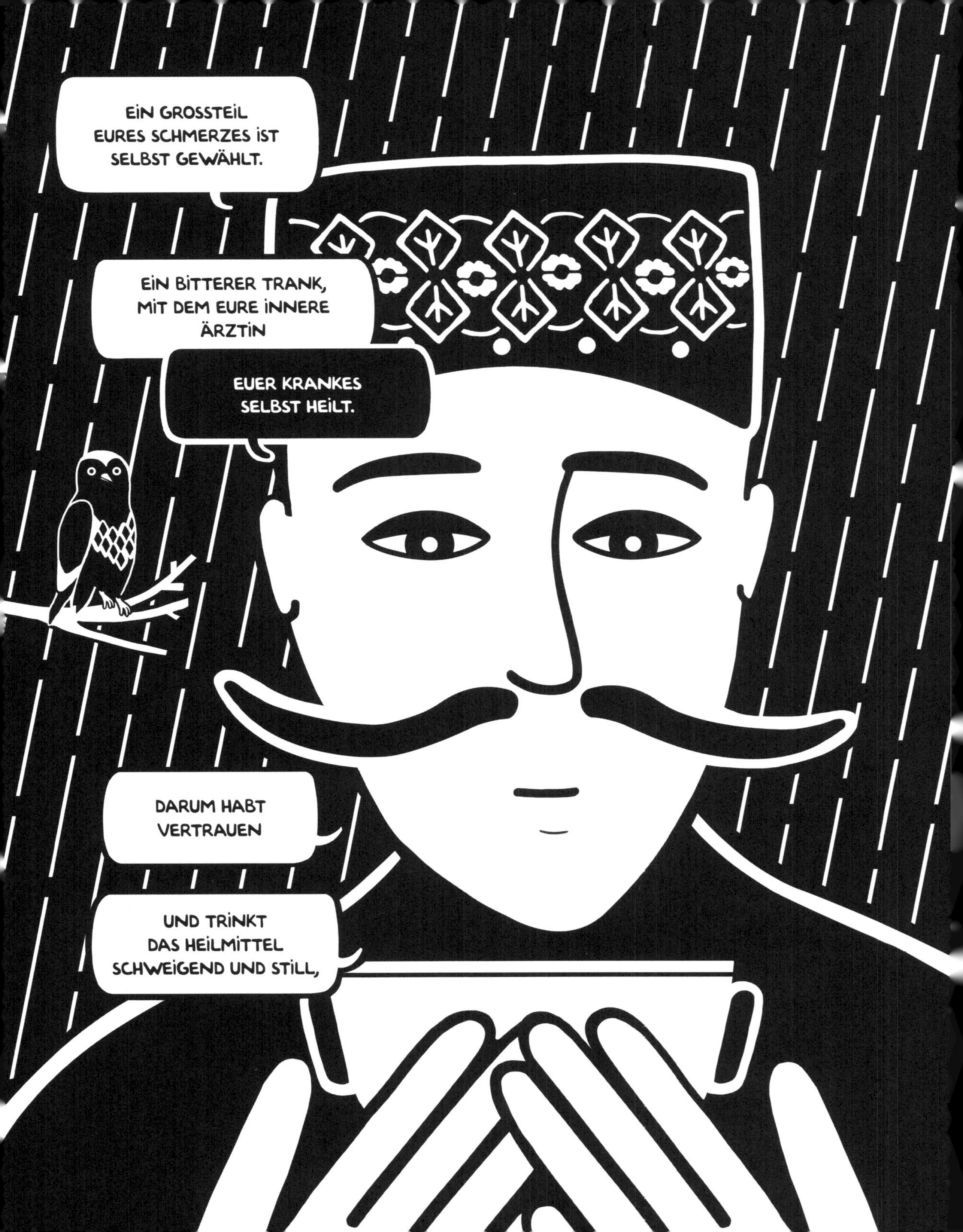
EIN GROSSTEIL EURES SCHMERZES IST SELBST GEWÄHLT.
EIN BITTERER TRANK, MIT DEM EURE INNERE ÄRZTIN
EUER KRANKES SELBST HEILT.
DARUM HABT VERTRAUEN
UND TRINKT DAS HEILMITTEL SCHWEIGEND UND STILL,

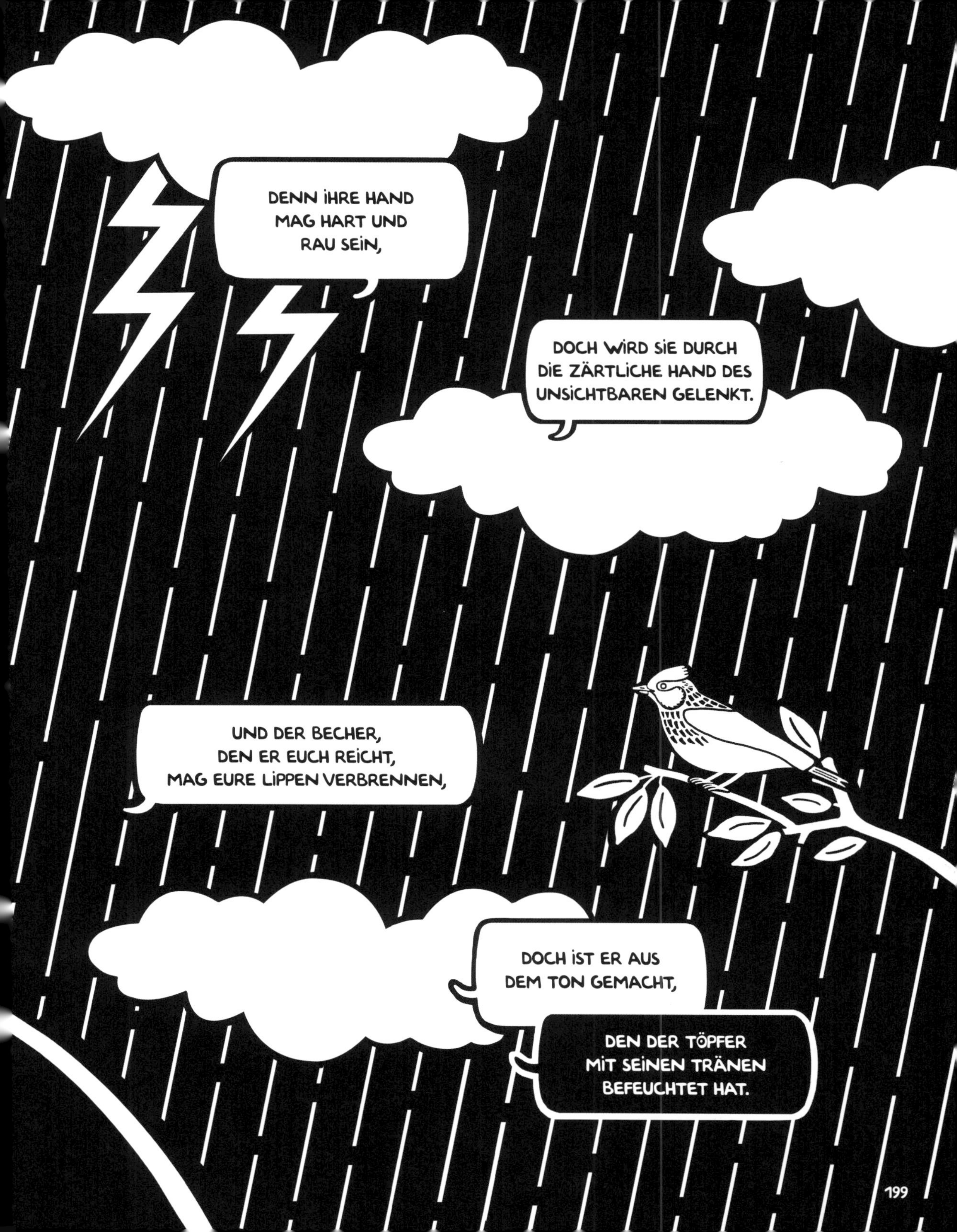
DENN IHRE HAND MAG HART UND RAU SEIN,
DOCH WIRD SIE DURCH DIE ZÄRTLICHE HAND DES UNSICHTBAREN GELENKT.
UND DER BECHER, DEN ER EUCH REICHT, MAG EURE LIPPEN VERBRENNEN,
DOCH IST ER AUS DEM TON GEMACHT,
DEN DER TÖPFER MIT SEINEN TRÄNEN BEFEUCHTET HAT.

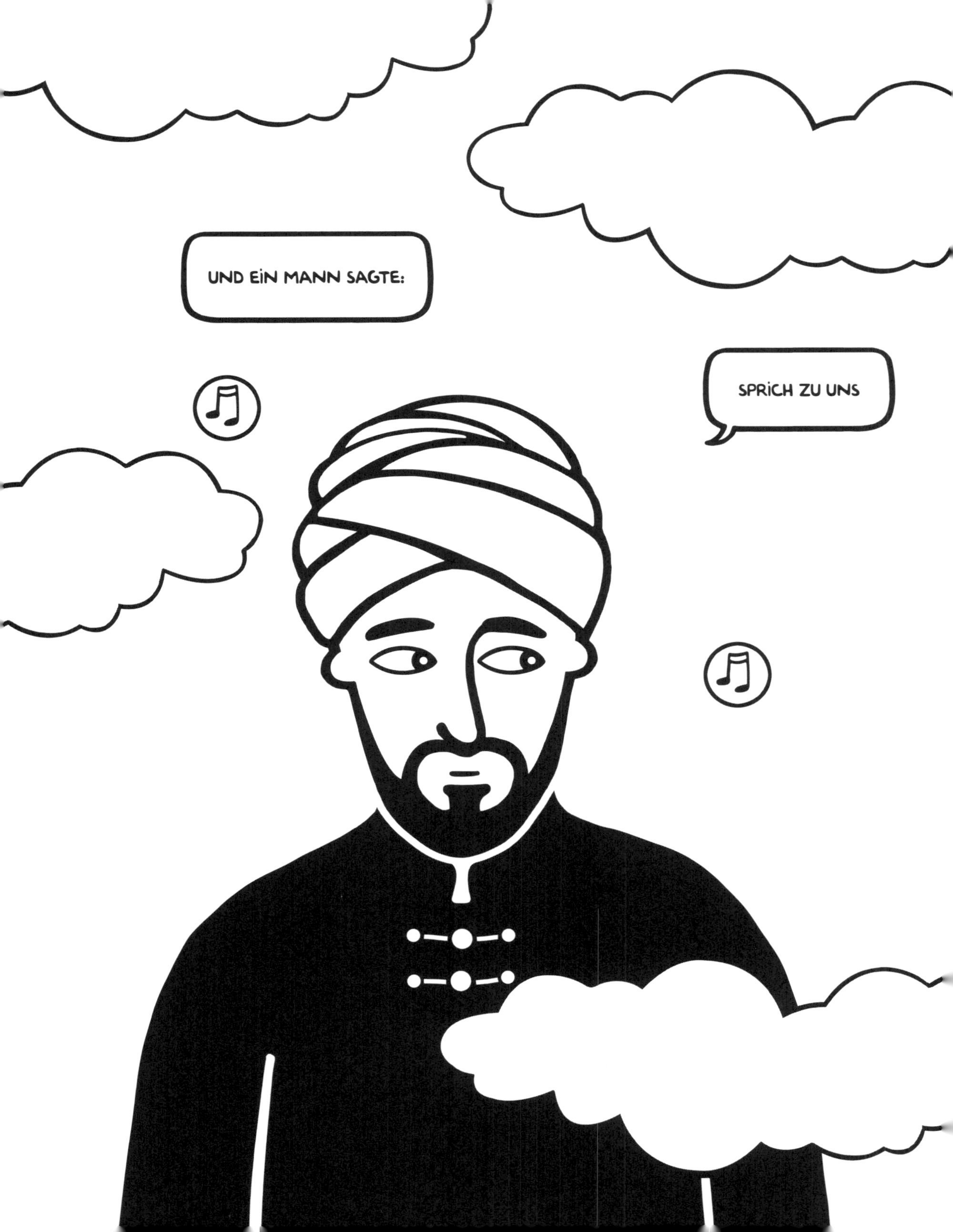
UND EIN MANN SAGTE:
SPRICH ZU UNS

VON DER SELBSTERKENNTNIS.
UND ER ANTWORTETE MIT DEN WORTEN:
EURE HERZEN KENNEN IM STILLEN DIE GEHEIMNISSE DER TAGE UND DER NÄCHTE.
DOCH EURE OHREN DÜRSTET ES NACH DER WEISHEIT EURES HERZENS.

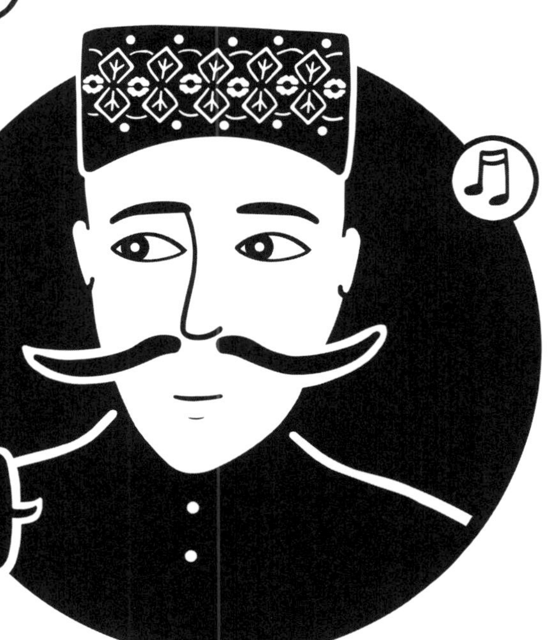

IN WORTEN WOLLT IHR HÖREN, WAS IHR IN GEDANKEN SCHON IMMER WUSSTET.
MIT EUREN FINGERN WOLLT IHR DEN NACKTEN LEIB EURER TRÄUME BERÜHREN.
UND DAS IST AUCH GUT SO.

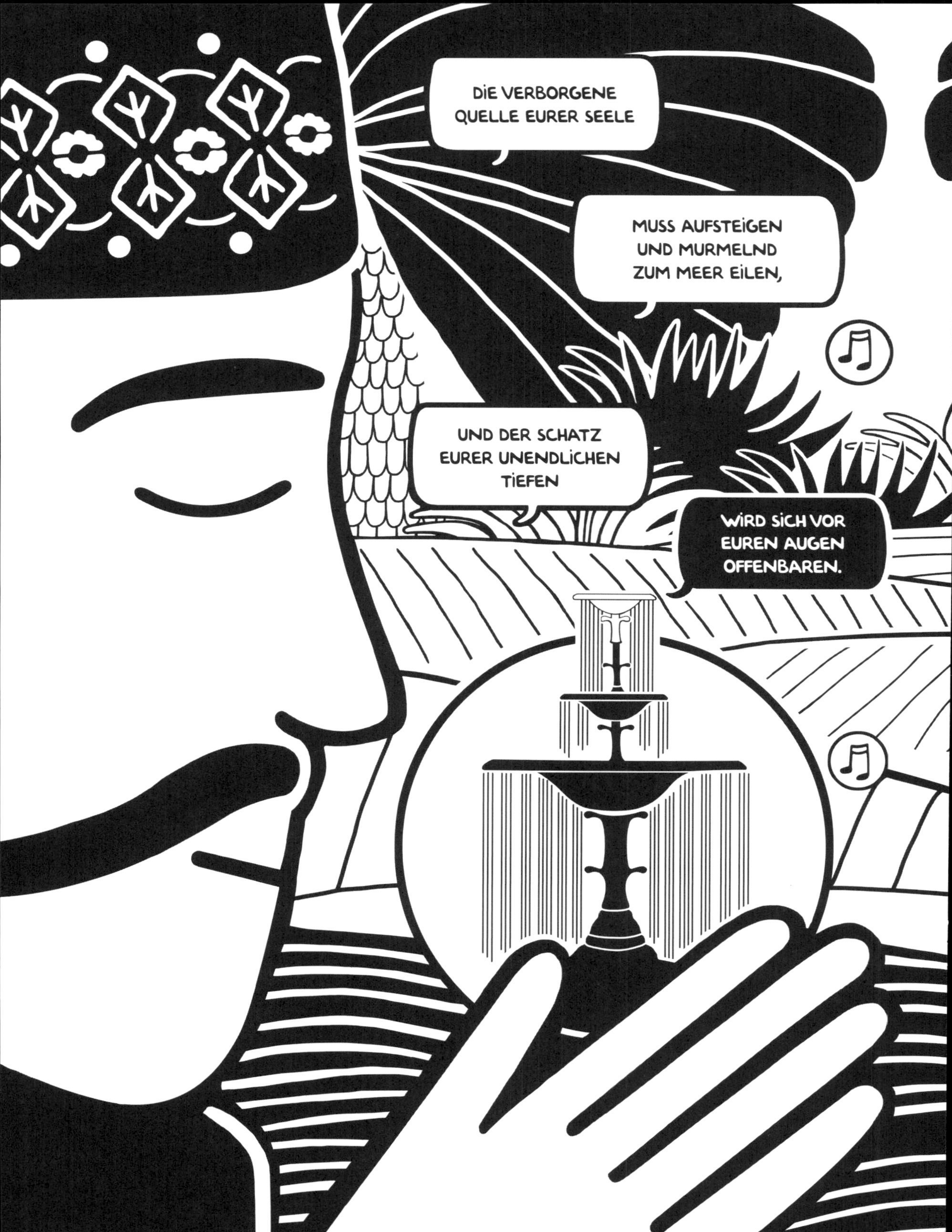
DIE VERBORGENE QUELLE EURER SEELE
MUSS AUFSTEIGEN UND MURMELND ZUM MEER EILEN,
UND DER SCHATZ EURER UNENDLICHEN TIEFEN
WIRD SICH VOR EUREN AUGEN OFFENBAREN.

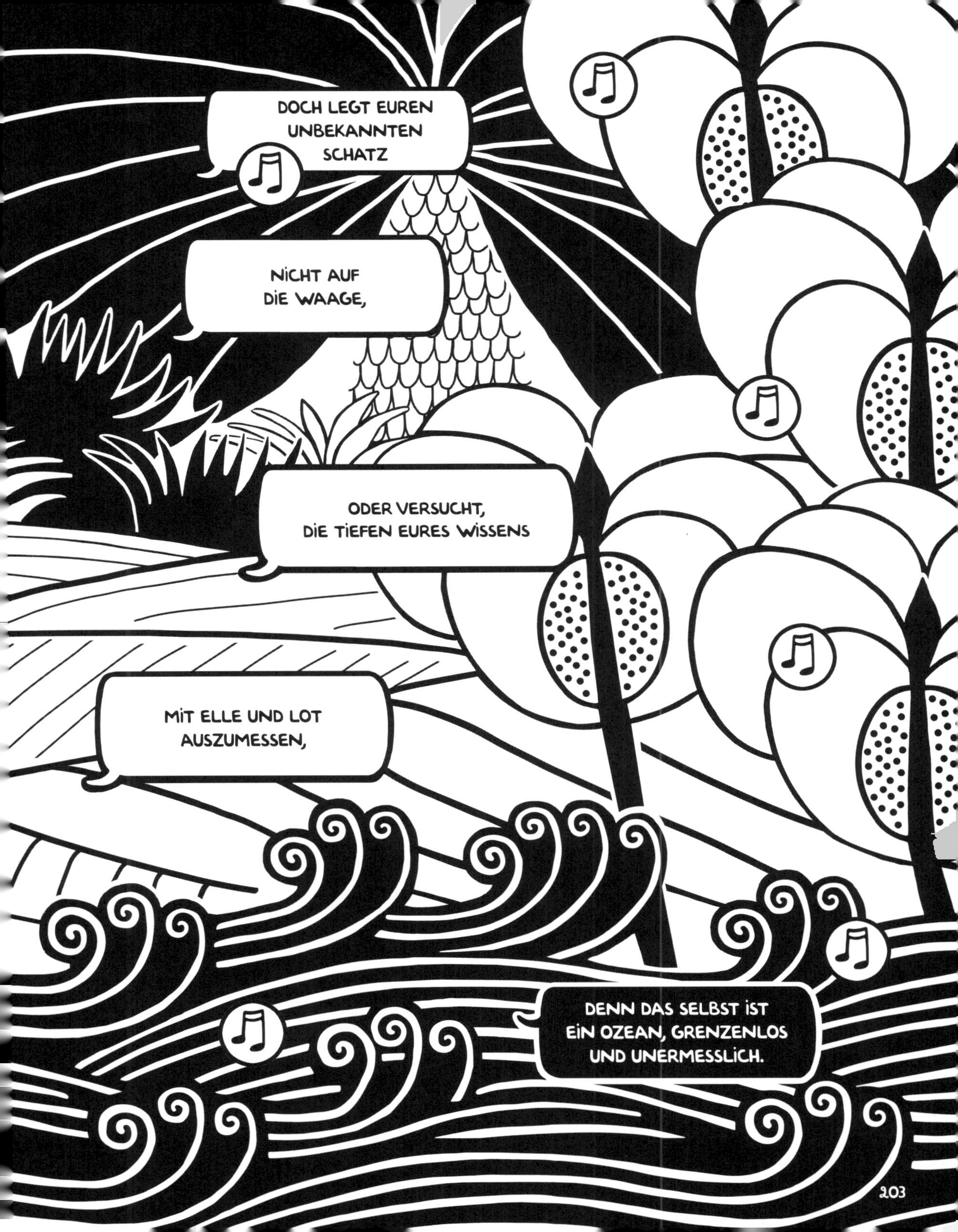
DOCH LEGT EUREN UNBEKANNTEN SCHATZ
NICHT AUF DIE WAAGE,
ODER VERSUCHT, DIE TIEFEN EURES WISSENS
MIT ELLE UND LOT AUSZUMESSEN,
DENN DAS SELBST IST EIN OZEAN, GRENZENLOS UND UNERMESSLICH.

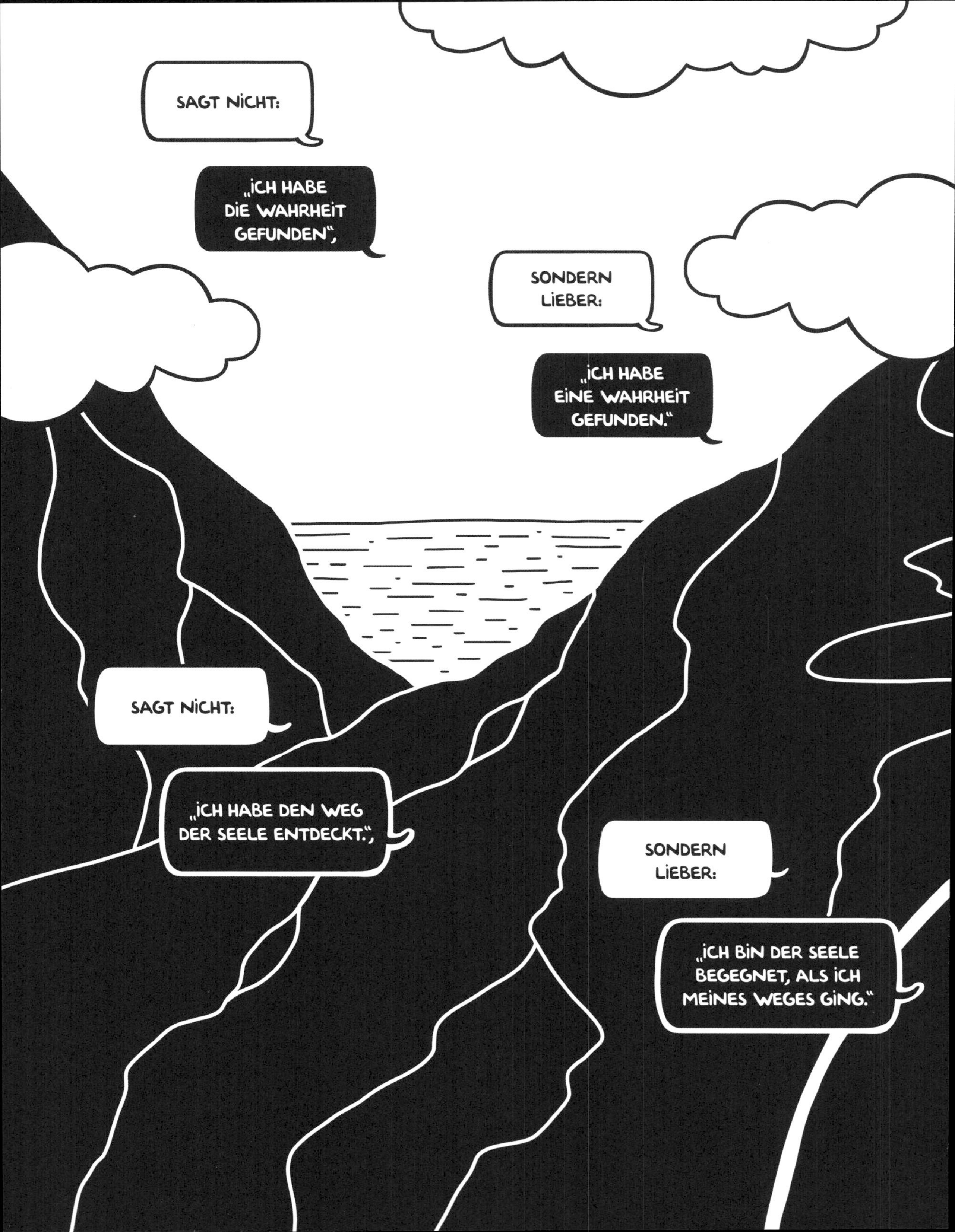
SAGT NICHT:
„ICH HABE DIE WAHRHEIT GEFUNDEN",
SONDERN LIEBER:
„ICH HABE EINE WAHRHEIT GEFUNDEN."
SAGT NICHT:
„ICH HABE DEN WEG DER SEELE ENTDECKT.",
SONDERN LIEBER:
„ICH BIN DER SEELE BEGEGNET, ALS ICH MEINES WEGES GING."

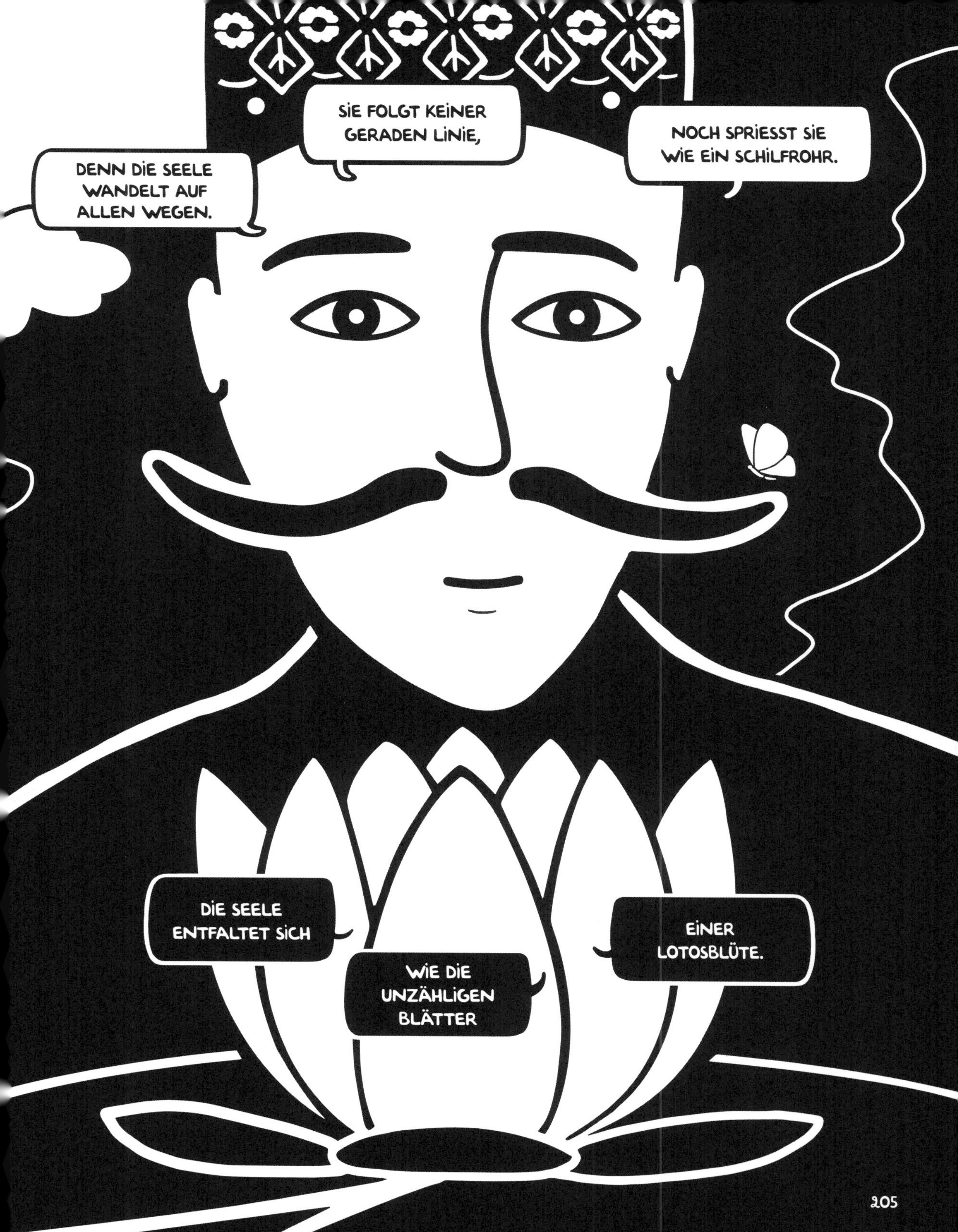
DENN DIE SEELE WANDELT AUF ALLEN WEGEN.
SIE FOLGT KEINER GERADEN LINIE,
NOCH SPRIESST SIE WIE EIN SCHILFROHR.
DIE SEELE ENTFALTET SICH
WIE DIE UNZÄHLIGEN BLÄTTER
EINER LOTOSBLÜTE.

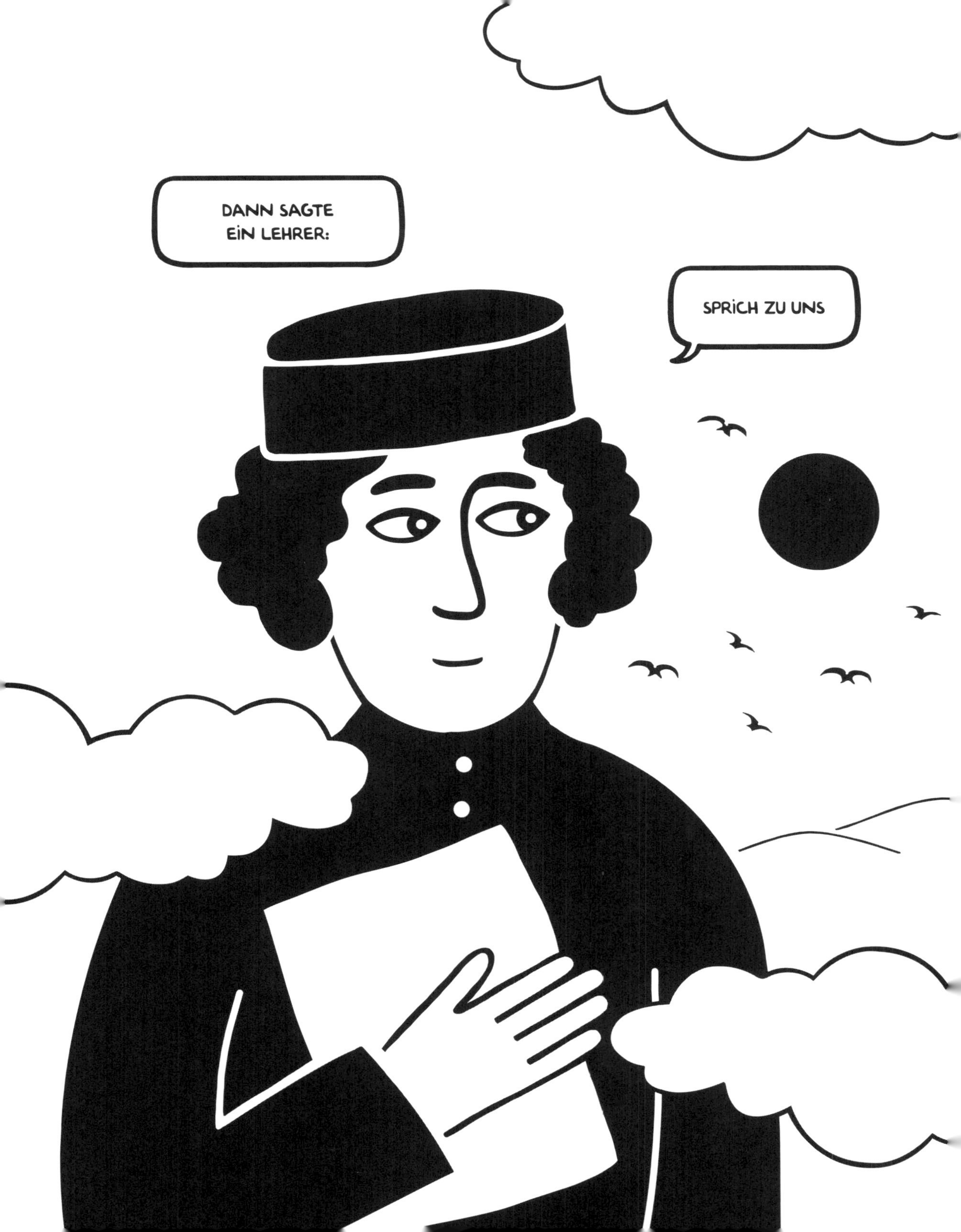
DANN SAGTE
EIN LEHRER:
SPRICH ZU UNS

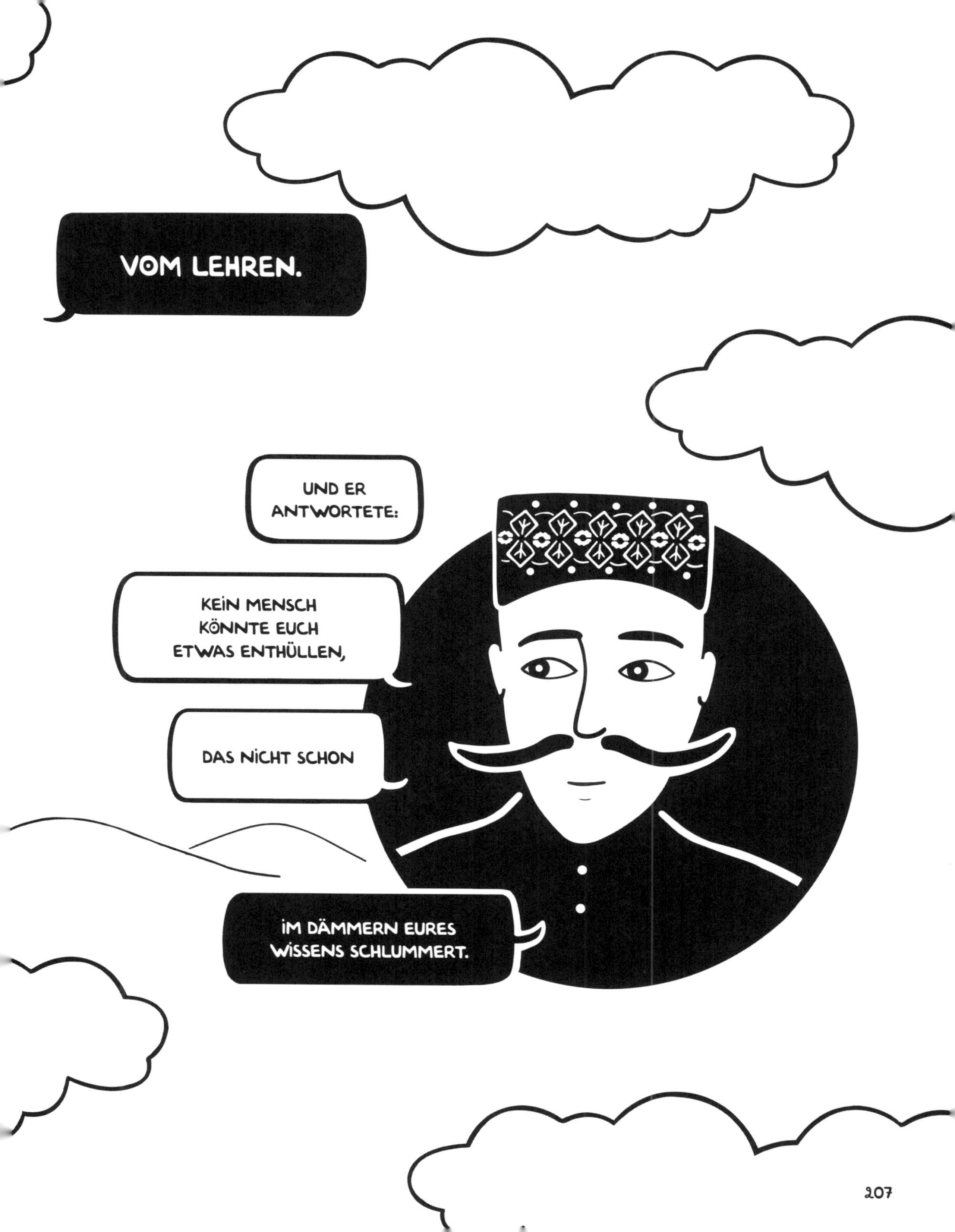
VOM LEHREN.
UND ER ANTWORTETE:
KEIN MENSCH KÖNNTE EUCH ETWAS ENTHÜLLEN,
DAS NICHT SCHON
IM DÄMMERN EURES WISSENS SCHLUMMERT.

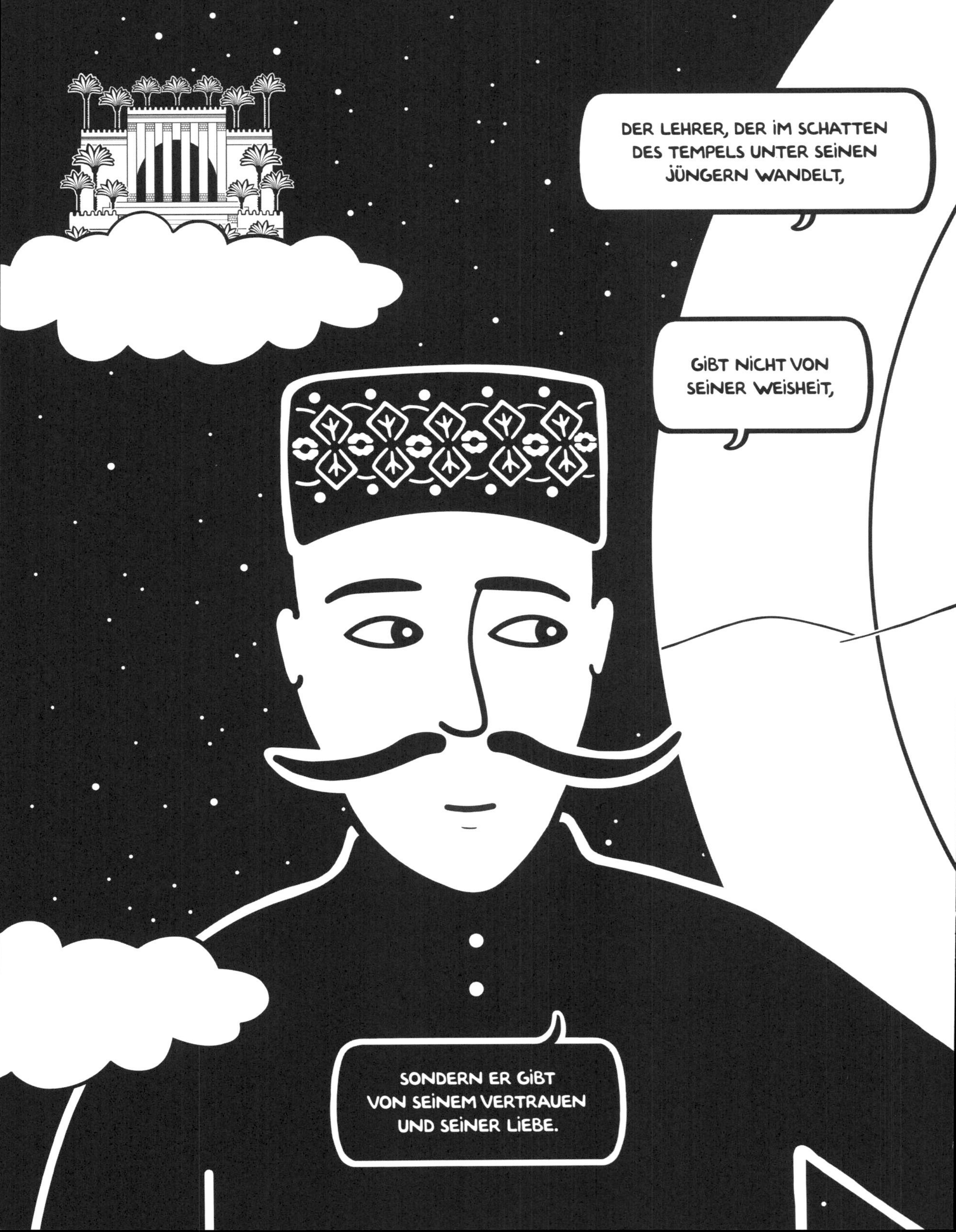
DER LEHRER, DER IM SCHATTEN DES TEMPELS UNTER SEINEN JÜNGERN WANDELT,
GIBT NICHT VON SEINER WEISHEIT,
SONDERN ER GIBT VON SEINEM VERTRAUEN UND SEINER LIEBE.

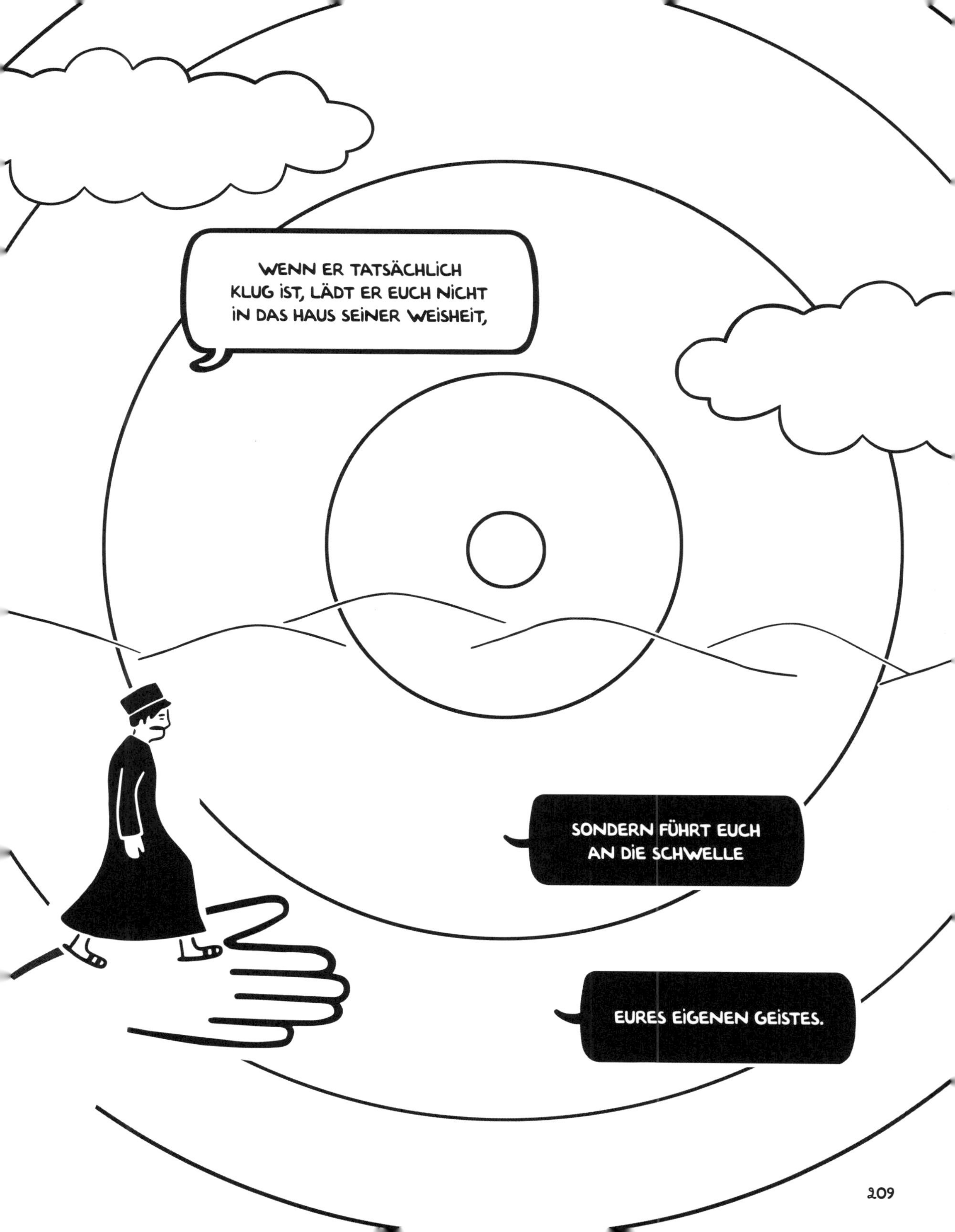
WENN ER TATSÄCHLICH KLUG IST, LÄDT ER EUCH NICHT IN DAS HAUS SEINER WEISHEIT,
SONDERN FÜHRT EUCH AN DIE SCHWELLE
EURES EIGENEN GEISTES.

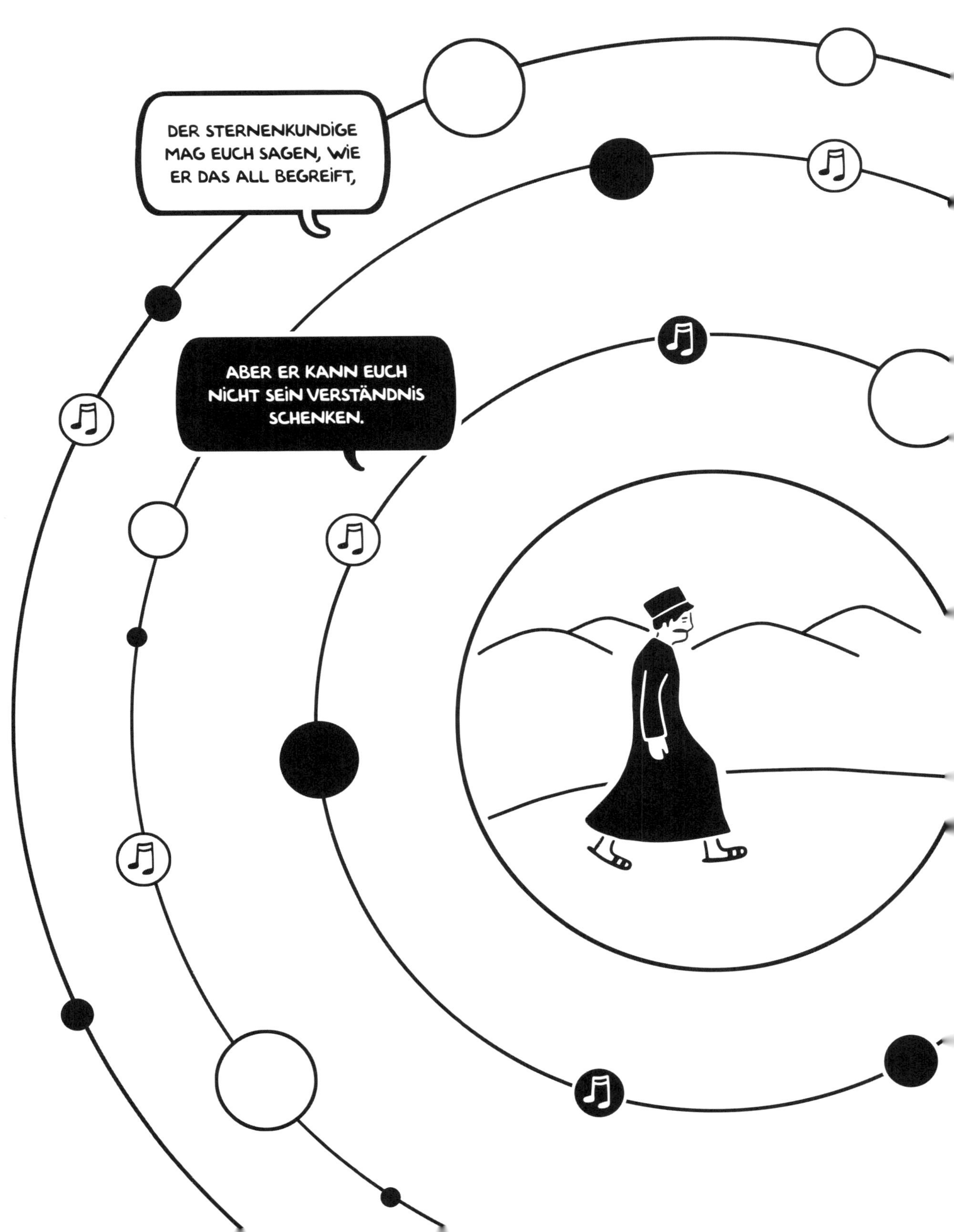
DER STERNENKUNDIGE MAG EUCH SAGEN, WIE ER DAS ALL BEGREIFT,
ABER ER KANN EUCH NICHT SEIN VERSTÄNDNIS SCHENKEN.

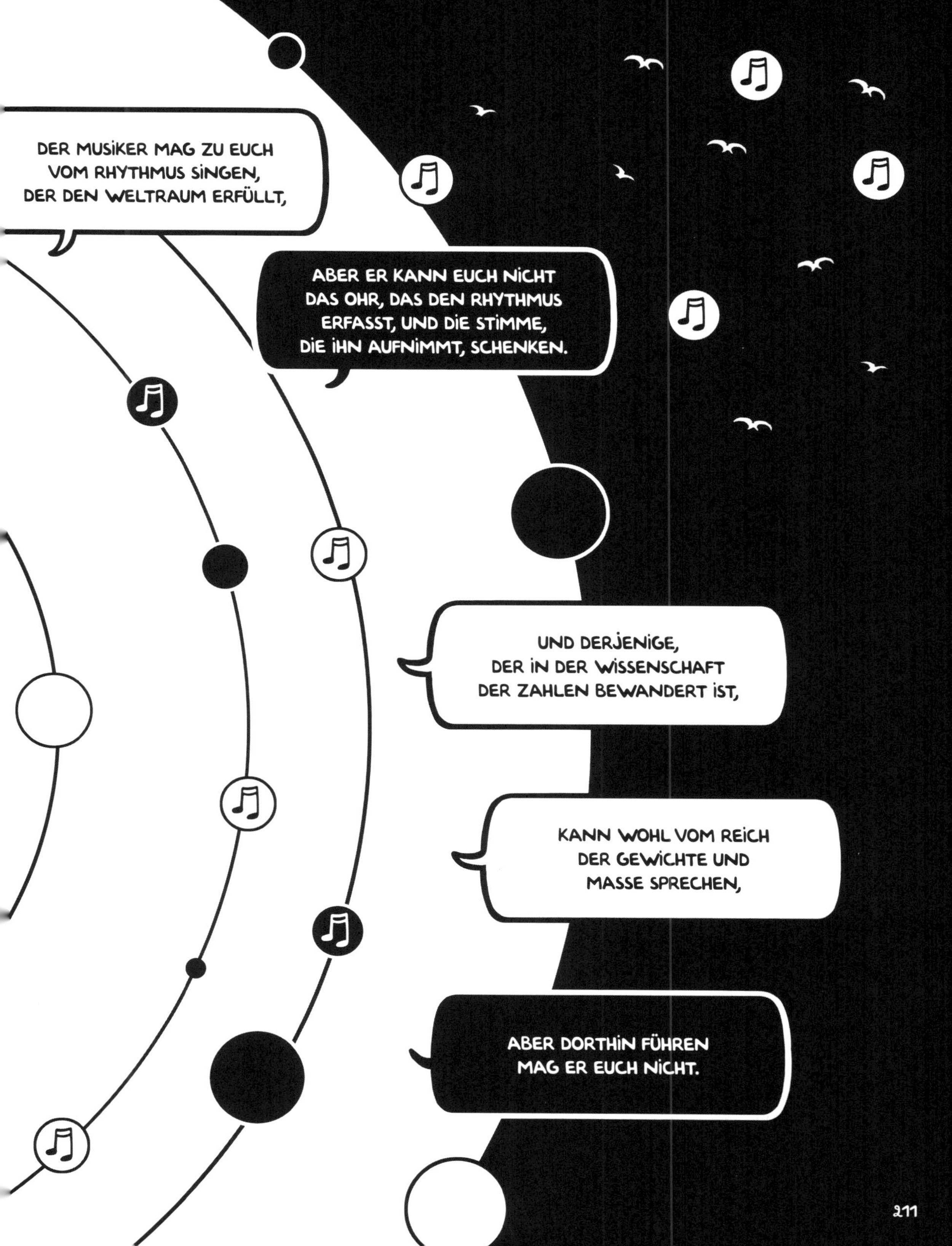
DER MUSIKER MAG ZU EUCH VOM RHYTHMUS SINGEN, DER DEN WELTRAUM ERFÜLLT,
ABER ER KANN EUCH NICHT DAS OHR, DAS DEN RHYTHMUS ERFASST, UND DIE STIMME, DIE IHN AUFNIMMT, SCHENKEN.
UND DERJENIGE, DER IN DER WISSENSCHAFT DER ZAHLEN BEWANDERT IST,
KANN WOHL VOM REICH DER GEWICHTE UND MASSE SPRECHEN,
ABER DORTHIN FÜHREN MAG ER EUCH NICHT.

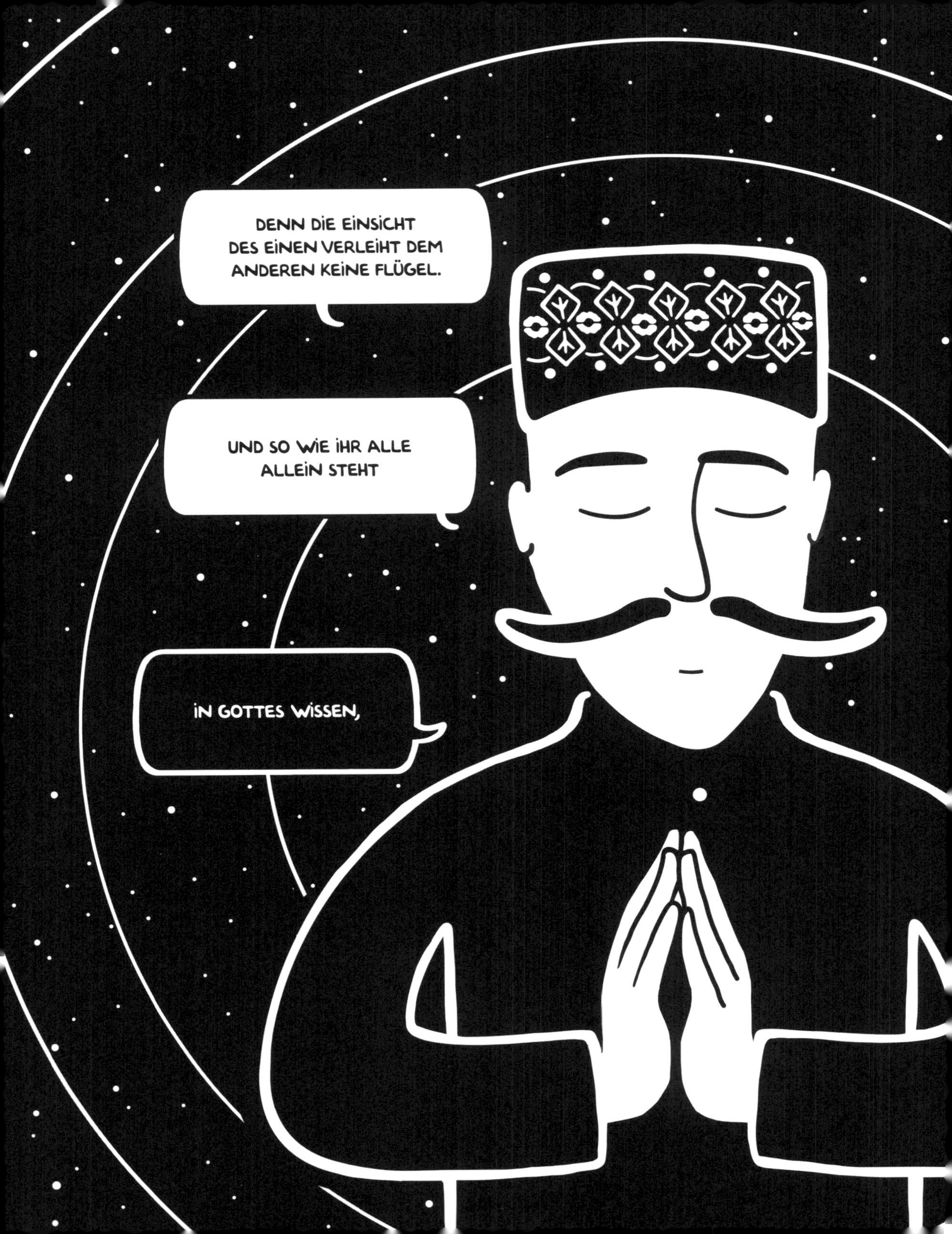
DENN DIE EINSICHT DES EINEN VERLEIHT DEM ANDEREN KEINE FLÜGEL.
UND SO WIE IHR ALLE ALLEIN STEHT
IN GOTTES WISSEN,

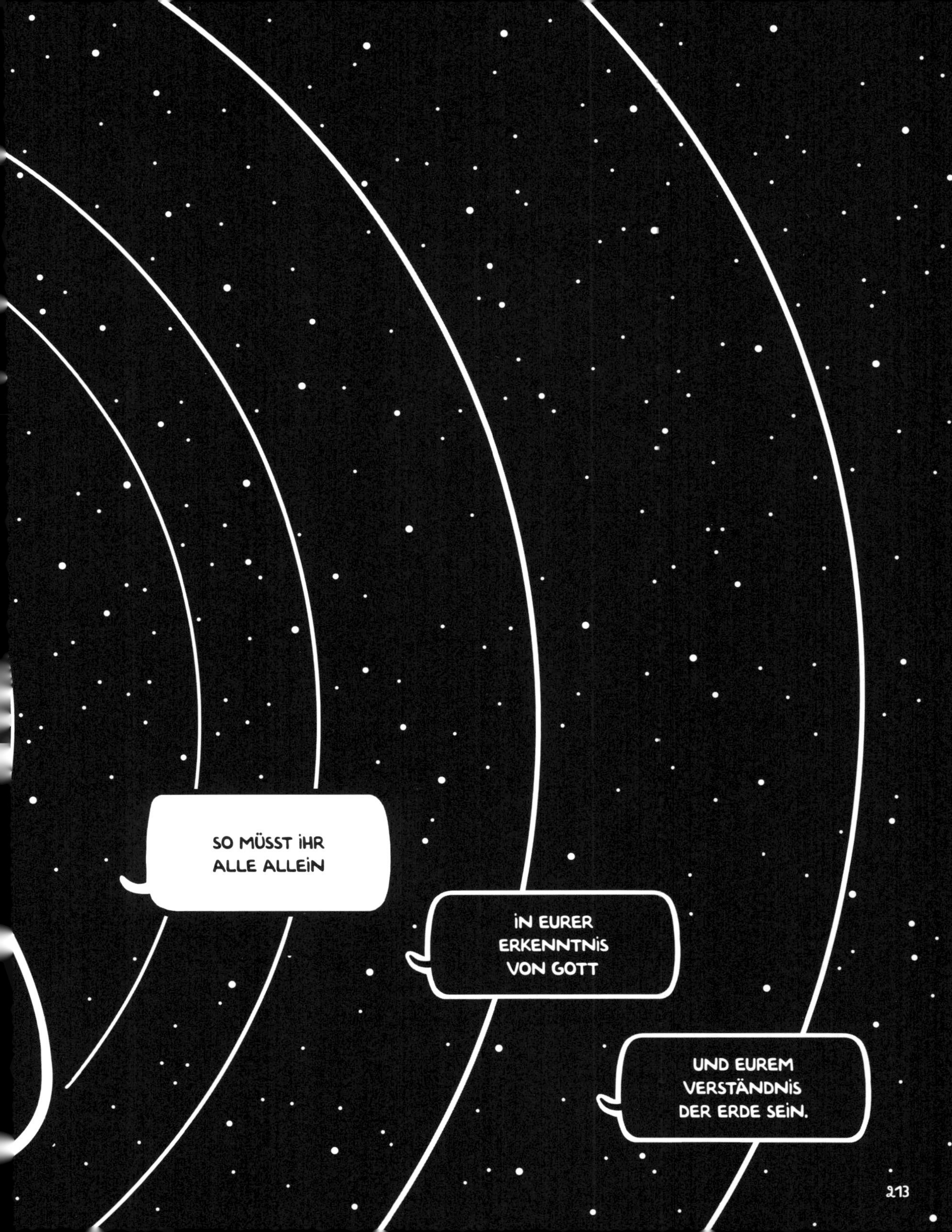
SO MÜSST IHR ALLE ALLEIN
IN EURER ERKENNTNIS VON GOTT
UND EUREM VERSTÄNDNIS DER ERDE SEIN.

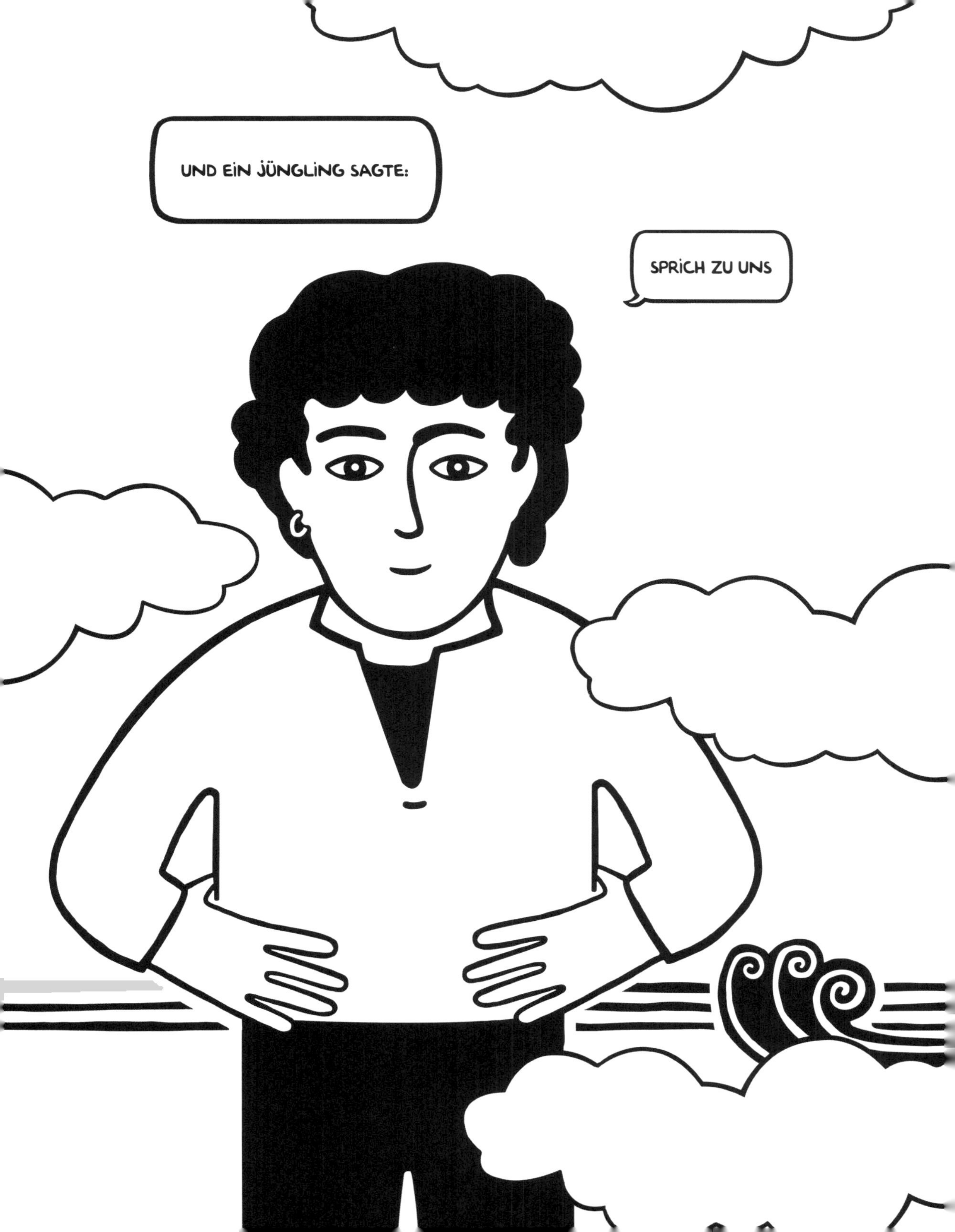
UND EIN JÜNGLING SAGTE:
SPRICH ZU UNS

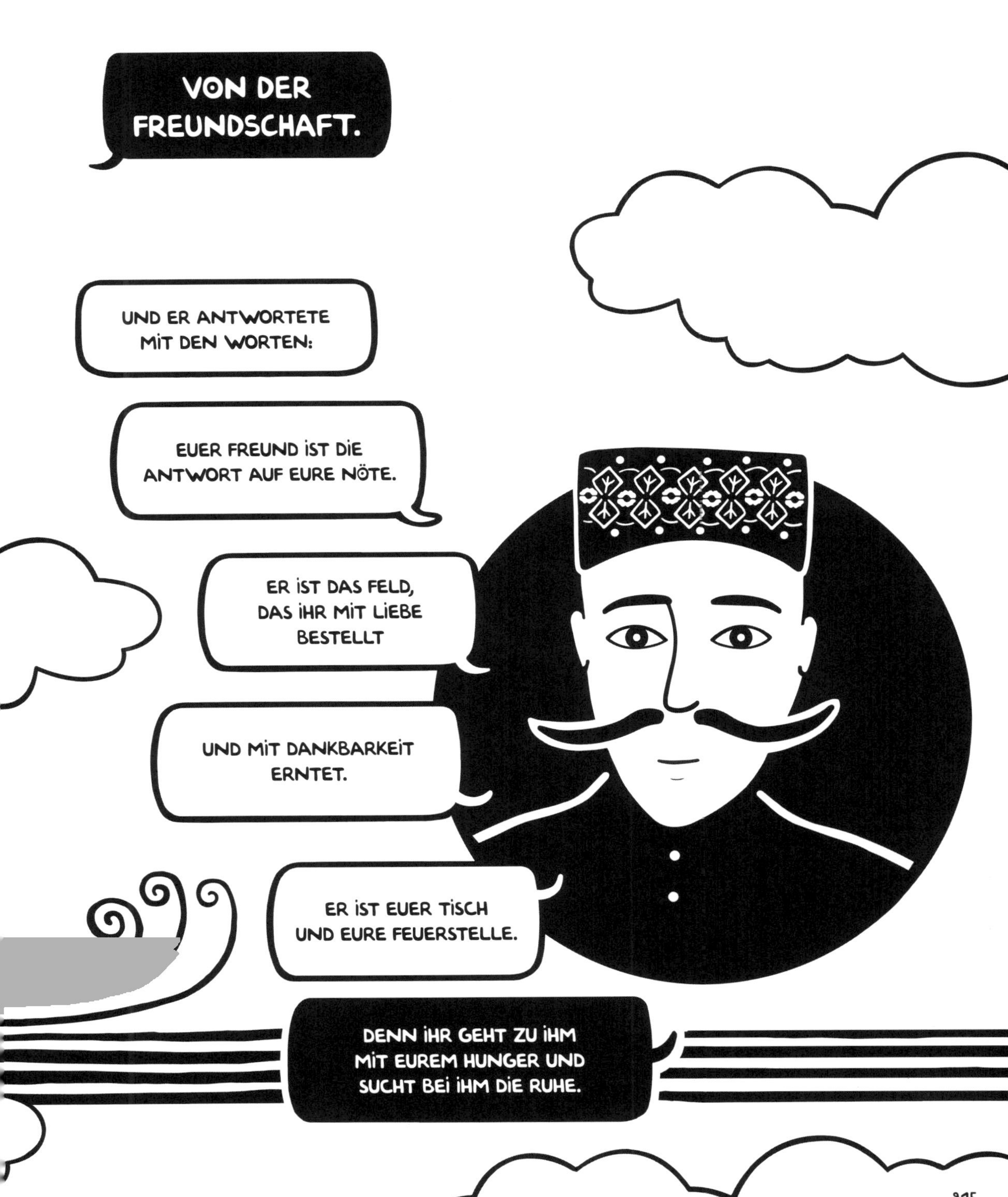
VON DER FREUNDSCHAFT.
UND ER ANTWORTETE MIT DEN WORTEN:
EUER FREUND IST DIE ANTWORT AUF EURE NÖTE.
ER IST DAS FELD, DAS IHR MIT LIEBE BESTELLT
UND MIT DANKBARKEIT ERNTET.
ER IST EUER TISCH UND EURE FEUERSTELLE.
DENN IHR GEHT ZU IHM MIT EUREM HUNGER UND SUCHT BEI IHM DIE RUHE.

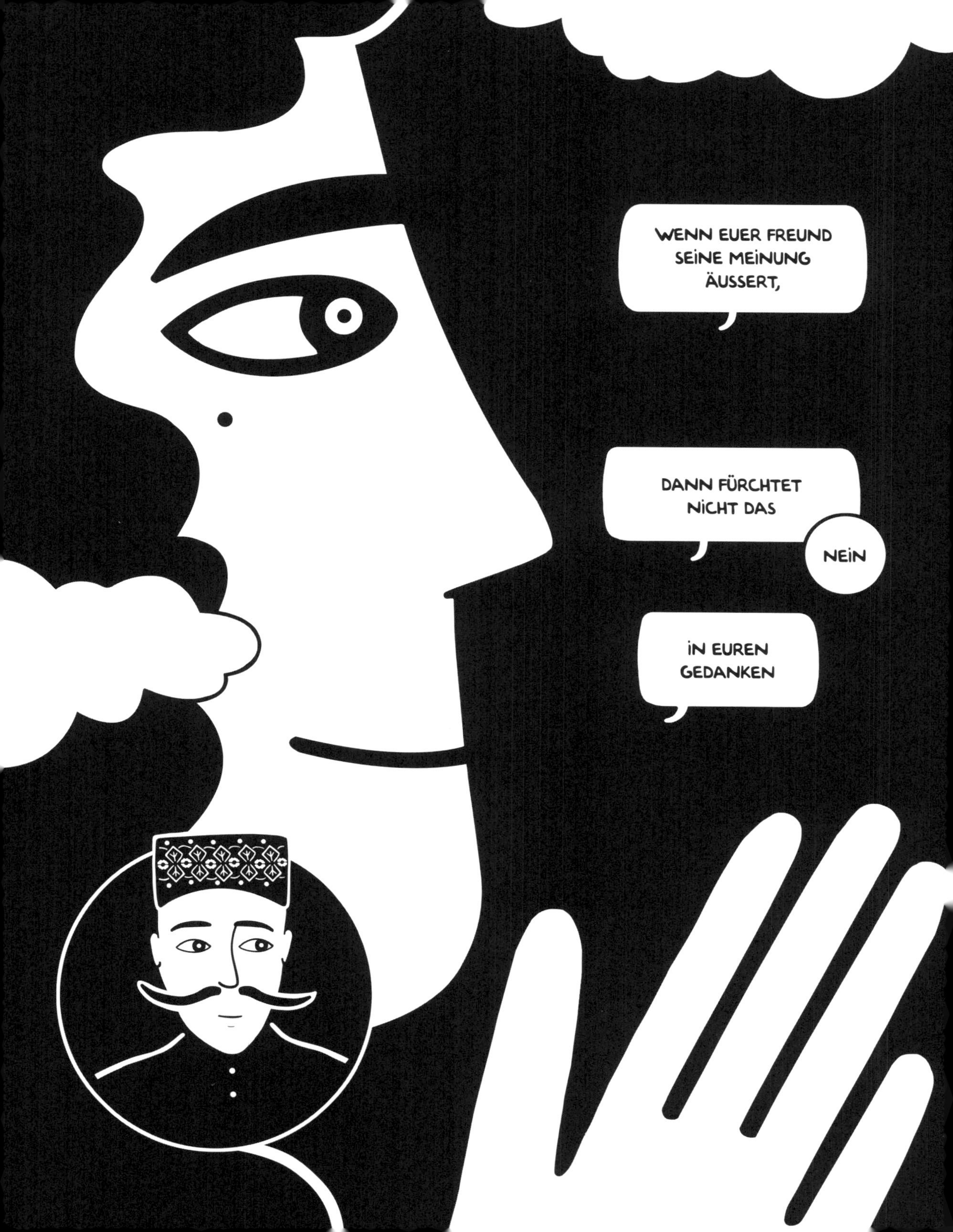
WENN EUER FREUND SEINE MEINUNG ÄUSSERT,
DANN FÜRCHTET NICHT DAS
NEIN
IN EUREN GEDANKEN

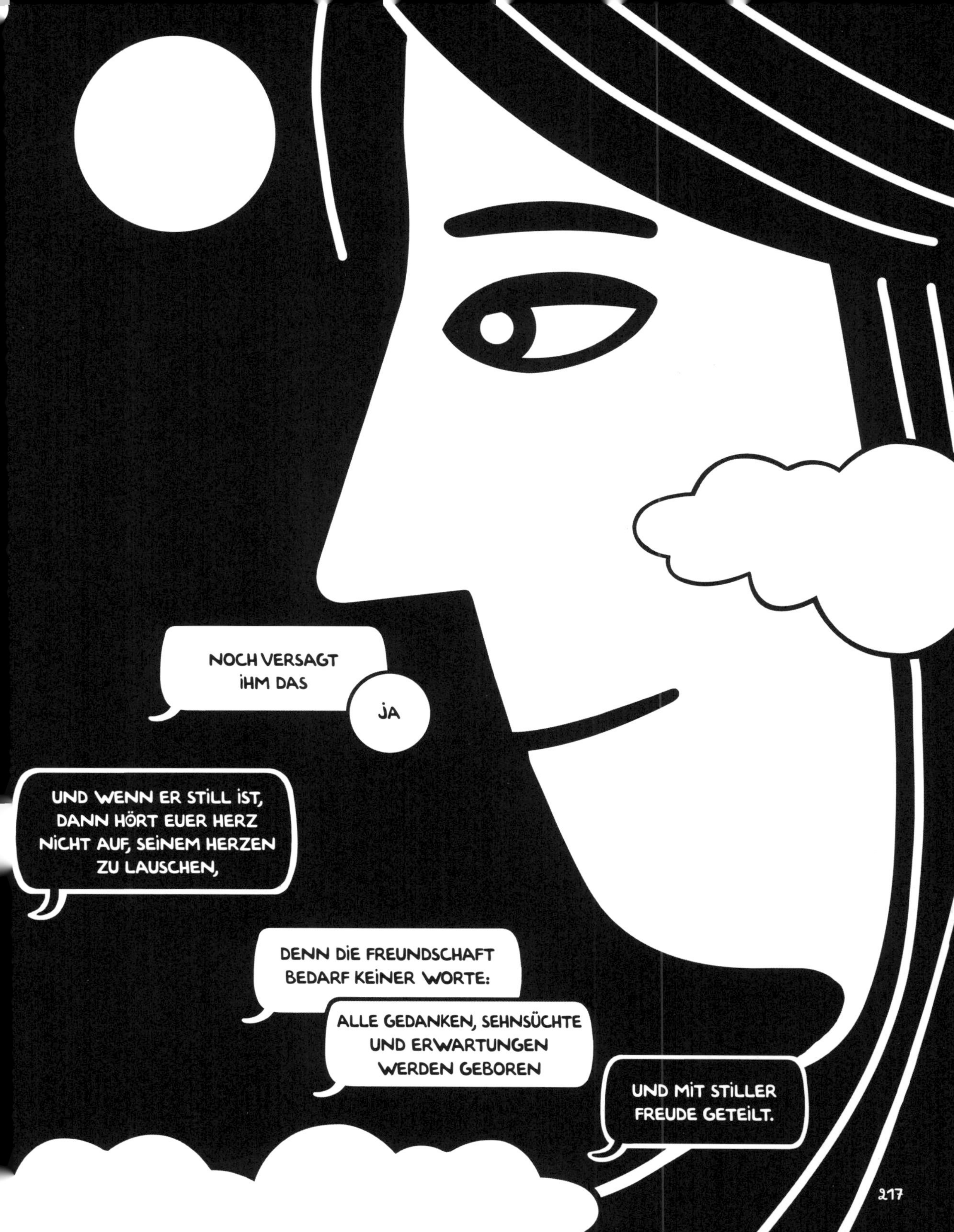
NOCH VERSAGT IHM DAS
JA
UND WENN ER STILL IST, DANN HÖRT EUER HERZ NICHT AUF, SEINEM HERZEN ZU LAUSCHEN,
DENN DIE FREUNDSCHAFT BEDARF KEINER WORTE:
ALLE GEDANKEN, SEHNSÜCHTE UND ERWARTUNGEN WERDEN GEBOREN
UND MIT STILLER FREUDE GETEILT.

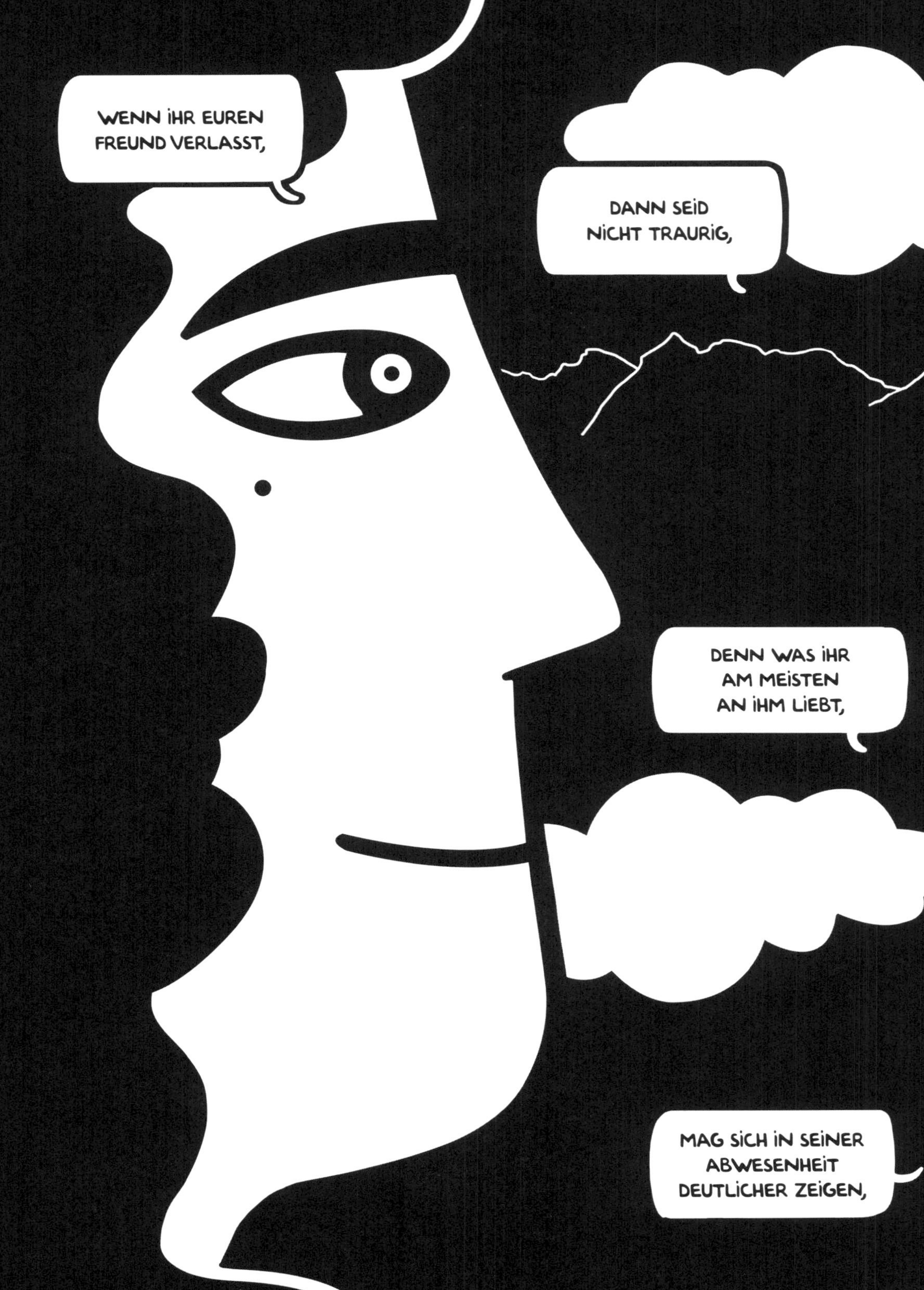
WENN IHR EUREN FREUND VERLASST,
DANN SEID NICHT TRAURIG,
DENN WAS IHR AM MEISTEN AN IHM LIEBT,
MAG SICH IN SEINER ABWESENHEIT DEUTLICHER ZEIGEN,

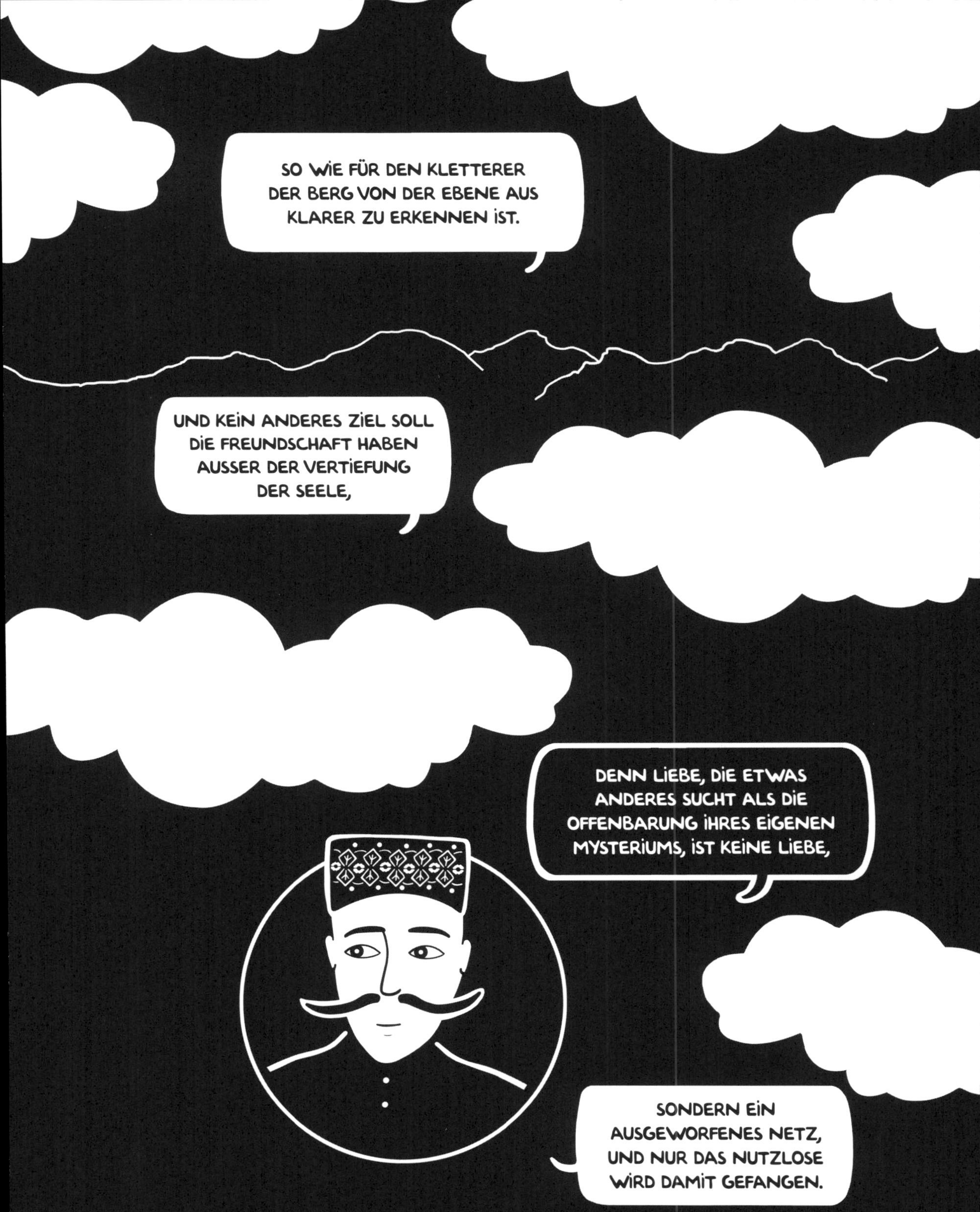

SO WIE FÜR DEN KLETTERER
DER BERG VON DER EBENE AUS
KLARER ZU ERKENNEN IST.

UND KEIN ANDERES ZIEL SOLL
DIE FREUNDSCHAFT HABEN
AUSSER DER VERTIEFUNG
DER SEELE,

DENN LIEBE, DIE ETWAS
ANDERES SUCHT ALS DIE
OFFENBARUNG IHRES EIGENEN
MYSTERIUMS, IST KEINE LIEBE,

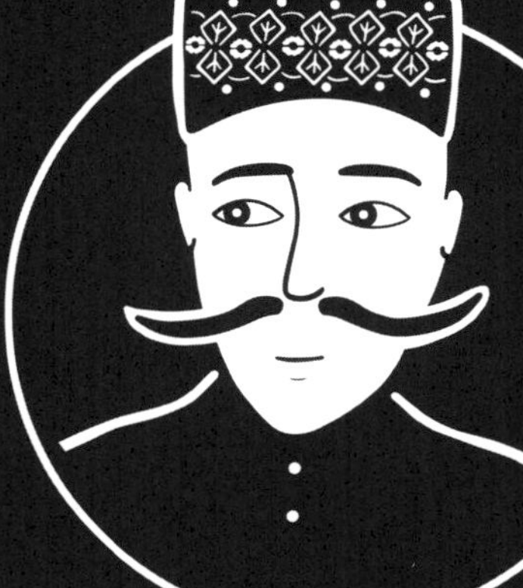

SONDERN EIN
AUSGEWORFENES NETZ,
UND NUR DAS NUTZLOSE
WIRD DAMIT GEFANGEN.

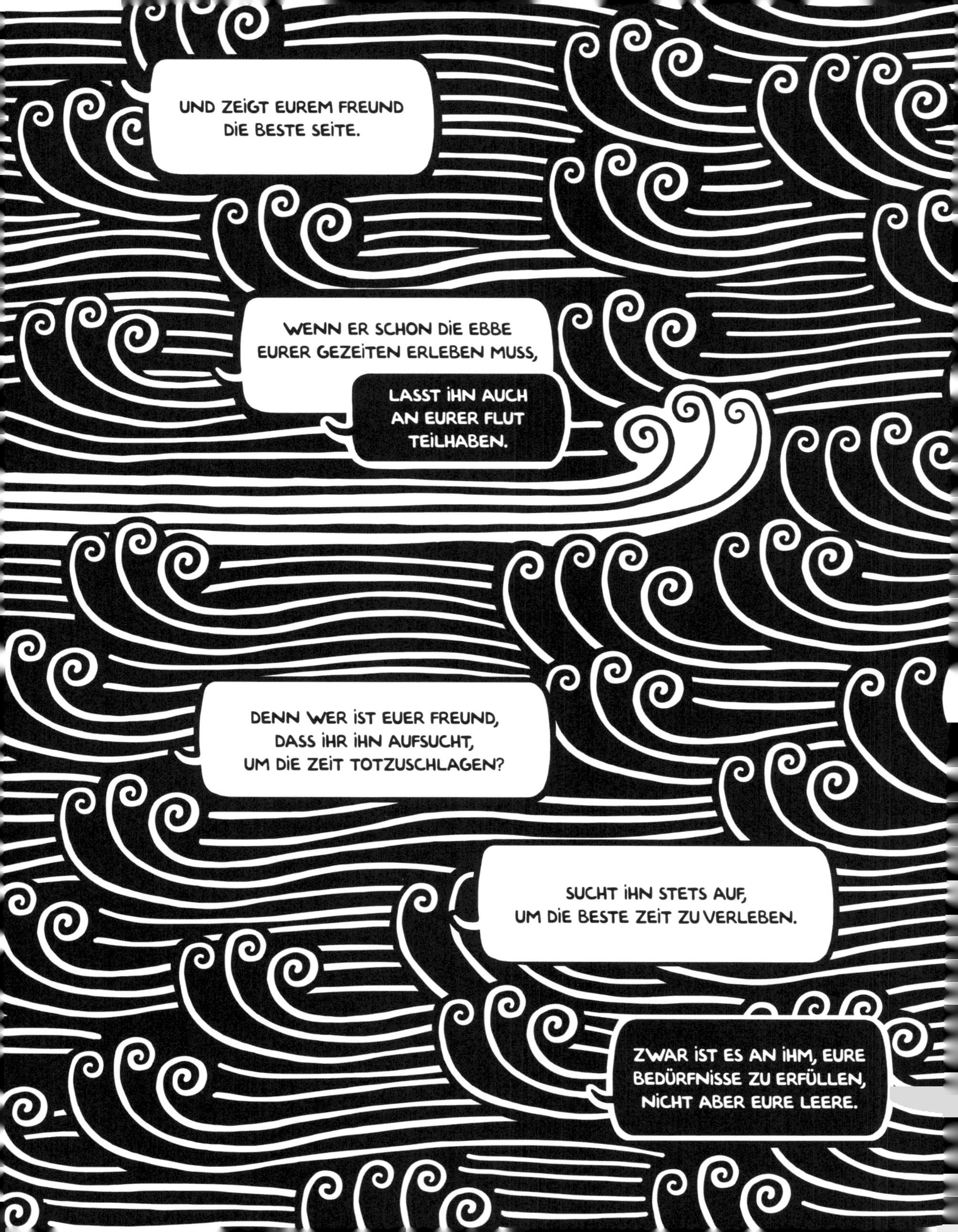
UND ZEIGT EUREM FREUND DIE BESTE SEITE.
WENN ER SCHON DIE EBBE EURER GEZEITEN ERLEBEN MUSS,
LASST IHN AUCH AN EURER FLUT TEILHABEN.
DENN WER IST EUER FREUND, DASS IHR IHN AUFSUCHT, UM DIE ZEIT TOTZUSCHLAGEN?
SUCHT IHN STETS AUF, UM DIE BESTE ZEIT ZU VERLEBEN.
ZWAR IST ES AN IHM, EURE BEDÜRFNISSE ZU ERFÜLLEN, NICHT ABER EURE LEERE.

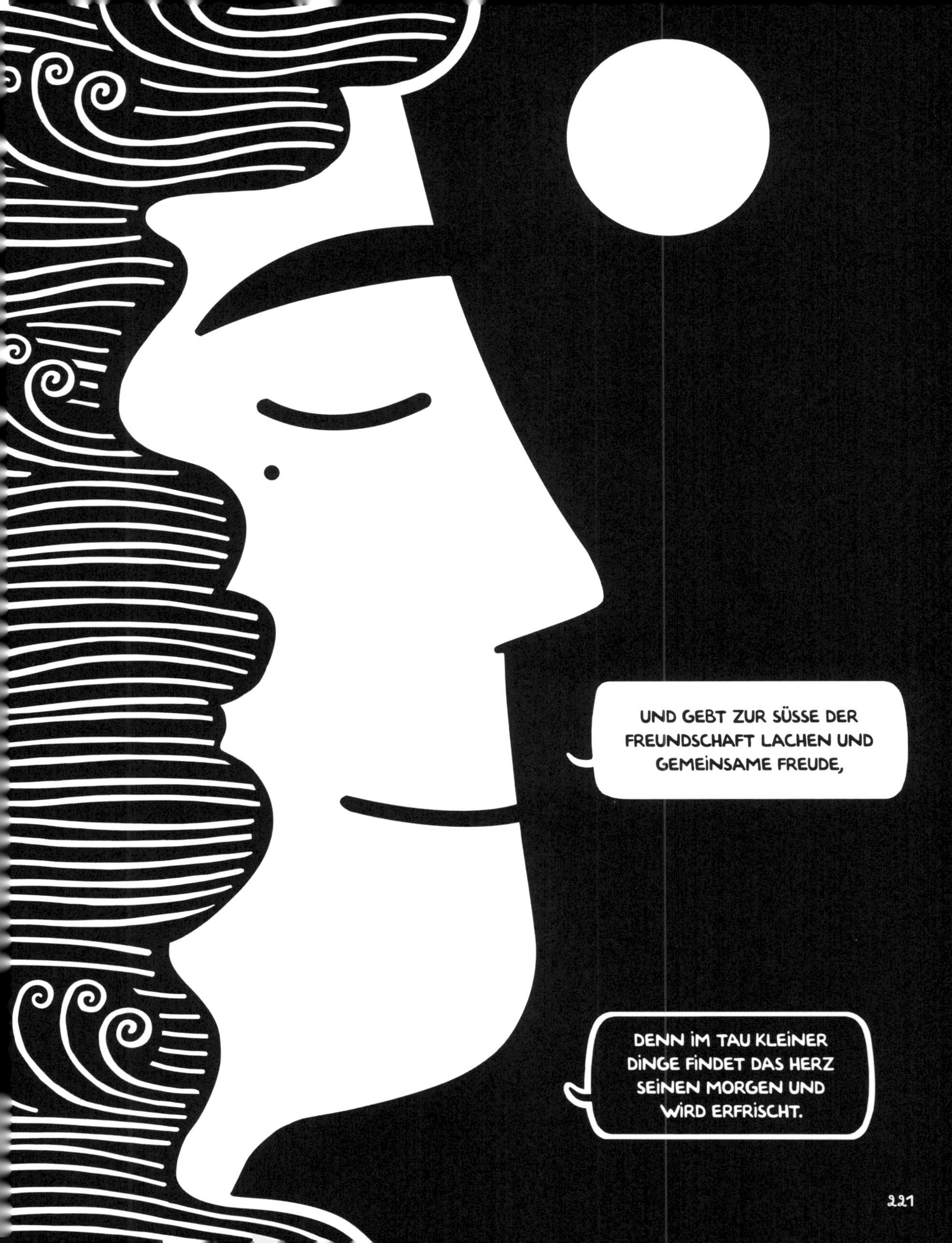
UND GEBT ZUR SÜSSE DER FREUNDSCHAFT LACHEN UND GEMEINSAME FREUDE,
DENN IM TAU KLEINER DINGE FINDET DAS HERZ SEINEN MORGEN UND WIRD ERFRISCHT.

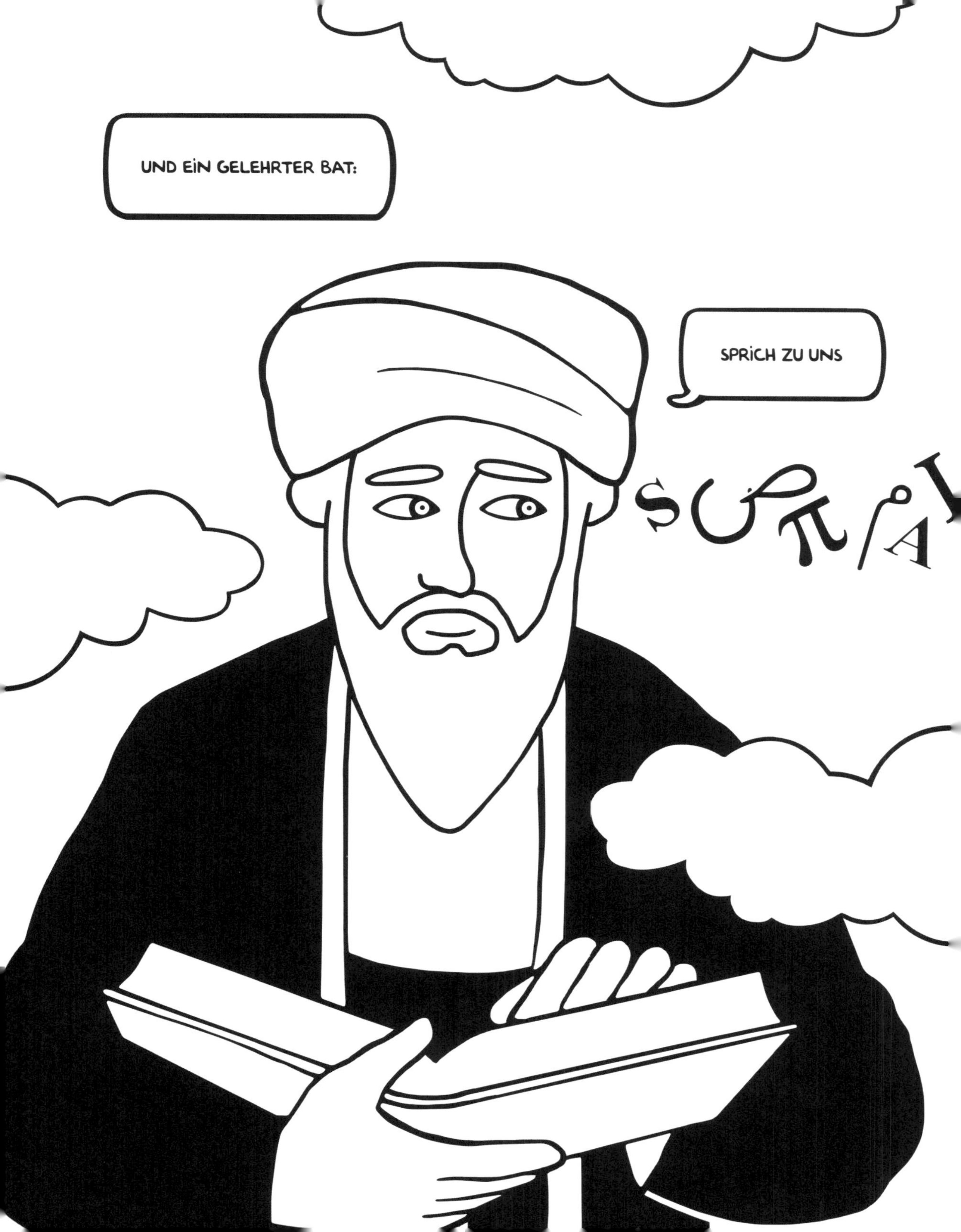
UND EIN GELEHRTER BAT:
SPRICH ZU UNS

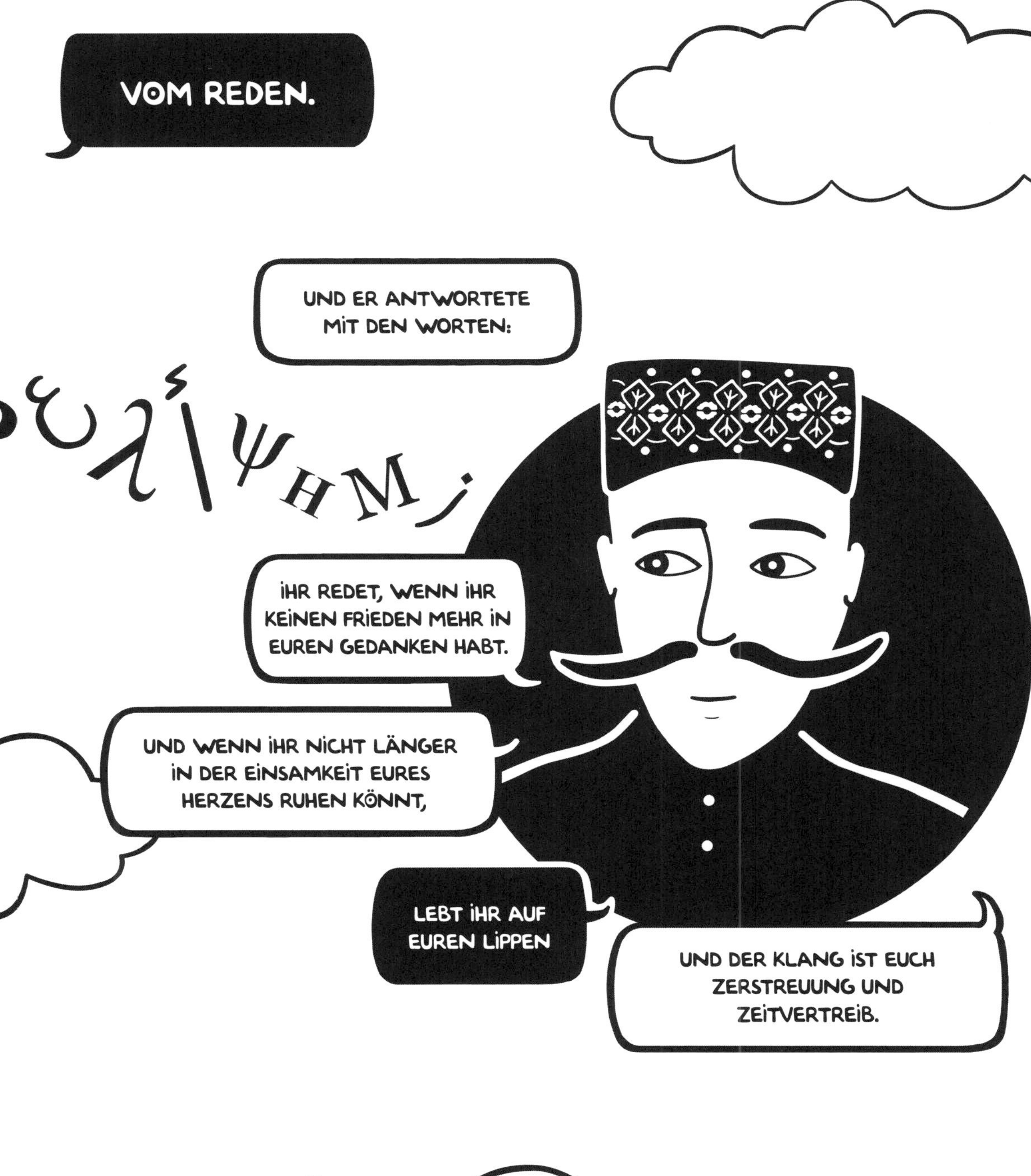
VOM REDEN.
UND ER ANTWORTETE MIT DEN WORTEN:
IHR REDET, WENN IHR KEINEN FRIEDEN MEHR IN EUREN GEDANKEN HABT.
UND WENN IHR NICHT LÄNGER IN DER EINSAMKEIT EURES HERZENS RUHEN KÖNNT,
LEBT IHR AUF EUREN LIPPEN
UND DER KLANG IST EUCH ZERSTREUUNG UND ZEITVERTREIB.

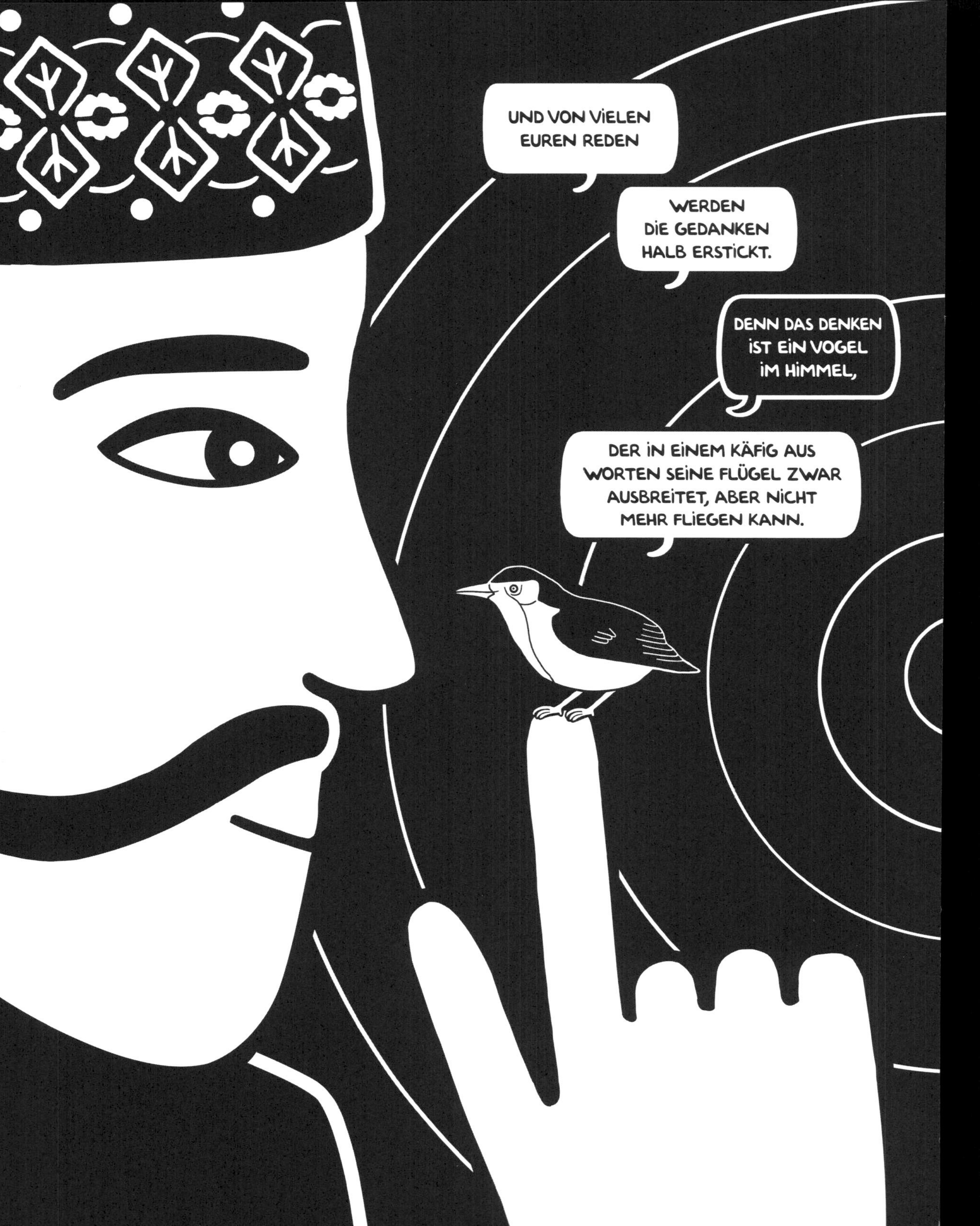
UND VON VIELEN EUREN REDEN
WERDEN DIE GEDANKEN HALB ERSTICKT.
DENN DAS DENKEN IST EIN VOGEL IM HIMMEL,
DER IN EINEM KÄFIG AUS WORTEN SEINE FLÜGEL ZWAR AUSBREITET, ABER NICHT MEHR FLIEGEN KANN.

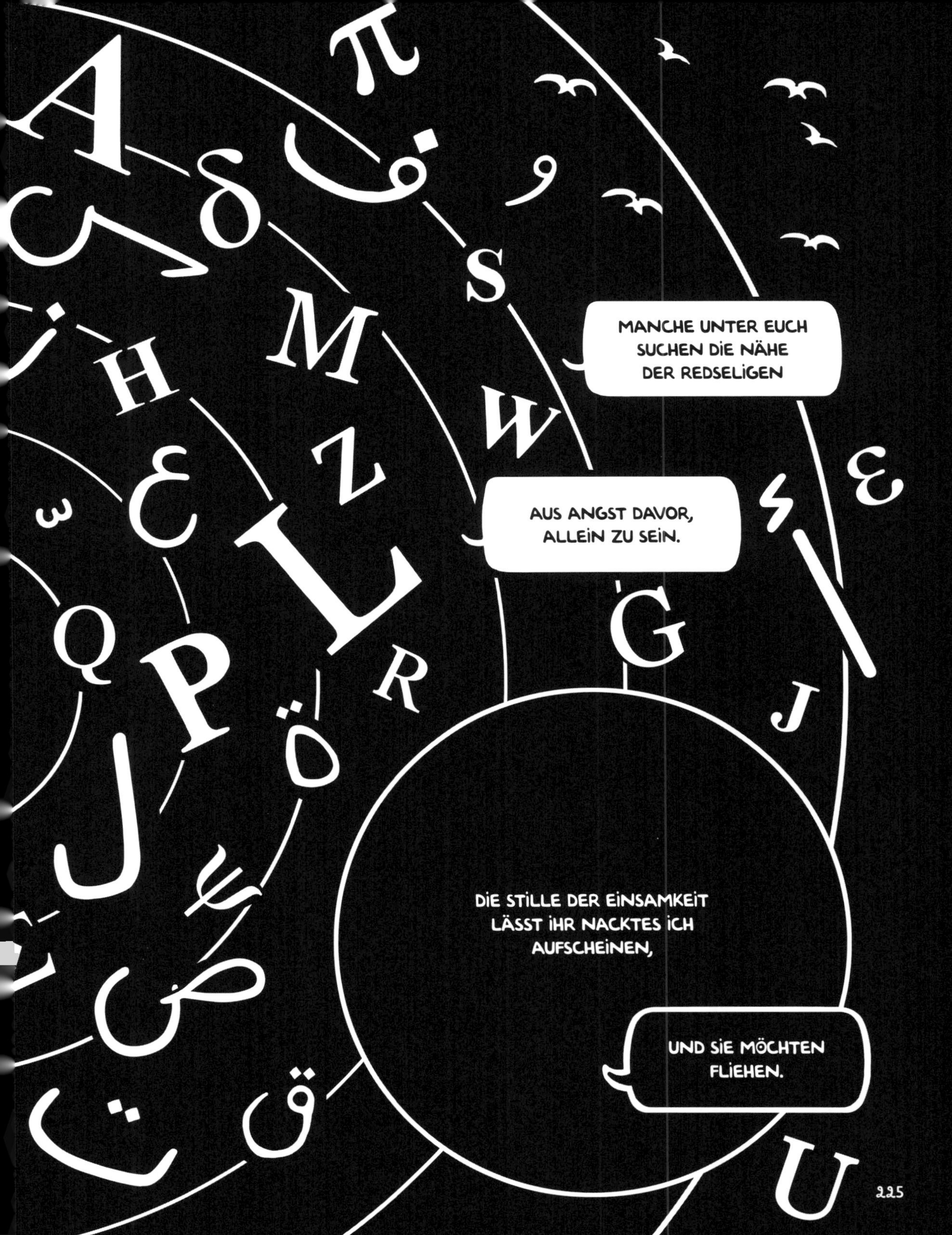
MANCHE UNTER EUCH SUCHEN DIE NÄHE DER REDSELIGEN
AUS ANGST DAVOR, ALLEIN ZU SEIN.
DIE STILLE DER EINSAMKEIT LÄSST IHR NACKTES ICH AUFSCHEINEN,
UND SIE MÖCHTEN FLIEHEN.

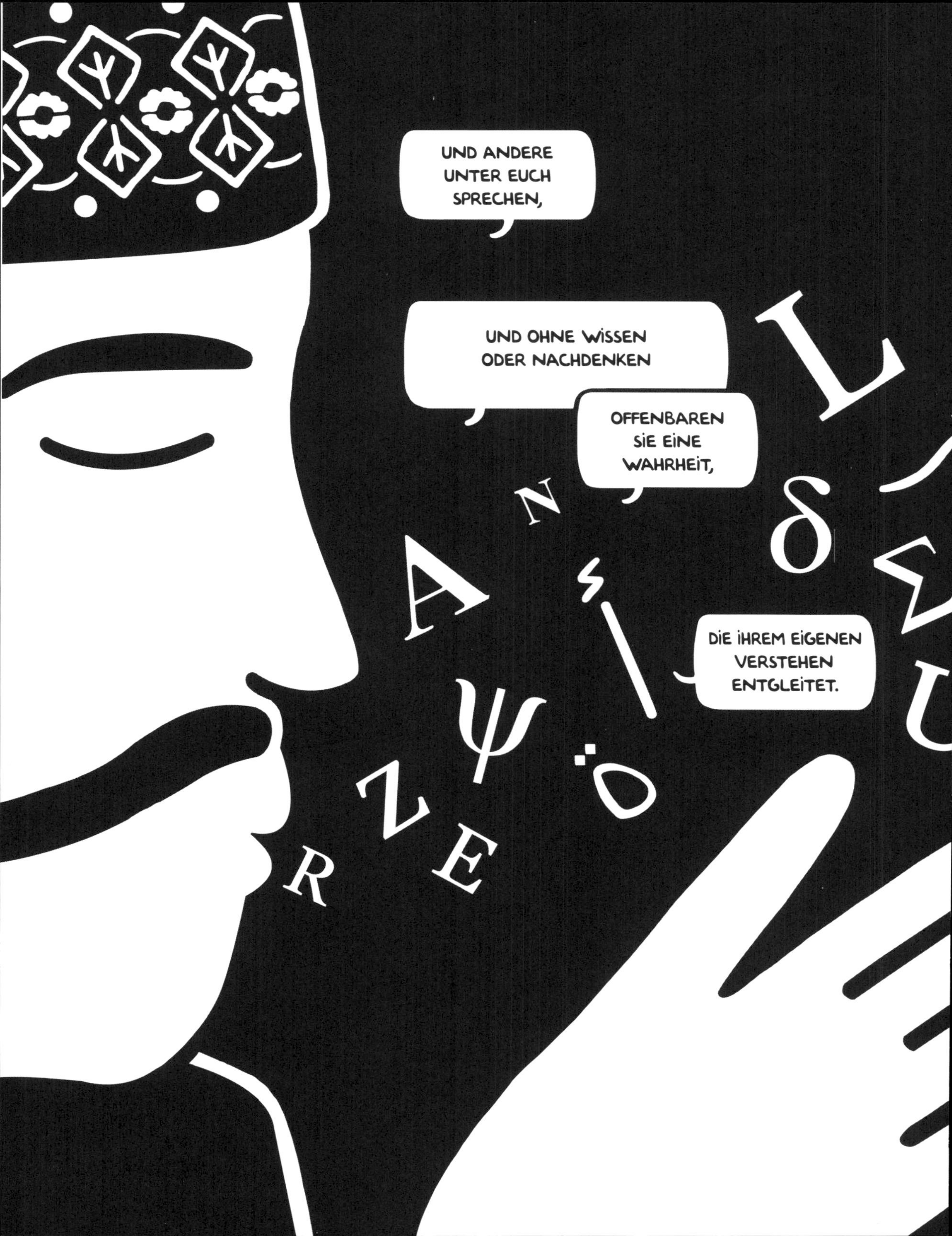
UND ANDERE UNTER EUCH SPRECHEN,
UND OHNE WISSEN ODER NACHDENKEN
OFFENBAREN SIE EINE WAHRHEIT,
DIE IHREM EIGENEN VERSTEHEN ENTGLEITET.

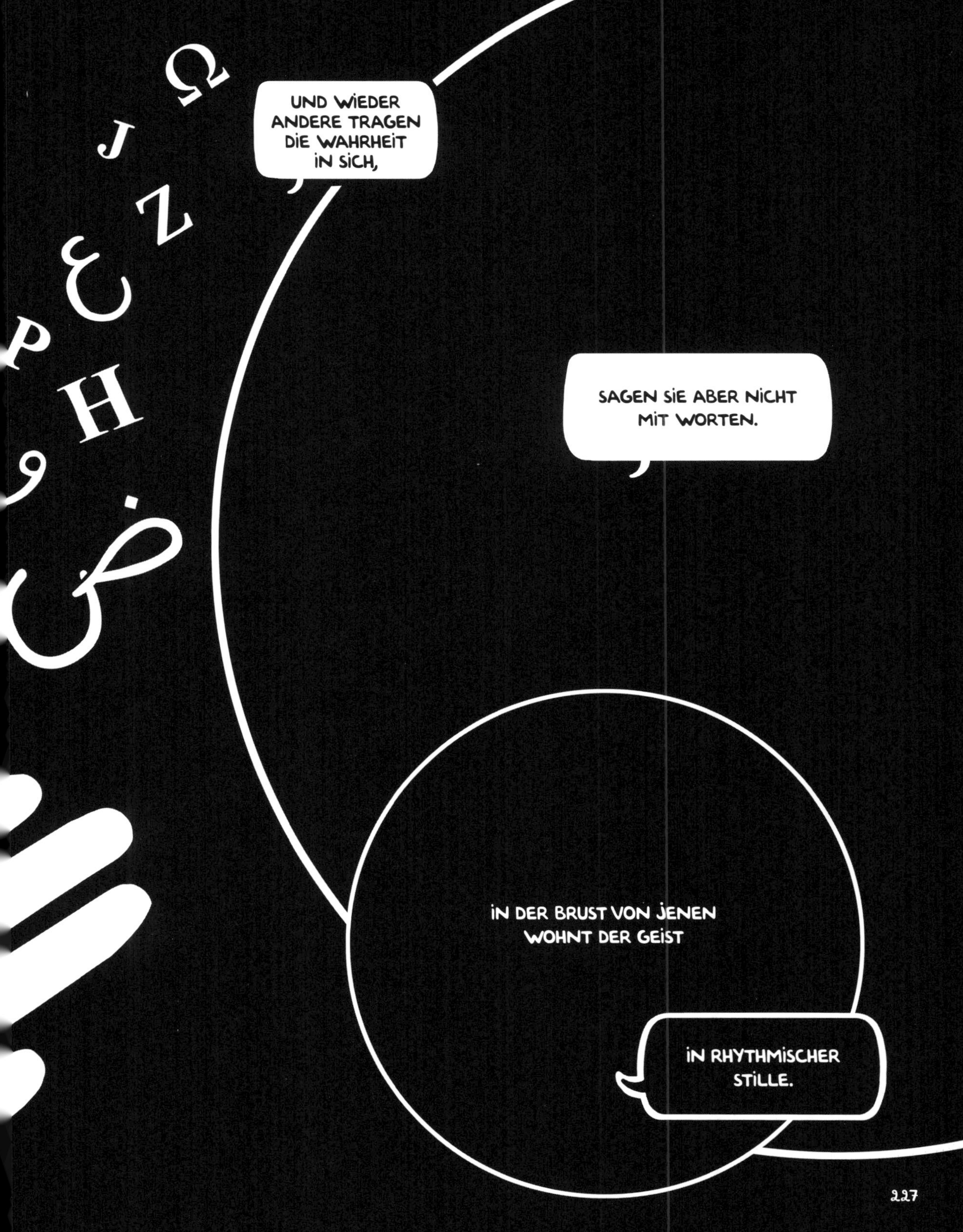
UND WIEDER ANDERE TRAGEN DIE WAHRHEIT IN SICH,
SAGEN SIE ABER NICHT MIT WORTEN.
IN DER BRUST VON JENEN WOHNT DER GEIST
IN RHYTHMISCHER STILLE.

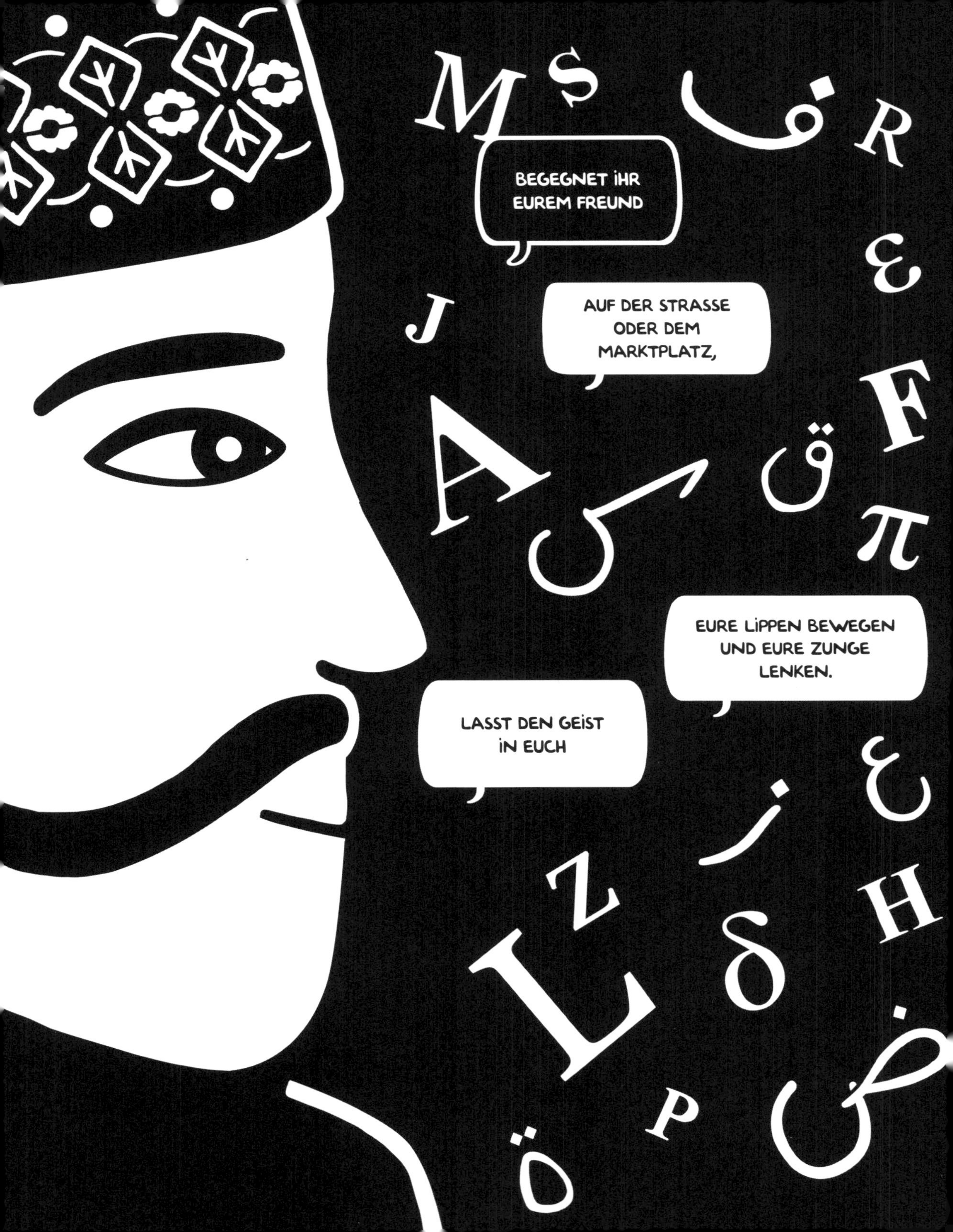
BEGEGNET IHR EUREM FREUND
AUF DER STRASSE ODER DEM MARKTPLATZ,
LASST DEN GEIST IN EUCH
EURE LIPPEN BEWEGEN UND EURE ZUNGE LENKEN.

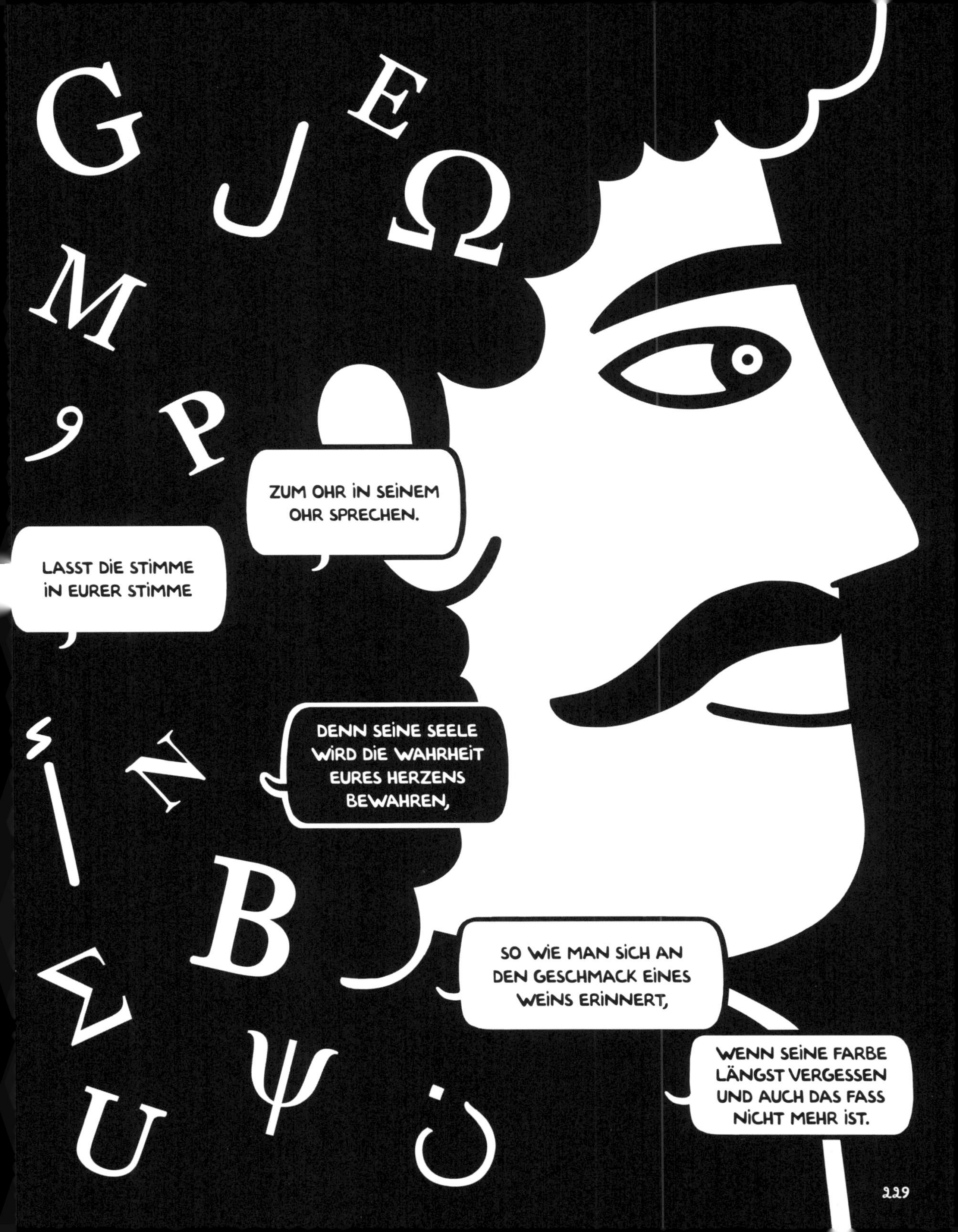

G E J Ω M P N B Ψ U
ZUM OHR IN SEINEM OHR SPRECHEN.
LASST DIE STIMME IN EURER STIMME
DENN SEINE SEELE WIRD DIE WAHRHEIT EURES HERZENS BEWAHREN,
SO WIE MAN SICH AN DEN GESCHMACK EINES WEINS ERINNERT,
WENN SEINE FARBE LÄNGST VERGESSEN UND AUCH DAS FASS NICHT MEHR IST.

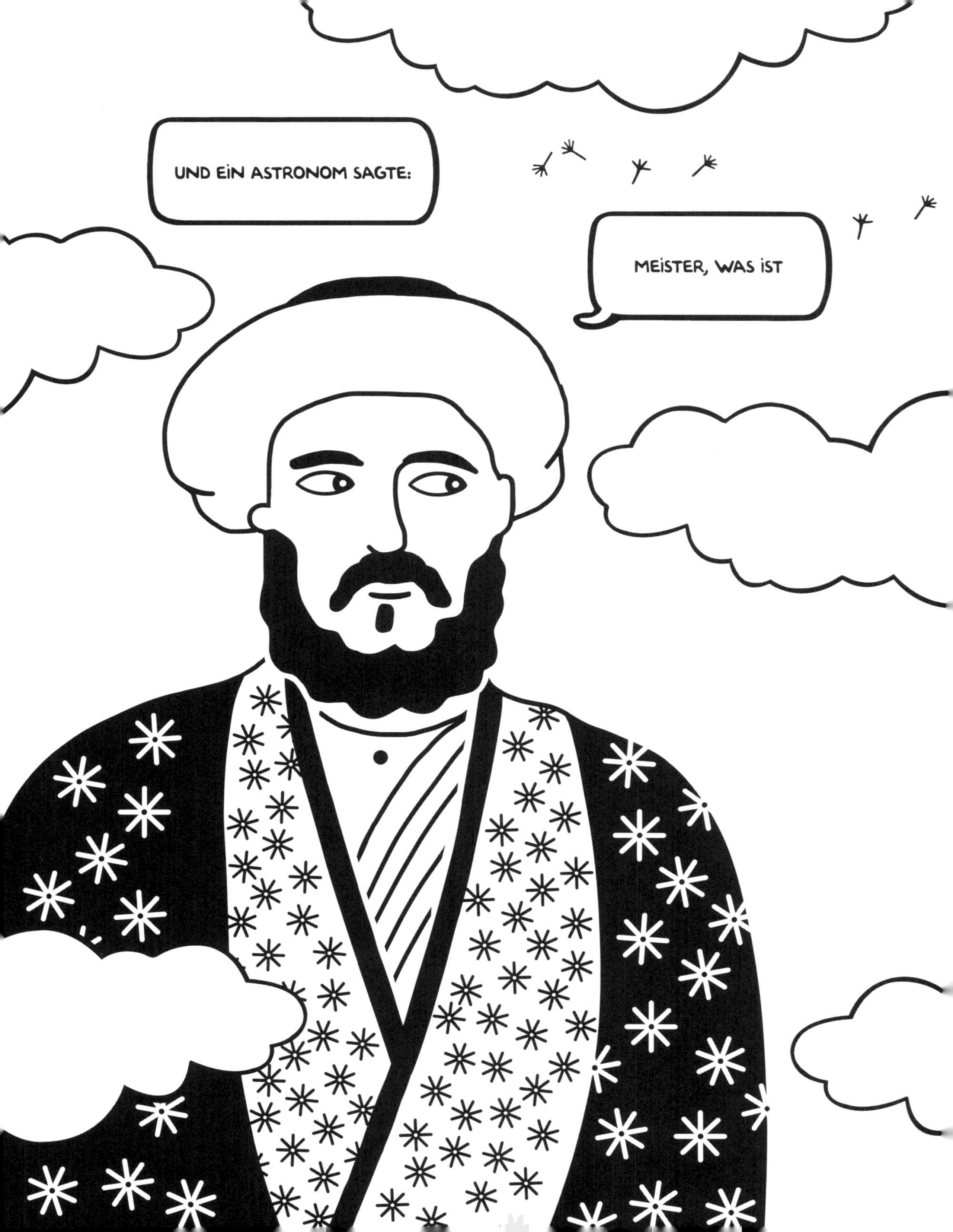
UND EIN ASTRONOM SAGTE:
MEISTER, WAS IST

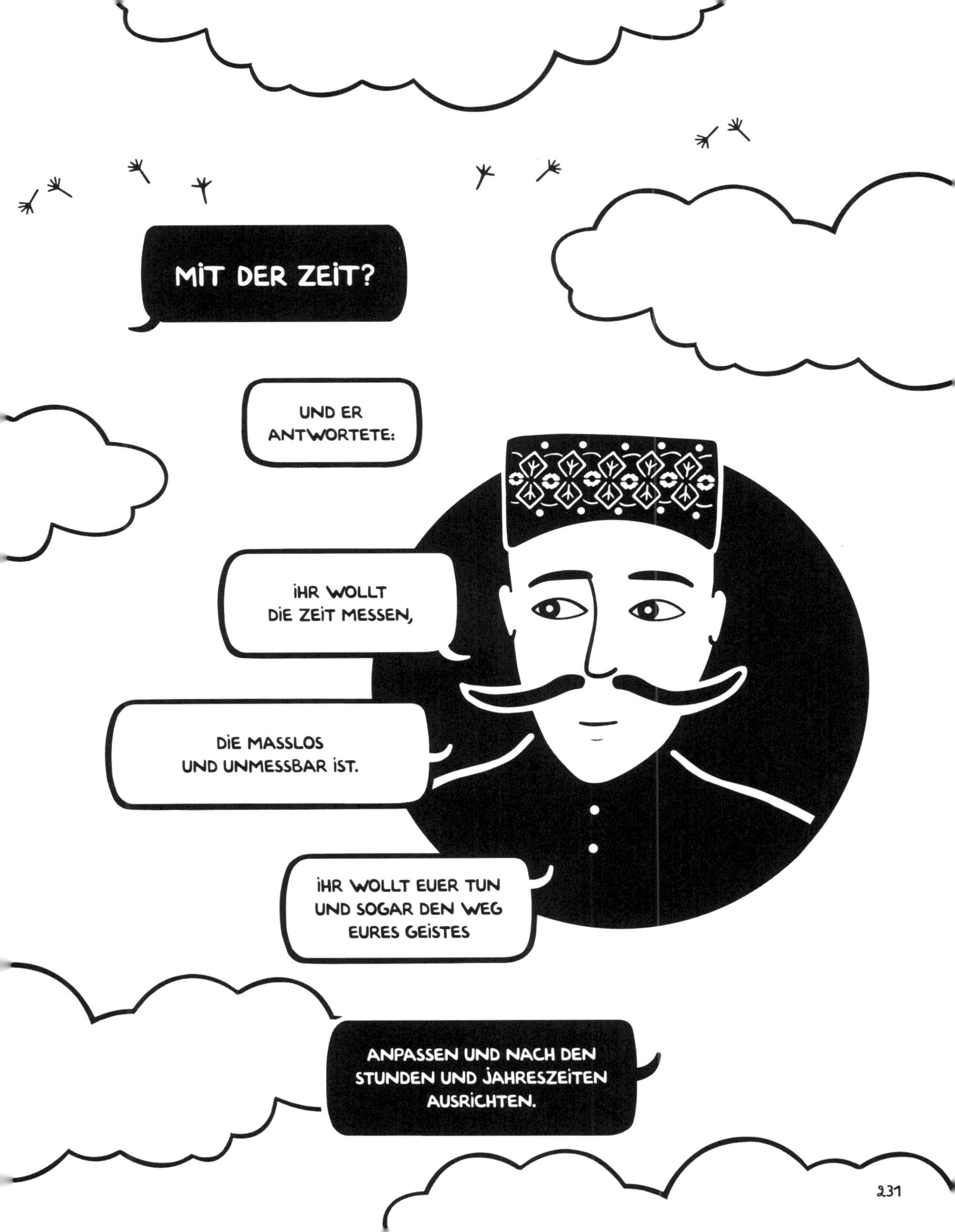
MIT DER ZEIT?
UND ER ANTWORTETE:
IHR WOLLT DIE ZEIT MESSEN,
DIE MASSLOS UND UNMESSBAR IST.
IHR WOLLT EUER TUN UND SOGAR DEN WEG EURES GEISTES
ANPASSEN UND NACH DEN STUNDEN UND JAHRESZEITEN AUSRICHTEN.

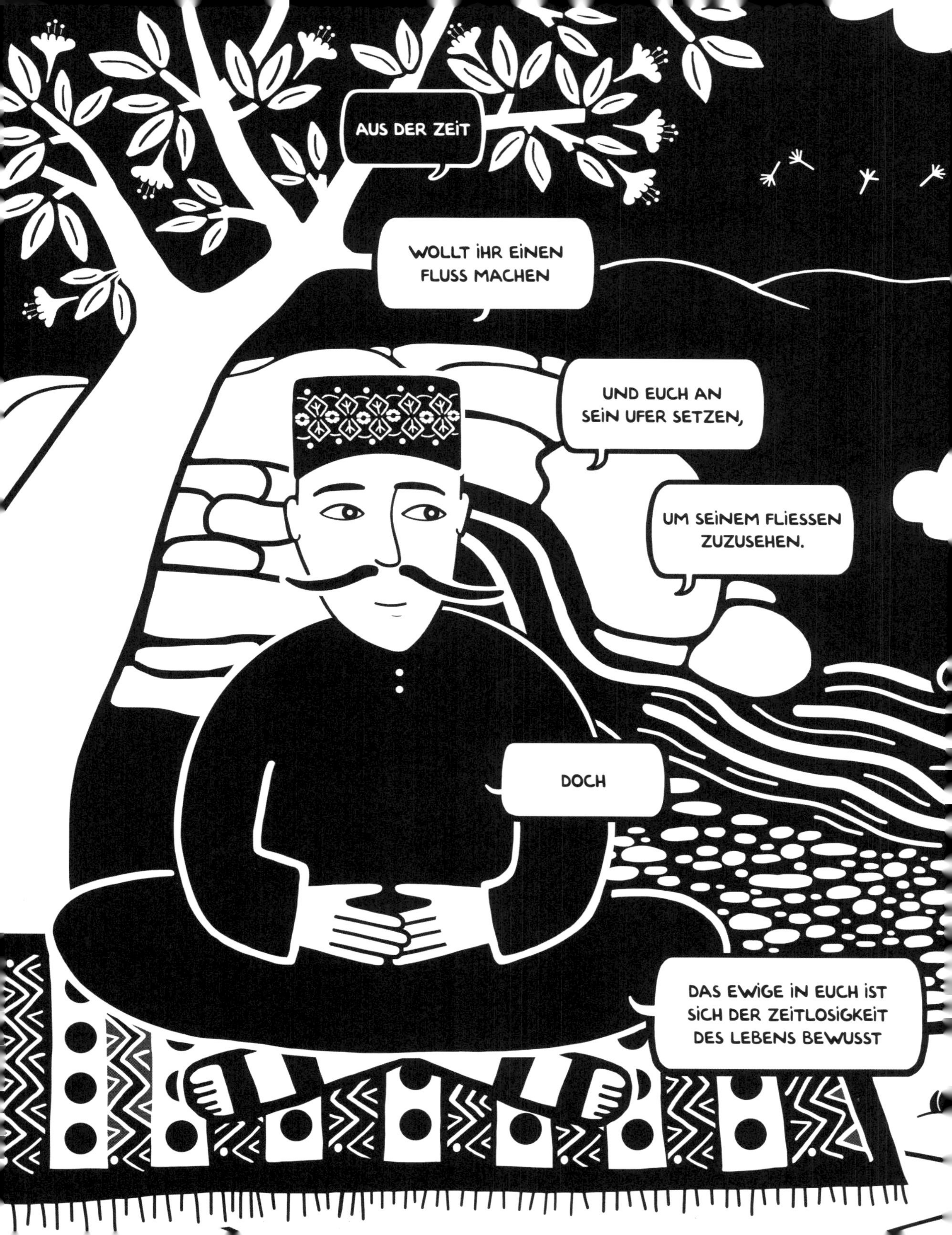
AUS DER ZEIT
WOLLT IHR EINEN FLUSS MACHEN
UND EUCH AN SEIN UFER SETZEN,
UM SEINEM FLIESSEN ZUZUSEHEN.
DOCH
DAS EWIGE IN EUCH IST SICH DER ZEITLOSIGKEIT DES LEBENS BEWUSST

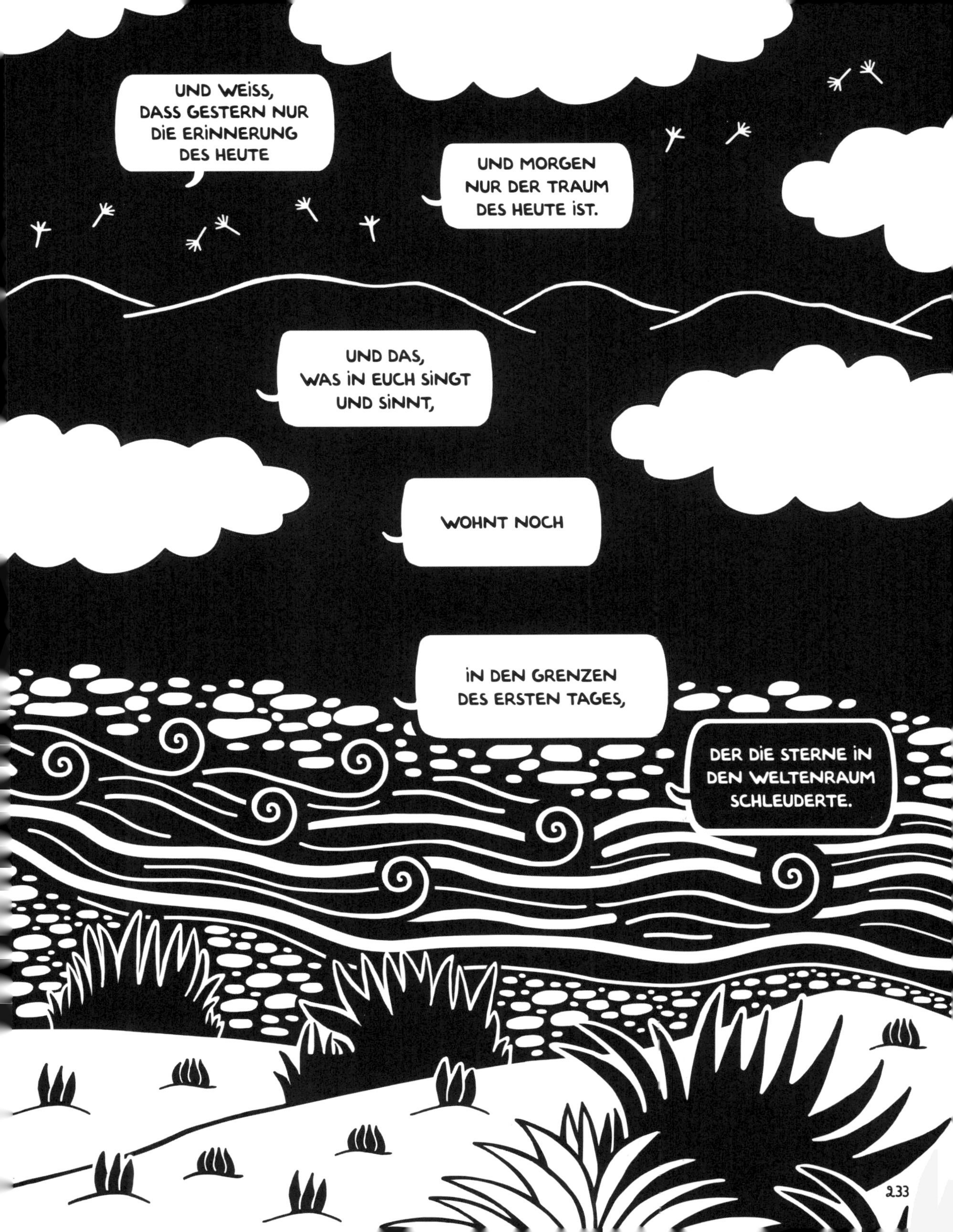
UND WEISS, DASS GESTERN NUR DIE ERINNERUNG DES HEUTE
UND MORGEN NUR DER TRAUM DES HEUTE IST.
UND DAS, WAS IN EUCH SINGT UND SINNT,
WOHNT NOCH
IN DEN GRENZEN DES ERSTEN TAGES,
DER DIE STERNE IN DEN WELTENRAUM SCHLEUDERTE.

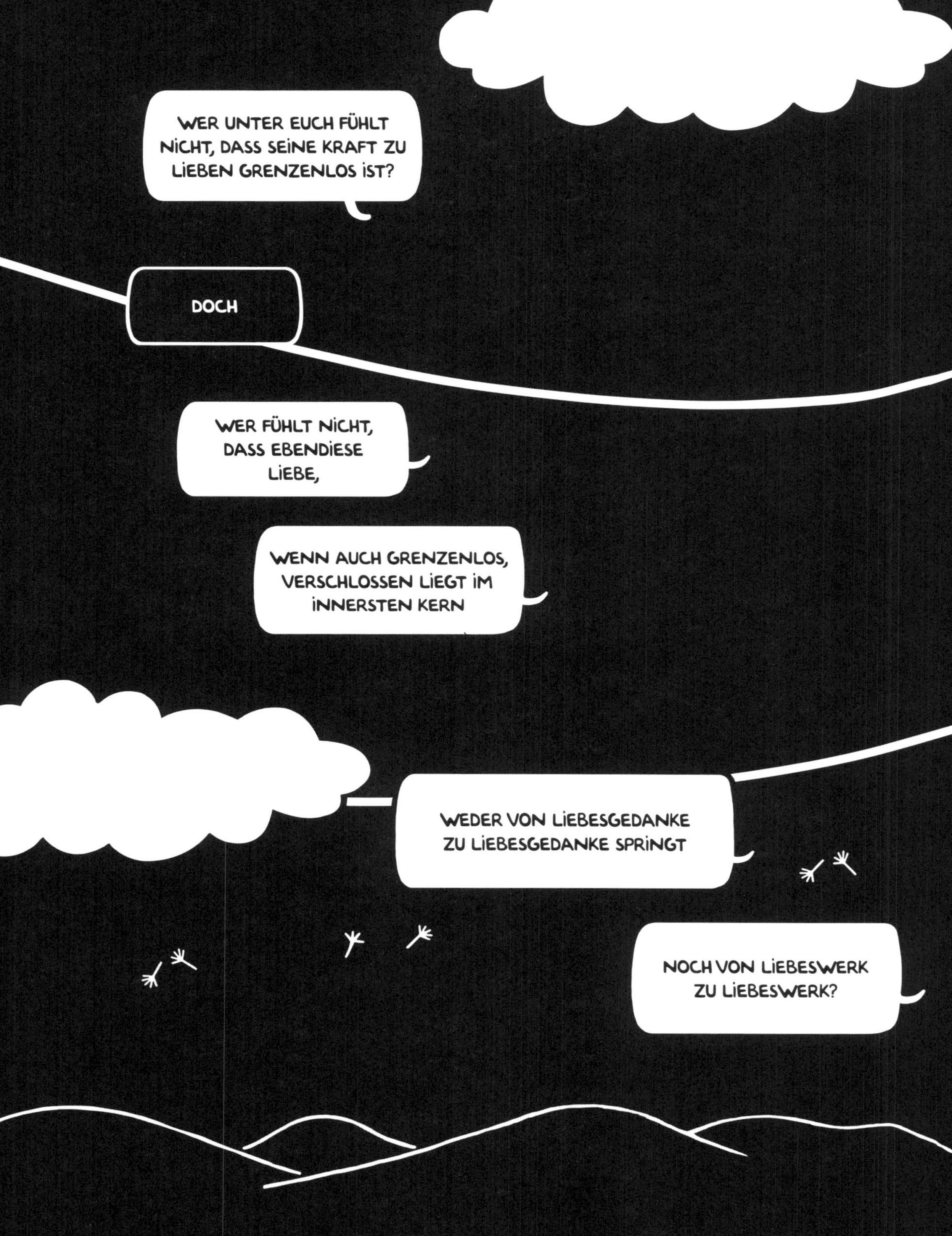
WER UNTER EUCH FÜHLT NICHT, DASS SEINE KRAFT ZU LIEBEN GRENZENLOS IST?
DOCH
WER FÜHLT NICHT, DASS EBENDIESE LIEBE,
WENN AUCH GRENZENLOS, VERSCHLOSSEN LIEGT IM INNERSTEN KERN
WEDER VON LIEBESGEDANKE ZU LIEBESGEDANKE SPRINGT
NOCH VON LIEBESWERK ZU LIEBESWERK?

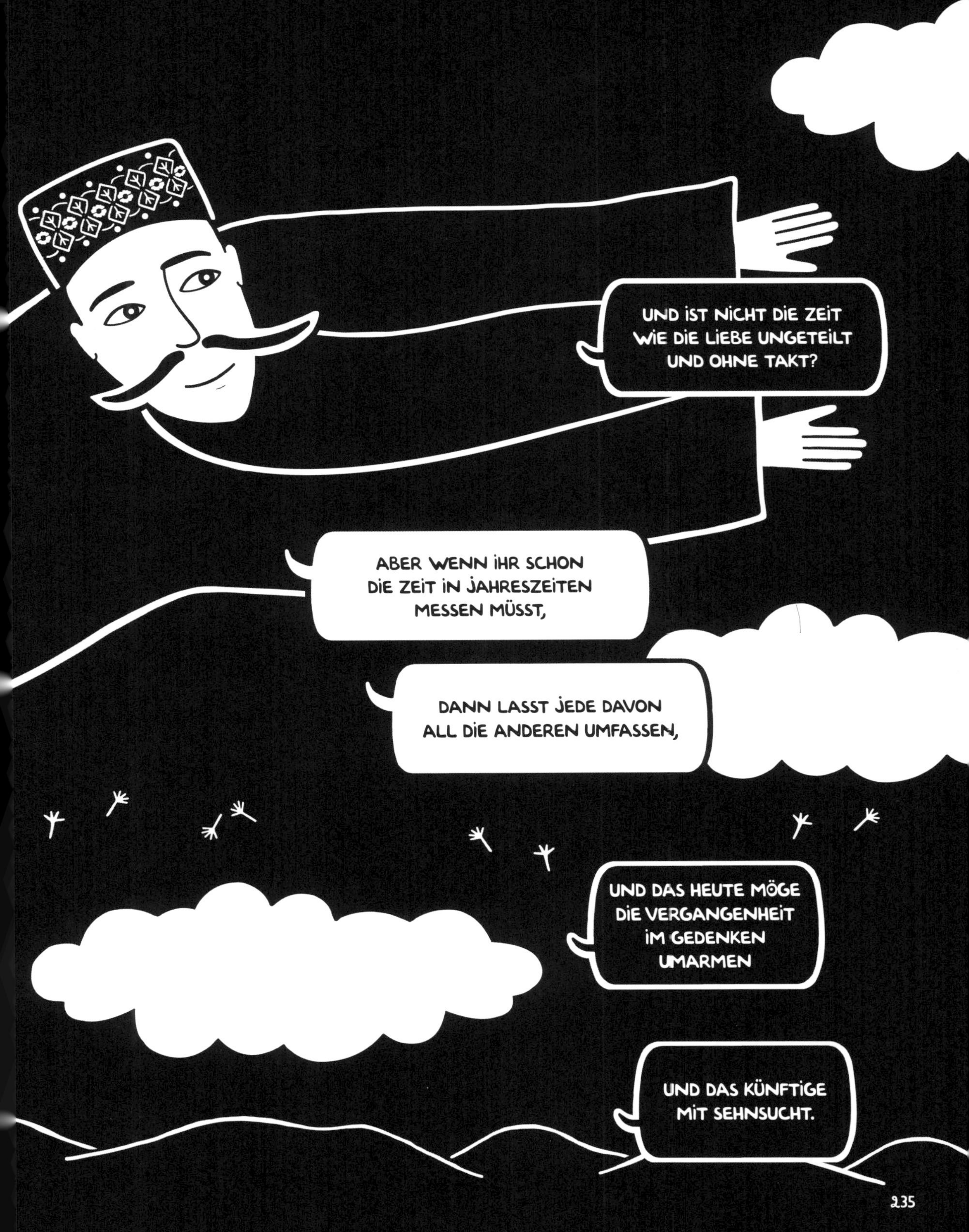
UND IST NICHT DIE ZEIT
WIE DIE LIEBE UNGETEILT
UND OHNE TAKT?
ABER WENN IHR SCHON
DIE ZEIT IN JAHRESZEITEN
MESSEN MÜSST,
DANN LASST JEDE DAVON
ALL DIE ANDEREN UMFASSEN,
UND DAS HEUTE MÖGE
DIE VERGANGENHEIT
IM GEDENKEN
UMARMEN
UND DAS KÜNFTIGE
MIT SEHNSUCHT.

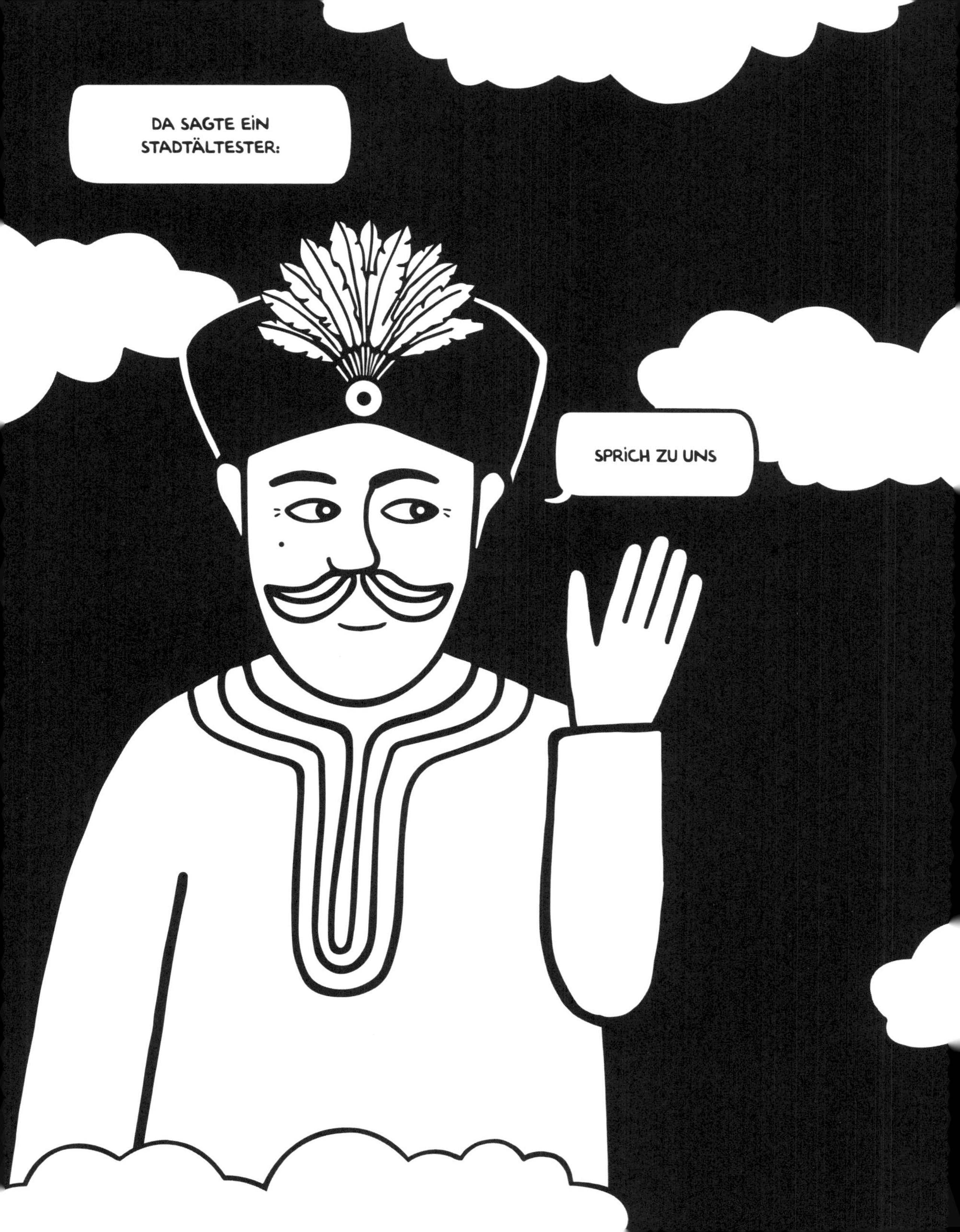
DA SAGTE EIN STADTÄLTESTER:
SPRICH ZU UNS

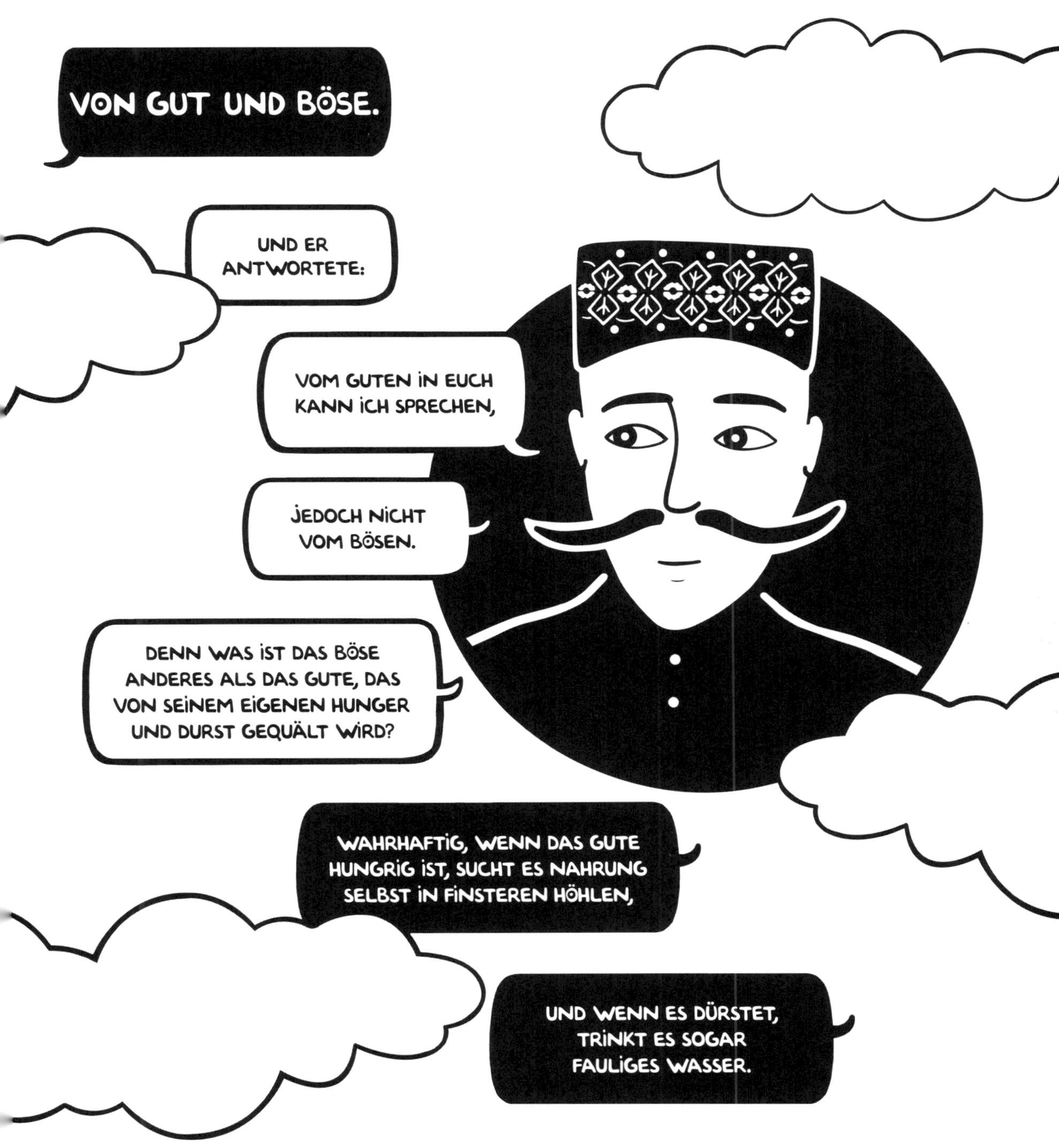
VON GUT UND BÖSE.
UND ER ANTWORTETE:
VOM GUTEN IN EUCH KANN ICH SPRECHEN,
JEDOCH NICHT VOM BÖSEN.
DENN WAS IST DAS BÖSE ANDERES ALS DAS GUTE, DAS VON SEINEM EIGENEN HUNGER UND DURST GEQUÄLT WIRD?
WAHRHAFTIG, WENN DAS GUTE HUNGRIG IST, SUCHT ES NAHRUNG SELBST IN FINSTEREN HÖHLEN,
UND WENN ES DÜRSTET, TRINKT ES SOGAR FAULIGES WASSER.

IHR SEID GUT, WENN IHR EINS MIT EUCH SEID.

DOCH

WENN IHR NICHT EINS MIT EUCH SEID,

SEID IHR NICHT SCHLECHT.

DENN EIN GETRENNTES HAUS IST KEINE RÄUBERHÖHLE,

SONDERN NUR EIN GETEILTES HAUS.

UND EIN SCHIFF OHNE RUDER MAG ZIELLOS ZWISCHEN GEFÄHRLICHEN INSELN TREIBEN

UND DOCH NICHT AUF DEN MEERESGRUND SINKEN.

IHR SEID GUT, WENN IHR DANACH STREBT, VON EUCH ZU GEBEN.

DOCH SEID IHR NICHT BÖSE, WENN IHR GEWINN FÜR EUCH SELBST ERSTREBT.

DENN WENN IHR GEWINN SUCHT,

SEID IHR NUR MEHR WIE EINE WURZEL, DIE SICH AN DIE ERDE KLAMMERT UND VON IHRER BRUST TRINKT.

DIE FRUCHT KANN ZUR WURZEL GEWISS NICHT SAGEN:

„SEI REIF UND VOLL WIE ICH UND GEBE STETS VON DEINER FÜLLE."

DER FRUCHT IST GEBEN EIN BEDÜRFNIS, EBENSO WIE DER WURZEL DAS EMPFANGEN.

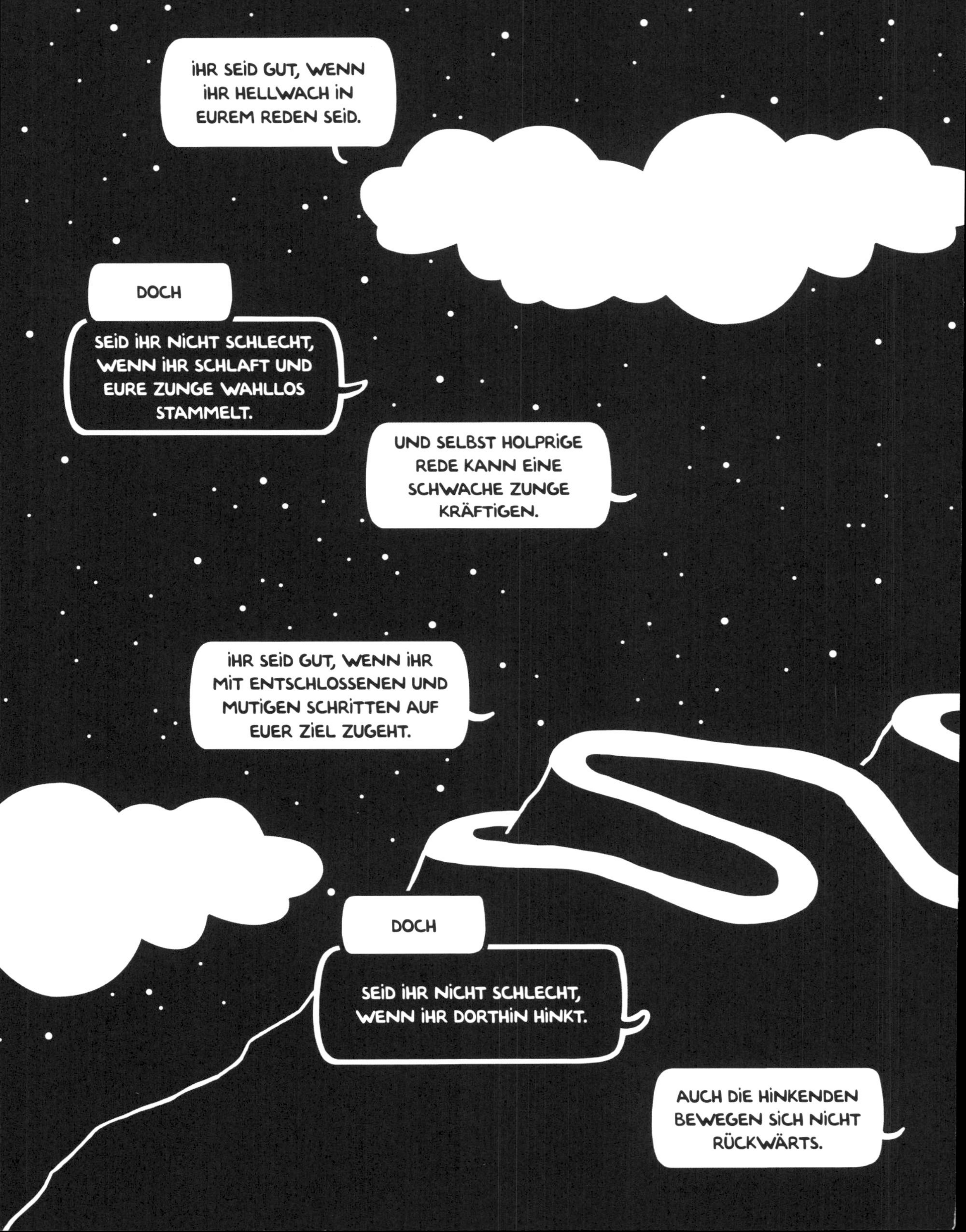

IHR SEID GUT, WENN IHR HELLWACH IN EUREM REDEN SEID.

DOCH

SEID IHR NICHT SCHLECHT, WENN IHR SCHLAFT UND EURE ZUNGE WAHLLOS STAMMELT.

UND SELBST HOLPRIGE REDE KANN EINE SCHWACHE ZUNGE KRÄFTIGEN.

IHR SEID GUT, WENN IHR MIT ENTSCHLOSSENEN UND MUTIGEN SCHRITTEN AUF EUER ZIEL ZUGEHT.

DOCH

SEID IHR NICHT SCHLECHT, WENN IHR DORTHIN HINKT.

AUCH DIE HINKENDEN BEWEGEN SICH NICHT RÜCKWÄRTS.

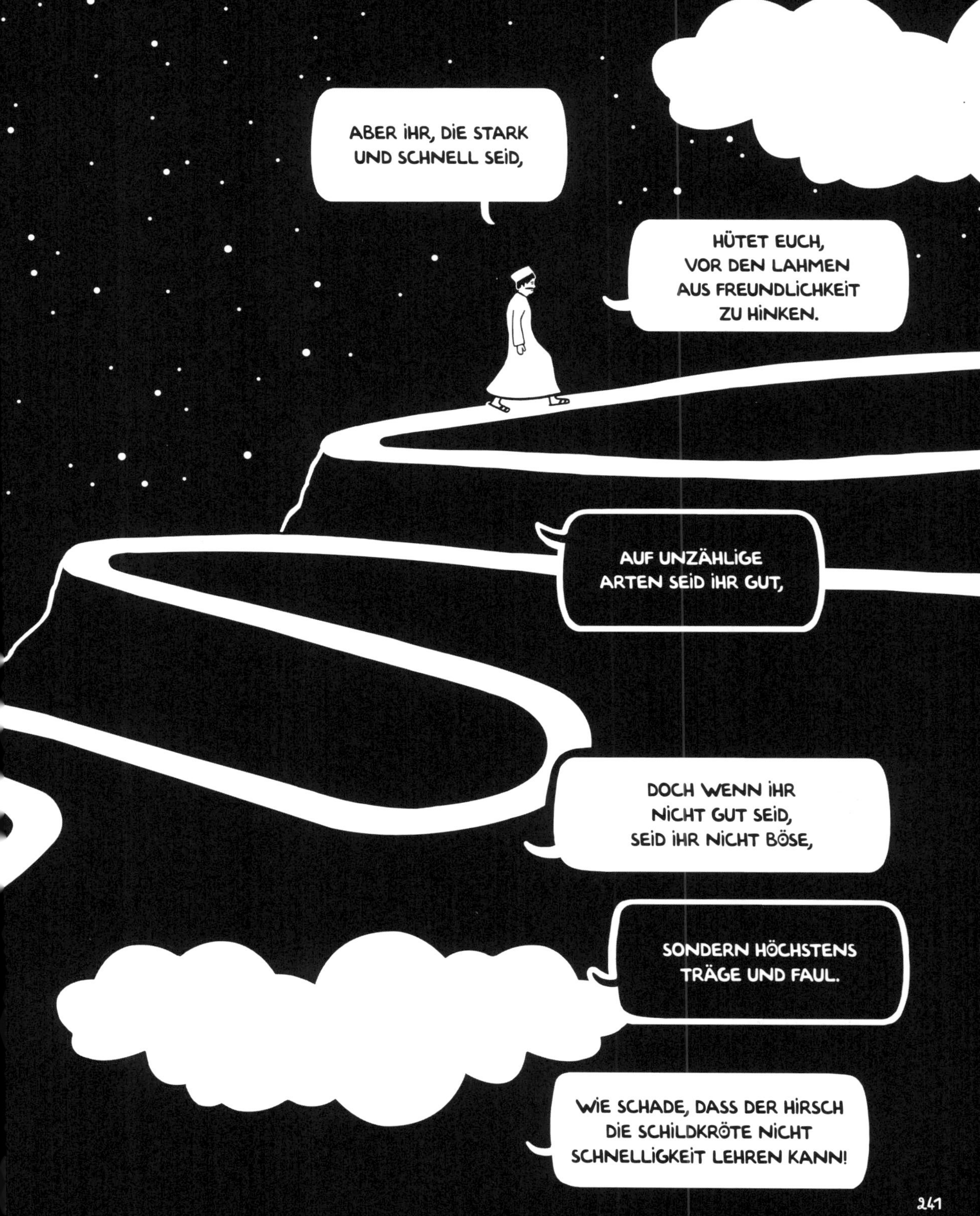
ABER IHR, DIE STARK UND SCHNELL SEID,
HÜTET EUCH, VOR DEN LAHMEN AUS FREUNDLICHKEIT ZU HINKEN.
AUF UNZÄHLIGE ARTEN SEID IHR GUT,
DOCH WENN IHR NICHT GUT SEID, SEID IHR NICHT BÖSE,
SONDERN HÖCHSTENS TRÄGE UND FAUL.
WIE SCHADE, DASS DER HIRSCH DIE SCHILDKRÖTE NICHT SCHNELLIGKEIT LEHREN KANN!

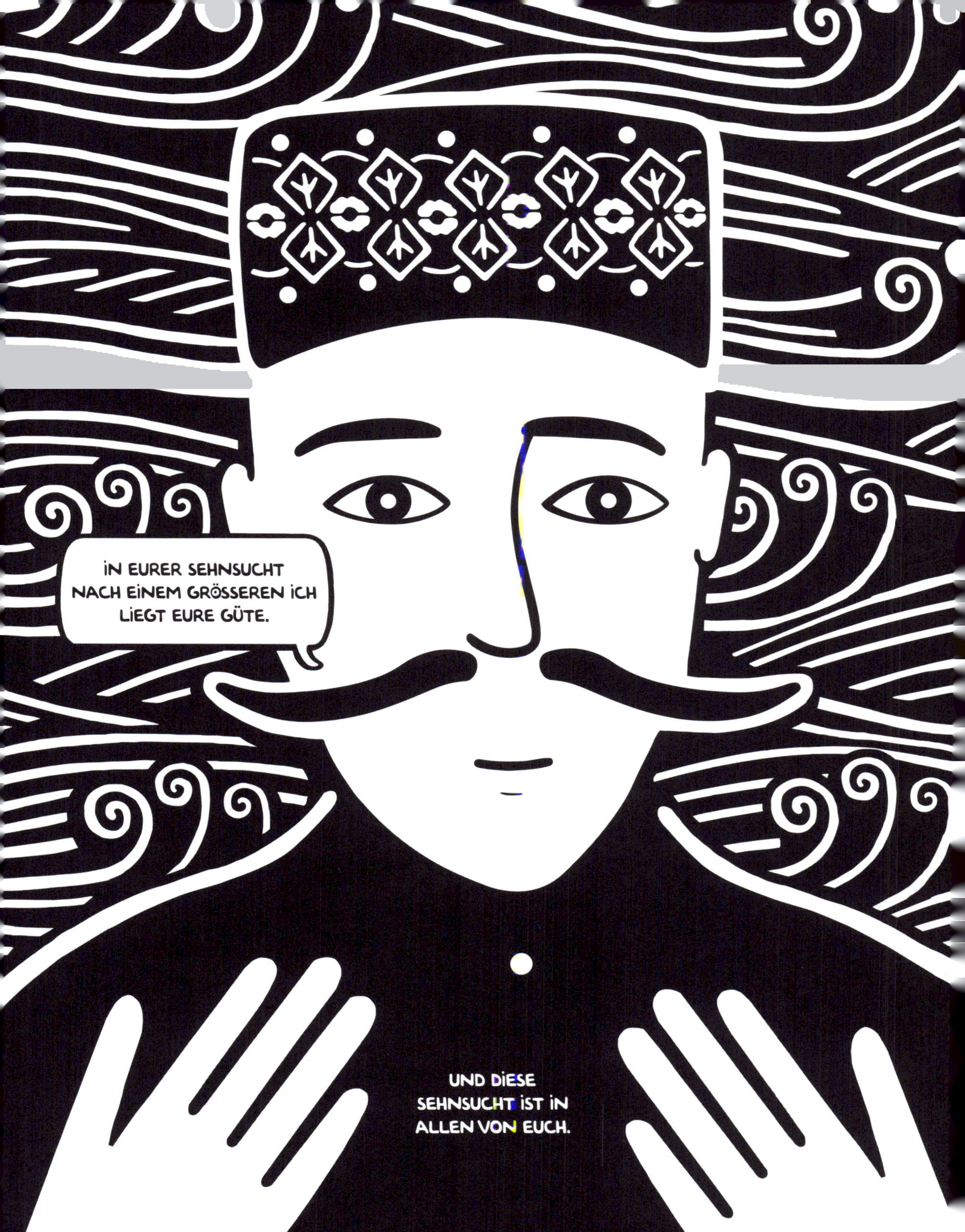
IN EURER SEHNSUCHT NACH EINEM GRÖSSEREN ICH LIEGT EURE GÜTE.
UND DIESE SEHNSUCHT IST IN ALLEN VON EUCH.

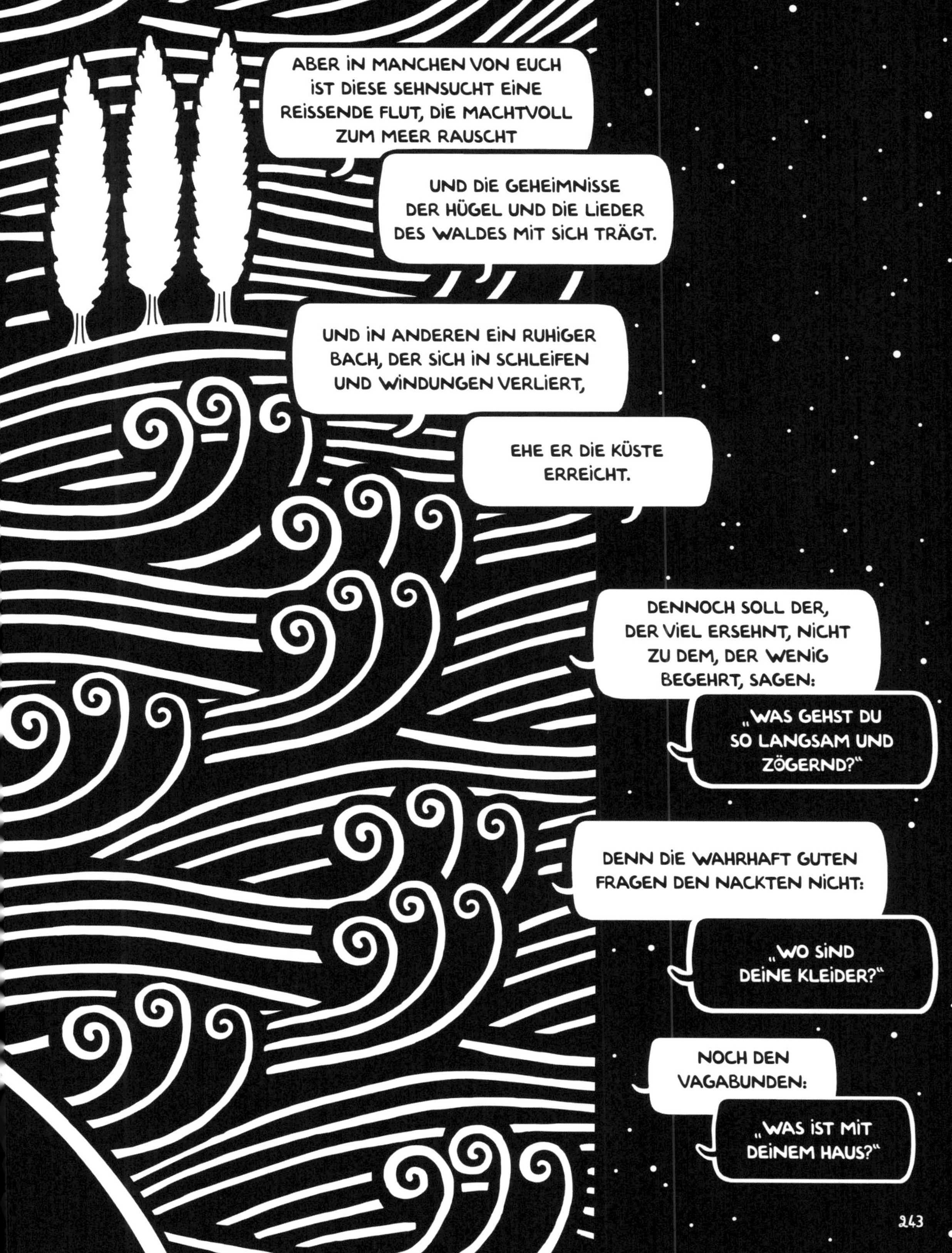
ABER IN MANCHEN VON EUCH IST DIESE SEHNSUCHT EINE REISSENDE FLUT, DIE MACHTVOLL ZUM MEER RAUSCHT
UND DIE GEHEIMNISSE DER HÜGEL UND DIE LIEDER DES WALDES MIT SICH TRÄGT.
UND IN ANDEREN EIN RUHIGER BACH, DER SICH IN SCHLEIFEN UND WINDUNGEN VERLIERT,
EHE ER DIE KÜSTE ERREICHT.
DENNOCH SOLL DER, DER VIEL ERSEHNT, NICHT ZU DEM, DER WENIG BEGEHRT, SAGEN:
„WAS GEHST DU SO LANGSAM UND ZÖGERND?“
DENN DIE WAHRHAFT GUTEN FRAGEN DEN NACKTEN NICHT:
„WO SIND DEINE KLEIDER?“
NOCH DEN VAGABUNDEN:
„WAS IST MIT DEINEM HAUS?“

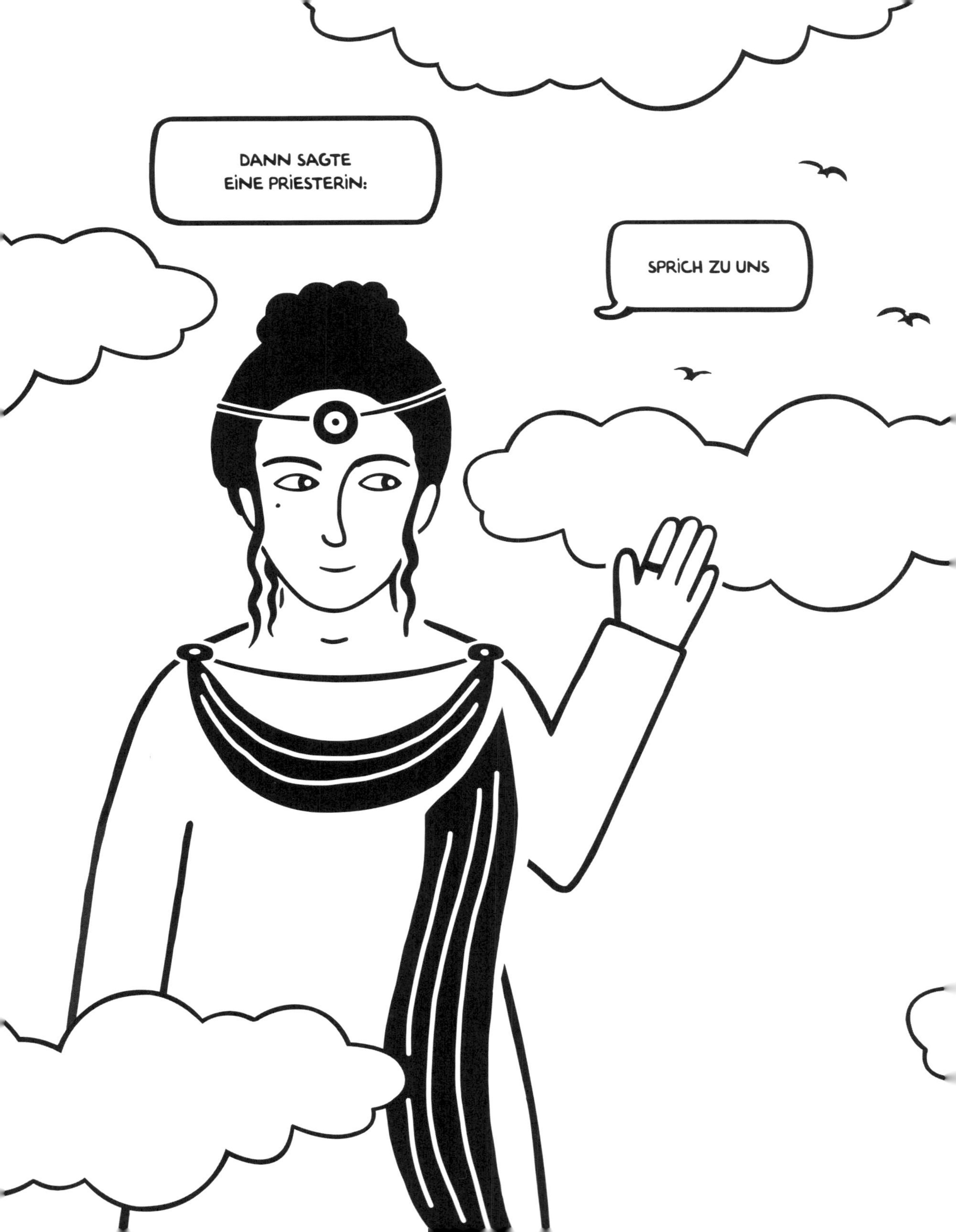
DANN SAGTE
EINE PRIESTERIN:
SPRICH ZU UNS

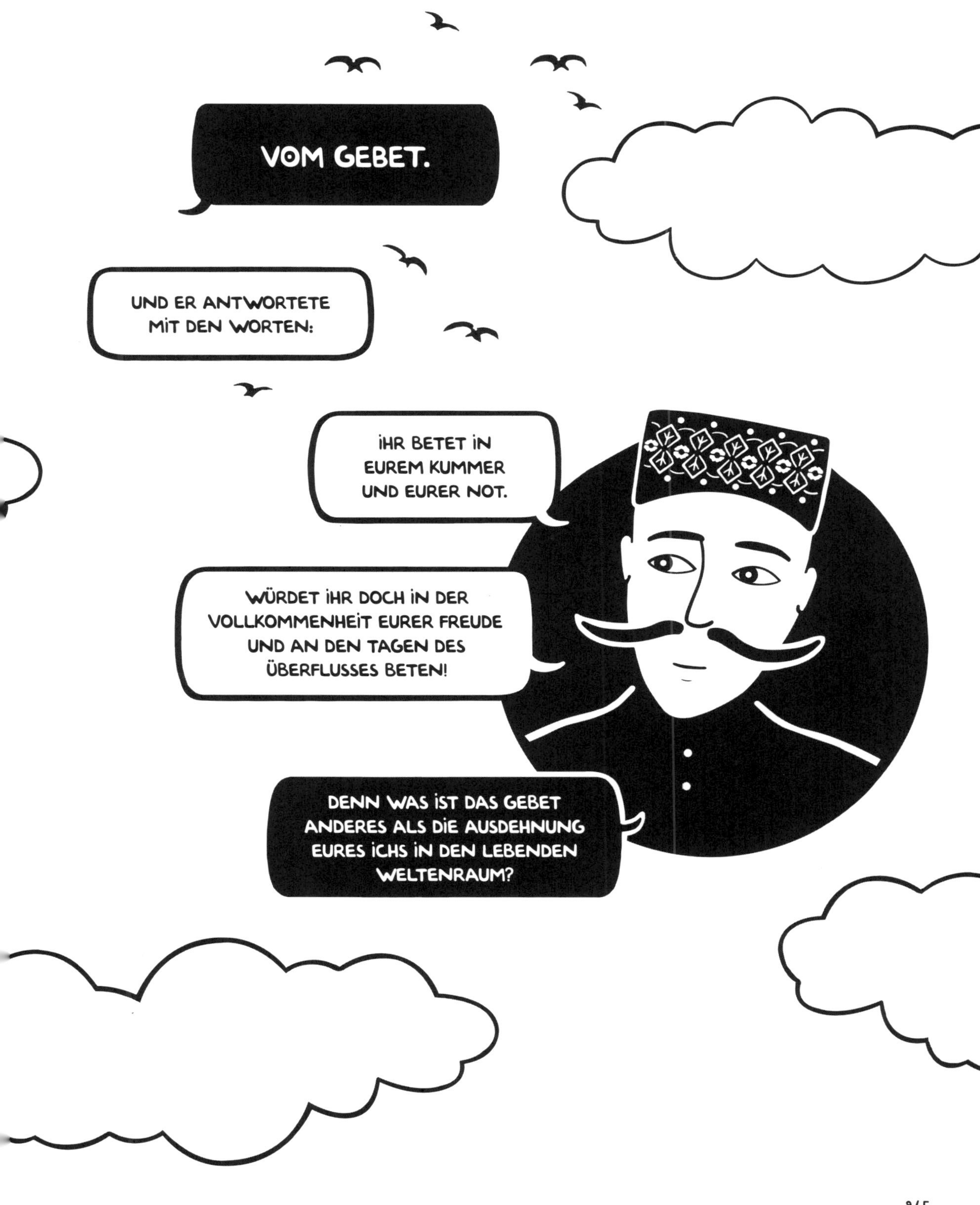
VOM GEBET.
UND ER ANTWORTETE MIT DEN WORTEN:
IHR BETET IN EUREM KUMMER UND EURER NOT.
WÜRDET IHR DOCH IN DER VOLLKOMMENHEIT EURER FREUDE UND AN DEN TAGEN DES ÜBERFLUSSES BETEN!
DENN WAS IST DAS GEBET ANDERES ALS DIE AUSDEHNUNG EURES ICHS IN DEN LEBENDEN WELTENRAUM?

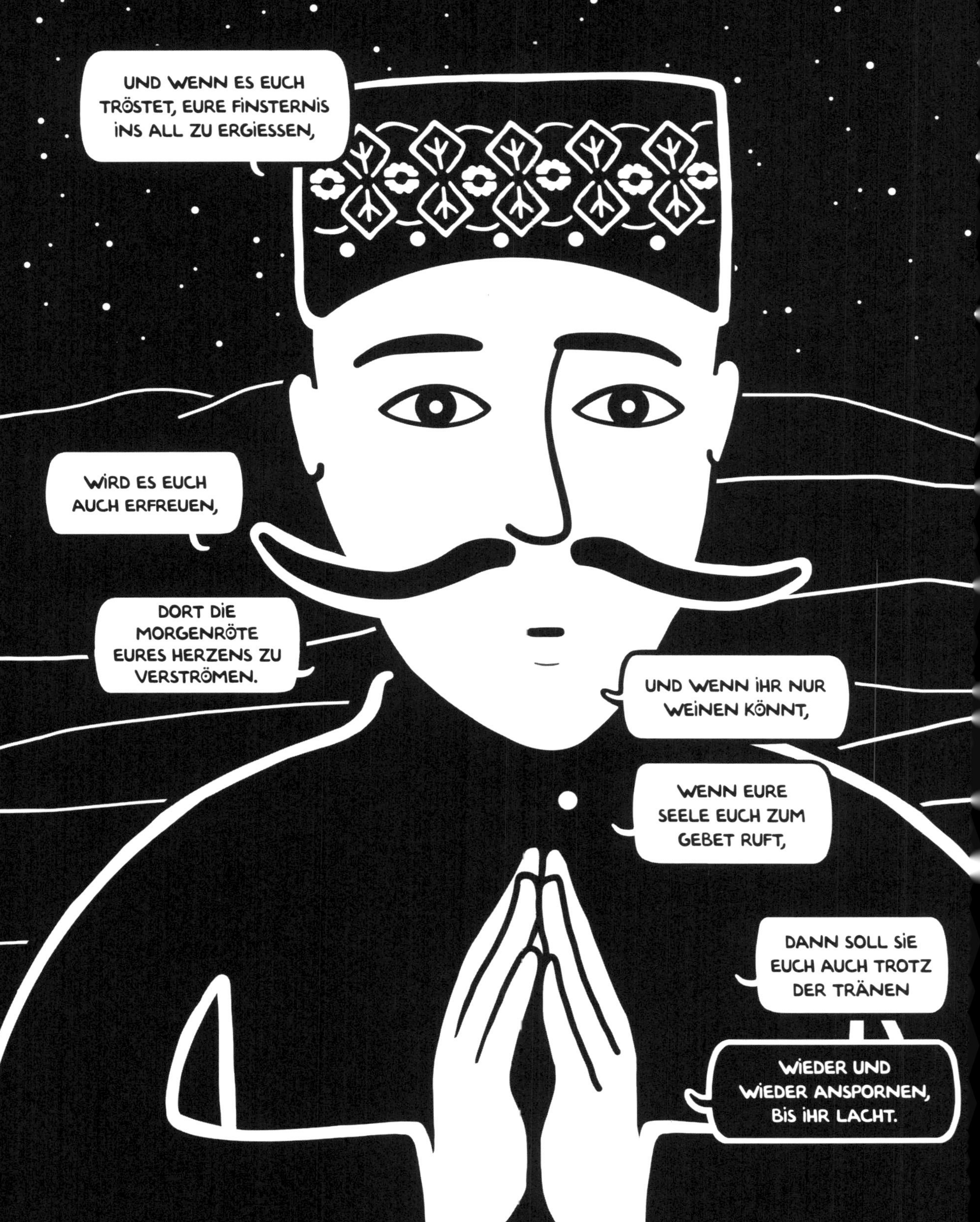
UND WENN ES EUCH TRÖSTET, EURE FINSTERNIS INS ALL ZU ERGIESSEN,
WIRD ES EUCH AUCH ERFREUEN,
DORT DIE MORGENRÖTE EURES HERZENS ZU VERSTRÖMEN.
UND WENN IHR NUR WEINEN KÖNNT,
WENN EURE SEELE EUCH ZUM GEBET RUFT,
DANN SOLL SIE EUCH AUCH TROTZ DER TRÄNEN
WIEDER UND WIEDER ANSPORNEN, BIS IHR LACHT.

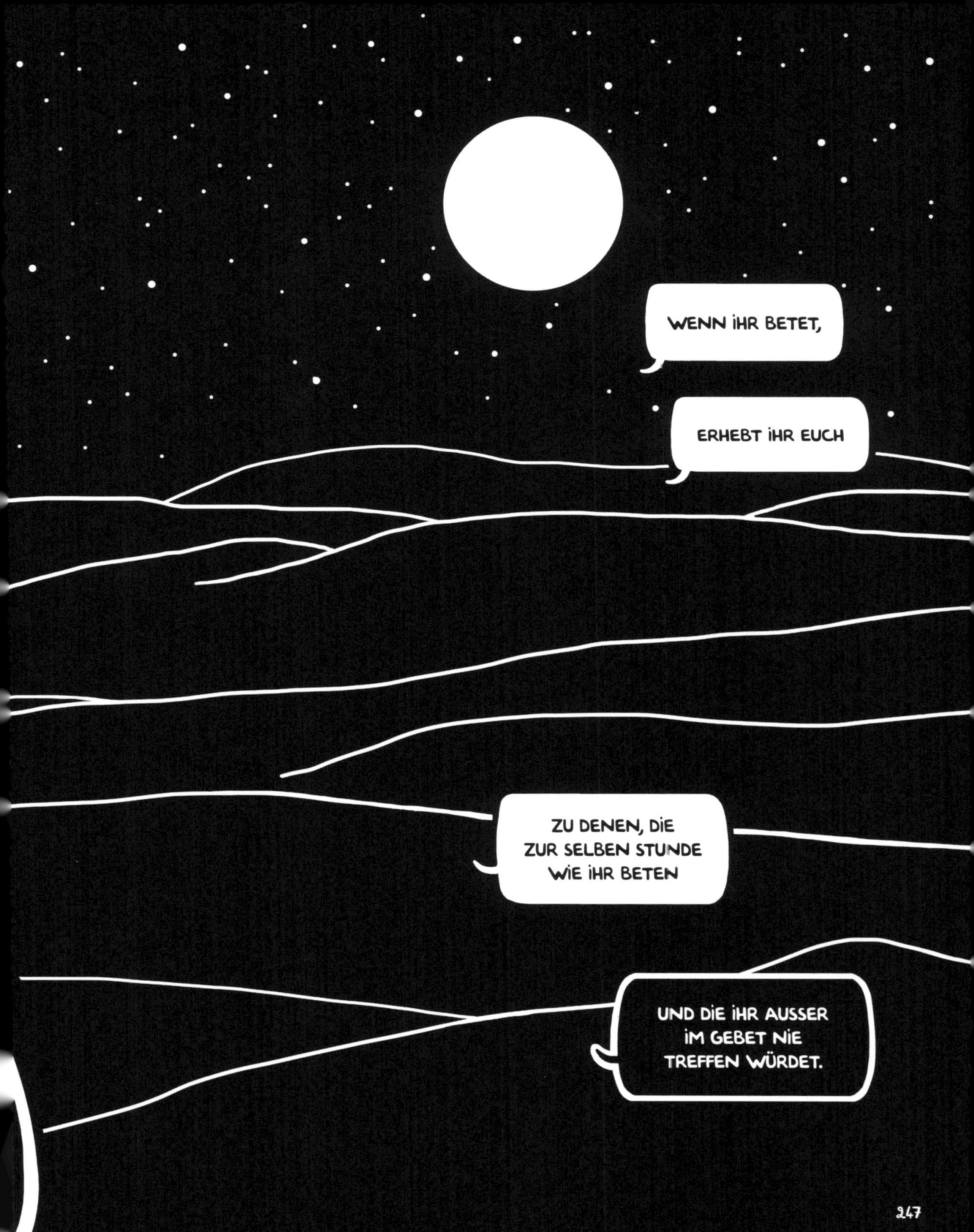

WENN IHR BETET,

ERHEBT IHR EUCH

ZU DENEN, DIE
ZUR SELBEN STUNDE
WIE IHR BETEN

UND DIE IHR AUSSER
IM GEBET NIE
TREFFEN WÜRDET.

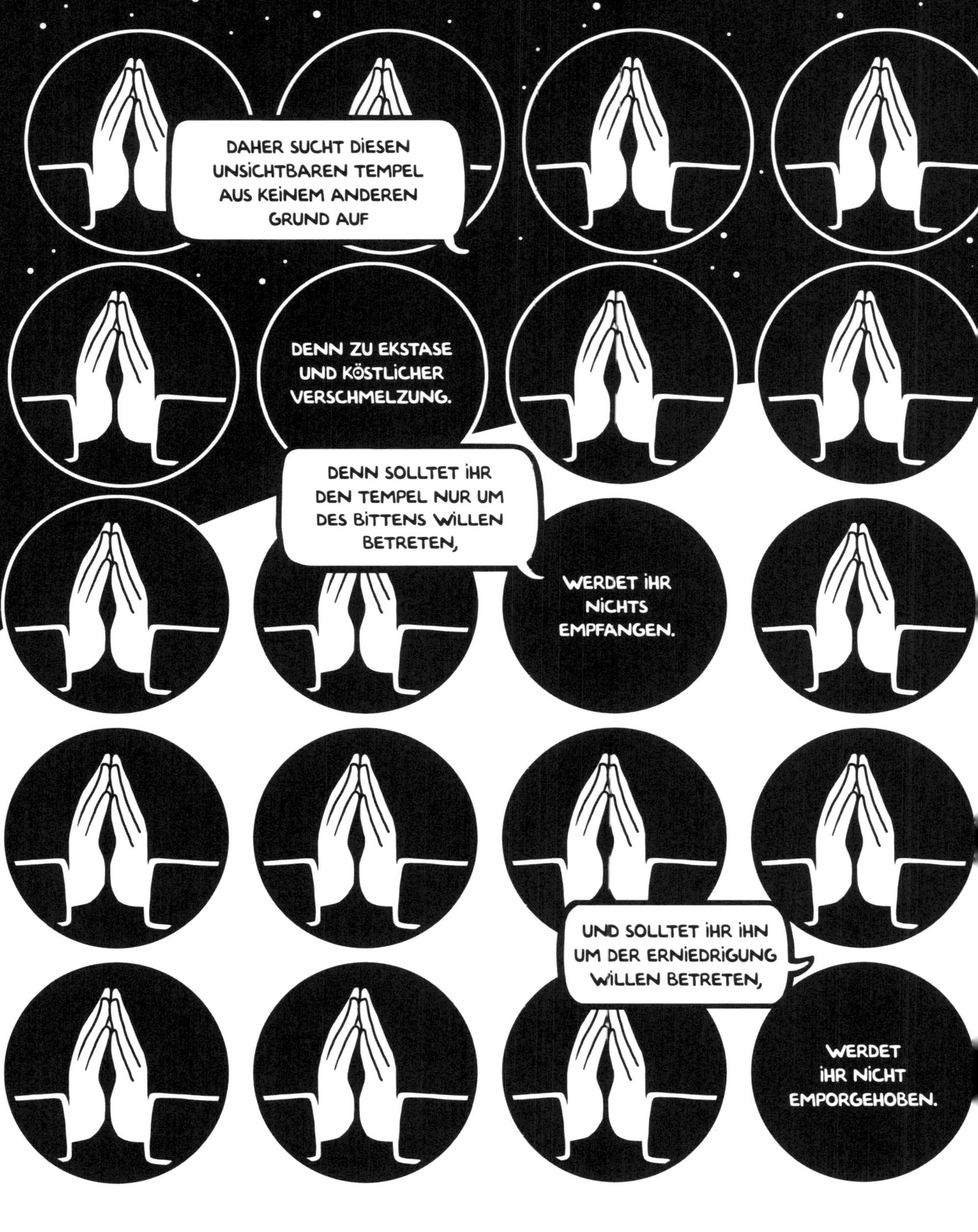
DAHER SUCHT DIESEN UNSICHTBAREN TEMPEL AUS KEINEM ANDEREN GRUND AUF
DENN ZU EKSTASE UND KÖSTLICHER VERSCHMELZUNG.
DENN SOLLTET IHR DEN TEMPEL NUR UM DES BITTENS WILLEN BETRETEN,
WERDET IHR NICHTS EMPFANGEN.
UND SOLLTET IHR IHN UM DER ERNIEDRIGUNG WILLEN BETRETEN,
WERDET IHR NICHT EMPORGEHOBEN.

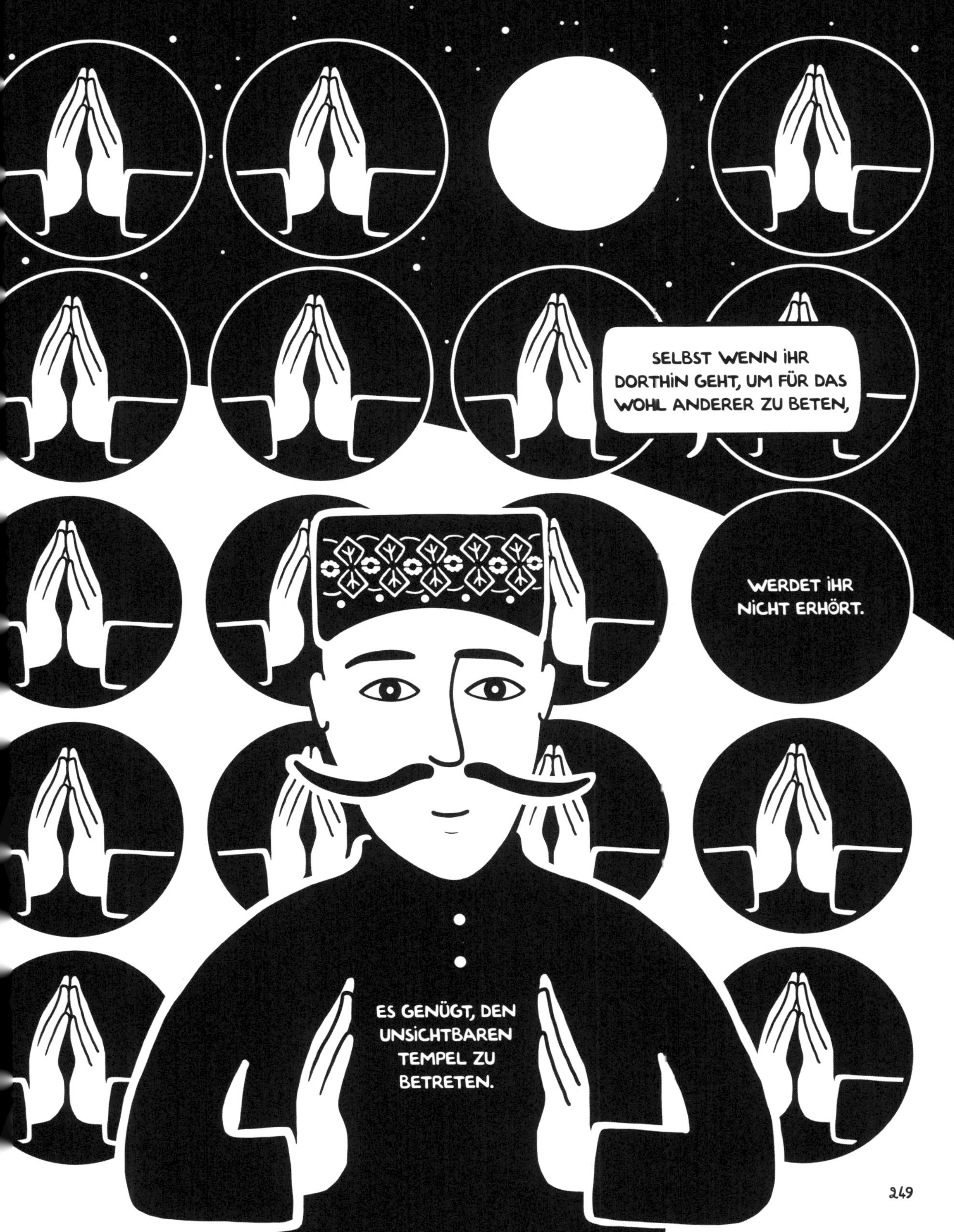
SELBST WENN IHR DORTHIN GEHT, UM FÜR DAS WOHL ANDERER ZU BETEN,
WERDET IHR NICHT ERHÖRT.
ES GENÜGT, DEN UNSICHTBAREN TEMPEL ZU BETRETEN.

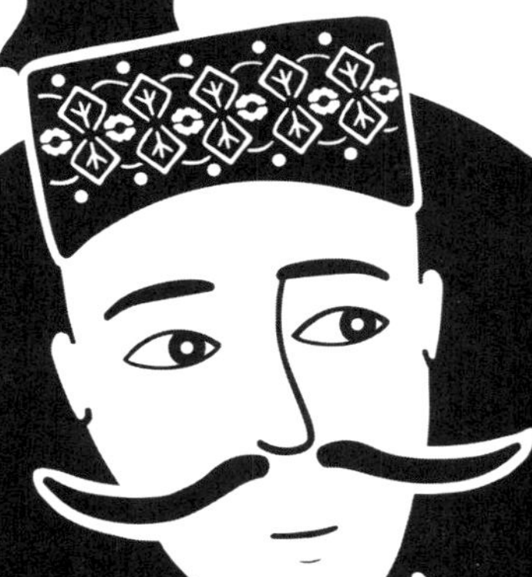
ICH VERMAG EUCH DAS GEBET IN WORTEN NICHT ZU LEHREN.
GOTT HÖRT NICHT AUF EURE WORTE, AUSSER ER SPRICHT SELBST DURCH EUREN MUND.
AUCH DIE GEBETE DES MEERES, DER WÄLDER UND DER BERGE VERMAG ICH EUCH NICHT ZU LEHREN.
DOCH IHR, DIE AM MEER, IN DEN WÄLDERN UND DEN BERGEN GEBOREN SEID,
KÖNNT IHR GEBET IN EUREM HERZEN FINDEN.

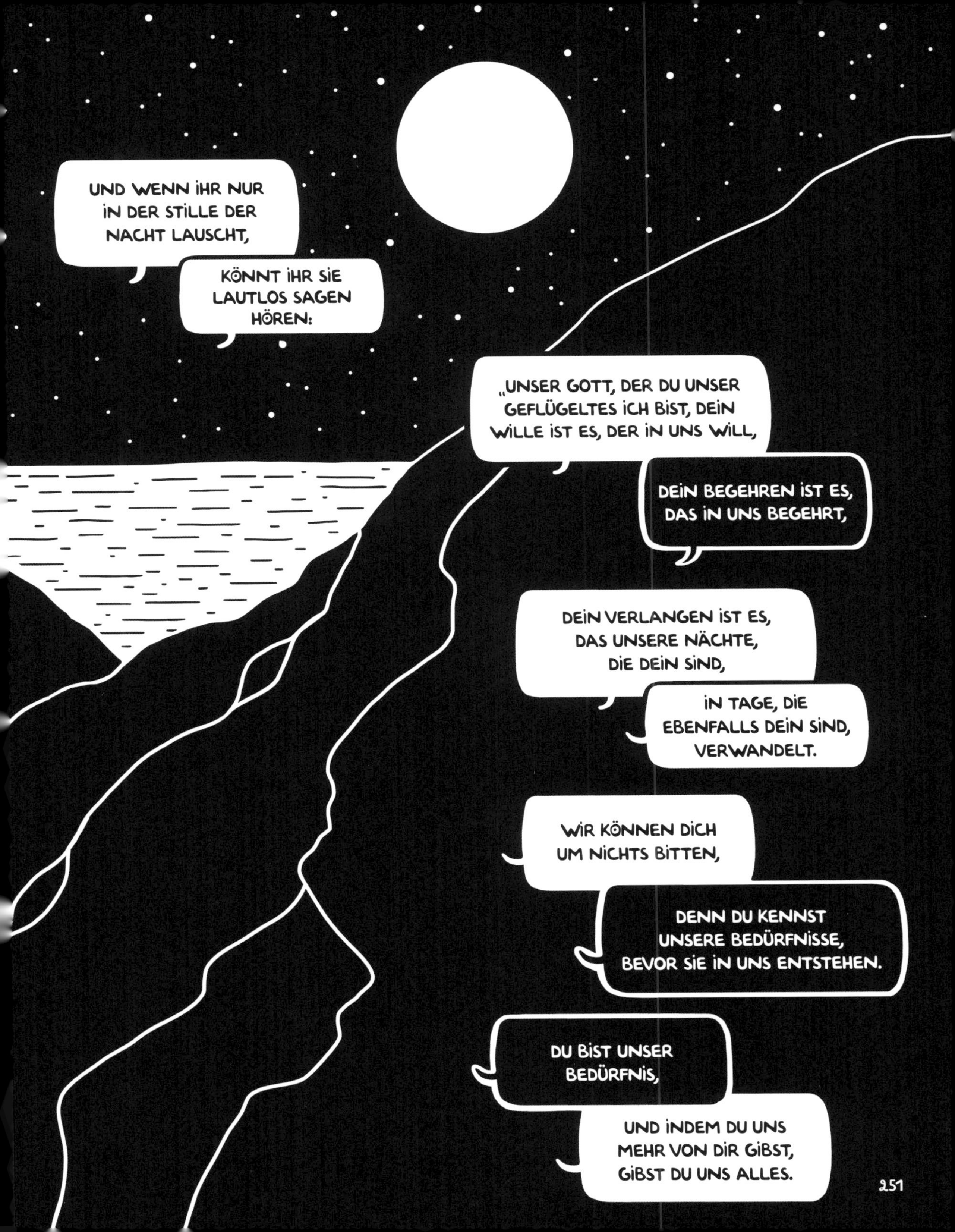

UND WENN IHR NUR IN DER STILLE DER NACHT LAUSCHT,

KÖNNT IHR SIE LAUTLOS SAGEN HÖREN:

„UNSER GOTT, DER DU UNSER GEFLÜGELTES ICH BIST, DEIN WILLE IST ES, DER IN UNS WILL,

DEIN BEGEHREN IST ES, DAS IN UNS BEGEHRT,

DEIN VERLANGEN IST ES, DAS UNSERE NÄCHTE, DIE DEIN SIND,

IN TAGE, DIE EBENFALLS DEIN SIND, VERWANDELT.

WIR KÖNNEN DICH UM NICHTS BITTEN,

DENN DU KENNST UNSERE BEDÜRFNISSE, BEVOR SIE IN UNS ENTSTEHEN.

DU BIST UNSER BEDÜRFNIS,

UND INDEM DU UNS MEHR VON DIR GIBST, GIBST DU UNS ALLES.

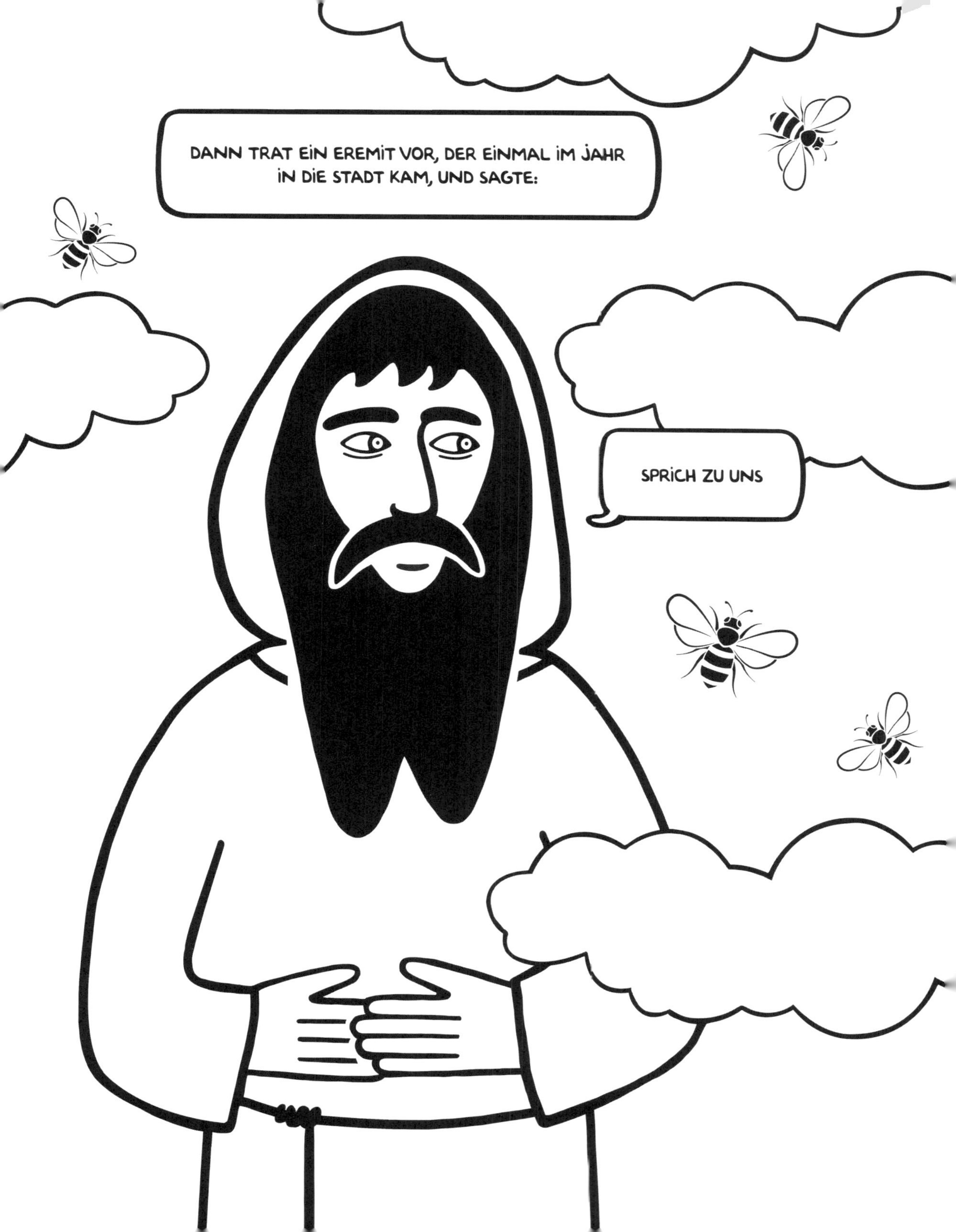
DANN TRAT EIN EREMIT VOR, DER EINMAL IM JAHR IN DIE STADT KAM, UND SAGTE:
SPRICH ZU UNS

VOM GENUSS.

UND ER ANTWORTETE MIT DEN WORTEN:

GENUSS IST EIN LIED AUF DIE FREIHEIT,

ABER NICHT FREIHEIT AN SICH.

ER IST DAS AUFBLÜHEN EURER SEHNSÜCHTE,

ABER NICHT IHRE FRUCHT.

ER IST EINE TIEFE, DIE EINE HÖHE VERLANGT,

ABER WEDER DIE TIEFE NOCH DIE HÖHE.

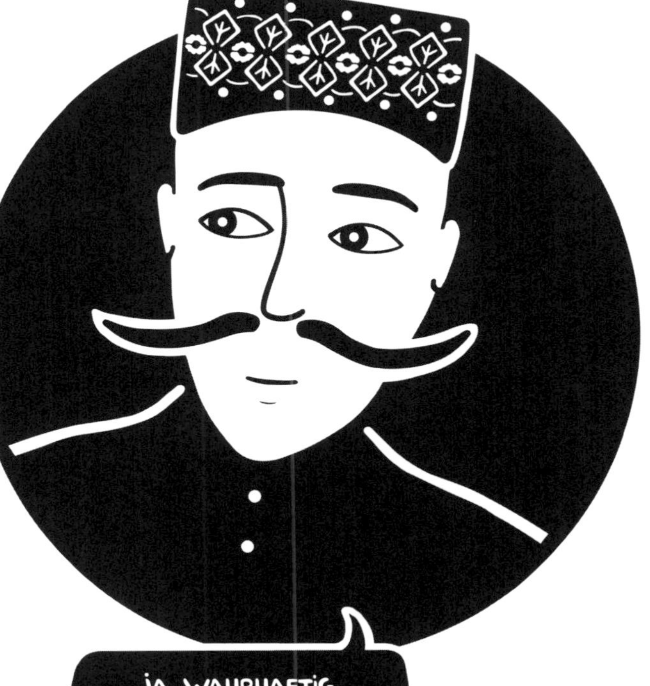

JA, WAHRHAFTIG, DER GENUSS IST EIN LIED AUF DIE FREIHEIT.

ER IST DAS GEFANGENE, DAS SICH AUFSCHWINGT,

ABER NICHT DER UMSCHLOSSENE RAUM.

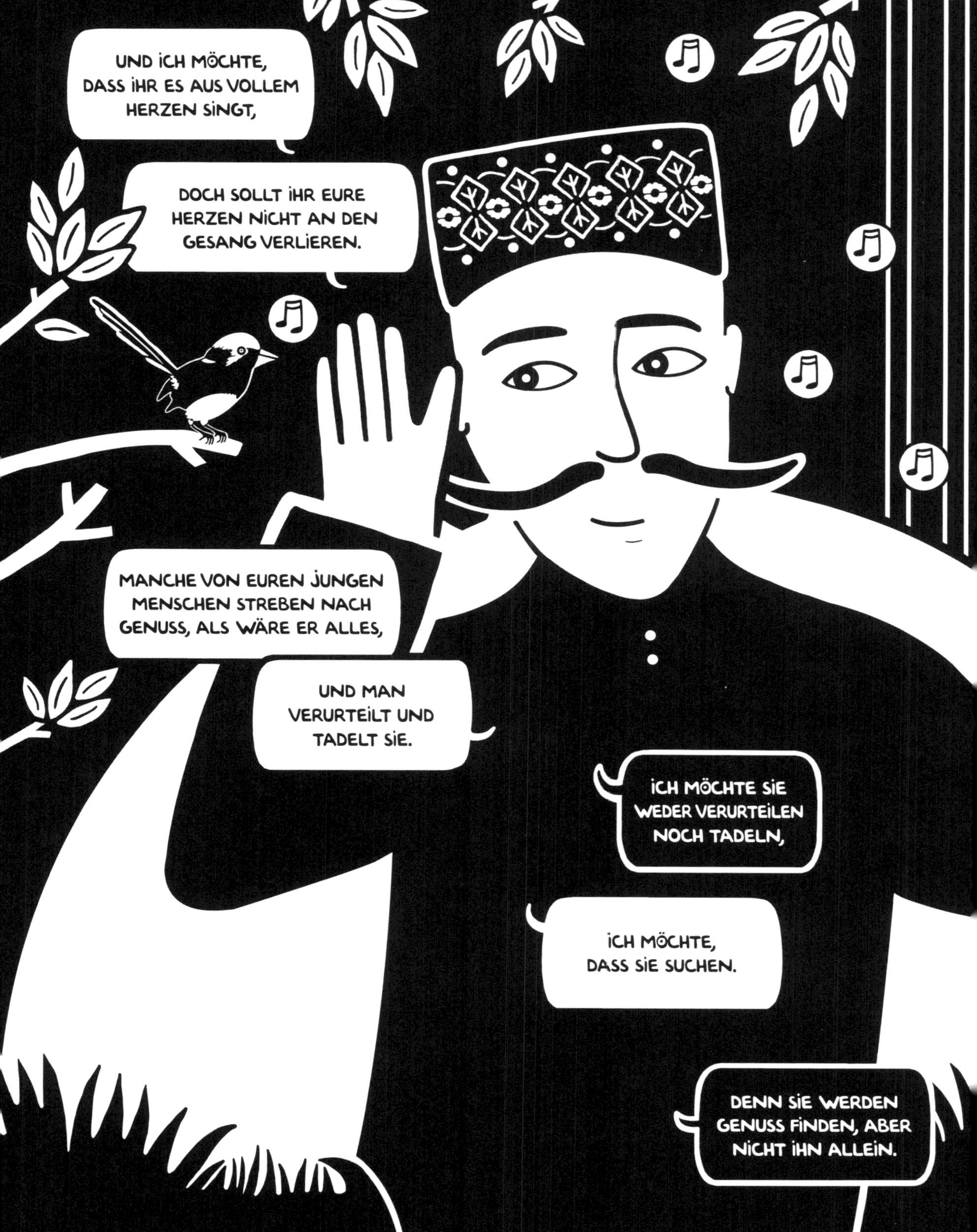
UND ICH MÖCHTE, DASS IHR ES AUS VOLLEM HERZEN SINGT,
DOCH SOLLT IHR EURE HERZEN NICHT AN DEN GESANG VERLIEREN.
MANCHE VON EUREN JUNGEN MENSCHEN STREBEN NACH GENUSS, ALS WÄRE ER ALLES,
UND MAN VERURTEILT UND TADELT SIE.
ICH MÖCHTE SIE WEDER VERURTEILEN NOCH TADELN,
ICH MÖCHTE, DASS SIE SUCHEN.
DENN SIE WERDEN GENUSS FINDEN, ABER NICHT IHN ALLEIN.

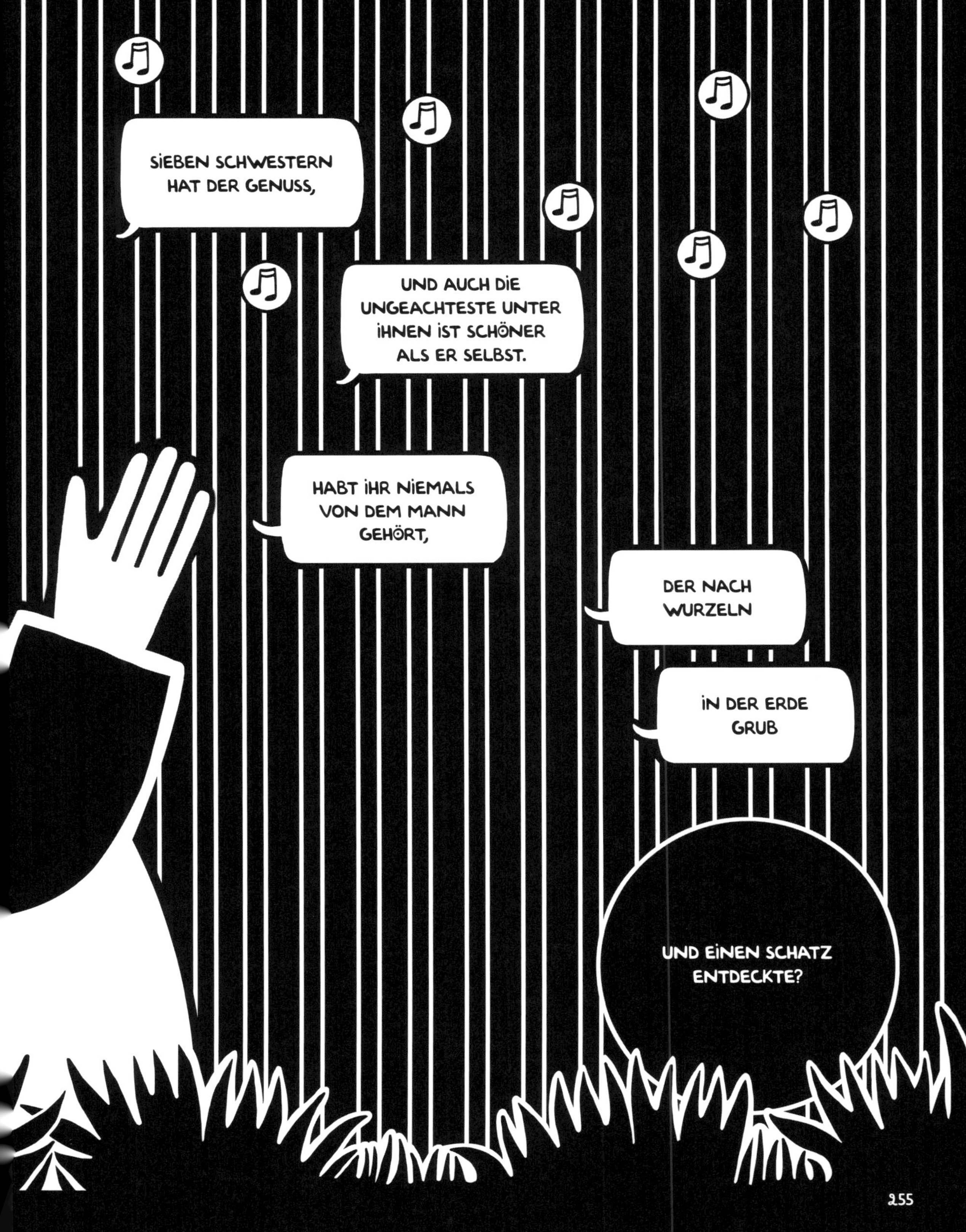
SIEBEN SCHWESTERN HAT DER GENUSS,
UND AUCH DIE UNGEACHTESTE UNTER IHNEN IST SCHÖNER ALS ER SELBST.
HABT IHR NIEMALS VON DEM MANN GEHÖRT,
DER NACH WURZELN
IN DER ERDE GRUB
UND EINEN SCHATZ ENTDECKTE?

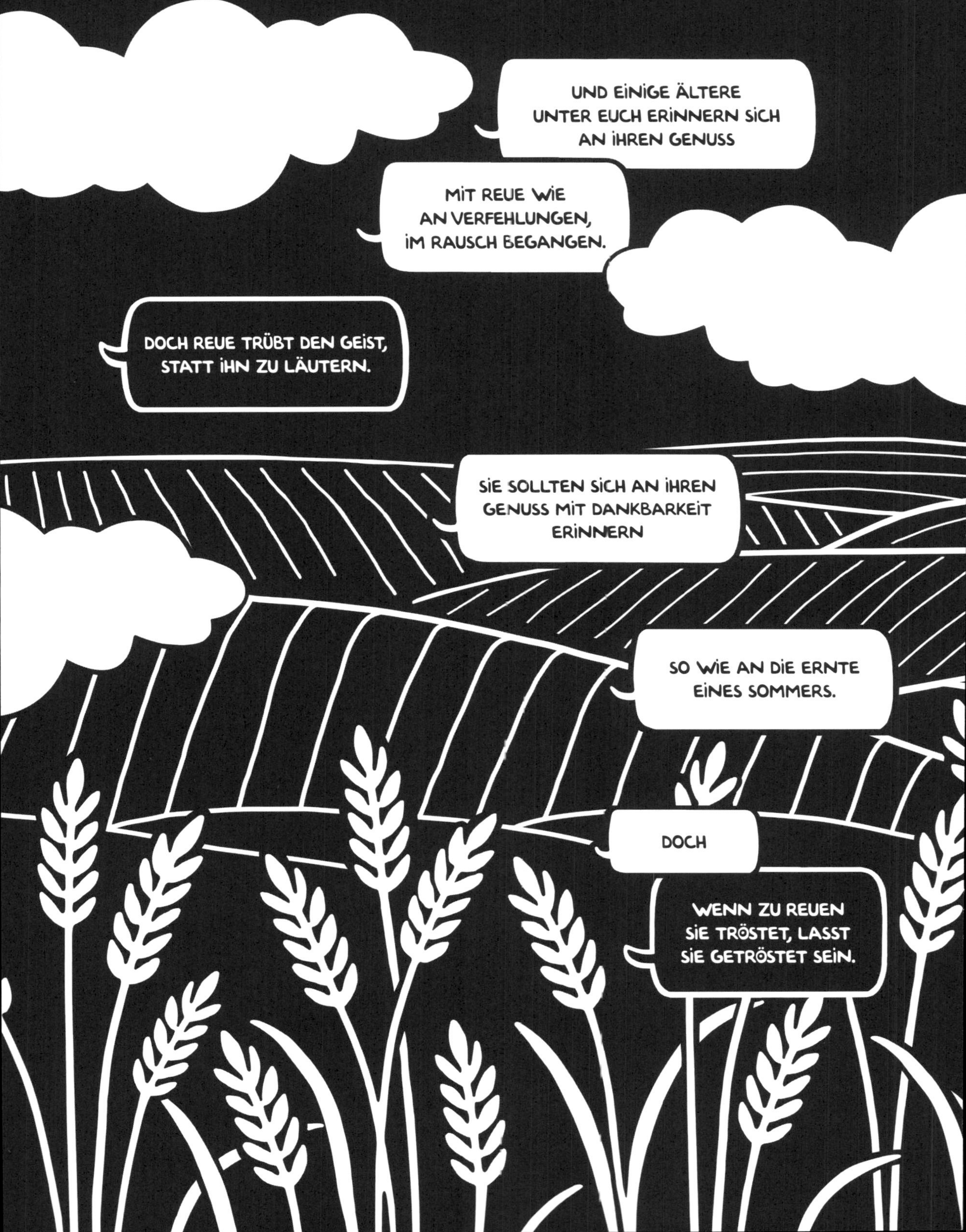
UND EINIGE ÄLTERE UNTER EUCH ERINNERN SICH AN IHREN GENUSS
MIT REUE WIE AN VERFEHLUNGEN, IM RAUSCH BEGANGEN.
DOCH REUE TRÜBT DEN GEIST, STATT IHN ZU LÄUTERN.
SIE SOLLTEN SICH AN IHREN GENUSS MIT DANKBARKEIT ERINNERN
SO WIE AN DIE ERNTE EINES SOMMERS.
DOCH
WENN ZU REUEN SIE TRÖSTET, LASST SIE GETRÖSTET SEIN.

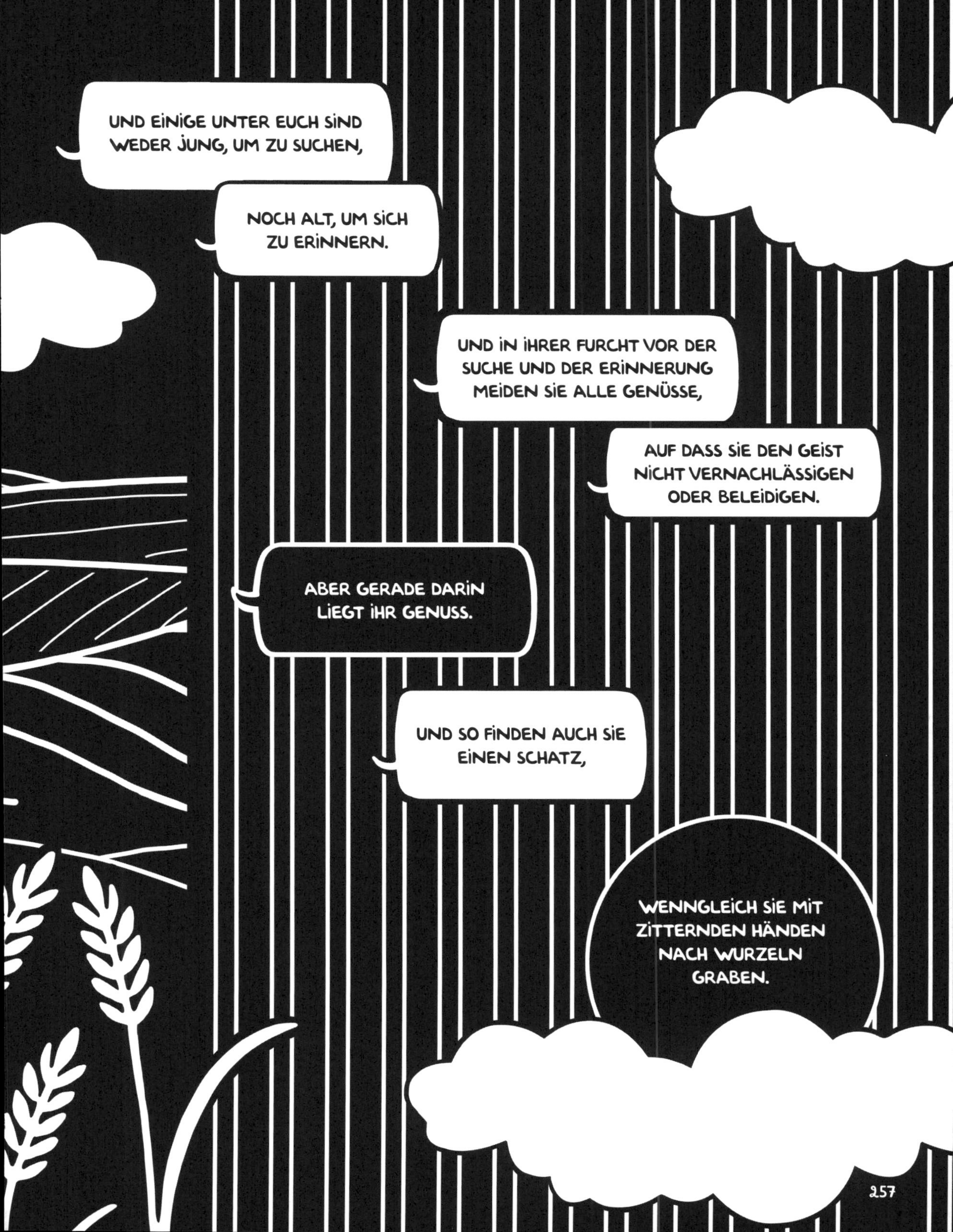
UND EINIGE UNTER EUCH SIND WEDER JUNG, UM ZU SUCHEN,
NOCH ALT, UM SICH ZU ERINNERN.
UND IN IHRER FURCHT VOR DER SUCHE UND DER ERINNERUNG MEIDEN SIE ALLE GENÜSSE,
AUF DASS SIE DEN GEIST NICHT VERNACHLÄSSIGEN ODER BELEIDIGEN.
ABER GERADE DARIN LIEGT IHR GENUSS.
UND SO FINDEN AUCH SIE EINEN SCHATZ,
WENNGLEICH SIE MIT ZITTERNDEN HÄNDEN NACH WURZELN GRABEN.

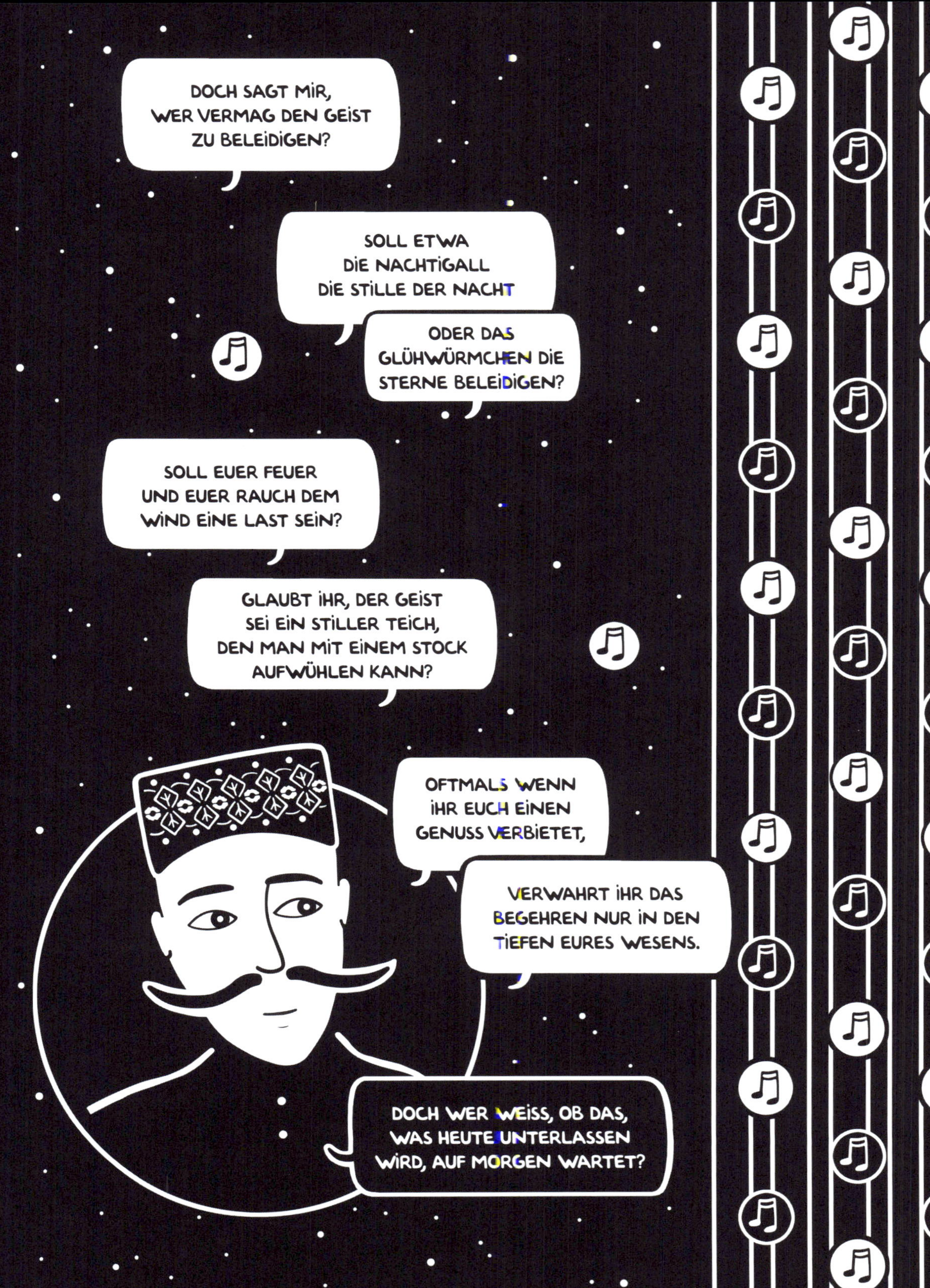
DOCH SAGT MIR, WER VERMAG DEN GEIST ZU BELEIDIGEN?
SOLL ETWA DIE NACHTIGALL DIE STILLE DER NACHT
ODER DAS GLÜHWÜRMCHEN DIE STERNE BELEIDIGEN?
SOLL EUER FEUER UND EUER RAUCH DEM WIND EINE LAST SEIN?
GLAUBT IHR, DER GEIST SEI EIN STILLER TEICH, DEN MAN MIT EINEM STOCK AUFWÜHLEN KANN?
OFTMALS WENN IHR EUCH EINEN GENUSS VERBIETET,
VERWAHRT IHR DAS BEGEHREN NUR IN DEN TIEFEN EURES WESENS.
DOCH WER WEISS, OB DAS, WAS HEUTE UNTERLASSEN WIRD, AUF MORGEN WARTET?

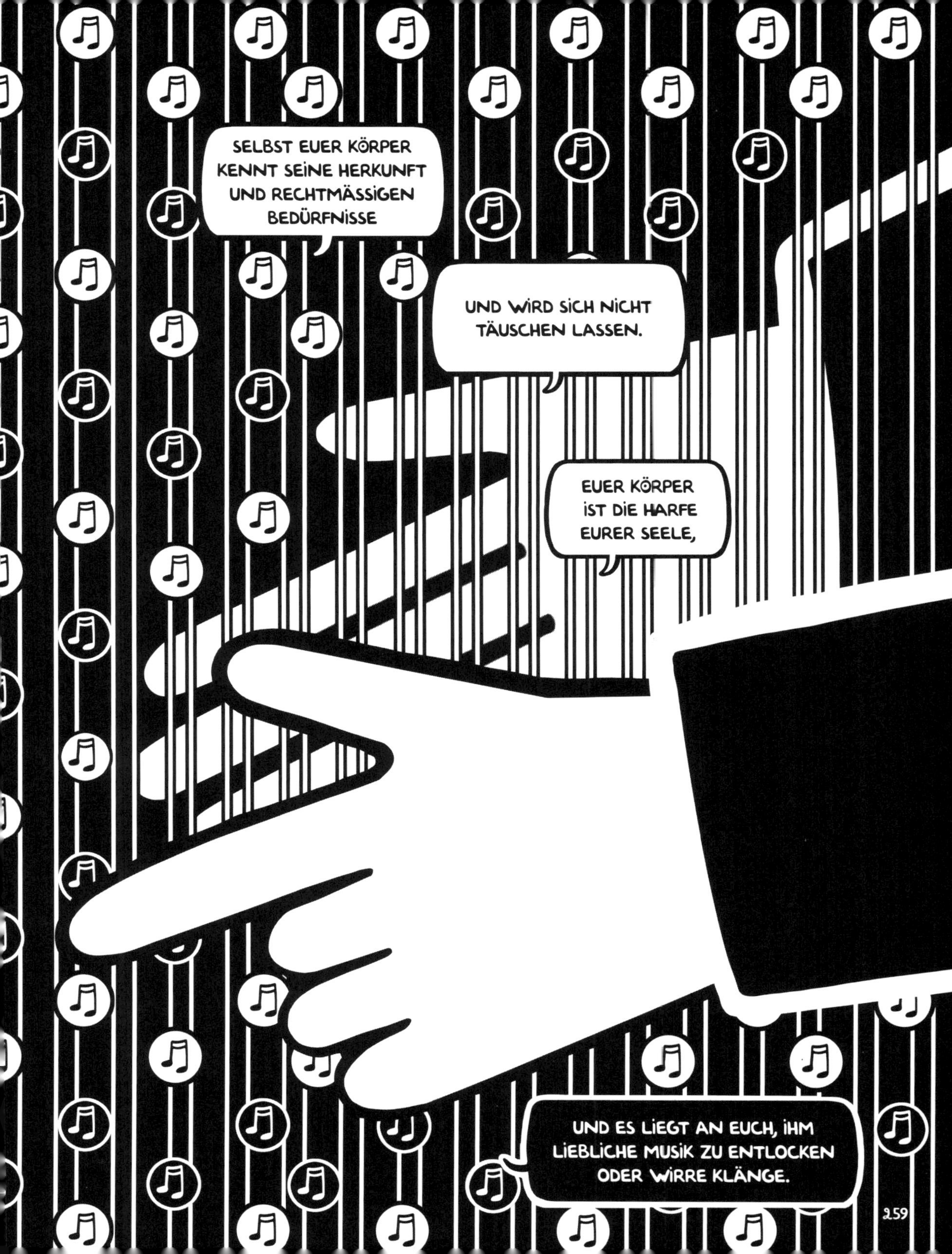
SELBST EUER KÖRPER KENNT SEINE HERKUNFT UND RECHTMÄSSIGEN BEDÜRFNISSE
UND WIRD SICH NICHT TÄUSCHEN LASSEN.
EUER KÖRPER IST DIE HARFE EURER SEELE,
UND ES LIEGT AN EUCH, IHM LIEBLICHE MUSIK ZU ENTLOCKEN ODER WIRRE KLÄNGE.

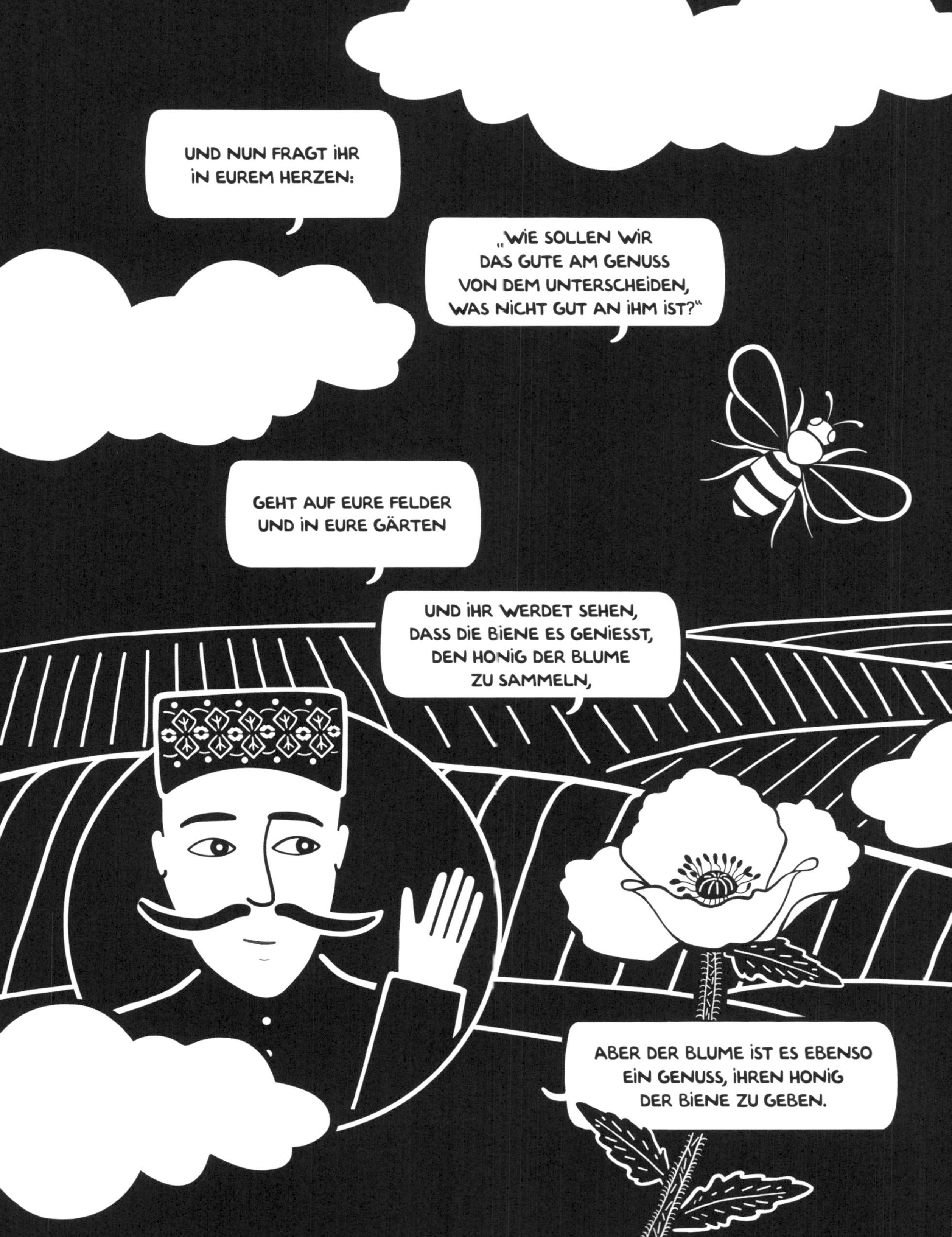
UND NUN FRAGT IHR IN EUREM HERZEN:
„WIE SOLLEN WIR DAS GUTE AM GENUSS VON DEM UNTERSCHEIDEN, WAS NICHT GUT AN IHM IST?"
GEHT AUF EURE FELDER UND IN EURE GÄRTEN
UND IHR WERDET SEHEN, DASS DIE BIENE ES GENIESST, DEN HONIG DER BLUME ZU SAMMELN,
ABER DER BLUME IST ES EBENSO EIN GENUSS, IHREN HONIG DER BIENE ZU GEBEN.

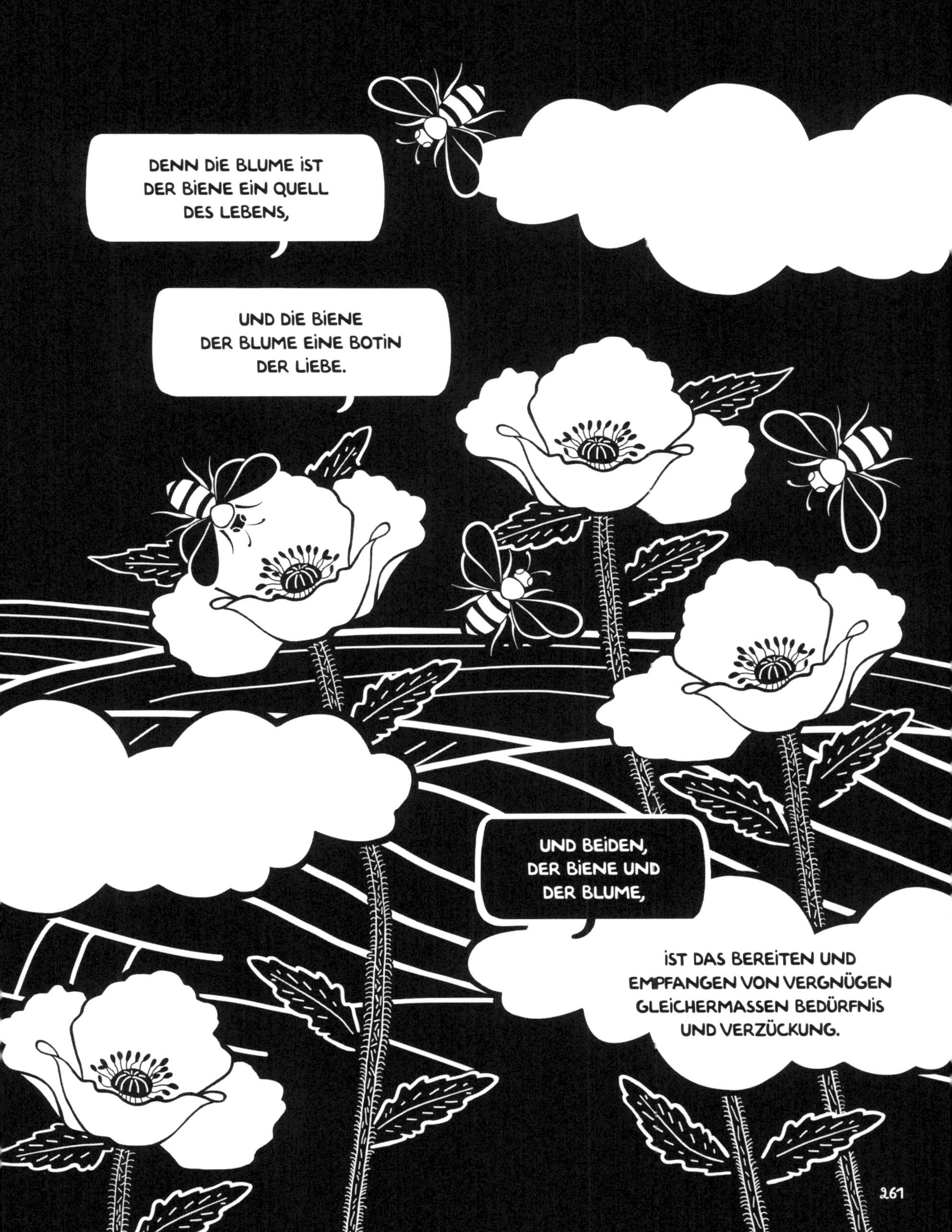
DENN DIE BLUME IST DER BIENE EIN QUELL DES LEBENS,
UND DIE BIENE DER BLUME EINE BOTIN DER LIEBE.
UND BEIDEN, DER BIENE UND DER BLUME,
IST DAS BEREITEN UND EMPFANGEN VON VERGNÜGEN GLEICHERMASSEN BEDÜRFNIS UND VERZÜCKUNG.

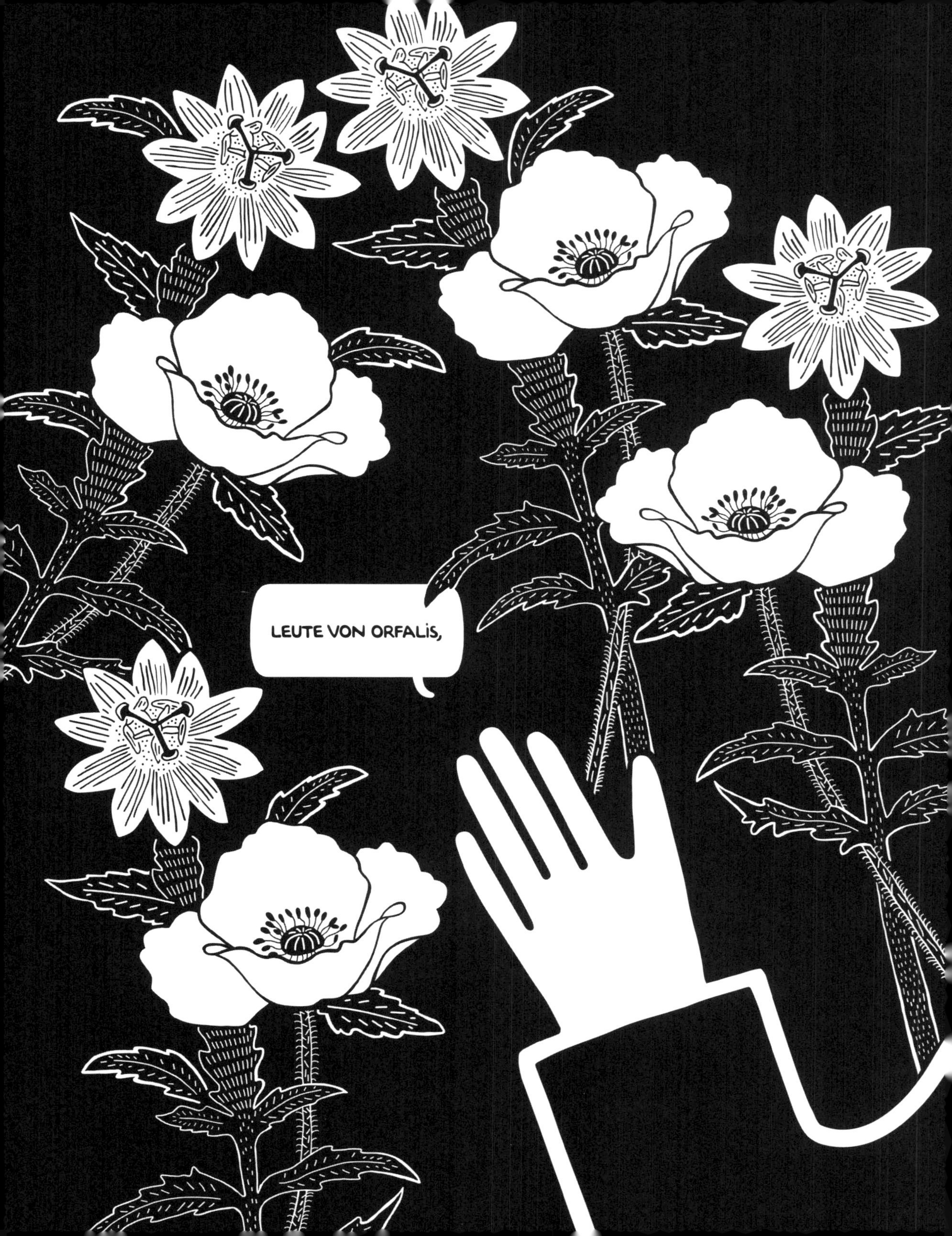
LEUTE VON ORFALiS,

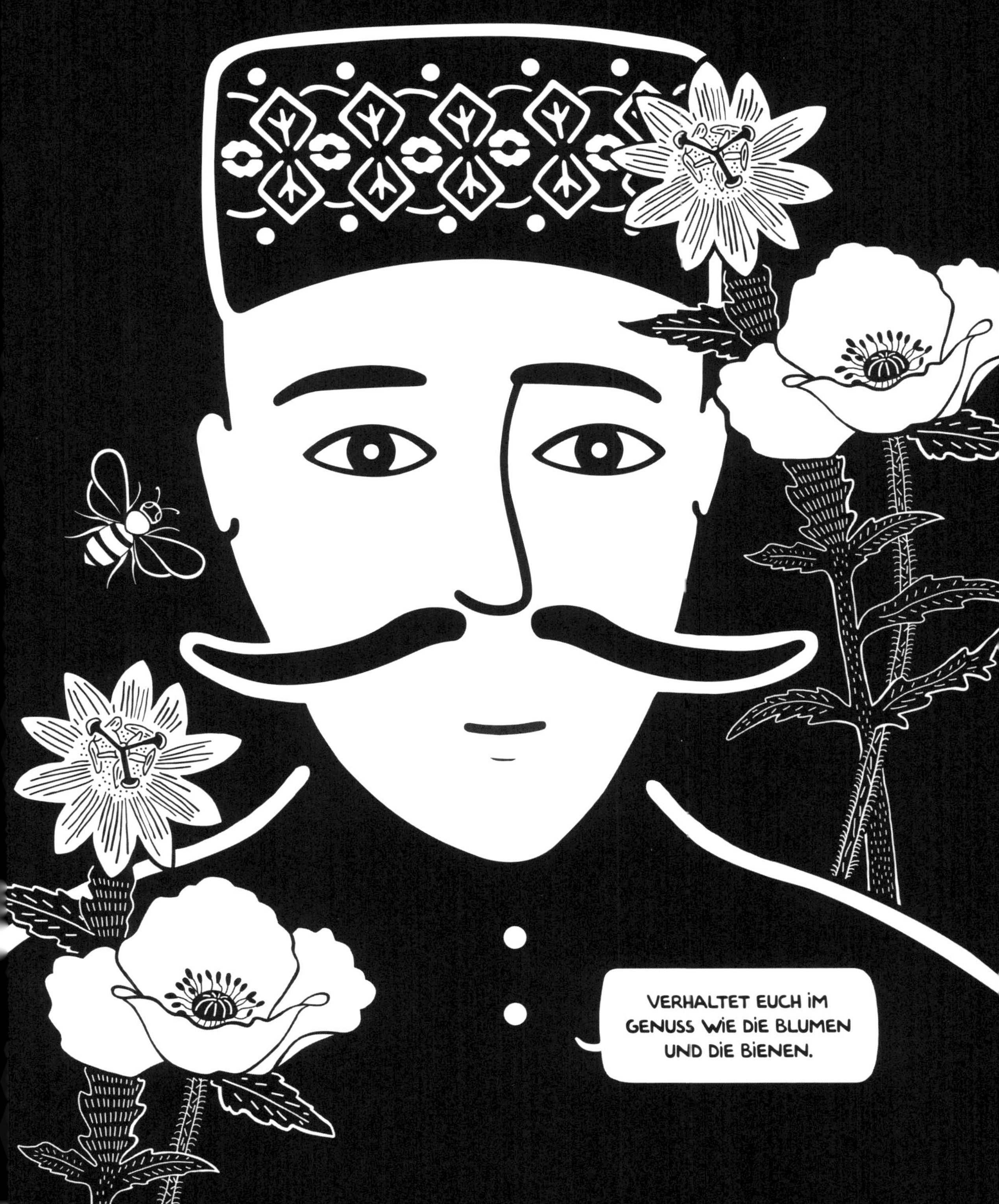
VERHALTET EUCH IM GENUSS WIE DIE BLUMEN UND DIE BIENEN.

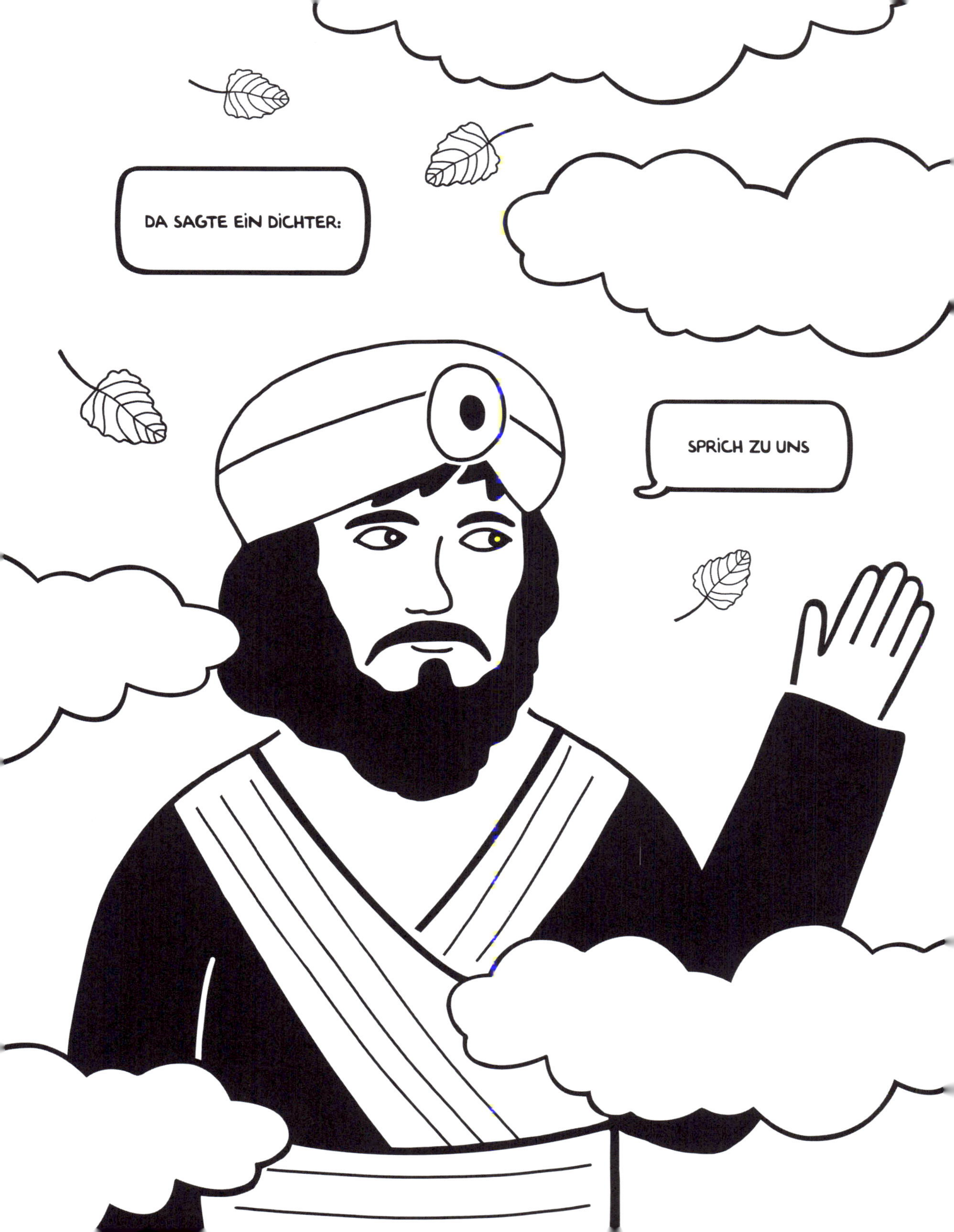
DA SAGTE EIN DICHTER:
SPRICH ZU UNS

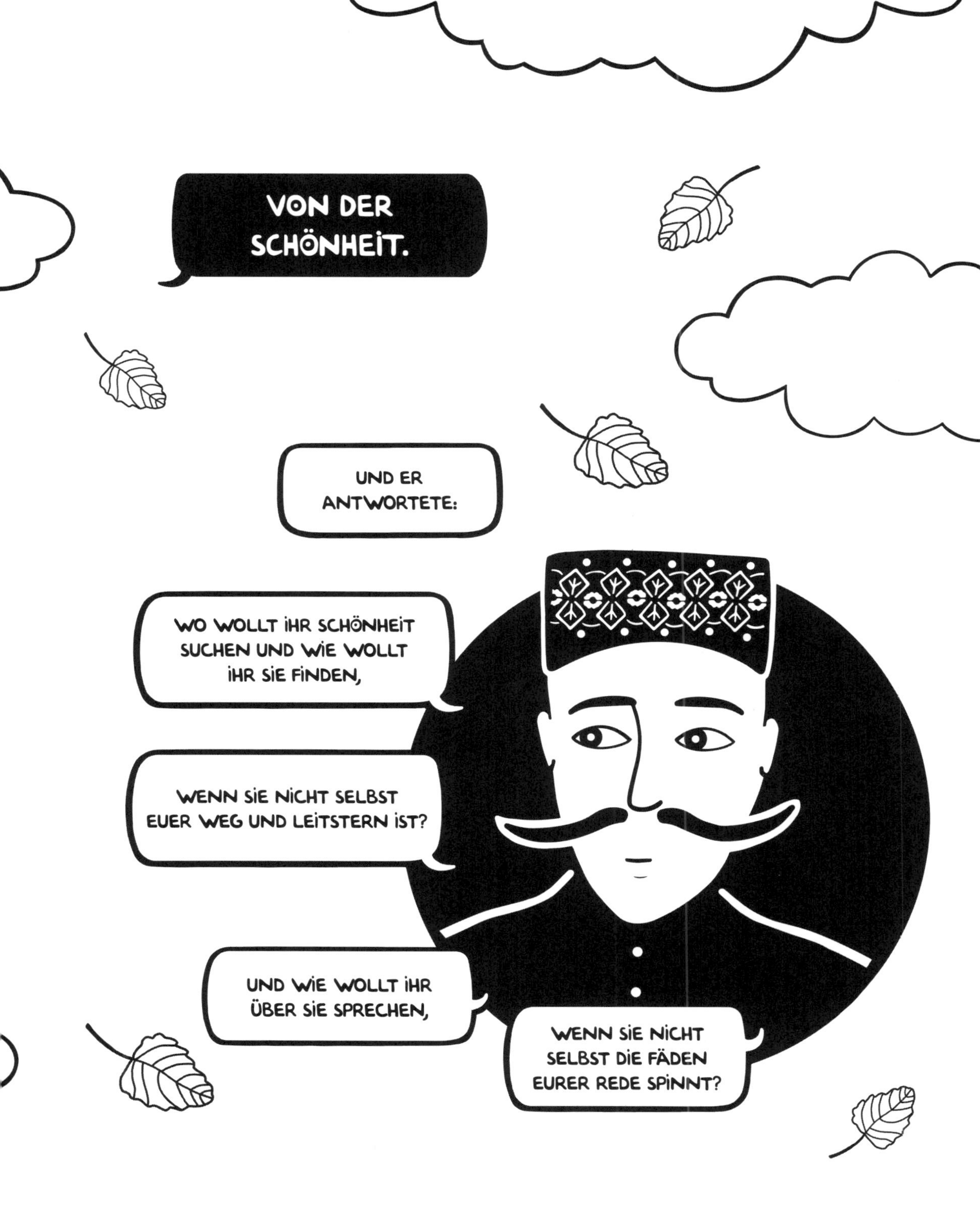
VON DER SCHÖNHEIT.
UND ER ANTWORTETE:
WO WOLLT IHR SCHÖNHEIT SUCHEN UND WIE WOLLT IHR SIE FINDEN,
WENN SIE NICHT SELBST EUER WEG UND LEITSTERN IST?
UND WIE WOLLT IHR ÜBER SIE SPRECHEN,
WENN SIE NICHT SELBST DIE FÄDEN EURER REDE SPINNT?

DIE GEKRÄNKTEN UND VERLETZTEN SAGEN:

SCHÖNHEIT IST FREUNDLICH UND SANFT.

WIE EINE JUNGE MUTTER, EIN WENIG SCHÜCHTERN OB IHRER HERRLICHKEIT, WANDELT SIE UNTER UNS.

UND DIE LEIDENSCHAFTLICHEN SAGEN:

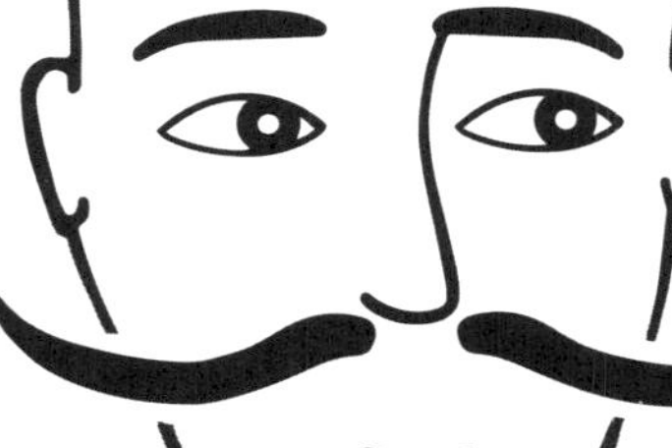

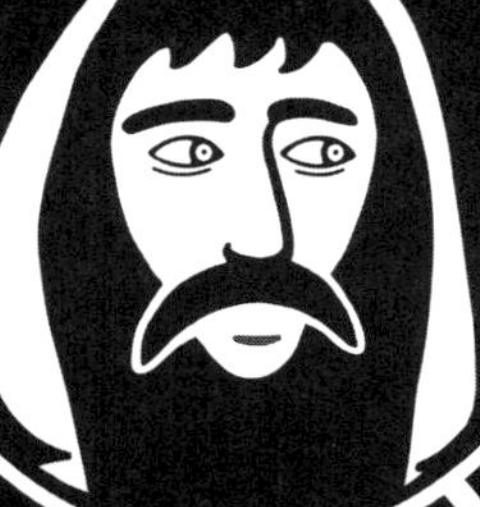

NEIN, SCHÖNHEIT IST MÄCHTIG UND FURCHTEINFLÖSSEND.

WIE EIN STURM LÄSST SIE DIE ERDE UNTER UNS

UND DEN HIMMEL ÜBER UNS ERBEBEN.

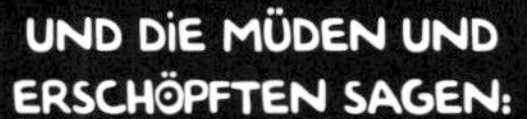
UND DIE MÜDEN UND ERSCHÖPFTEN SAGEN:
SCHÖNHEIT IST EIN ZARTES FLÜSTERN.
SIE SPRICHT IN UNSEREN GEDANKEN.
IHRE STIMME WEICHT UNSEREM SCHWEIGEN
WIE EIN SCHWACHES LICHT, DASS AUS FURCHT VOR DEM SCHATTEN ERZITTERT.

DIE RASTLOSEN SAGEN:
WIR HABEN SIE IM GEBIRGE RUFEN HÖREN,
UND ZU IHREM SCHREIEN KAMEN DONNERNDE HUFEN,
SCHLAGENDE FLÜGEL
UND DAS GEBRÜLL VON LÖWEN ZU UNS.

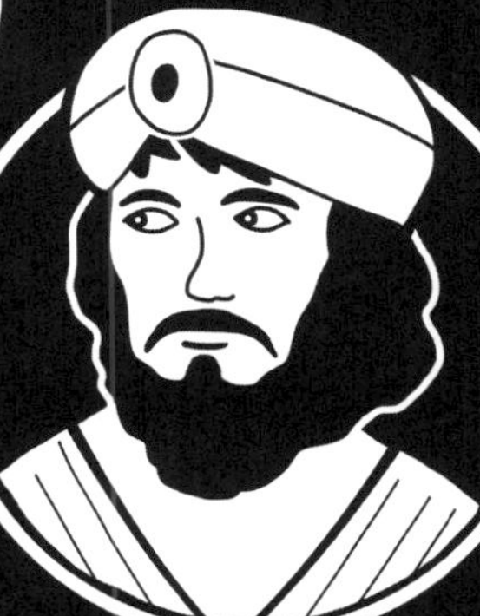

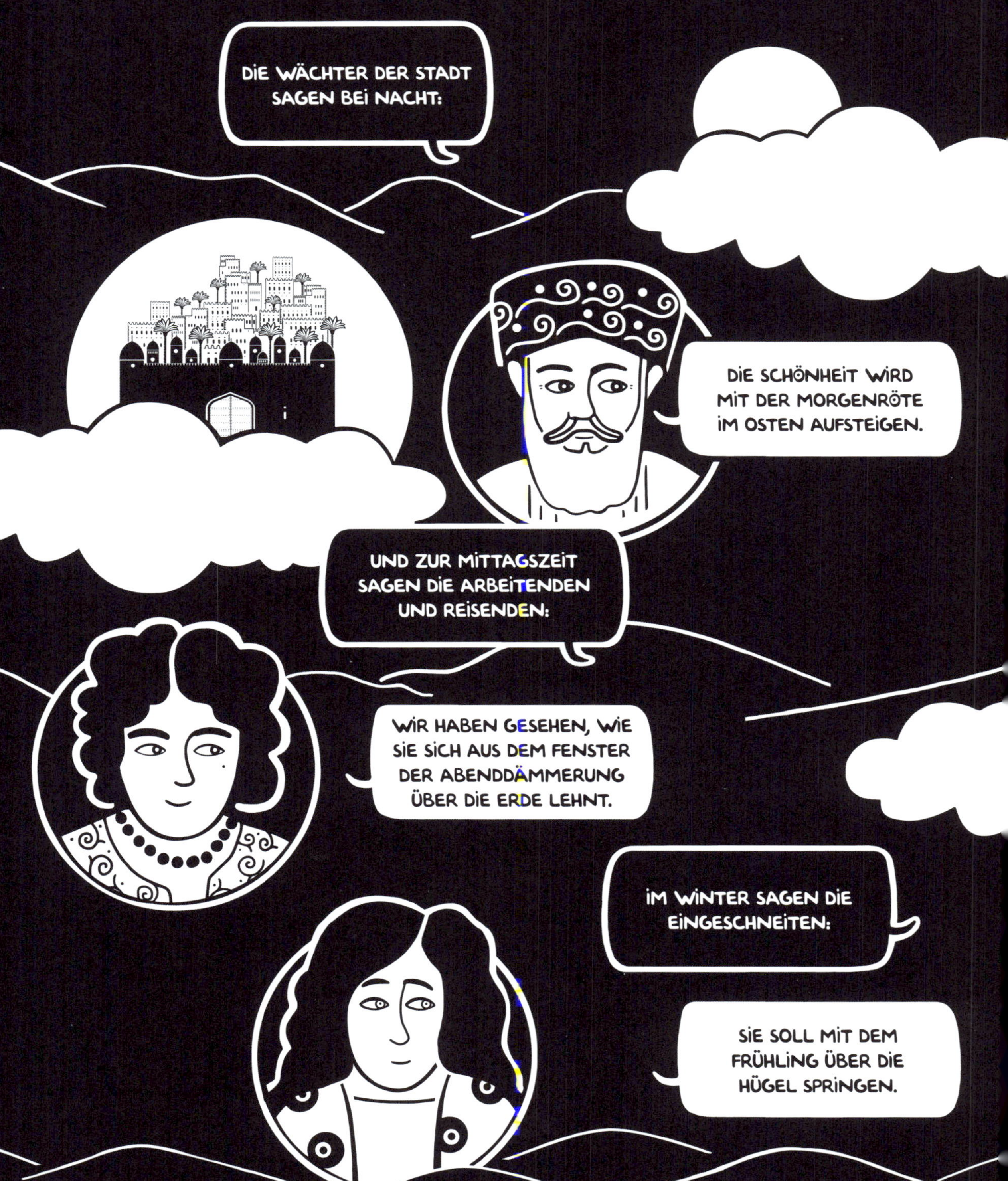
DIE WÄCHTER DER STADT SAGEN BEI NACHT:
DIE SCHÖNHEIT WIRD MIT DER MORGENRÖTE IM OSTEN AUFSTEIGEN.
UND ZUR MITTAGSZEIT SAGEN DIE ARBEITENDEN UND REISENDEN:
WIR HABEN GESEHEN, WIE SIE SICH AUS DEM FENSTER DER ABENDDÄMMERUNG ÜBER DIE ERDE LEHNT.
IM WINTER SAGEN DIE EINGESCHNEITEN:
SIE SOLL MIT DEM FRÜHLING ÜBER DIE HÜGEL SPRINGEN.

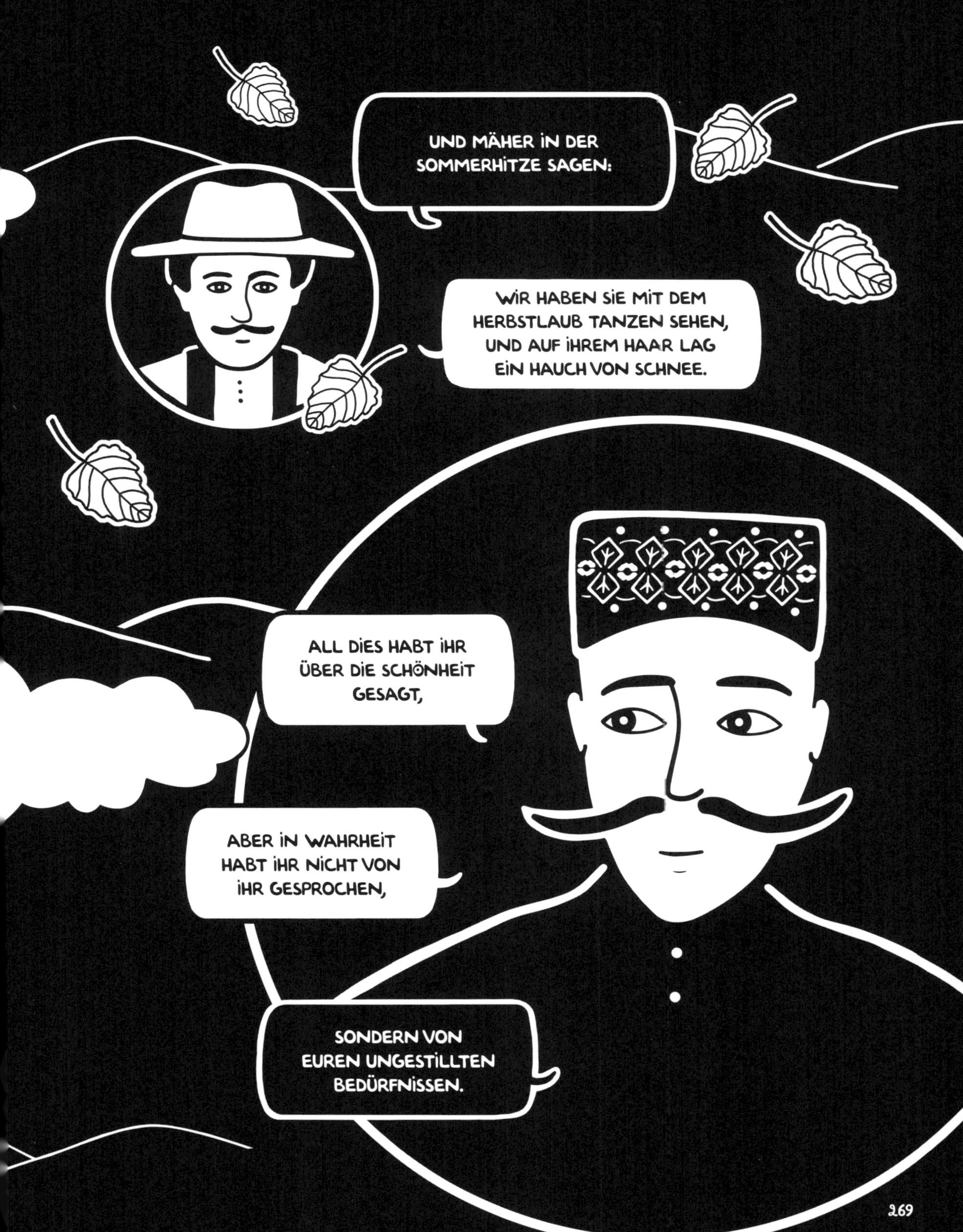
UND MÄHER IN DER SOMMERHITZE SAGEN:
WIR HABEN SIE MIT DEM HERBSTLAUB TANZEN SEHEN, UND AUF IHREM HAAR LAG EIN HAUCH VON SCHNEE.
ALL DIES HABT IHR ÜBER DIE SCHÖNHEIT GESAGT,
ABER IN WAHRHEIT HABT IHR NICHT VON IHR GESPROCHEN,
SONDERN VON EUREN UNGESTILLTEN BEDÜRFNISSEN.

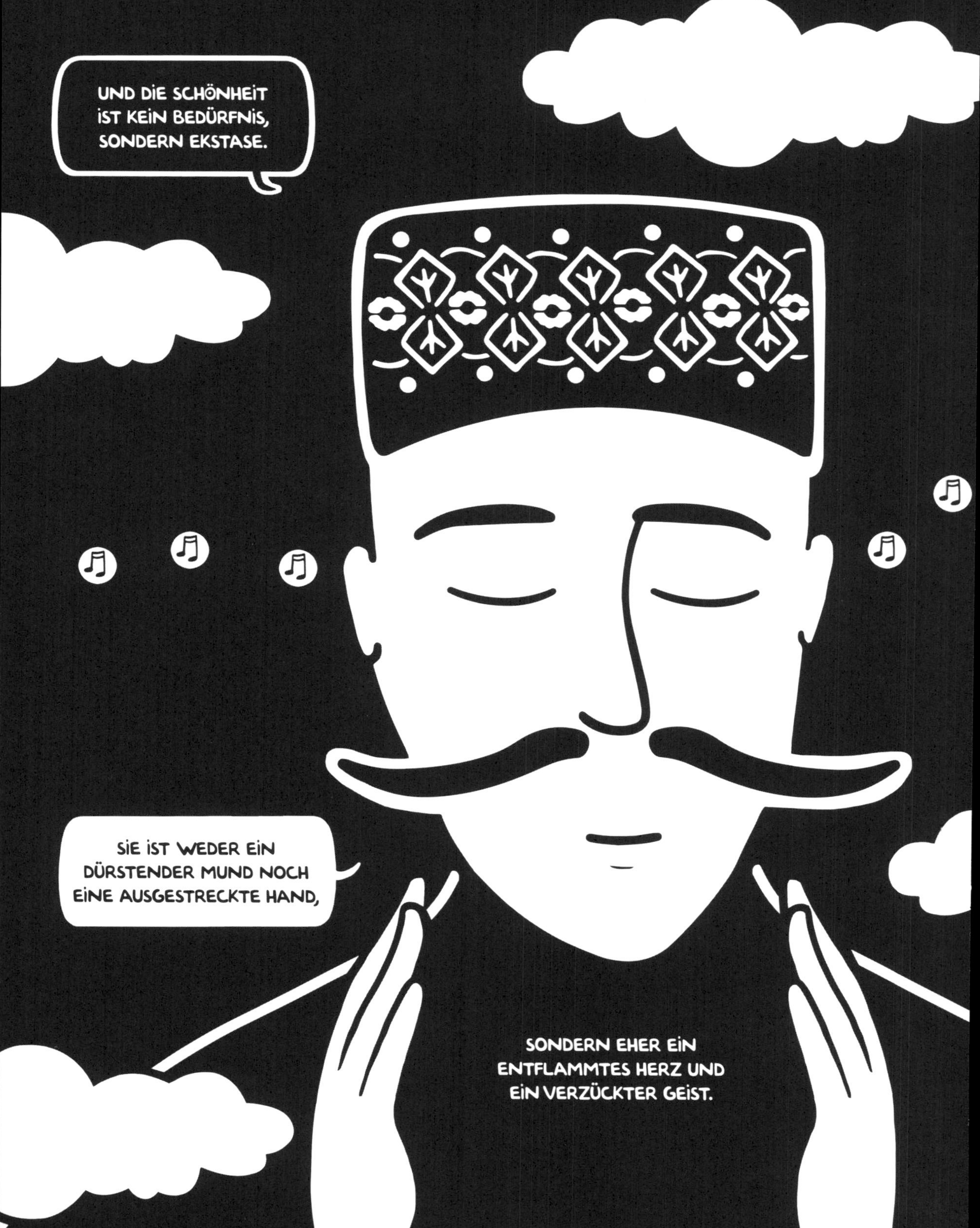
UND DIE SCHÖNHEIT IST KEIN BEDÜRFNIS, SONDERN EKSTASE.
SIE IST WEDER EIN DÜRSTENDER MUND NOCH EINE AUSGESTRECKTE HAND,
SONDERN EHER EIN ENTFLAMMTES HERZ UND EIN VERZÜCKTER GEIST.

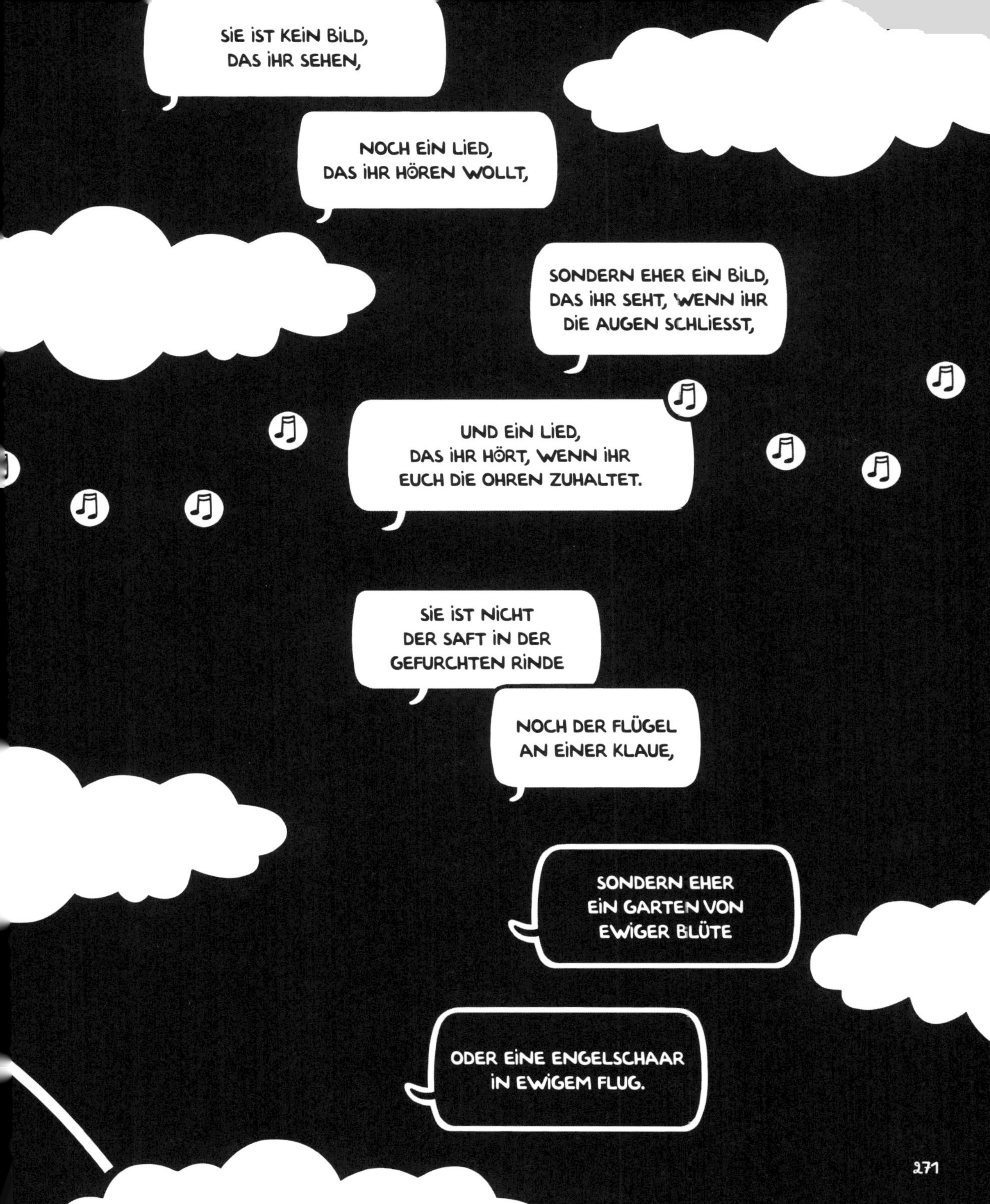
SIE IST KEIN BILD, DAS IHR SEHEN,
NOCH EIN LIED, DAS IHR HÖREN WOLLT,
SONDERN EHER EIN BILD, DAS IHR SEHT, WENN IHR DIE AUGEN SCHLIESST,
UND EIN LIED, DAS IHR HÖRT, WENN IHR EUCH DIE OHREN ZUHALTET.
SIE IST NICHT DER SAFT IN DER GEFURCHTEN RINDE
NOCH DER FLÜGEL AN EINER KLAUE,
SONDERN EHER EIN GARTEN VON EWIGER BLÜTE
ODER EINE ENGELSCHAAR IN EWIGEM FLUG.

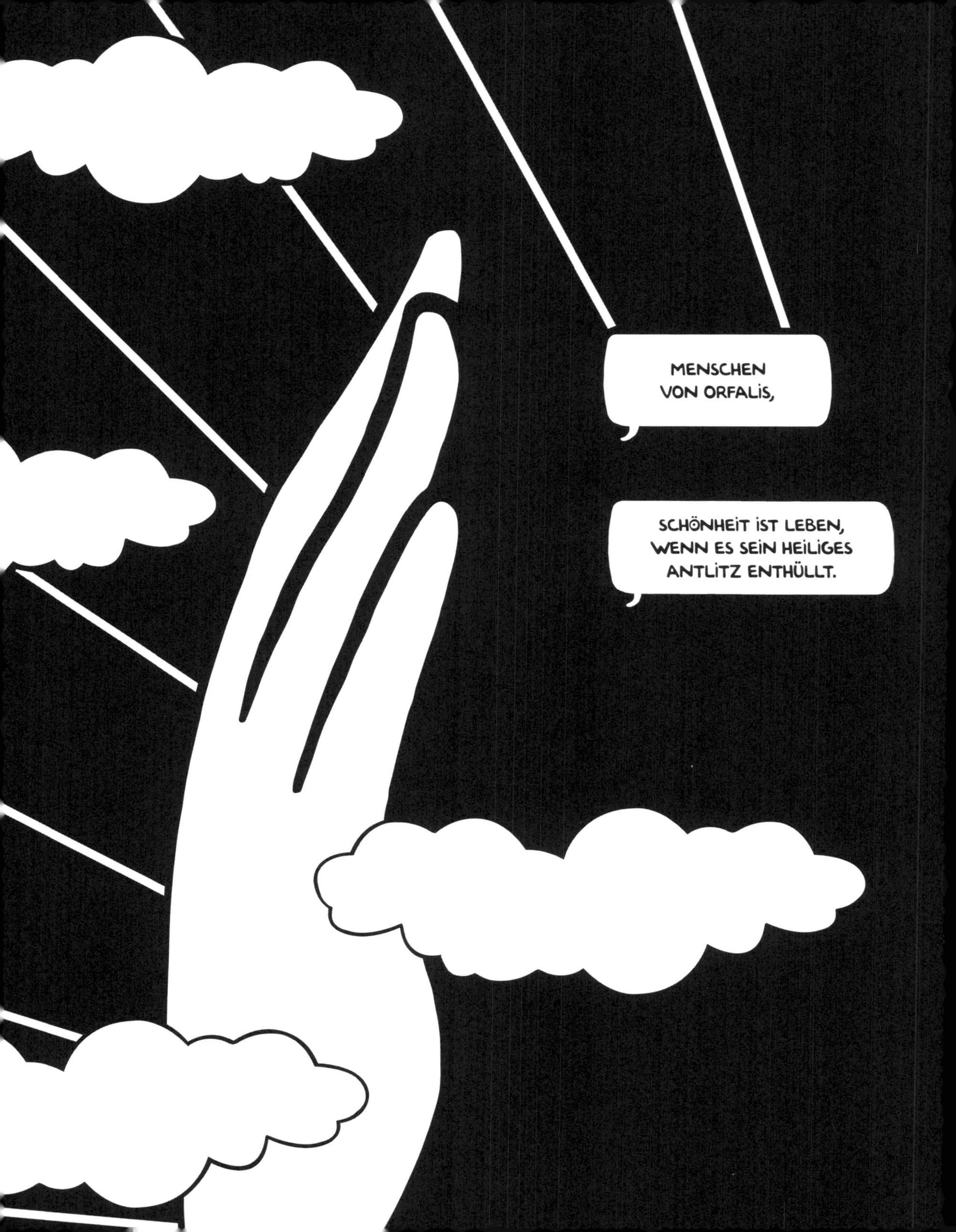

MENSCHEN VON ORFALIS,
SCHÖNHEIT IST LEBEN, WENN ES SEIN HEILIGES ANTLITZ ENTHÜLLT.

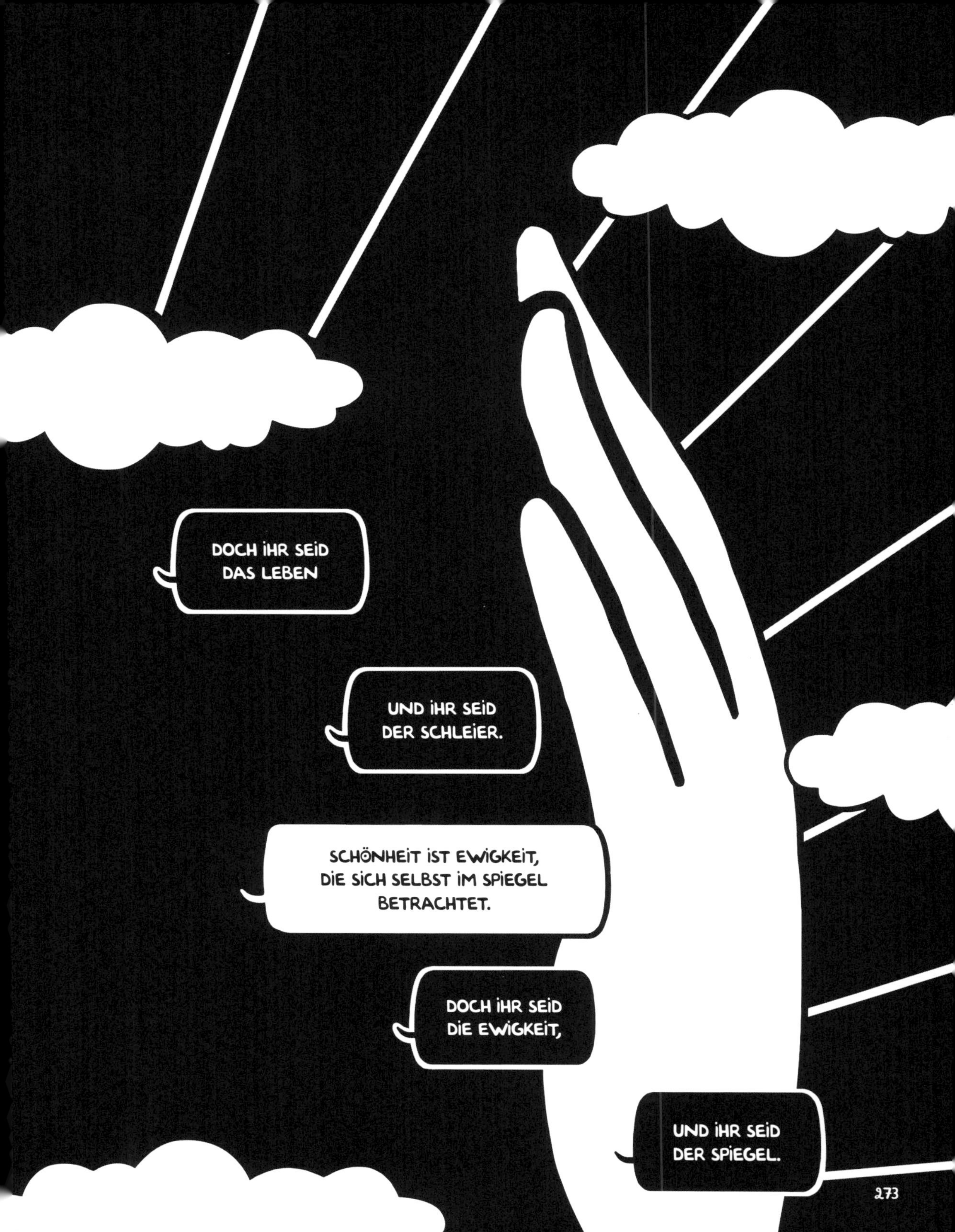
DOCH IHR SEID
DAS LEBEN
UND IHR SEID
DER SCHLEIER.
SCHÖNHEIT IST EWIGKEIT,
DIE SICH SELBST IM SPIEGEL
BETRACHTET.
DOCH IHR SEID
DIE EWIGKEIT,
UND IHR SEID
DER SPIEGEL.

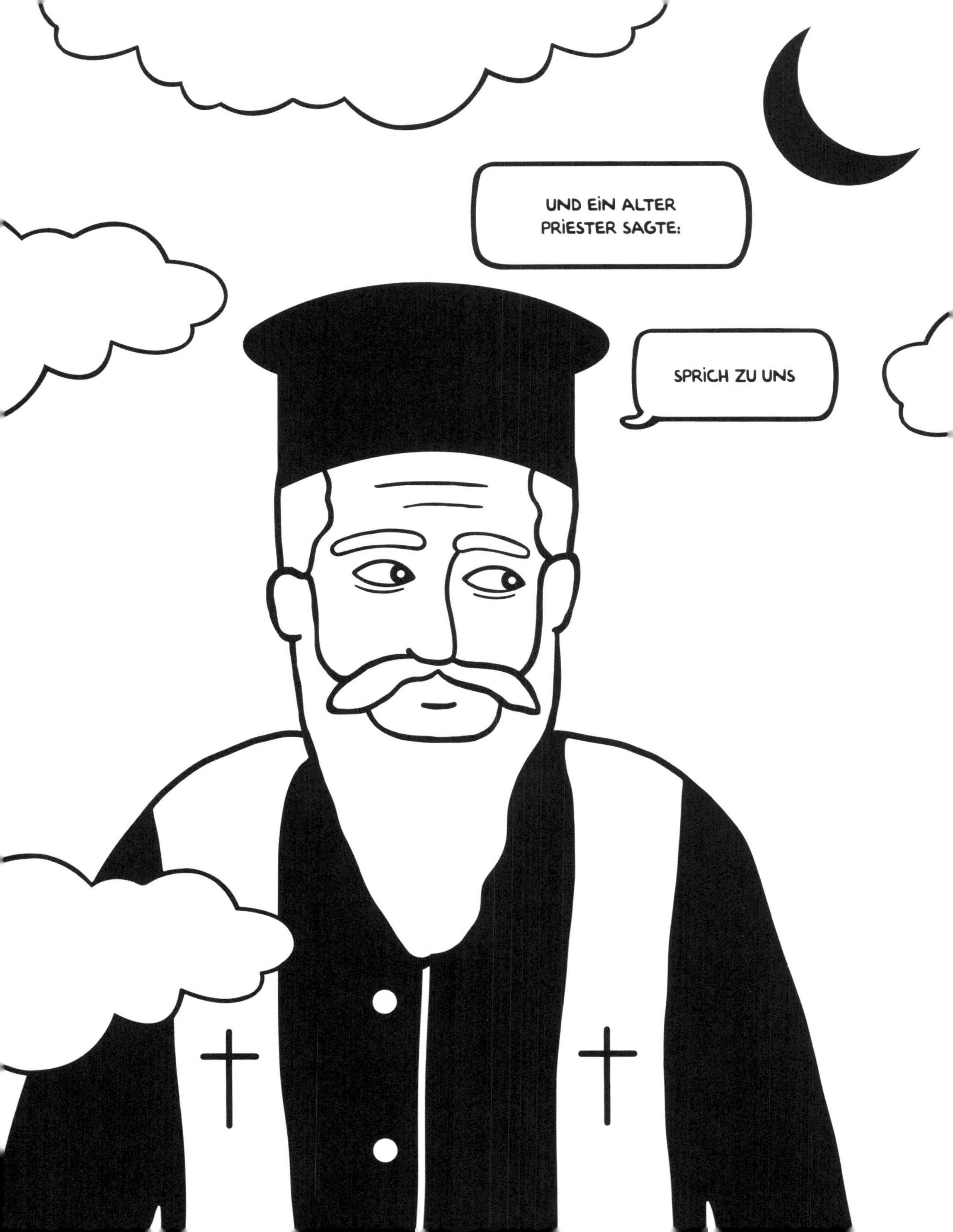
UND EIN ALTER PRIESTER SAGTE:
SPRICH ZU UNS

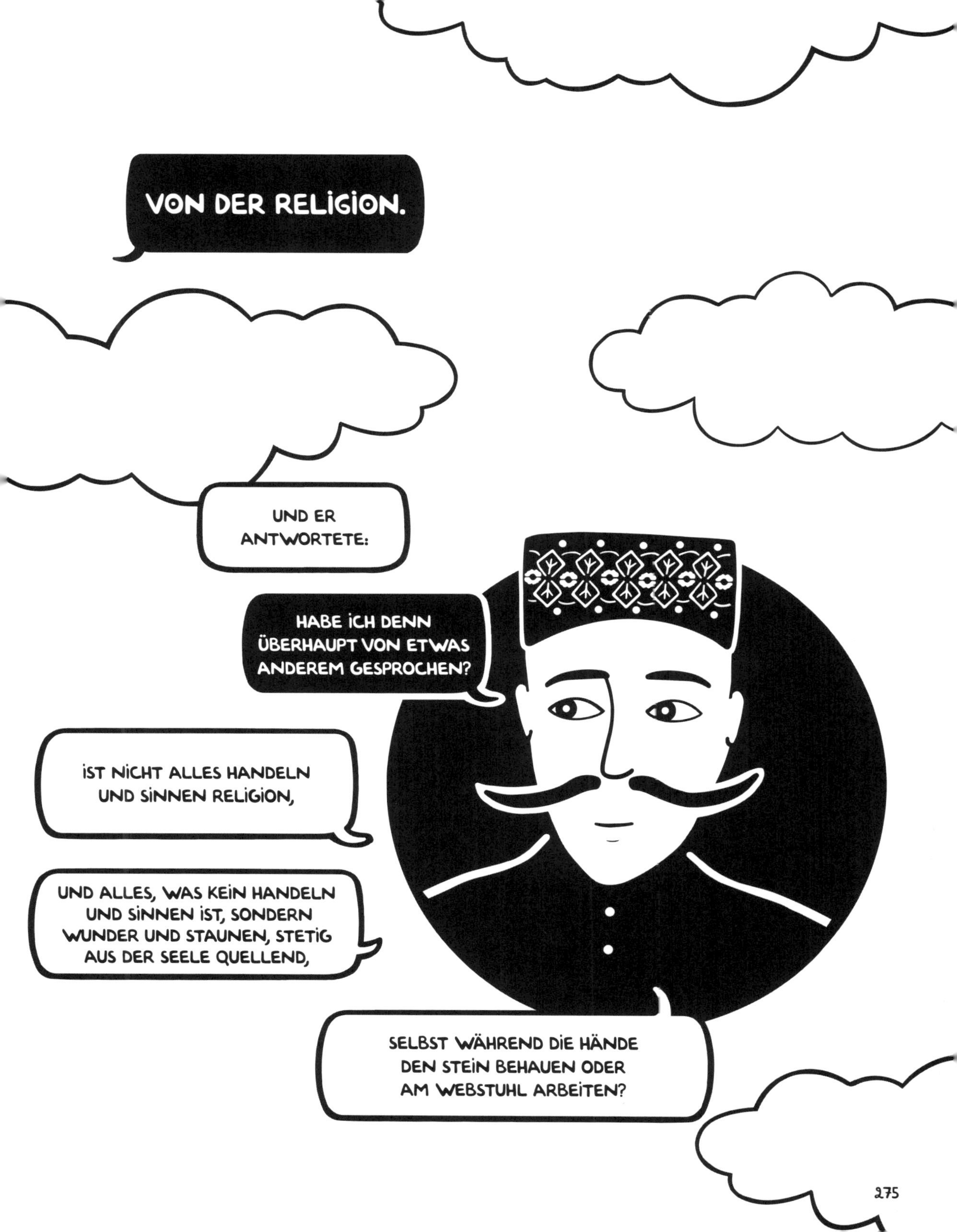
VON DER RELIGION.
UND ER ANTWORTETE:
HABE ICH DENN ÜBERHAUPT VON ETWAS ANDEREM GESPROCHEN?
IST NICHT ALLES HANDELN UND SINNEN RELIGION,
UND ALLES, WAS KEIN HANDELN UND SINNEN IST, SONDERN WUNDER UND STAUNEN, STETIG AUS DER SEELE QUELLEND,
SELBST WÄHREND DIE HÄNDE DEN STEIN BEHAUEN ODER AM WEBSTUHL ARBEITEN?

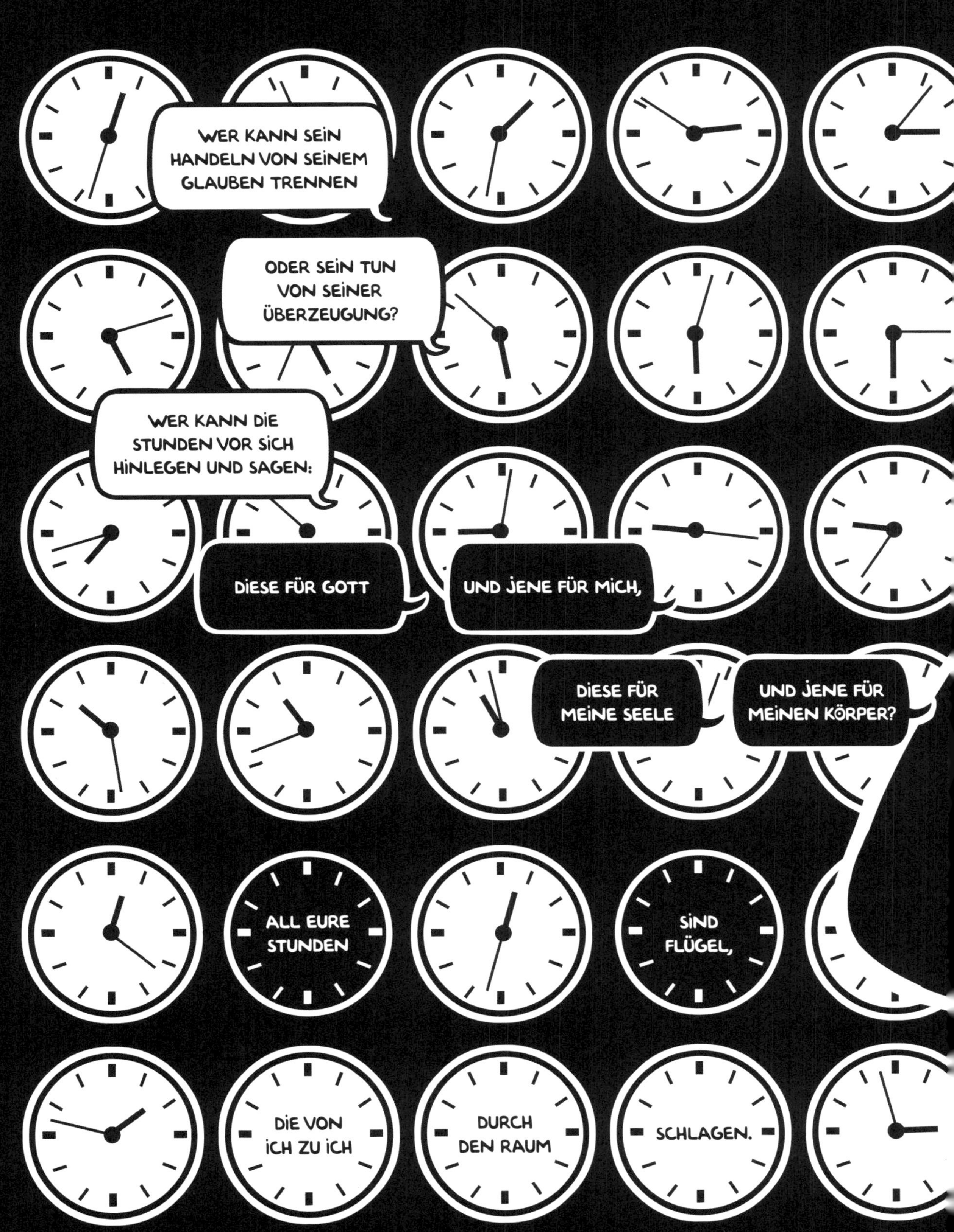
WER KANN SEIN HANDELN VON SEINEM GLAUBEN TRENNEN
ODER SEIN TUN VON SEINER ÜBERZEUGUNG?
WER KANN DIE STUNDEN VOR SICH HINLEGEN UND SAGEN:
DIESE FÜR GOTT
UND JENE FÜR MICH,
DIESE FÜR MEINE SEELE
UND JENE FÜR MEINEN KÖRPER?
ALL EURE STUNDEN
SIND FLÜGEL,
DIE VON ICH ZU ICH
DURCH DEN RAUM
SCHLAGEN.

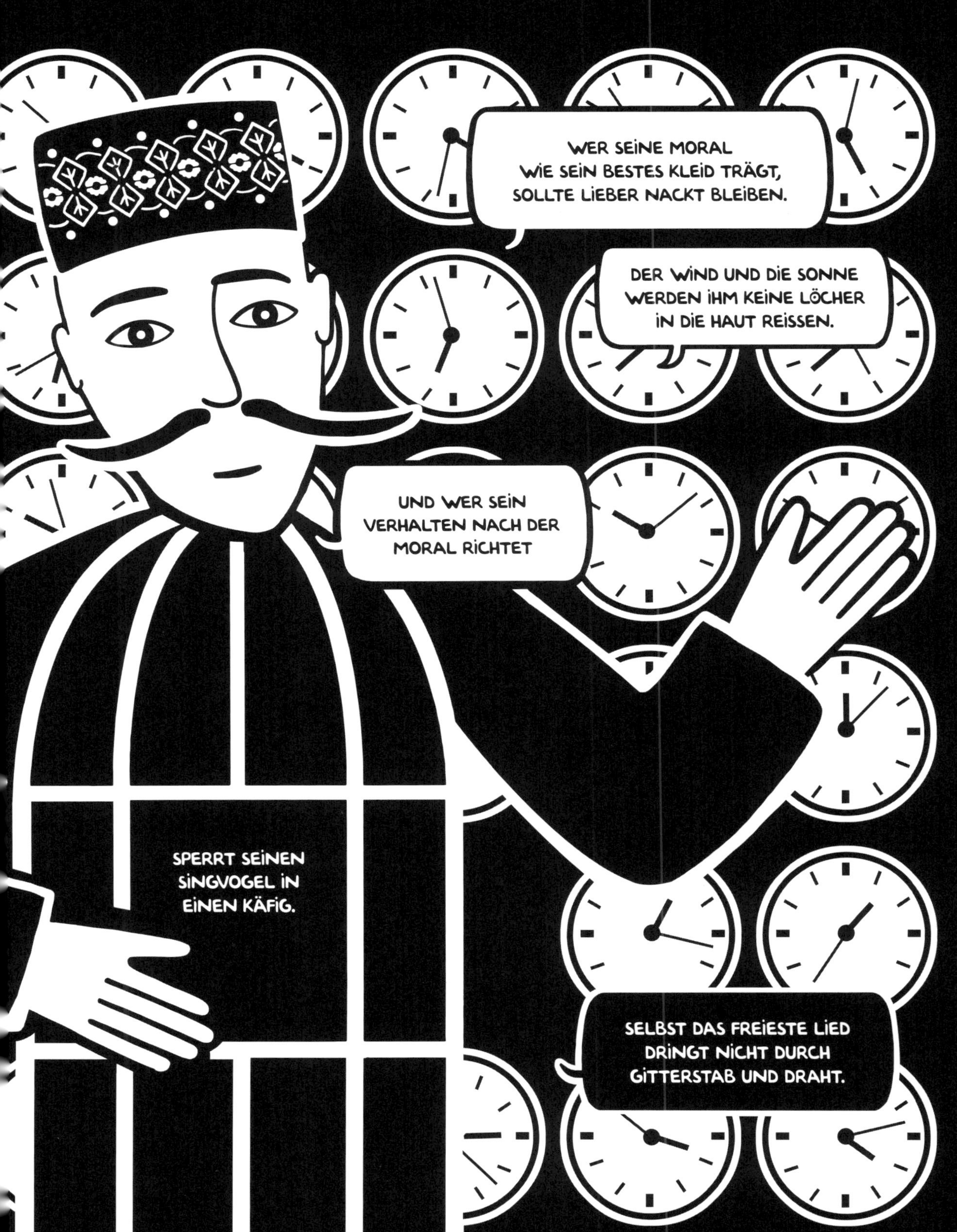
WER SEINE MORAL
WIE SEIN BESTES KLEID TRÄGT,
SOLLTE LIEBER NACKT BLEIBEN.
DER WIND UND DIE SONNE
WERDEN IHM KEINE LÖCHER
IN DIE HAUT REISSEN.
UND WER SEIN
VERHALTEN NACH DER
MORAL RICHTET
SPERRT SEINEN
SINGVOGEL IN
EINEN KÄFIG.
SELBST DAS FREIESTE LIED
DRINGT NICHT DURCH
GITTERSTAB UND DRAHT.

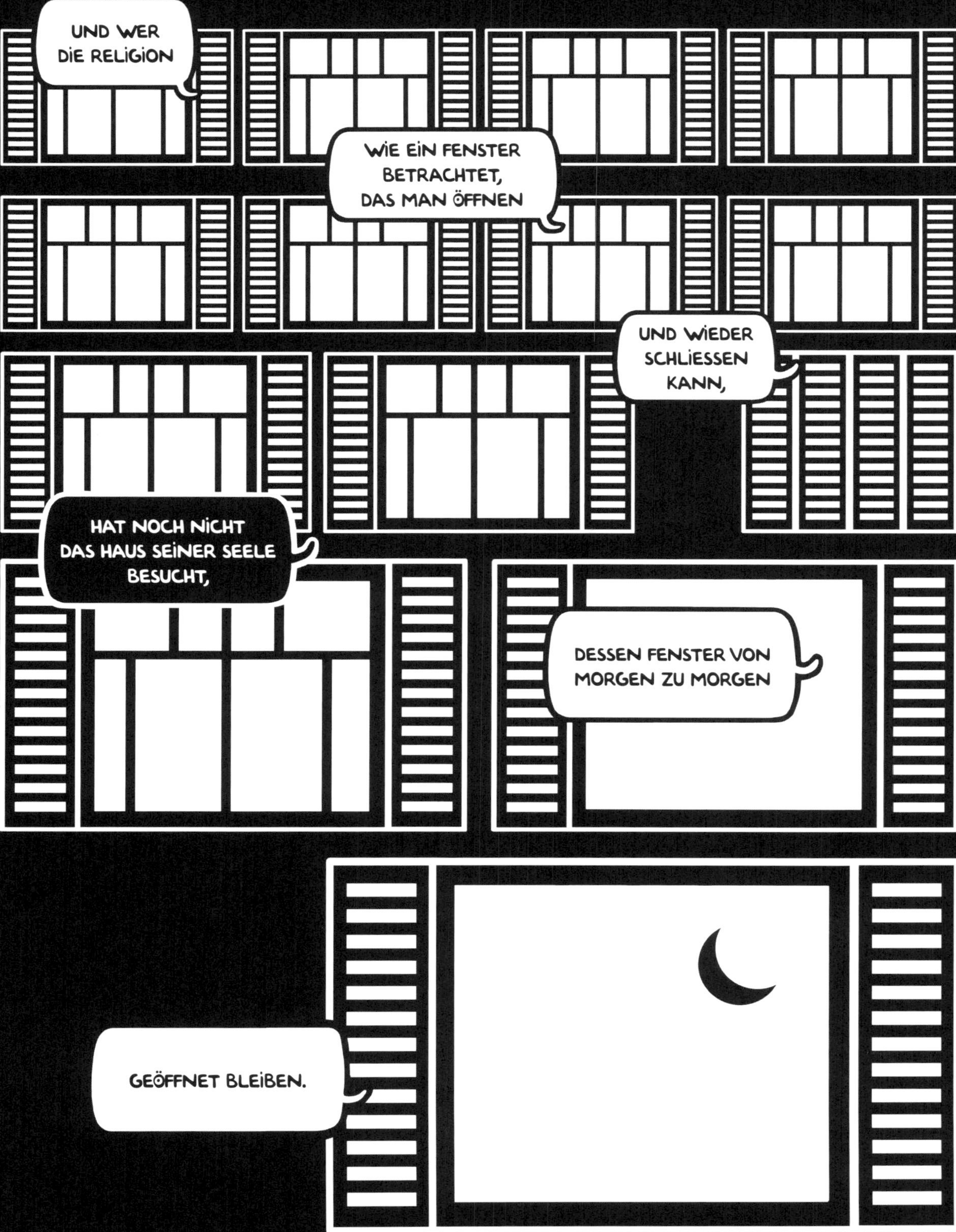
UND WER DIE RELIGION
WIE EIN FENSTER BETRACHTET, DAS MAN ÖFFNEN
UND WIEDER SCHLIESSEN KANN,
HAT NOCH NICHT DAS HAUS SEINER SEELE BESUCHT,
DESSEN FENSTER VON MORGEN ZU MORGEN
GEÖFFNET BLEIBEN.

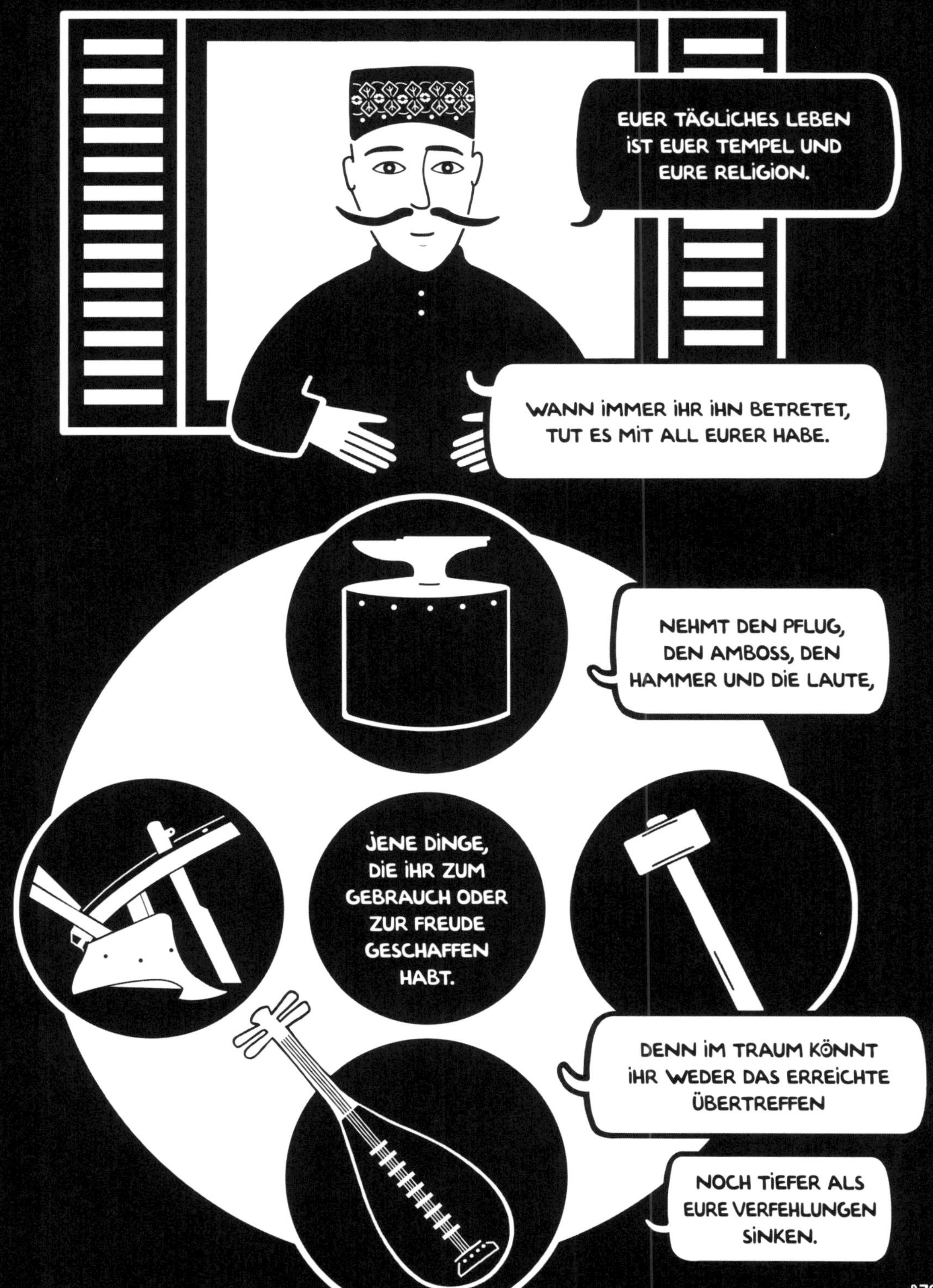
EUER TÄGLICHES LEBEN IST EUER TEMPEL UND EURE RELIGION.
WANN IMMER IHR IHN BETRETET, TUT ES MIT ALL EURER HABE.
NEHMT DEN PFLUG, DEN AMBOSS, DEN HAMMER UND DIE LAUTE,
JENE DINGE, DIE IHR ZUM GEBRAUCH ODER ZUR FREUDE GESCHAFFEN HABT.
DENN IM TRAUM KÖNNT IHR WEDER DAS ERREICHTE ÜBERTREFFEN
NOCH TIEFER ALS EURE VERFEHLUNGEN SINKEN.

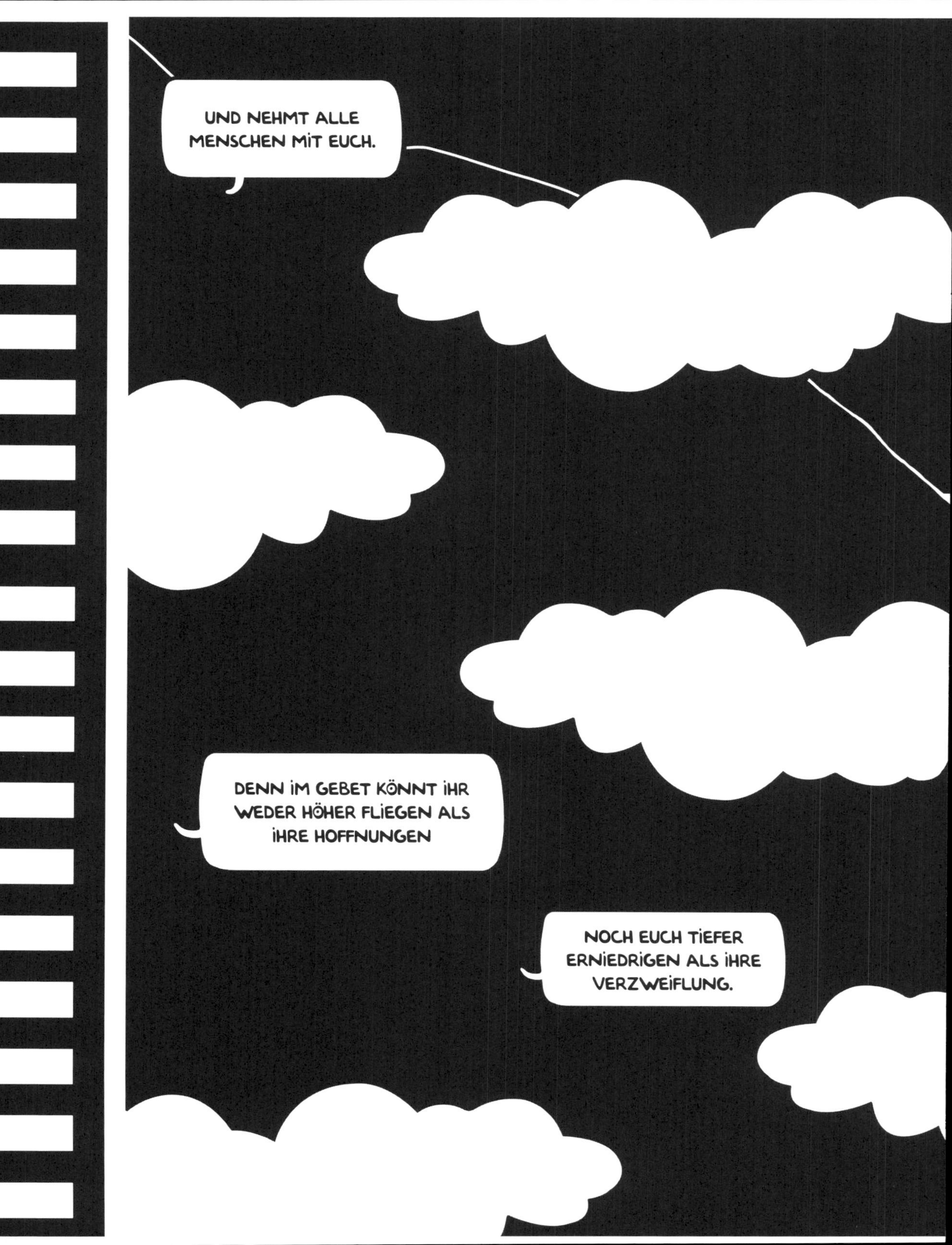
UND NEHMT ALLE MENSCHEN MIT EUCH.
DENN IM GEBET KÖNNT IHR WEDER HÖHER FLIEGEN ALS IHRE HOFFNUNGEN
NOCH EUCH TIEFER ERNIEDRIGEN ALS IHRE VERZWEIFLUNG.

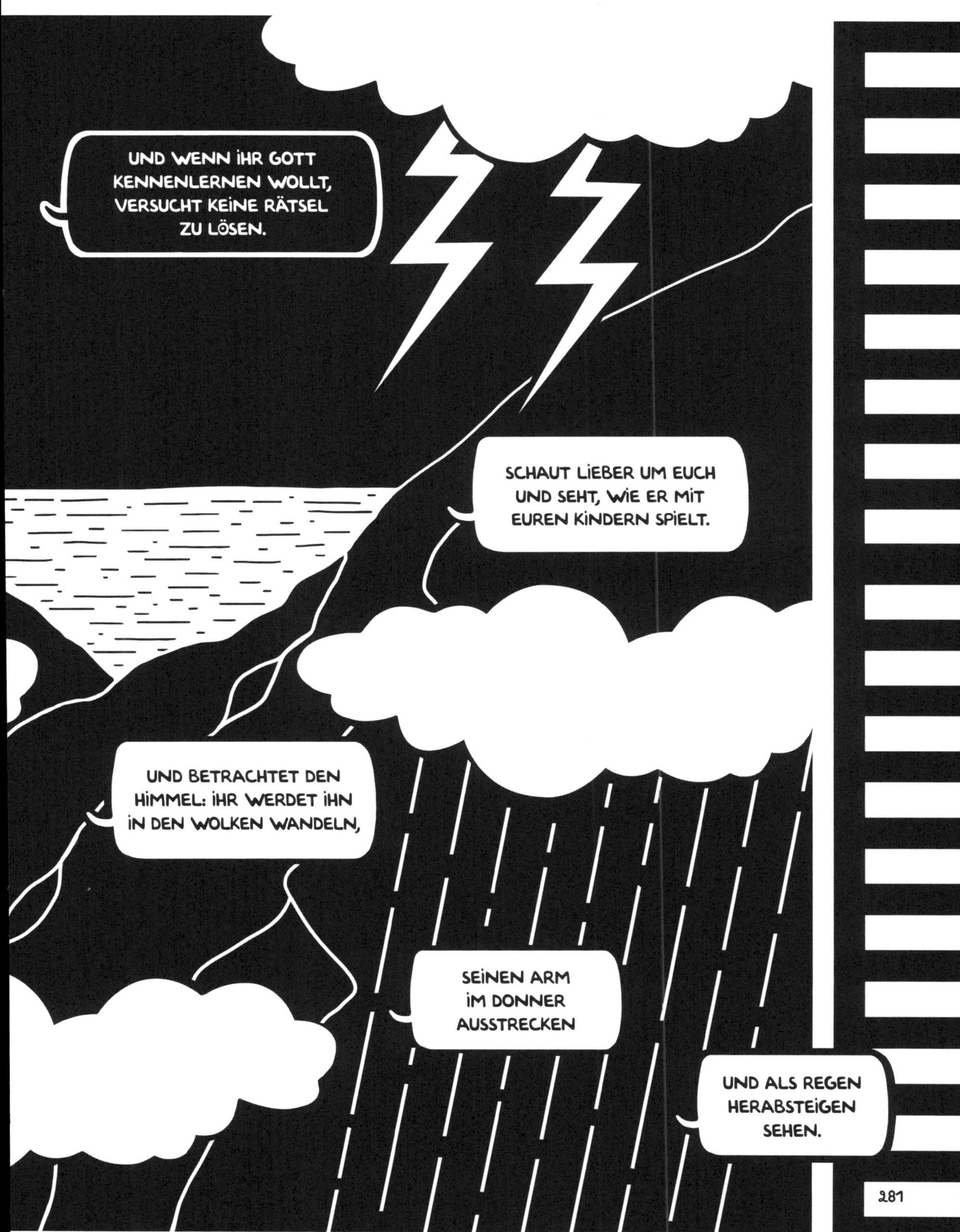
UND WENN IHR GOTT KENNENLERNEN WOLLT, VERSUCHT KEINE RÄTSEL ZU LÖSEN.
SCHAUT LIEBER UM EUCH UND SEHT, WIE ER MIT EUREN KINDERN SPIELT.
UND BETRACHTET DEN HIMMEL: IHR WERDET IHN IN DEN WOLKEN WANDELN,
SEINEN ARM IM DONNER AUSSTRECKEN
UND ALS REGEN HERABSTEIGEN SEHEN.

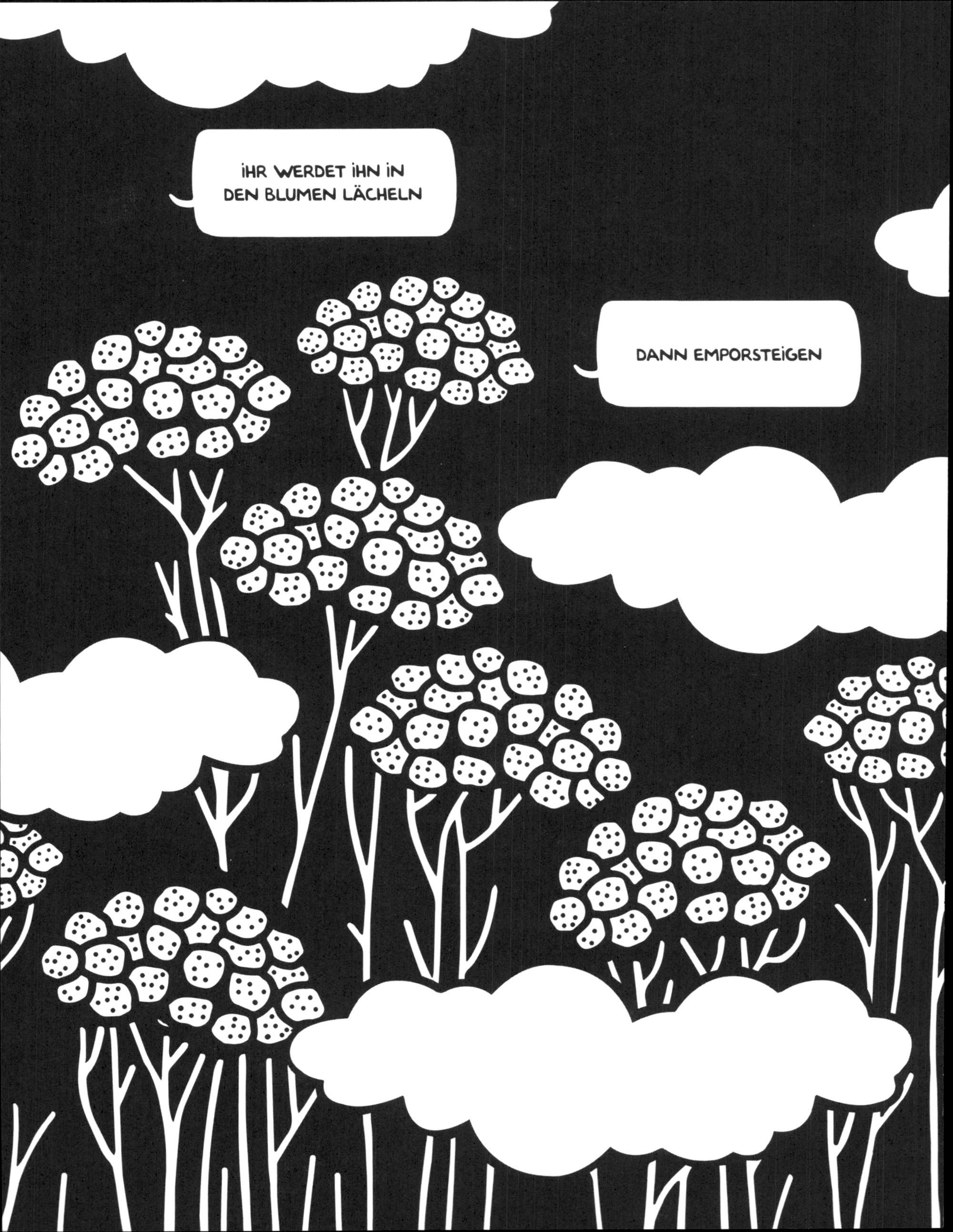

IHR WERDET IHN IN
DEN BLUMEN LÄCHELN
DANN EMPORSTEIGEN

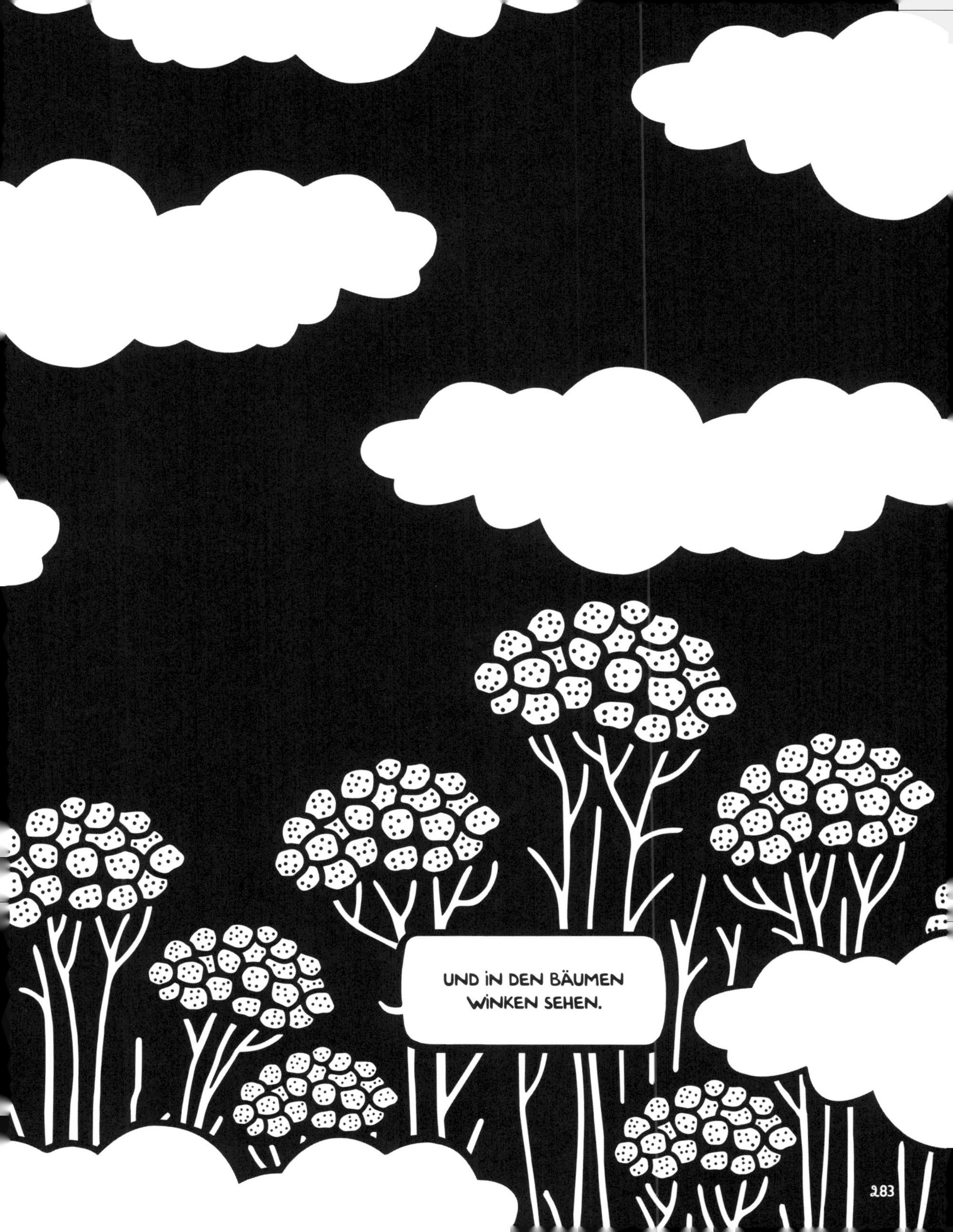
UND IN DEN BÄUMEN
WINKEN SEHEN.

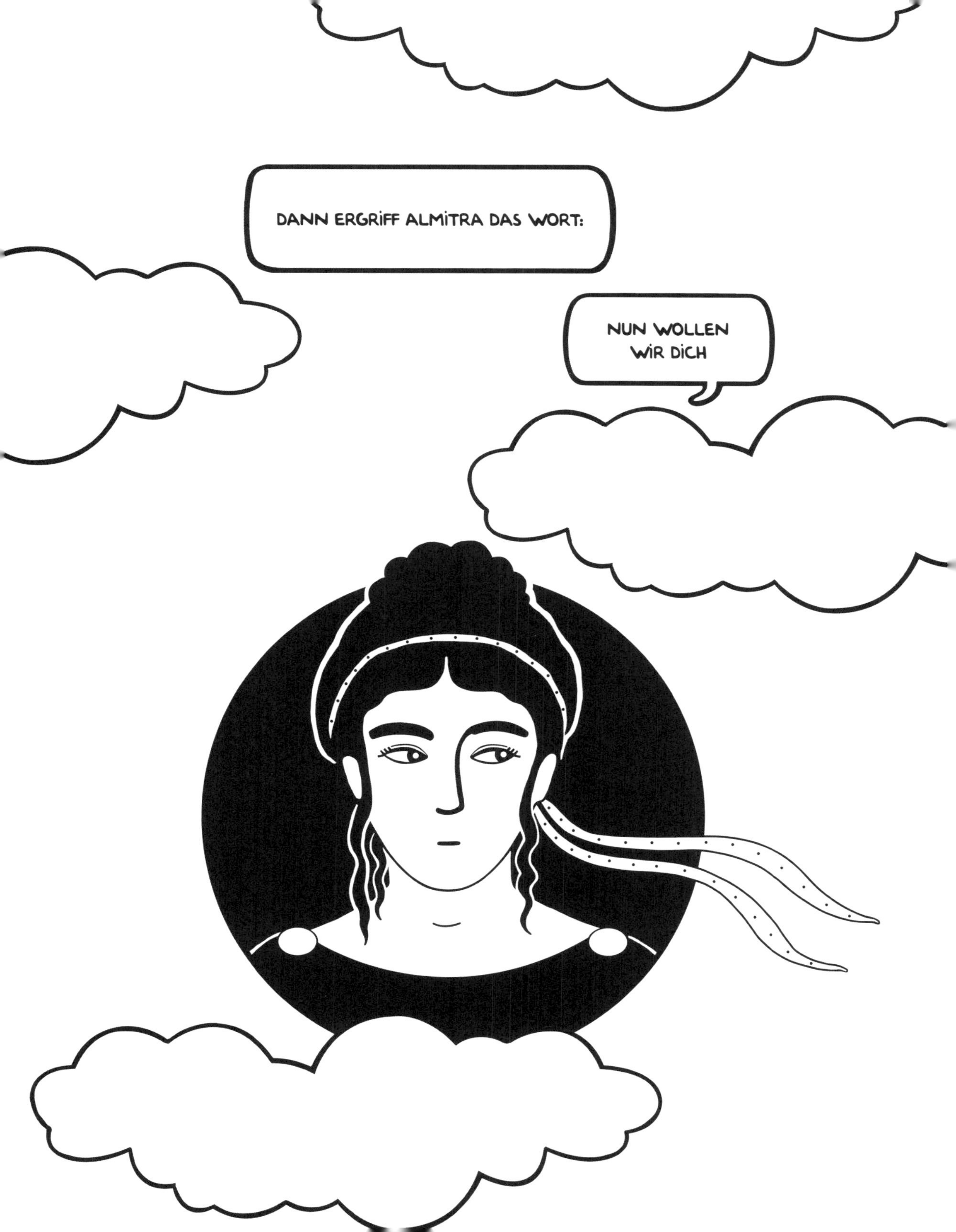
DANN ERGRIFF ALMITRA DAS WORT:
NUN WOLLEN WIR DICH

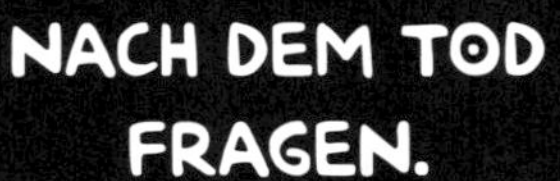

ER SPRACH:

IHR MÖCHTET DAS GEHEIMNIS DES TODES ERKENNEN.

ABER WIE WOLLT IHR ES ERFAHREN, AUSSER IHR SUCHT IM HERZEN DES LEBENS DANACH?

DIE EULE, DIE NUR BEI NACHT SIEHT UND AM TAG BLIND IST,

VERMAG DAS MYSTERIUM DES LICHTS NICHT ZU ENTSCHLEIERN.

WOLLT IHR DEN GEIST DES TODES WIRKLICH ERBLICKEN, DANN ÖFFNET WEIT EUER HERZ FÜR DEN KÖRPER DES LEBENS.

DENN LEBEN UND TOD SIND EINS, EBENSO WIE DER FLUSS UND DIE SEE EINS SIND.

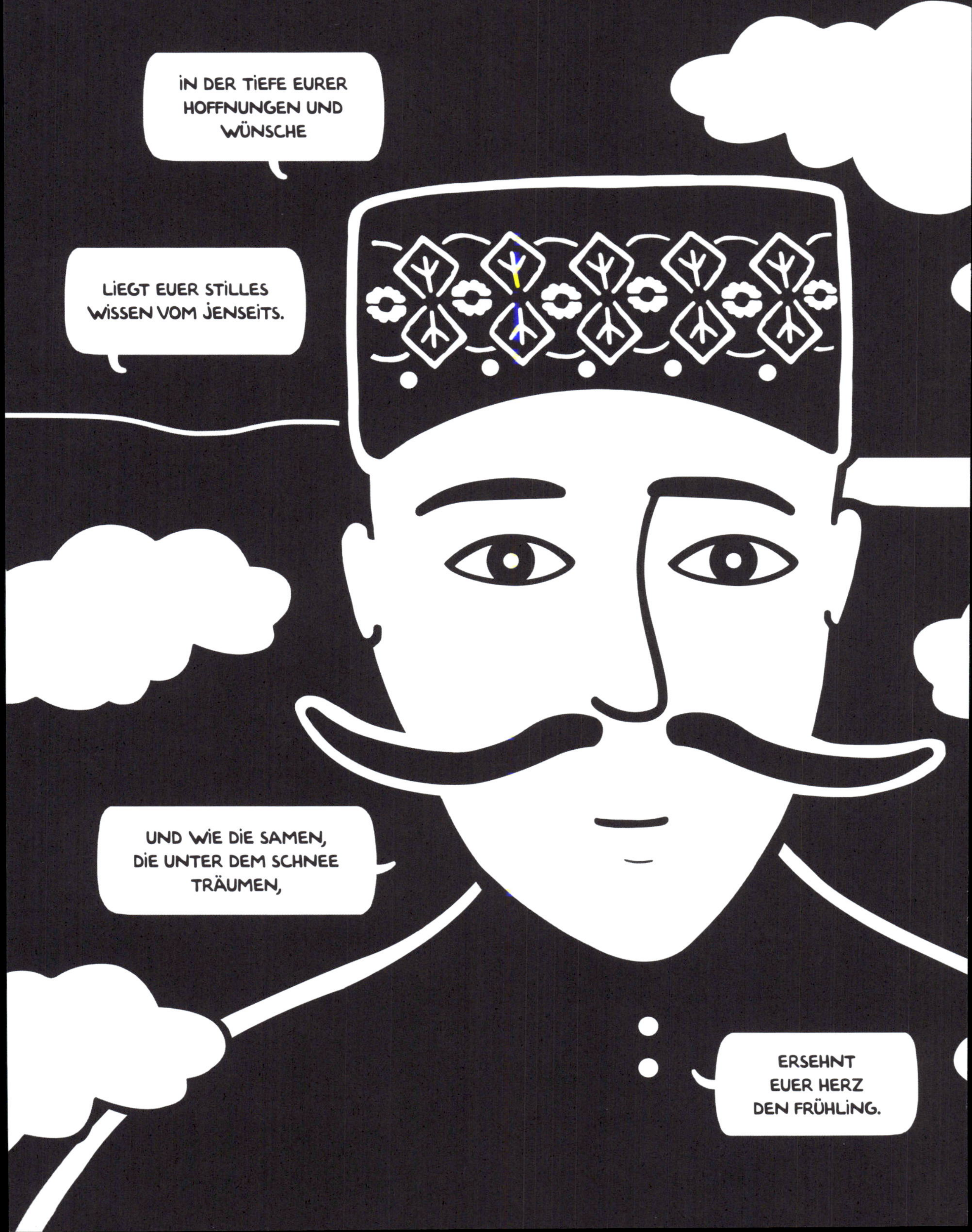

IN DER TIEFE EURER HOFFNUNGEN UND WÜNSCHE

LIEGT EUER STILLES WISSEN VOM JENSEITS.

UND WIE DIE SAMEN, DIE UNTER DEM SCHNEE TRÄUMEN,

ERSEHNT EUER HERZ DEN FRÜHLING.

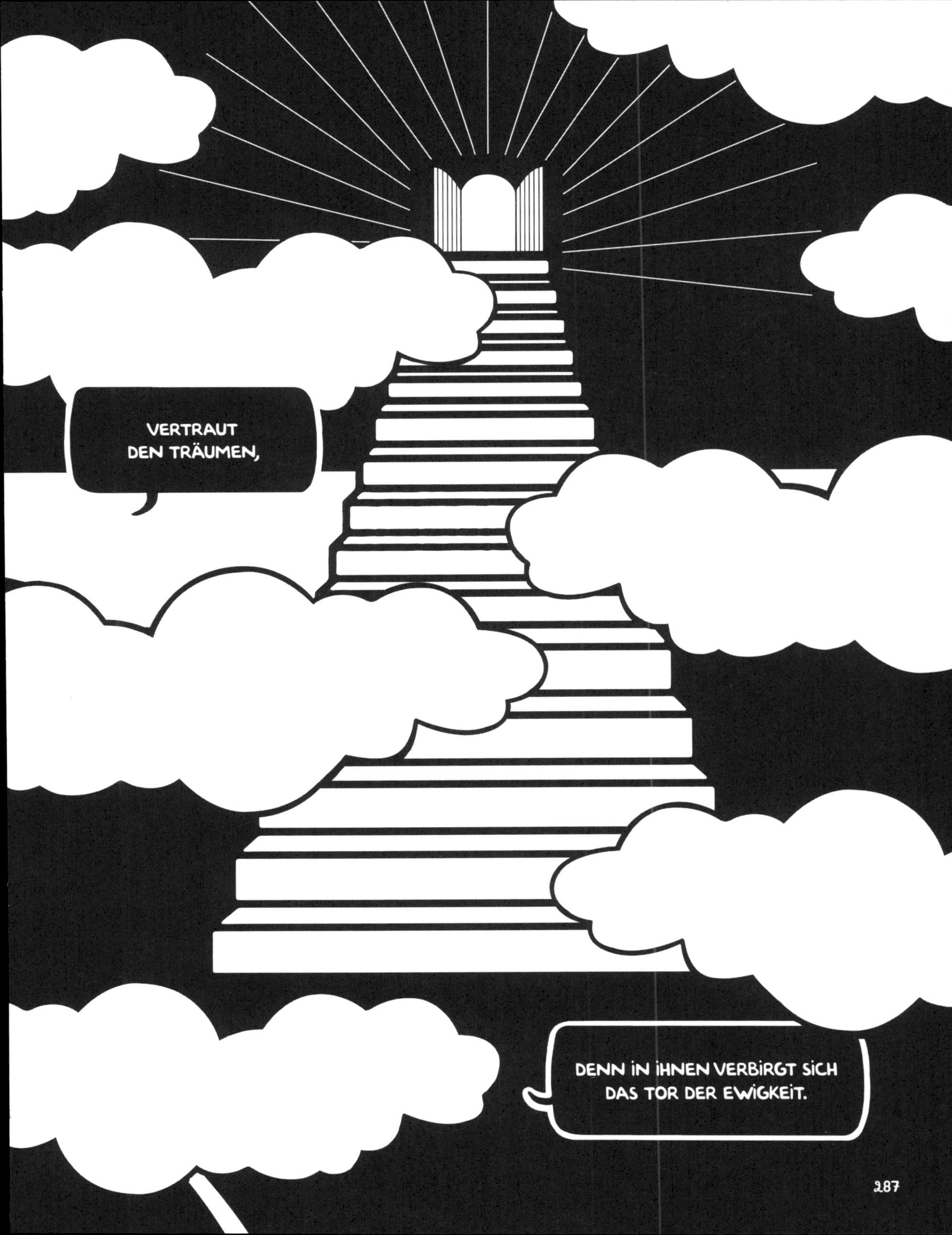
VERTRAUT DEN TRÄUMEN,
DENN IN IHNEN VERBIRGT SICH DAS TOR DER EWIGKEIT.

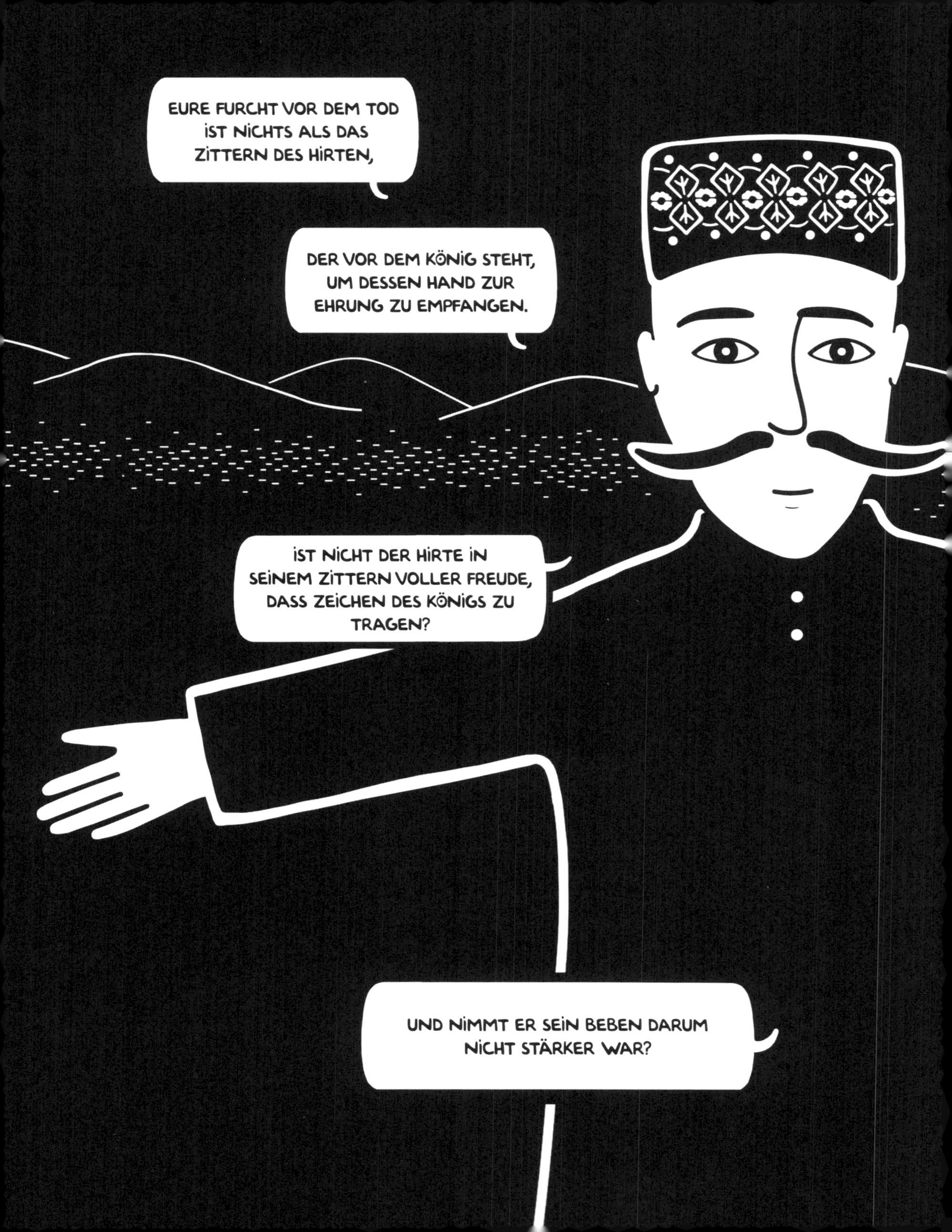

EURE FURCHT VOR DEM TOD
IST NICHTS ALS DAS
ZITTERN DES HIRTEN,

DER VOR DEM KÖNIG STEHT,
UM DESSEN HAND ZUR
EHRUNG ZU EMPFANGEN.

IST NICHT DER HIRTE IN
SEINEM ZITTERN VOLLER FREUDE,
DASS ZEICHEN DES KÖNIGS ZU
TRAGEN?

UND NIMMT ER SEIN BEBEN DARUM
NICHT STÄRKER WAR?

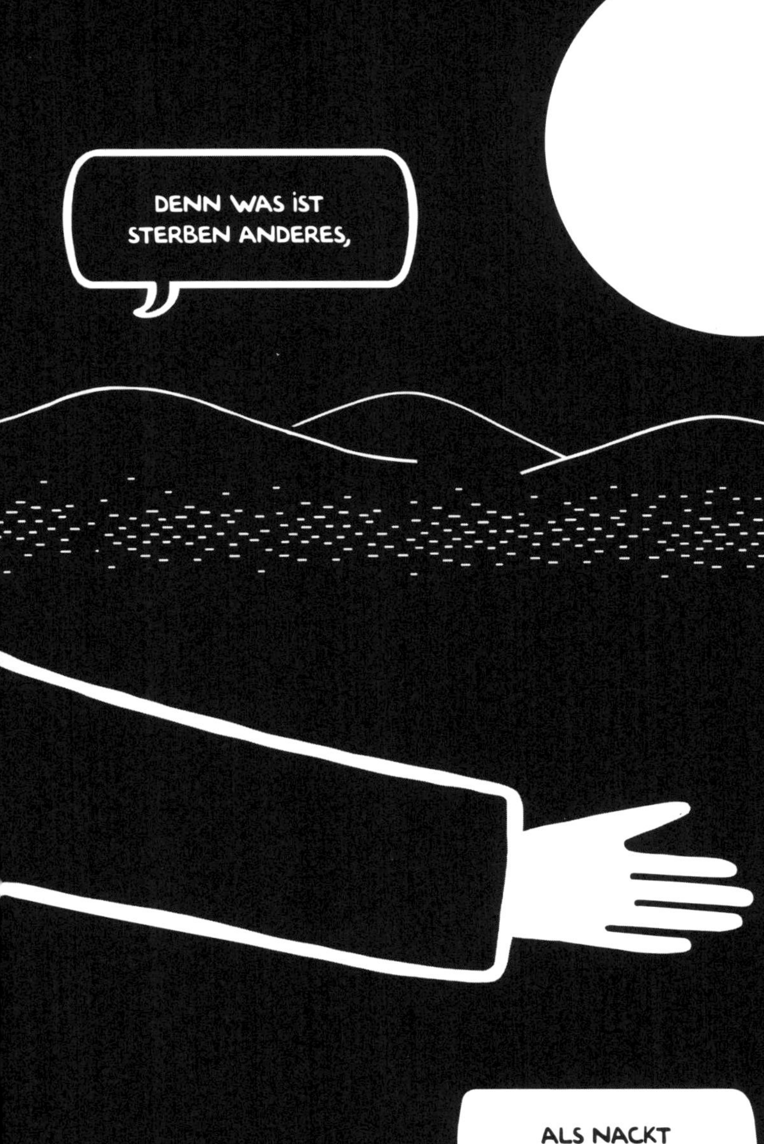
DENN WAS IST STERBEN ANDERES,
ALS NACKT IM WIND STEHEN
UND MIT DER SONNE ZU VERSCHMELZEN?

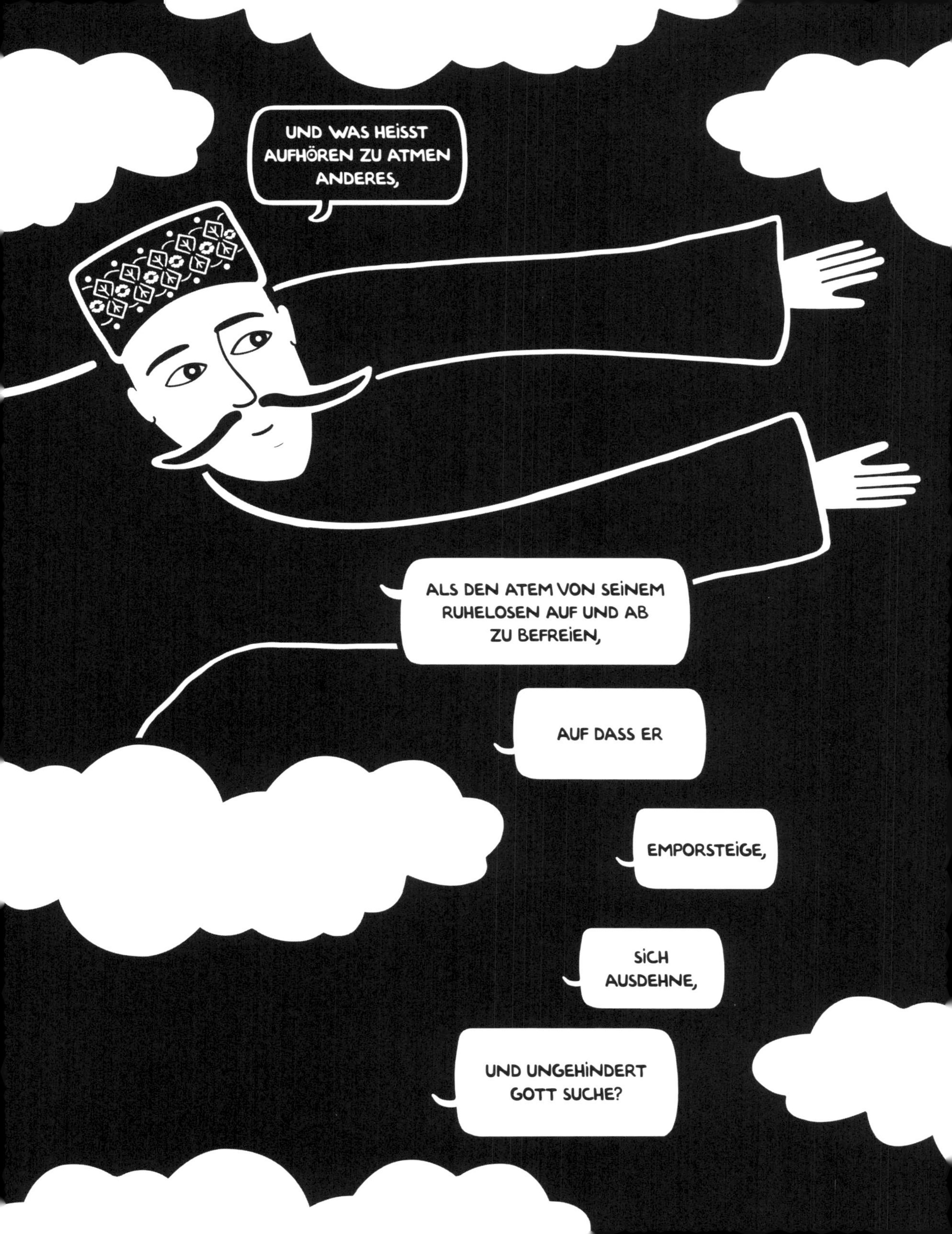
UND WAS HEISST AUFHÖREN ZU ATMEN ANDERES,
ALS DEN ATEM VON SEINEM RUHELOSEN AUF UND AB ZU BEFREIEN,
AUF DASS ER
EMPORSTEIGE,
SICH AUSDEHNE,
UND UNGEHINDERT GOTT SUCHE?

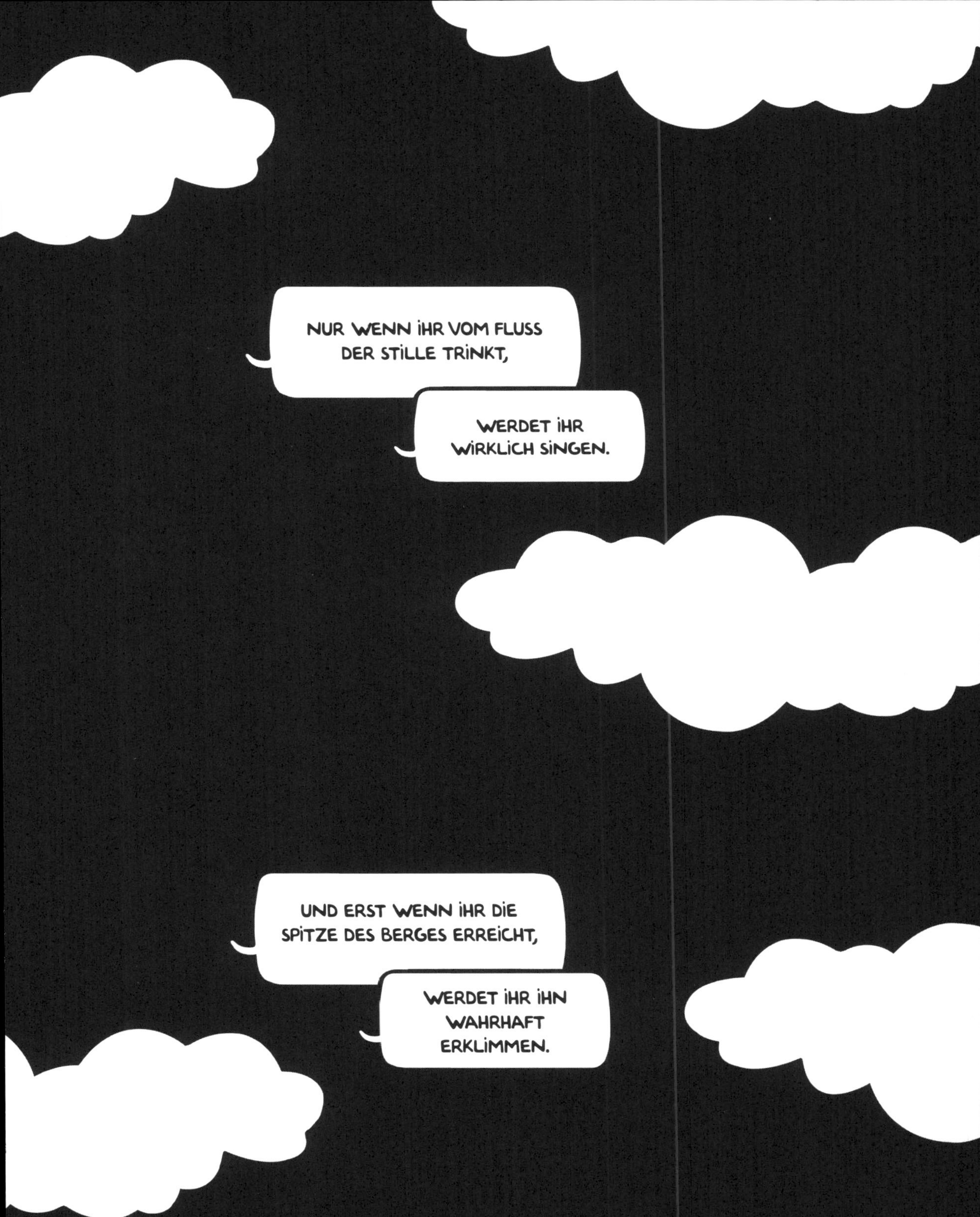
NUR WENN IHR VOM FLUSS DER STILLE TRINKT,
WERDET IHR WIRKLICH SINGEN.
UND ERST WENN IHR DIE SPITZE DES BERGES ERREICHT,
WERDET IHR IHN WAHRHAFT ERKLIMMEN.

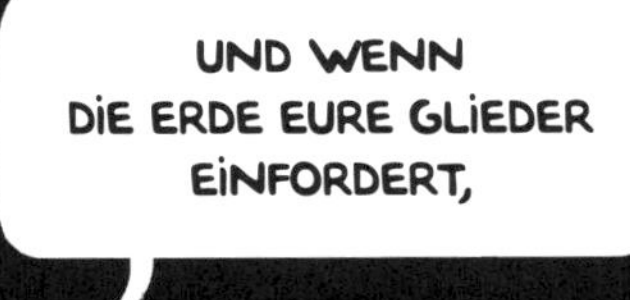
UND WENN
DIE ERDE EURE GLIEDER
EINFORDERT,
ERST DANN
WERDET IHR

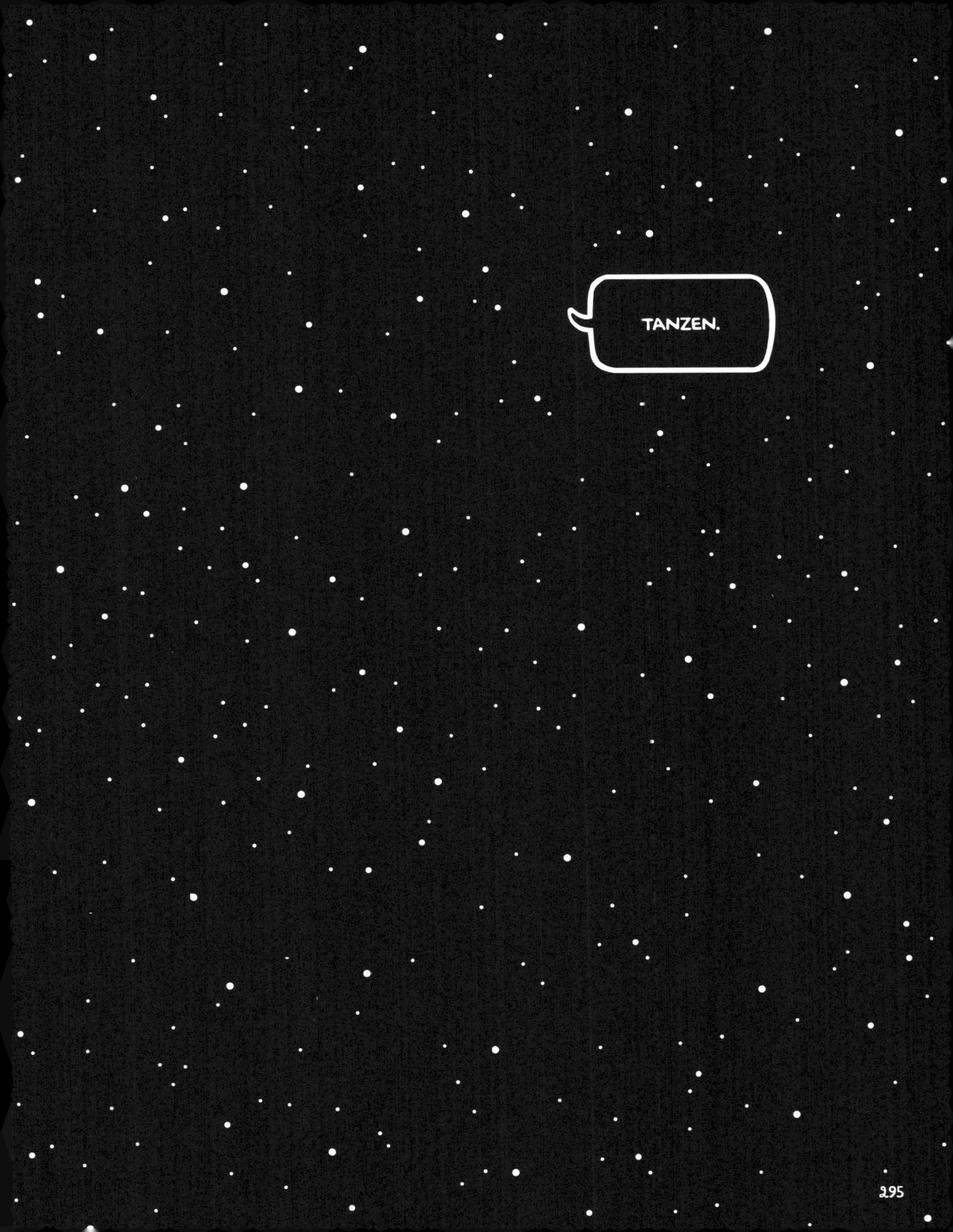

TANZEN.

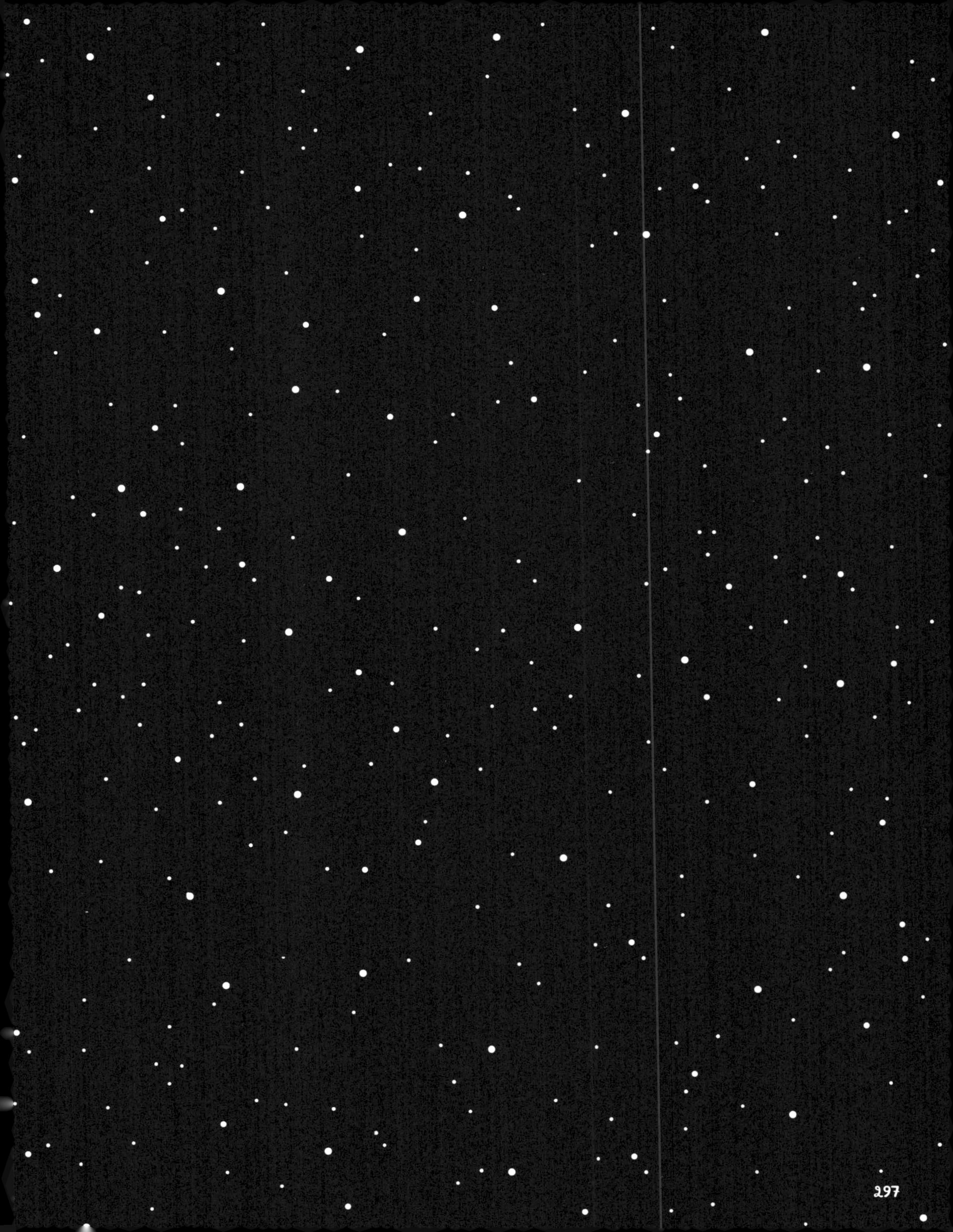

DER ABSCHIED

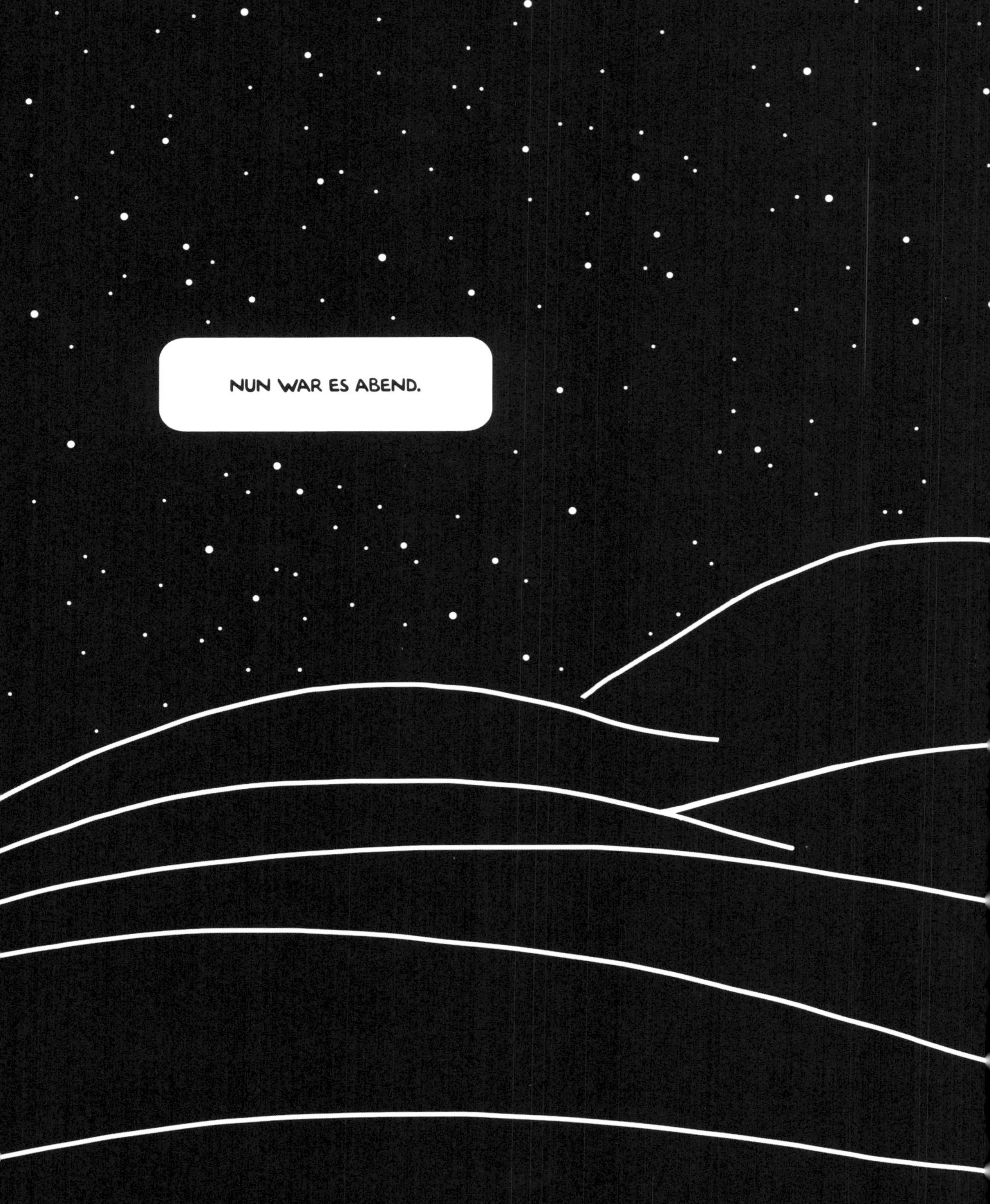
NUN WAR ES ABEND.

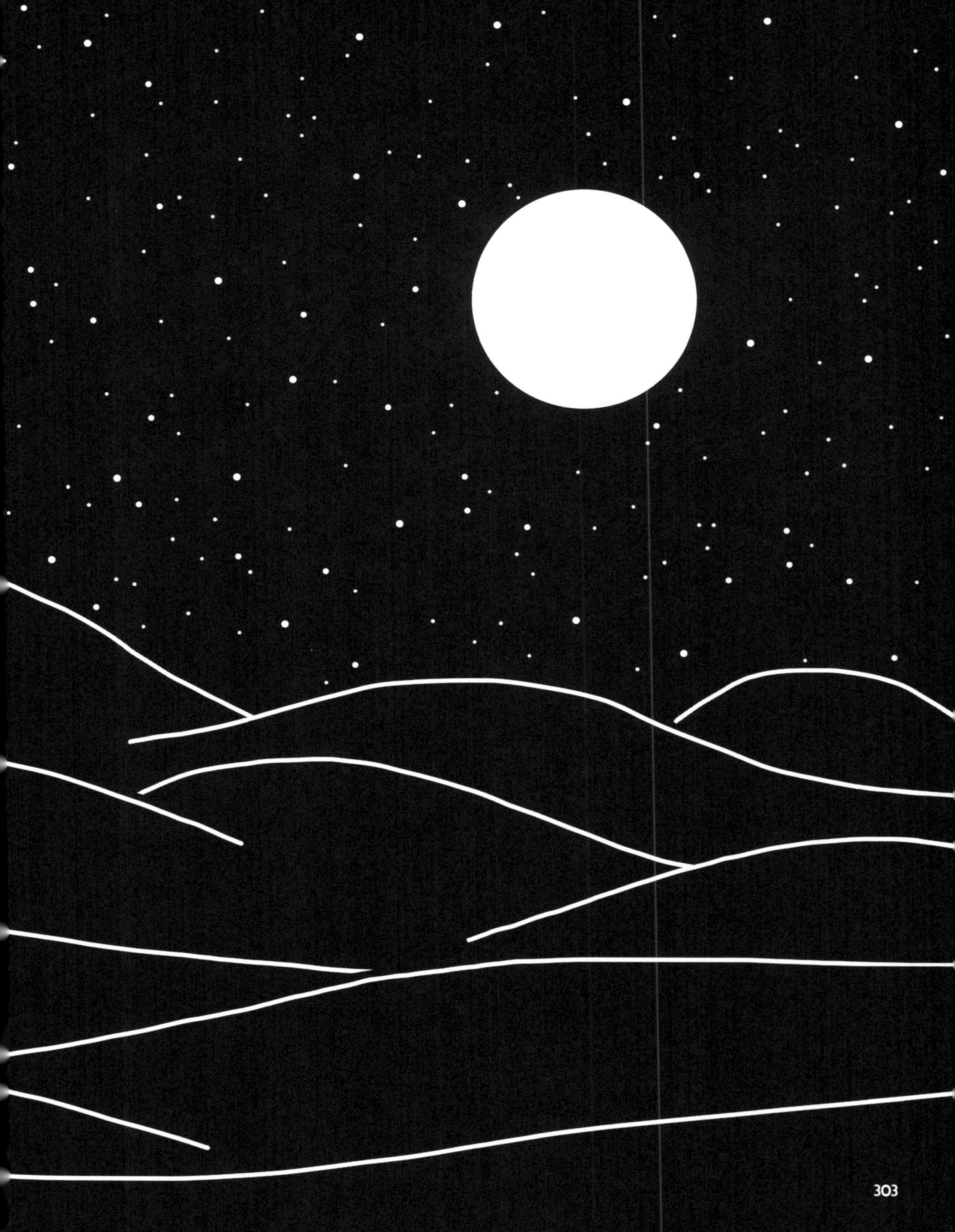

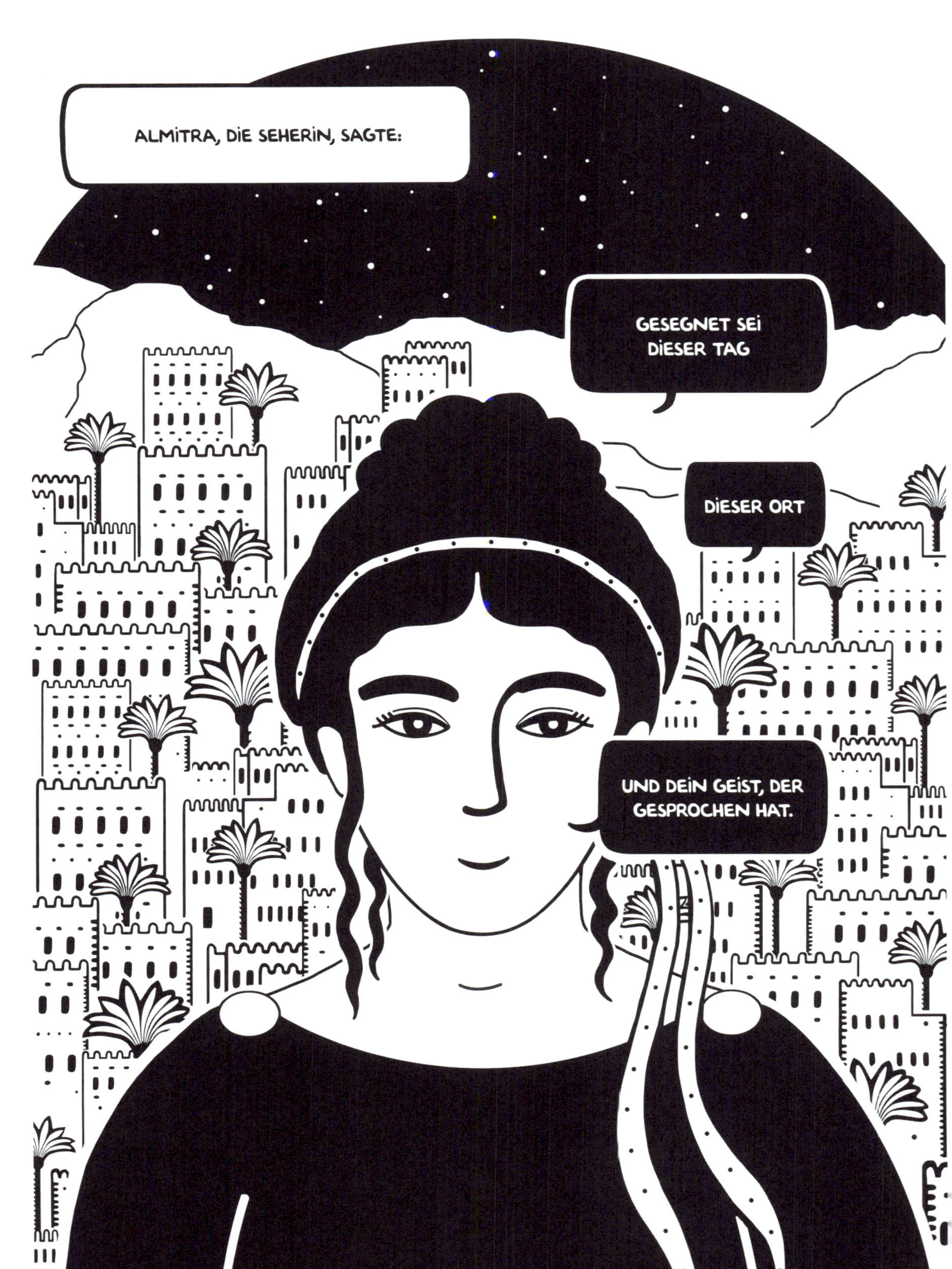
ALMITRA, DIE SEHERIN, SAGTE:
GESEGNET SEI DIESER TAG
DIESER ORT
UND DEIN GEIST, DER GESPROCHEN HAT.

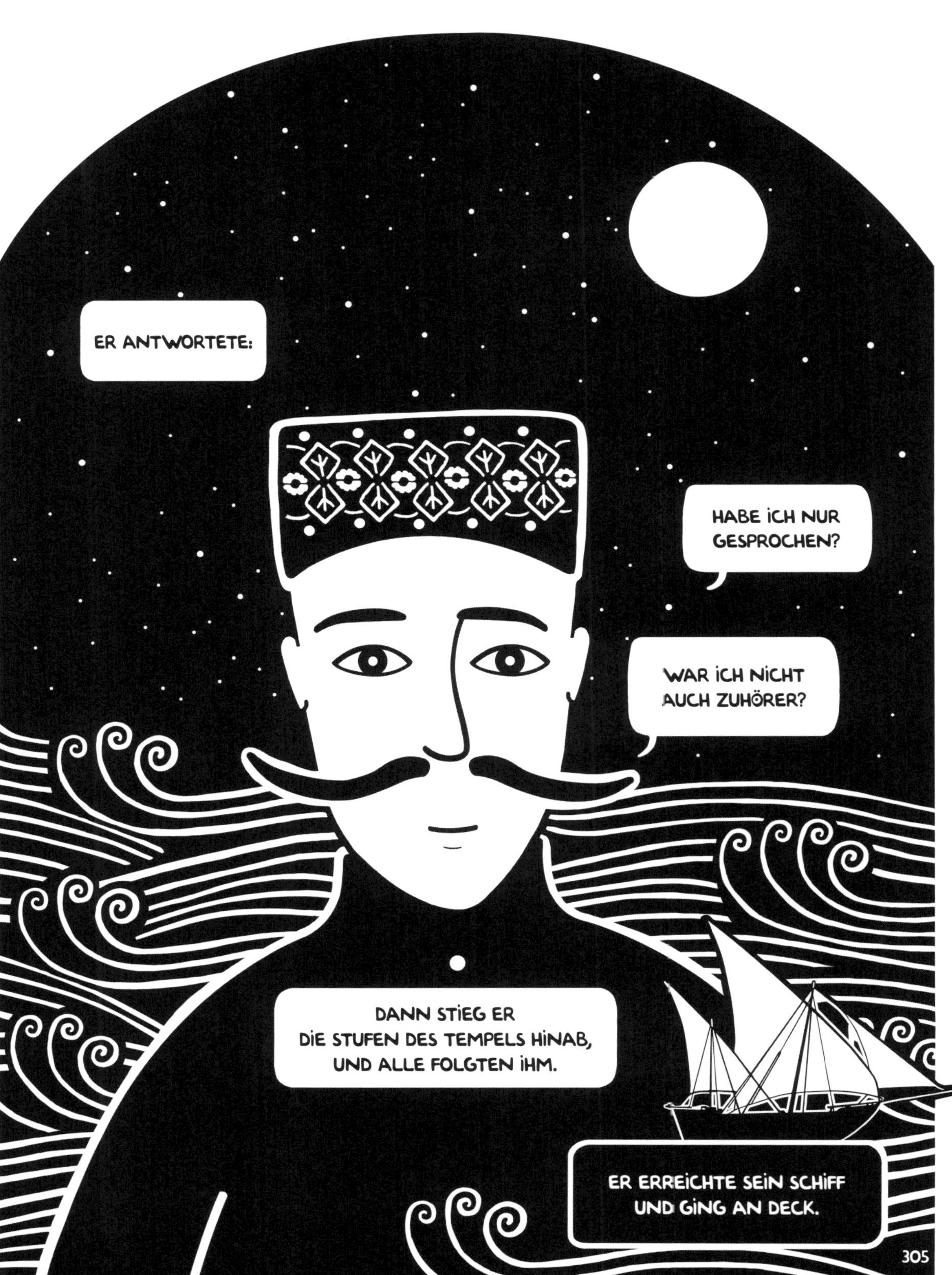
ER ANTWORTETE:
HABE ICH NUR GESPROCHEN?
WAR ICH NICHT AUCH ZUHÖRER?
DANN STIEG ER DIE STUFEN DES TEMPELS HINAB, UND ALLE FOLGTEN IHM.
ER ERREICHTE SEIN SCHIFF UND GING AN DECK.

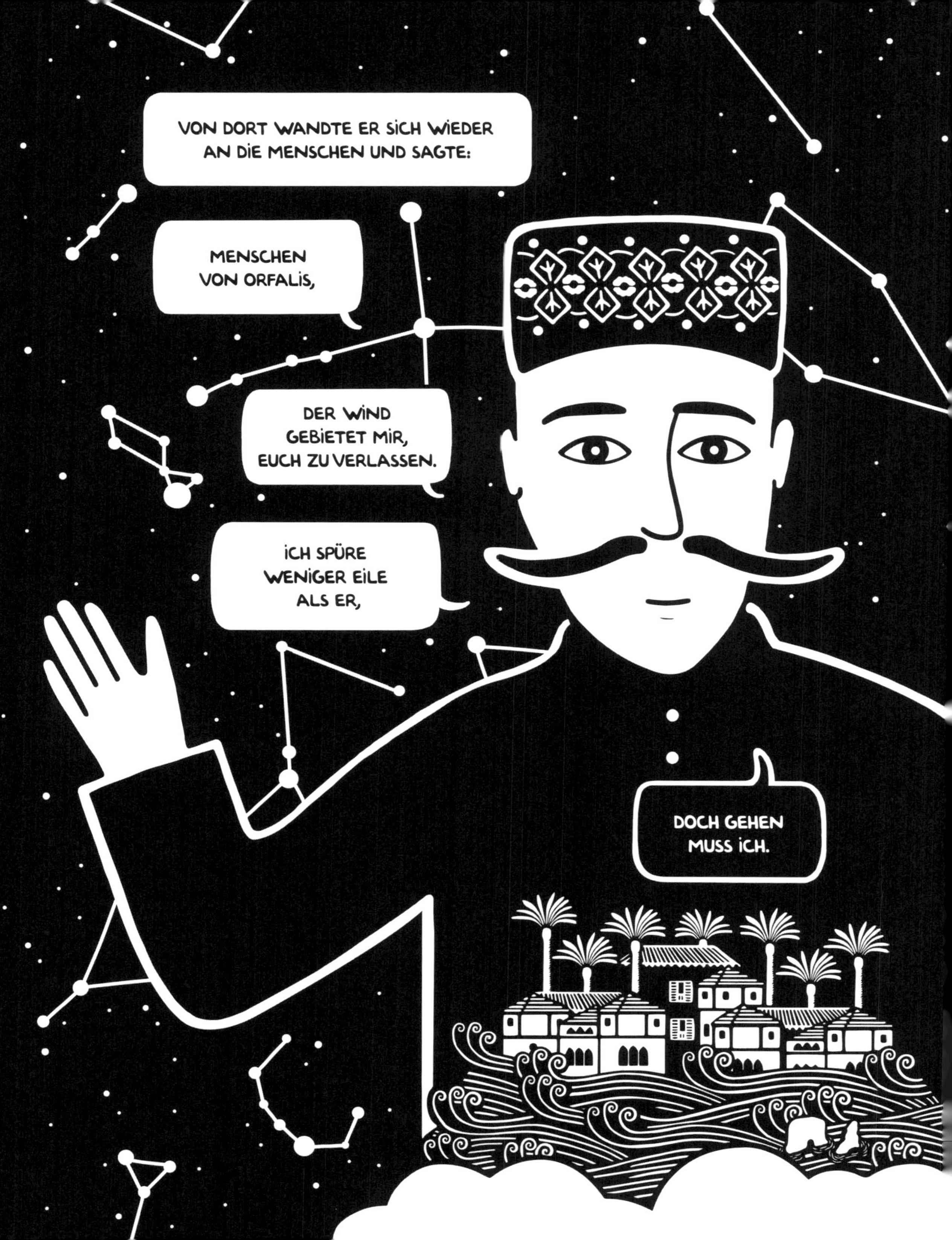
VON DORT WANDTE ER SICH WIEDER AN DIE MENSCHEN UND SAGTE:
MENSCHEN VON ORFALIS,
DER WIND GEBIETET MIR, EUCH ZU VERLASSEN.
ICH SPÜRE WENIGER EILE ALS ER,
DOCH GEHEN MUSS ICH.

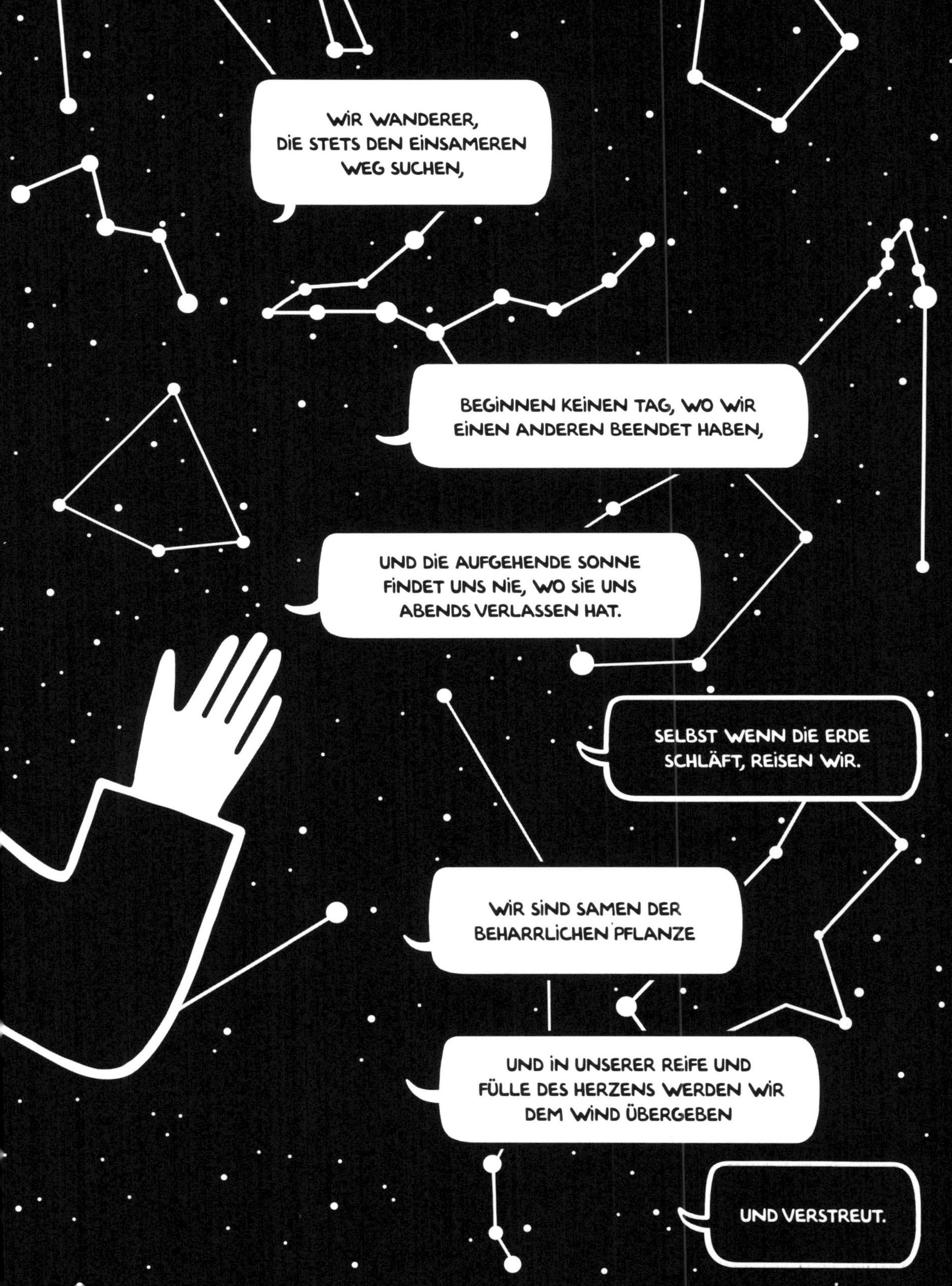
WIR WANDERER, DIE STETS DEN EINSAMEREN WEG SUCHEN,
BEGINNEN KEINEN TAG, WO WIR EINEN ANDEREN BEENDET HABEN,
UND DIE AUFGEHENDE SONNE FINDET UNS NIE, WO SIE UNS ABENDS VERLASSEN HAT.
SELBST WENN DIE ERDE SCHLÄFT, REISEN WIR.
WIR SIND SAMEN DER BEHARRLICHEN PFLANZE
UND IN UNSERER REIFE UND FÜLLE DES HERZENS WERDEN WIR DEM WIND ÜBERGEBEN
UND VERSTREUT.

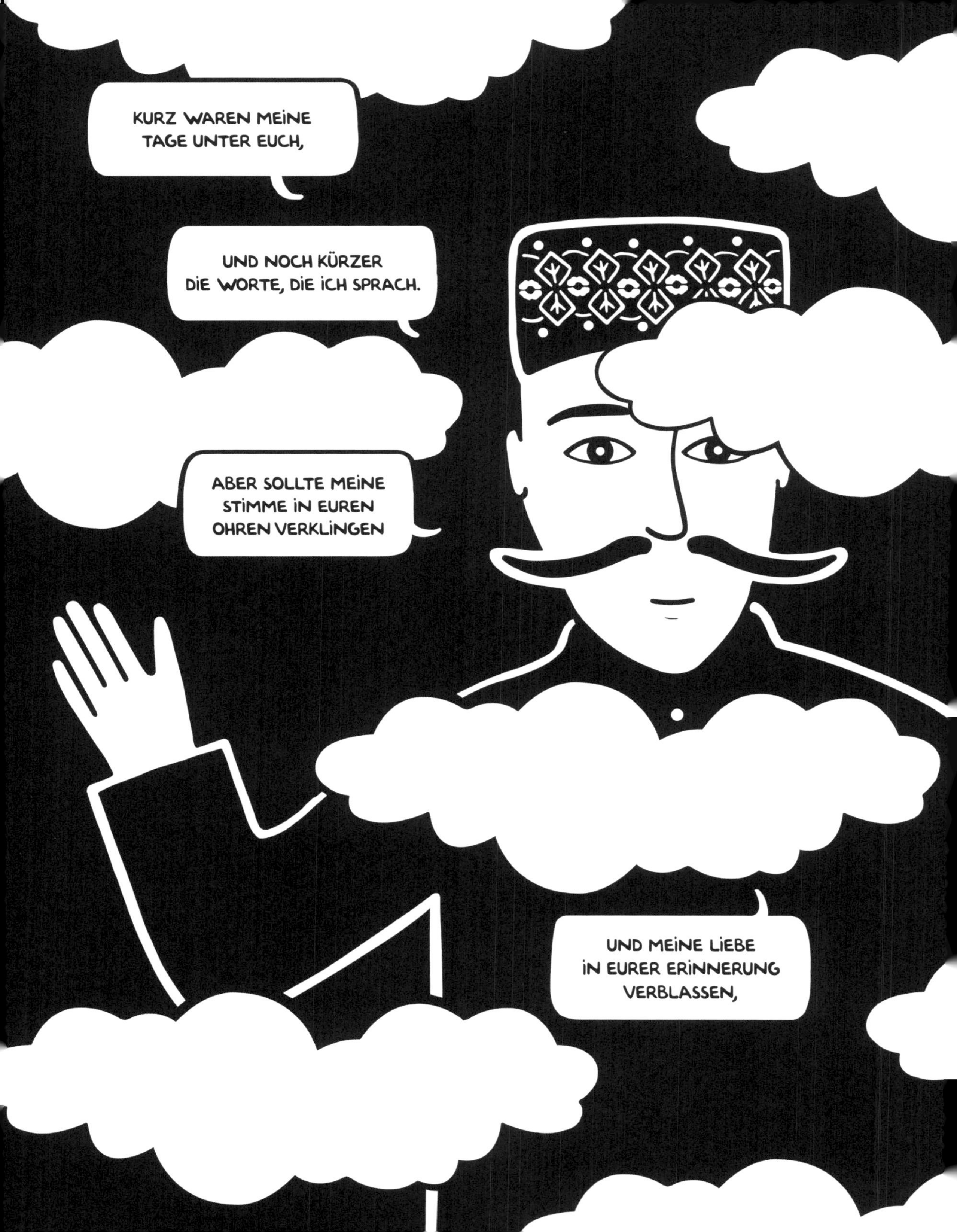
KURZ WAREN MEINE TAGE UNTER EUCH,
UND NOCH KÜRZER DIE WORTE, DIE ICH SPRACH.
ABER SOLLTE MEINE STIMME IN EUREN OHREN VERKLINGEN
UND MEINE LIEBE IN EURER ERINNERUNG VERBLASSEN,

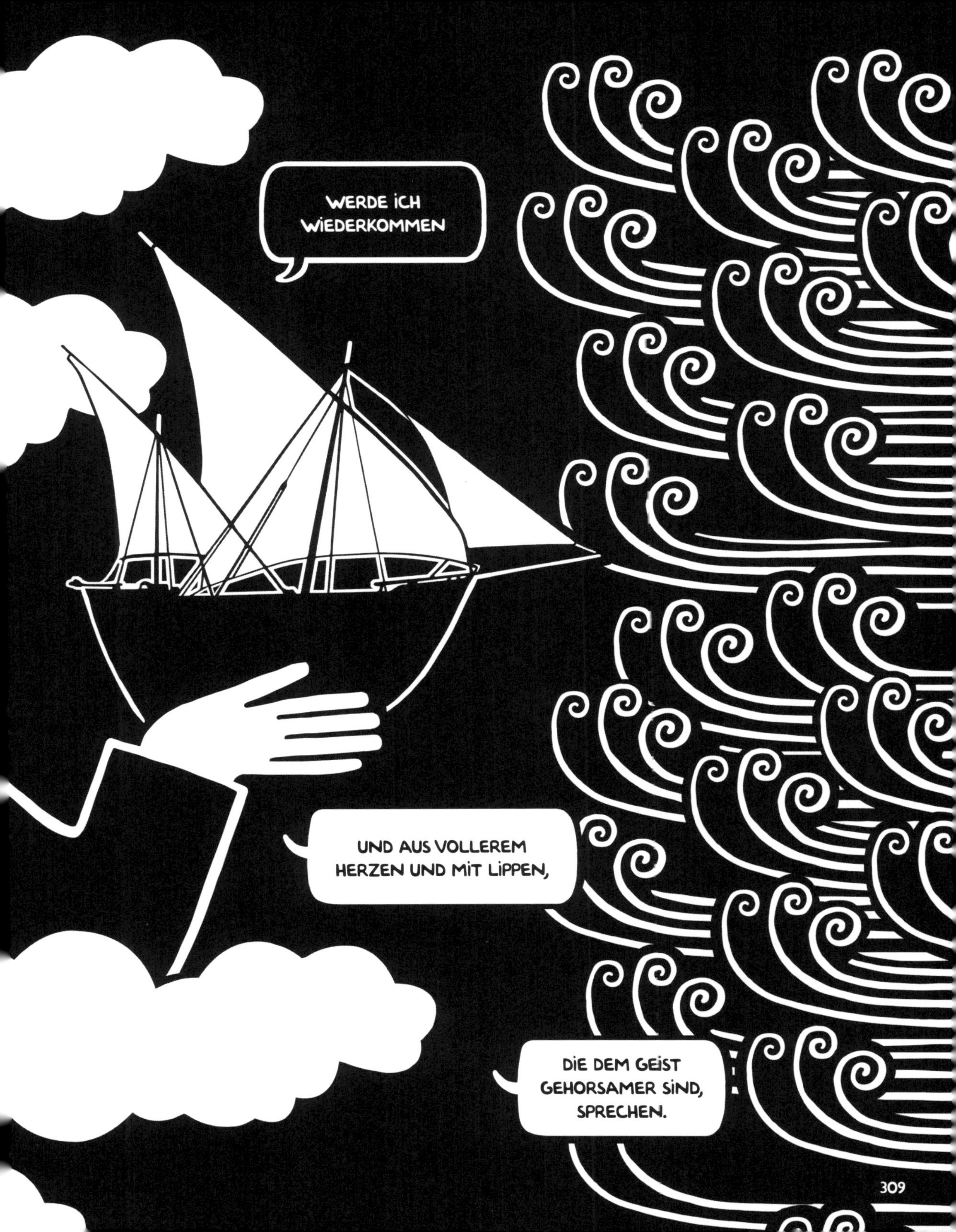
WERDE ICH WIEDERKOMMEN
UND AUS VOLLEREM HERZEN UND MIT LIPPEN,
DIE DEM GEIST GEHORSAMER SIND, SPRECHEN.

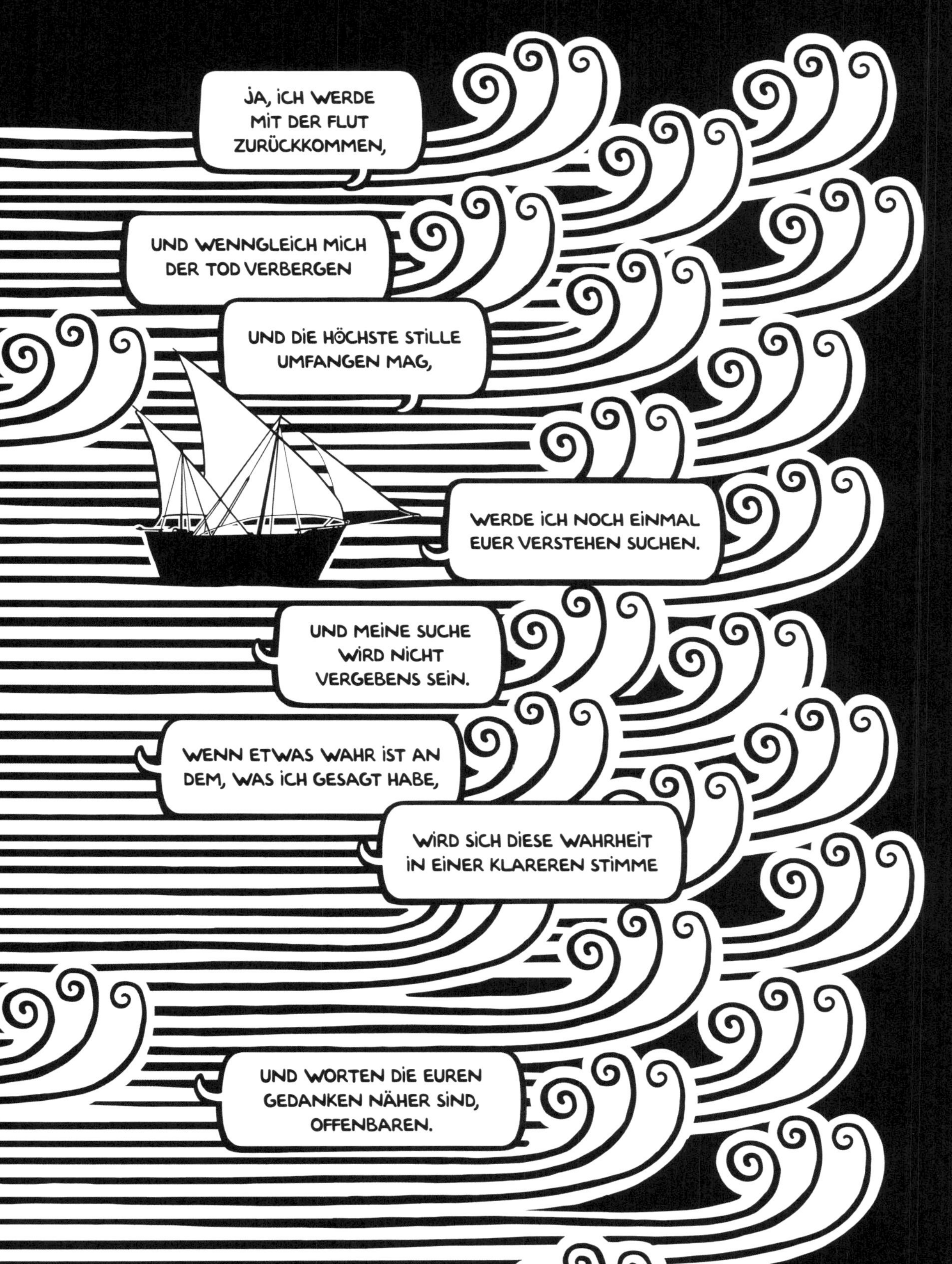
JA, ICH WERDE MIT DER FLUT ZURÜCKKOMMEN,
UND WENNGLEICH MICH DER TOD VERBERGEN
UND DIE HÖCHSTE STILLE UMFANGEN MAG,
WERDE ICH NOCH EINMAL EUER VERSTEHEN SUCHEN.
UND MEINE SUCHE WIRD NICHT VERGEBENS SEIN.
WENN ETWAS WAHR IST AN DEM, WAS ICH GESAGT HABE,
WIRD SICH DIESE WAHRHEIT IN EINER KLAREREN STIMME
UND WORTEN DIE EUREN GEDANKEN NÄHER SIND, OFFENBAREN.

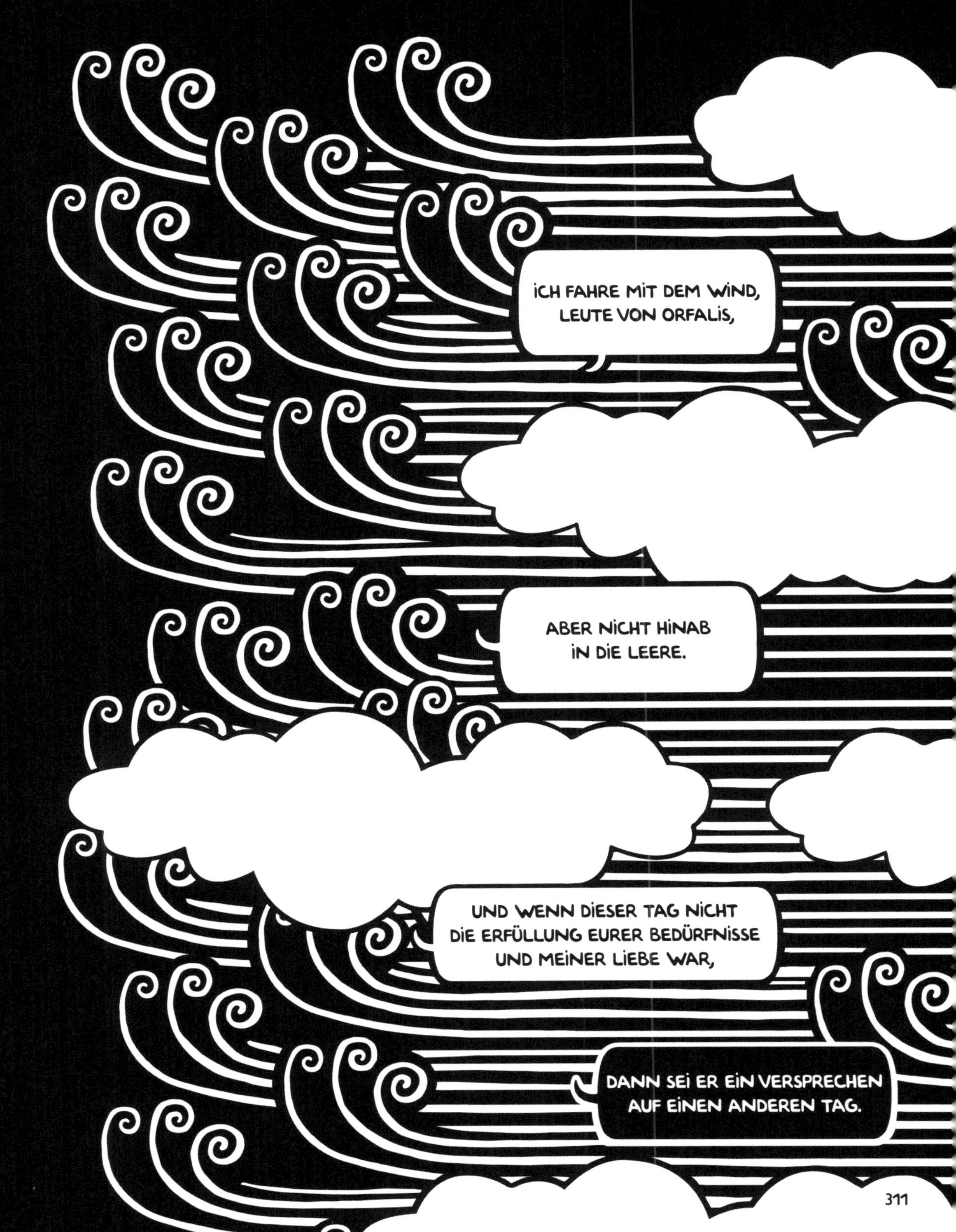
ICH FAHRE MIT DEM WIND, LEUTE VON ORFALIS,
ABER NICHT HINAB IN DIE LEERE.
UND WENN DIESER TAG NICHT DIE ERFÜLLUNG EURER BEDÜRFNISSE UND MEINER LIEBE WAR,
DANN SEI ER EIN VERSPRECHEN AUF EINEN ANDEREN TAG.

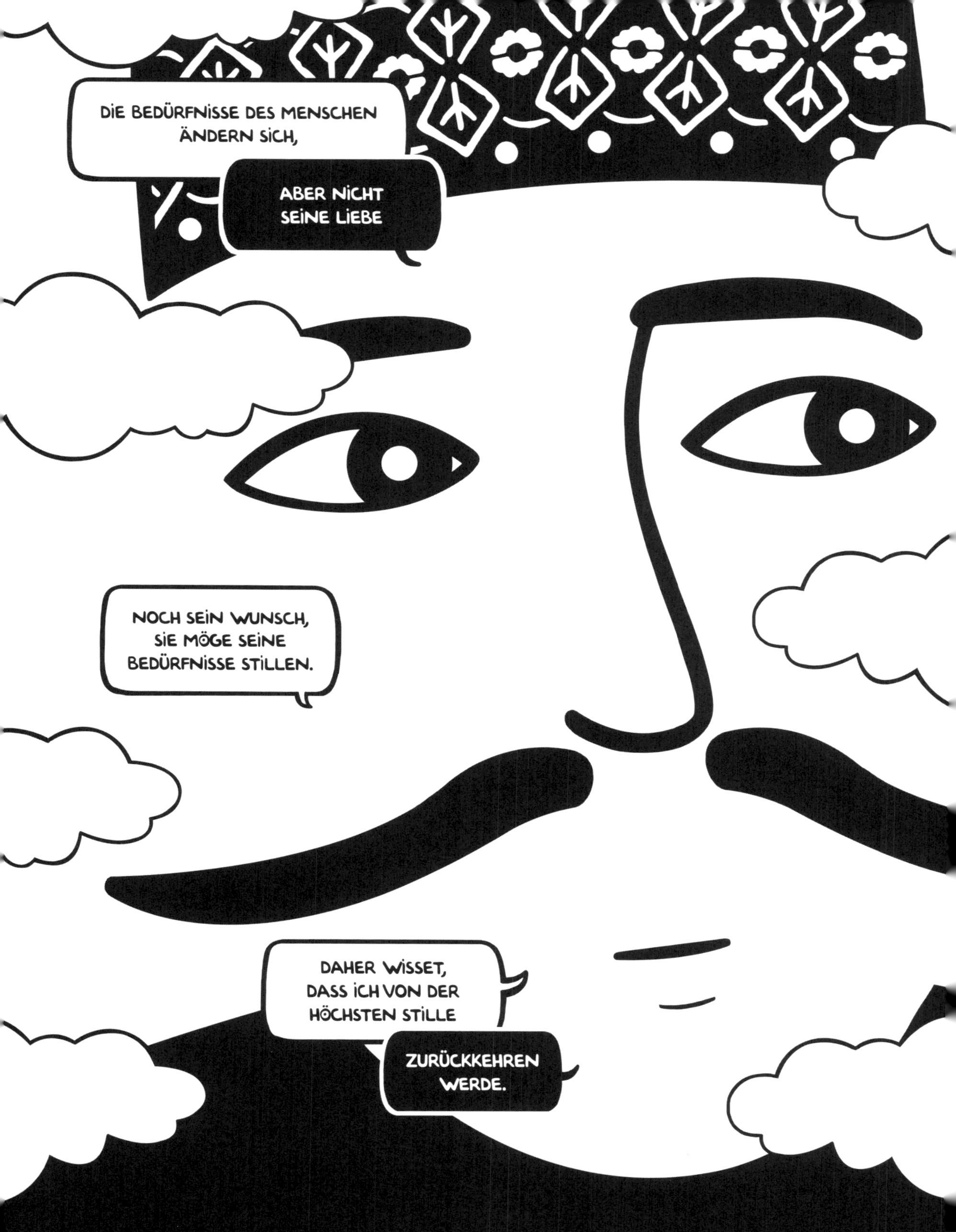
DIE BEDÜRFNISSE DES MENSCHEN ÄNDERN SICH,
ABER NICHT SEINE LIEBE
NOCH SEIN WUNSCH, SIE MÖGE SEINE BEDÜRFNISSE STILLEN.
DAHER WISSET, DASS ICH VON DER HÖCHSTEN STILLE
ZURÜCKKEHREN WERDE.

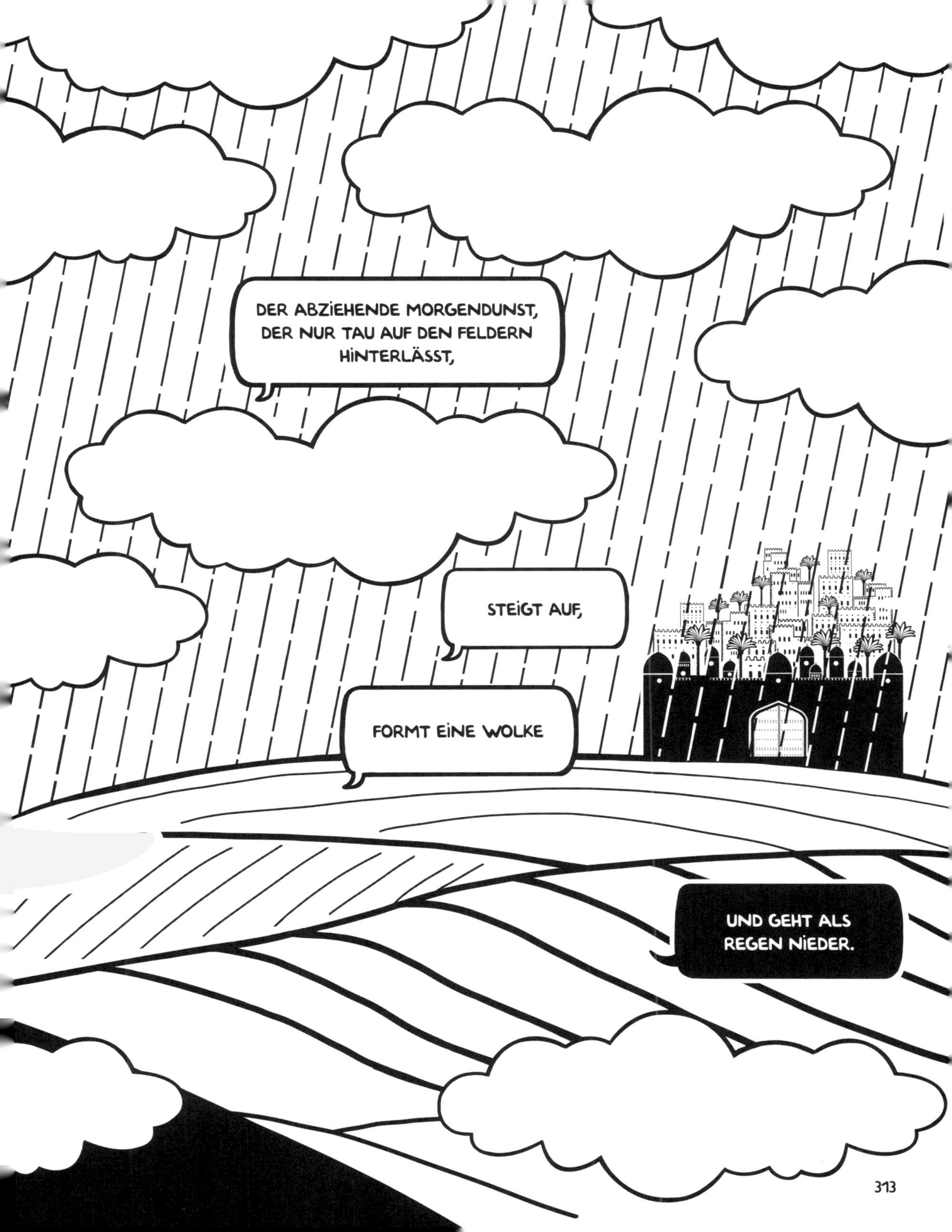
DER ABZIEHENDE MORGENDUNST, DER NUR TAU AUF DEN FELDERN HINTERLÄSST,
STEIGT AUF,
FORMT EINE WOLKE
UND GEHT ALS REGEN NIEDER.

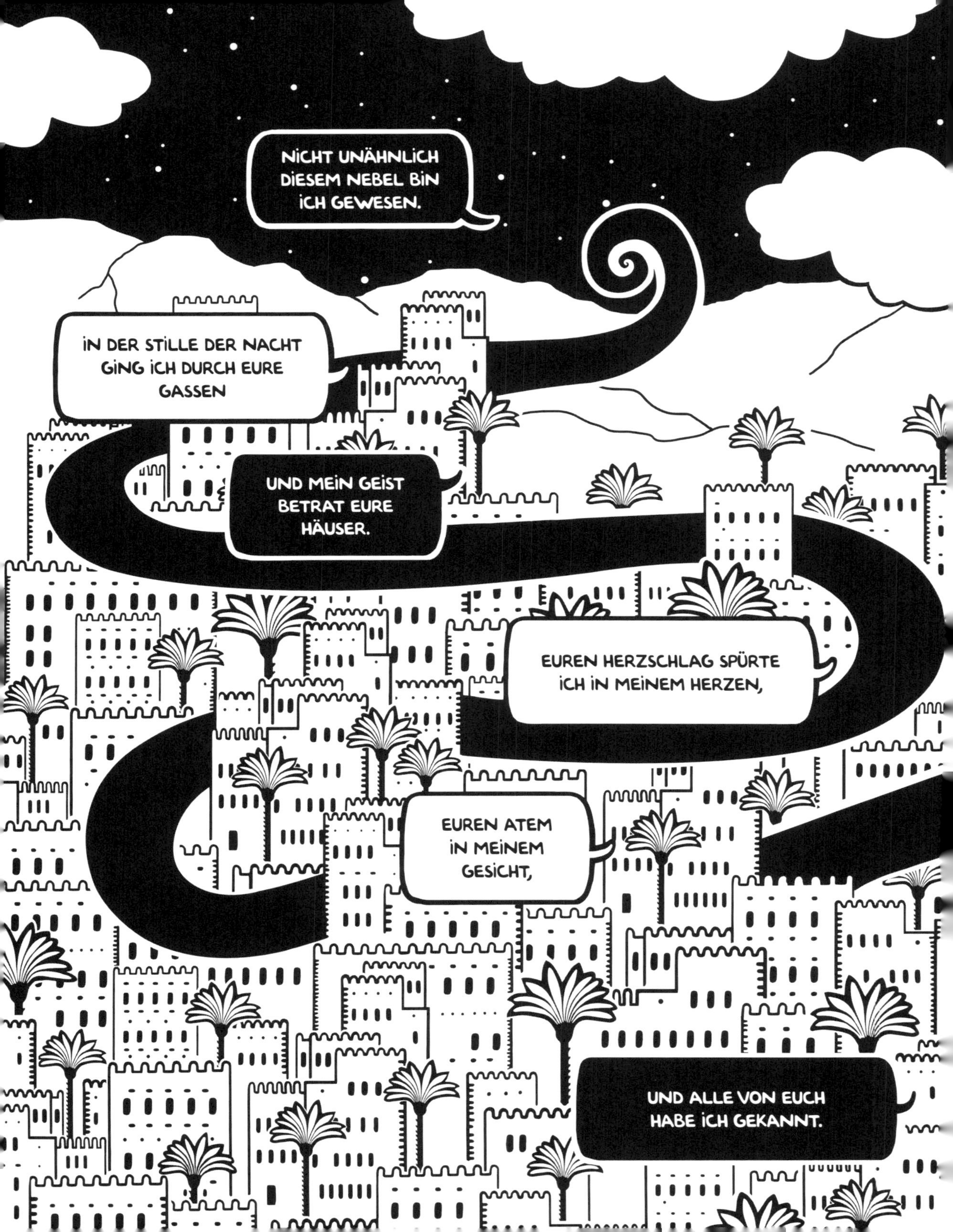
NICHT UNÄHNLICH DIESEM NEBEL BIN ICH GEWESEN.
IN DER STILLE DER NACHT GING ICH DURCH EURE GASSEN
UND MEIN GEIST BETRAT EURE HÄUSER.
EUREN HERZSCHLAG SPÜRTE ICH IN MEINEM HERZEN,
EUREN ATEM IN MEINEM GESICHT,
UND ALLE VON EUCH HABE ICH GEKANNT.

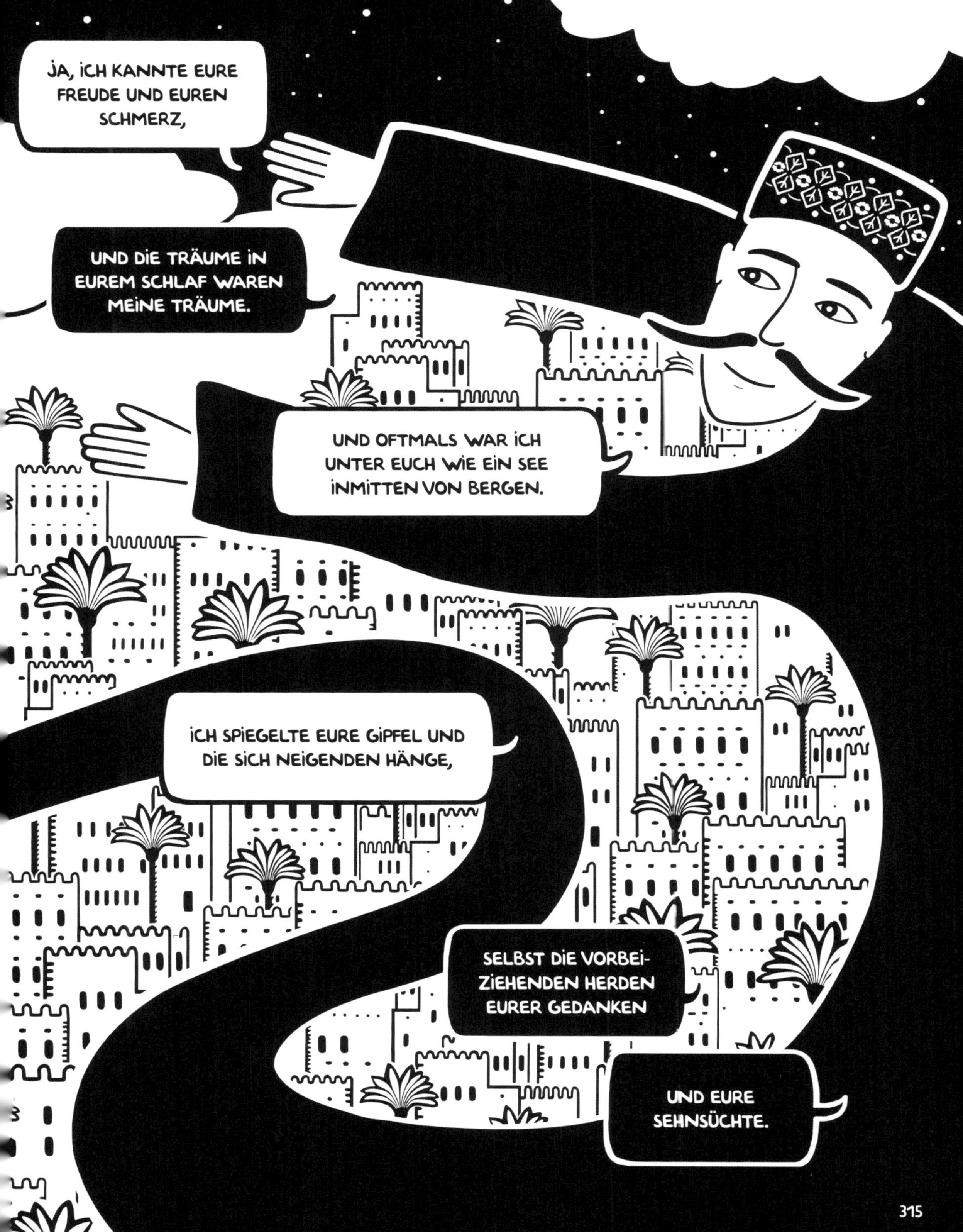
JA, ICH KANNTE EURE FREUDE UND EUREN SCHMERZ,
UND DIE TRÄUME IN EUREM SCHLAF WAREN MEINE TRÄUME.
UND OFTMALS WAR ICH UNTER EUCH WIE EIN SEE INMITTEN VON BERGEN.
ICH SPIEGELTE EURE GIPFEL UND DIE SICH NEIGENDEN HÄNGE,
SELBST DIE VORBEI-ZIEHENDEN HERDEN EURER GEDANKEN
UND EURE SEHNSÜCHTE.

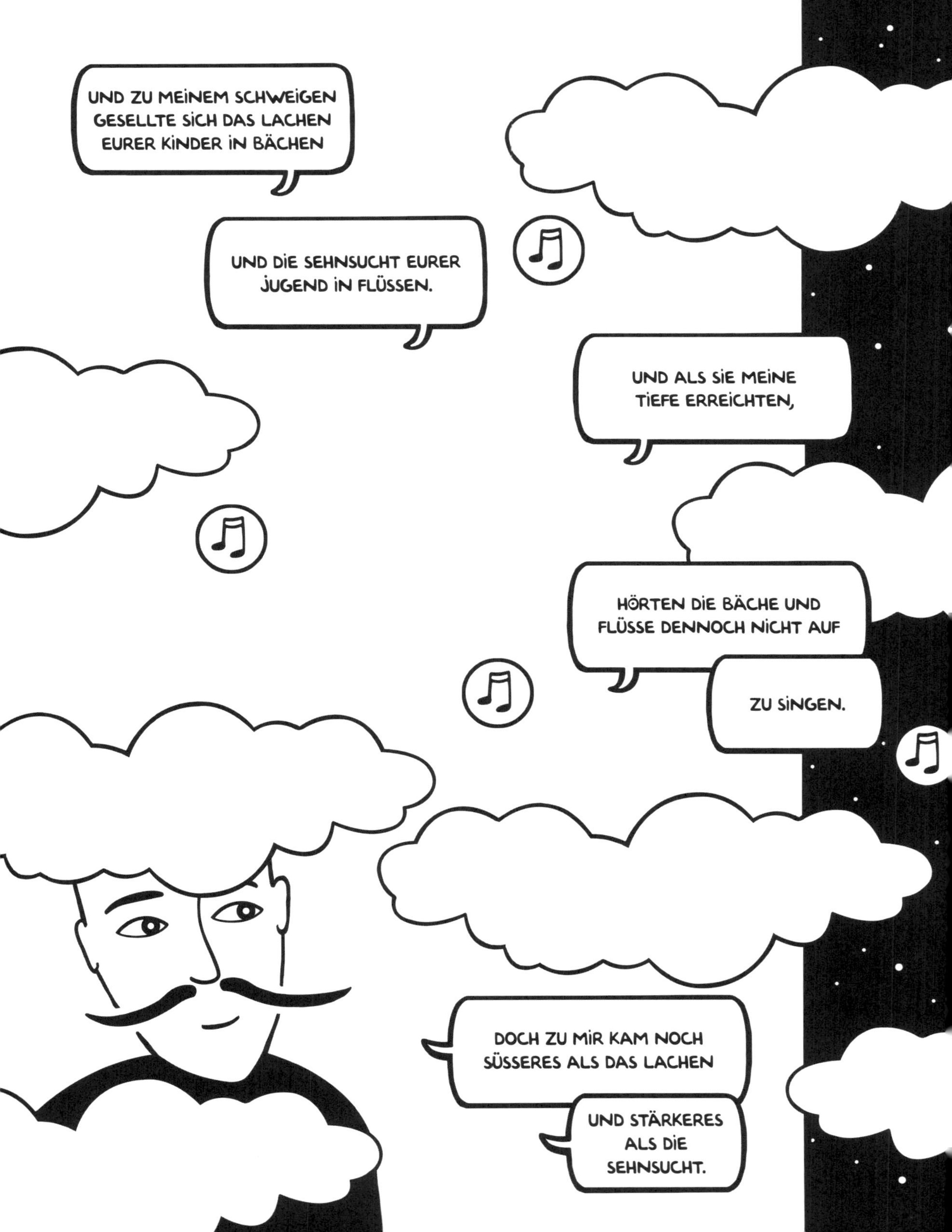
UND ZU MEINEM SCHWEIGEN GESELLTE SICH DAS LACHEN EURER KINDER IN BÄCHEN
UND DIE SEHNSUCHT EURER JUGEND IN FLÜSSEN.
UND ALS SIE MEINE TIEFE ERREICHTEN,
HÖRTEN DIE BÄCHE UND FLÜSSE DENNOCH NICHT AUF
ZU SINGEN.
DOCH ZU MIR KAM NOCH SÜSSERES ALS DAS LACHEN
UND STÄRKERES ALS DIE SEHNSUCHT.

ES WAR DAS GRENZENLOSE IN EUCH,

DER GEWALTIGE MENSCH, IN DEM IHR NUR ZELLEN UND SEHNEN SEID.

ER, IN DESSEN LIED EUER SINGEN NUR EIN TAUBES POCHEN IST.

IN DIESEM ÜBERGROSSEN MENSCHEN IST ES, DA IHR GROSS SEID.

UND ALS ICH IHN ERBLICKTE, SAH ICH EUCH UND LIEBTE EUCH.

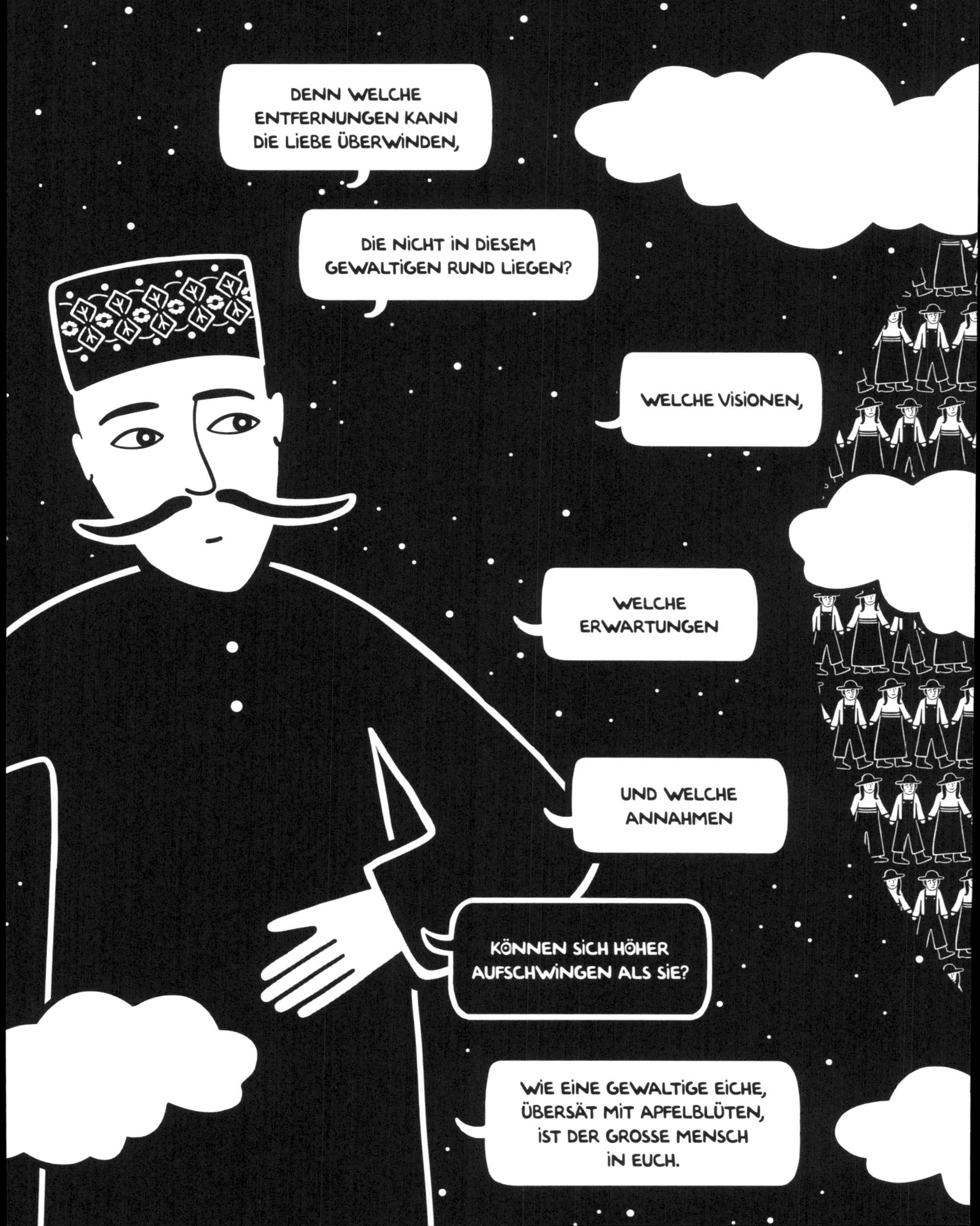

DENN WELCHE ENTFERNUNGEN KANN DIE LIEBE ÜBERWINDEN,
DIE NICHT IN DIESEM GEWALTIGEN RUND LIEGEN?
WELCHE VISIONEN,
WELCHE ERWARTUNGEN
UND WELCHE ANNAHMEN
KÖNNEN SICH HÖHER AUFSCHWINGEN ALS SIE?
WIE EINE GEWALTIGE EICHE, ÜBERSÄT MIT APFELBLÜTEN, IST DER GROSSE MENSCH IN EUCH.

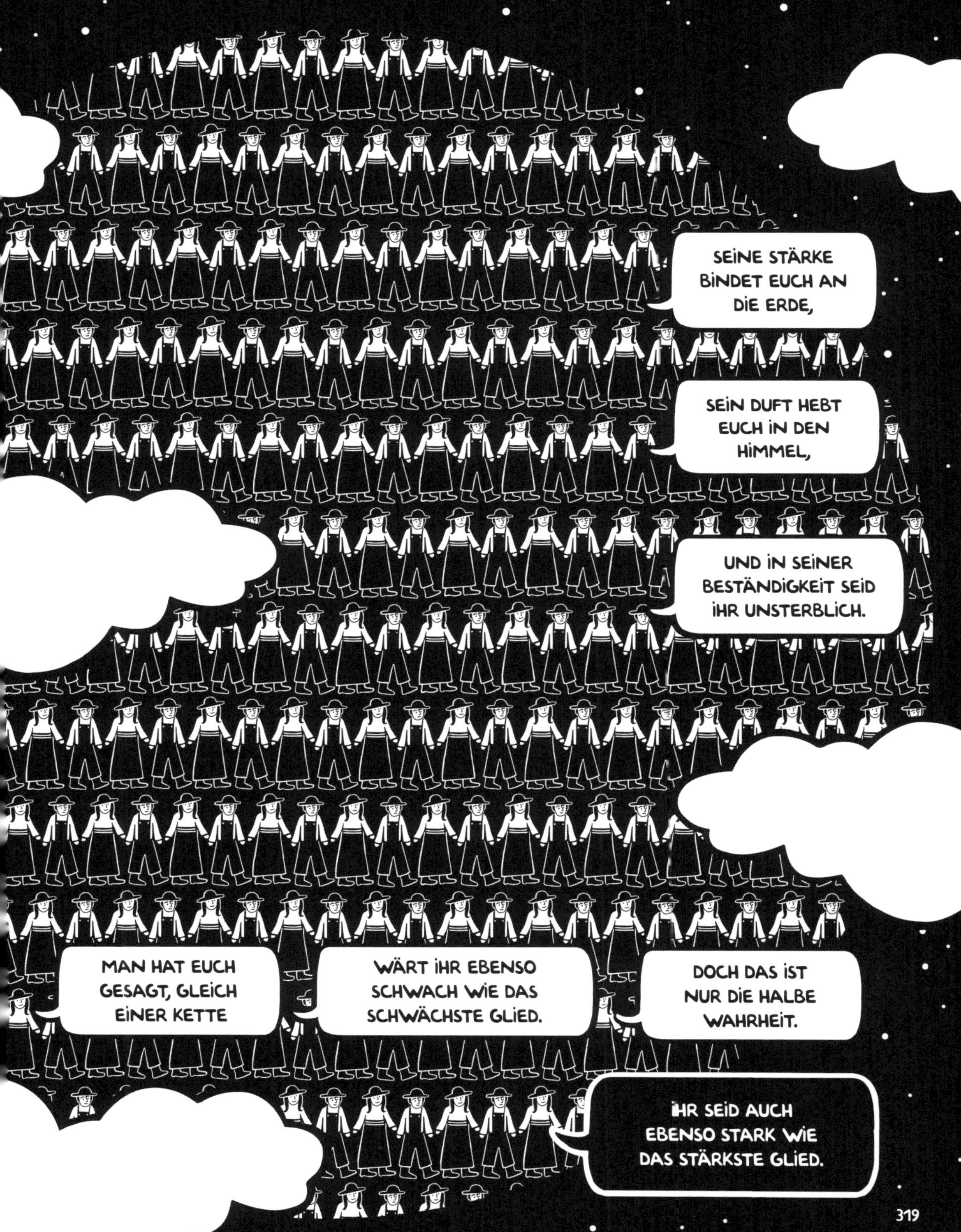
SEINE STÄRKE BINDET EUCH AN DIE ERDE,
SEIN DUFT HEBT EUCH IN DEN HIMMEL,
UND IN SEINER BESTÄNDIGKEIT SEID IHR UNSTERBLICH.
MAN HAT EUCH GESAGT, GLEICH EINER KETTE
WÄRT IHR EBENSO SCHWACH WIE DAS SCHWÄCHSTE GLIED.
DOCH DAS IST NUR DIE HALBE WAHRHEIT.
IHR SEID AUCH EBENSO STARK WIE DAS STÄRKSTE GLIED.

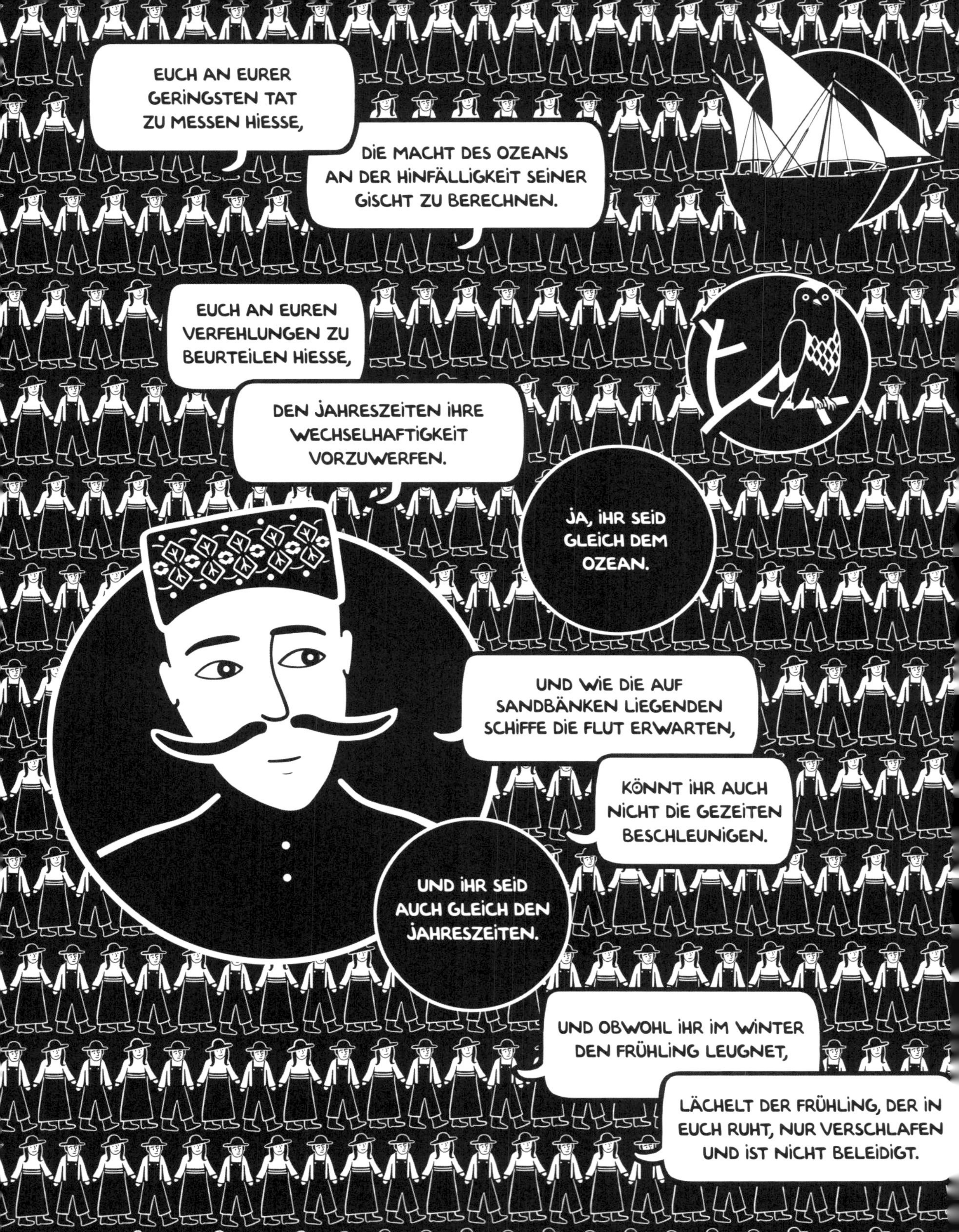
EUCH AN EURER GERINGSTEN TAT ZU MESSEN HIESSE,
DIE MACHT DES OZEANS AN DER HINFÄLLIGKEIT SEINER GISCHT ZU BERECHNEN.
EUCH AN EUREN VERFEHLUNGEN ZU BEURTEILEN HIESSE,
DEN JAHRESZEITEN IHRE WECHSELHAFTIGKEIT VORZUWERFEN.
JA, IHR SEID GLEICH DEM OZEAN.
UND WIE DIE AUF SANDBÄNKEN LIEGENDEN SCHIFFE DIE FLUT ERWARTEN,
KÖNNT IHR AUCH NICHT DIE GEZEITEN BESCHLEUNIGEN.
UND IHR SEID AUCH GLEICH DEN JAHRESZEITEN.
UND OBWOHL IHR IM WINTER DEN FRÜHLING LEUGNET,
LÄCHELT DER FRÜHLING, DER IN EUCH RUHT, NUR VERSCHLAFEN UND IST NICHT BELEIDIGT.

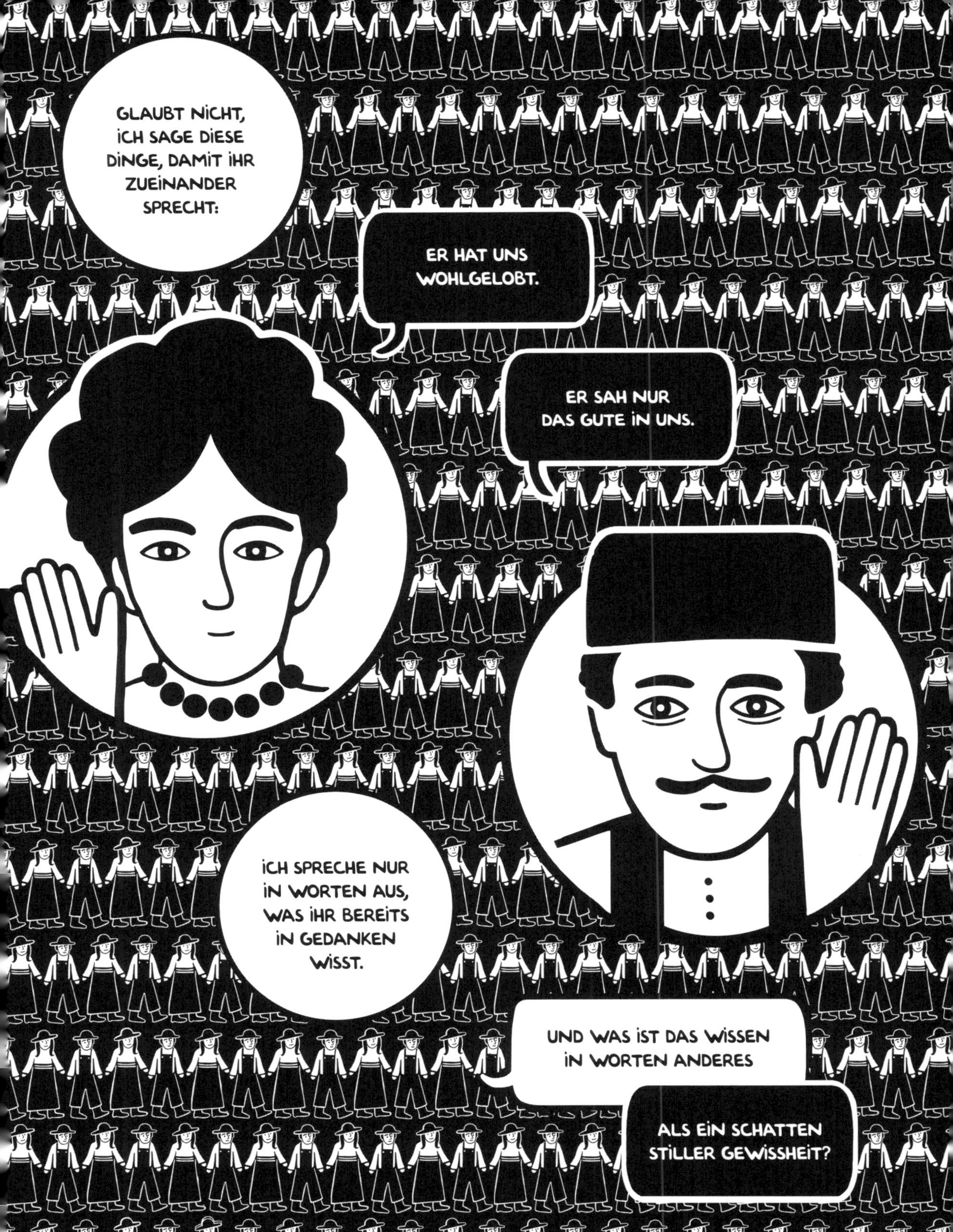
GLAUBT NICHT, ICH SAGE DIESE DINGE, DAMIT IHR ZUEINANDER SPRECHT:
ER HAT UNS WOHLGELOBT.
ER SAH NUR DAS GUTE IN UNS.
ICH SPRECHE NUR IN WORTEN AUS, WAS IHR BEREITS IN GEDANKEN WISST.
UND WAS IST DAS WISSEN IN WORTEN ANDERES
ALS EIN SCHATTEN STILLER GEWISSHEIT?

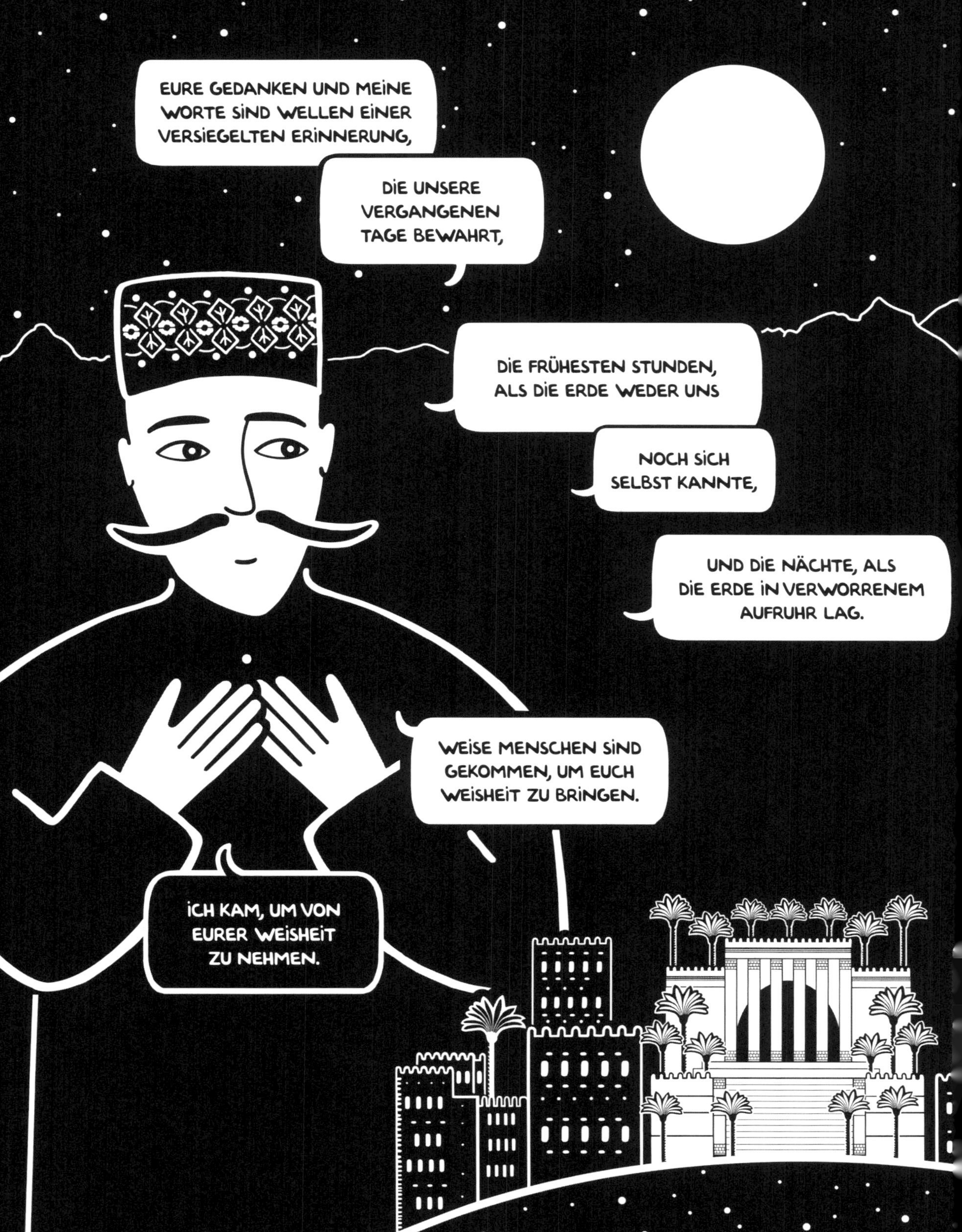
EURE GEDANKEN UND MEINE WORTE SIND WELLEN EINER VERSIEGELTEN ERINNERUNG,
DIE UNSERE VERGANGENEN TAGE BEWAHRT,
DIE FRÜHESTEN STUNDEN, ALS DIE ERDE WEDER UNS
NOCH SICH SELBST KANNTE,
UND DIE NÄCHTE, ALS DIE ERDE IN VERWORRENEM AUFRUHR LAG.
WEISE MENSCHEN SIND GEKOMMEN, UM EUCH WEISHEIT ZU BRINGEN.
ICH KAM, UM VON EURER WEISHEIT ZU NEHMEN.

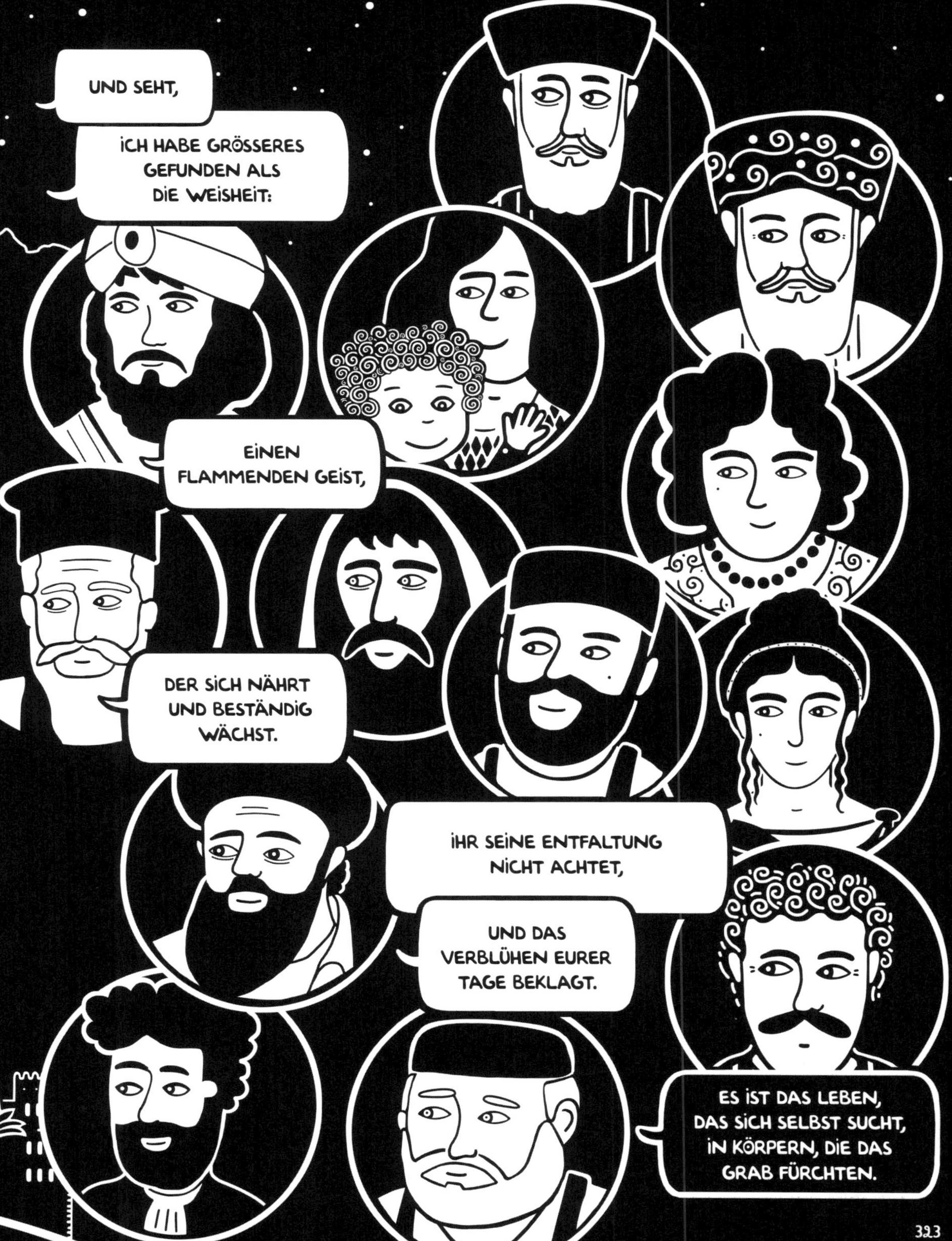
UND SEHT,
ICH HABE GRÖSSERES GEFUNDEN ALS DIE WEISHEIT:
EINEN FLAMMENDEN GEIST,
DER SICH NÄHRT UND BESTÄNDIG WÄCHST.
IHR SEINE ENTFALTUNG NICHT ACHTET,
UND DAS VERBLÜHEN EURER TAGE BEKLAGT.
ES IST DAS LEBEN, DAS SICH SELBST SUCHT, IN KÖRPERN, DIE DAS GRAB FÜRCHTEN.

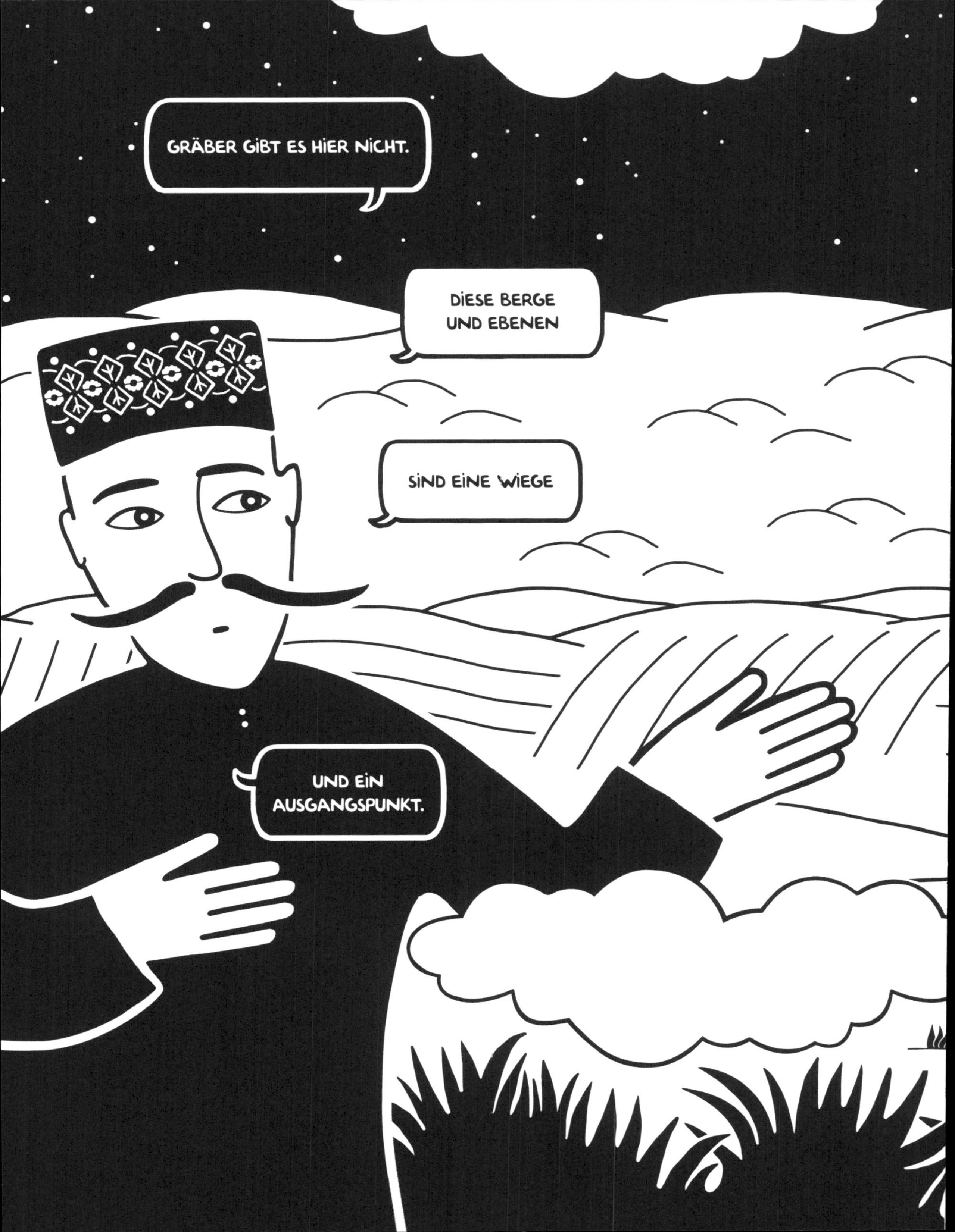

GRÄBER GIBT ES HIER NICHT.

DIESE BERGE UND EBENEN

SIND EINE WIEGE

UND EIN AUSGANGSPUNKT.

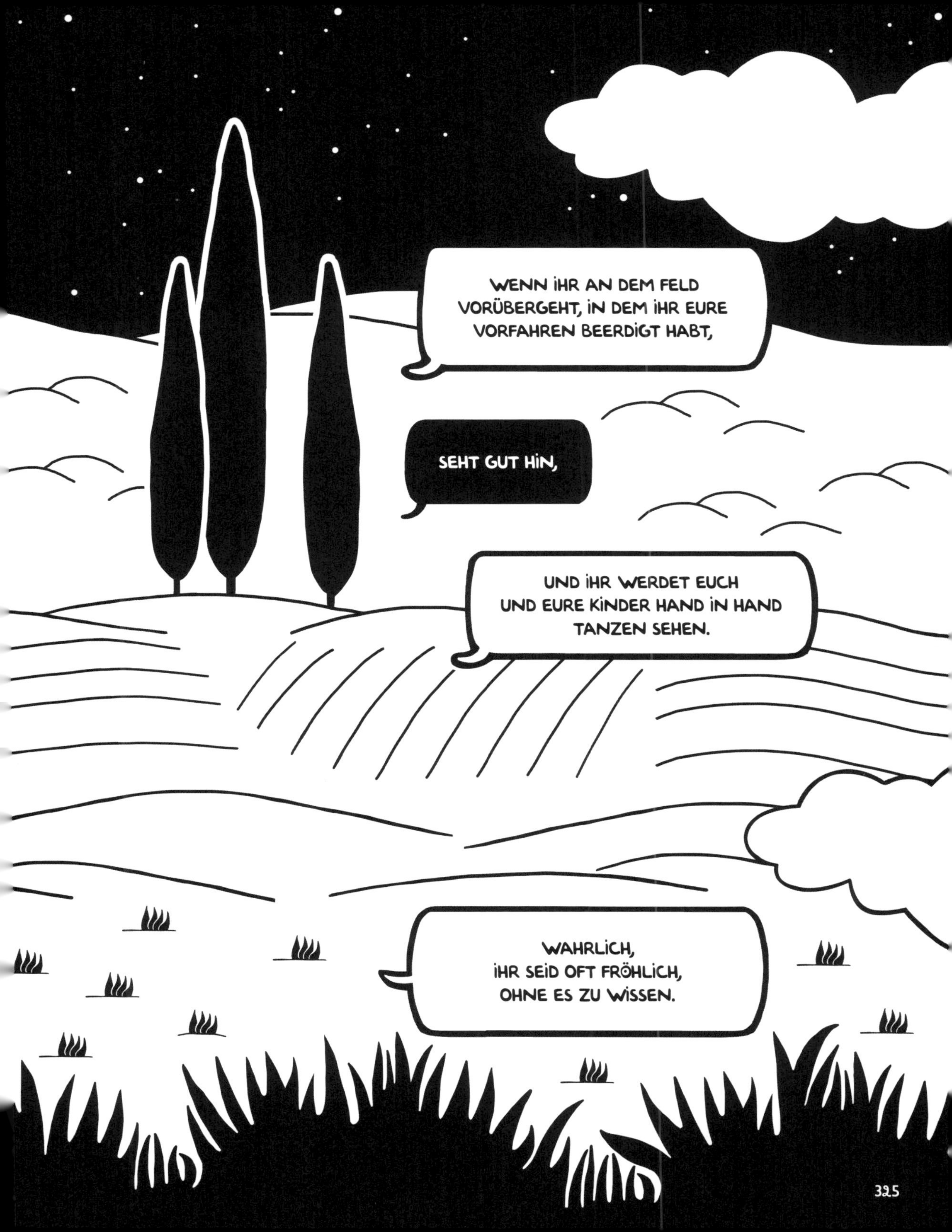

WENN IHR AN DEM FELD VORÜBERGEHT, IN DEM IHR EURE VORFAHREN BEERDIGT HABT,
SEHT GUT HIN,
UND IHR WERDET EUCH UND EURE KINDER HAND IN HAND TANZEN SEHEN.
WAHRLICH, IHR SEID OFT FRÖHLICH, OHNE ES ZU WISSEN.

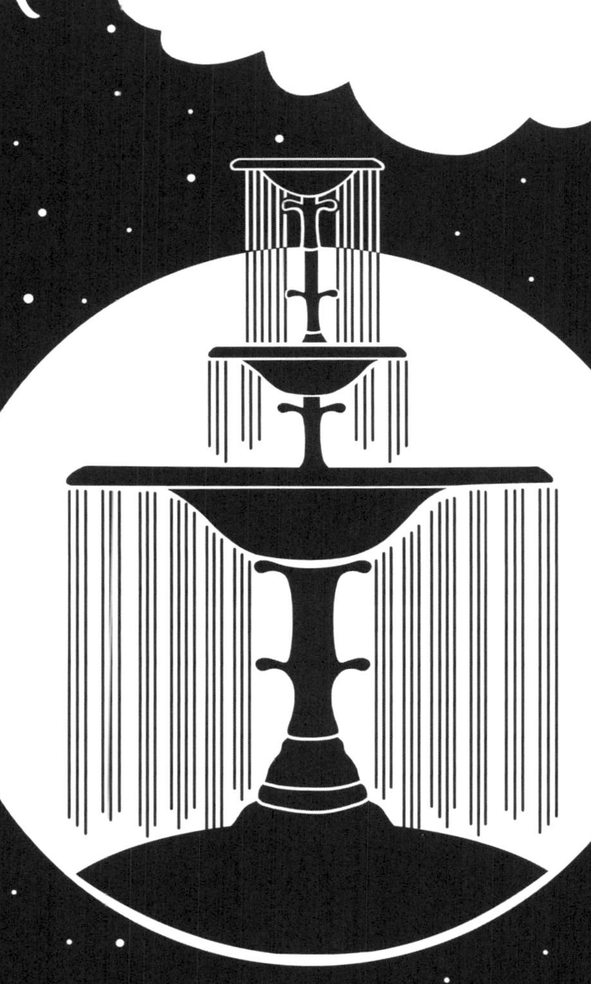
ANDERE SIND ZU EUCH GEKOMMEN,
DENEN IHR FÜR GOLDENE VERSPRECHEN AUF EUREN GLAUBEN
REICHTUM,
MACHT
UND RUHM GABT.
KEIN EINZIGES VERSPRECHEN HABE ICH EUCH GEGEBEN
UND DENNOCH SEID IHR VIELFACH GROSSZÜGIGER ZU MIR GEWESEN.
IHR GABT MIR EINEN TIEFEREN DURST NACH DEM LEBEN.

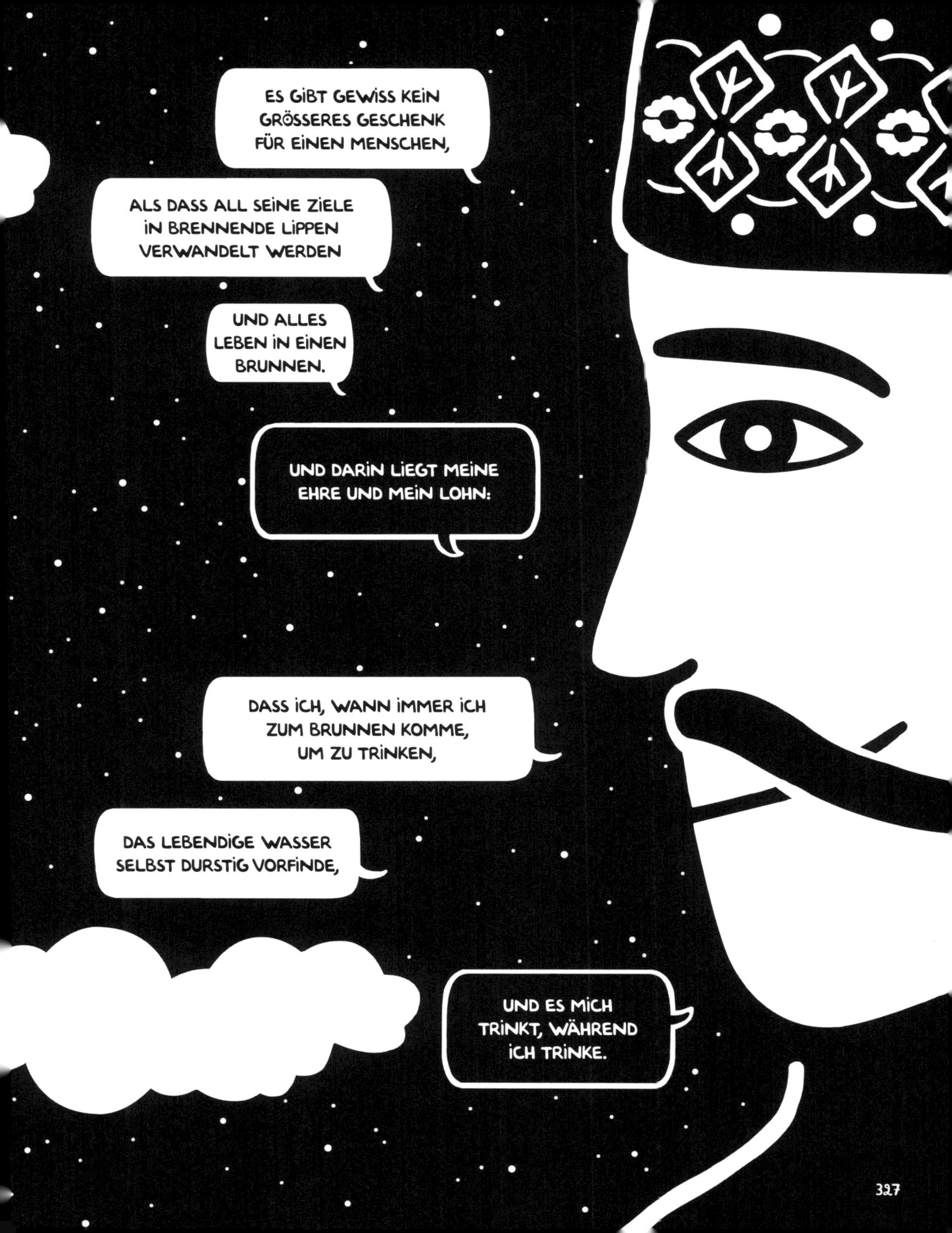

ES GIBT GEWISS KEIN GRÖSSERES GESCHENK FÜR EINEN MENSCHEN,

ALS DASS ALL SEINE ZIELE IN BRENNENDE LIPPEN VERWANDELT WERDEN

UND ALLES LEBEN IN EINEN BRUNNEN.

UND DARIN LIEGT MEINE EHRE UND MEIN LOHN:

DASS ICH, WANN IMMER ICH ZUM BRUNNEN KOMME, UM ZU TRINKEN,

DAS LEBENDIGE WASSER SELBST DURSTIG VORFINDE,

UND ES MICH TRINKT, WÄHREND ICH TRINKE.

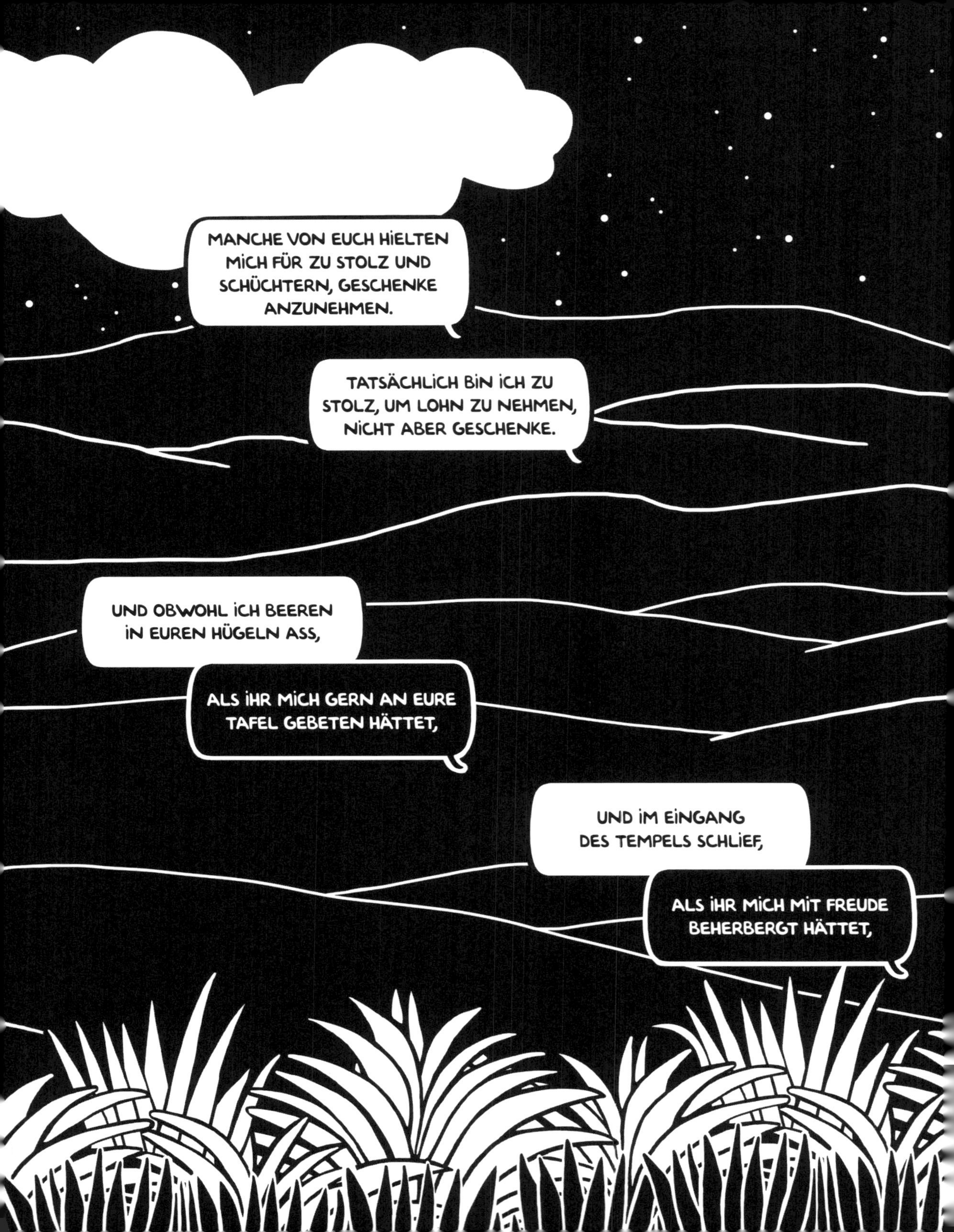
MANCHE VON EUCH HIELTEN MICH FÜR ZU STOLZ UND SCHÜCHTERN, GESCHENKE ANZUNEHMEN.
TATSÄCHLICH BIN ICH ZU STOLZ, UM LOHN ZU NEHMEN, NICHT ABER GESCHENKE.
UND OBWOHL ICH BEEREN IN EUREN HÜGELN ASS,
ALS IHR MICH GERN AN EURE TAFEL GEBETEN HÄTTET,
UND IM EINGANG DES TEMPELS SCHLIEF,
ALS IHR MICH MIT FREUDE BEHERBERGT HÄTTET,

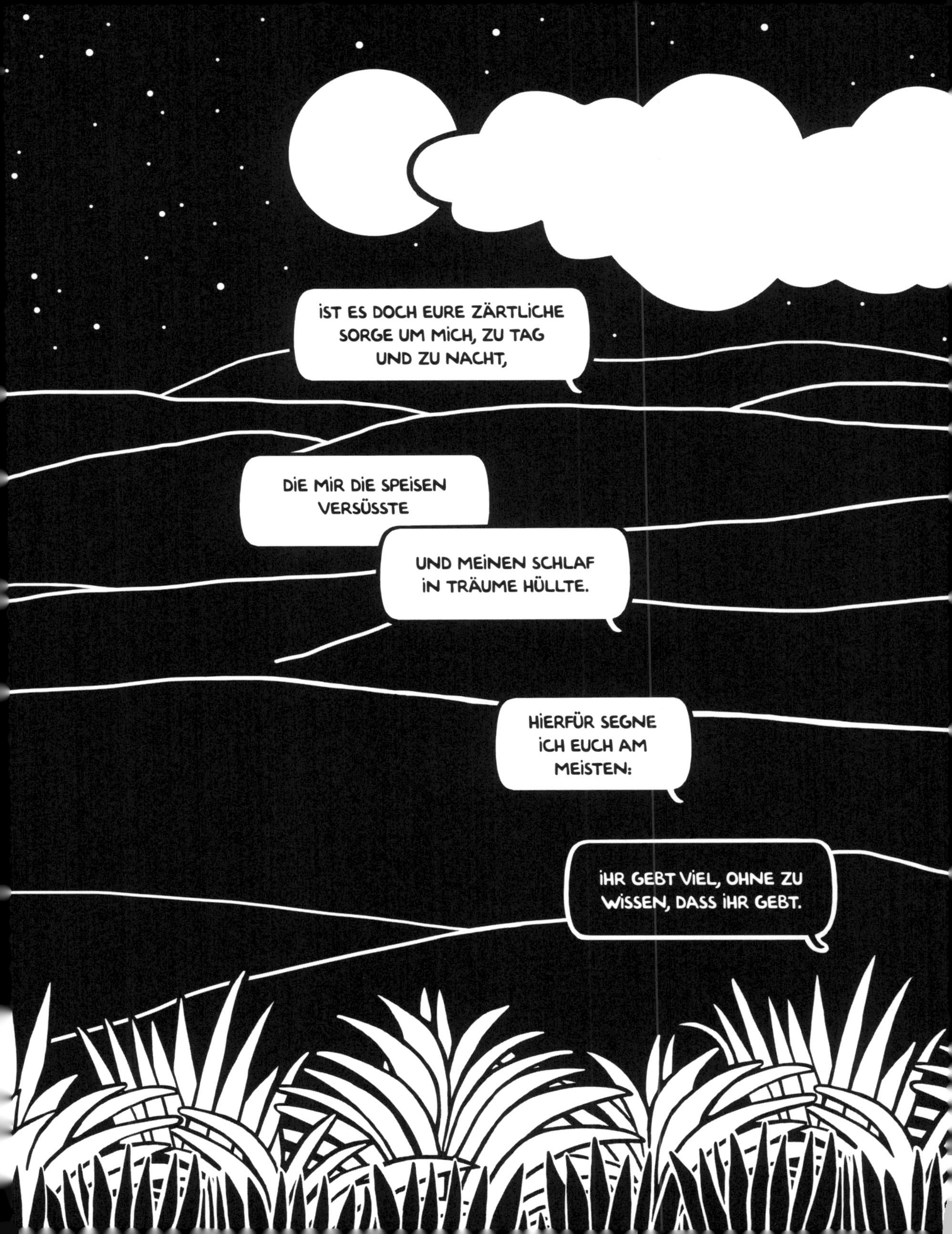
IST ES DOCH EURE ZÄRTLICHE SORGE UM MICH, ZU TAG UND ZU NACHT,
DIE MIR DIE SPEISEN VERSÜSSTE
UND MEINEN SCHLAF IN TRÄUME HÜLLTE.
HIERFÜR SEGNE ICH EUCH AM MEISTEN:
IHR GEBT VIEL, OHNE ZU WISSEN, DASS IHR GEBT.

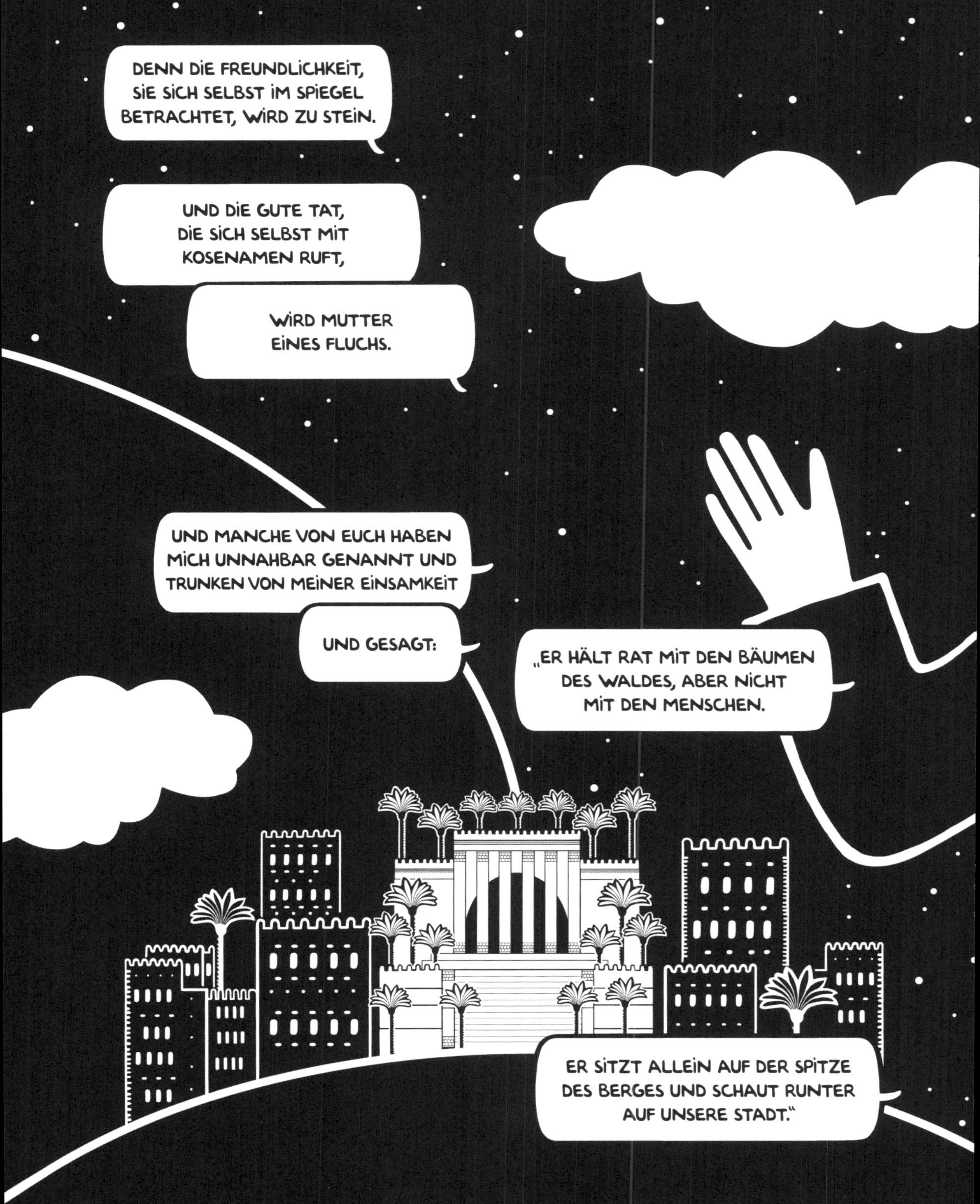

DENN DIE FREUNDLICHKEIT, SIE SICH SELBST IM SPIEGEL BETRACHTET, WIRD ZU STEIN.

UND DIE GUTE TAT, DIE SICH SELBST MIT KOSENAMEN RUFT,

WIRD MUTTER EINES FLUCHS.

UND MANCHE VON EUCH HABEN MICH UNNAHBAR GENANNT UND TRUNKEN VON MEINER EINSAMKEIT

UND GESAGT:

„ER HÄLT RAT MIT DEN BÄUMEN DES WALDES, ABER NICHT MIT DEN MENSCHEN.

ER SITZT ALLEIN AUF DER SPITZE DES BERGES UND SCHAUT RUNTER AUF UNSERE STADT.“

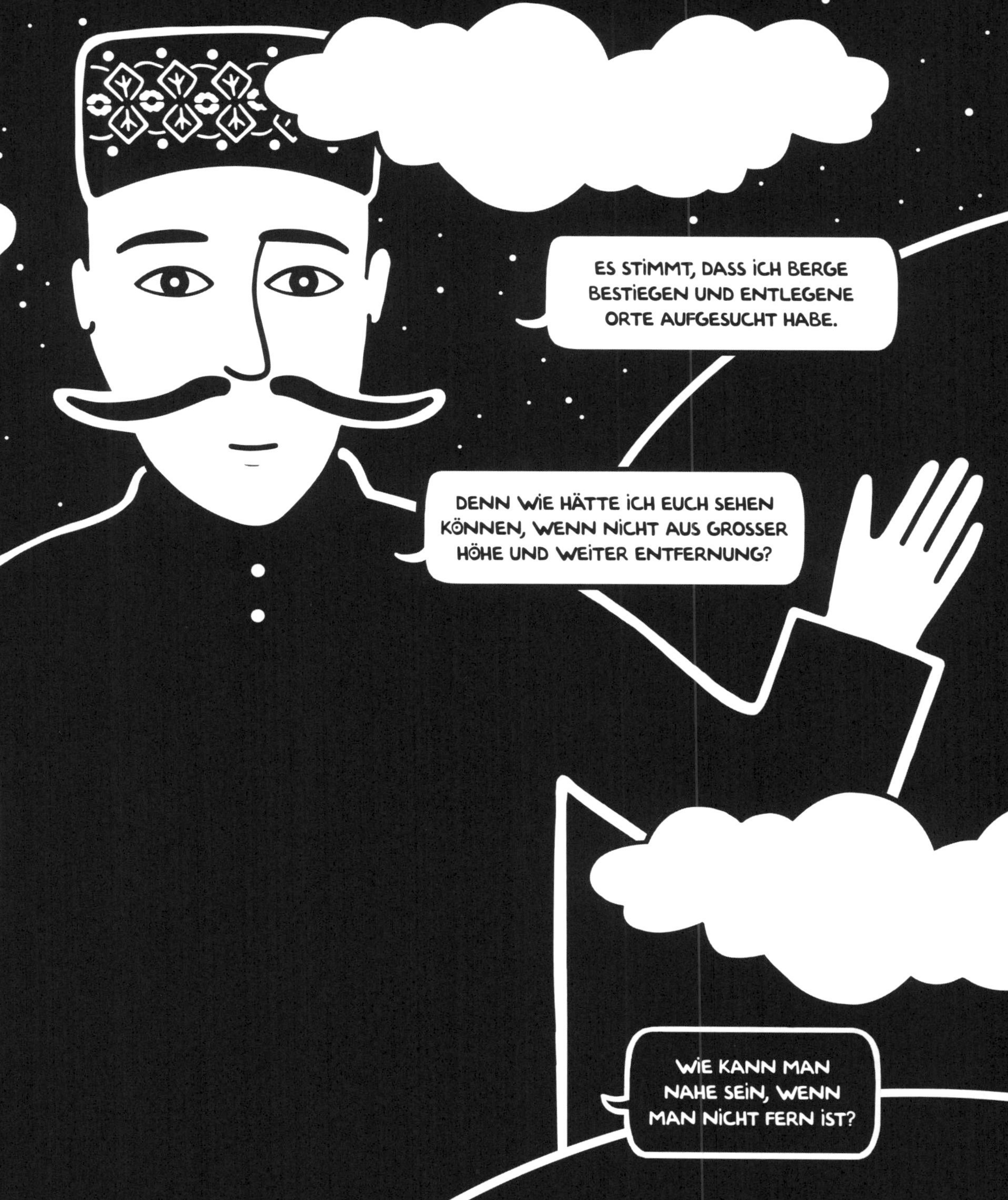
ES STIMMT, DASS ICH BERGE BESTIEGEN UND ENTLEGENE ORTE AUFGESUCHT HABE.
DENN WIE HÄTTE ICH EUCH SEHEN KÖNNEN, WENN NICHT AUS GROSSER HÖHE UND WEITER ENTFERNUNG?
WIE KANN MAN NAHE SEIN, WENN MAN NICHT FERN IST?

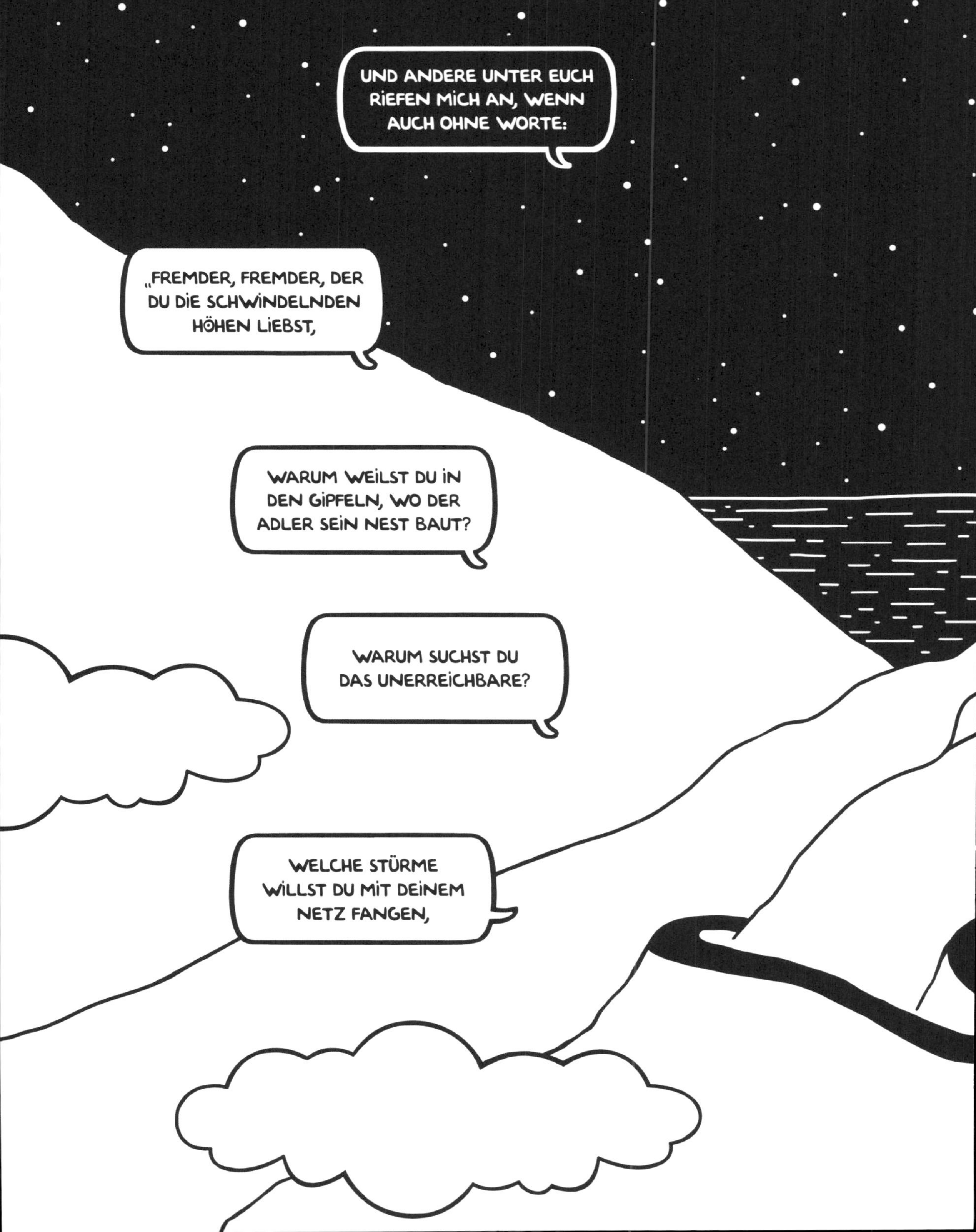
UND ANDERE UNTER EUCH RIEFEN MICH AN, WENN AUCH OHNE WORTE:
„FREMDER, FREMDER, DER DU DIE SCHWINDELNDEN HÖHEN LIEBST,
WARUM WEILST DU IN DEN GIPFELN, WO DER ADLER SEIN NEST BAUT?
WARUM SUCHST DU DAS UNERREICHBARE?
WELCHE STÜRME WILLST DU MIT DEINEM NETZ FANGEN,

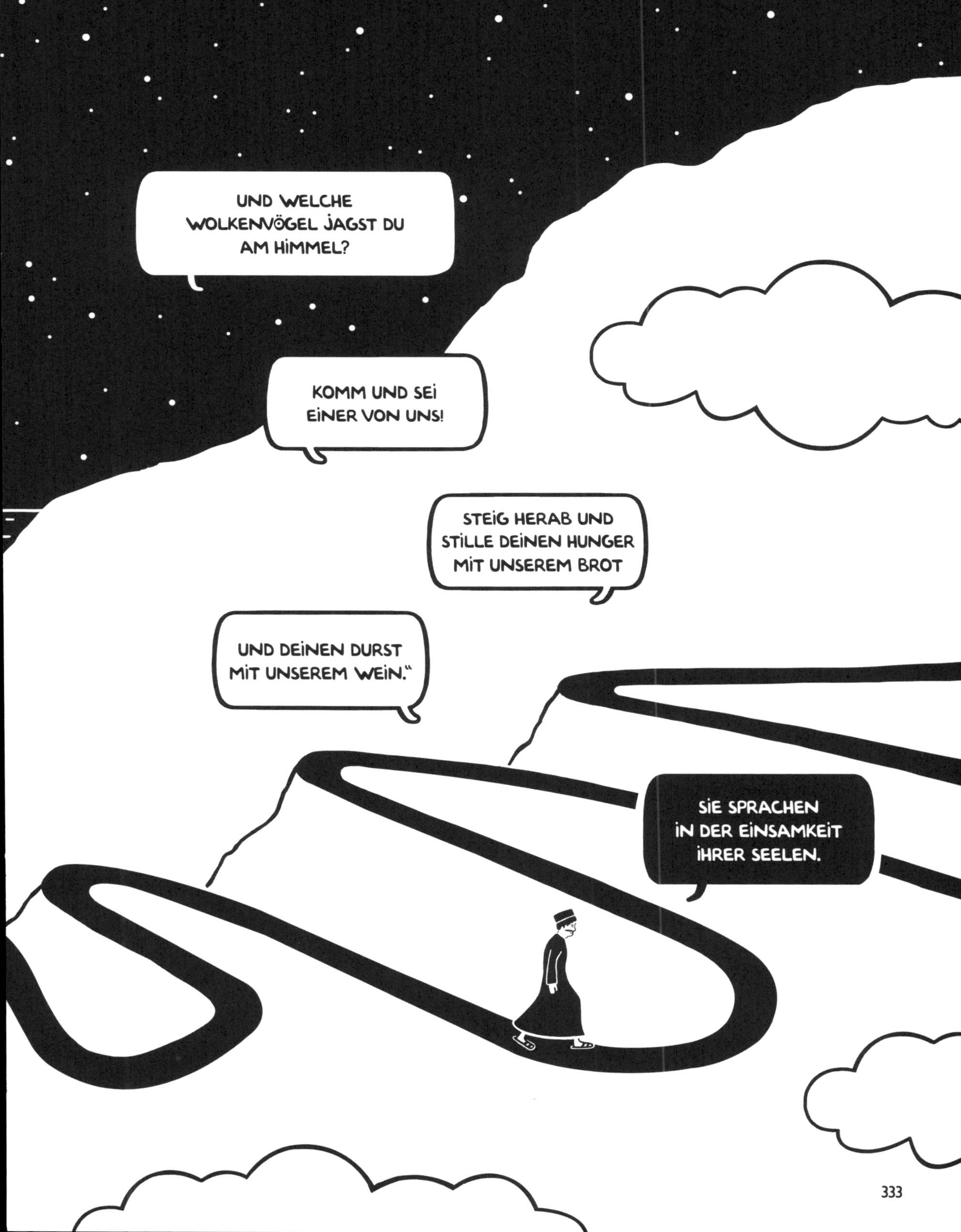
UND WELCHE WOLKENVÖGEL JAGST DU AM HIMMEL?
KOMM UND SEI EINER VON UNS!
STEIG HERAB UND STILLE DEINEN HUNGER MIT UNSEREM BROT
UND DEINEN DURST MIT UNSEREM WEIN.“
SIE SPRACHEN IN DER EINSAMKEIT IHRER SEELEN.

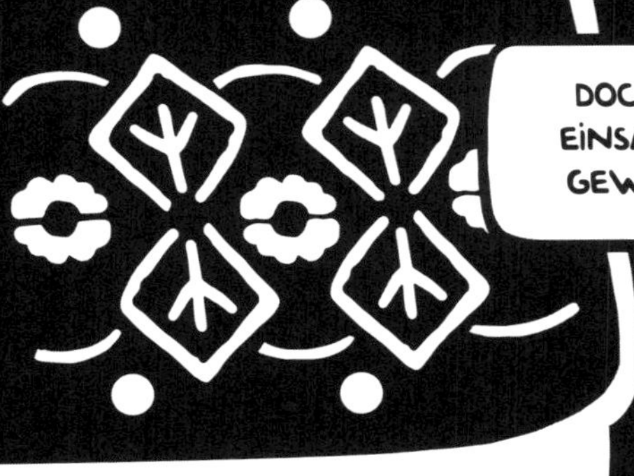

DOCH WÄRE IHRE EINSAMKEIT TIEFER GEWESEN,
HÄTTEN SIE GEWUSST, DASS ICH EINZIG DAS GEHEIMNIS EURER FREUDE UND EURES SCHMERZES SUCHTE
UND EUER GRÖSSERES SELBST JAGTE, DAS IM HIMMEL WANDELT.
DOCH DER JÄGER WAR AUCH DER GEJAGTE,
DENN VIELE PFEILE VERLIESSEN MEINEN BOGEN NUR, UM MEINE EIGENE BRUST ZU SUCHEN.

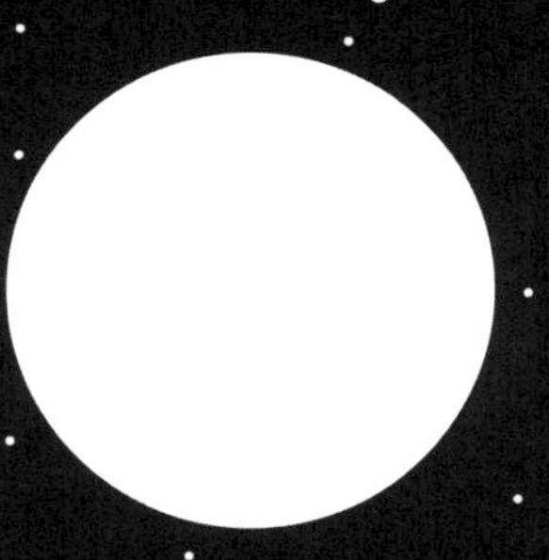

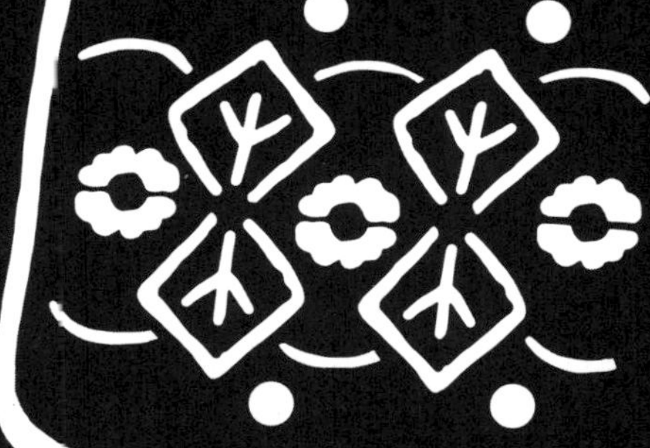

UND ICH, DER FLIEGENDE, WAR AUCH DER KRIECHENDE.
DENN ALS ICH MEINE FLÜGEL IN DER SONNE AUSBREITETE,
WARFEN SIE AUF DIE ERDE DEN SCHATTEN EINER SCHILDKRÖTE.
UND ICH, DER GLÄUBIGE, WAR ZUGLEICH DER ZWEIFELNDE.

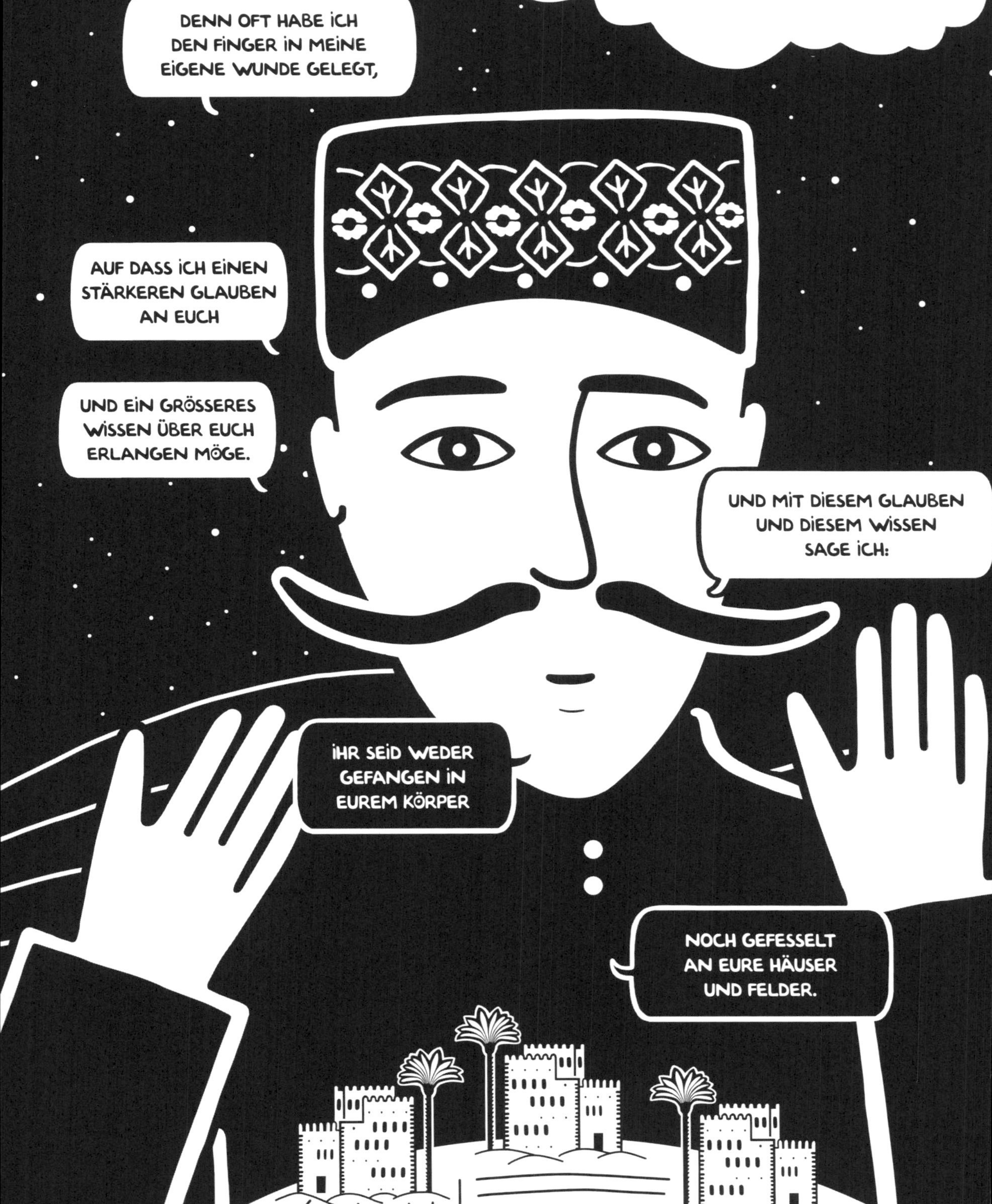
DENN OFT HABE ICH DEN FINGER IN MEINE EIGENE WUNDE GELEGT,
AUF DASS ICH EINEN STÄRKEREN GLAUBEN AN EUCH
UND EIN GRÖSSERES WISSEN ÜBER EUCH ERLANGEN MÖGE.
UND MIT DIESEM GLAUBEN UND DIESEM WISSEN SAGE ICH:
IHR SEID WEDER GEFANGEN IN EUREM KÖRPER
NOCH GEFESSELT AN EURE HÄUSER UND FELDER.

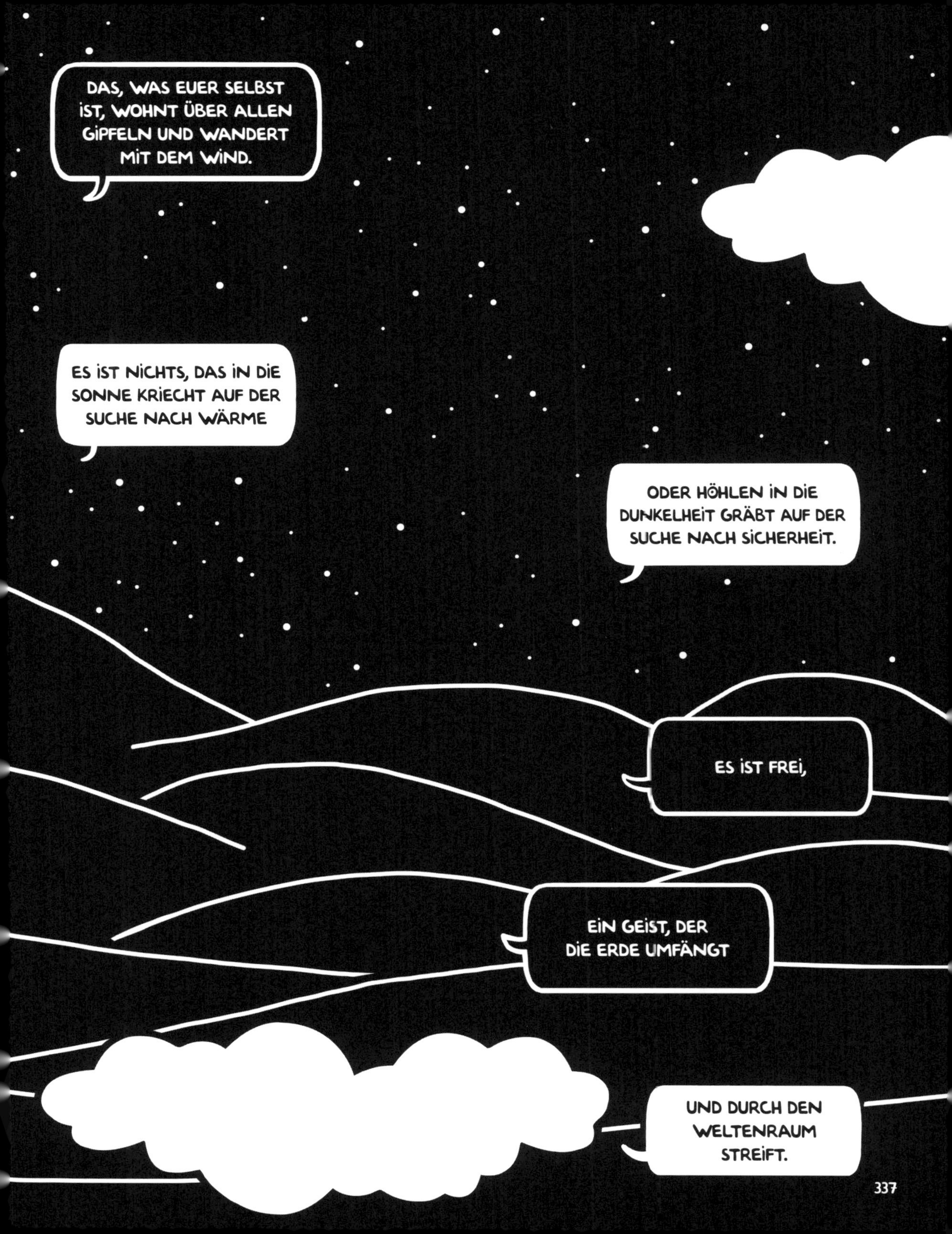

DAS, WAS EUER SELBST IST, WOHNT ÜBER ALLEN GIPFELN UND WANDERT MIT DEM WIND.

ES IST NICHTS, DAS IN DIE SONNE KRIECHT AUF DER SUCHE NACH WÄRME

ODER HÖHLEN IN DIE DUNKELHEIT GRÄBT AUF DER SUCHE NACH SICHERHEIT.

ES IST FREI,

EIN GEIST, DER DIE ERDE UMFÄNGT

UND DURCH DEN WELTENRAUM STREIFT.

WENN EUCH DIE WORTE UNKLAR ERSCHEINEN, VERSUCHT NICHT, SIE ZU ERKLÄREN.

VAGE UND VERSCHWOMMEN IST DER ANFANG ALLER DINGE, DOCH NICHT IHR ENDE.

UND ICH MÖCHTE, DASS IHR EUCH AN MICH ALS EINEN ANFANG ERINNERT.

DAS LEBEN UND ALLES LEBENDE WIRD IM NEBEL UND NICHT IM KRISTALL EMPFANGEN.

UND WER KANN SCHON SAGEN, OB NICHT EIN KRISTALL ZERFALLENER NEBEL IST?

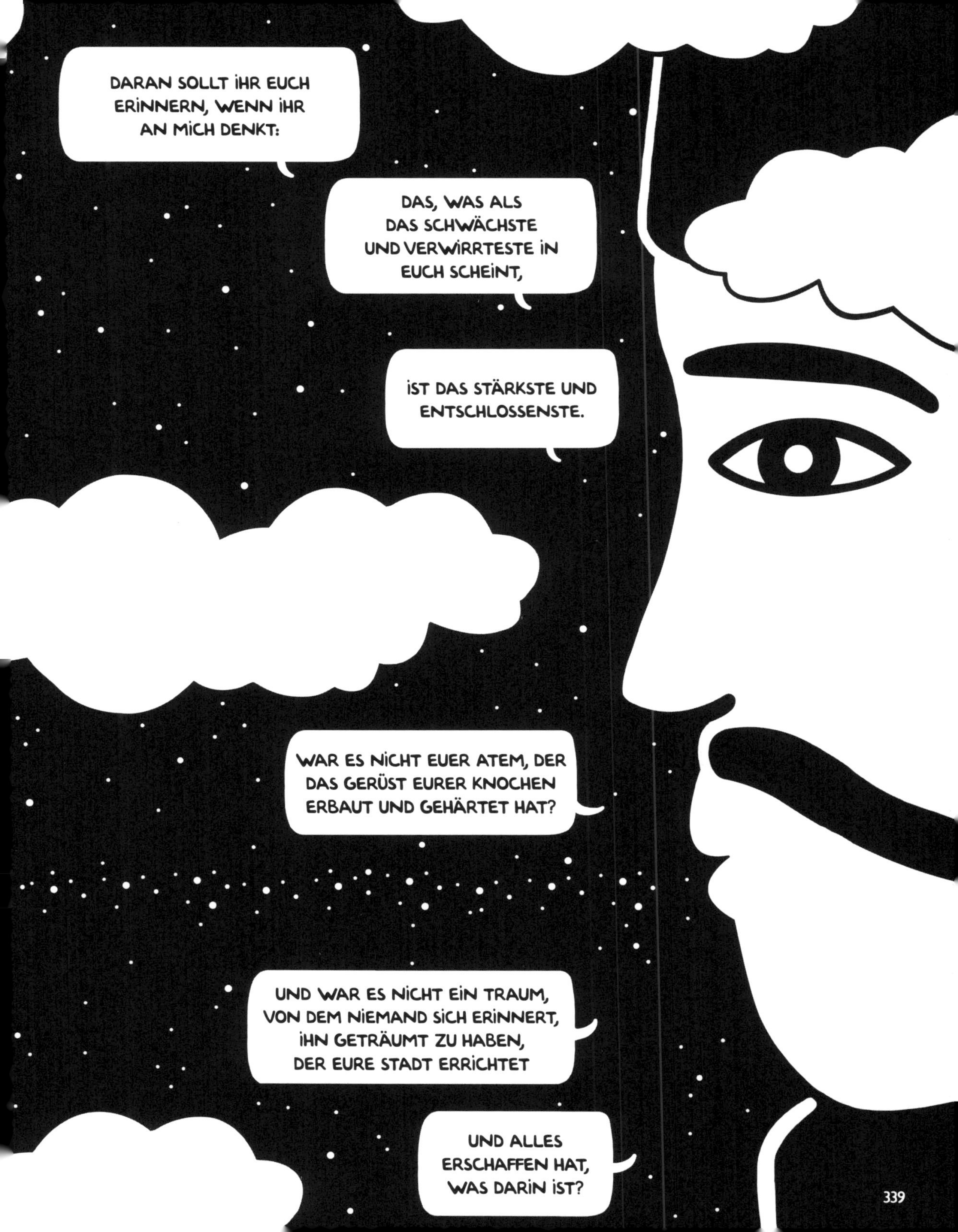

DARAN SOLLT IHR EUCH ERINNERN, WENN IHR AN MICH DENKT:

DAS, WAS ALS DAS SCHWÄCHSTE UND VERWIRRTESTE IN EUCH SCHEINT,

IST DAS STÄRKSTE UND ENTSCHLOSSENSTE.

WAR ES NICHT EUER ATEM, DER DAS GERÜST EURER KNOCHEN ERBAUT UND GEHÄRTET HAT?

UND WAR ES NICHT EIN TRAUM, VON DEM NIEMAND SICH ERINNERT, IHN GETRÄUMT ZU HABEN, DER EURE STADT ERRICHTET

UND ALLES ERSCHAFFEN HAT, WAS DARIN IST?

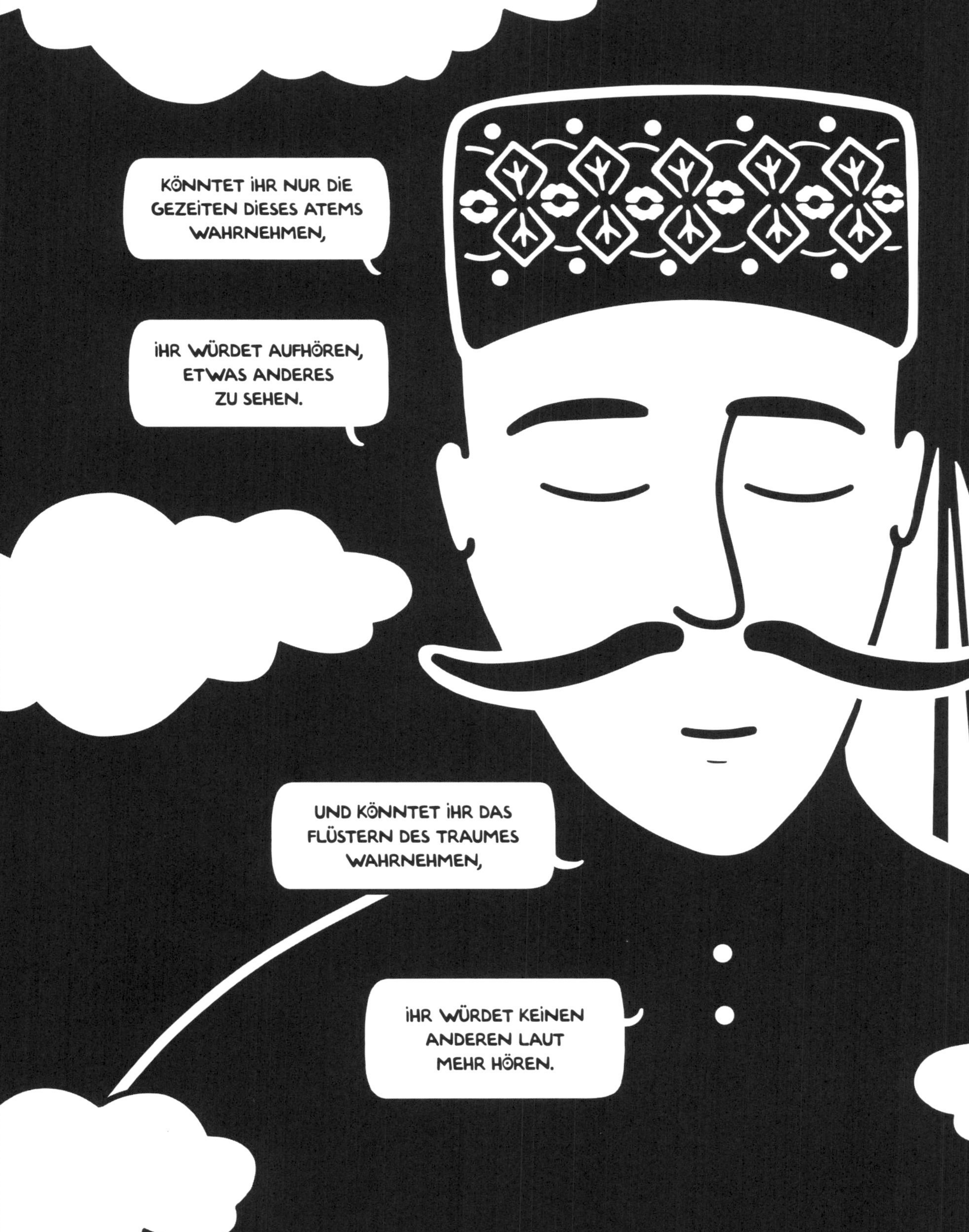
KÖNNTET IHR NUR DIE GEZEITEN DIESES ATEMS WAHRNEHMEN,
IHR WÜRDET AUFHÖREN, ETWAS ANDERES ZU SEHEN.
UND KÖNNTET IHR DAS FLÜSTERN DES TRAUMES WAHRNEHMEN,
IHR WÜRDET KEINEN ANDEREN LAUT MEHR HÖREN.

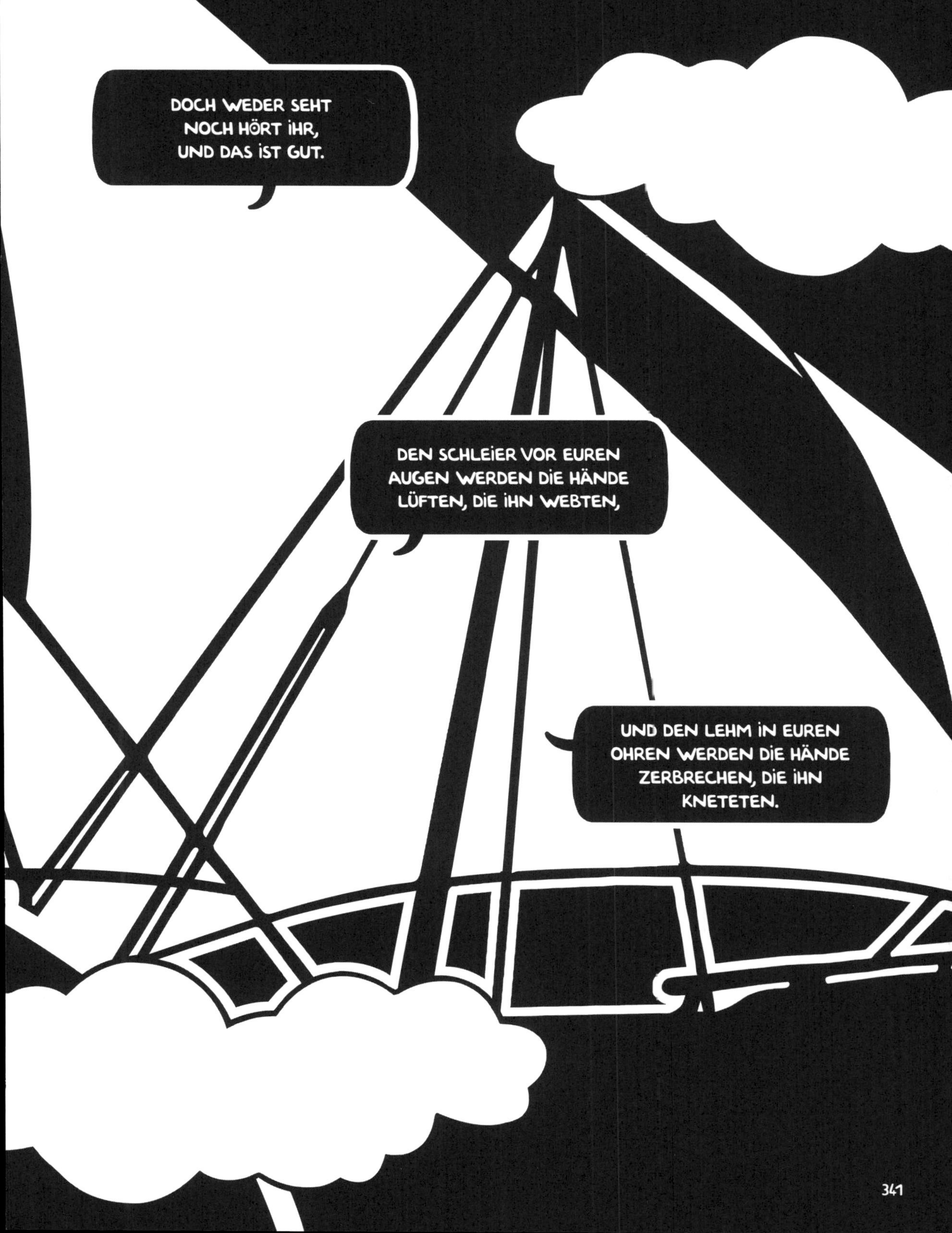
DOCH WEDER SEHT NOCH HÖRT IHR, UND DAS IST GUT.
DEN SCHLEIER VOR EUREN AUGEN WERDEN DIE HÄNDE LÜFTEN, DIE IHN WEBTEN,
UND DEN LEHM IN EUREN OHREN WERDEN DIE HÄNDE ZERBRECHEN, DIE IHN KNETETEN.

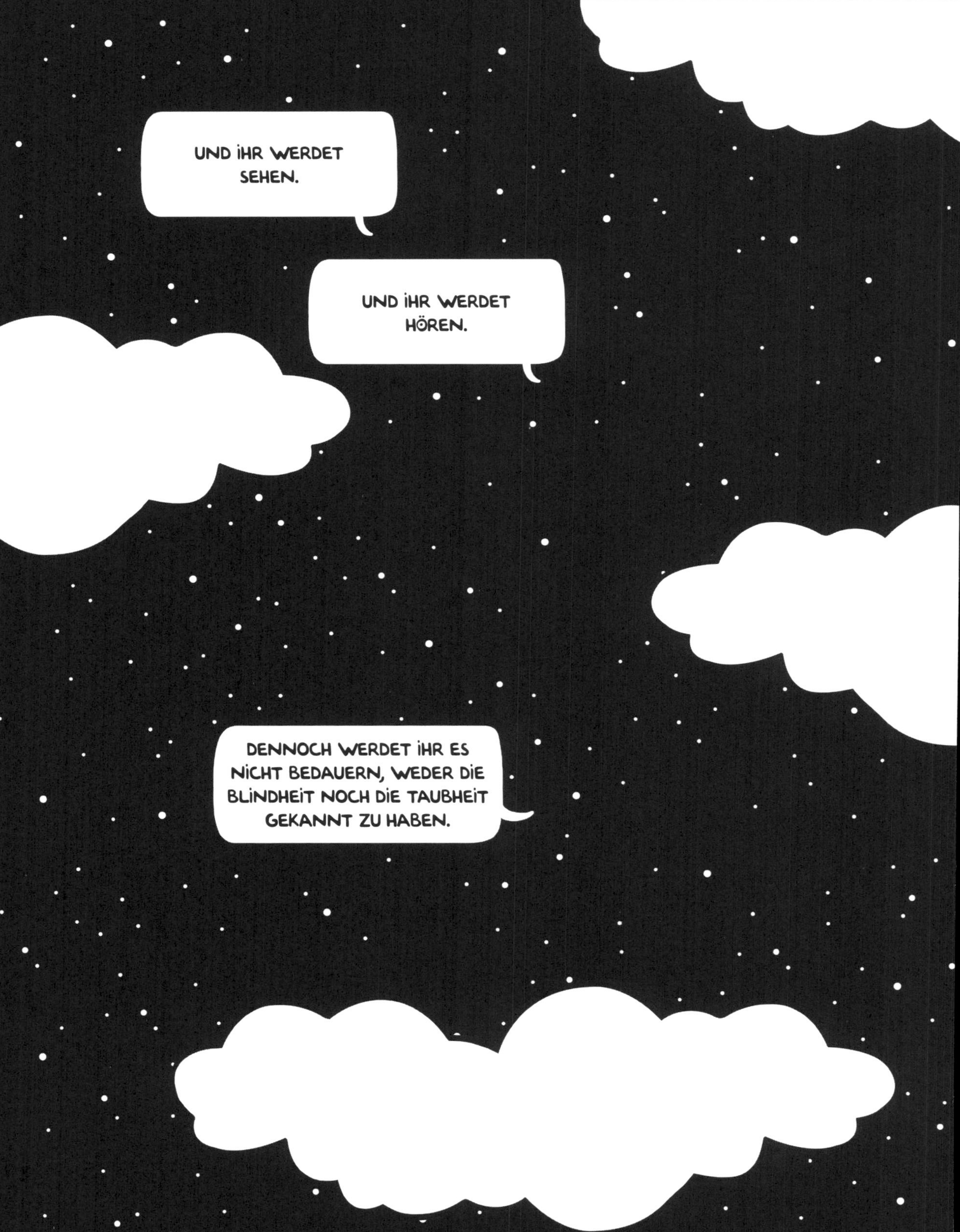
UND IHR WERDET SEHEN.
UND IHR WERDET HÖREN.
DENNOCH WERDET IHR ES NICHT BEDAUERN, WEDER DIE BLINDHEIT NOCH DIE TAUBHEIT GEKANNT ZU HABEN.

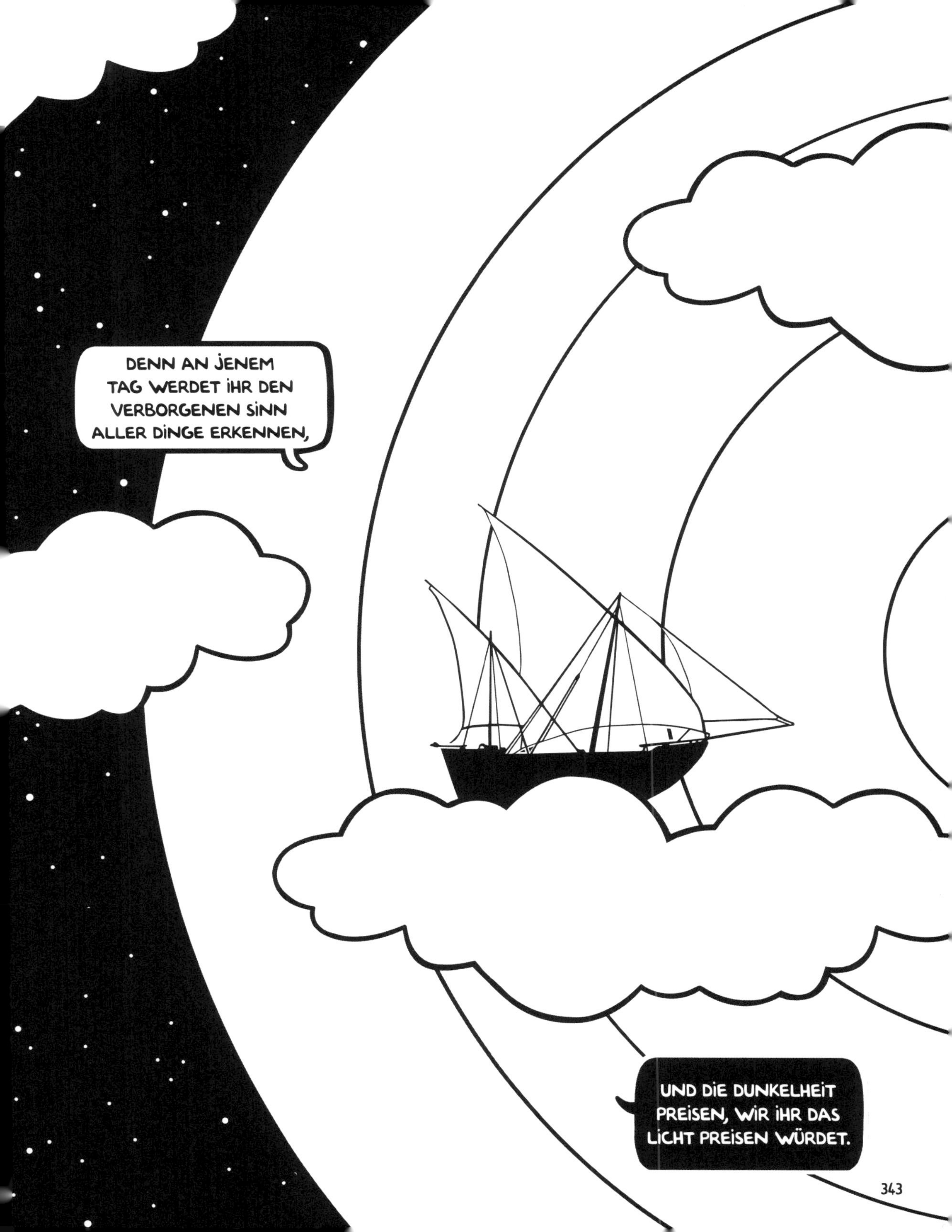
DENN AN JENEM TAG WERDET IHR DEN VERBORGENEN SINN ALLER DINGE ERKENNEN,
UND DIE DUNKELHEIT PREISEN, WIR IHR DAS LICHT PREISEN WÜRDET.

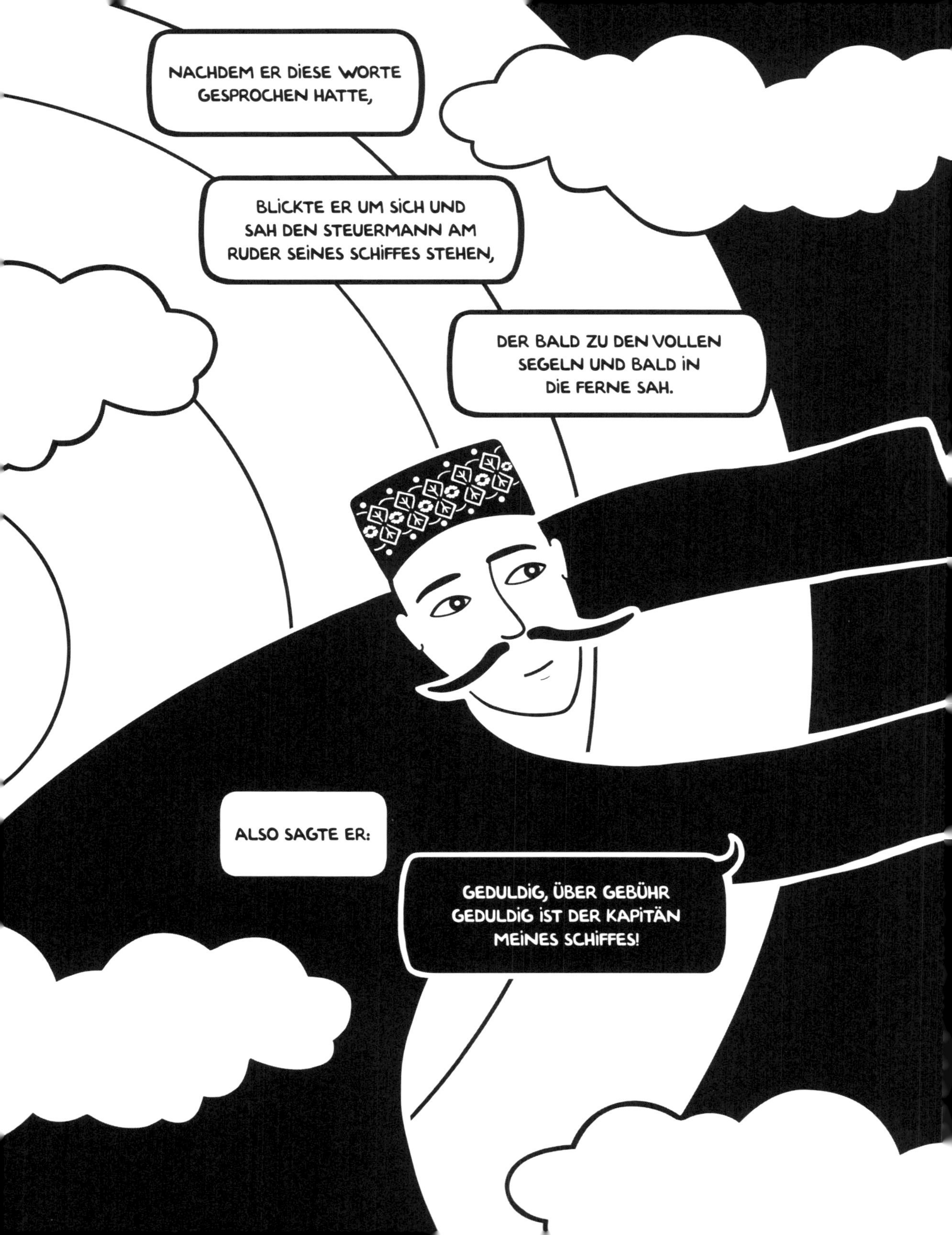
NACHDEM ER DIESE WORTE GESPROCHEN HATTE,
BLICKTE ER UM SICH UND SAH DEN STEUERMANN AM RUDER SEINES SCHIFFES STEHEN,
DER BALD ZU DEN VOLLEN SEGELN UND BALD IN DIE FERNE SAH.
ALSO SAGTE ER:
GEDULDIG, ÜBER GEBÜHR GEDULDIG IST DER KAPITÄN MEINES SCHIFFES!

DER WIND WEHT, UND DIE SEGEL SIND RASTLOS, SELBST DAS RUDER BITTET UM LENKUNG,

DENNOCH WARTET MEIN KAPITÄN RUHIG AUF DAS ENDE MEINER WORTE.

AUCH MEINE SEELEUTE, DIE DEN CHOR DER SEE HÖRTEN, HABEN MIR GEDULDIG ZUGEHÖRT.

SIE SOLLEN NUN NICHT LÄNGER WARTEN.

ICH BIN BEREIT.

DER STROM HAT DAS MEER ERREICHT,

UND EINMAL MEHR HÄLT DIE GROSSE MUTTER IHR KIND AN IHRE BRUST.

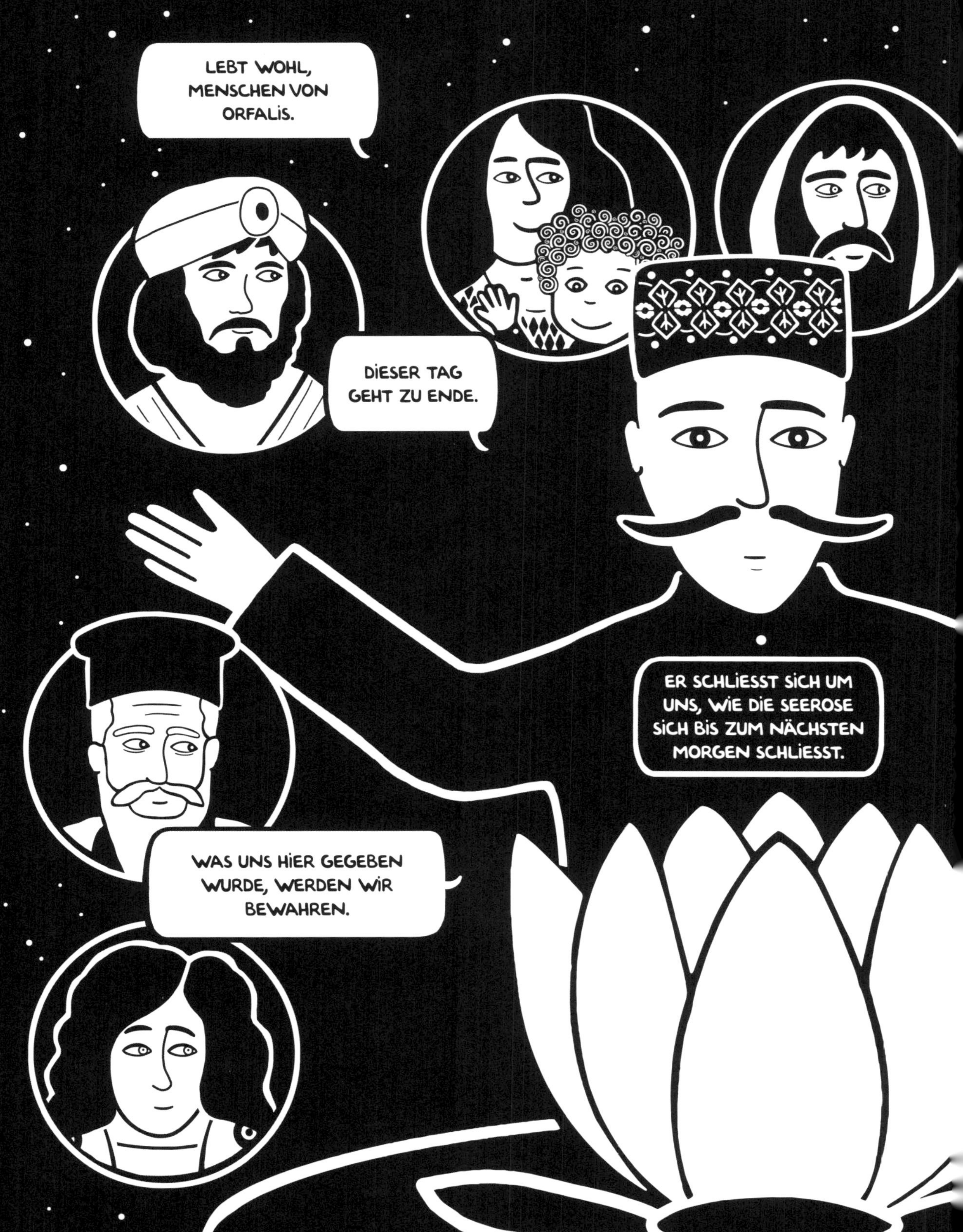
LEBT WOHL, MENSCHEN VON ORFALIS.
DIESER TAG GEHT ZU ENDE.
ER SCHLIESST SICH UM UNS, WIE DIE SEEROSE SICH BIS ZUM NÄCHSTEN MORGEN SCHLIESST.
WAS UNS HIER GEGEBEN WURDE, WERDEN WIR BEWAHREN.

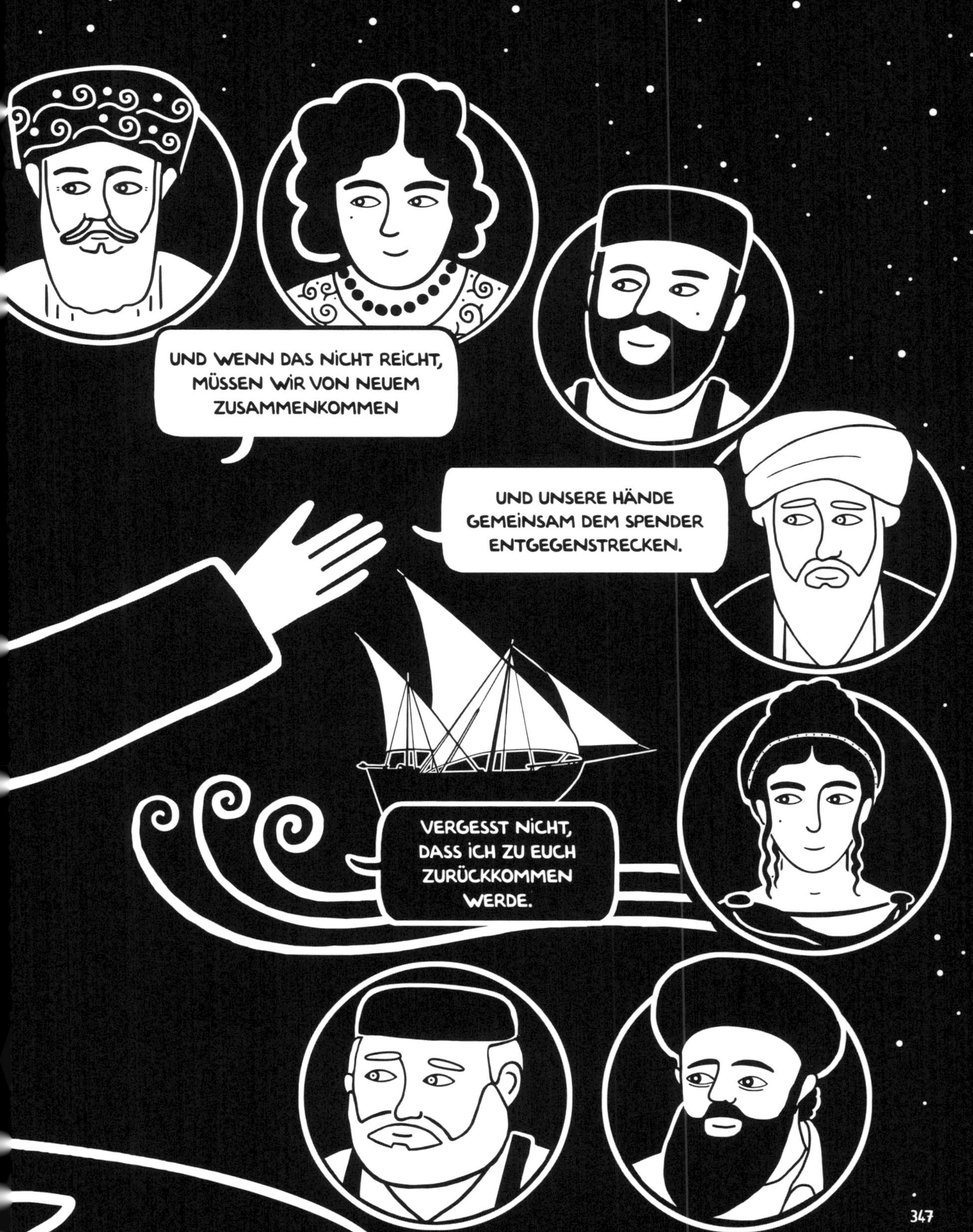
UND WENN DAS NICHT REICHT, MÜSSEN WIR VON NEUEM ZUSAMMENKOMMEN
UND UNSERE HÄNDE GEMEINSAM DEM SPENDER ENTGEGENSTRECKEN.
VERGESST NICHT, DASS ICH ZU EUCH ZURÜCKKOMMEN WERDE.

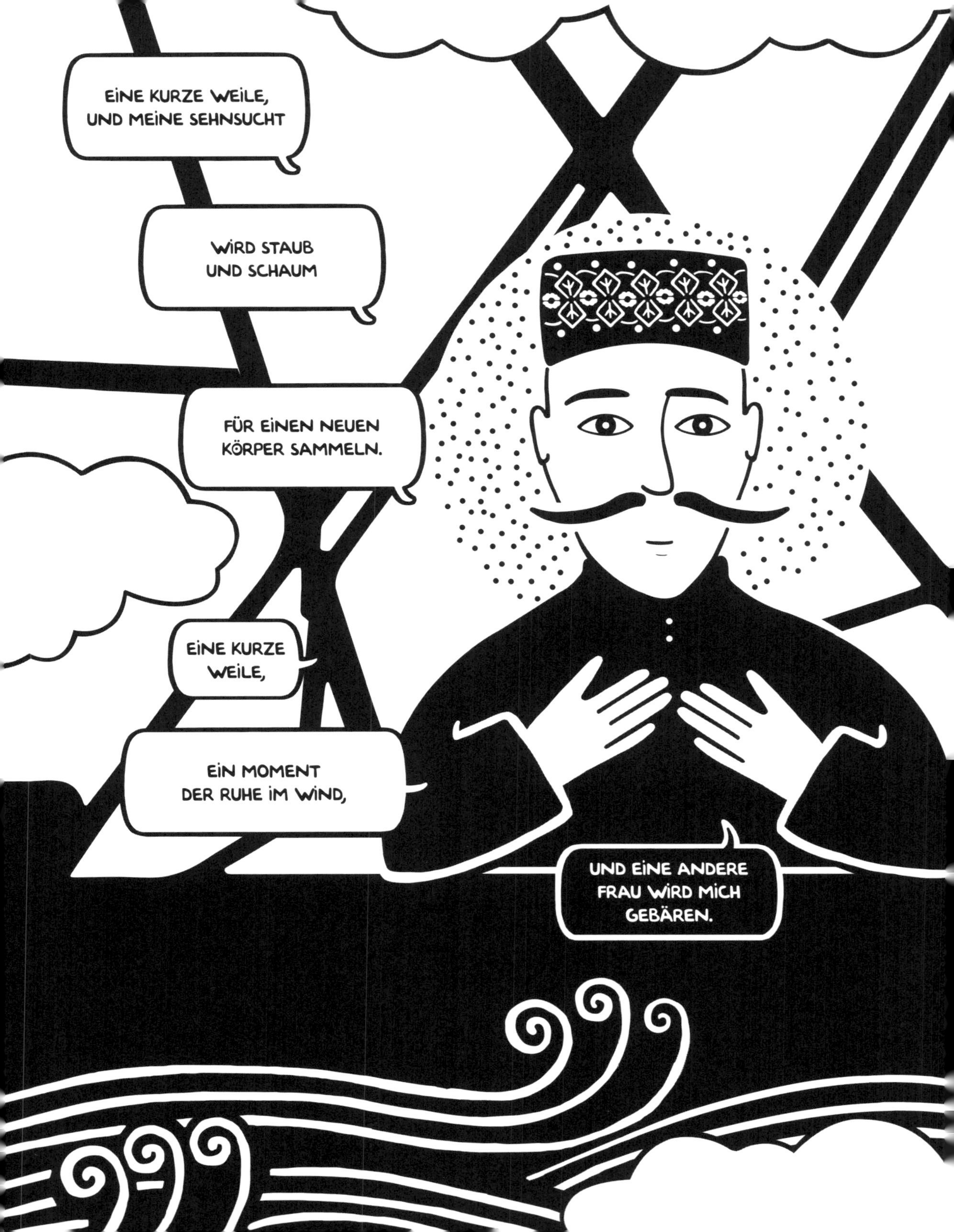
EINE KURZE WEILE,
UND MEINE SEHNSUCHT
WIRD STAUB
UND SCHAUM
FÜR EINEN NEUEN
KÖRPER SAMMELN.
EINE KURZE
WEILE,
EIN MOMENT
DER RUHE IM WIND,
UND EINE ANDERE
FRAU WIRD MICH
GEBÄREN.

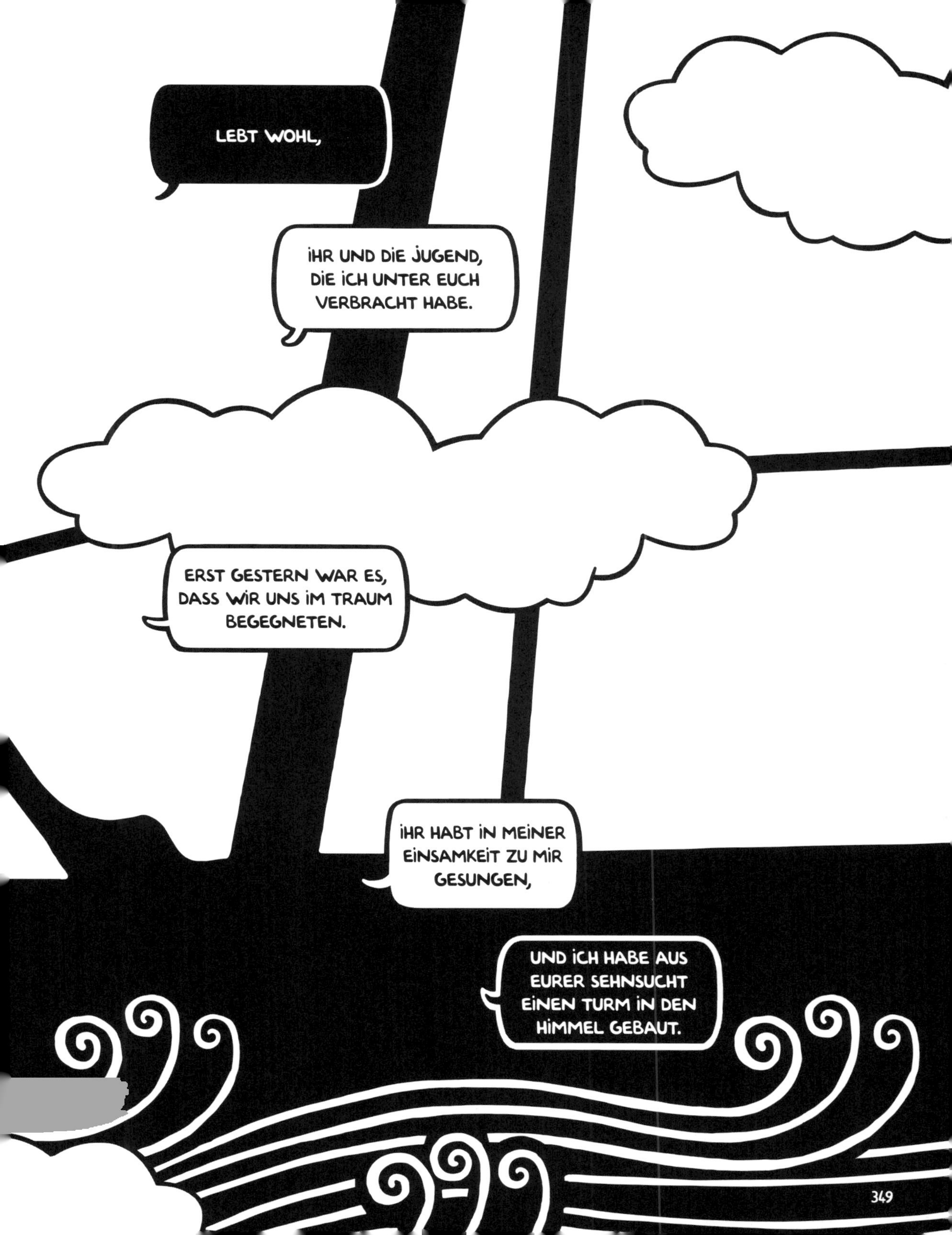
LEBT WOHL,
IHR UND DIE JUGEND, DIE ICH UNTER EUCH VERBRACHT HABE.
ERST GESTERN WAR ES, DASS WIR UNS IM TRAUM BEGEGNETEN.
IHR HABT IN MEINER EINSAMKEIT ZU MIR GESUNGEN,
UND ICH HABE AUS EURER SEHNSUCHT EINEN TURM IN DEN HIMMEL GEBAUT.

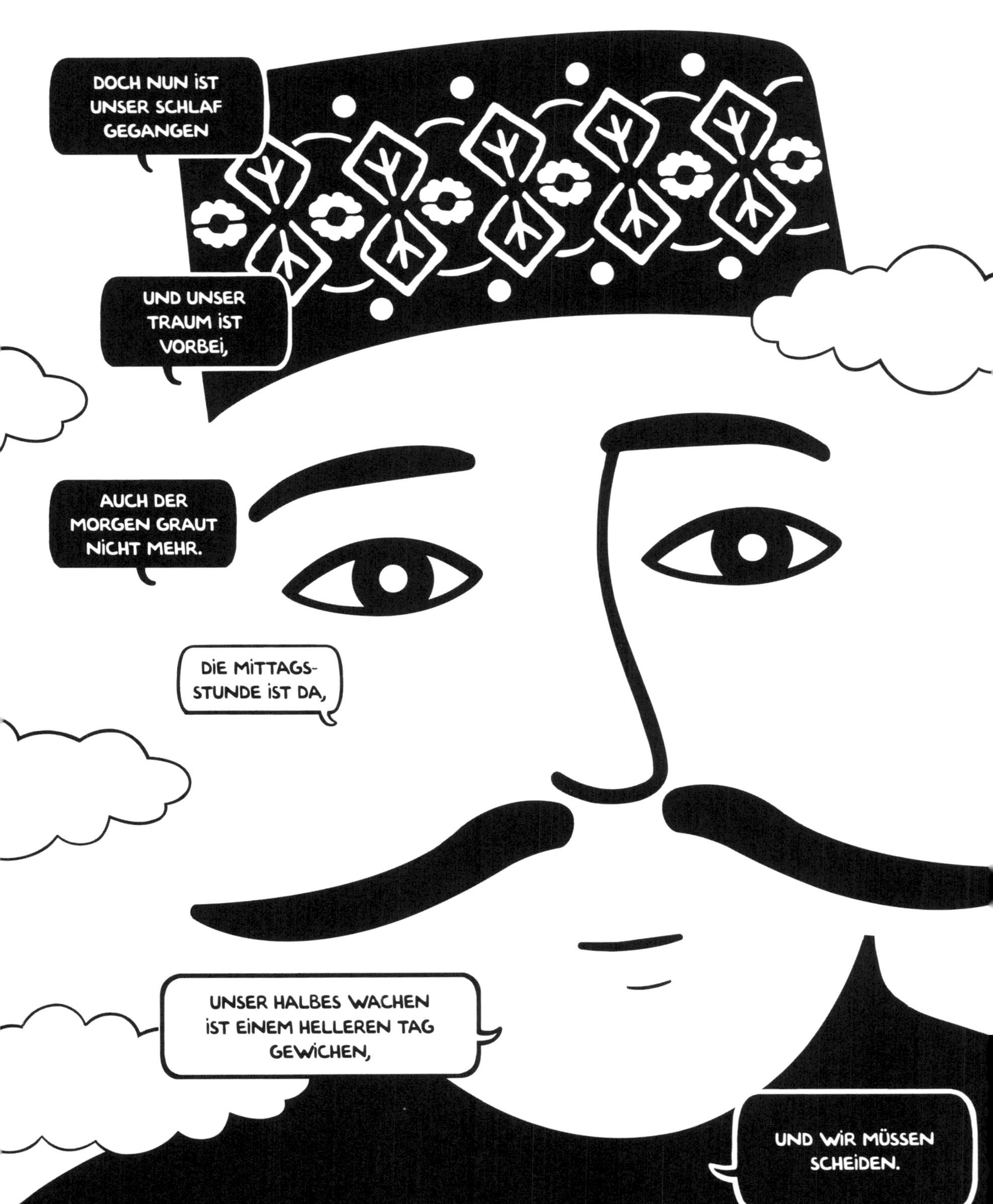
DOCH NUN IST UNSER SCHLAF GEGANGEN
UND UNSER TRAUM IST VORBEI,
AUCH DER MORGEN GRAUT NICHT MEHR.
DIE MITTAGS-STUNDE IST DA,
UNSER HALBES WACHEN IST EINEM HELLEREN TAG GEWICHEN,
UND WIR MÜSSEN SCHEIDEN.

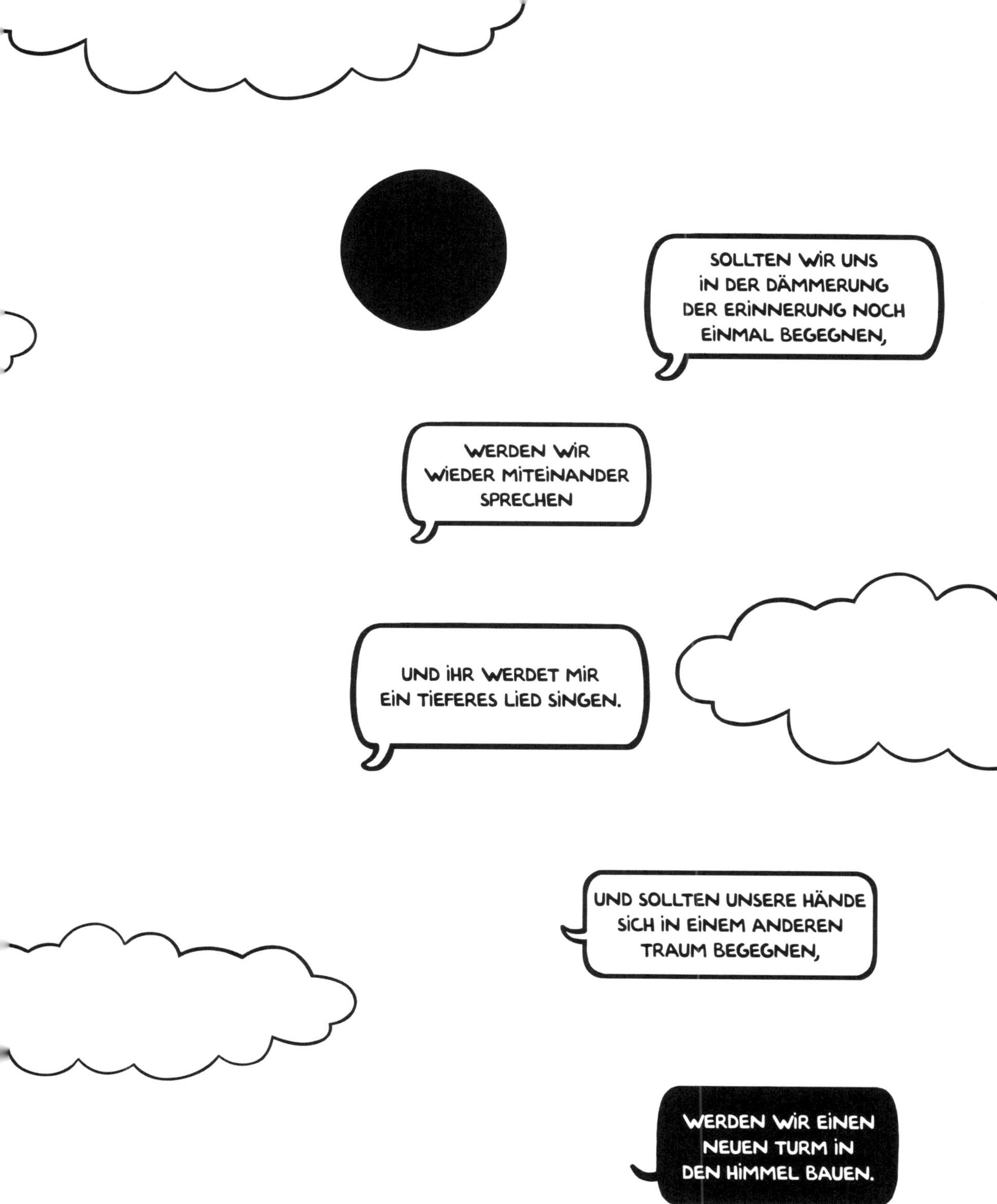
SOLLTEN WIR UNS IN DER DÄMMERUNG DER ERINNERUNG NOCH EINMAL BEGEGNEN,
WERDEN WIR WIEDER MITEINANDER SPRECHEN
UND IHR WERDET MIR EIN TIEFERES LIED SINGEN.
UND SOLLTEN UNSERE HÄNDE SICH IN EINEM ANDEREN TRAUM BEGEGNEN,
WERDEN WIR EINEN NEUEN TURM IN DEN HIMMEL BAUEN.

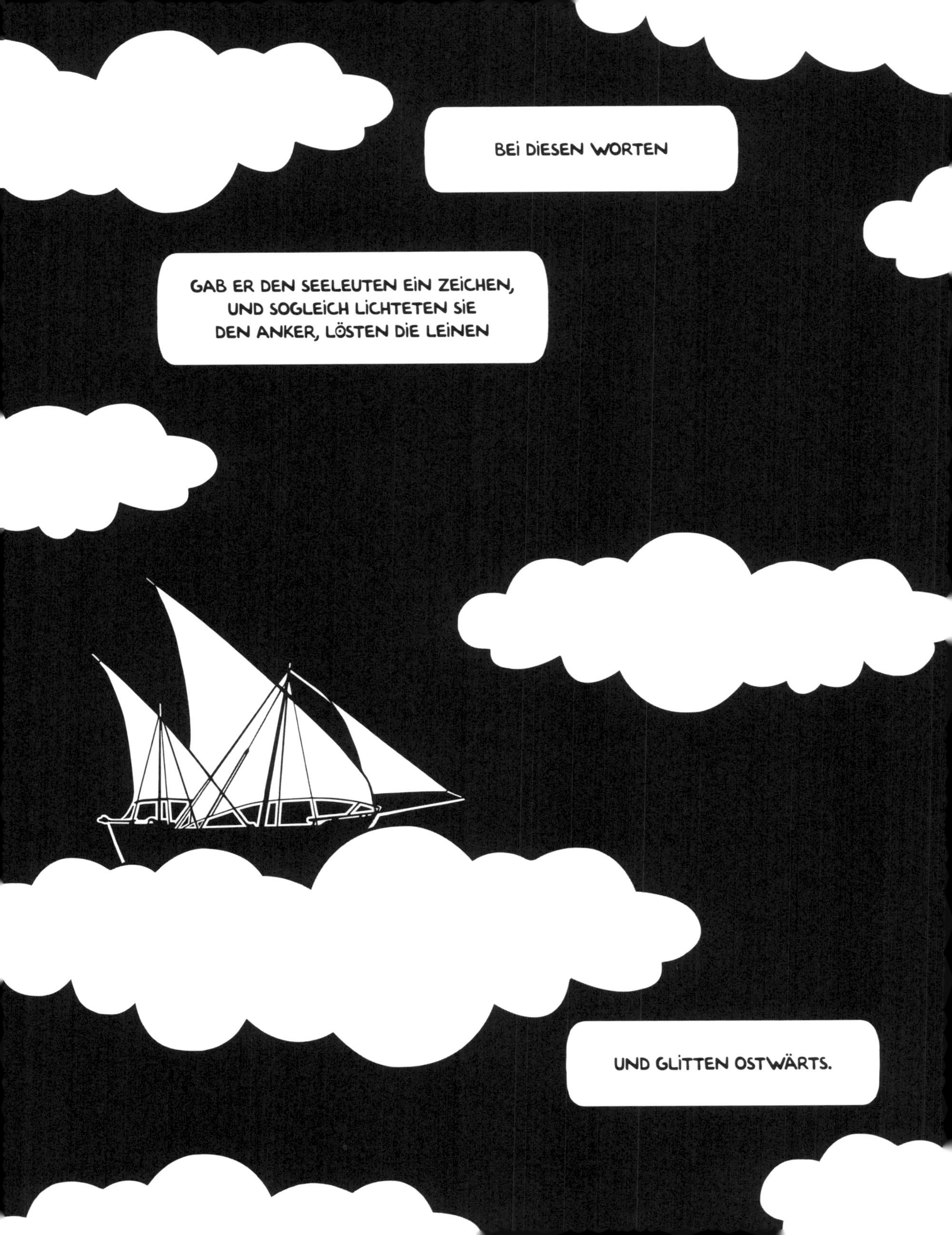
BEI DIESEN WORTEN
GAB ER DEN SEELEUTEN EIN ZEICHEN, UND SOGLEICH LICHTETEN SIE DEN ANKER, LÖSTEN DIE LEINEN
UND GLITTEN OSTWÄRTS.

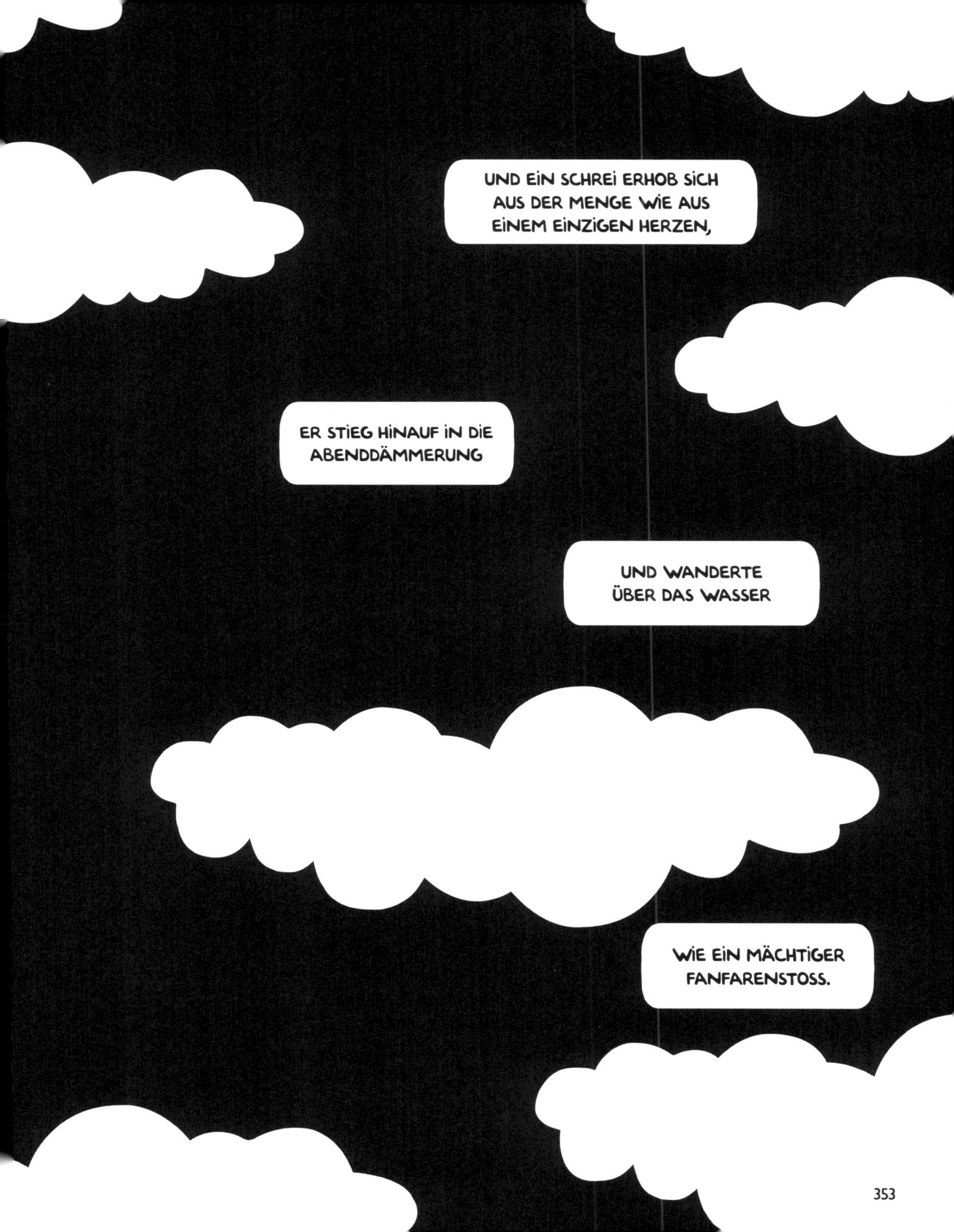
UND EIN SCHREI ERHOB SICH AUS DER MENGE WIE AUS EINEM EINZIGEN HERZEN,
ER STIEG HINAUF IN DIE ABENDDÄMMERUNG
UND WANDERTE ÜBER DAS WASSER
WIE EIN MÄCHTIGER FANFARENSTOSS.

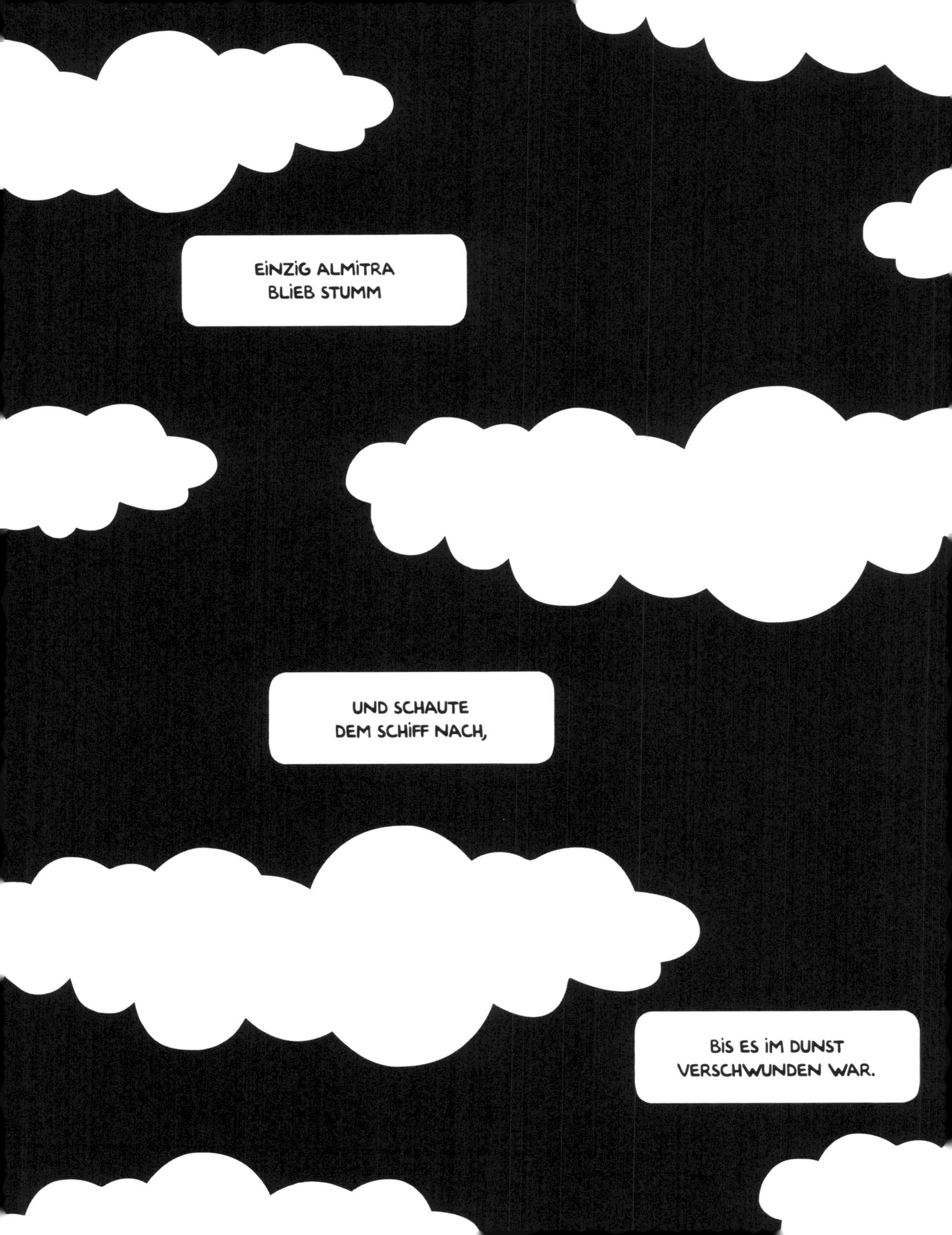
EINZIG ALMITRA
BLIEB STUMM
UND SCHAUTE
DEM SCHIFF NACH,
BIS ES IM DUNST
VERSCHWUNDEN WAR.

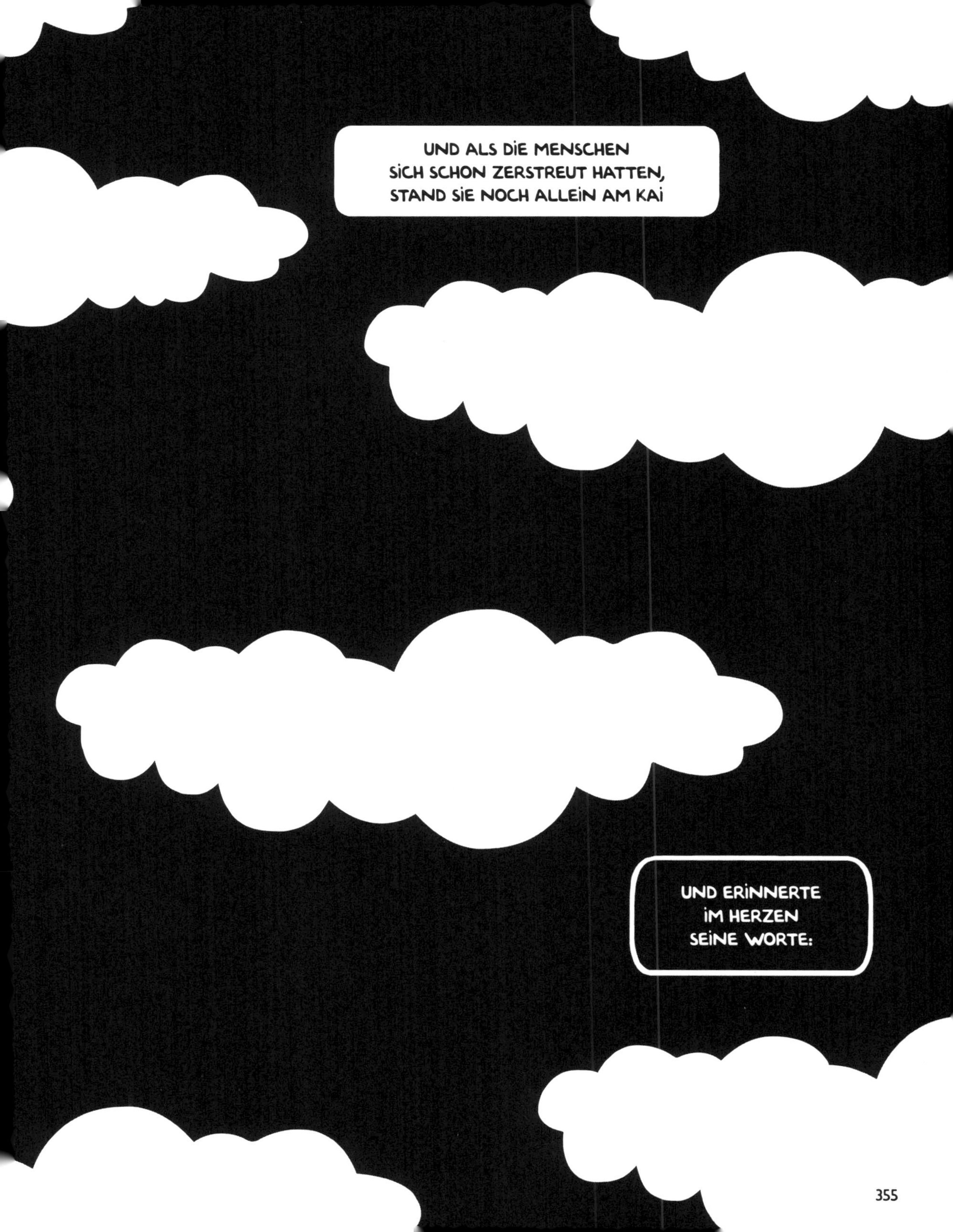
UND ALS DIE MENSCHEN SICH SCHON ZERSTREUT HATTEN, STAND SIE NOCH ALLEIN AM KAI
UND ERINNERTE IM HERZEN SEINE WORTE:

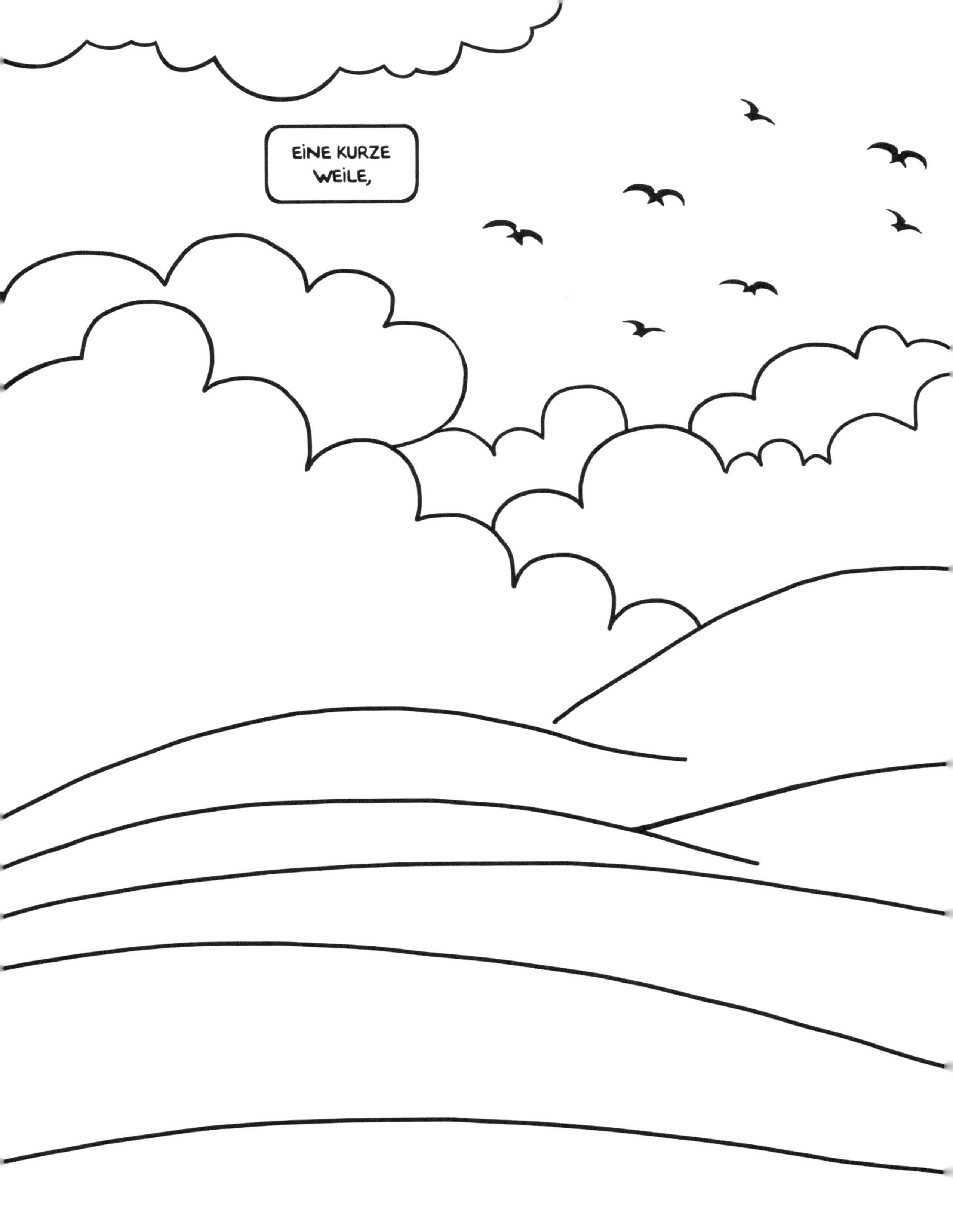
EINE KURZE
WEILE,

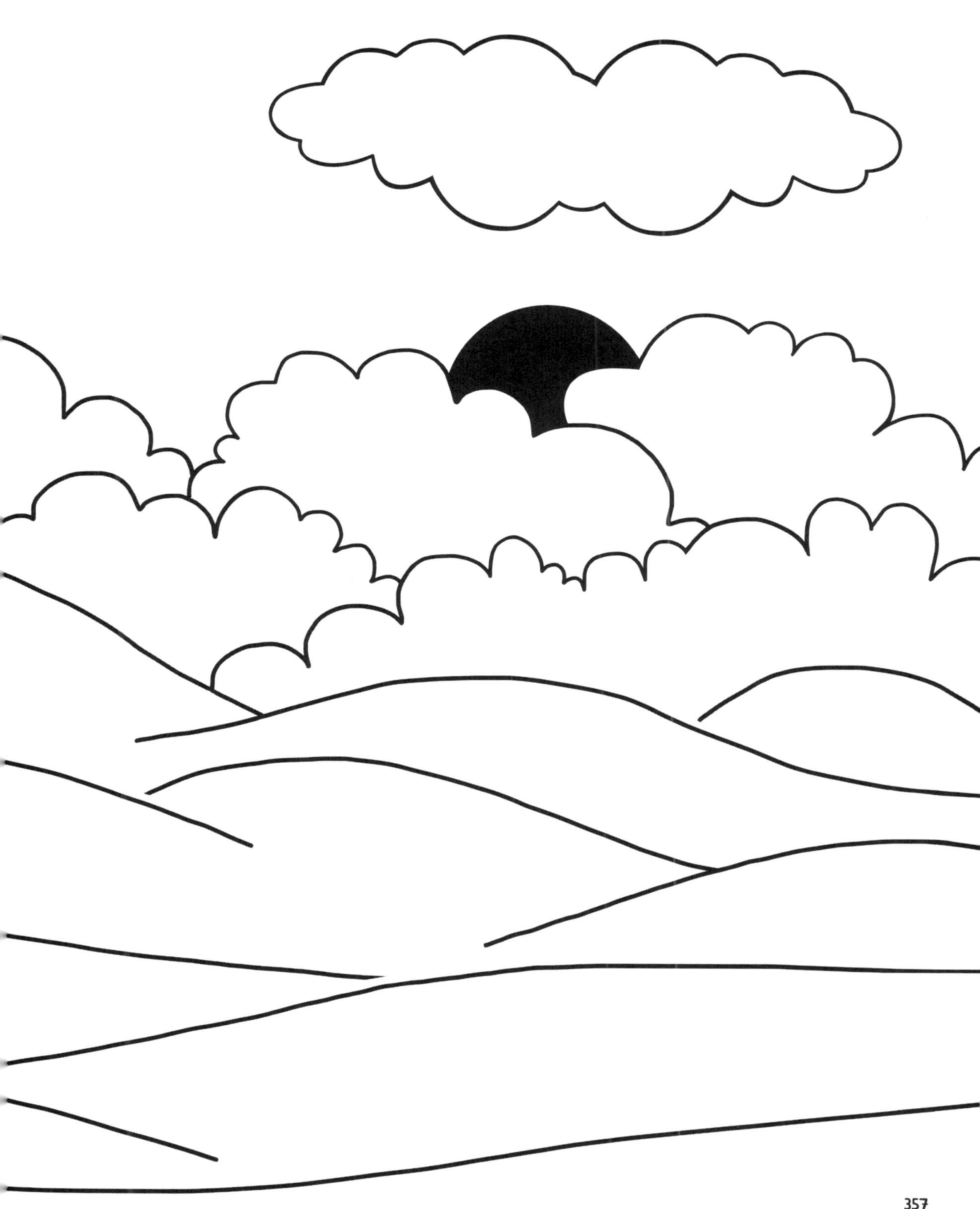

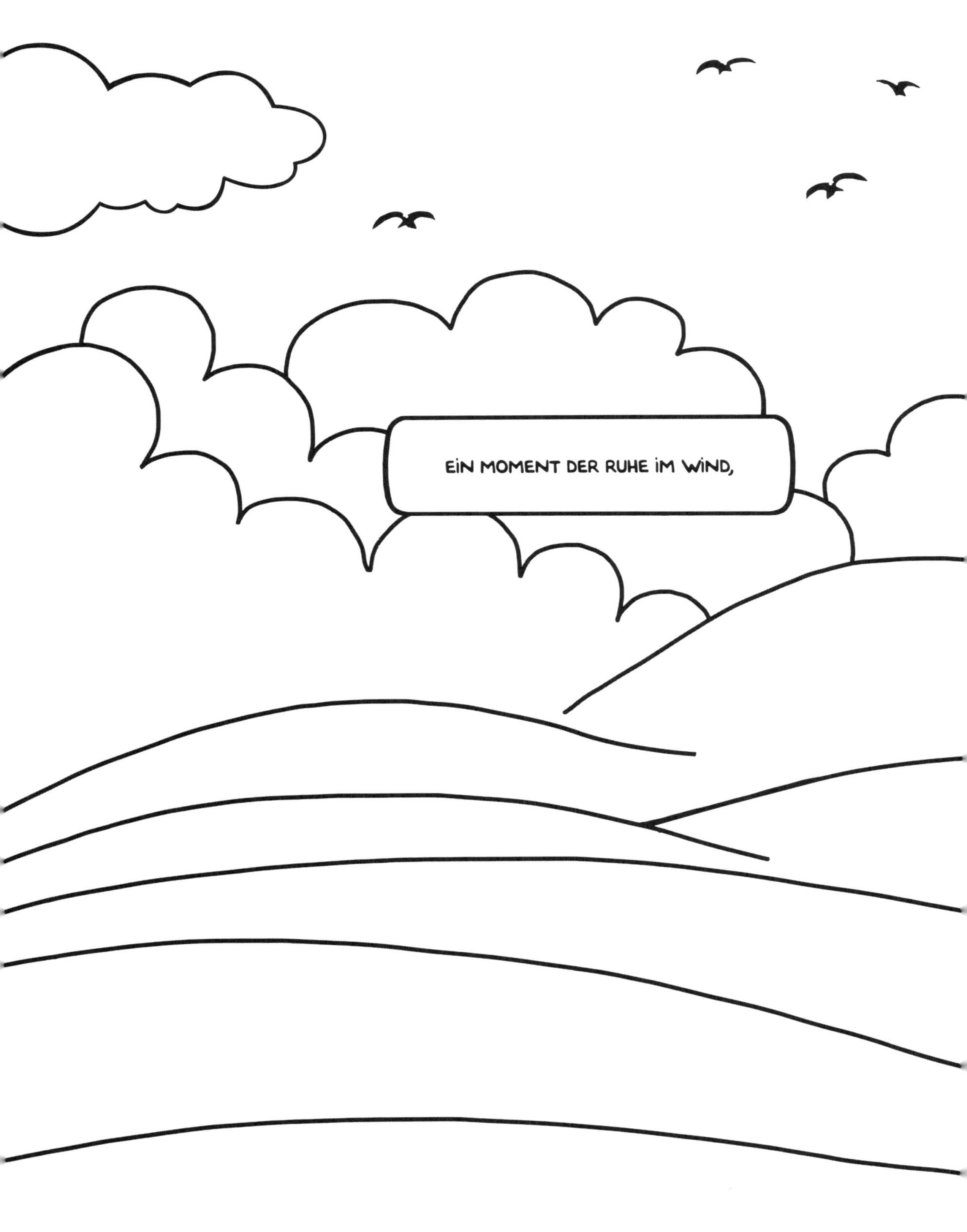
EIN MOMENT DER RUHE IM WIND,

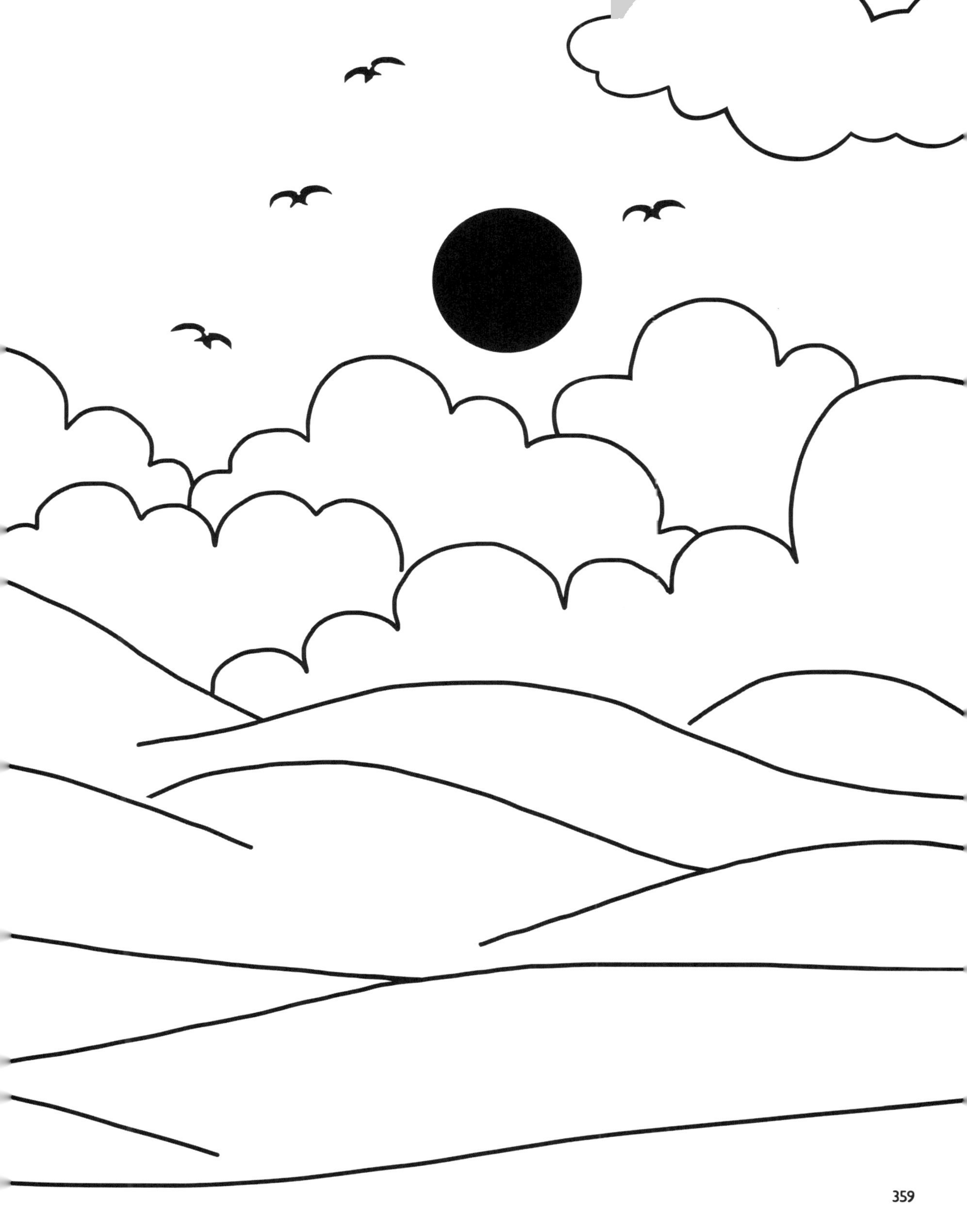

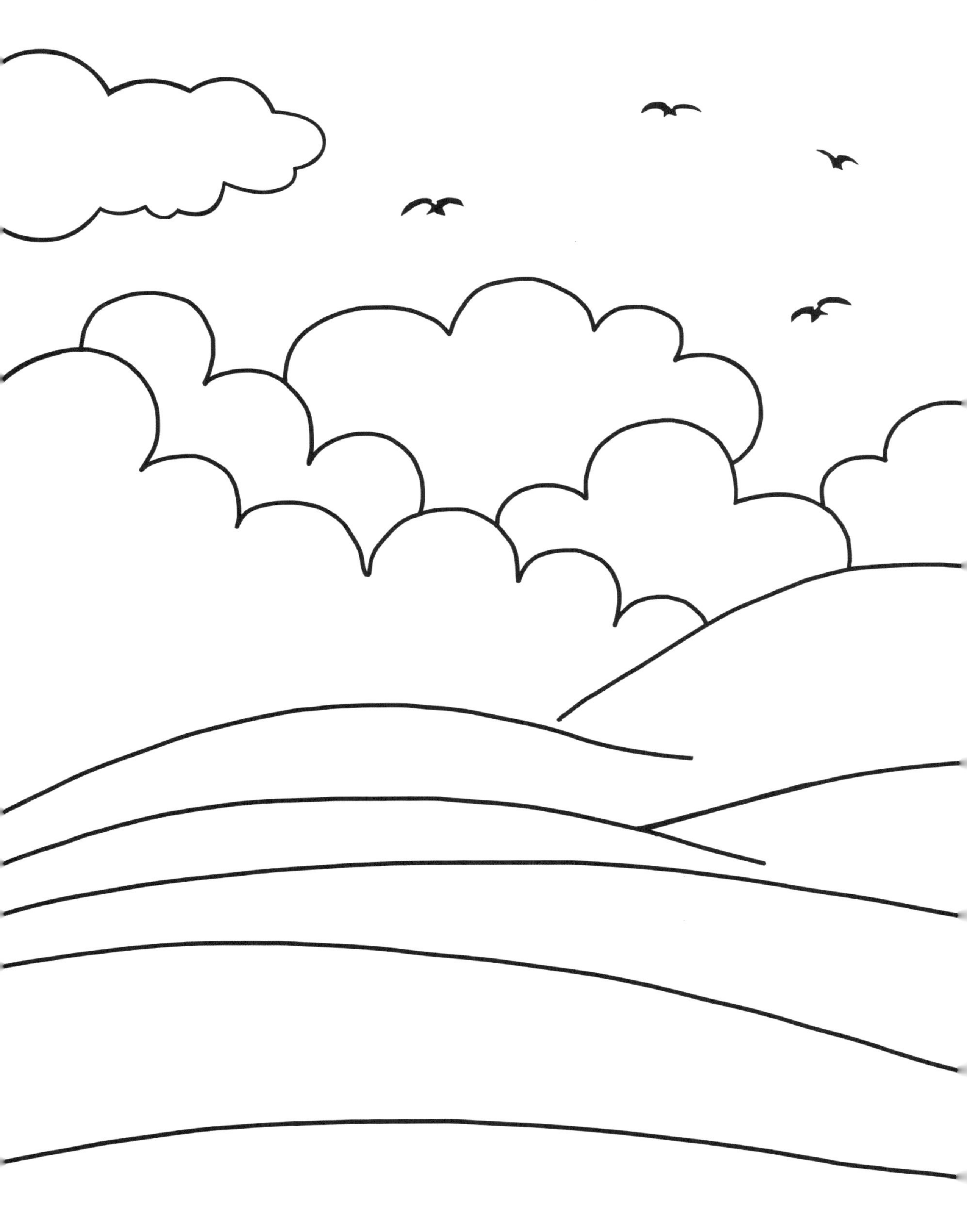

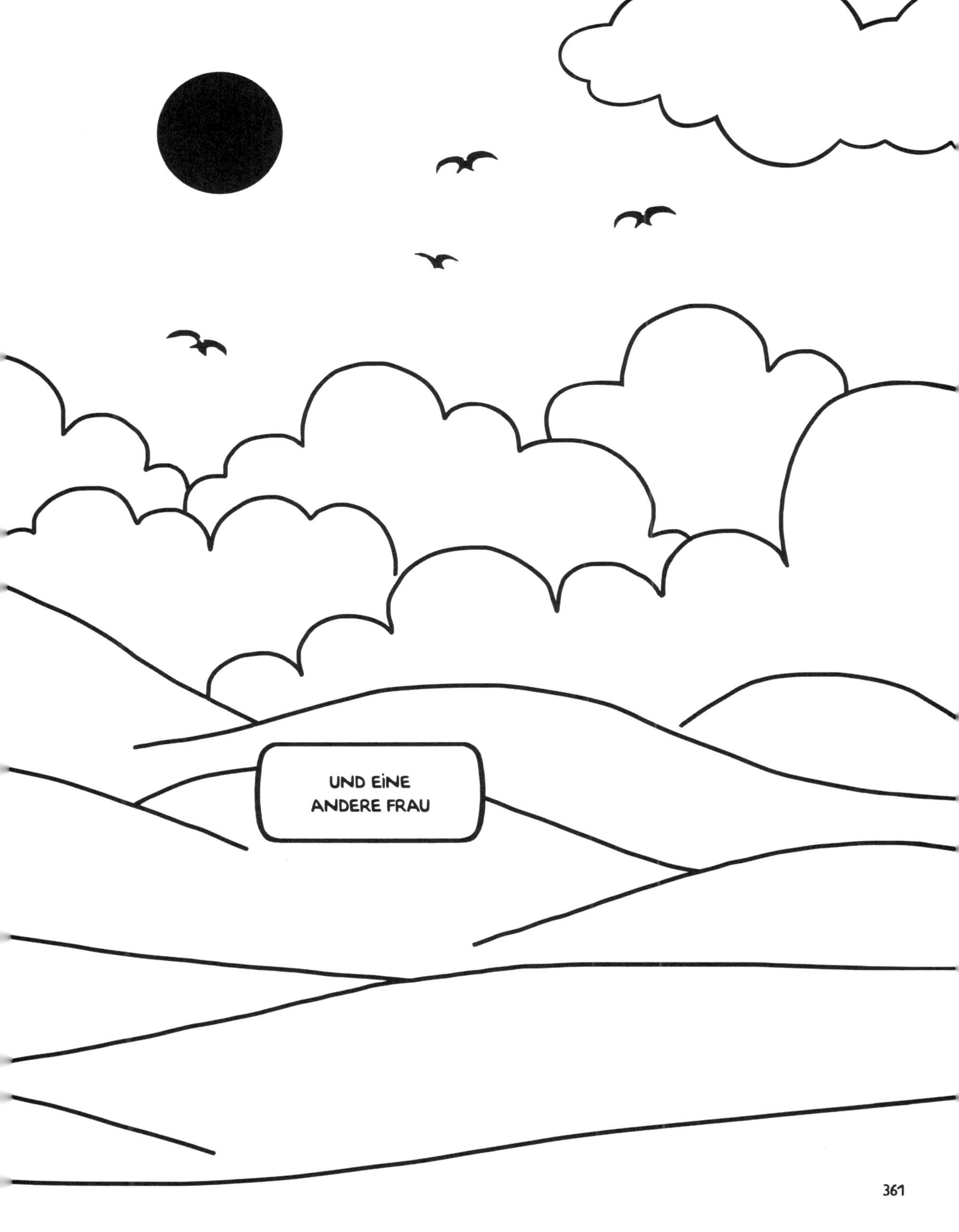
UND EINE
ANDERE FRAU

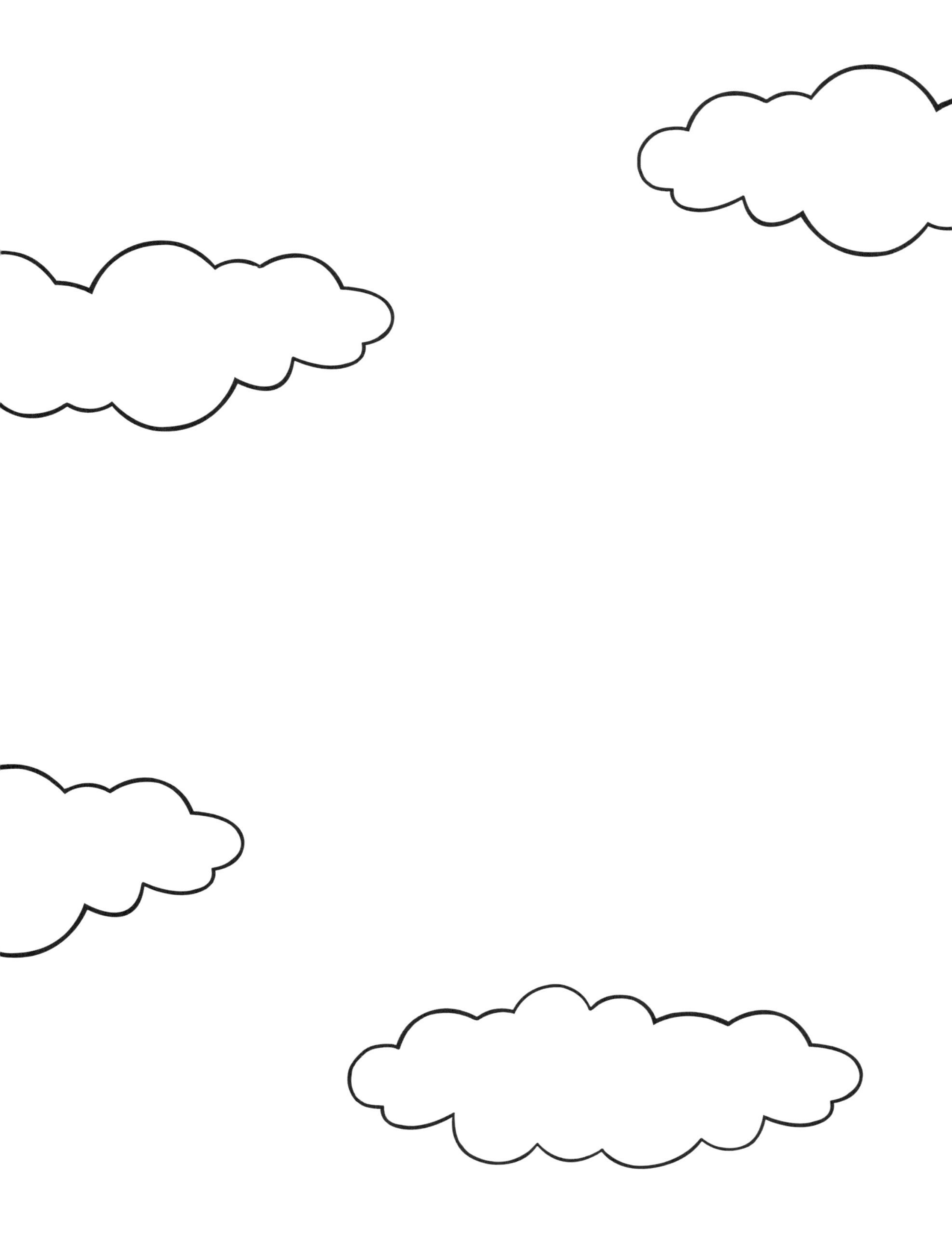

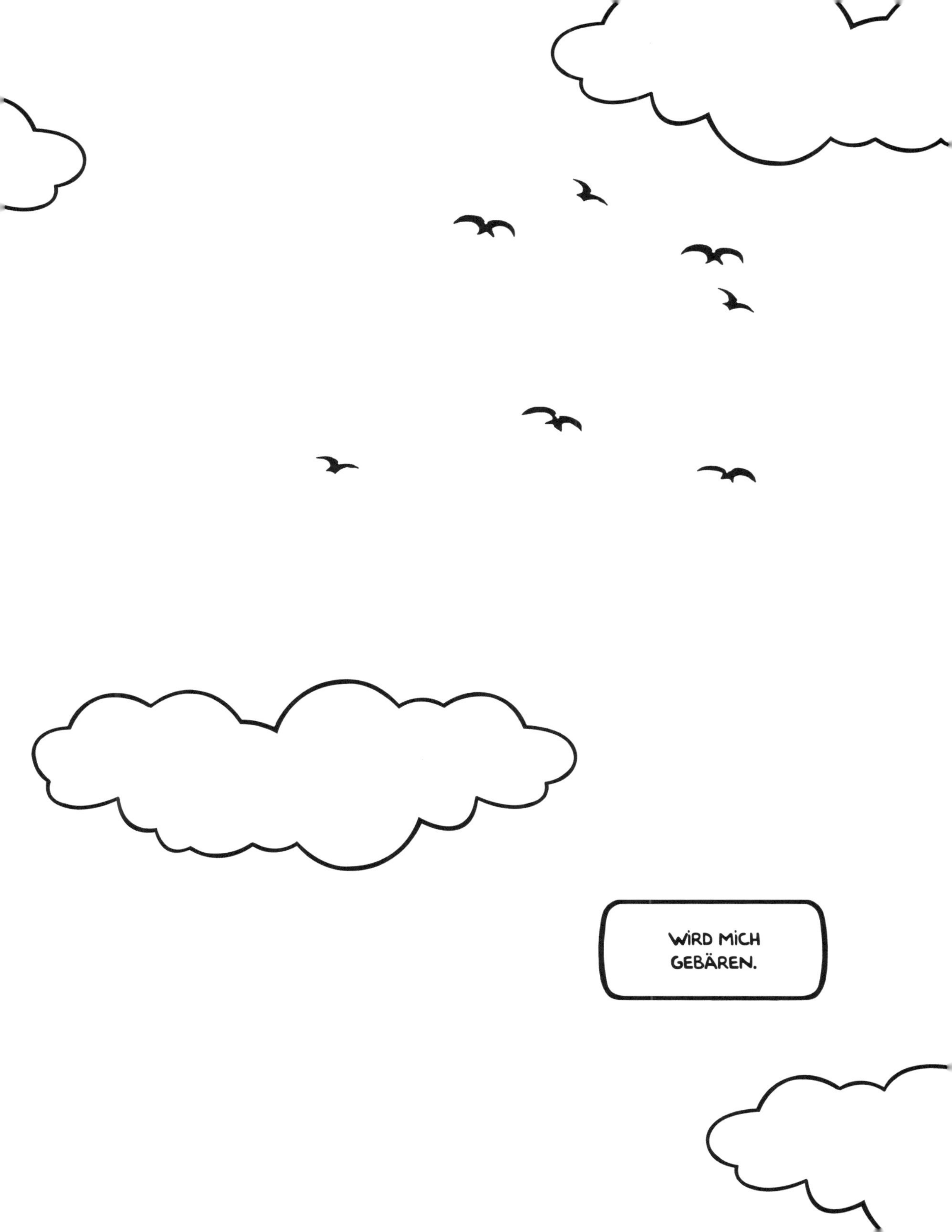
WIRD MICH GEBÄREN.

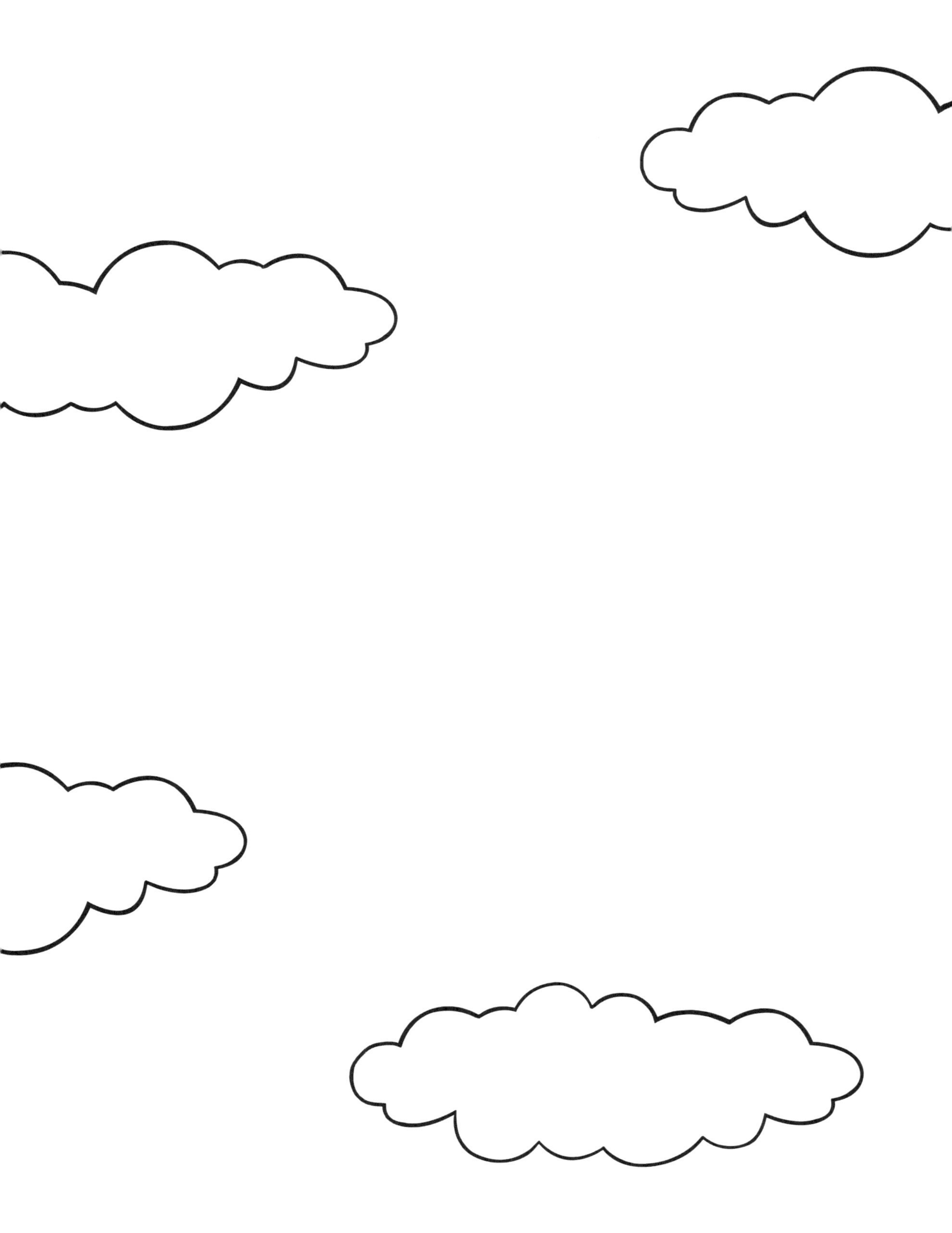

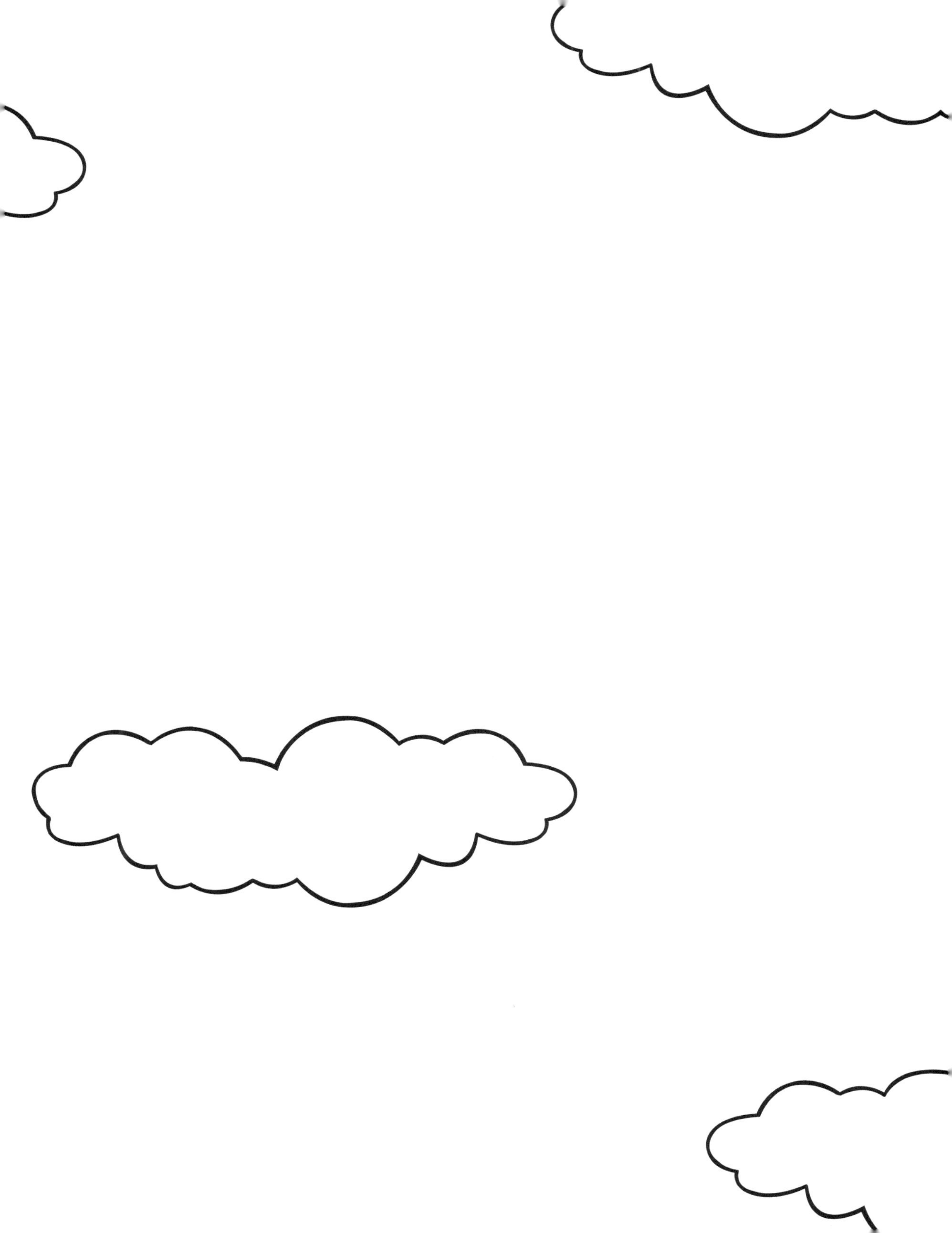

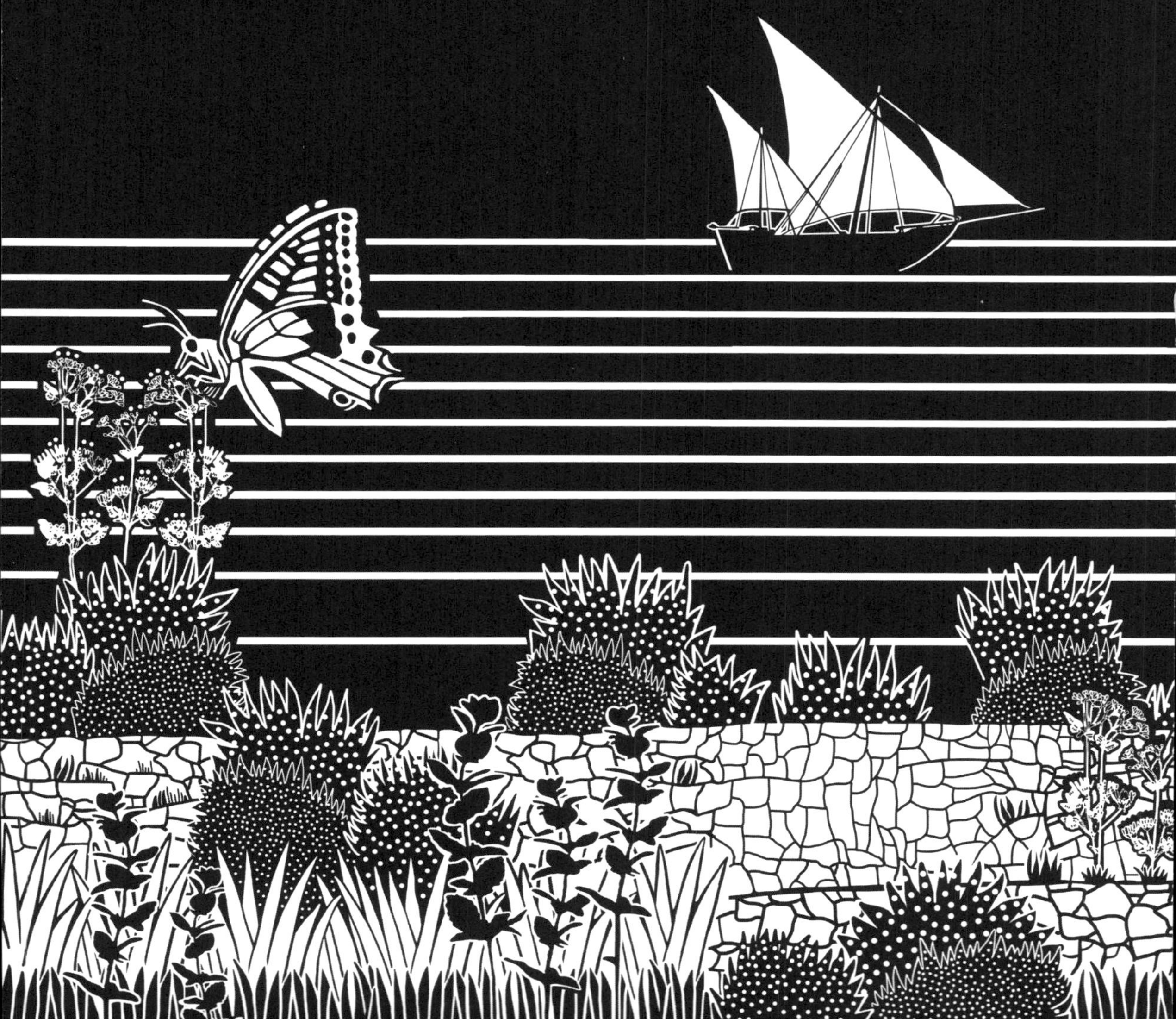

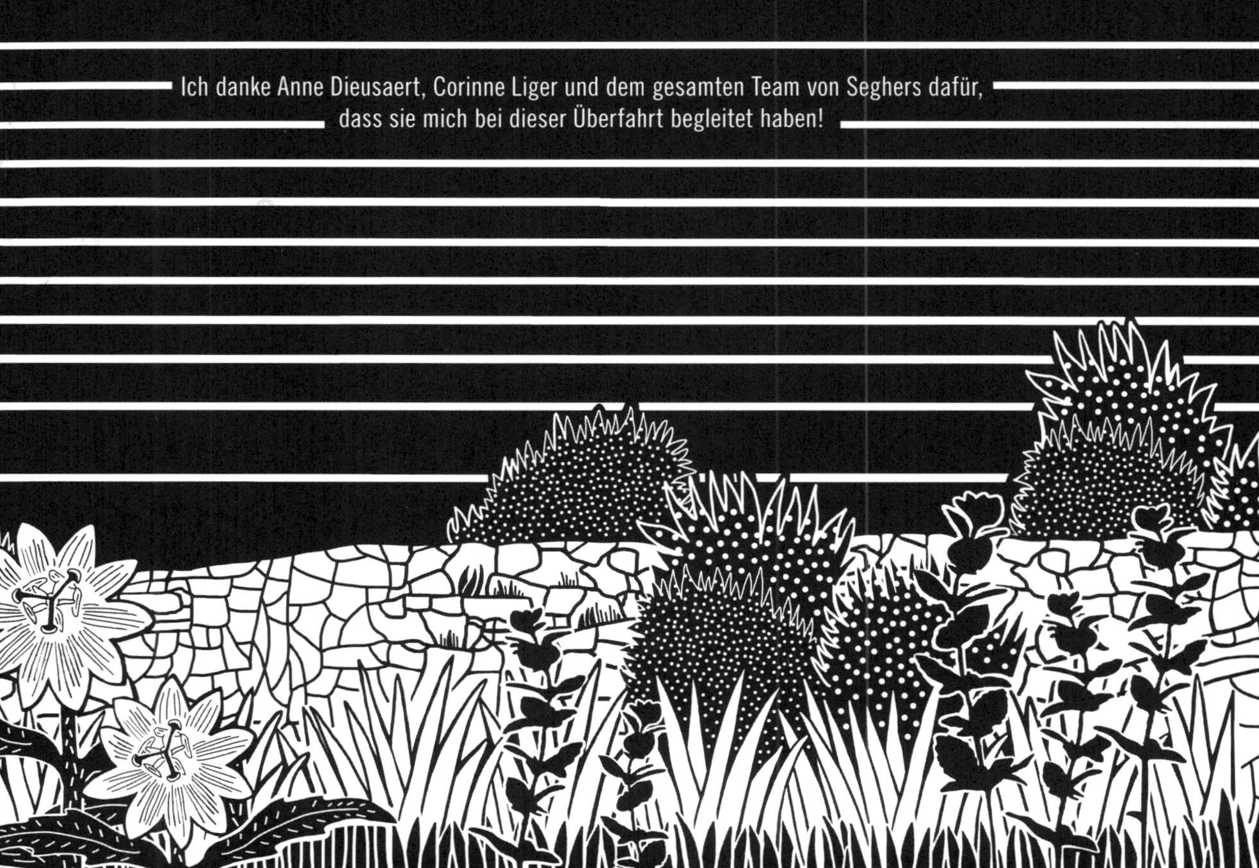

Ich danke Anne Dieusaert, Corinne Liger und dem gesamten Team von Seghers dafür,
dass sie mich bei dieser Überfahrt begleitet haben!

WEITERE TITEL VON ZEINA ABIRACHED IM AVANT-VERLAG:

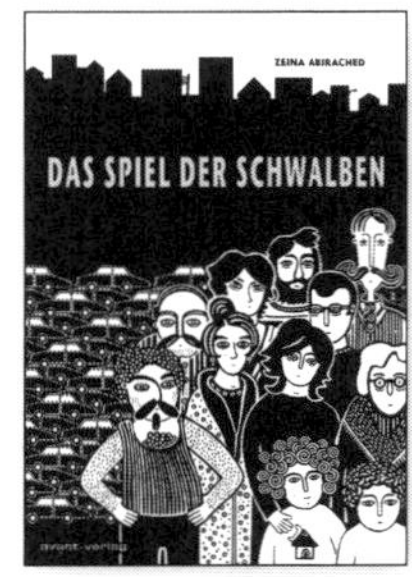

Das Spiel der Schwalben
(ISBN: 978-3-939080-77-0)

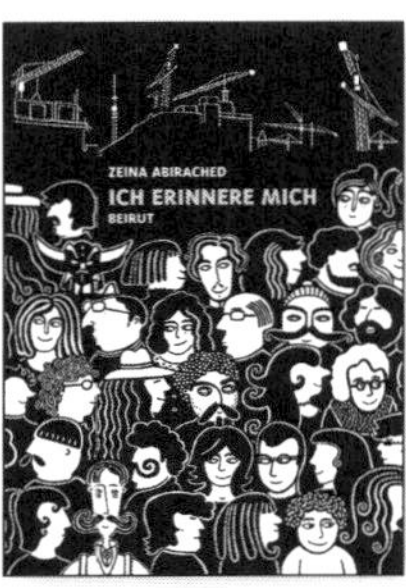

Ich erinnere mich
(ISBN: 978-3-939080-99-2)

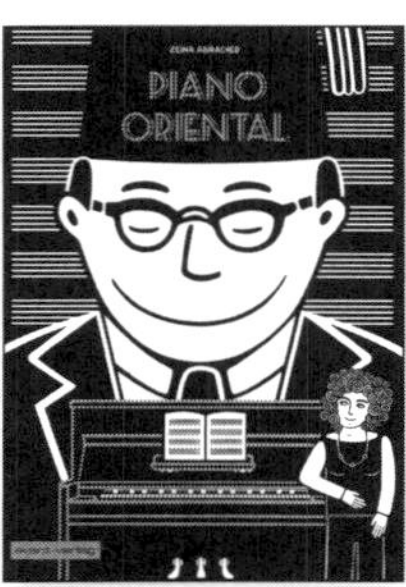

Piano Oriental
(ISBN: 978-3-945034-48-4)

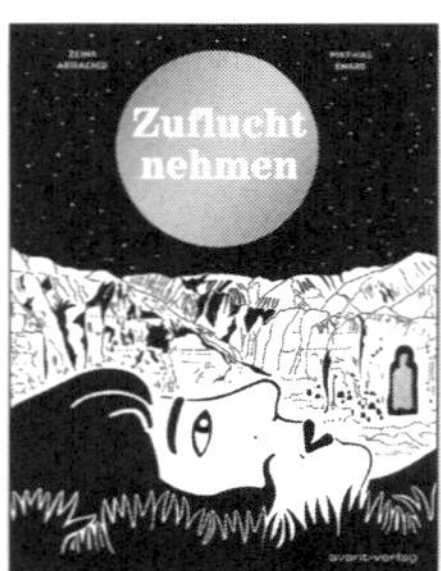

Zuflucht nehmen
(ISBN: 978-3-96445-020-3)

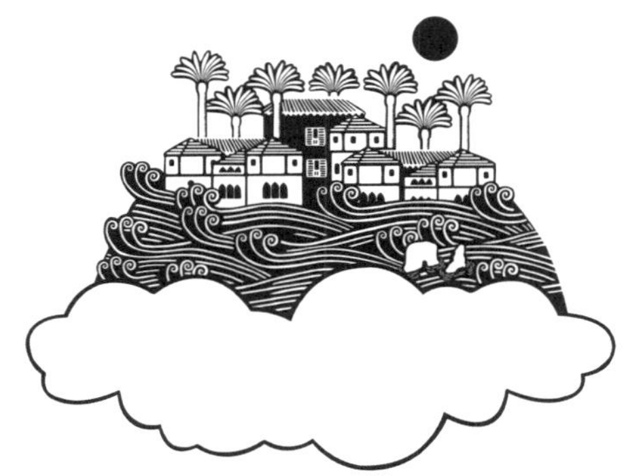